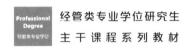
经管类专业学位研究生
主干课程系列教材

丛书编写委员会

主　　任　张金清

编　　委（按姓名笔画排序）

　　　　　陈　钊　程大中　陈冬梅　陈学彬　杜　莉

　　　　　封　进　黄亚钧　李心丹　刘红忠　刘莉亚

　　　　　束金龙　沈国兵　杨　青　张晖明

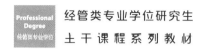

经管类专业学位研究生
主干课程系列教材

Theories and Practices
of International Finance

国际金融
理论与实务

沈国兵 编著

复旦大学 出版社

内容提要

本教材旨在阐述有关国际金融理论与实务方面的基础理论和应用知识，分为国际金融理论篇和国际金融实务篇两大部分、共十二章进行展开。其中，国际金融理论篇将系统地阐述国际金融的基本理论知识和案例分析。主要包括七章：第一章外汇市场与汇率变动的影响，第二章汇率决定理论及其新发展，第三章国际收支失衡和调节理论，第四章汇率制度变迁与选择及中国汇率制度事例，第五章国际储备与人民币国际化，第六章货币危机理论及中国外债与地方债问题，第七章开放经济下内外平衡理论和宏观经济政策协调。国际金融实务篇将重点阐述国际金融、国际商务实务操作中的基本方法、专业知识技能以及案例分析。主要包括五章：第八章国际结算及其方式，第九章国际贸易融资方式，第十章海关通关实务与报关单数据统计，第十一章外汇交易和外汇风险管理，第十二章国际金融创新和银行业监管。并且，在每一章中都融入了中国案例问题分析。

通过对以上十二章专题的系统研习，使得金融学专业、国际商务专业、国际经济与贸易专业方向的研究生等能够运用国际经济金融基本理论来分析国际金融和国际商务实务问题。通过国际金融理论和国际商务实务的课堂学习、文献阅读和案例讨论，以期提升金融学、国际商务、国际经济与贸易专业方向的研究生分析和解决国际金融、国际商务实务问题的能力。

总　序

社会经济的发展对应用型专业人才的需求呈现出大批量、多层次、高规格的特点。为了适应这种变化,积极调整人才培养目标和培养模式,大力提高人才培养的适应性和竞争力,教育部于 2009 年推出系列专业学位硕士项目,实现硕士研究生教育从以培养学术型人才为主向以培养应用型人才为主的历史性转型和战略性调整。复旦大学经济学院于 2010 年首批获得金融硕士专业学位培养资格,经济学院专业学位项目依托强大的学科支持,设置了系统性模块化实务型课程,采用理论与实践结合的双导师制度(校内和校外导师),为学生提供从理论指导、专业实践到未来职业生涯设计的全面指导。目前,已经形成了金融硕士、国际商务硕士、保险硕士、税务硕士、资产评估硕士五大专业学位硕士体系,招生数量与规模也逐年增长。

专业学位(Professional Degree)相对于学术型学位(Academic Degree)而言,更强调理论联系实际,广泛采用案例教学等教学模式。因此,迫切需要编写一套具有案例特色的专业学位核心课程系列教材。本套教材根据专业学位培养目标的要求,注重理论和实践的结合。在教材特色上,先讲述前沿的理论框架,再介绍理论在实务中的运用,最后进行案例讨论。我们相信,这样的教材能够使理论和实务不断融合,提高专业学位的教学与培养质量。

复旦大学经济学院非常重视专业学位教材的编写,2012 年就组织出版了金融硕士专业学位核心课程系列教材。经过五年的探索和发展,一方面是学院的专业学位硕士由金融硕士扩展到了五大专业硕士学位体系;另一方面,对如何进行学位培养和教材建设的想法也进一步成熟,因此有必要重新对教材的框架、内容和特色进行修订。2015 年 4 月,我院组织专家审议并通过了专业学位研究生课程教材建设方案。2015年12月,完成了专业学位核心课程的分类,初步设定建设《程序化交易中级教程》《投资学》《公司金融》《财务分析与估值》《金融风险管理实务》等核心课程教材。2016年10月,组织校内外专家制定了《复旦大学经济学院专业学位核心课程教材编写体例与指南》,2016年11月,组织教师申报教材建设并召开我院专业学位研究生教指委会议,针对书稿大纲进行讨论和修订,删除了目前教材之间的知识点重复现象,提高了教材理论的前沿性,修改和增加了教材中每章的案例,突出教材知识点的实务性。教材初稿完成以后,邀请校外专家进行匿名评审,提出修改意见和建议;再要求作者根据校外专家的匿名评审意见进行修改;最后,提交给我院专业学位研究生教指委进行评议并投票通过后,才予以正式出版。

最后,感谢复旦大学研究生院、经济学院以及学院专业学位研究生教指委提供的全方位支持和指导,感谢上海市高峰学科建设项目的资助,感谢校外专家对书稿的评审和宝贵意见,感谢复旦大学出版社的大力支持。本套教材是复旦大学经济学院专业学位教材建设的创新工程,我们将根据新形势的发展和教学效果定期修正。

经管类专业学位硕士核心课程系列教材编委会

2017年6月

前　言

自从2001年中国正式成为世界贸易组织成员国以来，稳定的贸易和投资预期使得中国对外贸易发展取得了长足的进步。据《中国统计年鉴2016》统计显示，截至2015年年底，中国对外货物进出口总额已达39 530.3亿美元。随之而来的是，培养能够胜任在涉外企事业单位、政府部门和社会组织从事国际商务和国际金融经营与管理工作，培养具备开展国际商务、国际金融领域内分析问题与解决问题能力的高层次、应用型、复合型国际商务及金融专业人才已日益被提上国际商务专业、金融学专业硕士研究生的培养议程上来。由此，在日常教学讲义和科学研究成果的基础上，2014年2月以来，我邀请上海海关学院段景辉副教授作为第十章"海关通关实务与报关单数据统计"的编写者，并指导复旦大学2014级、2015级和2016级国际商务专业硕士研究生同学，在他们/她们搜集数据、整理资料乃至撰写部分章节案例的参与下，最终于2017年11月完成了这部复旦大学经管类专业学位硕士研究生主干课程教材《国际金融理论与实务》。

本教材旨在阐述有关国际金融理论与实务方面的基础理论和应用知识。通过对十二章专题的系统学习，使得国际商务专业、金融学专业、国际经济与贸易专业的硕士研究生能够运用国际经济基本理论来分析国际金融和国际商务实务问题。通过国际金融理论和国际商务实务学习和案例思考，使得金融学、国际经济与贸易、国际商务专业的硕士研究生，能够理解和分析国际金融和国际商务实务问题，以期提高他们分析和解决国际金融、国际商务问题的能力。本教材分为国际金融理论篇和国际金融实务篇两大部分，共十二章进行展开。

第一部分是国际金融理论篇，将系统地阐述国际金融的基本理论知识和案例分析，国际金融理论篇主要包括七章：第一章外汇市场与汇率变动的影响，第二章汇率决定理论及其新发展，第三章国际收支失衡和调节理论，第四章汇率制度变迁与选择及中国汇率制度事例，第五章国际储备与人民币国际化，第六章货币危机理论及中国外债与地方债问题，第七章开放经济下内外平衡理论和宏观经济政策协调。在每一章中都融入了中国案例问题分析。

第二部分是国际金融实务篇，将重点阐述国际商务、国际金融实务操作中的基本方法、专业知识技能以及案例分析。国际金融实务篇主要包括五章：第八章国际结算及其方式，第九章国际贸易融资方式，第十章海关通关实务与报关单数据统计，第十一章外汇交易和外汇风险管理，第十二章国际金融创新和银行业监管。其中，在每一章中都融入了中国案例问题分析。这些案例分析加深了国际商务专业的硕士研究生对国际金融和国际商务实务问题的认识和理解。

本教材融汇国际金融基本理论与国际商务实务问题，采用启发式和研讨式教学方法，通过将课堂讲授、研讨、案例教学、社会实践等多种形式有机结合，提升复旦大学国际商务专业硕士研究生和复旦——昂热中外合作国际商务专业硕士研究生，以及复旦大学金融学专业硕士研究生分析国际金融问题和国际商务实务问题和解决问题的能力。本教材力求将国际金融基本理论和国际商务实务问题融入中国问题案例分析之中，并力求引导国际商务专业、金融学专业、国际经济与贸易专业硕士研究生对本土化金融问题和国际商务问题放眼国际化视野来思考。

本教材涵盖的章节既反映了国际金融和国际商务实务问题中所要掌握的专业基本理论知识和分析问题方法，又融入了该领域内丰富的国际金融和国际商务实务案例问题分析，因而本教材具有较高的学术质量。需要指出的是，本教材也博采众长，吸取了国内外许多同类教材的优点，我们在此对本教材所引用文献的原作者一并表示感谢。尽管如此，我们对可能出现的差错和缺陷还是诚惶诚恐，恳请学界同行和广大读者批评和指正，以期我们今后更好地修改和完善之。

本教材撰写工作分工如下：全书由沈国兵教授负责撰写、审定和统稿，上海海关学院段景辉副教授参与撰写了第十章"海关通关实务与报关单数据统计"。同时，我要感谢复旦大学2014级、2015级和2016级国际商务专业硕士研究生全体同学和部分金融学专业硕士同学，特别是邱胜男、程思俏、曹钰、钟小川、陈宏娣、杨夕诺、伍亭、岳莹、黄铄珺和陈韬等，他们/她们在我指导下积极地参与本教材数据搜集、资料整理和部分章节案例的撰写工作，在此表示感谢。

沈国兵

2017年11月

于复旦大学经济学院世界经济研究所

目 录

第一部分 国际金融理论篇

第一章 外汇市场与汇率变动的影响 …… 3
学习目标 …… 3
第一节 外汇与汇率问题 …… 3
一、外汇问题 …… 3
二、汇率问题 …… 4
第二节 外汇市场功能和中国外汇市场特征 …… 6
一、外汇市场及其功能 …… 6
二、现代外汇市场的主要特征 …… 7
三、中国外汇市场及其主要特征 …… 8
第三节 外汇市场压力和外汇市场干预 …… 9
一、外汇市场压力 …… 9
二、外汇市场干预 …… 9
三、外汇市场压力的测度 …… 10
四、外汇市场压力在中国外汇市场上的应用 …… 10
第四节 不同货币本位下汇率的决定基础及调整 …… 12
一、金本位制度下汇率的决定与调整 …… 12
二、纸币流通制度下汇率的决定与调整 …… 13
第五节 美元汇率变动及其影响 …… 14
一、影响美元汇率变动的主要因素 …… 14
二、美元汇率变动的经济影响 …… 15
专栏1-1：美联储的功能及其加息对中国经贸和金融市场的影响 …… 16

第六节　动态视角下人民币汇率变化及其对中国外贸的影响 …………… 18
　　一、人民币汇率：浮动或稳定盯住 …………………………………… 18
　　二、人民币汇率重估会解决中国对外贸易顺差吗？ ………………… 18
本章小结 …………………………………………………………………… 19
重要概念 …………………………………………………………………… 20
习题与思考题 ……………………………………………………………… 20
案例分析：英镑暴跌对英国各行业的影响 ……………………………… 21

第二章　汇率决定理论及其新发展 …………………………………… 23
学习目标 …………………………………………………………………… 23
第一节　传统主要汇率决定理论 ………………………………………… 23
　　一、购买力平价论 …………………………………………………… 23
专栏 2-1：PPP 理论在人民币汇率决定中的应用 ……………………… 26
　　二、利率平价论 ……………………………………………………… 27
　　三、购买力平价与利率平价的协调一致模型 ……………………… 29
第二节　现代汇率决定理论：货币模型 ………………………………… 31
　　一、弹性价格货币论 ………………………………………………… 31
　　二、粘性价格货币论 ………………………………………………… 33
第三节　现代汇率决定理论：资产组合平衡模型 ……………………… 35
　　一、与汇率决定的货币论的主要差异 ……………………………… 35
　　二、资产组合平衡论的基本假定和理论模型 ……………………… 35
　　三、资产组合对汇率变化的影响 …………………………………… 36
第四节　理性预期汇率理论和汇率"新闻"理论 ………………………… 37
　　一、理性预期汇率理论 ……………………………………………… 37
　　二、汇率"新闻"理论 ………………………………………………… 38
第五节　汇率决定的投机泡沫理论和混沌理论 ………………………… 39
　　一、汇率决定的投机泡沫理论 ……………………………………… 39
　　二、汇率决定的混沌理论 …………………………………………… 41
专栏 2-2：汇率决定从宏观走向微观：外汇市场微观结构理论 ……… 43
本章小结 …………………………………………………………………… 45
重要概念 …………………………………………………………………… 47
习题与思考题 ……………………………………………………………… 47
案例分析：汇率决定理论新发展：行为金融汇率理论 ………………… 47

第三章 国际收支失衡和调节理论 ·············· 50
学习目标 ·············· 50
第一节 国际收支平衡表分析 ·············· 50
一、国际收支 ·············· 50
二、国际收支平衡表的构成 ·············· 51
第二节 国际收支平衡表的会计原理 ·············· 52
一、国际收支平衡表的编制原则 ·············· 53
二、国际收支统计的会计原理 ·············· 54
专栏 3-1：国际收支统计的复式簿记记账法 ·············· 54
第三节 国际收支：局部差额和综合账户差额分析 ·············· 55
一、局部差额分析 ·············· 55
二、综合账户差额分析 ·············· 57
第四节 中美贸易收支失衡与调整：事实特征及主要成因 ·············· 57
一、美中双边贸易失衡：货物与服务贸易事实特征 ·············· 57
二、美中双边贸易失衡：主要成因 ·············· 58
三、对中美贸易收支失衡与调整的研究结论 ·············· 61
第五节 国际收支失衡与调节机制 ·············· 62
一、国际收支平衡与失衡 ·············· 62
二、国际收支失衡的类型 ·············· 63
三、国际收支失衡的调节机制 ·············· 63
第六节 国际收支调节理论：弹性论 ·············· 66
一、弹性论的前提假定和基本思想 ·············· 66
二、马歇尔—勒纳条件、毕柯迪克—罗宾逊—梅茨勒条件 ·············· 67
三、J 曲线效应 ·············· 68
四、贸易条件 ·············· 69
第七节 国际收支调节理论：乘数论 ·············· 71
一、乘数论的前提假定和基本思想 ·············· 71
二、乘数模型 ·············· 71
三、哈伯格条件 ·············· 73
第八节 国际收支调节理论：吸收论 ·············· 73
一、吸收论的基本思想和理论模型 ·············· 74
二、吸收论的货币贬值分析 ·············· 74
三、吸收论的应用 ·············· 75
第九节 国际收支调节理论：货币论 ·············· 75

一、货币论的前提假定和基本思想 ·· 76
　　二、货币论的理论模型和主要内容 ·· 76
　　三、货币论有关货币贬值的效应 ·· 77
　　四、货币论的应用 ··· 77
本章小结 ··· 77
重要概念 ··· 79
习题与思考题 ·· 79
案例分析：美中信息通讯技术行业贸易失衡 ································ 79

第四章 汇率制度变迁与选择及中国汇率制度事例 ········· 87
学习目标 ··· 87
第一节 汇率制度变迁和"中间空洞化"假说 ······························ 87
　　一、国际汇率制度变迁 ··· 87
　　二、汇率制度的分类 ·· 89
　　三、汇率制度"中间空洞化"假说 ·· 92
第二节 汇率制度选择的主要影响因素 ······································ 94
　　一、汇率制度选择的争议 ··· 94
　　二、影响汇率制度选择的主要因素 ·· 95
专栏 4-1：汇率制度选择：几个争议性假说 ··································· 101
第三节 人民币汇率制度变迁与选择 ··· 104
　　一、IMF 实际分类下人民币汇率制度变迁 ······························ 104
　　二、影响人民币汇率制度变迁与选择的主导因素 ····················· 105
　　三、入世后人民币汇率制度的选择 ·· 106
第四节 人民币汇率形成机制改革新进展 ··································· 108
　　一、2005 年后人民币汇率形成机制改革 ································· 108
　　二、外汇市场交易的两种模式——做市商制和竞价制 ·············· 110
　　三、人民币汇率形成机制改革的两次挫折 ······························ 110
　　四、人民币汇率形成机制改革的困境和未来发展方向 ·············· 112
第五节 香港联系汇率制度变迁与选择 ······································ 113
　　一、香港汇率制度的变迁与选择 ··· 113
　　二、香港联系汇率制度的运作 ·· 114
　　三、香港联系汇率制度的自动稳定机制及缺陷 ························ 115
本章小结 ··· 116
重要概念 ··· 118

  习题与思考题 ·· 118
  案例分析：丝绸之路经济带上成员方汇率制度比较 ·································· 118

第五章　国际储备与人民币国际化 ·· 123
 学习目标 ·· 123
 第一节　国际储备的特征及构成 ·· 123
  一、国际储备的主要特征 ··· 123
  二、不同历史阶段的国际储备货币 ··· 124
  三、国际储备的构成 ·· 124
 第二节　国际储备规模管理和结构管理 ·· 127
  一、国际储备规模管理：供给层面 ··· 127
  二、国际储备规模管理：需求层面 ··· 128
  三、国际储备结构管理 ··· 129
 第三节　国际储备量及其确定方法 ·· 131
  一、比率分析法 ·· 131
  二、回归分析法 ·· 131
  三、成本—收益分析法 ··· 132
  四、区间分析法 ·· 132
  五、定性分析法 ·· 132
 第四节　中国外汇储备规模管理和结构管理 ··· 133
  一、中国外汇储备规模管理 ·· 133
  二、中国外汇储备结构管理 ·· 133
  三、中国外汇储备规模由不断扩大转向减少的成因及对策 ······················ 134
 第五节　国际储备体系变迁与人民币加入特别提款权货币篮子 ···················· 136
  一、国际储备体系变迁 ··· 136
  二、特别提款权及其货币篮子审查 ··· 136
  三、人民币纳入特别提款权货币篮子及对世界经济金融的影响 ················ 138
 第六节　货币国际化模式与人民币国际化目标选择 ··································· 140
  一、货币国际化及其特征 ··· 140
  二、货币国际化的典型模式分析 ·· 140
  三、人民币国际化的进展 ··· 144
  四、人民币国际化的目标选择 ··· 146
  五、人民币国际化面临的挑战 ··· 146
 本章小结 ·· 147

重要概念 …………………………………………………………………… 148
　　习题与思考题 ……………………………………………………………… 148
　　案例分析：中美冲突背后的重要症结：美元霸权信用与人民币国际化 ………… 149

第六章　货币危机理论及中国外债与地方债问题 …………………………… 153
　学习目标 ……………………………………………………………………… 153
　第一节　货币危机及其成因 …………………………………………………… 153
　　一、货币危机：内涵、类型和传播 …………………………………………… 153
　　二、货币危机的主要原因 …………………………………………………… 154
　第二节　第一代货币危机模型 ………………………………………………… 155
　　一、第一代货币危机发生的背景 …………………………………………… 156
　　二、第一代货币危机：理论模型 …………………………………………… 156
　　三、第一代货币危机模型的结论及不足 …………………………………… 159
　第三节　第二代货币危机模型 ………………………………………………… 159
　　一、第二代货币危机发生的背景 …………………………………………… 160
　　二、第二代货币危机：理论模型 …………………………………………… 161
　　三、第二代货币危机模型的贡献和不足 …………………………………… 164
　第四节　第三代货币危机模型 ………………………………………………… 165
　　一、第三代货币危机发生的背景 …………………………………………… 165
　　二、第三代货币危机：理论模型 …………………………………………… 166
　　三、第三代货币危机模型的结论及不足 …………………………………… 170
　　四、对三代货币危机模型的比较和评价 …………………………………… 170
　第五节　美国次贷危机和欧洲主权债务危机 ………………………………… 172
　　一、美国次贷危机 ………………………………………………………… 172
　　二、欧洲主权债务危机 …………………………………………………… 174
　第六节　中国外债及地方债的风险及其管理 ………………………………… 175
　　一、外债的界定 …………………………………………………………… 175
　　二、外债的监控指标 ……………………………………………………… 176
　　三、中国国家外债风险及外债管理 ………………………………………… 177
　　四、中国地方债的发行状况及管理 ………………………………………… 178
　本章小结 ……………………………………………………………………… 183
　重要概念 ……………………………………………………………………… 184
　习题与思考题 ………………………………………………………………… 184
　案例分析：美国实施及退出量化宽松货币政策对中国的影响 ………………… 185

第七章 开放经济下内外平衡理论和宏观经济政策协调 …… 188

学习目标 …… 188

第一节 开放经济下宏观经济政策目标、工具和政策搭配理论 …… 188
    一、开放经济下宏观经济内外部平衡目标 …… 188
    二、开放经济下宏观经济 IS-LM-BP 模型 …… 189
    三、开放经济下宏观经济政策工具 …… 190
    四、开放经济下宏观经济政策搭配理论 …… 191

第二节 开放经济下宏观经济政策调控原理 …… 194
    一、宏观经济政策调控的丁伯根原则 …… 194
    二、宏观经济政策指派的蒙代尔有效市场分类原则 …… 195
    三、开放经济下宏观政策选择的"三元悖论" …… 196

第三节 宏观经济政策的国际协调：两国模型 …… 197
    一、开放经济下的相互依存性 …… 198
    二、固定汇率制度下经济政策的国际传导 …… 198
    三、浮动汇率制度下经济政策的国际传导 …… 200

第四节 G20 机制下国际经济政策协调 …… 201
    一、G20 机制下国际经济政策协调的演进 …… 202
    二、G20 机制下国家间货币政策协调措施 …… 203

第五节 G20 机制下中国参与国际货币政策协调的政策选择 …… 205

本章小结 …… 206
重要概念 …… 208
习题与思考题 …… 208
案例分析："一带一路"倡议建设面临的机遇和挑战 …… 208

第二部分 国际金融实务篇

第八章 国际结算及其方式 …… 215

学习目标 …… 215

第一节 国际结算演进及其现代特征 …… 215
    一、国际结算的历史演进 …… 215
    二、国际结算的现代特征 …… 217

第二节 国际贸易结算的主要内容 …… 217
    一、国际贸易结算的基本内容 …… 217
    二、国际结算票据 …… 217

第三节　国际结算的金融工具 ·· 218
　　一、汇票 ·· 219
　　二、本票 ·· 220
　　三、支票 ·· 221
第四节　国际结算的方式 ·· 223
　　一、国际结算的方式：汇付或汇款 ·· 223
　　二、国际结算的方式：托收 ·· 226
　　三、国际结算的方式：信用证 ··· 229
　　四、中国企业对三种国际结算方式的选择 ··· 234
　　五、国际结算的方式：银行保函 ·· 235
　　六、国际结算的方式：备用信用证 ··· 237
本章小结 ·· 237
重要概念 ·· 238
习题与思考题 ··· 238
案例分析：跨境贸易和投资人民币结算 ·· 239

第九章　国际贸易融资方式 ·· 241

学习目标 ··· 241
第一节　国际贸易融资方式的主要内容 ··· 241
　　一、进口贸易融资 ··· 241
　　二、出口贸易融资 ··· 242
第二节　托收下的融资 ·· 242
　　一、托收下对出口商的融资——托收出口押汇 ·· 242
　　二、托收下对进口商的融资——凭信托收据借单 ··· 243
第三节　信用证下的融资 ·· 244
　　一、信用证下对出口商的融资 ··· 244
　　二、信用证下对进口商的融资 ··· 245
第四节　包买票据和保付代理 ·· 245
　　一、包买票据或福费廷 ·· 245
　　二、保付代理或国际保理 ··· 246
第五节　供应链融资在国际贸易融资中的应用 ·· 247
　　一、供应链融资的含义 ·· 247
　　二、供应链融资的特征 ·· 248
　　三、供应链融资的产品分类 ·· 248

本章小结 …………………………………………………………… 248
　　重要概念 …………………………………………………………… 249
　　习题与思考题 ……………………………………………………… 249
　　案例分析：人民币国际化与国际贸易融资 ……………………… 250

第十章　海关通关实务与报关单数据统计 …………………………… 251
　　学习目标 …………………………………………………………… 251
　　第一节　海关总体情况：世界与中国 …………………………… 251
　　　　一、中外海关的发展历程 …………………………………… 251
　　　　二、世界海关组织与中国海关 ……………………………… 253
　　第二节　世贸组织成立以来中外关税的演变 …………………… 254
　　　　一、外国主要国家关税演变历程 …………………………… 254
　　　　二、中国关税的功能和演变 ………………………………… 256
　　第三节　海关通关制度 …………………………………………… 259
　　　　一、通关管理和通关作业 …………………………………… 259
　　　　二、通关法律制度 …………………………………………… 260
　　第四节　海关通关环节与贸易便利化 …………………………… 261
　　　　一、海关通关环节 …………………………………………… 261
　　　　二、贸易便利化 ……………………………………………… 263
　　第五节　海关统计项目的主要内容 ……………………………… 266
　　第六节　海关统计数据常用功能 ………………………………… 267
　　　　一、我国海关统计数据 ……………………………………… 267
　　　　二、海关统计工作内容 ……………………………………… 270
　　　　三、海关统计数据的常用功能 ……………………………… 270
　　本章小结 …………………………………………………………… 271
　　重要概念 …………………………………………………………… 272
　　习题与思考题 ……………………………………………………… 272
　　案例分析：企业商品归类错误涉嫌走私案 ……………………… 273

第十一章　外汇交易和外汇风险管理 ………………………………… 279
　　学习目标 …………………………………………………………… 279
　　第一节　外汇交易的类型 ………………………………………… 279
　　　　一、即期和远期外汇交易 …………………………………… 280
　　　　二、择期和掉期外汇交易 …………………………………… 281

三、外汇期货交易 …………………………………………………… 282
　　四、外汇期权交易 …………………………………………………… 284
第二节　外汇风险及其类型 ………………………………………………… 285
　　一、外汇风险界定 …………………………………………………… 285
　　二、外汇风险的类型 ………………………………………………… 285
专栏 11-1：外汇市场自律机制在人民币中间价报价模型中引入"逆周期因子"
　　　　　……………………………………………………………………… 286
第三节　不同外汇风险的管理 ……………………………………………… 288
　　一、外汇交易风险管理 ……………………………………………… 288
　　二、外汇经济风险管理 ……………………………………………… 289
　　三、外汇会计风险管理 ……………………………………………… 290
第四节　人民币汇率改革后中国企业如何防范汇率风险 ………………… 290
　　一、汇率短期变动及走势预测 ……………………………………… 291
　　二、涉外企业汇率风险防范的具体方法 …………………………… 291
　　三、不同汇率风险管理的综合方法 ………………………………… 294
专栏 11-2：离岸人民币市场建设与发展 …………………………………… 295
本章小结 ……………………………………………………………………… 298
重要概念 ……………………………………………………………………… 299
习题与思考题 ………………………………………………………………… 299
计算题 ………………………………………………………………………… 300
案例分析：美元走弱、人民币波幅扩大对中国企业外贸发展的影响 …… 300

第十二章　国际金融创新和银行业监管 …………………………… 312
学习目标 ……………………………………………………………………… 312
第一节　国际金融创新：类型与主要工具 ………………………………… 312
　　一、国际金融创新及其类型 ………………………………………… 312
　　二、主要金融创新工具 ……………………………………………… 314
专栏 12-1：沪港股票市场交易互联互通机制 ……………………………… 316
第二节　区域金融机构创新：亚投行和金砖国家新开发银行 …………… 317
　　一、亚洲基础设施投资银行 ………………………………………… 318
　　二、金砖国家新开发银行 …………………………………………… 318
　　三、亚投行与金砖国家新开发银行：比较分析 …………………… 319
第三节　金融创新的主要理论 ……………………………………………… 320
　　一、技术推进论和财富增长论 ……………………………………… 320

二、约束诱导论和规避管制论 ……………………………………………… 321
三、货币促成论和金融中介论 ……………………………………………… 322
四、制度改革论和交易成本论 ……………………………………………… 322
第四节 国际金融衍生产品及其新进展 …………………………………………… 323
一、国际金融衍生产品 ……………………………………………………… 323
二、国际金融衍生产品交易的发展趋势 …………………………………… 326
三、金融衍生产品交易的新进展：以美国和中国为例 …………………… 327
第五节 巴塞尔资本协议演进与中国银行业监管对策 …………………………… 328
一、巴塞尔委员会与国际银行业监管 ……………………………………… 328
二、《巴塞尔资本协议Ⅰ》《巴塞尔资本协议Ⅱ》和《巴塞尔资本协议Ⅲ》不断
强化对银行业的监管 …………………………………………………… 330
三、《巴塞尔资本协议Ⅲ》对中国银行业的影响 ………………………… 334
四、进一步提升中国银行业资本要求的对策 ……………………………… 337
第六节 国际金融监管改革的主要内容：2009—2016 …………………………… 338
一、资本监管及流动性监管改革 …………………………………………… 338
二、"大而不倒"与系统重要性金融机构监管 …………………………… 340
三、资产证券化和金融衍生品监管 ………………………………………… 341
四、影子银行监管 …………………………………………………………… 342
五、构建宏观审慎监管框架 ………………………………………………… 342
六、有效公司治理 …………………………………………………………… 343
本章小结 …………………………………………………………………………………… 344
重要概念 …………………………………………………………………………………… 345
习题与思考题 ……………………………………………………………………………… 345

参考文献 ……………………………………………………………………………… 347

附录 教学案例正文 ………………………………………………………………… 359
股权众筹平台风险研究：基于36氪平台"宏力能源"众筹项目的案例分析 ……… 359

第一部分
国际金融理论篇

　　国际金融理论与实务是融汇国际金融基本理论与具体实务案例的综合体,将系统地阐述国际金融的基本理论知识,重点介绍国际金融实务操作中的基本方法及专业知识技能。主要分为国际金融理论篇和国际金融实务篇。其中,国际金融理论篇主要包括七章:第一章外汇市场与汇率变动的影响,第二章汇率决定理论及其新发展,第三章国际收支失衡和调节理论,第四章汇率制度变迁与选择及中国汇率制度事例,第五章国际储备与人民币国际化,第六章货币危机理论及中国外债与地方债问题,第七章开放经济下内外平衡理论和宏观经济政策协调。其中,在每一章中都融入了中国案例问题分析。

第一章

外汇市场与汇率变动的影响

学习目标

1. 了解外汇市场功能、外汇市场压力和外汇市场干预。
2. 理解外汇和汇率相关问题、现代外汇市场的主要特征、汇率的决定基础及汇率调整,以及影响美元汇率变动的主要因素。
3. 掌握直接标价法与间接标价法的测算、相关汇率的计算及应用问题。
4. 学会分析美元汇率变动的经济影响,以及英镑暴跌对英国各行业的影响问题。

第一节 外汇与汇率问题

一、外汇问题

(一) 外汇的内涵及特征

外汇(foreign exchange),有动态的和静态的两种表述形式,而静态的外汇又有广义和狭义之分。外汇的动态含义是指一个国家的货币借助于各种国际结算工具,通过特定的金融机构,兑换成另一国货币的国际汇兑行为和过程。外汇的静态含义是指以外币表示的可用于对外支付的金融资产。

广义的静态外汇,通常用于国家的管理法令之中,它是指一切用外币表示的资产。狭义的静态外汇,是指以外国货币表示的能用来清算国际收支差额的资产。按照这一概念,只有存放在国外银行的外币资金,以及将对银行存款的索取权具体化了的外币票据,才构成外汇。

具体来看,外汇主要包括以外币表示的银行汇票、支票、银行存款等。人们常说的外汇就是这一狭义外汇。由此,外汇就是指以外国货币表示的可以用作国际清偿的支付手段和金融资产。

外汇具有三个基本特征:(1) 可自由兑换性。外汇是以外国货币表示的,必须具有充分的可兑换性。(2) 普遍接受性。外汇必须为各国普遍接受的支付手段,可用作对外支付的金融资产。(3) 可偿性。外汇必须是在国外能够得到补偿的债权,具有可靠的物质偿付保证。以上三个特征是作为"外汇"的充分条件,而作为"外汇"的必要条件是外汇必须为外国货币或以外币计值的金融资产。需要指出的是,不是所有的外国货币都能成为外汇的,只有为各国普遍接受的、可自由兑换的货币才能成为外汇。而任何以外币计值或表示的实物资产和无形资产并不构成外汇。

(二) 外汇的构成

实践中,各国外汇管理法令所规定的外汇有所不同。2008年8月1日,国务院第20次常务会议修订通过了《中华人民共和国外汇管理条例》。新条例第三条规定,外汇是指下列以外币表示的可以用作国际清偿的支付手段和资产。主要包括:(1) 外币现钞,包括纸币、铸币;(2) 外币支付凭证或者支付工具,包括票据、银行存款凭证、银行卡等;(3) 外币有价证券,包括债券、股票等;(4) 特别提款权;(5) 其他外汇资产。

二、汇率问题

(一) 汇率及其标价方法

汇率(exchange rate),是以一种货币表示的另一种货币的相对价格,在多元资产的时代更是一种资产价格。汇率是重要的,因为它使得我们能够将不同国家或地区的价格换算成可比较的价格。汇率通常标到小数点后第四位,其单位被称为"基点"。由于汇率是以一种货币表示的另一种货币的相对价格,因而汇率的表示方法出现了直接标价法和间接标价法两种方法。外汇汇率是以本币来表示一定单位的外币的价格。本书中未作说明的情况下,均采用直接标价法。

直接标价法(direct quotation),又称价格标价法或应付标价法,是指以本币表示一定单位外币的表示方法。也就是,以一定单位外国货币为标准,折算为若干单位本国货币的表示方法。现实中,中国采用直接标价法,如2017年5月17日,USD 100=CNY 689.76。在国际外汇市场上,大多数汇率都是直接标价法下的汇率,如美元兑日元、美元兑港元、美元兑人民币等。间接标价法(indirect quotation),又称数量标价法或应收标价法,是指以外币表示一定单位本币的表示方法。也就是,以一定单位的本国货币为标准,折算为若干单位外国货币的表示方法。现实中,英国采用间接标价法,如2017年5月17日,GBP 100=USD 129.21。目前,在国际外汇市场上,使用间接标价法的货币不多,主要有英镑、美元(除英联邦货币汇兑外)、澳大利亚元、新西兰元和欧元等。其他各国均以直接标价法表示对外汇率,美元兑英镑、欧元等汇率也采用直接标价法。

(二) 名义汇率和实际汇率

名义汇率(nominal rate),学术含义上,是本国消费者价格指数(P)与外国消费者价格指数(P^*)之比,即 $S=\dfrac{P}{P^*}$。实践中,它是市场汇率,是一种货币能兑换成另一种货币的数量。名义汇率是包括通货膨胀率影响在内的汇率,它不能反映两种货币的实际价值,它是随外汇市场上外汇供求变动而变动的外汇买卖价格。在中国,通常以直接标价法来表述名义汇率,名义汇率数值上升,代表着人民币贬值。理论上,假定一价定律有效,名义汇率才可写成:$S=\dfrac{P}{P^*}$。

实际汇率(real rate),学术含义上,是名义汇率(S)与外国消费者价格指数(P^*)和本国消费者价格指数(P)之比的乘积,即 $R = S \times \dfrac{P^*}{P}$。对实际汇率取自然对数后得到:$r = s-(p-p^*)$。其中,$r=\ln R$,$s=\ln S$,$p=\ln P$,$p^*=\ln P^*$。实践中,它是剔除了价格因素的汇率。一般来说,实际汇率等于名义汇率减去通货膨胀率。

Tyers 和 Zhang(2014)主张,名义汇率是不同国家或地区之间货币交换比率,很大程度上取决于其货币政策;实际汇率反映出国家或地区之间生产束交换比率,因而反映出相对竞争力和利润交易机会。

(三) 名义有效汇率和实际有效汇率

有效汇率(effective exchange rate),是指本国货币与其关系密切的其他国家货币双边汇率的加权平均数。实践中,往往要考察一国在多边贸易中的有效汇率。以贸易比重为权数的有效汇率反映的是一国在国际贸易中的总体竞争力和该国货币汇率的总体波动幅度。

以贸易比重为权数的名义有效汇率的公式如下:

$$NEER = \sum_{i=1}^{N} W_i \times S_i, \qquad \sum_{i=1}^{N} W_i = 1 \tag{1-1}$$

其中,$NEER$ 表示 A 国货币的名义有效汇率;W_i 表示第 i 种货币的贸易权数,等于 A 国对第 i 国出口贸易值与 A 国全部对外出口贸易值之比,其权数之和等于1;S_i 表示该国货币对第 i 种货币的双边汇率;N 表示该国选择的一组货币数量。有效汇率通常是以基期为100的指数形式给出,这样,有效汇率指数上升(或下降)意味着总体上该国货币对其他货币升值(或贬值)。这暗含着 S_i 是按照间接标价法界定的。理论上存在着许多有效汇率,但是权数通常是与 A 国和 i 国外贸份额有关的[①]。

实际有效汇率(REER)是以同样的方式被界定为:

$$REER = \sum_{i=1}^{N} W_i \times R_i, \qquad \sum_{i=1}^{N} W_i = 1 \tag{1-2}$$

其中,R_i 表示该国货币对第 i 种货币的双边实际汇率。REER 是一国产品国际竞争力的最好测度,实际有效汇率上升,则意味着竞争力的丧失。

总之,对于 IMF 分类的所有国家来说,IMF 的有效汇率指数往往是以特定年度为基期100,有效汇率数值上升,代表着货币升值。这是对一国产品国际竞争力的最好测度,实际有效汇率上升,意味着该国出口竞争力的损失。

(四) 巴拉萨-萨缪尔森效应(Balassa-Samuelson effect)

学术研究中,实际汇率有时候被表示为非贸易品价格相对于贸易品价格。贸易品被认为是可以忽略运输成本的产品。假定价格指数是非贸易品价格和贸易品价格的几何加权平均:

---

① Gandolfo, G.(2004), *Elements of International Economics*, Berlin: Springer-Verlag, p.14.

$$P = P_N^b \cdot P_T^{1-b} = (P_N/P_T)^b \cdot P_T \tag{1-3}$$

那么,实际汇率:

$$R = S \times \frac{P^*}{P} = S \cdot \frac{(P_N^*/P_T^*)^b \cdot P_T^*}{(P_N/P_T)^b \cdot P_T} = \left[S \cdot \frac{P_T^*}{P_T}\right] \cdot \left[\frac{(P_N^*/P_T^*)^b}{(P_N/P_T)^b}\right] \tag{1-4}$$

这表明,实际汇率等于贸易品实际汇率乘以外国与国内非贸易品与贸易品相对价格的比率。如果对于贸易品一价定律成立,那么贸易品的实际汇率 $S \cdot (P_T^*/P_T)$ 等于1。这样,给定 P_N^*/P_T^*,则实际汇率 R 与 P_T/P_N 同方向变动。据此,给定贸易品部门与非贸易品部门之间内部劳动力流动,则贸易品部门生产率的更快增长暗含着非贸易品相对价格也趋向于增长,结果表现为货币实际升值,即出现所谓的巴拉萨-萨缪尔森效应。

(五) 汇率指数

在外汇市场上,常见一种货币相对于另一种外币价值上升,同时相对于第三种外币价值贬值。由此,汇率指数就被构建出来以测算一种货币相对于其他几种货币的平均值。

汇率指数(exchange rate index),表示一种货币相对于其他货币的价值加权平均,其中,权数是基于每种货币在国际贸易中的重要性或份额来决定的。双边汇率指数,是选定一种汇率,确定基期后,所得出的某一个时期的汇率指数,以 SI_i 表示。多边汇率指数,是在确定统一的基期和计算口径,选择一种平均法后,用两个以上的双边汇率指数计算出的一种平均指数,也称为有效汇率指数,即 $SI_I = \frac{\sum SI_i}{n}$。当一种货币的多边汇率变动重要时,双边汇率就不是令人满意的。经济学界引入了一种加权平均的名义有效汇率(NEER),它是根据一定的权重对测算国与若干样本国的名义双边汇率进行加权得到的汇率。实际有效汇率(REER)是在名义有效汇率的基础上除去价格指数的影响得到的。虽然经济理论和实践都无法明确表明哪个汇率指数是最好的,但使用的最好汇率指数将取决于解决的问题。由于实际有效汇率更加准确地反映了一国相对于其贸易伙伴国的竞争力,因而得到了学界和政策制定者们的重视。目前,多采用几何加权平均法来测算实际有效汇率指数,因为在几何加权平均法下,一种货币相同比例的升值或贬值,对有效汇率指数有方向相反但数值大小相同的影响;而在算术加权平均法下,类似的变动会导致有效汇率指数有向上偏移。

第二节 外汇市场功能和中国外汇市场特征

一、外汇市场及其功能

(一) 外汇市场

外汇市场是指由银行等金融机构、自营交易商、大型跨国企业参与的,通过中介机构或电讯系统联结的,以各种货币为买卖对象的交易市场。它可以是有形的——如外汇交易所,也可以是无形的——如通过电讯系统交易的银行间外汇交易。广义的外汇市场是指所有从事外汇买卖的交易行为和场所。狭义的外汇市场是指外汇银行之间进行外汇交易的行为和场所,即银行同业间外汇交易市场。目前,世界上有30多个主要的外汇市场。其中,最重要的有欧洲的伦敦、法兰克福、苏黎世和巴黎,北美洲的纽约和洛杉矶,亚太地区的悉尼、东京、新加坡和香港。每个市场都有其固定和特有的特点,但所有市场都有共性。各市场被距离和时间所隔,它们敏感地相互影响又各自独立。一个中心每天营业结束后,就把订单传递到别的中心,有时就为下一市场的开盘定下了基调。

(二) 外汇市场的主要功能

1. 资金或购买力转移功能(the transfer function of funds),即将资金或购买力从一国和一种货币转移到另一国和转换成另一种货币。这一功能是通过电子转移和互联网来实现的。借助此,国内一家银行能够给外汇中心的关联银行发出指令流,要求其支付特定数量的本地货币给个人、企业或指定账户中。在一国居民外汇交易过程中,该国商业银行充当着外汇需求和外汇供给的票据交换所功能。如果一国对外汇的总需求超过其总供给,该国中央银行将充当起最后贷款人角色,其外汇储备将减少。反之,一国对外汇的总需求小于其总供给将造成外汇储备增加。

2. 信用功能(the credit function)。当商品在途和允许进口商时间来销售商品、做出支付时,通常需要信用。但是,出口商通常在商业银行贴现进口商的债务。结果,出口商提前获得支付款,而商业银行将到时从进口商那里收回款项。

3. 为套期保值者和投机者提供融通便利(the facilities for hedging and speculation)。如今,大约90%的外汇交易反映出纯粹的金融交易,只有大约10%是贸易融资。

外汇市场对于经济主体调剂外汇资金的余缺、提供避免外汇风险的手段,以及中央银行进行稳定汇率的操作等都具有重要的作用。因此,世界各国必须要保护和健全外汇市场的正常运行机制,避免汇率剧烈波动,以维护世界经济的健康发展。

二、现代外汇市场的主要特征

由于所处的时区不同,各外汇市场在营业时间上此开彼关,它们相互之间通过先进的通讯设备和计算机网络连成一体,市场的参与者可以在世界各地进行交易,外汇资金流动顺畅,市场间的汇率差异极小,形成了全球一体化运作、全天候运行的统一的国际外汇市场。主要特征有以下四个。

1. 有市无场。起初西方工业国家集中买卖金融商品,其报价、交易时间和程序都有统一的规定,并成立了同业协会,制定了同业守则,投资者通过经纪公司买卖自己所需的商品,这就是有市有场。而现在大部分外汇买卖是通过计算机网络系统进行的,未必像股票交易那样要有固定的地点和时间。市场采取大家认同的方式来联系,交易商也不需要具备任何组织的会员资格,只需获得同行业信任即可。这种没有统一场地的外汇交易市场,被称为有市无场,这是全球外汇交易市场的重要特征。

2. 全球金融中心一体化。由于全球各金融中心的地理位置不同,亚洲、欧洲、美洲市场,因时间差的关系,依靠现代电信、互联网技术使得这些金融中心相互联系,形成一个全天24小时连续作业的全球统一的外汇市场。目前,世界上大约有30个主要的外汇市场。

全球一体化的运作为投资者提供了没有时间和空间障碍的投资场所,投资者可以寻找最佳时机进行交易。比如,投资者若在上午纽约市场买进美元,晚间香港市场开市后美元上扬,投资者就在香港市场抛出。任何时候他都可以参与任何市场的外汇交易。因此,外汇市场已形成一个不受时间和空间限制的全球一体化市场。

3. 没有明显的套利机会。全球金融中心一体化意味着没有明显的套利机会。美元在众多的外汇交易中发挥着中枢的作用,美元有时被称为媒介货币(vehicle currency)。媒介货币是一种在发行该种货币以外国家的国际交易中被广泛用作度量标准的货币。1999年欧元诞生后,演变成一种与美元抗衡的媒介货币。

4. 零和游戏。在外汇市场,汇率波动所表示的价值量的变化和股票价值量的变化意义完全不同,这是因为汇率变化实际上是一种货币的价值在减少的同时、另一种货币的价值在增加。例如,人民币某股票价格从80元下跌到40元,这时该股票的价值也就减少了一半。而在外汇市场,如果1美元=8元人民币,下降到只能兑换6元人民币时,我们说人民币币值在上升,美元币值下降了,从总的价值量来说,变来变去,不会增加价值,也不会减少价值。因此,我们有时把外汇交易称为零和游戏,更确切地说,是财富的转移。

三、中国外汇市场及其主要特征

中国外汇市场是银行间各种外汇交易发生的市场,该市场的参与主体有商业银行、国际公司、非银行金融机构、中央银行和个体(企业和居民户)。主要参与者是商业银行、国际公司、非银行金融机构、中央银行。其中,银行间外汇交易占到外汇市场交易活动的大多数。

在1994年汇率并轨之前,由于对外汇市场直接和间接的官方干预,使得中国外汇交易的黑市市场交易变得活跃。由于对进入外汇市场的种种限制,使得黑市交易成为中国经济活动和货币生活的基石。黑市外汇供给商是与旅游业相关的本土居民户、汇款回来的海外华人和从事贸易的本土人士。1994年汇率并轨之前,私营和国有企业给黑市提供较大份额的外汇。中国外汇黑市上对外汇的需求商来自那些去国外度假和学习者、需要外汇进口原材料和设备的私营企业和国有企业,以及走私汽车、电视机和香烟的走私者(Phylaktis & Girardin, 2001)。总的来说,1994年之前,中国外汇市场上有三种汇率共存:官方汇率(固定、很少变化)、调剂汇率(中国企业相互调剂外汇额度),以及黑市汇率或平行市场汇率(由于政府干预汇率、垄断外汇使用,致使由市场决定的外汇黑市出现)。

中国现有的外汇市场是以中国外汇交易系统为中心,在1994年外汇管理体制改革基础上建立起来的。据《2016年中国国际收支报告》统计显示,2016年,人民币外汇市场累计成交20万亿美元(日均832亿美元),较上年增长14%。其中,银行对客户市场和银行间外汇市场分别成交3万亿美元和17万亿美元;即期和衍生产品分别成交9万亿美元和11万亿美元,衍生产品在外汇市场交易总量中的比重升至历史新高的56%,交易产品构成进一步接近全球外汇市场状况。

现阶段,中国外汇市场呈现出以下主要特征:(1)实行强制性的集中交易模式,即银行间外汇交易必须通过中国外汇交易中心进行,不得进行场外交易。(2)市场结构上,外汇交易中心实行会员制,对非中央银行会员核定外汇周转限额,超买和超卖额度必须在当日内平盘。在市场参与主体方面,截至 2017 年 4 月 30 日,国内共有 34 家银行成为银行间外汇市场做市商[①]。这些外汇指定银行与客户之间、与外汇指定银行之间,以及与中央银行之间进行外汇交易。(3) 银行间外汇市场采用电子竞价交易方式,价格形成采用订单驱动机制,外汇交易中心运用现代化的通讯网络和计算机联网为各金融机构提供外汇交易与清算服务。(4) 中国外汇市场对外开放程度增加。自 2016 年 1 月 4 日起,银行间外汇市场交易系统每日运行时间延长至北京时间 23:30,同时进一步引入合格境外主体,允许符合一定条件的人民币购售业务境外参加行进入银行间外汇市场。(5) 决定市场汇率的基础是外汇市场的供求情况。中国人民银行外汇管理局每日公布基准汇率,对外汇市场进行宏观调控和管理。

第三节 外汇市场压力和外汇市场干预

一、外汇市场压力

外汇市场压力通常是与官方持有的外汇储备变动和名义汇率变化相关的。(1) 在完全固定的汇率制度下,中央银行原则上不得不通过无限的外汇购买或售卖来捍卫承诺的汇率平价,以防出现过度的外汇供给或外汇需求。(2) 在完全浮动的汇率制度下,中央银行没有汇率承诺,汇率总体上自由地吸收本币需求和供给的任何变化。(3) 在中间汇率制度下,对本币过度的需求或供给压力通常通过官方储备变动和汇率变化的组合来释放外汇市场压力。

Girton 和 Roper(1977)首次提出外汇市场压力概念,构建出 EMP 指数,综合了国际储备变动和汇率变化。在 Roper 和 Turnovsky(1980)框架下,虽然 EMP 指数仍旧是国际储备变动和汇率变化的线性组合,但是两个部分的权重不再是一样的。关于 EMP 指数最重要的研究是由 Weymark(1997)完成的,她指出 Girton 和 Roper(1977)使用 EMP 术语来表示货币市场失衡的大小,这种失衡要么通过国际储备、要么通过汇率变化来消除。不过,Girton-Roper 公式存在两个缺陷:一是 Girton-Roper 是从严格限制的货币模型中得出其测算,以致特定模型的公式并不适用于其他模型;二是 Girton-Roper 并没有获得其 EMP 的测度,他们的方法无法确认 EMP 的唯一公式,使得其公式的选择有些主观随意。Girton-Roper 将 EMP 界定为对本国货币市场上货币的过度需求,而 Weymark 将 EMP 界定为在国际市场上对本国货币的过度需求,后者能够获得与模型一致的 EMP 的测度,而不用强调使用汇率决定的货币分析法。

二、外汇市场干预

日益增加的汇率弹性意味着外汇市场的干预能够从固定汇率的传统任务中解脱出

---

① 银行间外汇市场做市商是指经国家外汇管理局核准,在中国银行间外汇市场进行人民币与外币交易时,承担向市场会员持续提供买、卖价格义务,通过自身的买卖行为为市场提供流动性的银行间外汇市场成员。

来。Roper 和 Turnovsky(1980)认为,外汇干预的规则是要在开放经济的随机模型中稳定本国收入。外汇市场压力变化是通过汇率变化来吸收,或通过国际储备变动来吸收,还是通过本国货币条件变化来吸收呢? 外汇市场适当的干预水平将在一国国际储备水平变动和该国汇率变化之间进行权衡。最优的干预政策既不会支持纯粹浮动汇率,也不会支持完全固定汇率。

Weymark(1997)修正了 Girton-Roper 模型的局限性,引入央行干预活动指数,构建出一个具有理性预期的小型开放经济模型来分析外汇市场压力和央行在外汇市场上的干预活动。Weymark 认为,外汇市场压力是一种汇总统计量,是测算国际市场上对一种货币总的过度需求,因而需要汇率变化、外汇市场干预来消除这种过度的需求。外汇市场干预指数(intervention index)将外汇市场干预程度测算为外汇市场干预释放出的外汇市场压力的比率。外汇干预指数包括所有可能的外汇管理制度,被用于产生双边和多边外汇干预活动的统计量。外汇干预指数的分子为直接观察到的货币当局进行外汇市场干预的数量,其分母(外汇市场压力)一般无法直接被观察到,需要计算得到 EMP。

三、外汇市场压力的测度

Weymark(1997)引入一个参数进入 EMP 指数,该参数是一个转换因子,代表 EMP 指数中汇率变化相对于干预变动(以国际储备变动测度)的相对权重。Liu 和 Zhang(2009)认为,定义的 EMP 指数和该参数是在汇率决定理论的结构模型基础上估计的。这类 EMP 指数被称为依赖于模型的指数,估计这一指数的方法被称为依赖于模型的方法。Eichengreen 等(1995)对此方法提出了批评,认为汇率决定的结构模型是难以解释和无法预测短期内的汇率波动,新近的研究证实,随机游走要比汇率决定的复杂结构模型更好地预测汇率。为此,Eichengreen 等(1995)、Sachs 等(1996)提出了独立于模型的 EMP 指数,是利率差距、双边汇率百分比变化和外汇储备百分比变动的线性组合,表示为:

$$EMP_t = \Delta s_t + w_1 \Delta i_t + w_2 \Delta r_t \tag{1-5}$$

其中,s 和 r 是双边汇率和外汇储备,取了自然对数;Δi_t 是利率差距;w_1 和 w_2 是利率变化和国际储备变动的权重。如果该指数小于 0,则本国货币面临升值压力;否则,面临贬值压力。

Liu 和 Zhang(2009)认为,虽然对依赖于模型的 EMP 指数及其分析方法存在着诸多批评,但是独立于模型的 EMP 指数也不是完美的。Patnaik、Felman 和 Shah(2017)指出,EMP 测度汇率总的压力,要么通过外汇干预抵御压力,要么通过汇率变化来释放压力。问题是测算 EMP 需要综合观察到的汇率变化(汇率百分比变化)与观察到的外汇干预(国际储备变化)。早期测算 EMP 的努力直接使用货币模型,而近年来更多的努力是关注于综合使用国际储备变动和汇率变化来测算 EMP 指数。

四、外汇市场压力在中国外汇市场上的应用

过去十多年,人民币一直遭受很大的升值压力,中国人民银行频繁地干预外汇市场来

稳定人民币汇率。为此,进行人民币外汇市场压力(EMP)估计研究变得重要。EMP 指标有助于测度一国央行外汇市场干预,估算货币在外汇市场上面临的压力。EMP 指标测度可以为央行干预外汇市场操作提供一个可预测的指标(Liu & Zhang,2009)。有关人民币 EMP 研究,Zhu(2003)使用季度数据来估计人民币 EMP 指数,测算人民银行的外汇干预。但是,该文没有考虑独立于模型的方法测算人民币 EMP 指数。Liu 和 Zhang(2009)利用月度数据,使用依赖于模型和独立于模型的方法来估计人民币 EMP,以及人民银行的干预程度,可以避免季度数据估计导致的不正确估计。

依赖于模型的 EMP 指数和外汇干预指数框架下,Liu 和 Zhang(2009)使用小型开放经济模型来估计 EMP 指数,这一做法得到了一些经验证据支持。如果中央银行允许汇率变化来释放本币面临的所有升值或贬值压力,这就意味着没有国际储备变动,暗含着经济体将采用纯粹浮动汇率制度。但是,如果央行通过外汇市场干预来释放所有外汇压力,这意味着该国采用固定汇率制度。如果央行部分通过汇率变化、部分通过外汇市场干预来吸收外汇压力,这意味着该国将采用中间汇率制度。据此,依赖于模型的 EMP 指数和央行干预指数($INTER_t$)可写成:

$$EMP_t = \Delta s_t + w_2 \Delta r_t \tag{1-6}$$

$$INTER_t = \frac{w_2 \Delta r_t}{\Delta s_t + w_2 \Delta r_t} \tag{1-7}$$

如果 INTER 指数等于 1,意味着中央银行严重干预外汇市场,央行干预能够释放所有外汇市场压力。这样,国家实际上采用了固定汇率制度,尽管其宣传的是不同的汇率制度。

鉴于汇率决定的结构模型不能超越随机游走模型来预测短期汇率波动,Eichengreen 等(1995)提出新的 EMP 指数,该指数构成的权重不是通过结构模型获得的,称为相对简单的独立于模型的 EMP 指数,是利率差距、双边汇率百分比变化和国际储备百分比变动的线性组合。可写成:

$$EMP_t = \frac{\Delta S_t}{S_t} - \frac{1}{\sigma_r}\left[\frac{\Delta R_t}{B_t} - \frac{\Delta R_t^f}{B_t^f}\right] + \frac{1}{\sigma_i}(\Delta i_t - \Delta i_t^f) \tag{1-8}$$

其中,S_t 表示双边汇率水平,σ_r 是本国外汇储备(R_t)与本国基础货币(B_t)、外国外汇储备(R_t^f)与外国基础货币(B_t^f)比率相对变化之差的标准差,σ_i 是名义利率差额的标准差。Liu 和 Zhang(2009)使用依赖于模型和独立于模型的方法分别来测算人民币 EMP 指数以及人民银行的外汇干预。1996 年,中国开始了市场化导向的利率改革。这为人民银行通过间接渠道干预外汇市场成为可能。研究发现,使用依赖于模型测度的人民币 EMP 指数与使用独立于模型测度的人民币 EMP 指数之间存在显著的差异,并且,在估算人民银行对外汇市场干预上也存在显著的差异。据此,测算的 EMP 指数表明,人民币一直面临着升值压力,为了稳定人民币汇率,中国人民银行不得不干预外汇市场。人民币外汇市场压力主要由干预活动而非人民币汇率变化来释放的。因此,人民币汇率制度并非像中国人民银行宣布的那样具有弹性的。2005年7月至2008年6月,人民币EMP在汇改后是过度的。为了应对潜在的危机,中国人民银行应允许人民币汇率制度更多的弹性,减少对外汇市场的干预,允许人民币去除更多的升值压力以避免危机。

第四节 不同货币本位下汇率的决定基础及调整[①]

汇率是两种货币兑换的比率,决定这种兑换比率的基础是各国货币本身所具有的或代表的价值量。在不同的货币本位制度下,由于货币的发行、种类和形态各不相同,各国货币所具有或代表的价值量也不一样,因而汇率决定的基础存在着差异。

一、金本位制度下汇率的决定与调整

1821年,英国是世界上最早实行金本位制度(the gold standard)的国家。此后,到19世纪70年代末,世界上主要的经济大国都相继实行了金本位制度。金本位制度是以黄金为本位货币的货币制度,包括金币本位制、金块本位制和金汇兑本位制。其中,金币本位制是典型的金本位制度。第一次世界大战爆发后,各国加强了对黄金输出及黄金兑换的限制,使金本位制度告一段落。

(一)金本位制度下汇率的决定基础

1. 金币本位制度下汇率的决定基础——铸币平价。

在金币本位制度下,汇率的决定基础是贵金属货币的含金量,各国以立法程序规定了本国货币的含金量,含金量也称为金平价,汇率就是两国货币以其规定的含金量为基础而确定的兑换比率。一般将两国货币含金量之比称为铸币平价(Mint Par),汇率波动幅度是黄金输送点。因此,在金币本位制度下,铸币平价成为汇率的决定基础。黄金输送点就是引起黄金输出或输入的汇率,即黄金输出或输入的运输成本与两国间的铸币平价之和,它是在金币本位制度下决定汇率波动的关键界限。

2. 金块和金汇兑本位制度下汇率的决定基础——法定平价。

在金块和金汇兑本位制度下,货币汇率由纸币所代表的含金量之比来决定,称之为法定平价(legal parity)。与金币本位制度时的情况相比,其汇率的稳定程度已降低。这种法定兑换比率是两国货币兑换的基本标准,一般不会轻易变动。但是,这种法定兑换比率并不是外汇市场上的汇率,外汇市场上的汇率受外汇供求关系的影响,会围绕法定平价而上下波动。

(二)金本位制度下汇率的调整

在金本位制度下,如果一国对外贸易持续出现逆差,其市场汇率下跌至黄金输出点(gold export point),促使黄金外流,逆差国的货币供给量因之减少,物价随之下跌,使该国出口商品的竞争力增强,会导致出口增加,最后贸易收支恢复平衡。这一机制成立的前

[①] 本节参考沈国兵:《国际金融(第二版)》,北京:北京大学出版社,2013年版第24—26页。

提条件是实施金本位的各国均能遵守实行金本位制度的规则：(1) 所有参加国的货币均以一定数量的黄金定值；(2) 本国货币当局随时准备以本国货币固定的价格无限量买入或卖出黄金；(3) 各国黄金与金币能够自由地输出或输入。

在金本位制度下，如果外汇的价格太高，进口商就不愿意购买外汇，而宁可运送黄金进行清算。但运送黄金需要种种费用，如包装费、运输费、保险费和运送期间的利息损失等。假如在美国和英国之间 1 英镑黄金的运送费用为 0.03 美元，那么铸币平价 4.866 5 美元加上运送费用 0.03 美元就等于 4.896 5 美元。如果 1 英镑的兑换汇率高于 4.896 5 美元，美国的进口商就宁愿以运送黄金的方式完成结算，1 英镑兑 4.896 5 美元是美国对英国的黄金输出点。铸币平价 4.866 5 美元减去运送费用 0.03 美元等于 4.836 5 美元，如果外汇市场上 1 英镑的汇价低于 4.836 5 美元，美国的出口商就不愿按此低汇率将英镑换成美元而宁愿从英国输入黄金，1 英镑兑 4.836 5 美元是美国从英国的黄金输入点。黄金输出、输入的界限称为黄金输送点。由于黄金输送点限制了汇率的变动，所以，在金本位制度下汇率变动的幅度较小，在黄金输送点之间自动调整，基本上是稳定的。

关于黄金输送点的计算问题，关键要抓住两点：一是针对进口商或出口商的外汇是何种货币？二是铸币平价是多少？据此，就可以解决问题了。上题若改为站在英国角度的进口商和出口商，英国的黄金输出点和输入点是多少？首先，对于英国进口商或出口商，其外汇是美元，其铸币平价是 1 美元 = 1/4.866 5 = 0.205 5 英镑，其运送成本是 0.006 2 英镑。这样，英国进口商的黄金输出点是 1 美元兑换 0.211 7 英镑（铸币平价 + 黄金运送成本）。也就是，若 1 美元兑换汇率高于 0.211 7 英镑，英国进口商就宁愿输出黄金结算。英国出口商的黄金输入点是 1 美元兑换 0.199 3 英镑（铸币平价 − 黄金运送成本）。也就是，若 1 美元兑换汇率低于 0.199 3 英镑，英国出口商就宁愿输入黄金结算。

第一次世界大战后，金币本位制趋于瓦解。各国分别实行两种变形的金本位制度，即没有金币流通的金块本位制和金汇兑本位制，汇率的决定已不是两国货币的实际含金量之比，而是各自所代表的名义含金量之比，汇率失去了稳定的物质条件。

二、纸币流通制度下汇率的决定与调整

（一）纸币流通制度下汇率的决定基础——价值量或购买力平价

在实行纸币制度的初期，各国政府都参照过去流通的金属货币的含金量，用法令规定纸币的金平价（gold parity），即纸币所代表的含金量。两国货币的金平价应当是决定汇率的依据，但是由于纸币不能自由兑换黄金，实际上流通是不兑换的纸币。在这种情形下，中央银行发行货币可以不受黄金储备的限制，使得纸币的金平价与它实际所代表的黄金量严重脱节，于是通货膨胀成为经常现象。在通货膨胀情形下，两国通货膨胀率差异是影响汇率变动的重要因素。事实上，由于存在通货膨胀，汇率并非由不兑换的纸币的金平价决定，而是由纸币各自所代表的价值量来决定。

第二次世界大战后，建立了布雷顿森林体系，美元与黄金挂钩，规定每盎司黄金等于 35 美元，其他各成员国货币与美元挂钩。布雷顿森林体系成为一种以美元为中心的固定

汇率制度,汇率由各国货币与美元的货币平价来决定。1973年3月以后,布雷顿森林体系崩溃,货币与黄金脱钩。各国货币不再规定含金量,货币的兑换完全脱离了黄金的制约,各国货币的兑换比率由外汇市场上的供求状况来决定。

在纸币流通制度下,纸币本身不包含含金量和价值量,只是价值符号,但是纸币通过法律规定在流通中代表一定的含金量和价值量执行货币的职能。因此,在纸币流通制度下,汇率实质上是两国货币以各自所代表的价值量或购买力为基础而形成的兑换比率。各国纸币实际代表的价值量或购买力的对比,便成为决定各国货币汇率的基础。纸币流通制度下的市场汇率是由外汇供求所决定的。

(二) 纸币流通制度下汇率的调整

实行纸币流通制度以后,汇率变动已不受金本位制度下黄金输送点的限制,在金本位制度废止到布雷顿森林体系建立的过渡期间,各国政府一般采取三种方式调整汇率:(1) 限制货币的兑换和资本流动,减少本国居民的投机性交易,使汇率保持相对稳定;(2) 建立外汇平准基金,例如,英国英格兰银行于1932年建立外汇稳定账户来平抑汇价;(3) 政府通过对本国货币的法定贬值调整名义汇率,以达到调整实际汇率或市场汇率的目的。在布雷顿森林体系下,国际货币基金组织各会员国达成协议,必须将汇率维持在±1%限度内(1971年12月后,这一限度扩大到±2.25%),各会员国货币当局有义务通过行政或市场手段维持这种固定汇率制度,并且规定在征得国际货币基金组织允许之前,各会员国不得随意调整已确定的金平价。因此,这段时期的汇率是在规定的限度内调整。布雷顿森林体系崩溃后,汇率调整的范围没有明确限制,各国政府各行其是,大都根据本国国内的经济发展需求调整汇率。一般地,外汇市场汇率是以市场供求调节为主,各国政府干预外汇市场的手段也主要是直接进入外汇市场,通过买卖外汇调节外汇供求关系来影响汇率。

第五节 美元汇率变动及其影响

外汇汇率作为两国货币之间的比价,同其他商品一样,其波动同样受到外汇市场上供求关系的影响。从基本面来看,影响汇率变动的因素主要分为中长期因素和短期因素。中长期因素主要包括国际收支状况、通货膨胀率差异、经济增长率差异、宏观经济政策导向等。短期因素主要包括经济数据的公布、市场预期因素、利率差异、政治因素、央行干预、国际短期资本流动等。而美元作为国际本位货币,充当国际流动性(liquidity)清偿货币的角色;同时,美元作为美国的国内货币,又不得不有节制地发行,才能保持美元自身的信用(credibility)。这使得美元的汇率变动变得复杂,而美国是中国最大的出口对象国,由此,美元汇率变动势必对中国经济和金融产生较大的影响。

一、影响美元汇率变动的主要因素

2007年美国次贷危机之后,美联储通过4轮量化宽松的货币政策以促进美国经济复苏,美国联邦基金目标利率一直保持在0%—0.25%的低水平。次贷危机使得美元汇率全面走弱、同期人民币不断升值,由此,引发各界对美元汇率变动的特别关注。那么,是哪些因素影响美元汇率变动呢?根据对现有文献来看,影响美元汇率变动的因素主要有五个。

1. 美国贸易逆差因素。高海红(2005)提出,决定美元贬值的根本因素是美国长期累积的经常项目逆差的不可持续性。Goldberg 和 Dillon(2007)指出,虽然美元走弱促进外国对美国出口的需求,但是美元走弱不可能单独地了结美国贸易逆差。Obstfeld 和 Rogoff(2005)、Krugman(2007)主张,美元走弱对于美国经常账户逆差调整是必需的,并且美元贬值会减少美国净外债。

2. 美国财政赤字因素。Frankel(2006)认为,给定美国巨额的财政预算赤字,则美元贬值是合意的,过去几年已经发生的美元贬值,将最终表现在贸易差额上。Gong(2010)指出,美元走弱的主要动因是,美国在过去十年内累积的超过万亿美元的巨额财政赤字只能依靠"印钞票"来解决,这严重地削弱了美元的币值。

3. 美国产出增长率因素。Vlaar(2007)构造一个修正的资产组合平衡模型并证实,潜在产出增长率的提高可以通过吸引 FDI 流入来推动美元升值,当产出增长率持续提高时,便会形成强势美元周期,而产出缺口的扩大会消耗美国所持有的外国资产,推动美元弱势调整。

4. 失业率因素。美国居高不下的失业率是推动美元走弱的主要因素之一。Frenkel 和 Ros(2006)考察了实际汇率与失业率之间的关系,研究显示,实际汇率通过宏观经济、劳动密集度和经济发展三个渠道影响到失业率的波动。给定其他总需求的决定因素,则货币实际贬值导致更高的净出口,进而拉高对国内经济活动的需求,产生更高水平的产出和就业。据此,考虑到解决失业问题一直是美国政府经济决策的重要目标之一,我们将失业率视为推动美元弱势调整的一个决定因素。

5. 政治因素。Blomberg 和 Hess(1997)、Moore 和 Tamny(2008)研究提出,政治因素是导致美元汇率变化调整的一个不可忽视的动因。

基于上述研究,沈国兵(2014)认为,美元实际汇率变动内生地取决于:美国实际GDP、美国实际货币供给量、美国实际政府支出或财政赤字、外国实际 GDP 以及美国实际贸易逆差等因素。Morana(2009)也证实,就汇率变动来看,宏观经济变动总是比汇率变动本身有着更强的解释力,存在着从宏观经济变动到汇率变动更强的因果关系。

现实中,随着美国逐步走出危机的阴霾,并于 2015 年年底首次上调联邦基金目标利率至 0.25%—0.5%,美元随之开始走向升值。

二、美元汇率变动的经济影响

美元贬值通常伴随"去美元化"的趋势,而美元升值则会吸引资金回流,有效对冲全球"去美元化"进程。自 2002 年起,长达十多年的美元贬值过程使世界不堪重负,随后的金融危机更让美元信用扫地。对此,美国首先通过量化宽松的货币政策刺激经济复苏,逐步走出危机阴霾;并通过加息预期管理、美元升值,引导资金涌向美国,维护美元硬通货的地位,巩固其全球经济领导地位;再通过金融管道将资金分配给本国企业,为本国经济发展补充新能量。特别是 2015 年以来，美国通过美元升值来稳定全球对美元的信心，并推动石油以及国际大宗商品美元价格下跌，有效防止了全球投资者抛售美元，在一定程度上对冲了全球"去美元化"的进程①。

美国一直是我国的重要贸易国、最大的出口市场国，其汇率变动将对中美贸易产生直接影响。美元汇率变动将影响我国的外债币种结构和外债规模。美元汇率变化会直接影响到中国的外汇储备，需要考虑美元在我国外汇储备中占有的比重。美元贬值、美国国内利率提高将增加我国的对外直接投资和证券投资，这会使得国内流通的人民币相对减少，对物价下降造成影响。但是，汇率变化不是引起经济波动的重要原因。汇率冲击对于真实汇率波动和名义汇率波动的解释作用仅有约 16% 和 32%，而需求冲击对这两个内生变量的解释作用要大得多。也就是说，汇率冲击不是真实汇率和名义汇率波动的主要原因。因此，汇率冲击不是引起中国实体经济波动的重要原因②。

中美之间的汇率变动对两国会产生什么样的影响？对于这个问题的回答不能一概而论，即使是同一个国家中不同部门受汇率变化带来的影响也有不同，不同部门利益的影响需要放在一个统一的框架下进行分析。中美两国之间的汇率变化对两国利益造成了直接的影响，总的来说，人民币对美元的升值将会使美国获益，而中国遭受损失；人民币对美元的贬值将会使中国获益，而美国遭受损失。这一结论与现实情况相符合，由于中国出口商品大多数为加工制品，产品自身的国际竞争力不强，一直以来都是依靠汇率优势保证自己的出口份额。中国是美国最大的对外贸易伙伴之一，而美国为了自身的利益长期以来都在要求人民币升值。沈国兵、黄铄珺（2017）研究证实，中国对美国一般贸易品各技术类别产品出口份额受产品实际汇率的影响有着明显的差异。中美宏观层面实际汇率升值提升了中国对美国一般贸易品出口技术结构，次贷危机后实际汇率波动的增大不利于中国对美国产品出口技术结构的提升。

美元作为重要的世界货币，美联储在调控货币政策时更有可能成为"世界最大的汇率操纵国"。2007 年次贷危机爆发后，美国实施的量化宽松货币政策就是十分典型的例证。一旦美国开始有意或无意地主动改变人民币相对汇率水平，必然会对中国的经济产生巨大影响。因此，中国在面对上述环境形势下，必须加强有管理浮动汇率制度的实施，进一步完善人民币汇率形成机制，并积极投入到重建全球货币体系之中，不能再任由美元主导全球货币体系③。

专栏 1-1

美联储的功能及其加息对中国经贸和金融市场的影响

美联储作为美国的中央银行，其主要任务是维持美国经济健康运行，创造足够的就业，维持物价稳定。由此，美联储关注的主要目标是美国的失业率和通胀率。按照 1913 年美国《联邦储备法》，美联储是由在华盛顿的联邦储备局和分布美国各地区的 12 个联邦储备银行组成。12 个联邦储备银行总部分别位于波士顿、纽约、费城、克

---

① 中银研究（2016）：《宏观观察》第 23 期，第 3 页。
② 邹宏元、罗然（2017）："中美汇率是中国经济波动的原因还是稳定器"，《国际货币评论》第 4 期，第 53 页。
③ 林远（2014）："中美汇率变动对两国利益有何影响"，《财经科学》第 8 期，第 19 页。

里夫兰德、里士满、亚特兰大、芝加哥、圣路易斯、明尼阿波利斯、堪萨斯城、达拉斯和旧金山,每个联邦储备银行各自负责一个大区。每个分行的主要责任之一是研究一段时期该储备区内的宏观、微观和金融市场现状。美联储的核心部门是联邦公开市场委员会会议(FOMC)。FOMC每年要召开八次常规会议,会议内容主要包括研讨经济、金融情况,制定恰当的货币政策以及评估长期物价稳定和经济持续增长的风险因素。

2017年3月15日,美联储FOMC会议决定加息25个基点,将联邦基金利率提升至0.75%—1.00%,并小幅上调经济预期。美联储决议发布后,美元汇率、美债收益率下跌,美股、黄金上涨。由于美国经济规模约占全球的1/3,其经济政策的溢出效应较大,并且全球金融市场基本上是以美国的利率水平为基准。而美国又是中国最主要的出口对象国。因此,美联储加息势必会对中国等经济体产生重要的影响。在此次加息会议后的新闻发布会上,美联储主席耶伦维持2016年12月对美国经济做出的判断:预期2017年经济增长2.1%,通胀1.9%,失业率4.7%,加息将是一个相对缓慢的过程。那么,美元加息会对中国经贸和金融市场产生怎样的影响呢?

1. 美元加息有利于中国的出口。美元加息表明美国经济明确复苏,这对中国产品的需求会有正向的作用,有利于中国的出口。

2. 美元加息会导致全球流动性缩水。美联储加息意味着货币政策的收紧,流入股市的资金同样收紧。对那些有美元债的国家来讲,会使得借新债更难,也会使得借新债成本上升。

3. 美元加息对中国外汇市场的影响,主要是美元资产对人民币资产的替代。美联储加息,减轻了人民币升值的部分压力,国际外汇市场对人民币升值的预期大幅下降。在美元资产收益率提高的情况下,投资者会抛弃人民币资产去寻求美元资产。这对人民币的冲击力比较大,同时会造成其他国家货币对美元的贬值。如果人民币跟着贬值,则会加剧资本外逃的压力。

4. 美元加息对我国资本流动状况影响的大小,应视美元加息幅度的大小以及人民币利率是否调整而论。假定人民币利率保持不变,如果美元利率高于人民币利率,外币贷款利率提高,企业将减少向国内金融机构外汇贷款,金融机构将增加在国外的资产运用,我国资本和金融账户中证券投资和其他投资的顺差将减少,资本和金融账户顺差也相应减少。由此,美元加息有利于减少我国国际收支顺差,而且为未来中国人民银行运用利率政策调控经济开辟了空间。历史经验表明,主要国家利率上升与货币危机或国际收支危机有着一定的联系,对此应予高度警惕。

对于美元加息可能产生的影响,我们应采取以下措施:第一,关注美元加息对美元汇率的影响及其对我国国际收支的影响;第二,加强宏观经济调控,加快国有商业银行体制改革,并降低银行不良贷款比率,进一步稳定外资对我国经济发展的信心;第三,渐进开放资本账户,加强资本流动监测预警,防范和化解国际收支风险。

第六节　动态视角下人民币汇率变化及其对中国外贸的影响

一、人民币汇率：浮动或稳定盯住

现阶段，人民币汇率是参考一篮子货币、兼顾市场供给和需求、有管理的浮动汇率，人民币汇率保持稳定在1%的波动带内。为了限制未来汇率失衡和热钱流入，IMF主张东亚货币应该更加自由地浮动。G7财政部长和央行行长敦促中国人民币更加自由地浮动，但是中国人民银行声明，稳定的人民币汇率对中国发展和维持其他亚洲金融稳定是至关重要的。尽管存在不同的观点，但一致的意见是全球化和一体化趋势是不可避免的，人民币价值基本上转向其均衡价值。中国和西方货币当局都认为人民币政策应该调整以适应变化的宏观经济形势，尽管在具体日程上没有一致的意见。

稳定盯住者主张应该盯住美元，大多数发展中国家缺乏广度和深度的债券市场，它们不能用本币从国际市场上借入，有时称之为原罪问题。外汇远期市场保持太昂贵或欠发达。因此，出口商和进口商很难通过套利抑制汇率波动。在具有原罪的债权国，由于本币错配的金融脆弱性又混有期限错配，因而稳定地盯住美元是次优的选择。但是，中国等东亚经济体都变成美元债券的持有者，其货币都盯住美元。

二、人民币汇率重估会解决中国对外贸易顺差吗？

1994年以来，中国设法管理并保持人民币名义汇率稳定地盯住美元，同时，中国与美国及其他西方国家之间的贸易急剧地增长。由此，引出的问题是美国、日本和其他几个国家政府都主张，中国出口的快速增长主要是由于中国人民币非正当低估所引起的。因此，要求中国要么重估汇率，要么转向更加弹性的汇率制度。Cline和Williamson(2008)对有关人民币均衡汇率研究进行了文献评述，发现大多数研究报告认为，若以实际有效汇率测算，人民币低估了19%；若以双边实际汇率测算，对美元低估了40%。一些研究建议人民币应升值至少25%，以削减中国贸易顺差占GDP的一半份额，或者人民币升值45%，以完全消除贸易顺差(Zhang & Sato, 2012)。关于人民币汇率是否重估，在经济学者、中国专家和决策者之间引起强烈地争议。McKinnon(2010)主张，中国人民币不应该受贸易顺差所指责，在金融全球化下，迫使中国人民币升值对削减中国贸易顺差既不是必要的也不是充分的。汇率变化对中国贸易差额的动态影响仍旧是有限的，中国对外贸易差额主要是由世界需求及其贸易绩效决定的，后者是由中国成功地保持其比较优势的结果。实际上，汇率冲击只是以非确定的格局影响到贸易差额。本教材主张，造成中国对外贸易顺差的真正影响因素是中国的政策制度变化、良好的基础设施、FDI流入、廉价的劳动力和人民币汇率。人民币汇率至多是一个影响因素，而非最重要的影响因素。

中国人民银行主张，持续的双顺差增加了人民币升值的压力，许多人认为人民币大幅升值是纠偏中国贸易失衡的一种方式。但是，经济失衡的原因是多面性的，提出系统的解是正当的。单单人民币升值是无法解决问题，其结果是不确定的。中国的资本流入和持续的贸易收支顺差是结构性问题。汇率发挥着其作用,但是不同经济间的协调和宏观管理政策如财政、货币、工业和投资政策也是必需的。在"十一五"规划中,中国政府就指出,经济增长再平衡,应倾向于通过国内消费与投资需求以及外部需求来推动平衡的格局。中国政府非常重视汇率在经济结构调整和国际收支再平衡中的作用。考虑到结构调整措施的时滞效应,汇率仍起着作用。结构调整和汇率制度改革都需要时间,流动性管理是货币政策操作的重要部分。近年来,中国人民银行利用冲销工具来收回过度的流动性。在未来,中国将使用不同的货币政策工具来增进流动性管理,配合经济结构调整。为了平衡资本流动,中国实施外汇管理体系改革,转向资本账户可兑换,加速走出去步伐,提升ODI和资产组合投资。

本 章 小 结

外汇是指以外国货币表示的能用来清算国际收支差额的金融资产。外汇具有三个基本特征:可自由兑换性、普遍接受性和可偿性,作为"外汇"的必要条件是外汇必须为外国货币或以外币计值的金融资产,任何以外币计值或表示的实物资产和无形资产并不构成外汇。

汇率是以一种货币表示的另一种货币的相对价格。汇率有直接标价法和间接标价法两种。本质上来说,汇率是由货币本身具有的价值或所代表的价值量决定的。名义汇率是本国消费者价格指数与外国消费者价格指数之比。名义汇率是包括通货膨胀率影响在内的汇率,名义汇率不能反映两种货币的实际价值,它是随外汇市场上外汇供求变动而变动的外汇买卖价格。实际汇率是名义汇率与外国消费者价格指数和本国消费者价格指数之比的乘积。一般来说,实际汇率等于名义汇率减去通货膨胀率。有效汇率是指本国货币与其关系密切的其他国家货币双边汇率的加权平均数。实际有效汇率是一国产品国际竞争力的最好测度,实际有效汇率上升,则意味着竞争力的丧失。

给定贸易品部门与非贸易品部门之间内部劳动力流动,则贸易品部门生产率的更快增长暗含着非贸易品相对价格也趋向于增长,结果表现为货币实际升值,即出现所谓的巴拉萨-萨缪尔森效应。汇率指数表示一种货币相对于其他货币的价值加权平均。虽然经济理论和实践都无法明确表明哪个汇率指数是最好的,但使用的最好汇率指数将取决于解决的问题。

外汇市场的主要功能有资金或购买力转移功能、信用功能和为套期保值者和投机者提供融通便利。现代外汇市场的主要特征包括有市无场、全球金融中心一体化、没有明显的套利机会和零和游戏等。现阶段,中国外汇市场的主要特征有:实行强制性的集中交易模式;市场结构上外汇交易中心实行会员制;银行间外汇市场采用电子竞价交易方式,价格形成采用订单驱动机制;中国外汇市场对外开放程度增加;决定市场汇率的基础是外汇市场的供求情况。

外汇市场压力通常是与官方持有的外汇储备变动和名义汇率变化相关的。外汇市场干预指数将外汇市场干预程度测算为外汇市场干预释放出的外汇市场压力的比率。独立于模型的EMP指数,是利率差距、双边汇率百分比变化和国际储备百分比变动的线性组合。使用依赖于模型测度的人民币EMP指数与使用独立于模型测度的人民币EMP指数之间存在显著的差异。

在不同的货币本位制度下,汇率决定的基础存在着差异。在金币本位制度下,汇率的决定基础是铸币平价;在金块和金汇兑本位制度下,汇率的决定基础是法定平价;在纸币流通制度下,汇率的决定基础是纸币实际代表的价值量或购买力平价。

影响美元汇率变动的主要因素有:美国贸易逆差因素、美国财政赤字因素、美国产出增长率因素、失业率因素和政治因素。汇率变动将对中美贸易产生直接影响,美元汇率变动将影响我国的外债币种结构和外债规模,美元汇率变化会直接影响到中国的外汇储备,美元贬值、美国国内利率提高将增加我国的对外直接投资和证券投资。总的来说,人民币对美元的升值将会使美国获益,而中国遭受损失;人民币对美元的贬值将会使中国获益,而美国遭受损失。美元加息有利于中国的出口、会导致全球流动性缩水、可能出现美元资产对人民币资产的替代。

稳定的人民币汇率对中国发展和维持其他亚洲国家的金融稳定是至关重要的。由于本币错配的金融脆弱性又混有期限错配,因而稳定地盯住美元是次优的选择。汇率变化对中国贸易差额的动态影响是有限的,造成中国对外贸易顺差的真正影响因素是中国的政策制度变化、良好的基础设施、FDI流入、廉价的劳动力和人民币汇率。人民币汇率至多是一个影响因素。中国对外贸易差额主要是由世界需求及其贸易绩效决定的,后者是由中国成功地保持其比较优势的结果。

重 要 概 念

外汇　　　汇率　　　直接标价法　　　间接标价法　　　基准货币　　标价货币
名义汇率　　实际汇率　　有效汇率　　　名义有效汇率　　实际有效汇率
汇率指数　　双边汇率指数　多边汇率指数　外汇市场　　　巴拉萨-萨缪尔森效应
干预指数　　外汇市场压力　铸币平价　　　法定平价　　　黄金输送点　媒介货币

习题与思考题

1. 直接标价法与间接标价法有哪些区别和联系?
2. 简述名义汇率与实际汇率之间的关系。
3. 外汇具有哪些基本特征?
4. 外汇市场的功能有哪些?
5. 现代外汇市场的主要特征有哪些?
6. 简述外汇市场压力的测度。
7. 比较金本位制度下和纸币流通制度下汇率的决定基础。
8. 影响汇率变动的主要因素有哪些?
9. 影响美元汇率变动的主要因素是什么?
10. 美元汇率变动的经济影响是什么?

案例分析

英镑暴跌对英国各行业的影响

2016年英国夏令时6月24日早晨6点,英国脱欧结果已成定局:英国民众以3 000多万张选票作出了抉择,脱欧派以51.9%的选票胜出,英国选择退出已经待了43年的欧盟(从其前身欧共体算起)。英国脱欧使得国际金融市场哀鸿遍野,英镑兑美元在盘中一度下跌11%,这是自1985年以来最大的跌幅。此次"黑天鹅"事件造成的英镑暴跌,将对英国各行业产生怎样的影响?

1. 英镑暴跌对英国国内价格的影响

自2016年6月英国脱欧开始,英镑便开始了趋势性下跌行情,从6月23日英镑兑人民币汇率最高点1∶9.865 0至10月11日最低点1∶8.128 3已经跌去了17.6%。尽管英镑大幅下跌,但是英国消费品价格并没有出现明显的异动,整个三季度,英国消费者价格指数(CPI)为112.80,工业生产者价格指数为107.47,与前几个季度几乎持平。相对地,对于世界上其他国家而言,来英国购物就显得较为划算。

2. 英镑暴跌对英国旅游业的影响

据英国旅游局统计数据,第三季度来英国旅游的外国总人数同比增加了2%,达到1 069万人次,消费增加了1%,达到72.1亿英镑,双双创下历史新高。旅游局数据也显示,2016年10—12月英国旅行预订率出现新高,来自美国地区的旅客同比增长6%,印度地区比去年同期上升11%,而中国地区的赴英旅行预订率则高达24%。但是有意思的是,据英国旅游局数据,在第三季度英国人去海外旅游人数和消费量增长率要明显高于海外人来英国旅游的人数和消费量,第三季度英国人去海外游览量同比涨7%,而9月份这一数字为11%。这与一些额外的假期发生在这三个月有关,或许也与人们预期英镑会进一步下跌有关。

3. 英镑暴跌对英国零售业的影响

英国零售业销售量则在贬值明显的10月同比大涨7.4%,环比增加1.9%;销售额同比和环比也分别涨了6.6%和2.1%。其中,非食品部门消费的贡献明显。尤其在环比增长中,非食品部门贡献了一半以上的涨幅。而在商品价格方面,英国零售业总体却显得比较疲软:2016年10月份与2015年同期相比,零售业价格总指数下降了0.7%,这已经是连续28个月同比下跌,但却是自2014年7月以来下跌幅度最小的。

4. 英镑暴跌对英国黄金市场的影响

脱欧以来,英国黄金销量相当火爆,在英国脱欧公投后的两周内,皇家铸币厂(Royal Mint)生产的100克金条的销售数量增加了7倍,销售额约为4 400美元。而10月初网上黄金交易平台BullionVault.com上英国新开账户的数量自6月以来增加约170%。10月4日,该平台上黄金交易量达920万英镑,创下6月24日以来的最高纪录。与此同时,英国第三季度黄金储备继续增长,达1 322.756 8亿美元,相比第二季度的1 287.428 5亿美元增长2.74%。

5. 英镑暴跌对英国劳动力市场的影响

英国劳动力市场也持续改善,第三季度英国就业总人数达3 179.9万人,环比增长

4.9万人,同比增长461万人,就业率达到74.5%,创下自1971年以来的最高纪录。失业人数则为160.4万人,环比减少3.7万人,同比减少146万人,这一数据也是延续了英国近五年劳动力市场强劲复苏的大趋势。

6. 英镑暴跌对英国房地产市场的影响

英国房价延续了自去年年末和今年年初以来的高增长,据英国统计局表明,2016年6月至9月,英格兰地区房价月涨幅分别为0.8%、0.5%、1.4%、0.2%,至9月份年涨幅为8.3%;其中,伦敦房价月涨幅为0.2%、1.0%、1.3%、1.4%,至9月份年涨幅为10.9%。然而,房屋销售却出现了比较大的同比下降,英格兰地区房屋销售量7月同比减少高达28.1%。

7. 英镑暴跌对英国股市的影响

英国富时指数从6月份最低点5788.74一路涨到10月份最高点7130.00,涨幅达到23.17%。数据表明,英国人和国际投资者依然对英国前景看好。但是,以上数据仅仅是英镑开始大幅贬值和全民公投脱欧后三个多月以来的数据变化,更长远的影响还有待观察。

第二章

汇率决定理论及其新发展

学习目标

1. 了解汇率变动的历史背景,理性预期汇率理论和汇率决定的"新闻"理论,以及汇率决定的投机泡沫理论和混沌理论。
2. 理解购买力平价与一价定律关系、绝对和相对购买力平价、抛补和非抛补的利率平价、长期内汇率协调一致模型、弹性价格和粘性价格货币模型,以及资产组合平衡模型。
3. 掌握利率平价论的应用、名义汇率变动的长期决定因素、弹性价格货币模型和多恩布什汇率超调模型。
4. 学会使用利率平价和汇率超调模型来分析利率与汇率之间的关系,学会分析资产供给的变化调整对汇率变动的影响。

第一节 传统主要汇率决定理论

一、购买力平价论

1916年,瑞典经济学家古斯塔夫·卡塞尔正式提出了"购买力平价"学说,并于1922年出版的 *Money and Foreign Exchange after 1914* 一书中对其进行了系统地阐述,使之成为汇率决定理论的核心部分。购买力平价论揭示了汇率变动背后的最重要因素。

(一) 开放经济下的一价定律

一价定律(law of one price),是指在不考虑运输成本和官方贸易壁垒等因素的自由竞争市场上,以同一种货币衡量的、在不同国家出售的某种同样货品的价格应是一致的。否则,商品套购活动就会发生,直到其价格差异消除为止。这就是开放经济条件下的一价定律。用公式可表示为:$P_j = SP_j^*$。其中,P_j,P_j^* 分别表示本国和外国第 j 种可贸易商品的价格水平,S 表示直接标价法下的汇率。

一价定律的存在仅适用于以市场完全自由竞争、没有运输成本和官方贸易壁垒、可贸易商品完全同质为前提假定的。在此条件下,不同国家之间同种商品的价格差会导致人们为了谋取差价利润而进行商品套购活动,结果造成价格趋于一致。在固定汇率制度下,商品套购活动会带来两国物价水平的调整;而在浮动汇率制度下,商品套购活动会引起外汇市场供求变化,将迅速引起汇率的调整,通过汇率调整而非价格水平调整来实现平衡。

（二）购买力平价的基本观点

购买力平价分析的是真实产品的价格与金融资产的价格——汇率之间的关系。如果真实产品市场能够无成本地套利(arbitrage),则购买力平价成立。购买力平价论认为,两国货币的汇率等于两国价格水平之比,表述为 $S = \dfrac{P}{P^*}$。现实汇率调整到与购买力平价相等的水平是通过国际商品套购行为实现的。购买力平价论的核心思想是：货币的价格取决于它对商品的购买力。一国汇率变动的原因在于购买力的变化,而购买力的变化是由物价变动引起的。这样,汇率的变动归根到底是由两国物价水平的变动所决定的。购买力平价论以货币数量说为理论基础,货币数量通过决定货币购买力和物价水平,从而决定汇率。

（三）购买力平价与一价定律的关系

购买力平价理论的前提基础之一是一价定律,它认为在自由竞争、没有贸易障碍的情况下,同样的货品在世界各地的售价是一样的。一价定律适用于单个商品如商品 j 的情况,而购买力平价理论则适用于普遍的价格水平,即商品篮子中所有基准商品价格的组合。

如果一价定律对所有商品都成立,只要用来计算不同国家价格水平的基准商品篮子是一样的,购买力平价就成立。但是,购买力平价理论的拥护者强调,这个理论的正确性,特别是作为一种长期理论的正确性,并不要求一价定律对所有商品都成立。这一点类似于树木与森林之间的关系。即使对于单个商品而言,一价定律并不成立,价格和汇率也不会与购买力平价所预测的关系偏离太远。而且,购买力平价认为,即使一价定律不成立,其背后所隐藏的经济力量也会最终使各国货币的购买力趋于一致。

（四）绝对购买力平价的基本观点

绝对购买力平价理论认为,如果一价定律有效,在物价指数中各种可贸易商品所占的权重相等,那么,一国货币对外汇率主要是由两国货币在其本国所具有的购买力决定的,两种货币的购买力之比决定了两国货币的兑换比率。由于货币购买力主要体现在价格水平上,有 $S = \dfrac{P}{P^*}$。这就是绝对购买力平价的一般形式,它意味着汇率取决于以不同货币衡量的可贸易商品的价格水平之比,即取决于不同货币对可贸易商品的购买力之比。

（五）相对购买力平价

实践中,由于存在着运输成本和官方贸易壁垒,使得一价定律失效。而以一价定律为前提基础的绝对购买力平价可能就不成立。考虑到交易成本对绝对购买力平价的偏离,经济学家们提出了相对购买力平价,主张汇率的变化等于两国间价格水平变化的差异。相对购买力平价说明在一段时期内汇率的变动,需要考察当期汇率相对于基期汇率的变动,表示为：

$$S_t = S_0 \times \dfrac{P_t/P_0}{P_t^*/P_0^*} \tag{2-1}$$

其中，S_t 和 S_0 分别表示当期和基期的汇率（直接标价法），P_t 和 P_0 分别表示本国当期和基期的物价水平，P_t^* 和 P_0^* 分别表示外国当期和基期的物价水平。

将相对购买力平价公式的两边同时取自然对数，整理得到：

$$\ln S_t = \ln P_t - \ln P_t^* + (\ln S_0 - \ln P_0 + \ln P_0^*) \tag{2-2}$$

对此式两边求全微分，得到：

$$\frac{\mathrm{d}S_t}{S_t} = \frac{\mathrm{d}P_t}{P_t} - \frac{\mathrm{d}P_t^*}{P_t^*} \tag{2-3}$$

将微分改为差分的形式，得到：

$$\frac{\Delta S_t}{S_t} = \frac{\Delta P_t}{P_t} - \frac{\Delta P_t^*}{P_t^*} \tag{2-4}$$

其中，$\frac{\Delta S_t}{S_t}$ 表示汇率变动率，$\frac{\Delta P_t}{P_t}$、$\frac{\Delta P_t^*}{P_t^*}$ 分别表示本国和外国价格水平变动率，即本国和外国通货膨胀率，不妨用 π_t 和 π_t^* 来替代，则得到：

$$\frac{\Delta S_t}{S_t} = \pi_t - \pi_t^* \tag{2-5}$$

式（2-5）即为相对购买力平价的一般表达式。该式表明，汇率变动率是由两国通货膨胀率之差决定。如果本国通货膨胀率超过外国，本币将贬值；反之亦然。相对购买力平价从动态角度考察汇率的决定与变动。与绝对购买力平价不同，在界定相对购买力平价时，一定要指明价格水平和汇率发生变化的那一段时间。假如美国物价上涨 10%，而欧洲只上涨 5%，相对 PPP 预测美元对欧元将会贬值 5%。所以，相对购买力平价认为，价格和汇率会在保持各国货币的国内和国外购买力不变的情况下发生变化。

（六）绝对购买力平价和相对购买力平价的关系

1. 区别。

绝对 PPP 理论认为，汇率等于两个国家的价格水平比率，说明某一时点上汇率决定的基础，反映的是两国价格水平和汇率水平之间的关系。而相对 PPP 认为，汇率的变动率等于两国价格指数变动率之差，反映的是价格水平变动与汇率水平变动之间的关系。

绝对 PPP 建立在一价定律基础之上，如果绝对 PPP 成立，则实际汇率不变，所以，绝对 PPP 成立下物价的变动会带来名义汇率变动，但实际汇率是不变的。不过，这与现实相脱离。相对 PPP 对一价定律进行了修正。相对 PPP 理论认为，存在着交易成本，同质商品用同一种货币表示时，价格存在差异。这样，一价定律无效。相对 PPP 成为商品领域（反映通胀率差异）和货币领域（汇率变动率）的纽带，将汇率与相对通胀率联系起来。

2. 联系。

绝对 PPP 是相对 PPP 的基础，绝对 PPP 成立则相对 PPP 必成立；如果相对 PPP 成立，则绝对 PPP 不一定成立，因为其中有国家干预因素导致的情况发生。相对 PPP 是重要的,因为即使绝对PPP不成立,相对PPP也可以是有效的。假如引起偏离绝对PPP的因素在历时上是稳定的,那么相对价格水平变化的百分比仍旧能够接近于汇率变化的百分比。

(七)对购买力平价论的检验

若购买力平价成立,则实际汇率将不会随名义汇率的变动而改变。所以,检验购买力平价最简单的办法就是检验实际汇率是否改变。因为购买力平价的理论基础一价定律存在诸多问题,造成对购买力平价的偏离。检验显示,中国长期PPP假说并不有效,1994年后,中国的外汇制度仍旧主要依赖于政府管制。外汇体系的政府干预会扭曲PPP,违反PPP假说。

1. 运输成本和贸易壁垒。

现实世界中存在着运输成本和贸易壁垒,这可能阻碍两国间一些商品和服务的贸易。尽管如此,运输成本和贸易壁垒在历时上并没有显著地变化,因而它们不足以解释相对PPP的失灵。

2. 大量非贸易品的存在。

由于非贸易品和服务在所有国家都存在,其价格是由国内决定而非国际联动的。这样,非贸易品的服务部门占据主导、非贸易品的相对价格甚至允许对相对PPP的系统的偏离,从而削弱了作为购买力平价基础的商品套购的作用机制。

3. 价格水平测算上的国际差异。

PPP是建立在两国经济中可比的同样商品篮子基础之上的,但是不同的国家在公布其价格指数时通常给不同的商品和服务以不同的权重。这就意味着很难对两国商品篮子中的货品进行比较。而且,发达经济体与发展中经济体有着不同的消费模式,在收入中用于食品和衣服的消费支出比重差异很大。这样,由于两国商品特征和权重上的差异,以及价格水平计量上的差异,即使不存在前面问题的情况,汇率变动也不可能抵消官方所衡量的通胀差异,因而检验PPP依旧是很困难的。

4. 非自由竞争的市场结构。

当贸易壁垒和不完全竞争市场结构(如产品差异、市场分割和市场结构变动)同时存在时,各国价格水平之间的联系进一步弱化。

5. 粘性价格和依市定价。

由于商品市场价格调整具有粘性,在短期内大多数商品价格具有粘性,存在价格调整的时滞,因而违反PPP的现象短期比长期更为突出。此外,依市定价(PTM)、全球商品市场摩擦等也能够解释为何实际汇率会偏离PPP。

6. 巴拉萨-萨缪尔森效应。

富国和穷国在贸易品生产部门的劳动生产率差距,导致同样货品的价格水平出现差距,即产生巴拉萨-萨缪尔森效应,也造成PPP失灵。

专栏2-1

PPP理论在人民币汇率决定中的应用

在适用于实际汇率决定的许多理论中,PPP是等价于这一论断,即实际汇率在历时上收敛于1。实际汇率被界定为来自本国的产品生产束被用来与相应的海外生产束交换的汇率,这是常见生产束成本的货币比率。传统地,实际汇率在长期内被视为受到推动经济回归PPP的力量的影响,受到跨部门跨地区生产率增长差异的影响,本质上就是BSH(巴拉萨-萨缪尔森假说)。但是,对BSH假定的微小和实际的放松很大程度上产生对实际汇率一系列可能的影响。Tyers和Zhang(2014)调查了实际汇率决定、短期行为以及中国实际汇率的发展趋势。虽然中国被广泛地预期对发达经济体货币升值,但是实际上至2000年年初出现稍微的贬值,2005年后,人民币升值率比预期的更快。

如果PPP有效,则实际汇率在历时上是稳定的,观察的实际汇率波动暗含着对PPP的偏差。如果消费篮子是同样的,完全跨国间可贸易的,国际市场是无摩擦的,国内市场是完全竞争的,那么PPP断言是一个单位均衡汇率。因此,PPP经常被视为汇率失调判断的基准。

实际汇率行为的长期模型包括PPP和巴拉萨-萨缪尔森假说。实践中,这些绩效对基本假定的微小放松是脆弱的,尽管主要出现在中期甚至长期内。名义汇率是不同地区货币的汇率,它们严重依赖于长期内中性的货币政策。但是,实际汇率反映出该区域生产束的汇率,因而反映出相对竞争力和利润交易的机会。McKinnon(2006)等主张,人民币升值无法解决中国对美贸易顺差失衡。但是,美国政府开始对中国施压人民币升值。

贸易品生产率相对于贸易伙伴上升,也相对于本国非贸易部门上升,引起工资增长来推高服务价格,进而使货币实际升值。这类似于发达经济体和发展中经济体之间实际汇率开始低于PPP,然后收敛于PPP。1994—2005年,中国保持实际固定汇率制度,人民币盯住美元在一个狭窄的交易带内。随着官方外汇储备的累积,围绕中国对美经常账户失衡的争议,提出人民币汇率被低估。根据BSH,综合测算中国实际工资的相对增长,这都支持人民币实际升值。BSH提出,中国贸易品生产率和实际工资的更快增长应引起非贸易品服务价格的上升。

中国实际汇率之谜:所有证据都支持BSH,但在1990年代中期开始的十年内却没有显著的实际升值。虽然一致意见认为,在真实的世界中PPP并不持续地有效,但是大多数经济学家仍旧相信一些变异的PPP作为长期实际汇率的汇率锚。

二、利率平价论

利率平价论又称远期汇率理论,是由凯恩斯于1923年在《货币改革论》中提出的,它从金融市场角度分析了利率与汇率关系。继凯恩斯之后,保罗·艾因齐格(Paul Einzig)在1931年出版的《远期外汇理论》中,把外汇理论和货币理论结合起来,开辟了现代利率平价理论。

(一)利率平价论及其主要观点

利率平价论是与预期的汇率变化和两国间利率差额相关的。预期的汇率变化能够通过外汇交易的远期合约来抛补,被称为抛补的利率平价论(CIP)。CIP揭示即期汇率、远期汇率和两国间同期利率之间的关系。对未来外汇交易若没有远期合约,则预期的汇率变化未被抛补,预期的汇率变化和两国间同期利率差额之间的适当关系被证明是正当的,即非抛补的利率平价论(UIP)。

利率平价论从金融市场角度分析了汇率与利率之间的关系。利率平价论隐含着重要的前提假定：外汇市场有效和资本自由流动。该理论主张，两国或地区之间相同期限的利率只要有差距存在，投资者就可利用套汇或套利等方式赚取价差，引起资金在两国间的流动(套利)，而资金流动会引起不同货币供求关系的变化，从而引起汇率变动。两国货币间汇率将会因为此种套利行为而产生波动，直到套利的空间消失为止。依据利率平价论，远期汇率的贴水率或升水率应与两国货币的利率差距相等，否则，将会产生无风险套汇行为，使其恢复到均衡状态。

(二) 抛补和非抛补的利率平价

引入预期因素后，利率平价论(IRP)分为抛补的利率平价(CIP)和非抛补的利率平价(UIP)。

1. 抛补的利率平价。

抛补的利率平价(CIP)，是指在金融市场发达完善的情况下，由于投资者套利，使得外汇远期溢价或贴水必定等于两国的利率差。投资者利用两国利率之差在即期外汇市场和远期外汇市场同时进行反向操作来套取利差的做法。

(1) 抛补的利率平价的一般形式。

抛补的利率平价中，套利者不仅要考虑利率的收益，还要考虑由于汇率变动所产生的收益变动。抛补的利率平价用公式推导如下：

假定资本完全自由流动，本国利率水平为 i，外国利率水平为 i^*，即期汇率为 S(直接标价法)，远期汇率为 F。如果两国投资收益不同，金融市场上便会出现套利活动，但在本国与外国之间的套利活动终止时，本国与外国的投资收益应相等，即 $(1+i) = \frac{1}{S} \times (1+i^*) \times F$，忽略交易成本和其他资本市场不完全，得到 $\frac{F}{S} = \frac{1+i}{1+i^*}$，再简化为 $\frac{F-S}{S} \doteq i - i^*$。因为 $\frac{F-S}{S} \times i^*$ 非常小，忽略不计。令 $\rho = \frac{F-S}{S}$，得到 $\rho = i - i^*$。此式即为抛补的利率平价的一般形式。其中，ρ 为汇率远期升(或贴)水率，升水大于0，则 $i > i^*$；贴水小于0，则 $i < i^*$。因为存在交易成本，如果偏差在波动带内，对抛补的利率平价条件的偏差将不会导致套利活动。

(2) 抛补的利率平价的经济含义。

抛补的利率平价的经济含义是：汇率的远期升(贴)水率等于两国货币利率之差。如果本国利率高于外国利率，则远期外汇汇率必将升水，这意味着本币在远期将贬值；如果本国利率低于外国利率，则远期外汇汇率将贴水，这意味着本币在远期将升值。

2. 非抛补的利率平价。

非抛补的利率平价(UIP)，是指在资本具有充分国际流动性条件下，即期汇率的预期变动率等于两国的利率差。投资者在不进行远期外汇交易时，通过对即期汇率的未来值的准确预期来计算投资收益，以使进行非抛补的外汇投资时所获得的收益等于预期获得的收益。

(1) 非抛补的利率平价的一般形式。

在对抛补的利率平价分析中,假定投资者的投资策略是进行远期交易以规避风险,没有考虑到投资者对于远期汇率的预期而引起的汇率变化。在非抛补的利率平价分析中,假定非抛补的套利者是风险中立者(risk neutrality),拥有确定的汇率预期。与套利者(arbitrageurs)只关心其投资收益、不关心风险不同,风险中立者相信预期,不关心寻求远期抛补。这样,投资者根据自己对未来汇率变动的预期来计算预期收益,在承担一定汇率风险情况下进行投资。使用与抛补的利率平价公式同样的推导方法,可得到 $\frac{S^e - S}{S} \doteq i - i^*$。令 $\rho^e = \frac{S^e - S}{S}$,则得到 $\rho^e = i - i^*$。此式是非抛补的利率平价的一般形式。ρ^e 为即期汇率的预期变动率,S^e 是预期的未来即期汇率。当市场投机活动支配着远期外汇市场时,$F = S^e$,$\rho = \rho^e$,则 CIP=UIP,意味着所有的人都在进行投机。

(2) 非抛补的利率平价的经济含义。

非抛补的利率平价的经济含义是:即期汇率的预期变动率等于两国货币利率之差。在非抛补的利率平价成立时,如果本国利率高于外国利率,则市场预期的未来即期汇率在升水、本币在远期将贬值;如果本国利率低于外国利率,则市场预期的未来即期汇率在贴水、本币在远期将升值。

(三) 利率平价论的应用

根据非抛补的利率平价理论关系式,可以变形得到 $S = S^e \times \frac{1 + i^*}{1 + i}$。该式表明,当前的即期汇率水平与预期的未来即期汇率、外国利率成正向变化关系,而与本国利率成反向变化关系。给定预期的未来即期汇率和国内外利率,则会有一个相应的即期汇率值。

远期外汇汇率决定于远期外汇的供给和需求。如果其他条件不变,市场远期汇率以均衡远期汇率作为自己运动的归宿。远期外汇交易的参与者主要有三类:投机者、抛补套利者和进出口商。前者为了获取汇率变动的差价进行远期外汇买卖,后两者基于保值的需要进行远期外汇买卖。正是他们的投机和保值行为共同决定着远期汇率的水平。

不过,Du、Tepper 和 Verdelhan(2017)认为,对抛补的利率平价(CIP)的偏离,暗含着在世界最大的资产市场上有着大的、持续的、系统的套利机会。与一般观点相反,这些对主要货币的偏离是无法用信用风险或交易成本来解释的。这些偏离对于远期合约是特别强的,表现在季度末的银行资产平衡表之中。CIP 偏离是随着其他无风险固定收入溢价而发生,是随着银行资产平衡表的合约而上升,是与名义利率高度相关的。

三、购买力平价与利率平价的协调一致模型

在长期内,价格是完全弹性的,总是被调整来保持充分就业的需要。同时,一国货币供给的增长引起价格水平成比例地增长。

(一) 长期内汇率协调一致模型

长期内,假定其他条件不变时,货币供给以一个固定比率增加只会导致同比例的持续通货膨胀,而长期通胀率的变化既不影响充分就业的产出水平,也不会影响商品和服务的

长期相对价格。但是,从长期来看,利率水平绝对不是与货币供给增长率无关的。虽然长期利率水平不取决于货币供给的绝对水平,但是货币供给的持续增加最终会影响到利率。要考察持续上涨的通胀对长期利率的影响,最简单方法是把购买力平价与利率平价条件结合起来考虑。

相对购买力平价的条件是:$\frac{\Delta S_t}{S_t}=\pi_t-\pi_t^*$;利率平价的条件是:$\frac{S^e-S}{S}=i-i^*$。前者汇率变动率是由两国通货膨胀率之差决定;后者预期的汇率变动率是由两国利率之差决定。用市场所预期的汇率变动率和预期通胀率来替代相对购买力平价中的现实汇率变动率和通货膨胀率,得到相对购买力平价的预期条件是:$\frac{S^e-S}{S}=\pi_e-\pi_e^*$。该式表示,预期的汇率变动率由两国预期的通货膨胀率之差决定。与利率平价条件结合得到购买力平价和利率平价的协调一致模型:$i-i^*=\pi_e-\pi_e^*$。

长期内汇率协调一致模型的经济含义是:如果一国的汇率变动率能够抵消该国与外国通胀率的差异,两国货币之间的利率差异一定等于两国预期的通胀率差异。

(二)费雪效应

给定其他条件不变,若一国的预期通胀率上升,最终会导致该国货币存款利率的同比例上升。同样,若预期通胀率下降,将会最终导致利率水平下降。通胀率与利率之间的这种长期关系被称为费雪效应(Fisher effect)。根据费雪效应,若美国年通胀率持久性从5%上涨至10%水平,美元利率最终将会紧跟更高的通胀率,从初始水平到每年上涨5%。这种变化将使以美国商品和服务计价的美元资产的实际收益率保持不变。费雪效应再一次证明,在长期中,纯粹的货币增长不会对经济生活中的相对价格产生影响。即使购买力平价理论不一定正确,但是费雪效应已在很大范围内被证明是正确的。

(三)国际利差和实际汇率

名义汇率长期波动的最重要决定因素是:相对货币供给水平的转换、相对货币供给增长率的转换、相对产出需求的变化、相对产出供给的变化。当所有干扰本质上是货币的时候,汇率在长期内会遵从相对购买力平价;当干扰发生在产出市场上的时候,汇率是不可能在长期内遵从相对购买力平价。

根据购买力平价和利率平价的协调一致模型:各国间利率差异等于彼此间预期的通货膨胀率之差。但是,相对购买力平价一般并不成立,因而各国间利率差异与通胀率之间的关系在实际中比一般模型中要复杂得多。

实际汇率是对一国商品和服务的价格相对于他国的一个广义的综合测度,是依据名义汇率和价格水平界定的。实际汇率的变动是对相对购买力平价的偏离,即实际汇率的变动等于名义汇率变动的百分比减去两国之间通胀率之差。据此,可得到实际汇率的预期变动、名义汇率的预期变动和预期通货膨胀率三者之间的关系式:$\frac{R^e-R}{R}=\frac{S^e-S}{S}-(\pi_e-\pi_e^*)$。转换得到:$\frac{S^e-S}{S}=\frac{R^e-R}{R}+(\pi_e-\pi_e^*)$。所以,名义汇率的预期变动率等于实际汇率的预期变动率加上两国预期通胀率之差。

而利率平价的条件是：$\frac{S^e-S}{S}=i-i^*$。所以，$i-i^*=\frac{R^e-R}{R}+(\pi_e-\pi_e^*)$。据此，两国货币的名义利率差异取决于预期的实际汇率变动率和预期的两国通胀率差异。也就是，两国货币的名义利率差异等于预期的实际汇率变动率加上预期的两国通货膨胀率之差。于是，当人们预期市场情况将符合相对购买力平价时，实际汇率不变，即 $R^e=R$，因而 $i-i^*=(\pi_e-\pi_e^*)$。这就又回到购买力平价和利率平价的协调一致模型。

第二节 现代汇率决定理论：货币模型

一、弹性价格货币论

以弗兰克尔(J. Frenkel)、霍德里克(R. Hodrick)和比尔森(J. Bilson)等为代表，弹性价格货币论是一种长期而非短期理论，它基本上不考虑价格刚性。弹性价格货币模型认为，价格水平总是立即调整的，从而使经济保持在充分就业状态并满足购买力平价条件。

(一) 弹性价格货币模型：前提假定及模型推导

弹性价格货币模型依赖于三个基本假定：

1. 垂直的总供给曲线，价格水平和汇率都能及时调整。这并不意味着产出是不变的，如果经济中生产率变化可引致产出变化。垂直的总供给曲线预示着在所有市场上完全价格弹性。

2. 稳定的货币需求。实际货币余额需求是少数几个国内宏观经济变量的稳定函数。可写成凯恩斯货币需求方程式 $M_d=kY^a i^{-b}$。其中，参数 $k>0,a>0,b>0$，Y 是实际国民收入。

3. 购买力平价(PPP)成立。PPP 在所有时间有效，即 $S=\frac{P}{P^*}$（直接标价法）。

在前提假定下，给定货币存量匹配货币总需求，则本国、外国货币市场的均衡条件是：

$$\frac{M_s}{P}=M_d \tag{2-6}$$

其中，$M_d=k_1 Y^{a_1} i^{-b_1}$

$$\frac{M_s^*}{P^*}=M_d^* \tag{2-7}$$

其中，$M_d^*=k_2 Y^{*a_2} i^{*-b_2}$。

购买力平价成立：

$$S=\frac{P}{P^*} \tag{2-8}$$

其中，$\frac{M_s}{P}$，$\frac{M_s^*}{P^*}$ 分别为本国与外国的实际货币供给量，M_d，M_d^* 为本国与外国的实际货币需求量，Y，Y^* 为本国与外国的实际国民收入，i，i^* 为本国与外国的利率水平。

为简化，假定两国的参数都相同，令 $k=k_1=k_2$、$a=a_1=a_2$、$b=b_1=b_2$。k、a、b 分别表示以货币形式持有的收入比例、货币需求的收入弹性和利率弹性，这些参数都大于0。

据此，将式(2-6)、式(2-7)代入式(2-8)，得到：

$$S = \frac{M_s/(Y^a i^{-b})}{M_s^*/(Y^{*a} i^{*-b})} \quad (2-9)$$

将式(2-9)取自然对数后微分，整理得到：

$$\frac{dS}{S} = \left(\frac{dM_s}{M_s} - \frac{dM_s^*}{M_s^*}\right) - a\left(\frac{dY}{Y} - \frac{dY^*}{Y^*}\right) + b\left(\frac{di}{i} - \frac{di^*}{i^*}\right) \quad (2-10)$$

该式(2-10)就是弹性价格货币模型。其中，参数 a、b 都大于0。据此，在弹性价格货币模型下，汇率的变动率取决于本国与外国的货币供给量、本国与外国的国民收入以及本国与外国利率水平的变化。

（二）弹性价格货币模型的主要结论

命题1：在弹性价格货币模型下，假定其他条件一样，本国的货币供给量增加既定的百分比，则导致本币币值贬值相同的比例。

命题2：在弹性价格货币模型下，假定其他条件一样，本国的实际国民收入增加，会导致本币币值升值。

命题3：在弹性价格货币模型下，假定其他条件一样，外国价格水平上升，会导致本币币值升值。

具体来说，外汇汇率变动与本国货币供给量变动呈正相关，与外国货币供给量变动呈负相关；外汇汇率与本国国民收入呈反方向变动，与外国国民收入呈同方向变动；外汇汇率与本国利率呈同方向变动，与外国利率呈反方向变动。据此，(1) 相对于外国货币供给，国内货币供给的相对增加将导致 S 上升，也就是本币贬值。(2) 本国实际收入的相对增加会造成对本币的过度需求，当经纪人竭力增加其实际货币平衡时，他们会减少支出，价格下降至货币市场取得均衡。随着价格下降，PPP 成立下将导致本币升值。(3) 本国货币利率水平相对于外国货币利率提高时，则在外汇市场上本币将会贬值。这就是弹性价格货币模型的"矛盾"结论。具体路径是：本国利率水平上升，会导致本国的实际货币需求减少，在货币供给量给定下，则本国长期价格水平将会上升。根据 PPP，本币将会贬值。这与先前本国利率水平高于外国，本国货币会升值的结论相矛盾。所以，除非我们弄清了利率变化的原因，否则，我们不可能对利率变化对汇率的影响作出完整的分析。这一点可以解释"矛盾"为何出现。

而且，费雪效应对弹性价格货币模型看似"矛盾"的结论给出了合理的解释。根据费雪效应，$i - i^* = \pi_e - \pi_e^*$。只有当预期的本国通胀率相对于外国预期的通胀率上升时，本国利率与外国利率的差异才会扩大。由此，本国货币利率相对于外国货币利率提高，实质上反映的是预期的本国通胀率上升，因而本币贬值。

（三）弹性价格货币模型在中国的应用

在国际资本流动不断增强的背景下，外汇需求不仅来自商品市场、资产市场，而且严重依赖于货币发行国的货币市场,汇率的决定离不开这些市场的共同作用。因此,就中国当前形势,有必要进一步研究这些市场之间的动态联系对汇率变动的影响,分析汇率与市场之间的关系。如之前所说的弹性价格货币模型:

$$\frac{\mathrm{d}S}{S} = \left(\frac{\mathrm{d}M_s}{M_s} - \frac{\mathrm{d}M_s^*}{M_s^*}\right) - a\left(\frac{\mathrm{d}Y}{Y} - \frac{\mathrm{d}Y^*}{Y^*}\right) + b\left(\frac{\mathrm{d}i}{i} - \frac{\mathrm{d}i^*}{i^*}\right) \qquad (2-11)$$

该模型将汇率的决定主要归因于三组变量:两国相对的货币供给量、相对的实际收入和相对利率。

理论上,这三组变量对汇率的影响为:(1)假定其他不变,如果人民币货币供给量相对于美国增加,则中国的公共支出增加,进而引起本国价格水平上升,因为购买力平价成立,价格水平的升高会导致汇率的上升,即人民币贬值、美元升值;反之,则相反。(2)如果中国实际收入水平提高,则对人民币的需求也相应增加。在人民币货币供给量与利率不变的情况下,要保持货币市场的均衡,必然要求国内价格下降,而国内价格下降又会反映到人民币汇率的变化上。根据购买力平价,人民币升值、美元贬值。同样,美国实际收入水平的上升将导致美国价格的下跌,为维持购买力平价,人民币将贬值。(3)人民币利率上升(下降)将会导致人民币贬值(升值)。这是因为利率的上升(下降)将会导致货币需求的下降(上升),从而导致国内价格的上升(下降),最终导致人民币贬值(升值)。

二、粘性价格货币论

粘性价格货币模型又称为汇率超调模型或多恩布什模型,由鲁迪格·多恩布什(Rudiger Dornbusch)于1976年在《预期与汇率动态论》中提出。多恩布什模型在短期内遵从凯恩斯传统,强调产品市场和劳动力市场价格粘性,在长期内又显现出弹性价格货币模型的特征。多恩布什模型是以粘性价格假定和超调为显著特征。

(一)汇率超调模型的前提假定

粘性价格货币模型或汇率超调模型的基本假定:

1. 小型开放经济,总需求是由标准开放经济下IS-LM机制决定的,利率是外生的。
2. 商品市场价格水平和劳动力市场的工资都是粘性的。也就是,总供给曲线在初始影响阶段是水平的,在调整阶段渐增陡峭,在长期均衡下是垂直的。
3. 资产完全自由流动,金融市场调整迅速,投资者是风险中性者,非抛补的利率平价(UIP)一直成立,引入了预期。
4. 稳定的货币需求,PPP在短期内不成立,在长期内成立。

(二)货币市场失衡的动态调整过程

在假定基础上,根据UIP,短期内决定即期汇率S的主要因素是预期的未来即期汇率和两国货币的利率,表示为:$S = S^e \times \frac{1+i^*}{1+i}$。据此,在短期内,总供给曲线近似水平的,商品价格水平不发生调整,货币供给的一次性增加只是造成本国利率下降,导致本币即期贬值超过了长期平衡水平,即发生了汇率超调现象。

短期内,货币市场失衡(货币供给增加)→实际货币供应量M增加(短期内价格P粘住不变)→要使货币市场恢复均衡→实际货币需求必须增加→短期内国民收入不变,要求利率 i 必须下降→资金外流→本币贬值。而利率下降刺激了总需求;同时,本币贬值→本国出口增加、进口减少,总需求增加。长期内,商品市场总需求大于总供给→商品价格上升→实际货币供给量下降→本国利率上升→资本内流→本币升值。因此,在短期内由于商品价格粘性会造成利率变动超调导致汇率变动出现超调现象,但是在长期内随着商品价格的调整,汇率会恢复到长期均衡水平。可见,汇率超调是短期价格水平刚性或粘性的直接后果。

(三) 汇率超调模型的主要观点

当汇率对干扰即刻的反应比其长期的反应更大时,就会出现汇率超调。货币供给的增加在短期内能够引起汇率超调其长期汇率水平。它有助于解释为何汇率逐日急剧地变动,它是迟滞的短期价格水平调整和利率平价条件的直接结果。货币供给增加能够引起汇率在短期内超调其长期水平。

1. 商品市场要比金融市场的反应滞后,短期内是利率和汇率的变动,而不是价格的变动来恢复货币市场的均衡。当货币市场失衡后,短期内商品市场价格具有粘性,证券市场反应更加迅速,货币市场恢复均衡完全由证券市场来承受,利率在短期内调整的幅度就会超出其新的长期均衡水平,即出现汇率超调现象。

2. 如果资本在国家间可自由流动,利率的变动就会引起大量的套利活动,由此带来汇率的立即变动。与利率的超调相适应,汇率的变动幅度也会超出新的长期均衡水平,即出现超调特征。汇率超调加剧了汇率的易变性,它是短期价格水平刚性与非抛补的利率平价条件共同作用的结果。

3. 当货币市场失衡后,短期内汇率的变动主要是由证券市场上利率变动来决定,但变动后的汇率水平只是短期均衡水平,当商品市场价格开始调整时,汇率由商品市场和资本市场共同作用所决定。当高速过程完成后,汇率水平才达到货币主义汇率决定论所论述的长期均衡水平。因此,汇率超调模型是货币论的动态模式,说明汇率如何由货币市场失衡而发生超调,又如何由短期水平达到长期水平。

4. 在长期中,货币供给的永久性变动将使长期均衡价格产生同方向同比例的变动,但并不能影响长期的产出、利率或任何相对价格。受货币供给永久性变动影响的另一个重要变量是汇率。汇率的长期均衡水平随永久性货币增加而成比例地提高。

(四) 粘性价格和弹性价格货币模型下利率与汇率关系

在粘性价格假设下,如果货币供给下降,价格水平无法立即下降以对货币供给减少作出反应,要保持货币市场均衡,利率必然上升。在粘性价格下,利率上升是与更低的通货膨胀预期和长期货币升值联系在一起的,其结果是货币立即升值。但是,在弹性价格下,利率上升是与更高的通货膨胀预期和未来货币贬值相联系的,其结果是货币立即贬值。可见,从利率角度来说明汇率问题时,必须认真分析导致利率变动的因素,这些因素在影响利率的同时也会影响预期未来汇率,从而对外汇市场如何对利率变动作出反应有决定性的影响。

(五) 汇率超调与人民币汇率决定

中国的商品市场仍然是一个分割程度相当高的市场。在分割的市场中,信息流动是不充分的,且有成本,一价定律不成立。这样,商品价格的调整速度就具有更大的滞后性和迟缓性。中国金融市场的产生和培育是一个全新的过程,在借鉴国外先进经验和引进先进技术设施的基础上已形成了一个统一的金融市场。其信息流动相对充分,且成本较小,一价定律基本满足,金融资产的价格调整相当迅速。所以,中国金融市场的资产价格调整速度要快于中国商品市场的价格调整速度,一旦有货币供给冲击,很可能产生人民币汇率超调。

第三节　现代汇率决定理论:资产组合平衡模型

20世纪70年代,鉴于货币论片面强调货币市场均衡的作用,国内外资产完全替代等假定不足,美国经济学家库利(Kouri,1976)、布兰森(Branson,1977,1983,1984)、多恩布什和费希尔(Dornbusch & Fischer,1980)等学者对资产组合平衡论作出了系统的论述。

一、与汇率决定的货币论的主要差异

货币论认为,本币资产与外币资产具有完全替代性,不存在资产组合的调整问题;资产组合平衡论认为,现实中国内外资产之间不具有完全的替代性,国内外资产的风险差异除了汇率风险外,还包括其他风险,如政治风险、税赋差别等,风险补贴不为零。因此,主张用"收益—风险"分析法对持有的实际资产组合结构迅速进行调整,取代套利机制的分析。

货币论认为,汇率是由两国相对货币的供求决定;资产组合平衡论则将本国资产总量直接引入分析模型,考虑了汇率、国际收支、财富水平和债券均衡之间的相互影响。

货币论中粘性价格货币模型或汇率超调模型假定非抛补的利率平价(UIP)成立;资产组合平衡论认为,由于具有收益—风险特征,非抛补套利的利率平价也不能成立。

二、资产组合平衡论的基本假定和理论模型

资产组合平衡模型将一国私人部门(包括个人和企业)持有的财富(W)划分为三种形式:本国货币(M)、本国债券(B)和外国债券(F)。

本币资产与外币资产是不完全替代的,风险等因素使得非抛补的利率平价(UIP)在此不成立。

将资产总量引入分析模型,资产总量分为三种资产,即本国货币资产、本币债券和外币债券。投资者将根据风险和收益两个因素来调整资产组合。

接受多恩布什关于短期内价格粘性的看法,短期内资产市场的失衡是通过资产市场内部国内外各种资产的迅速调整来加以消除的,而汇率正是使资产市场供求存量保持和恢复均衡的关键变量。其理论模型如下:

$$W = M + B + S \times B^* \tag{2-12}$$

$$M = \alpha(\bar{i}, \bar{i^*}, \bar{\pi}_e) \times W \tag{2-13}$$

$$B = \beta(\overset{+}{i}, \overset{-}{i^*}, \overset{-}{\pi_e}) \times W \qquad (2\text{-}14)$$

$$SB^* = \gamma(\overset{-}{i}, \overset{+}{i^*}, \overset{+}{\pi_e}) \times W \qquad (2\text{-}15)$$

其中，W 为资产总量，M 为本国货币资产，B 为本币债券资产，B^* 为外币债券资产，S 为汇率（直接标价法），参数 $\alpha+\beta+\gamma=1$。式(2-12)为财富的定义等式，式(2-13)、式(2-14)和式(2-15)为三个资产市场的均衡条件。式(2-13)、式(2-14)和式(2-15)的左边代表资产供给，右边代表资产需求。由于式(2-13)、式(2-14)和式(2-15)的左边相加等于 W，意味着任何两个资产市场达到均衡，第三个市场也必定趋于均衡。

三、资产组合对汇率变化的影响

当资产供给变动时，通过资产市场和资产组合的重新调整，汇率也随之发生变化。具体地，资产供给的变化有两种情况：一是资产供给总量的变化，二是资产存量结构的变化。前者对汇率产生的影响称为财富效应，后者的影响称为替代效应。

（一）资产供给总量的变化

1. 货币供应量 M 增加，这是央行增发货币引起的。中央银行增加货币供给后，投资者持有的货币存量上升，为了使资产组合重新达到平衡，投资者将增加对本币债券 B 和外币债券 B^* 的购买，从而抬高本币债券的价格，使本国利率 i 下降，汇率水平 S 提高（本币贬值）。对外币债券需求的增加，同样导致本币贬值（$S\uparrow$）。

2. 本币债券 B 供应量增加，是政府增发债券弥补财政赤字引起的。政府发行本币债券后，如果由中央银行购买，导致货币供给 M 增加，公众拿部分货币换 B 和 B^*，对 B^* 需求的增加，导致 S 上升；对 B 需求的增加，导致 i 下降，对 B^* 的需求就会增加，导致 S 上升。如果由私人部门购买而非央行购买，本币债券 B 供给增加，导致 i 上升，公众需求的一部分从 B^* 转为 B，导致本币升值（$S\downarrow$）。

3. 外币债券 B^* 供应增加，这来自经常项目的盈余。一国经常账户盈余，私人部门持有的 B^* 上升，持有比重超出愿意持有比率 γ 时，私人部门就会拿 B^* 换 M 和 B，导致本币升值（$S\downarrow$）。

（二）资产存量结构的变化

1. 本币债券与本国货币互换，这是央行在国内货币市场上的公开市场操作。当央行用本国货币购买本币债券时，货币供给 M 增加，使得利率下降以出清货币市场，对 B 形成的超额需求将导致本币债券价格上升，本币利率 i 下降。利率下降的结果使对 B^* 需求上升，通过替代效应导致 S 上升，即本币贬值。

2. 外币债券与本国货币互换，这是央行在外汇市场上的公开市场操作。当央行用本国货币购进外币债券时，货币供给 M 增加，导致 i 下降，通过替代效应使 S 上升；对外币债券形成的超额需求也使 S 上升。

（三）其他变化

1. 外国资产市场失衡导致外国利率 i^* 上升时，γ 上升，而 α 下降、β 下降，M 和 B 出现超额供给，私人部门拿 M、B 换 B^*，导致 S 上升，从而 SB^* 上升，资产组合重新平衡。

2. 当各种因素引起私人部门预期汇率 π_e 上升时，私人部门愿意提高 γ，用 M 和 B 去

换 B^*，导致 S 上升。

据此，资产组合平衡模型中的变量与汇率的关系是：$S=S(\overset{+}{M},\overset{\pm}{B},\overset{-}{B^*},\overset{+}{i^*},\overset{+}{\pi_e})$。其中，+号表示与汇率同方向变化，-号表示与汇率反方向变化，±号表示与汇率变化方向不确定。

第四节 理性预期汇率理论和汇率"新闻"理论

理性预期汇率理论把人们对金融市场上随时出现的信息——新闻消息作出的反应作为切入点，运用统计学和计量经济学的手段来研究即期汇率的规律。

一、理性预期汇率理论

(一) 市场有效性

1. 市场有效性界定。

市场有效性假说的含义是：重要的金融信息对所有的市场参与者来说都能够自由地、公开地、无成本地获得，而且所有的参与者都能够根据所获得的信息对未来的市场走势进行预测，以期使自己的收益最大化。如果资产价格是资源合理配置的象征，市场参与者将根据所获得的相关信息及时调整和转移资产投资比例，以实现资产市场的供求平衡，这样的市场被称为有效市场。法马(Fama,1976)曾提出一个为人们普遍接受的界定：当一个市场充分利用了所有可获得的信息，或者说，当期的价格已完全反映了所有可获得的信息，以至于该市场上不再有任何未开发的获利机会，此时，这样的市场就是有效的。

2. 有效市场假说的前提假定和分类。

前提假定：(1) 发育完善的资本市场；(2) 市场上具有一批拥有充裕资本，只要有机会就可以进行套汇投机的投资者；(3) 没有资本流动管制；(4) 不考虑交易成本；(5) 每个市场参与者对各种金融信息都能够自由、公开、及时地获取。

根据市场参与者所利用的信息集，可以把有效市场划分为三种类型：强式有效市场假说、半强式有效市场假说、弱式有效市场假说。其中，强式有效市场假说认为，现行的市场价格充分反映了所有的信息，这种信息不仅包括过去的信息和目前的信息，而且包括内部信息，任何人都不能拥有对信息的垄断权，即使投机者利用私人信息，也不能得到额外利润。

(二) 理性预期

任何一种经济理论，都暗含着预期如何形成的假定。现代汇率决定理论中，关于汇率预期形成的理论主要有五种形式：静态预期、外推预期、适应预期、回归预期和理性预期。

假定变量 S 在第 t 期的实际值为 S_t，S_{t+1}^e 为在第 t 期对第 $t+1$ 期 S 值的预期值，则有：

1. 静态预期(static expectation)，即 $S_{t+1}^e = S_t$。也就是，人们仅仅依据当期的实际值来推测下一期的预期值，并且预期 S 的值在未来会保持不变。

2. 外推预期(extrapolative expectation)，即 $S_{t+1}^e = \alpha \cdot S_{t-1} + (1-\alpha) \cdot S_t$。也就是，人

们根据前一期实际值和当期实际值,分别赋予相应的权重 α 和 $1-\alpha$,来推测下一期的预期值。

3. 适应预期(adaptive expectation),即 $S_{t+1}^e = (1-\alpha) \cdot S_t + \alpha \cdot S_t^e$。也就是,预期的未来汇率是适应性形成的,作为当期观察的汇率和当期预期汇率的加权平均。也可表示成:

$$\Delta S_{t+1}^e = \beta \cdot (S_t^e - S_t) \tag{2-16}$$

其中,$\beta = \alpha - 1$。据此,预期的汇率调整与当期汇率预期值的误差成比例。

4. 回归预期(regressive expectation),即 $S_{t+1}^e = (1-\alpha) \cdot S_t + \alpha \cdot \bar{S}_t$。该理论由 Dornbusch(1976)使其流行。其中,$\bar{S}_t$ 为 S_t 的长期均衡汇率,α 为介于 0 和 1 之间调整系数。也就是,当 S_t 偏离均衡值 $\bar{S}_t$ 时,人们预期 S_t 将回归到 $\bar{S}_t$,尽管不一定会立即回到 $\bar{S}_t$。可见,预期 S 的值是以均衡值为波动中心,在当期实际值上进行调整。

5. 理性预期,即 $E(S_t^e) = S_t$。也就是,第 t 期 S 的预期期望值等于实际值。因为第 t 期 S 的实际值等于理性市场参与者对第 t 期 S 的预期值加上一个白噪声,即 $S_t = S_t^e + \varepsilon_t$。由于白噪声以零均值独立分布,因而第 t 期 S 的预期期望值等于当期实际值。完全理性预期的前提要有充分信息的。

投资者对未来汇率的预期不可能一致,甚至会千差万别。而理性预期则认为,不管投资者采用什么方法来对未来汇率进行预测,如果投资者的主观预期与以一组包含有可公开获得的信息为条件的数学期望值相同,那么这种预期就被称为理性预期。就平均来说,市场是理性的。

(三) 对理性预期汇率理论的实证检验

对理性预期汇率理论的实证检验反映出高度的不一致性,有时甚至是相互矛盾的。弗里德曼(1989)认为,由于信息成本的存在使得有效市场理论对汇率的预测经常出错。传统的汇率模型检验都假定汇率预期是静态的,这一假定在 20 世纪 80 年代遭到质疑。Frankel 和 Froot(1987)利用收集到的汇率预期调查数据研究显示,汇率预期变动变化频繁,并且不为零。在否定静态预期的基础上,他们将汇率预期形成机制分为外推预期(extrapolative expectation)、适应预期(adaptive expectation)和回归预期(regressive expectation)等(Frankel & Froot,1987)。在现有的文献中,我们对待汇率预期为同质的,但是大量的线索表明,异质性预期及其在决定外汇市场动态中的作用对未来研究是重要的领域。

二、汇率"新闻"理论

汇率决定的"新闻"模型研究起始于 20 世纪 80 年代初期,发展非常迅速。它是在资产市场宏观结构模型的基础之上结合理性预期假说进一步发展起来的,主要是为了解决理性预期理论在汇率预测过程中的误差问题。这种误差被归因于过去和现在发生的"新闻"引起的。研究各种未预期到的信息即"新闻"对汇率决定的影响是该理论的重要特征。

(一) "新闻"在汇率决定中的作用

在外汇市场上,新的信息能引起预期的变化,预期的变化能很快在汇率中得到反映。

因此,在外汇市场上,新的信息对汇率变动有着决定性的作用,这些新的信息被称为"新闻"。常见的影响汇率变动的"新闻"包括经济统计数据的发布、政治事件、新的国际货币安排和谣言等。预期到的信息已经包含在现在的市场汇率之中,汇率只对未预期到的信息发生变化。只有从总信息中减去预期到的信息后,剩下的未预期到的"净信息"才是"新闻",只有这种"新闻"才会影响到汇率的变动。弗兰克尔(J. Frenkel,1981)认为,影响汇率变动的关键因素是"新闻",这是20世纪70年代以来浮动汇率剧烈波动和变化无常的最主要原因。

(二)汇率决定的"新闻"模型

汇率决定的"新闻"模型主要分析汇率变动中未被预期到的部分,这种汇率决定的分析方法是对各种不同的汇率决定理论的补充和发展,一般不把它看作一种独立的汇率决定理论。

假定向量 V 包括所有决定汇率的变量,称之为基本变量,那么,汇率决定可表示为:

$$S_t = \alpha V_t + \varepsilon_t \tag{2-17}$$

其中,α 为系数,ε_t 为误差。假定市场参与者的预期是理性的,有 $S_t^e = \alpha V_t^e$。两项相减,得到:

$$S_t - S_t^e = \alpha(V_t - V_t^e) + \varepsilon_t \tag{2-18}$$

式(2-18)左边是即期汇率中未被预期到的部分,右边括号内部分 $(V_t - V_t^e)$ 是基本变量中的"新闻"部分。该式就是汇率决定的"新闻"模型的一般方程。

总的来说,"新闻"模型的目标是解释汇率变动中没有预期到的部分,从市场汇率的多变性和不确定性来看,这的确是一件困难的事。但是,"新闻"对汇率会产生影响是确定无疑的。问题在于"新闻"的提取和数量化方面的困难,除此之外,还有很多难以预料的"突发事件",这是市场汇率不稳定和令人难以捉摸的重要原因。

第五节　汇率决定的投机泡沫理论和混沌理论

"新闻"模型依据经济变量中未被预期的信息部分解释汇率变动,但并不能解释存在于汇率变动与基本变量变动之间不一致的自我强化的投机泡沫现象。为此,我们从异质预期角度来考察包含异质交易者行为的汇率决定模型——投机泡沫模型和混沌模型。

一、汇率决定的投机泡沫理论

投机泡沫(speculative bubbles)是一种非经济变量,是指一种与基本经济变量变动不一致的汇率变动,并且这种变动具有自我强化的性质。投机泡沫可分为理性投机泡沫和非理性投机泡沫,两者的共同点是都重视预期的作用,区别在于前者以理性预期假说为基本前提,后者以非理性预期假说为出发点。汇率决定的投机泡沫理论以偏离基本经济变量所决定的均衡值的汇率运动为研究对象,两种理论都假定投资者通过预期来推断汇率行为。

(一) 理性投机泡沫理论

汇率决定的理性投机泡沫理论(rational speculative bubbles)最早是由 Blanchard(1979)和 Dornbusch(1982)针对"新闻"模型的困境提出的。现实中,外汇市场上有时会产生这样一种现象:在基本经济变量并未产生大的变化情况下,外汇市场上汇率却出现暴涨和暴跌,这种现象既无法用汇率超调理论也无法用汇率的"新闻"模型来解释。于是,在理性预期的假设下,汇率决定的理性投机泡沫理论被提出了。

当汇率短期超调于基本经济因素决定的长期均衡汇率时,产生的汇率偏离便成为投机泡沫产生的源头。在理性预期假设下,如果投资者预期这种货币仍要升值,为了获得短期预期收益,投资者将继续购买这种已经被高估的货币资产时,便产生理性投机泡沫。投资者坚信在汇率回落到均衡汇率之前,还会进一步涨高;而汇率偏离长期均衡值越远,在其他因素不变的情况下,作为对风险增加的补偿,汇率必须上升更高。在这种市场投机的博傻行为(greater fool behavior)推动下,泡沫随着货币的不断升值而膨胀。因此,理性投机泡沫理论的结论是:期初汇率对长期均衡值的偏离在理性预期假设下将会导致汇率泡沫的生成并且会加速膨胀。

(二) 非理性投机泡沫理论

针对 1980—1985 年美元长期被持续高估的现象,Frankel 和 Froot(1986)提出了非理性投机泡沫理论(irrational speculative bubbles)。非理性投机泡沫又叫内生性泡沫,这一理论的出发点是假定经济代理人的预期是异质的。假定外汇市场上存在着三种经济代理人:基本面分析者、图表或技术分析者和资产组合经理人,他们从不同的角度使用不同的信息对未来汇率进行预测:基本面分析者主要根据经济、政治或者其他基本面因素的发展变化分析宏观经济基本因素对汇率的决定;图表或技术分析者主要根据汇率历史的市场价格和波动趋势的图表变化进行推断;资产组合经理人则根据前两者的预期,权衡之后选取适当的权数,进行外汇买卖,汇率的变化就是被他们的决策所推动的。这三种经济代理人使用三种不同的信息集合,对于每一种经济代理人而言,都没有使用全部可获得的信息,所以,他们的预期行为都是非理性的。由此,非理性的预期产生了非理性投机泡沫。

假定在弹性价格货币模型中存在三种交易者:基本面分析者采用宏观经济基本面因素,图表或技术分析者采用汇率的时间序列,资产组合经理人根据前两者的预期,对其进行加权平均。据此,预期的决定方程式为:

$$\Delta S_{t+1}^m = w_t \cdot \Delta S_{t+1}^f + (1 - w_t) \cdot \Delta S_{t+1}^c \tag{2-19}$$

其中,ΔS_{t+1}^m、ΔS_{t+1}^f 和 ΔS_{t+1}^c 分别表示资产组合经理人、基本面分析者以及图表或技术分析者的汇率变动预期。w_t 为资产组合经理人赋予基本面分析者的权重,下标 t 表示这一权重随着时间而调整。在短期内,图表或技术分析者的权重较大,这时 w_t 的值较小;而在长期内,基本面分析者的权重较大,此时 w_t 的值较大,图表或技术分析者的权重较小。Bask(1998)认为,w_t 的大小应与通货膨胀因素有关,通货膨胀率越高,相当于预测的时间水平越短,意味着技术分析者更重要,因而 w_t 应该越小。反之,则反是。Frankel 和 Froot(1990)指出,随着时间的推移,权重值的不同使得预测技术成为对美元需求改变的来源,并且剧烈的汇率变动会伴随着微小的宏观经济基本面因素的变化而发生。由此,汇率泡沫或者汇率对于经济基本面的偏离实际上是资产组合经理人对外汇市场中基本面分析者和图表或技术分析者所占比重变化的认知偏差造成的。

（三）对汇率决定的投机泡沫理论评价

参考崔孟修(2001)对于"汇率决定的投机泡沫理论"的评述,可以归纳为以下四点:

1. 投机泡沫理论成功克服了汇率决定的"新闻"模型的困境,即"新闻"模型利用基本经济变量的"新闻"无法解释不依赖于基本经济变量的汇率变动的投机泡沫现象。

2. 投机泡沫理论从非基本经济变量角度很好地解释了汇率的频繁波动。因为在基本经济变量都相同的情况下,汇率波动仍旧不同,例如,浮动汇率制度下汇率波动比固定汇率制度下更明显,说明基本经济变量可能不是汇率变动的唯一原因,在某些情况下甚至不是主要原因。

3. 投机泡沫理论是一种基于市场微观结构(经济代理人的异质性)的汇率决定理论,它预示着汇率理论未来发展的方向。如非理性投机泡沫理论的异质经济代理人预期假定及其对投机泡沫的产生、持续和破灭的论述,在方法上属于一种基于市场微观结构的汇率决定理论。

4. 受投机泡沫理论特别是它的异质预期假定的启发,产生了另一种研究汇率决定的方法,即混沌分析方法。De Grauwe 等(1993)证实,在异质预期的假定下,外汇市场上图表或技术分析者和基本面分析者的相互作用能够导致汇率的混沌运动。

二、汇率决定的混沌理论

混沌(chaos)是指在确定性系统中出现的貌似随机的运动,运动的确定性并不等价于可预测性,确定性的运动能够产生不可预测的貌似随机的行为。混沌的主要特征有:(1)混沌过程是非线性的;(2)确定性与随机性的结合,是一个确定性系统,具有内在随机性,其运动具有非周期性、永不重复的;(3)对初始条件的敏感依赖性,初始条件的细小变化会导致系统完全不同的轨道;(4)相空间混沌吸引子具有自相似结构的分形维;(5)具有普适性,在倍周期分岔通向混沌的过程中,普适常数的发现引起了重整化群的思想,说明混沌系统具有共同的规律性[①]。

（一）汇率决定混沌理论的主要观点

De Grauwe 和 Dewachter(1991)利用混沌理论开创了研究汇率行为的先河,他们将基于基本因素分析汇率决定的长期模型与基于非线性理论分析汇率决定的短期模型相结合,提出了汇率决定的混沌货币模型。假定市场上有两类投机者:一类是技术或图表分析者,只利用过去的信息,外推将来汇率的变化;另一类是基本面分析者,由汇率决定的结构模型来计算汇率的均衡值,认为市场汇率将趋向均衡值移动。根据假定,有关未来汇率变化的预期将由两部分组成:一是技术或图表分析者预期,二是基本面分析者预期。他们证实汇率短期行为是可以预测的,而且使用技术分析方法进行预测的精确度要优于随机游走模型。谢赤和杨妮(2005)认为,在混沌理论中,正的李雅普诺夫(Lyapunov)指数

[①] 埃德加·彼得斯(Edgar Peters)(1999):《资本市场的混沌与秩序》,北京:经济科学出版社,第41—42页。

是证明混沌信号的必要条件①。混沌是在无规则中寻找秩序,认识混沌只是实现"人类梦想"一部分,因为混沌过程仍是无法长期预测的。但是,如何利用混沌理论来正确认识和描述经济变量的行为,有效把握其运行趋势,这是非线性科学研究的重要方向。汇率时间序列整体表现为一种稳定,其稳定的机理在于混沌吸引子的存在。

(二)汇率决定混沌模型

假定经济代理人是异质的,含基本面分析者和图表或技术分析者,他们分别使用不同的有限信息集合进行预测。正是它们之间的相互作用在汇率的形成中引入了充分的非线性,从而使得外汇市场上的混沌运动成为可能。Da Silva(2001)指出,未来名义汇率变化的预期由两部分组成:一是基于图表或技术分析的预期,二是基于基本面分析的预期,且这种预期是基于 $t-1$ 时期作出的。因为假定生产者和投机者在 $t-1$ 期所持的市场看法是基于他们对 t 期所作预测的基础之上的。据此,一个简单的汇率决定的混沌模型是:

$$\left(\frac{S^e_{t+1}}{S_{t-1}}\right)^n = \left(\frac{{}_C S^e_{t+1}}{S_{t-1}}\right)^{T_t} \left(\frac{{}_F S^e_{t+1}}{S_{t-1}}\right)^{n-T_t} \tag{2-20}$$

其中,对基于图表或技术分析预测的预期规则被界定为:

$$\frac{{}_C S^e_{t+1}}{S_{t-1}} = \left[\left(\frac{S_{t-1}}{S_{t-2}}\right)\left(\frac{S_{t-3}}{S_{t-2}}\right)\right]^v \tag{2-21}$$

这里,v 表示本国图表或技术分析者使用的过去外推程度。v 越大,表示过去汇率外推进未来名义汇率预测中越多。

当基于基本面分析作出预测时,生产者和投机者被假定使用如下规则:

$$\frac{{}_F S^e_{t+1}}{S_{t-1}} = \left(\frac{S^{PPP}_{t-1}}{S_{t-1}}\right)^\lambda \tag{2-22}$$

这里,λ 表示 $t-1$ 期名义汇率趋向其均衡 PPP 值的预期复归速度。λ 越大,表示基本面分析者预期名义汇率上升或回落到其均衡 PPP 值越快。

其中,本国图表或技术分析的权重 T_t 被内生化为:

$$T_t = \frac{n}{1+\tau(S_{t-1}-S^{PPP}_{t-1})^2} \tag{2-23}$$

这里,参数 τ 表示基于本国图表或技术分析的预测转向基于基本面分析预测的速度。τ 越大,意味着图表或技术分析减少得越快。

将上述代入混沌模型,假定均衡 PPP 汇率等于 1,据此,得到汇率决定的混沌模型是:

$$S^e_{t+1} = S^{f_1}_{t-1} \cdot S^{f_2}_{t-2} \cdot S^{f_3}_{t-3} \tag{2-24}$$

其中,$f_1 = \dfrac{1+v+\tau(1-\lambda)(S_{t-1}-1)^2}{1+\tau(S_{t-1}-1)^2}$,$f_2 = \dfrac{-2v}{1+\tau(S_{t-1}-1)^2}$,$f_3 = $

---

① 混沌动力系统对初始条件具有敏感性,初始状态的微小变化都会导致系统内初始状态比较接近的轨道,总体上迅速地按指数速度扩散,预测能力会迅速丧失。这种轨迹收敛或发散的比率被称为李雅普诺夫(Lyapunov)指数。

$$\frac{v}{1+\tau(S_{t-1}-1)^2}。$$

该模型显示,名义汇率预测取决于以非线性方式呈现的前三期名义汇率的组合。该模型证实,汇率的短期行为是可以预测的,而且使用技术分析法进行预测的精确度要优于随机游走模型。当市场汇率等于均衡汇率时,图表或技术分析者的权重达到最大值,此时,市场上好像没有基本面分析者一样,图表或技术分析者(或噪声交易者)利用过去的汇率信息来外推将来汇率变化,市场预期由其信念支配。当市场汇率偏离均衡汇率时,图表或技术分析者的权重趋于下降,基本面分析者的权重上升,市场预期被基本面分析者支配。基本面分析者通过汇率模型决定均衡汇率,认为该均衡汇率水平是市场汇率将趋向的那一部分。这两种因素相互作用使得汇率运动呈现出混沌运动状态。

(三) 对汇率决定的混沌理论评价

1. 利用纯内生方法来解释汇率的变动,克服了"新闻"模型的不足,使人们认识到汇率的周期性和混沌运动状态是可能的。不过,混沌行为在长期内的不可预测性与传统的理性预期假说不相容。

2. 汇率混沌模型能够模拟一些重要的事实,如远期外汇升水的偏差,同时它也考虑到汇率的过去变化来预测短期汇率,提出了基于基本经济因素预测汇率的困境,这是理性预期模型中所缺乏的。

3. 虽然实证研究指出汇率变动有混沌现象,但将混沌理论用于经济变量预测与控制,用混沌理论解释汇率行为,尚处于摸索阶段,对汇率变动混沌现象的判断有待进一步研究。

4. 与其他汇率决定理论一样,混沌理论的成立也要依赖特定的前提假定。基本面交易者并不是真正的理性预期者,因为他们在形成预期时忽视了技术交易者的存在。两类交易者的相互影响仅仅存在于一个特定的模式下,如何建立汇率决定的非线性模型是将来需要进一步研究的方向。

专栏2-2

汇率决定从宏观走向微观:外汇市场微观结构理论

20世纪90年代以来,汇率决定宏观结构模型中被作为假设前提或被认为是不重要的细节而忽略的方面逐渐进入了研究视野。一些经济学家开始关注原有汇率理论未曾考虑的宏观经济关系的微观基础,形成了具有微观基础的汇率宏观经济分析方法;同时,基于对理性预期的批判,从外汇市场微观结构研究出发的汇率决定微观结构理论和从市场参与者异质性导致汇率混沌运动思想出发的汇率决定的混沌分析方法也登上了理论发展的舞台。

1. 具有微观基础的汇率宏观经济分析方法

传统的宏观汇率模型有两个重要的假定:一是与汇率决定相关的所有信息都是公开知晓的;二是新信息影响汇率、决定其新的均衡水平的过程为市场所有参与者所共知的。基于这两个假定,实际的交易过程与汇率决定是不相关的。据此,宏观汇率模型考察了汇率与宏观经济变量之间的关系,如货币供给、利率、资本流动和收入等。但现实中,宏观汇率模型只能解释一小部分汇率的变化,无法解释汇率发展的一些事实特性,如过度的突变或逆转(excess turnover)、过度的易变(excess volatility)和汇率决定难题,很难解释汇率的短期变动。在 Obstfeld 和 Rogoff(1995)提出具有划时代意义的宏微观一致基本模型后,许多学者在不同方面对汇率决定理论进行了发展。由于这方面的发展引入了微观基础对原有的宏观分析方法进行补充,使得新的分析框架下对汇率的分析更加贴近实际。目前,具有微观基础的汇率宏观经济分析方法仍在发展之中。由于这一分析方法建立在主流经济学的框架之上,很多研究使其成为汇率决定理论非常重要的一个发展方向。

2. 外汇市场微观结构方法与传统汇率决定理论的结合[①]

从 20 世纪 90 年代开始,市场微观结构理论在外汇市场问题研究上得到了充分的发展。孙立坚(2002)认为,大量研究主要是通过放宽有效市场的条件限制,即考虑在私有信息或非同类市场参与者或不同交易机制条件下,探究汇率的决定和形成将出现什么样的规律。在这里,对汇率决定的外汇市场微观结构理论与传统汇率决定理论进行比较。

传统汇率决定理论认为,汇率是由宏观经济基本面唯一决定。虽然从长期来看宏观经济基本面对汇率的影响是显著的,但短期内它对汇率的解释和预测能力却相当差。Meese 和 Rogoff(1983)指出,短期内结构模型对汇率的预测能力并不明显优于随机游走模型。Meese(1990)指出,在月度或季度内宏观经济基本面对汇率的解释能力实际为零。问题的根源在于传统汇率决定理论完全忽略了信息的汇集过程。传统汇率决定理论暗含这样一个假设,即投资者是同质的,与汇率相关的宏观经济信息是所有市场参与者都知道的公开信息,并且能够立即反映到市场价格(汇率)之中,因而宏观经济基本面与价格(汇率)之间并不存在一个信息汇集的过程。但 Evans 和 Lyons(2002)强调了私有信息及其集合过程的重要影响,认为指令流是所有微观结构模型中价格的主要决定因素。Lyons(2001)指出,在真实的外汇市场中,投资者是异质的,对于宏观经济基本面他们拥有分散的私人信息,分散的私人信息不可能立即反映到市场价格中,宏观经济基本面与价格(汇率)之间存在一个信息汇集过程,而在这一过程中起关键作用的信息汇集者就是指令流(order flow)。同汇率决定有关的分散的宏观经济信息是通过指令流来汇集和传递的。Gereben、Gyomai 和 Kiss M.(2005)提出,微观结构分析的最重要解释变量是指令流,即交易量的带符号(signed)测度。经验分析显示,指令流能够解释汇率波动的 1/2 或 2/3 的部分。虽然微观结构模型的最重要解释变量是指令流,但在更深层次上,正是宏观经济基本面决定着微观结构理论中的汇率。微观结构理论的核心创新是关注指令流经由交易机制传递信息到基本面上的方式。因此,微观结构分析法被认为是对宏观模型的补充而非替代选择。

既然指令流变量对汇率变动有很强的解释能力,那么可不可以将它纳入一个标准的宏观经济分析框架中。汇率、宏观经济基本面以及指令流三者之间又有着怎样的联系呢?Bacchetta 和 van Wincoop(2006)向前迈出了一步,揭示了短期和长期中汇率、宏观经济基本面和指令流三者之间的联系。主要结论是:(1)短期内,汇率与宏观经济基本面相背离。(2)从长期来看,汇率能够反映宏观经济基本面。(3)无论短期还是长期,指令流对汇

---

① 倪克勤、叶菲(2007):"外汇市场微观结构研究的最新进展",《西南金融》,第 3 期。

率都有显著的影响。Bacchetta 和 van Wincoop(2006)提出的分析框架揭示了汇率、宏观经济基本面和指令流三者之间的联系，在市场微观结构方法与传统国际金融理论的融合上进行了有益的探索。

3. 外汇市场微观结构理论的发展前景[①]

外汇市场微观结构理论无论从研究方法上还是从研究视角上都和现有宏观经济分析方法为主的汇率理论有着明显的不同。其特征主要表现在三个以往未被重视过的微观层面：一是私有信息，二是市场参加者的异质性，三是交易系统。它接受了实证分析结果和现有理论不吻合的批判，强调在非有效的外汇市场上来自知情交易者订单指令流和出自做市商的买卖差价这两个关键的微观金融指标是传递和反映私有信息的唯一工具，这些信息(如资产的低估或高估等)汇集在市场的交易过程中，才是主导汇率和外汇交易量变化的决定要素。

第一，从私有信息来看，在市场微观结构理论中最强调的基本概念莫过于私有信息，它被认为是价格形成的关键所在。私有信息具有两个鲜明的特征：一是它不能被所有的人共享，二是它比公开信息能更好地预测未来价格的走势。外汇市场的价格波动很有可能是私有信息作用的结果。根据私有信息形成的原因不同，它对价格影响的持续时间也就明显不同，因而价格的波动程度和频率也就不同。第二，从市场参与者异质性来看，可通过三个侧面来分析它对价格的影响：一是市场参与者的交易动机所造成的影响，认为投机交易者和保值交易者的目标函数是不一样的；二是市场交易者的分析方法所起的作用，认为市场参与者对信息的处理方法显示出多样化；三是市场交易者信息不对称的动态效果，认为交易者有否掌握私有信息是影响他们投资行为的关键要素，它们之间相互博弈的结果最终将影响做市商的定价机制。第三，从外汇市场交易机制来看，现有的即期市场上外汇交易主要是通过三个渠道进行的：一是客户与银行之间的外汇交易，二是国际金融市场上银行间(做市商间)的外汇交易，三是通过经纪人交易。后两者几乎占据了所有的外汇交易量。

综上，外汇市场微观结构理论已从原来的价格形成机制及其特点的研究进入了政策和制度设计研究的新阶段，它所涉及的内容对 WTO 框架下中国金融改革和开放都有着重要的指导意义。

本 章 小 结

一价定律是指在不考虑运输成本和官方贸易壁垒等因素的自由竞争市场上，以同一种货币衡量的、在不同国家出售的某种同样货品的价格应是一致的。一价定律的存在仅适用于以市场完全自由竞争、没有运输成本和官方贸易壁垒、可贸易商品完全同质为前提假定的。购买力平价论的核心思想是货币的价格取决于它对商品的购买力。一国汇率变

[①] 孙立坚(2002)："外汇市场微观结构理论的原理及其前景"，《国际金融研究》2002 年第 11 期。

动归根到底是由两国物价水平的变动所决定的。

购买力平价理论的前提基础之一是一价定律。绝对购买力平价认为,在一价定律有效条件下,一国货币对外汇率主要是由两国货币在其本国所具有的购买力决定的,汇率取决于以不同货币衡量的可贸易商品的价格水平之比。而相对购买力平价认为,各国间存在着交易成本,同质商品用同一种货币表示时,价格存在差异,这使得一价定律无效。汇率的变动由两国价格水平变动率所决定,汇率变动率等于两国之间的通货膨胀率之差。

利率平价论从金融市场角度分析了汇率与利率之间的关系。利率平价论假定资本完全自由流动,利率平价是短期内汇率决定的基础。依据利率平价论,远期汇率的贴水或升水率应与两国货币的利率差距相等。引入预期因素后,利率平价论分为抛补的利率平价和非抛补的利率平价。前者的经济含义是汇率的远期升(贴)水率等于两国货币利率之差;后者的经济含义是即期汇率的预期变动率等于两国货币利率之差。

长期内汇率协调一致模型:如果一国的汇率变动率能够抵消该国与外国通胀率的差异,那么两国货币之间的利率差异一定等于两国预期的通胀率差异。费雪效应证实,在长期中,纯粹的货币增长不会对经济生活中的相对价格产生影响。实际汇率的变动等于名义汇率变动的百分比减去两国之间的通胀率之差。

货币模型假定国内外资产可完全替代,两种资产的预期收益率相同,不存在资产组合的调整问题;资产组合平衡论则认为资产是不可完全替代的,存在资产组合选择调整问题。资产持有者可以根据"收益—风险"对持有的实际资产组合结构进行最优化调整。汇率决定的货币论分为弹性价格和粘性价格货币模型。前者假定商品市场与金融市场同样高速地对货币市场失衡发生调整反应,而后者假定商品市场要比金融市场的反应滞后,因而短期内是利率和汇率的变动,而不是价格的变动来恢复货币市场的均衡。在短期内,由于商品价格粘性会造成利率变动超调,进而导致汇率变动出现超调现象,但是在长期内,汇率会恢复到长期均衡水平。

资产组合平衡论的基本思想:接受多恩布什关于短期内价格粘性的看法,短期内资产市场的失衡是通过资产市场内部国内外各种资产的迅速调整来加以消除的,而汇率正是使资产市场供求存量保持和恢复平衡的关键变量。

现代关于汇率预期形成的理论是理性预期汇率理论。对理性预期汇率理论的实证检验反映出高度的不一致性,有时甚至是相互矛盾的。汇率决定的"新闻"模型是在资产市场宏观结构模型基础之上结合理性预期假说进一步发展起来的,主要解决理性预期理论在汇率预测过程中的误差问题,分析汇率变动中未被预期到的部分,是对汇率决定理论的补充和发展。

汇率决定的投机泡沫理论以偏离基本经济变量所决定的均衡值的汇率运动为研究对象,包括理性投机泡沫理论和非理性投机泡沫理论。汇率决定混沌模型显示,名义汇率预测取决于以非线性方式呈现的前三期名义汇率的组合。图表或技术分析者与基本面分析者相互作用使得汇率运动呈现出混沌运动状态。

外汇市场微观结构理论无论从研究方法上还是从研究视角上都和现有宏观经济分析方法为主的汇率理论有着明显的不同。其特征主要表现在三个以往未被重视的微观层面:一是私有信息,二是市场参加者的异质性,三是交易系统。强调在非有效的外汇市场上来自知情交易者订单指令流和出自做市商的买卖差价才是主导汇率和外汇交易量变化的决定要素。

重 要 概 念

一价定律　购买力平价　　　绝对购买力平价　　相对购买力平价　抛补利率平价
利率平价　非抛补利率平价　国际收支说　　　　费雪效应　　　　弹性价格货币论
汇率超调　粘性价格货币论　资产组合平衡论　　市场有效性　　　理性预期汇率理论
投机泡沫　非理性投机泡沫　理性投机泡沫　　　汇率"新闻"理论　汇率决定混沌模型

习题与思考题

1. 试述购买力平价与一价定律之间关系,哪些因素造成购买力平价不成立?
2. 比较绝对购买力平价和相对购买力平价。
3. 利率平价论的主要内容是什么?
4. 比较抛补的和非抛补的利率平价及其经济含义。
5. 简析长期内汇率协调一致模型的经济含义。
6. 简述弹性价格货币模型的主要内容。
7. 试述汇率超调模型的主要观点。
8. 比较粘性价格和弹性价格货币模型下利率与汇率之间的关系。
9. 试述资产组合平衡模型中资产供给的变化调整对汇率变动的影响。
10. 在现代汇率决定理论中,关于汇率预期形成的理论有哪些?
11. 试述汇率决定的"新闻"模型。
12. 试从异质交易者预期角度理解汇率决定的投机泡沫模型和混沌模型。
13. 比较行为金融汇率理论与外汇市场微观结构理论。

案例分析

汇率决定理论新发展:行为金融汇率理论[①]

1. 行为金融理论与汇率决定理论的结合

行为金融汇率理论是基于非线性效用理论引入行为心理学的观点,建立有关汇率形成机制的理论。早期文献引入汇率预期的异质性。Frankel 和 Froot(1990)认为,汇率超调理论似乎解释了汇率波动的一些重要方面,但是,1981—1984 年美元币值已偏离了美国宏观经济基本面,因为在美元实际利差已开始下降时期,美元仍升值20%。同期标准的宏观经济模型已无法解释美元汇率的大多数短期变动。同样,理性预期投

---

① 本案例分析由复旦大学 2016 级国际商务班硕士生杨夕诺整理。

机泡沫理论也无法预测此间的汇率变动。实际上,汇率相对于基本面产生的偏离,是资产组合管理者对存在于外汇市场中的基本面分析者和技术分析者的相对比重变化的判断偏差造成的。基本面和技术面分析者相对比重的转换是美元汇率变化的根源,大的汇率波动很少发生在宏观经济基本面基础上。通过分析交易者的行为特征,他们构建起行为金融汇率模型(F-F模型)。De Grauwe和Grimaldi(2006)在F-F模型基础上,简化预期决策规则,将交易者的交易策略区分为基本面和技术分析两种,并假设交易者根据上一期交易策略的盈利情况来确定当期的交易策略,由此建立了内生性汇率决定模型(G-G模型)。Manzan和Westerhoff(2007)在G-G模型基础上,不再假设基本面和技术分析者的比例是常量,而是依据两者的相互影响,通过引入时间变量和根据汇率变化推测两种交易者的比例,提出一个更加完善的汇率决定模型(M-W模型)。Bauer、De Grauwe和Reitz(2009)提出一个简单的基本面和技术分析者行为模型,考察不同汇率制度下的交易行为,对于浮动汇率制度,该模型很好地解释了汇率的过度波动性、厚尾性、波动聚类和汇率非关联等外汇"异象"。在引入汇率目标区制度后,会通过减少外汇市场上投机活动而显著地减小汇率波动性。

2. 基于行为金融视角下的汇率决定理论模型

行为金融汇率理论是基于非线性效用理论,将其引入行为心理学的观点而建立起有关汇率形成机制的理论,用来解释外汇市场汇率的形成和波动特征,如噪声交易、羊群效应、有限套利等。假定基本面和技术分析者采用简单的预测规则进行交易。基本面分析者根据以往现实汇率水平和基本面汇率水平之差来预测未来的汇率变化。基本面汇率水平是指由宏观经济基本面所决定的汇率水平。偏离基本面水平的现实汇率将会逐渐回归到基本面汇率水平。因此,基本面分析者的预期规则如下:

$$E_{f,t}(s_{t+1})=s_{t-1}-\alpha(s_{t-1}-s_{t-1}^*)$$

其中,$E_{f,t}$是基本面分析者在第t期对未来汇率的预期,s_{t-1}是第$t-1$期现实汇率水平,s_{t-1}^*是第$t-1$期的基本面汇率水平,$\alpha(0<\alpha<1)$是用于衡量基本面分析者预期的汇率水平调整到基本面汇率水平的移动速度。

技术分析者根据以往汇率的走势,如运用汇率图表的某种黄金比率,分析判断汇率运动的支撑位、阻力位,进而依据即期汇率情况来预测未来汇率的走势。技术分析者不考虑基本面的因素,单纯依据过去汇率的波动情况进行预测,因而又被称为噪声交易者。技术分析者遵循如下预测规则:

$$E_{c,t}(s_{t+1})=s_{t-1}+\beta\sum_{k=1}^{\infty}\rho(1-\beta)^{k-1}\Delta s_{t-k}$$

其中,$E_{c,t}$是技术分析者在第t期对未来汇率的预期,$\beta(0<\beta<1)$表示技术分析者根据以往汇率变动情况预测未来汇率走势的程度,表现出"追涨杀跌"的行为特征,ρ是记忆参数。

汇率市场上基本面和技术分析者交易行为的叠加组合最终导致了汇率波动,且第 $t+1$ 期市场出清的汇率变化,是第 t 期市场预期变化加上第 $t+1$ 期的白噪声项(即第 t 期无法预测到的"新闻"):$E_t(\Delta s_{t+1}) = w_{f,t} E_{f,t}(\Delta s_{t+1}) + w_{c,t} E_{c,t}(\Delta s_{t+1})$。其中,$w_{f,t}$ 和 $w_{c,t}$ 分别是基本面分析者和技术分析者所占的比重。

3. 行为金融汇率理论与外汇市场微观结构理论的比较

外汇市场微观结构理论和行为金融汇率理论都突破了传统汇率决定理论的两个重要前提假设:一是信息的公开性,二是信息传递的有效性。据此,从微观层面来看,现实中每一个市场主体的交易过程对汇率决定都是相关的,呈现交易者异质性。但是,二者的关注点不同。外汇市场微观结构理论关注外汇市场的交易过程,通过买方与卖方的订单流之差,即带符号的订单流以及做市商的买卖差价来分析交易过程以及市场导向;行为金融汇率理论则关注交易者自身的异质性,通过不同类型的外汇投资者以及他们各自对汇率的预期规则对汇率决定进行分析。虽然二者都肯定交易者的异质性,但他们对异质性的判断有所差异。外汇市场微观结构理论根据交易的动机是投机还是规避风险,将客户分为主动和被动两种,投机者通常采取主动的投资策略,风险规避者通常选择被动的投资策略。行为金融汇率理论将客户分为基本面分析者、技术分析者和资产组合管理者。基本面分析者采用宏观经济基本面的因素对未来汇率波动进行预期,技术分析者利用历史汇率的时间序列,通过相关模型、图表进行预期,资产组合管理者根据前两者的预期进行加权平均。

4. 行为金融汇率理论在人民币汇率决定中的应用

2010年6月,人民币汇率市场化改革重新启动,进一步推进人民币汇率形成机制的市场化改革。李晓峰、陈华(2012)从行为金融角度出发,建立了涵盖宏观经济基本面、微观主体异质性行为以及中央银行干预等因素在内的人民币汇率决定理论模型。以这一模型为基础,利用 Unscented 卡尔曼滤波方法。研究发现,汇改后人民币外汇市场存在着显著的异质性交易者——持有回归预期的基本面分析者和持有推断预期的技术分析者,并且技术分析者的风险厌恶程度显著高于基本面分析者。在汇改后的主要时期内,基本面分析者在外汇市场上占据主导地位,但在2009年4月以后,外汇交易者对交易策略的选择陷入"迷茫"的状态。2010年6月,中国人民银行重启人民币汇率形成机制改革,技术分析者占据主导地位,其噪声交易给人民币带来一定的升值压力。2016年10月,人民币正式加入SDR,成为人民币国际化历程的一个里程碑。在人民币汇率不断推向市场化和国际化的进程中,交易者异质性是人民币汇率形成机制逐步市场化后的典型特征,关注和把握异质性交易者在人民币外汇市场中的特征及其变化就显得尤为重要。行为金融汇率决定理论可以为我国政府相关部门和外汇市场主体理解和把握汇改后人民币汇率的形成机理提供重要的理论和经验依据。

第三章

国际收支失衡和调节理论

学习目标

1. 了解国际收支的会计原理、国际收支失衡与平衡，中美贸易收支失衡与调整。
2. 理解国际收支各种差额、国际收支失衡的类型、复式簿记原理、国际收支失衡及调节机制、马歇尔——勒纳条件、J 曲线效应。
3. 掌握国际收支平衡表的账户及其构成，国际收支调节理论的弹性论、乘数论、吸收论和货币论。
4. 学会分析国际收支的局部差额和综合账户差额；学会使用国际收支调节机制和调节理论来分析解决国际收支失衡问题；分析揭示国际收支是与货币供求相联系的一种货币现象。

第一节 国际收支平衡表分析

2001 年开始，国际货币基金组织（IMF）决定着手更新《国际收支手册》，因为《国际收支手册》（第五版）尽管在总体框架上仍然适用，但是需要纳入 1993 年以来在细化、澄清、改进和方法更新方面的众多内容，还需要加强《手册》的理论基础及其与其他宏观经济统计之间的联系。为此，《国际收支和国际投资头寸手册》第六版（BPM6）顺势而出，《手册》第六版的编制与经合组织《外国直接投资基准定义》及《国民账户体系》的更新并行，很好地保持了它们之间的一致性。

一、国际收支

国际收支（balance of payments，BOP）是指一国在一定时期内对外往来所引起的货币收支，它强调现金基础和当期结清的外汇收支。那些不引起现金支付的交易，如补偿贸易、易货贸易、实物形式的无偿援助以及清算支付协定下的记账贸易等，都没有被包括在外汇收支内。国际货币基金组织在《国际收支和国际投资头寸手册》第六版（BPM6）将国际收支界定为特定时期内居民与非居民之间的经济交易汇总表。参照第六版界定，本教材认为国际收支是指一国或地区在一定时期内(通常一年)居民与非居民之间进行的全部经济交易的系统的货币记录。国际收支经济交易汇总表的构成部分有货物和服务账户、初次收入账户、二次收入账户、资本账户和金融账户。

二、国际收支平衡表的构成

国际收支平衡表(balance of payments statement)是一国对其一定时期内(通常为一年)的全部国际经济交易,根据交易的特性和经济分析的需要,分类设置科目和账户(account),并按复式簿记的原理进行系统货币记录的报表。一国的国际收支状况集中反映在该国的国际收支平衡表上,国际收支平衡表是按照特定账户和复式簿记方式表示的会计报表。IMF规定各成员国必须定期向IMF报送本国的国际收支平衡表。为了便于编制并具有可比性,IMF不定期更新和出版《国际收支手册》,制定国际收支平衡表的标准格式。

1993年,IMF出版了《国际收支手册》(第五版),对国际收支平衡表的账户及其构成做了修改,包括:(1)经常账户(current account);(2)资本和金融账户(capital account and financial account);(3)误差和遗漏账户(errors and omissions account)。每一账户下又细分为若干分支账户(sub-accounts)。2001年开始,IMF开始着手对1993年公布的《国际收支手册》第五版进行更新,旨在为基金组织成员国编制国际收支和国际投资头寸数据提供指导。根据2009年IMF发布的《国际收支和国际投资手册》第六版(BPM6),国际收支平衡表包括经常账户、资本账户、金融账户和误差与遗漏净额。其中,经常账户可细分为货物和服务账户、初次收入账户、二次收入账户;金融账户可细分为直接投资、证券投资、金融衍生工具、其他投资和储备资产。

(一) 经常账户

经常账户是国际收支平衡表中最基本和最重要的往来项目,是对实际资源在国际间流动行为进行记录的账户。它包括货物和服务账户、初次收入账户、二次收入账户[①]。对于大多数经济体而言,经常账户中最大、最重要的组成是货物和服务账户差额,即贸易差额(trade balance)。

1. 货物账户,指经济所有权在我国居民与非居民之间发生转移的货物交易。贷方记录货物出口,借方记录货物进口。货物账户数据主要来源于海关进出口统计,但与海关统计存在以下主要区别:(1)国际收支中的货物只记录所有权发生了转移的货物(如一般贸易、进料加工贸易等贸易方式的货物),所有权未发生转移的货物(如来料加工或出料加工贸易)不纳入货物统计,而纳入服务贸易统计;(2)计价方面,国际收支统计要求进出口货值均按离岸价格记录,海关出口货值为离岸价格,但进口货值为到岸价格,因而国际收支统计从海关进口货值中调出国际运保费支出,并纳入服务贸易统计;(3)补充部分进出口退运等数据;(4)补充海关未统计的转手买卖下的货物净出口数据。

2. 服务账户,包括加工服务、维护和维修服务、运输、旅行、建设、保险和养老金服务、

[①] 国际货币基金组织《国际收支和国际投资头寸手册》(第六版)将经常账户下的"收益"名称改为"初次收入",将"经常转移"名称改为"二次收入"。

金融服务、知识产权使用费、电信、计算机和信息服务、其他商业服务，个人、文化和娱乐服务，以及别处未提及的政府服务。贷方记录提供的服务，借方记录接受的服务。

3. 初次收入账户，指由于提供劳务、金融资产和出租自然资源而获得的回报，包括雇员报酬、投资收益和其他初次收入三部分。

4. 二次收入账户，指居民与非居民之间的经常转移，包括现金和实物。贷方记录我国居民从非居民处获得的经常转移，借方记录我国向非居民提供的经常转移。

（二）资本账户

资本账户是指居民与非居民之间的资本转移，以及居民与非居民之间非生产非金融资产的取得和处置。贷方记录我国居民获得非居民提供的资本转移，以及处置非生产非金融资产获得的收入；借方记录我国居民向非居民提供的资本转移，以及取得非生产非金融资产支出的金额。

（三）金融账户

金融账户是指发生在居民与非居民之间、涉及金融资产与负债的各类交易。根据会计记账原则，当期对外金融资产净增加记录为负值，净减少记录为正值；当期对外负债净增加记录为正值，净减少记录为负值。金融账户细分为非储备性质的金融账户和国际储备资产。非储备性质的金融账户包括直接投资、证券投资、金融衍生工具和其他投资。储备资产是指我国中央银行拥有的对外资产，包括外汇储备、货币黄金、特别提款权、在基金组织的储备头寸，其他储备资产。具体地，（1）直接投资（direct investment），表示一国当年引进的外国直接投资总额。直接投资可以采取在其他经济体直接建立分支企业的形式，也可以采取购买其他经济体企业一定比例股票的形式，后者情况下，《国际收支手册》规定最低比例为10%，我国则规定是25%。（2）证券投资（portfolio investment），包括股本证券、债务证券、货币市场工具和金融衍生品。其主要对象是股本证券和债务证券。债务证券可进一步划分为一年以上的中长期债券、一年以下的货币市场工具和其他衍生工具。（3）储备资产（reserve assets），包括一国货币当局可以随时动用的外部资产，可分为货币黄金、特别提款权、在基金组织的储备头寸、外汇资产（包括货币、存款和有价证券）和其他债权，也称为官方储备。（4）其他投资（other investment），包含所有直接投资、证券投资或储备资产未包括的金融交易，主要有贸易信贷、贷款、货币与存款等。

（四）净误差与遗漏账户

国际收支平衡表采用复式记账法，由于统计资料来源和时点不同等原因，会形成经常账户与资本和金融账户不平衡，形成统计残差项，称为净误差与遗漏。统计上的一切误差均归入该账户。基于会计上的需要，一般就人为设置一个项目用于抵消上述统计偏差，即"净误差和遗漏"（net errors and omissions）账户。如果借方总额大于贷方总额，净误差和遗漏这一项则放在贷方；反之，则放在借方。

第二节　国际收支平衡表的会计原理

国际收支交易可分为贷方（credit）和借方（debit）。贷方交易是指收到外国支付的交易,包括货物和服务出口、来自外国的单边经常转移和资本流入;借方交易是指向外国做出支付的交易,包括货物和服务进口、向外国的单边转移和资本流出。记入贷方的用"+"号来表示;记入借方的用"-"号来表示。就资本流入来看,采取两种形式:一是外国资产在本国增加,二是本国资产在国外减少。就资本流出来看,也有两种形式:一是外国资产在本国减少,二是本国资产在国外增加。

一、国际收支平衡表的编制原则

根据 IMF《手册》第六版制定的标准,国际收支平衡表是反映某个时期内一个国家或地区与世界其他国家或地区间的经济交易的统计报表。国际收支统计以权责发生制为统计原则,并采用复式记账法。中国国际收支表是反映特定时期内我国(不含中国香港、澳门和台湾,下同)与世界其他国家或地区的经济交易的统计报表。

国际收支的各笔经济交易,都采用复式簿记(double-entry bookkeeping),即"有借必有贷、借贷必相等"的原则,以相同的金额分别记入国际收支平衡表的借方和贷方。所以,借贷方总值必定相等,也就是,国际收支平衡表的差额恒等于零。具体地,编制国际收支平衡表时,遵从的编制原则有以下四个方面。

1. 按照复式记账原理,国际收支平衡表采用国际上通行的复式簿记法来记录各项经济交易。每一笔国际交易都要分别记录在国际收支平衡表的借方和贷方。

2. 一切收入项目或本国负债增加、在国外资产减少的项目都列为贷方(credit items),或称"+"正号项目(plus items)。常见的是涉及外国居民向本国居民支付的交易,记入贷方。

3. 一切支出项目或本国负债减少、在国外资产增加的项目都列为借方(debit items),或称"-"负号项目(minus items)。常见的是涉及本国居民向外国居民支付的交易,记入借方。

4. 原则上,贷方项目总和最终必须与借方项目总和一致,即平衡表中所有记录的净差额应等于零。将这些国际收支平衡表的编制原则总结绘制成下表。

表 3-1 国际收支平衡表的编制原则列表

贷方(credit/plus items)	借方(debit/minus items)
对外实际资产的减少	对外实际资产的增加
对外金融资产的减少	对外金融资产的增加
对外负债的增加	对外负债的减少
贷方(credit/plus items)	借方(debit/minus items)
出口(货物和劳务)	进口(货物和劳务)
资本流入,包括本国对外负债的增加,对外金融资产的减少	资本流出,包括本国对外负债的减少,对外金融资产的增加

二、国际收支统计的会计原理

凡是引起本国从外国获得（实际或未来）货币支付的交易，都记入贷方分录；凡是导致本国向外国支付（实际或未来）货币的交易，都记入借方分录。所以，一国拥有的外国资产减少（或本国负债增加）记入贷方，一国拥有的外国资产增加（或本国负债减少）记入借方。资本流出记入资本账户中的借方分录，因为它提高了本国拥有的外国资产或减少了本国对外负债；资本流入记入资本账户中的贷方分录，因为它导致本国对外负债增加或本国拥有的外国资产减少。

凡是引起外汇需求的交易，都记入该交易所属账户的借方分录；反之，凡是引起外汇供给的交易，都记入贷方分录。据此，货物和服务的出口带来了外汇供给，从而应该记入贷方分录，而资本的出口（资本输出）导致对外汇的需求（例如居民支付所购买的外国资产），记入借方分录。同理，货物和服务的进口引起对外汇的需求，记入借方分录；而资本的进口（资本输入）产生外汇供给（例如，非居民支付所购买的本国资产，本国指国际收支平衡表的编制国），记入贷方分录。同样，偿付对外债务（负债减少）会引起外汇需求，记入借方分录；获得外国贷款（负债增加）产生外汇供给（贷款的结果），应该记入贷方分录。具体可参见表3-2。

专栏 3-1

表 3-2　国际收支统计的复式簿记记账法

单个交易的记录	汇总记录
分别在借方和贷方记录单个交易构成了会计体系的基础。国际收支中每笔交易的记录均由两个金额相等但方向相反的分录组成，反映每笔交换的流入和流出。对于每笔交易，各方都记录一个与之相应的贷方分录和借方分录： 1. 贷记（CR.）——货物和服务出口，应收收入，资产减少或负债增加。 2. 借记（DR.）——货物和服务进口，应付收入，资产增加或负债减少。	在国际收支汇总数据中，经常账户和资本账户分录为合计数据，而金融账户分录是有关每项资产和负债每个类别/工具的净值。第三章"会计原则"将进一步阐述国际收支统计中使用的会计制度。 由于每笔业务都有两个分录，因此，从概念上说，一国国际收支中的贷方分录合计额与借方分录合计额之差为零，也就是说，在概念上，整个账户是平衡的。但是，在实践中，计量问题会使它们之间存在差异。 国际收支具有两个分录的这种性质可用不同方式表现在汇总数据中。这里，分录性质通过列标题（即贷方、借方、金融资产净获得和负债净产生）反映，一般认为这种表式便于用户理解。在另一种表式中，贷方分录显示为正，而借方分录显示为负，这种表式可用以计算差额，但需要为用户做更多的解释（例如，资产增加显示为负值）。 在国民账户体系表式中，对编报经济体而言，国际收支经常账户中的贷方分录称为世界其他地方部门的使用（例如，出口是被世界其他地方使用）。同样，编报经济体的借方分录在国民账户体系中
示　例	
简单的示例是向非居民出售100个货币单位的货物，对于卖方而言： 出口 100（贷记） 货币 100（借记——金融资产增加） （该交易包括向非居民提供物质资源，以及从非居民收到金融资源，即补偿性收入。） 只涉及金融资产分录的交易示例是，出售50个货币单位的股份。对于卖方而言：	

续表

单个交易的记录	汇总记录
股份和其他股权　　50(贷记——金融资产减少) 货币　　　　　　　50(借记——金融资产增加) (售方提供股份,并收到货币) 涉及资产换取负债的示例是,借款人收到70个货币单位的现金贷款,对于借款人来说: 贷款　　　　　　　70(贷记——负债增加) 货币　　　　　　　70(借记——金融资产增加)	称为"资源"的提供(例如,进口是由世界其他地方提供的资源)。 由于《国民账户体系》的世界其他地方账户从非居民角度出发,因而国际账户中编报经济体的资产在国民账户体系中被列示为世界其他地方这一部门的负债。

资料来源:IMF(2009):《国际收支和国际投资头寸手册》第六版(BPM6),第8页。

国际收支平衡表编制的另一个原理涉及经济交易记录的时间,实际采纳的是所有权变更原则,即以所有权变更的时间作为交易各方簿记这笔交易的时间。根据这一准则,延期付款方式进口的商品在所有权转移时记入经常账户的借方,同时,由于负债增加(进口商的债务),在资本账户下应该把它记入贷方。当进口商结算债务时(此时已不同于记录进口的时间),在资本账户将有两个相互抵销的分录:一个是记录对外负债减少的借方分录(债务结清),另一个是记录对外国资产减少或者因支付债务引起的对外负债增加的贷方分录。

第三节　国际收支:局部差额和综合账户差额分析

国际收支平衡表是根据复式簿记原理编制的,其借方总额和贷方总额是相等的,但这只是账面的、会计意义上的平衡,不具有经济学意义。国际收支平衡表的每个具体账户和科目的借方额和贷方额往往是不相等的,这种差额被称为局部差额(partial balance)。具体如表3-3所示。

一、局部差额分析

根据差额账户的分类,具体分析如下。

1. 货物贸易差额,指货物进出口差额。虽然货物贸易收支仅是国际收支的一个组成,但是对某些国家来说,货物贸易收支所占的比重相当大,在不考虑资本流动的情况下,可将货物贸易收支作为国际收支的近似代表。国内企业和劳工联盟经常使用贸易差额来证明需要保护国内市场避免外国竞争。货物贸易差额往往综合反映一国的产业结构、产品质量和劳动生产率状况,反映该国产业在国际上的竞争力。货物贸易差额是衡量一国实际资源转让、实际经济发展水平和国际收支状况的重要依据。

2. 经常账户差额,含货物和服务账户、初次收入账户、二次收入账户等。经常账户差额综合反映实际资源在该国与他国之间的转让净额,以及该国的实际经济发展水平;反映

表 3-3 几个国际收支局部差额的内容和关系

类　　别	贷方(＋)	借方(－)	
经常账户			
货物	货物出口	货物进口	→ 货物贸易差额
服务	服务出口	服务进口	
初次收入	要素报酬收入	要素报酬支出	
二次收入	经常转移收入	经常转移支出	经常账户差额
资本金融账户			→ 资本金融账户差额
长期资本	长期资本流入	长期资本流出	→ 基本差额
私人短期资本	私人短期资本流入	私人短期资本流出	→ 官方结算差额
官方短期资本	官方借款	官方贷款	→ 综合账户差额
官方储备变动	储备减少	储备增加	

一国的进出口状况(包括无形进出口),被当作是制定国际收支政策和产业政策的重要依据。国际经济合作组织经常采用这一指标对成员国经济进行衡量,国际货币基金组织就特别重视各国经常项目的收支状况。

3. 资本和金融账户,通过资本和金融账户,可以看出一个国家资本市场的开放程度和金融市场的发达程度,为一国的货币政策和汇率政策调整提供有益的借鉴。一般来说,资本市场开放国的资本和金融账户的流量总额较大。在不考虑误差和遗漏因素时,经常账户中的余额必然对应着资本和金融账户在相反方向上数量相等的余额。因此,资本和金融账户余额可以折射出一国经常账户状况和融资能力。但是,资本和金融账户与经常账户之间的融资关系,随着国际金融一体化的发展,已发生了变化。主要表现在:资本和金融账户为经常账户提供融资受到诸多因素的制约;资本和金融账户不再被动地由经常账户决定,资本流动存在独立的运动规律。

4. 基本差额,是经常账户加上长期资本的差额。它是经常账户交易、长期资本流动的结果,它将短期资本流动和官方储备变动作为线下交易。它反映一国国际收支的长期趋势。如果一国国际收支的基本差额为盈余,即使其综合差额暂时为赤字,从长期看,该国仍有较强的国际经济实力。

5. 官方结算差额,是经常账户交易、长期资本流动和私人短期资本流动的结果,它将官方短期资本流动和官方储备变动作为线下交易。当官方结算差额为盈余时,可以通过增加官方储备,或者本国货币当局向外国贷款进行平衡;当官方结算差额为赤字时,可以通过减少官方储备,或者本国货币当局向外国借款进行平衡。官方的短期对外借款或贷款可以缓冲收支不平衡对官方储备变动的压力。官方除了动用官方储备外,还可以通过短期对外借款或贷款来弥补收支不平衡并稳定汇率。官方结算差额衡量一国货币当局所愿意弥补的国际收支差额。

二、综合账户差额分析

综合账户差额,是指经常账户与资本和金融账户中的资本转移、直接投资、证券投资、其他投资账户所构成的余额,也就是将国际收支账户中的官方储备账户剔除后的余额。可见,综合账户差额所包括的线上交易最为全面,仅仅将官方储备变动作为线下交易。由于综合账户差额必然导致官方储备的反方向变动,所以,可用来衡量国际收支对一国官方储备造成的压力。当综合差额为盈余或赤字时,就要通过增加或减少官方储备来平衡。综合账户差额的状况直接影响到该国的汇率是否稳定,而动用官方储备弥补国际收支不平衡、维持汇率稳定的措施又会影响到一国的货币发行量。因此,综合账户差额是非常重要的。这一概念比较综合地反映了自主性国际收支的状况,是全面衡量和分析国际收支状况的指标。IMF倡导使用综合账户差额这一概念。在没有特别说明的情况下,我们所说的国际收支顺差或逆差,通常指的是综合账户差额顺差或逆差。

第四节 中美贸易收支失衡与调整: 事实特征及主要成因

随着经济全球化的推进,全球贸易发展失衡已成为各个国家都不得不面临的重要问题。这其中,中美贸易失衡与再平衡是最重要的组成部分之一。2017年3月31日,美国总统特朗普签署两项关于贸易的行政令,聚焦美国贸易逆差问题,核心要求之一是评估双边贸易逆差形成的主要原因。事实上,美国政府在各方利益集团的驱使下,针对贸易逆差最大的中国,早在奥巴马政府时期就曾单方提出贸易再平衡的要求,希望缩小美国对中国贸易逆差失衡。美国总统经济报告2010年和2012年都在第一章以大篇幅大谈贸易再平衡问题。美国总统特朗普也提出需要重新平衡与中国的贸易关系,并通过签署贸易行政令来推进。由此,中美贸易不平衡问题的事实特征及主要成因是什么?如何进行调整?

一、美中双边贸易失衡: 货物与服务贸易事实特征

(一) 美中双边货物贸易失衡

依据联合国贸发会议(UNCTAD)数据计算发现,1995—2015年,美国对中国年均贸易逆差排名前24类的三分位产品是:自动数据处理器、电信设备、婴儿车及玩具体育用品、鞋类、家具及部件、机器零部件、纺织服装品、塑料制品、家用设备、纺织女装、电器仪器、电视机、旅行物箱包、录放机、纺织制品、照明灯具及配件、贱金属制品、办公机器、未列明杂项制品、贱金属家用设备、非纺织服装品、电力机械及零部件、车辆零部件,以及非针织纺织男装。观察期内,这24类三分位产品贸易逆差占到美国对中国货物贸易逆差的88.0%,2015年占到美国对中国货物贸易逆差的86.7%。因此,这24类三分位产品构成美国对中国货物贸易逆差是有足够代表性的。

与之相比,1995—2015年,中国对美国年均贸易顺差排名前24位的三分位产品是:自动数据处理器、电信设备、婴儿车及玩具体育用品、家具及部件、鞋类、纺织服装品、塑料

制品、家用设备、电视机、机器零部件、电器仪器、纺织女装、录放机、纺织制品、车辆零部件、旅行物箱包、照明灯具及配件、办公机器、贱金属制品、未列明杂项制品、贱金属家用设备、非纺织服装品、非针织纺织男装,以及拖车半拖车。观察期内,这24类三分位产品贸易顺差占到中国对美国货物贸易顺差的103.0%,2015年占到中国对美货物贸易顺差的101.2%。因此,这24类三分位产品构成中国对美货物贸易顺差是有很强代表性的。两相相比,美中双边在这24类三分位产品上呈现出贸易差额相反的贸易互补性,依据UNCTAD数据测算,进一步证实中美双边在贸易失衡的主要贸易品上确实存在高度的贸易互补性。

(二)美中双边服务贸易失衡

如表3-4所示,从美国对中国服务贸易失衡分解来看:第一,传统服务业方面,在维修服务上美国对中国呈服务贸易顺差,且各年度呈贸易顺差、上升态势;在运输服务上美国对中国呈年均服务贸易逆差,且在运输服务上已由贸易逆差转向顺差,其中,在海运、船运上美国对中国呈贸易逆差,在空运、空中客运上已由贸易逆差转向顺差;在港运上一直呈贸易顺差;在旅行服务上美国对中国呈年均服务贸易顺差、上升态势,其中,在教育旅行上一直呈顺差、上升态势,而在其他旅行上已由贸易逆差转向顺差。第二,现代服务业方面,在金融服务上2006—2014年美国对中国呈服务贸易顺差、上升态势;在知识产权使用费上1999—2014年美国对中国呈服务贸易顺差、上升态势;在其他商务服务上2006—2014年美国对中国已由服务贸易顺差转向逆差,其中,在研发服务上2006—2014年美国对中国呈服务贸易逆差、增加态势,在技贸服务上2006—2014年美国对中国呈较大的服务贸易顺差,包含在工业工程和经营租赁上美国对中国呈服务贸易顺差失衡。

二、美中双边贸易失衡:主要成因

美中双边贸易失衡表象上看是双边贸易的结果,但实际上受制于诸多决定因素。其中,美中两国经济发展水平差距、两国要素禀赋差异、贸易计价差异与运输时滞、贸易结构、储蓄因素、美国出口管制、汇率变化、贸易增加值、显性比较优势、购买美国国债,以及外商在华直接投资与区域生产网络等直接影响到中美双边贸易失衡。

(一)美中两国经济发展水平差距与中美双边贸易失衡

相比来看,美中两国人均实际GDP差距已从2002年的21.1倍下降至2014年的7.4倍。虽然相对差距大大缩减了,但是美中两国人均实际GDP的绝对差距仍是巨大的,2014年美国人均实际GDP仍高出中国人均实际GDP达44 963美元。如此巨大的美中经济发展水平差距,决定了美中双边贸易产品具有技术互补性和贸易互补性,由此形成美中双边贸易失衡是自然的,双边是难以实现再平衡的。

(二)美中两国要素禀赋差异与中美双边贸易失衡

中国对美国在劳动与资源密集型产品出口上具有相对于世界更高的出口份额,美国对中国在高技术密集型产品出口上具有相对于世界更高的出口份额,因此,中美两国在劳动与资源密集型和高技术密集型产品贸易上具有显著的贸易互补性。但实际上,美国对中国在高技术产品贸易上囿于出口管制、生产外包等原因,并未对中国形成贸易顺差,反而出现相对于世界来看更大的贸易逆差失衡。

表 3-4　美国对中国服务贸易失衡分解

类　别	1999	2000	2001	2002	2003	2004	2005	2006	2007	2008	2009	2010	2011	2012	2013	2014	均值
服务贸易差额	13.0	19.0	17.9	13.1	16.2	11.2	18.4	4.4	13.4	49.2	75.0	118.9	166.5	200.0	231.9	280.8	78.1
维修服务	—	—	—	—	—	—	—	2.2	3.1	3.6	4.8	5.1	5.3	6.0	6.5	11.1	5.3
运输服务	−4.0	−5.0	−6.2	−10.1	−9.1	−14.2	−14.5	−29.9	−26.2	−5.4	1.3	1.6	6.4	7.9	7.4	6.8	−5.8
——海运	−2.5	−5.7	−5.7	−6.9	−7.8	−11.8	−8.9	−25.4	−23.8	−8.2	−3.6	−6.4	−8.5	−9.5	−11.1	−10.6	−9.7
——船运	−2.7	−7.2	−9.1	−10.8	−10.6	−16.3	−12.4	−33.9	−33.8	−15.6	−8.9	−13.3	−14.4	−15.7	−17.4	−17.1	−15.0
——港运	0.2	2.5	3.4	4.0	2.8	4.6	3.5	8.5	10.0	7.4	5.4	6.9	5.9	6.2	6.2	6.4	5.2
——空运	−1.7	−3.4	−0.5	−3.4	−1.5	−2.9	−6.1	−5.0	−3.0	2.3	4.3	6.9	13.5	16.0	17.0	16.0	3.2
——空中客运	0.1	1.5	1.3	−0.7	0.1	−1.7	−1.3	−1.7	−0.8	2.0	3.9	7.7	14.4	16.1	16.6	16.6	4.6
旅行服务	6.1	9.9	8.6	6.6	7.7	0.9	2.9	4.4	6.1	19.9	31.8	56.7	87.2	122.1	148.6	172.9	43.3
——教育旅行	8.0	8.9	10.6	11.5	12.4	12.2	14.4	14.8	17.0	21.7	28.3	37.8	48.7	62.4	78.0	95.0	30.1
——其他旅行	−2.3	0.2	−2.8	−5.8	−6.1	−12.8	−13.2	−12.1	−12.6	−3.6	3.4	18.7	38.3	59.5	70.3	77.6	12.3
金融服务	—	—	—	—	—	—	—	6.3	8.5	6.9	11.7	19.0	18.2	19.5	24.3	27.1	15.7
知识产权使用费	4.1	5.0	5.8	7.5	7.4	10.4	11.4	14.6	18.3	21.6	20.7	32.4	39.6	44.1	54.9	65.4	22.7
其他商务服务	—	—	—	—	—	—	—	7.8	7.3	8.4	10.1	10.5	16.3	8.5	−1.2	−3.8	7.1
——研发服务	—	—	—	—	—	—	—	−0.6	−4.3	−5.3	−7.1	−9.1	−12.3	−15.4	−18.9	−20.9	−10.4
——法律服务	—	—	—	—	—	—	—	1.3	2.0	2.0	1.7	1.7	1.8	1.3	1.6	1.7	1.7
——技贸服务	—	—	—	—	—	—	—	6.9	10.2	11.5	14.9	17.2	26.2	22.5	19.3	20.1	16.5
——工业工程	—	—	—	—	—	—	—	2.4	2.2	1.0	1.3	2.7	2.8	1.0	1.1	2.2	1.9
——经营租赁	—	—	—	—	—	—	—	5.8	6.4	7.2	7.2	7.1	8.0	8.5	8.8	7.5	7.4

数据来源：美国经济分析局（BEA）数据库。单位：亿美元。

(三）贸易计价差异、运输时滞与中美双边贸易失衡

基于 UNCTAD 数据库,将美国统计的对华贸易逆差、计价调整的美国对华贸易逆差和计价加时滞调整的美国对华贸易逆差进行对比发现,2002—2015 年美国统计的对中国贸易逆差各年度相比都是最高的。考虑了计价差异和运输时滞因素后的美国对华贸易逆差不仅低于经计价方式调整后的美国对华贸易逆差,而且大大低于美国统计的对华贸易逆差。与之相比,2002—2015 年中国统计的对美贸易顺差各年度相比都是较低的,通过计价方式调整后的中国对美贸易顺差各年度都有小幅增加。相比来看,经贸易计价差异和运输时滞调整后的美国对华贸易逆差与中国对美贸易顺差之间的差距已得到很大程度地缩小,从而极大地缓解因贸易计价差异和运输时滞造成的双边贸易统计数据失衡差距可能引发的中美贸易摩擦和争端。

（四）贸易结构与中美双边贸易失衡

美中贸易关系为典型的互补性贸易结构,美国专于技术密集型产品的制造,如飞机、电信设备和机械等,出口这些产品到中国用来交易其本国不再规模化生产的劳动密集型产品的进口,如鞋子、玩具和纺织品等(Zeng,2002)。据此,在中长期内无法改变中美双边互补性商品贸易结构及其造成的双边贸易失衡。

（五）储蓄与中美双边贸易失衡

Mckinnon 和 Schnabl(2003)、Blanchard 和 Giavazzi(2006)、Mayer(2010)等认为,中美贸易失衡是不同储蓄水平的结果,而非扭曲的汇率的结果,美国巨额的贸易逆差仅仅反映其低的储蓄率,投资与储蓄之间的差距将自然地转变成贸易逆差。

（六）美国出口管制与中美双边贸易失衡

无论从中美高技术产品贸易总量,还是从具体产品分类来看,美国对华高技术产品贸易确实存在着出口管制错位问题,这直接阻碍了美国对华高技术产品出口,加剧中美贸易失衡程度(沈国兵,2006)。因此,化解中美双边贸易失衡问题,离不开美国对华出口管制政策的改革。

（七）汇率变化与中美双边贸易失衡

一派主张,美元走弱、人民币升值能够减小中美双边贸易不平衡。但另一派认为,汇率变化并不能解决中美双边贸易失衡问题。汇率失调不是美国巨额贸易逆差的主要原因,美国贸易逆差主要归因于美国政府巨额财政赤字、低水平美国家庭储蓄率和全球化力量(McKinnon,2004)。沈国兵(2015)发现,美元弱势调整会使美国对华交易的同质品贸易差额显著改善、参考价格同质品贸易差额不明确,而异质品贸易差额显著恶化,致使美国对华产品贸易收支恶化。据此,不能夸大美元汇率调整对改善美中贸易失衡的作用。从文献来看,有关汇率变化对解决美中贸易失衡问题是不明确的、有争议的。

（八）贸易增加值统计与中美双边贸易失衡

Johnson 和 Noguera(2012)认为,以增加值测算的双边贸易失衡不同于传统测算的总贸易失衡。2004 年以增加值测算的美中贸易逆差下降约 30%—40%。可见,传统的总量贸易统计方法夸大了中国制造业出口规模和中美贸易失衡程度,运用贸易增加值方法核算的中国制造业出口规模和中美贸易失衡程度已大幅度减小。与传统贸易统计方法相比,增加值贸易核算方法大大缩减了中美贸易失衡的程度。

(九)贸易显性比较优势与中美双边贸易失衡

沈国兵(2007a,2007b)认为,美国对华贸易逆差是中国在杂项制品、原料制品及机械与运输设备等劳动密集型、资源易耗型及技术成熟型工业制造品对美贸易上发挥出自身比较优势,而美国在高技术产品对华贸易上由于出口管制政策没有发挥出比较优势的结果。王直、魏尚进和祝坤福(2015)发现,与传统方法测算相比较,以增加值衡量的显性比较优势结果显示,中国高技术产品出口的竞争优势并不显著。

(十)购买美国国债与中美双边贸易失衡

中国在对美国巨额贸易顺差的情况下,积累了大量外汇储备,并将其中的大部分用于购买低收益率的美国国债。中国、日本和石油输出国等通过购买美国债券,为美国经常账户逆差融资,维持高估的美元,进而维持美国贸易逆差,使得自身能够继续积累美元外汇储备,保持自身贸易国的角色。然后,再由央行购买大量美国国债等金融资产来维持美国国际收支,使得这一不平衡得以维持(Feldstein,2008;Ferguson & Schularick,2007)。

(十一)外商在华直接投资、区域生产网络与中美双边贸易失衡

中美双边贸易不平衡问题很大程度上是围绕中国对美巨额贸易顺差或美中贸易逆差展开的,而中国统计的对外出口及贸易顺差中的很大比重是由外商在华投资企业实现的。一是外商在华直接投资造成的贸易逆差转移加剧了中美贸易失衡;二是外商在华直接投资产生的贸易替代效应加剧了中美贸易失衡(沈国兵,2005);三是国际分工和区域生产网络使得中美贸易不平衡只能缓解、无法消除(王荣军,2010;沈国兵和王琳璨,2014)。据此,全球生产网络下中美双边贸易失衡是跨国公司向中国投资转移、多国FDI在中国配置和出口转移、传统统计无视多国贸易增加值的结果,双边是无法实现贸易平衡的,只能部分地缓解贸易失衡的程度,需要从多边贸易增加值视角来协调化解美中贸易平衡问题。

三、对中美贸易收支失衡与调整的研究结论

加入世界贸易组织后,中国快速成长为世界上最大的货物贸易国之一。伴随着中国贸易体量的急剧增大,随之而来的是无休止的贸易失衡争议。本节通过对中美贸易收支失衡与调整问题的分析,主要研究结果有:

1. 造成美国外贸逆差失衡的真正原因源自美国自身,即使中国在原油、载人车辆、>70%的原油、药物、天然气、含酒精饮料和车辆零部件等产品上处于贸易逆差,也无法改变美国在这些产品上严重的贸易逆差失衡。美中双边在美国对华贸易逆差排名前24位的三分位产品贸易上呈现出贸易差额相反的贸易互补性,这证实中美双边在贸易失衡的主要贸易品上确实存在着高度的贸易互补性。

2. 美国在旅行、金融、知识产权使用费、其他商务服务上呈巨额的贸易顺差,而中国在运输、旅行、保险与养老金、知识产权使用费上呈巨额逆差失衡。此外,中国在商品服务上呈巨额贸易顺差;美国在保险与养老金、政府商品与服务上呈巨额逆差失衡。相比来看,美国对中国服务贸易呈很大的贸易顺差失衡,中国需要在服务业如建筑、旅行、咨询、计算机信息服务、金融、知识产权使用费、其他商务服务上重点支持其发展,大力提升服务业外贸竞争力。

3. 美中双边贸易失衡表象上看是双边贸易的结果,但实际上受制于诸多决定因素。

其中,美中两国经济发展水平差距、两国要素禀赋差异、贸易计价差异与运输时滞、贸易结构、储蓄因素、美国出口管制、汇率变化、贸易增加值、显性比较优势、购买美国国债,以及外商在华直接投资与区域生产网络等直接影响到中美双边贸易失衡。

4. 美中经济发展水平差距、要素禀赋差异决定了美中双边贸易的技术互补性和贸易互补性,特别在劳动与资源型和高技术产品贸易上具有显著的贸易互补性,由此形成的美中双边贸易失衡是自然的。同期,美中两国贸易计价差异与运输时滞、贸易结构和显性比较优势等决定着美中双边贸易不平衡也是自然的。经贸易计价差异和运输时滞调整的美国对华贸易逆差与中国对美贸易顺差之间的差距会得到缩减,能部分缓解中美贸易不平衡带来的摩擦和争端。

5. 全球生产网络下中美双边贸易失衡是跨国公司向中国直接投资转移、外商直接投资在中国生产引致贸易差额转移的结果,由此加重了中美双边贸易不平衡。美国出口管制、储蓄等也会加重美中贸易不平衡;而汇率变化、增加值统计、购买美债等会部分缩减美中贸易不平衡。事实上,只要存在国际分工和贸易,美中这两个最大的国别贸易体出现贸易不平衡就是常态。

根据上述研究结论,主张:一是美中贸易失衡与调整必须伴随有美国内部再平衡,美国偏离消费和非贸易部门,来实现美国增长模式的结构性再平衡是不可能的;中国需要局部调整其外贸发展战略,但是放弃其出口导向型增长战略是有很大风险的,也与中国的长期利益不相一致。中国需要在服务业如建筑服务、旅行服务、咨询服务、计算机信息服务、金融服务、知识产权使用费、其他商务服务上重点支持其发展,大力提升服务业外贸竞争力。二是鉴于美中双边贸易不平衡受制于美中两国经济发展水平差距、要素禀赋差异、贸易计价差异与运输时滞、贸易结构、储蓄因素、美国出口管制、汇率变化、贸易增加值、贸易显性比较优势、购买美国国债,以及外商在华直接投资与区域生产网络等,美中双方要明确,双边是难以实现贸易再平衡的,只能部分地缓解美中贸易不平衡程度,全球生产网络下需要在多边框架下基于贸易增加值统计新视角来重新审视、协调和化解中美贸易不平衡问题。

第五节　国际收支失衡与调节机制

国际收支按照复式簿记原理记录,国际收支差额应恒等于零,国际收支平衡表应是平衡的,但是这种平衡只是账面上的(book balance),是会计意义上平衡,不具有经济学意义。实际中,我们常常碰到的是国际收支失衡,即顺差或逆差状态。国际收支平衡问题一直是一国或地区追求的外部平衡目标。为了实现这一目标,一国往往需要通过国际收支调节来进行,由此发展出各种国际收支调节理论。

一、国际收支平衡与失衡

我们用平衡(balance)表示国际收支会计上的恒等,而用顺差(surplus)和逆差(deficit)来描述国际收支失衡。按照外汇交易动机,可分为自主性交易和调节性交易两大类。只有通过自主性交易收支相抵而产生的平衡，才是真正的国际收支平衡，为主动平衡。通过调节性交易实现的国际收支平衡，不是真正意义的平衡，是被动平衡。如果线上自主性交易的差额等于零，则称为国际收支平衡；差额为正，称为国际收支顺差；差额为负，称为国际收支逆差，后两者统称为国际收支失衡。

实践中，一些交易很容易识别，如货物贸易、海运服务和证券投资等都是自主性交易，中央银行为稳定汇率所进行的外汇买卖是调节性交易。但是，假设央行贷款是用于某一个开发项目，它就是自主性交易，也可能两种目的同时存在。

二、国际收支失衡的类型

国际收支失衡现象是经常的、绝对的，平衡则是偶然的、相对的。一般来说，国际收支失衡是常态。国际收支失衡按照性质可以分为五种类型。

1. 临时性失衡，是指短期的、季节性或偶然性因素引起的国际收支失衡。例如，农产品出口国贸易的季节性变化十分明显，由此导致的国际收支失衡常常表现为季节性失衡。这种性质的失衡一般程度较轻，持续的时间不长，具有可逆性。一般无需政策调节，在固定汇率制度下，动用官方储备就可以克服；在浮动汇率制度下，通过市场汇率的波动也可以自行纠正。

2. 周期性失衡，指一国经济周期波动所引起的国际收支不平衡。一国因经济衰退而出口不力、资本外流，会出现国际收支逆差；因经济繁荣而出口增加、资本内流，又会出现国际收支顺差。

3. 收入性失衡，指经济条件变化引起国民收入变化，从而造成的国际收支失衡。国民收入发生变动有多种原因，可能是因周期变动，属周期性失衡；或者因货币因素导致，属货币性失衡；也可能因经济增长引起，具有长期的性质，又称为持久性失衡。分析收入性失衡时必须视具体情况分析。

4. 货币性失衡，指在一定汇率水平下，国内货币成本与一般物价上升而引起出口货物价格相对高昂、进口货物相对便宜，必然导致出口下降，进口增加，从而导致的国际收支失衡。货币成本和物价水平的上升通常是由于货币供应量的过度增加所引起的。因此，国际收支失衡的原因是货币性的。货币性失衡可以是短期的，也可以是中期或长期的。

5. 结构性失衡，指国内经济、产业结构不能适应世界市场的变化而发生的国际收支失衡，通常反映在贸易账户或经常账户下。结构性失衡有两层含义：一是指因经济和产业结构变动的滞后和困难所引起的国际收支失衡。这种失衡在发达国家、发展中国家都可能发生；二是指一国的产业结构比较单一、或其产品出口需求的收入弹性低，或虽然出口需求的价格弹性高，但进口需求的价格弹性低所引起的国际收支失衡，这在发展中国家尤为突出。结构性失衡具有长期的性质，纠正起来相当困难。

三、国际收支失衡的调节机制

国际收支的调节方式取决于失衡的原因、本国的货币制度、经济结构等因素，大致可分为市场调节方式和政策调节方式两大类。

（一）国际收支失衡的市场调节机制

国际收支失衡的市场调节是指不考虑政府干预的情况下，市场系统内其他变量与国际收支相互制约和相互作用的过程，实质是失衡引起的国内经济变量对国际收支的反作用过程。

1. 纸币本位的固定汇率制度下国际收支自动调节机制。

（1）利率调节机制或利率效应。利率调节机制是指国际收支失衡引起的利率变动对国际收支的调节，从经常账户和资本账户两个方面产生作用。在固定汇率制度下，当一国出现国际收支逆差时，为了维持固定汇率，货币当局必须干预外汇市场，抛售外汇储备，回购本币，造成本国货币供应量相对减少，利率上升，表明本国金融资产收益率上升，从而对本国金融资产的需求增加，资金外流减少或资金流入增加，结果改善国际收支。反之，国际收支顺差产生相反的结果。

（2）收入调节机制或收入效应。收入调节机制是指在市场经济体系中，国际收支失衡引起的国民收入自发性变动对国际收支的调节。在固定汇率制度下，当一国出现国际收支逆差时，货币当局为了维持固定汇率，必须干预汇市，这造成本国货币供给减少、利率上升，公众现金余额效应下降，导致国民收入下降，引起社会总需求下降，进口需求随之下降，从而改善贸易收支。同时，国民收入下降会使对外国服务和金融资产的需求下降，经常项目和资本项目收支得到改善。反之，顺差情况相反。

（3）价格调节机制或相对价格效应。价格调节机制是指国际收支失衡引起的一般价格水平或相对价格水平的变动对国际收支的调节。在固定汇率制度下，当一国出现国际收支逆差时，对外支出大于收入，对外币需求的增加使外币汇率上升，本币汇率下跌，货币当局为了维持固定汇率，必须干预汇市，这造成本国货币供给减少、利率上升，通过公众现金余额效应或收入效应下降，引起本国出口商品价格相对下降，进口商品价格相对上升，会增加出口，减少进口，改善国际收支。

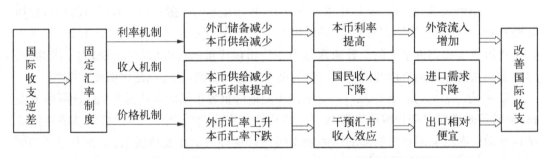

图 3-1 纸币本位的固定汇率制度下国际收支自动调节机制示意图

市场调节机制可以自发促成国际收支的平衡，但是现实生活中市场体系的不健全性限制了调节机制的效果。事实上，只有在纯粹的市场经济模型中才能产生理论上所描述的那些作用，一国政府的某些宏观经济政策会干扰市场调节过程，使其作用削弱或失效。正因为市场调节的局限性，各国政府往往根据各自的利益和需要采取不同的政策调节措施。

2. 纸币本位的浮动汇率制度下国际收支自动调节机制。

在浮动汇率制度下,一国货币当局不对外汇市场进行干预,而任凭外汇市场上外汇供求变动来决定其汇率的变动。如果一国国际收支出现逆差,外汇需求就会大于外汇供给,外汇汇率会上升。反之,如果一国国际收支出现顺差,外汇需求就会小于外汇供给,外汇汇率会下跌。通过汇率随外汇供求变动而变动,国际收支失衡会得以消除。因为国际收支逆差情况下,外汇汇率上升(即本币贬值)造成本国商品相对价格下降、外国商品相对价格上升,导致出口增加、进口减少,只要满足马歇尔—勒纳条件或者毕柯迪克—罗宾逊—梅茨勒条件,则改善国际收支逆差。同样,国际收支顺差通过本币升值也会自动减轻或者消除顺差。

(二)国际收支的政策调节机制

政府调节国际收支的各种政策,主要包括需求管理政策、供给调节政策和资金融通政策。其中,需求管理政策由凯恩斯提出,主要有支出增减型政策和支出转换型政策。供给调节政策由供给学派提出,主要有产业政策(解决产业结构类型)、科技政策(科技兴国)和制度创新政策(企业制度改革)。在短期内难以有显著的效果,具有长期性的特点。但它可以从根本上提高一国的经济实力与科技水平,达到调节国际收支失衡、实现内外均衡的目标。而资金融通政策是通过国际间的资金融通来解决国际收支的不平衡,包括使用官方储备和国际信贷。如图3-2所示。

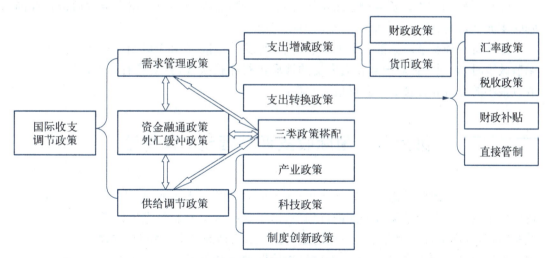

图3-2 可供选择的国际收支调节政策示意图

下面就国际收支的各种调节政策作出具体分析。

1. 支出增减政策,是指改变社会总需求或国民经济总支出水平的政策,旨在通过改变社会总需求或总支出水平来改变对外国商品、服务和金融资产的需求,从而调节国际收支。这类政策主要包括财政政策和货币政策,前者通过调整税收和政府支出实现对国民经济的需求管理,后者通过调整货币供应量对国民经济需求进行管理。常见的有再贴现率(rediscount policy)、存款准备金率(required reserve on deposit policy)、公开市场业务(open market policy)三种货币政策工具。

2. 支出转换政策,是指不改变社会总需求和总支出水平而改变其方向的政策,也就是将国内支出从外国商品和劳务转移到国内的商品和劳务上来。这类政策主要包括汇率政策和直接管制政策。汇率政策包括汇率制度的变更、外汇市场干预和货币官方贬值。直接管制政策包括外贸管制和外汇管制。外贸管制的主要内容是各种奖出限入的措施,奖励出口的措施有出口信贷、出口信贷国家担保制、出口退税、出口补贴等;限制进口的措施有进口许可证制、进口配额制、进口存款预交制、各种关税和非关税壁垒等。外汇管制常用的手段有限制私人持有或购买外汇、限制资本输出入、实行复汇率制、禁止黄金输出、限制本币出境数量等。

3. 产业政策。产业政策旨在优化和改善产业结构,根据国际市场变化制定合理的产业结构规划,鼓励发展和扩大一些产业的同时,调整、限制乃至取消另一些产业部门(如夕阳产业),增加社会产品(出口产品和进口替代品)的供给,使之适应国际市场,消除结构性的国际收支失衡。

4. 科技政策。科技是第一生产力,知识在经济增长中的核心作用已被社会所认同。对发展中国家而言,科技政策体现为:推动科技进步;提高管理水平;加强人力资本投资。产业政策和科技政策是从供给角度调节的政策,其特点是长期性,在短期内很难有显著的效果,但是可以从根本上提高一国的经济实力和科技水平,从而达到调节国际收支失衡、实现内外均衡的目标。

5. 资金融通政策。资金融通政策简称融资政策,是在短期内利用资金融通来弥补国际收支赤字,包括使用官方储备和使用国际信贷。

由于每一种调节政策都会带来调节成本,所以,一国政府和金融当局在运用上述种种调节政策时,必须要针对国际收支失衡的性质进行相机抉择,并实施有效的政策搭配,争取以最小的经济和社会成本获得最大的收益。

第六节 国际收支调节理论:弹性论

弹性分析法或弹性论(the elasticity approach),是指在国民收入、利率不变的情况下,运用汇率的变动对经常项目失衡进行调节,由于这一调节机制与进出口商品的供求弹性关系密切,因而被称为弹性论。该理论建立在马歇尔微观经济学和局部均衡的基础上,围绕进出口商品的需求弹性展开,着重讨论货币贬值成功的条件以及对贸易收支和贸易条件的影响。

一、弹性论的前提假定和基本思想

弹性论的前提假定是:(1) 不考虑资本流动,贸易收支即为国际收支,贬值前贸易收支账户处于平衡状态;(2) 假设非充分就业,贸易商品的供给弹性无穷大(垂直的总供给曲线);(3) 运用局部均衡分析,不考虑利率和国民收入变动,只考虑汇率变化对进出口商品贸易的影响。

弹性论的基本思想是以进出口商品的供求弹性为基本出发点,假定国民收入、利率不变条件下,只考察汇率变动对国际收支调整的影响。通过汇率水平的变化,使进出口商品供求相对价格产生变动,以此来影响出口总值和进口总值,从而调节国际收支或贸易收支不平衡。

二、马歇尔—勒纳条件、毕柯迪克—罗宾逊—梅茨勒条件

马歇尔—勒纳条件(Marshall-Lerner Condition)的前提是:假定其他条件(收入、偏好等)相同;贸易产品供给弹性无穷大;贬值前贸易账户处于平衡状态,即进出口相等;不考虑资本流动,国际收支等于贸易收支。在此假设前提下,可完成马歇尔—勒纳条件的数学推导:

$$B = \frac{P_X \times Q_X}{S} - P_X^* \times Q_M \tag{3-1}$$

其中,B 是以外币表示的贸易差额(中国就是如此),P_X 是本国出口价格水平(以本币表示),Q_X 是本国出口量,S 是外汇汇率(直接标价法),P_X^* 是外国出口价格水平(以外币表示),不考虑贸易壁垒因素影响,即是以外币计价的本国进口价格,Q_M 是本国进口量。

假设本国和外国出口价格 P_X、P_X^* 不受汇率变动的影响,将等式两边对汇率 S 求导可得:

$$\frac{dB}{dS} = \frac{P_X}{S} \frac{dQ_X}{dS} - \frac{P_X Q_X}{S^2} - P_X^* \frac{dQ_M}{dS} \tag{3-2}$$

在不考虑贸易壁垒因素影响下,名义汇率变体:

$$P_X = S \times P_M^*; \quad P_M = S \times P_X^* \tag{3-3}$$

其中,P_M^* 是外国进口价格水平(以外币表示),P_M 是本国进口价格水平(以本币表示)。

需求价格弹性:

$$D_X = \frac{dQ_X}{Q_X} \Big/ \frac{dP_M^*}{P_M^*}; \quad D_M = \frac{dQ_M}{Q_M} \Big/ \frac{dP_M}{P_M}$$

其中,D_X、D_M 分别表示出口需求价格弹性和进口需求价格弹性。

基于 P_X、P_X^* 不受汇率变动的影响,货币贬值后,依据式(3-3),外国进口价格 $P_M^* = P_X/S$ 的变动率就等于汇率的变动率,但符号相反;同样,本国进口价格 $P_M = S \times P_X^*$ 的变动率也等于汇率的变动率,而且两者变化方向相同。据此:

$$D_X = \frac{dQ_X}{Q_X} \Big/ \frac{dP_M^*}{P_M^*} = -\frac{dQ_X}{Q_X} \Big/ \frac{dS}{S}; \quad D_M = \frac{dQ_M}{Q_M} \Big/ \frac{dP_M}{P_M} = \frac{dQ_M}{Q_M} \Big/ \frac{dS}{S}$$

由此可得:$\frac{dQ_X}{dS} = -D_X \frac{Q_X}{S}; \quad \frac{dQ_M}{dS} = D_M \frac{Q_M}{S}$。代入式(3-2),整理得到:

$$\frac{dB}{dS} = \frac{P_X Q_X}{S^2}\left[-D_X - D_M \frac{SP_X^* Q_M}{P_X Q_X} - 1\right] \qquad (3-4)$$

根据式(3-4),一国货币贬值改善国际收支的充要条件是:

$$-D_X - D_M \frac{SP_X^* Q_M}{P_X Q_X} > 1 \qquad (3-5)$$

对于一般贸易品来说,由于需求量与价格反方向变动,所以,需求价格弹性 D_X、D_M 都取负值(不考虑需求价格弹性为正的特殊贸易品)。这样,式(3-5)可以改写成:

$$\left| D_X + D_M \frac{SP_X^* Q_M}{P_X Q_X} \right| > 1 \qquad (3-6)$$

假设贬值前贸易账户处于平衡状态,即 $\frac{P_X Q_X}{S} = P_X^* Q_M$。代入式(3-6),得到:

$$| D_X + D_M | > 1 \qquad (3-7)$$

据此,一国货币贬值能否改善贸易收支的充要条件是:$| D_X + D_M | > 1$。这一不等式(3-7)就是马歇尔—勒纳条件。所以,马歇尔—勒纳条件是指在供给弹性无穷大的情况下,一国货币贬值能否改善贸易收支,取决于商品进出口需求弹性之和绝对值是否大于1。如果大于1,则贬值有效,能改善国际收支;如果小于1,则贬值使国际收支非但得不到改善,反而会恶化;如果等于1,则货币贬值使国际收支保持不变。在这里,如果对出口需求价格弹性、进口需求价格弹性添加负号,取 D_X、D_M 数值为正,则货币贬值能否改善贸易收支的条件就是:$D_X + D_M > 1$。现实中,当一国国际收支处于平衡状态时,是不会发生贬值的。相反,在一国国际收支出现逆差时,货币当局才会考虑干预,货币贬值通常才会发生。所以,式(3-6)比马歇尔—勒纳条件更适用。

毕柯迪克—罗宾逊—梅茨勒条件(Bickerdike-Robinson-Metzler Condition):

令 S_X,S_M 分别表示出口商品的供给弹性和进口商品的供给弹性,马歇尔—勒纳条件假定供给弹性无穷大,但现实中,当进出口商品供给弹性不是无穷大时,货币贬值又将如何影响国际收支呢?通过较为复杂的数学推导,得到本币贬值使国际收支得到改善的条件:

$$\frac{S_X S_M (D_X + D_M - 1) + D_X D_M (S_X + S_M - 1)}{(D_X + S_X)(D_M + S_M)} > 0 \qquad (3-8)$$

式(3-8)被称为毕柯迪克—罗宾逊—梅茨勒条件。当 $\text{Lim } S_X \to \infty$,$\text{Lim } S_M \to \infty$ 时,式(3-5)可变形为:$D_X + D_M - 1 > 0$,即 $D_X + D_M > 1$。显然,马歇尔—勒纳条件只是毕柯迪克—罗宾逊—梅茨勒条件在进出口供给弹性趋于无穷大时的一个特例。

三、J 曲线效应

在实际中,即便马歇尔—勒纳条件成立,贬值也不能马上改善贸易收支。汇率变动时,进出口数量的实际变动还取决于供给对价格的反应程度,从进出口商品相对价格的变动到贸易数量的增减需要一段时间,即存在时滞。这期间,贬值不仅不能改善贸易收支,反而会使之恶化。整个过程用曲线描述出来,酷似"J"字母,被称为J曲线效应(J-curve effect)。J曲线效应是指在马歇尔—勒纳条件成立的情况下,短期内由于合同的时滞效应,贬值初期国际收支出现恶化,经过一段时间调整后得到慢慢改善。用横轴表示时间、纵轴表示贸易收支变动,则贸易收支对货币贬值的反应如图3-3所示。

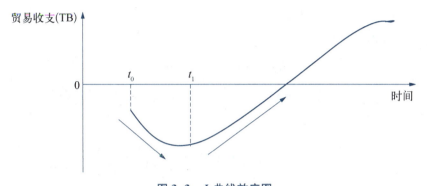

图3-3　J曲线效应图

在J曲线图中,t_1时刻的贸易逆差大于t_0时刻的贸易差额,表示货币贬值后贸易收支首先恶化,随着时间的推移才逐步得以改善。这是因为:第一,货币合同时期(currency-contract period),在贬值前已签订的贸易合约仍然按原有的价格和数量执行,通常贬值前签订的进出口合约以外币计价,这样贬值后出口收入减少,进口支出增加,贸易逆差进一步扩大。第二,传导时期(pass-through period),即便是贬值后签订的合同,伴随着汇率变动,价格发生变化,但是由于进出口需求和/或供给刚性,数量仍旧不变。结果,进口本币价值增加,而出口外币价值减少,导致短期内贸易差额恶化。第三,数量调整时期(quantity-adjustment period),这时期数量和价格都发生变动,但是数量的调整没有价格调整那么快,归因于认识时滞、决策时滞、资源调整、生产时滞等因素的影响,需要一段时间。一般来说,出口供给的调整时间,需要半年到一年的时间。所有这些因素都会导致短期内进出口数量变化的幅度小于货币价格下降的幅度。此外,如果客户认为贬值将是进一步贬值的前奏,国内进口商就会加速订货,国外进口商将推迟进口,这样也会使贬值后的贸易收支恶化。

四、贸易条件

贸易条件(terms of trade),又称交换比价或贸易比价,是指一国出口商品价格与进口商品价格之比。用公式可表示为:$T = \dfrac{P_X}{P_M}$。其中,P_X、P_M分别表示出口和进口商品价格(以本币表示)。贸易条件的实质是一国对外经济交往中价格变动对实际经济资源的影响。当贸易条件比率上升时,贸易条件改善,表明该国出口相同数量的商品可换回更多的进口商品;当贸易条件比率下降时,贸易条件恶化,表明该国出口相同数量的商品只能换回更少的进口商品。汇率变动是改善还是恶化一国的贸易条件,取决于该国进出口商品的供给和需求弹性。具体推导如下：

令 T 表示本国贸易条件，S 为外汇汇率，P_X，P_M 表示本国出口和进口商品的价格（以本币表示），P_X^*，P_M^* 分别表示外国出口和进口商品的价格（以外币表示），Q_X，Q_M 表示本国出口量和进口量，S_X，S_M 表示出口和进口商品的供给价格弹性，D_X，D_M 表示出口和进口商品的需求价格弹性。据此：

名义汇率变体：

$$P_X = S \times P_M^* ;\ P_M = S \times P_X^*$$

供给价格弹性：

$$S_X = \frac{dQ_X}{Q_X} \Big/ \frac{dP_X}{P_X} ;\ S_M = \frac{dQ_M}{Q_M} \Big/ \frac{dP_X^*}{P_X^*}$$

需求价格弹性：

$$D_X = -\frac{dQ_X}{Q_X} \Big/ \frac{dP_M^*}{P_M^*} ;\ D_M = -\frac{dQ_M}{Q_M} \Big/ \frac{dP_M}{P_M}$$

在这里，对出口和进口商品的需求价格弹性添加负号，取数值 D_X，D_M 为正。

将 $P_X = S \times P_M^*$ 取自然对数后，求微分得到：

$$\frac{dP_X}{P_X} = \frac{dS}{S} + \frac{dP_M^*}{P_M^*} \tag{3-9}$$

将式(3-9)代入供给价格弹性 S_X 得到：

$$S_X = \frac{dQ_X}{Q_X} \Big/ \left(\frac{dS}{S} + \frac{dP_M^*}{P_M^*} \right)$$

将其代入需求价格弹性 D_X，整理得到：

$$\frac{dP_M^*}{P_M^*} = -\frac{S_X}{D_X + S_X} \times \frac{dS}{S}$$

再代入式(3-9)得到：

$$\frac{dP_X}{P_X} = \frac{D_X}{D_X + S_X} \times \frac{dS}{S} \tag{3-10}$$

同理，用上述同样的方法整理得到：

$$\frac{dP_M}{P_M} = \frac{S_M}{D_M + S_M} \times \frac{dS}{S} \tag{3-11}$$

对贸易条件取自然对数后，求微分得到：

$$\frac{dT}{T} = \frac{dP_X}{P_X} - \frac{dP_M}{P_M}$$

将式(3-10)、式(3-11)代入其整理得到：

$$\frac{dT}{T} = \frac{D_X D_M - S_X S_M}{(D_X + S_X)(D_M + S_M)} \times \frac{dS}{S} \tag{3-12}$$

根据式(3-12)，若本国货币贬值，即 $\frac{dS}{S} > 0$，由于 $(D_X + S_X)(D_M + S_M) > 0$，所以，当 $D_X D_M > S_X S_M$ 时，即出口和进口需求价格弹性之积大于供给价格弹性之积时，则 $\frac{dT}{T} > 0$，即贸易条件改善；当 $D_X D_M < S_X S_M$ 时，即出口和进口需求价格弹性之积小于供给价格弹性之积时，则贸易条件恶化；当 $D_X D_M = S_X S_M$ 时，则贸易条件不变。

在现实中，由于各国的情况不同，很难作出绝对的判断。一般来说，货币贬值会使本国贸易条件恶化，但是贸易条件的恶化并不一定都是由于货币贬值引起的。

第七节　国际收支调节理论：乘数论

乘数分析法或乘数论(the multiplier approach)，是指在汇率、价格不变的情况下，只考察收入变动对贸易收支或国际收支调整的影响。20 世纪 30—40 年代，以凯恩斯主义追随者哈罗德(Roy Harrod)、梅茨勒(Laoyd Metzler)、马克卢普(Fritz Machlup)等为代表的经济学家，运用凯恩斯的乘数理论对汇率变动的影响进行分析，由此形成国际收支调节的乘数论。

一、乘数论的前提假定和基本思想

乘数论的前提假定：(1) 不考虑国际资本流动，贸易收支即为国际收支；(2) 假定非充分就业，贸易商品的供给弹性无穷大；(3) 假定小型开放经济，不考虑外国回转效应，小型开放经济的出口是完全外生的；(4) 运用局部均衡分析，假定汇率、利率、价格、工资等经济变量均保持不变，只考察国民收入变动对贸易收支或国际收支调整的影响。

乘数论的基本思想是以凯恩斯宏观经济分析框架为基础，假定汇率、价格等经济变量不变条件下，只考察国民收入变动对贸易收支或国际收支调整的影响。该理论阐述国民收入的变动对贸易收支的影响，揭示出一国可以通过需求管理政策来调整贸易收支或国际收支失衡。

二、乘数模型

假设对外转移支付不存在，消费、投资和进口均为国民收入的线性函数，政府支出和出口均为自主性变量(即外生变量)，则开放经济的宏观经济模型为：

$$C = C_0 + cY \tag{3-13}$$

$$I = I_0 + hY \tag{3-14}$$

$$M = M_0 + mY \tag{3-15}$$

$$Y = C + I + G + (X - M) \tag{3-16}$$

其中，C_0，I_0，M_0 分别表示自主性消费、投资和进口，$c(0<c<1)$、$h(0<h<1)$ 和 $m(0<m<1)$ 分别表示边际消费倾向、边际投资倾向和边际进口倾向。

将式(3-13)—式(3-15)代入式(3-16)，整理得到开放经济下均衡国民收入为：

$$Y = \frac{1}{1-c-h+m}(C_0 + I_0 - M_0 + G + X) \tag{3-17}$$

由于边际储蓄倾向 $s = 1-c$，因而代入式(3-17)，得到：

$$Y = \frac{1}{s-h+m}(C_0 + I_0 - M_0 + G + X) \tag{3-18}$$

其中，$1-c-h = s-h > 0$。

（一）对外贸易乘数

假定其他条件不变，若外国国民收入增加，引起本国出口增加，假如本国出口增加了 ΔX，则它对本国国民收入的影响为：

$$\Delta Y = \frac{1}{s-h+m}\Delta X \tag{3-19}$$

该式揭示了出口增加与国民收入增加之间的数量关系。其中，$\frac{1}{s-h+m}$ 为对外贸易乘数。假定边际投资倾向不变，边际储蓄倾向和边际进口倾向越小，则对外贸易乘数越大，国民收入的倍增幅度也越大。假定边际消费倾向、边际投资倾向在封闭经济和开放经济中一样，由于 $\frac{1}{s-h+m} < \frac{1}{s-h}$，所以，开放经济中对外贸易乘数作用小于准开放经济中乘数作用。因为开放经济中进口较准开放经济中进口更大地替代了国内生产，导致国民收入流量的更多漏出。

（二）国际收支调整

假定不考虑国际资本流动、对外转移支付，则一国国际收支差额即为贸易收支差额：

$$B = X - M = X - M_0 - mY \tag{3-20}$$

假定自主性消费、投资、进口和政府支出不变，则考虑出口和收入变动后，整理得到：

$$\Delta B = \Delta X - m\Delta Y, \quad \Delta Y = \frac{1}{s-h+m}\Delta X$$

代入得到：

$$\Delta B = \frac{s-h}{s-h+m}\Delta X \tag{3-21}$$

据此，假定其他条件不变，则一国出口增加可直接改善该国的国际收支状况。由于 $s-h>0$，所以，根据式（3-21），当一国出口增加时，其国际收支状况将会得到改善，但改善的程度要比出口增加的程度小。换句话说，通过外贸乘数作用进行的收入调节并不能完全消除国际收支的失衡。

假定其他条件不变，若一国国内支出增加 ΔA，则对国际收支产生恶化的间接效应，其关系为：

$$\Delta B = -\frac{m}{s-h+m}\Delta A \tag{3-22}$$

据此，假定其他条件不变，依据式（3-22），当一国国内支出自主增加时，则该国的国际收支将趋于恶化，但恶化的程度小于国内支出的增加额。

上述分析表明，一国的出口或国内支出的任何自主性变动，对该国的国民收入影响相同，但是对国际收支的影响不同，其影响效果取决于乘数效应（边际储蓄倾向、边际投资倾向和边际进口倾向）的大小。据此，对货币贬值效应而言，不仅取决于进出口供求弹性，而且还受到乘数效应的影响，因而贬值改善贸易收支或国际收支逆差的程度变得更小。这样，当一国国际收支出现逆差时，可以通过需求管理政策，降低国民收入来减少进口支出，进而改善贸易收支或国际收支。

三、哈伯格条件

哈伯格条件（harberger condition）考虑了贬值通过收入的变动对国际收支所产生的影响。设 m 表示贬值国的边际进口倾向，则贬值改善国际收支的哈伯格条件为：

$$D_X + D_M > 1 + m \tag{3-23}$$

可见，哈伯格条件是对马歇尔—勒纳条件的修正。不过，这里仅适用于小型开放经济模型。如果是大国，还要考虑外国回转效应（foreign repercussion）。在有外国回转效应的两国模型中，贬值国的出口增加，非贬值国的进口增加，其国民收入随之下降（小国情形下不明显，可忽略不计），导致非贬值国进口支出减少，从而减少了贬值国向非贬值国的出口。所以，考虑到外国回转效应，则将哈伯格条件进一步修正为总弹性条件：

$$D_X + D_M > 1 + m + m^* \tag{3-24}$$

其中，m 表示贬值国的边际进口倾向，m^* 表示贸易伙伴国的边际进口倾向。在进出口供给弹性无穷大的情况下，大国只有在进出口需求弹性之和大于 1 加上本国和外国的边际进口倾向时，贬值对改善国际收支才会有效。

第八节 国际收支调节理论：吸收论

吸收分析法或吸收论（the absorption approach），是从凯恩斯的国民收入方程式入手，着重考察总收入与总支出变动对国际收支的影响。在此基础上，提出了国际收支调节的相应政策主张。

一、吸收论的基本思想和理论模型

吸收论以凯恩斯宏观经济理论为基础，认为国际收支与整个国民经济活动相联系，只有弄清产出、支出变动之后，才能理解国际收支的变化。为此，着重考察总收入与总支出变动对国际收支的影响。

根据凯恩斯宏观经济理论，开放经济条件下国民收入恒等式为：

$$Y = C + I + G + X - M \tag{3-25}$$

其中，Y, C, I, G, X, M 分别表示国民收入、消费、投资、政府支出、出口和进口。

移项整理得到：

$$X - M = Y - (C + I + G)$$

其中，$X - M$ 为贸易差额，作为国际收支差额的代表，记为 $B = X - M$，而 $C + I + G$ 为国内支出总额，是国民收入中被国内吸收的部分，用 A 来表示"吸收"的部分，则有：

$$B = Y - A \tag{3-26}$$

据此，贸易差额等于国内产出或国民收入减去国内吸收。当国民收入大于总吸收时，国际收支为顺差；当国民收入小于总吸收时，国际收支为逆差；当国民收入等于总吸收时，国际收支平衡。

国际收支调节政策无非就是改变总收入 Y 和总吸收 A 的政策，即支出增减和支出转换政策。如果调节国际收支逆差，可以采用紧缩性财政货币政策来减少对进口商品的需求，同时运用支出转换政策消除紧缩性政策降低总收入的负面影响，使进口需求减少的同时收入能增加，从而达到内外平衡的目标。

二、吸收论的货币贬值分析

由式(3-26)可得：

$$\Delta B = \Delta Y - \Delta A \tag{3-27}$$

据此，货币贬值的效应可以分为对收入的直接效应 ΔY 和对吸收的直接效应 ΔA_d；贬值通过收入对吸收的间接效应 $a\Delta Y$，a 为边际吸收倾向。据此，$\Delta B = (1-a)\Delta Y - \Delta A_d$。所以，货币贬值改善贸易收支或国际收支的条件是：

$$(1-a)\Delta Y > \Delta A_d \tag{3-28}$$

（一）货币贬值对收入的直接效应

1. 闲置资源效应，如果存在闲置资源，伴随贬值的出口增加通过外贸乘数会带来国民收入的增加。同时，国民收入的增加会增加本国投资和消费支出，使总吸收水平上升。

2. 贸易条件效应，一国出口比进口更加专业化，货币贬值导致以外币计算的出口价格下跌，而以外币计算的进口价格上升，所以，贸易条件恶化，并导致该国实际收入减少。

3. 资源配置效应,贬值影响资源配置,在贬值过程中,资源从国内生产率相对较低的部门向生产率相对较高的出口部门转移,生产率的提高可以抵消贸易条件的恶化,净结果是提高实际收入。当闲置资源效应很小时,货币贬值的资源配置效应尤为重要。

(二)货币贬值对吸收的直接效应

1. 现金余额效应(real cash balance effect),本币贬值会使该国物价水平上涨,如果货币供给不变,人们持有的现金余额实际价值会减少。人们或者被迫减少对商品和劳务的支出,消费水平下降,总吸收减少;或者将持有的金融资产变现,这会使资产价格下降,利率水平提高,消费和投资水平下降,总吸收再减少。因此,现金余额效应通过总吸收的减少会使贸易收支得到改善。

2. 收入再分配效应(redistribution of income effect),贬值通过改变收入再分配状况而影响吸收的作用,其影响表现在三个方面:收入由固定货币收入集团向其他收入集团转移,后者可以通过增加名义收入避免价格上升的损害;收入由工资收入集团向利润收入集团转移;收入由纳税人集团向政府部门转移。这种收入再分配对吸收的影响取决于不同集团的边际吸收倾向。

3. 货币幻觉效应(money illusion effect),指人们忽视价格变动对实际价值的影响而减少实际支出的现象。本币贬值会使物价上涨,但是,如果存在对物价的货币幻觉,就会减少消费,总支出减少;如果存在对工资的货币幻觉,会增加消费,使总吸收增加。

4. 其他直接效应(miscellaneous direct absorption effects),涉及对价格进一步上升的预期(人们会增加现期支出,增加总吸收)、进口的投资品价格上升对投资产生的负面影响、进口商品的价格上涨对消费这些商品的支出施加的抑制性作用。

(三)货币贬值对吸收的间接效应

货币贬值通过收入变动对吸收产生的第二轮影响。如果贬值导致收入增加 ΔY,吸收就会增加 $a\Delta Y$。这种影响取决于边际吸收倾向 a 的大小。

三、吸收论的应用

金融危机后的美国一直力图通过量化宽松货币政策刺激美元不断贬值,希望借此举改善美国经常账户的贸易状况,而实际情况却恰恰相反。以美国为代表的发达国家面临的经常账户逆差的根本原因在于国际分工地位的不平等,发展中国家主要通过对外出口原料和低附加值的初级产品赚取收入,而其资本与金融账户大多数表现为逆差,资本大量外流,处于国际贸易的弱势地位,因而发达国家单纯依靠汇率调整来试图缓解国际收支失衡是无法从根本上解决问题的。

第九节 国际收支调节理论:货币论

货币分析法或货币论(the monetary approach),是把国际收支视作为一种货币现象,强调货币供给和货币需求之间相互影响来决定一国的国际收支,依据货币存量调整来调节国际收支。其代表人物是哈里·约翰逊(Harry Johnson)、罗伯特·蒙代尔(Robert

Mundell)、雅各布·弗兰克尔(Jacob Frenkel),他们将货币主义理论和方法应用于国际收支领域的研究,认为国际收支本质上是一种货币现象。

一、货币论的前提假定和基本思想

货币论的前提假定是:(1)充分就业均衡状态下,一国的实际货币需求是收入、利率等变量的稳定函数;(2)从长期来看,货币需求是稳定的,货币供给量变动不影响实际产量,即货币中性;(3)购买力平价论长期成立,国际间套利活动能保证同一商品在各国间有同一价格,即贸易品价格是外生的;(4)各国货币当局不对国际资本流动采取"冲销"(sterilizing policy)政策,这意味着货币供给和国际储备同方向变动。

货币论的基本思想是以现代货币主义理论为基础,假定国际收支是一种货币现象、购买力平价成立、生产处于充分就业水平条件下,从货币市场均衡角度分析对国际收支调整的影响,主张用国内货币政策来调整国际收支失衡。

二、货币论的理论模型和主要内容

由于实际货币需求是收入和利率的稳定函数,因而一国的实际货币需求函数为:

$$\frac{M_d}{P} = F(Y, i) \tag{3-29}$$

其中,M_d 是名义货币需求量,P 为本国价格水平,F 为函数关系,Y 为国民收入,i 为利率。

同期,一国的名义货币供给量可表示为:

$$M_S = m(D + R) \tag{3-30}$$

其中,M_S 为名义货币供给量,D 为商业银行基础信贷量,是名义货币供给量的主体,R 为外汇储备,m 为商业银行货币创造乘数。

从长期来看,货币市场均衡有:$M_S = M_d$。为简化,若令 $m=1$,则得到:

$$R = M_d - D \tag{3-31}$$

所以,

$$\Delta B = \Delta R = \Delta M_d - \Delta D \tag{3-32}$$

式(3-32)就是国际收支货币论的基本形式。它包含以下经济学内涵:

1. 国际收支本质上是与货币供求相联系的一种货币现象。国际收支逆差是其国内名义货币供给量超过其名义货币需求量。当国际收支发生逆差时,应当采取国内信贷紧缩,使 D 下降,即 $\Delta D < 0$,致使 $\Delta R \geqslant 0$。据此,国际收支失衡可以由国内货币政策调整来解决。

2. 国际收支失衡反映了实际货币余额与理想货币余额的不一致。当本国国内名义货币供给量超过名义货币需求量时,由于货币供应不影响实物产量,在价格不变情况下,多余的货币需要寻找出路,对个人和企业来说,会增加货币支出,重新调整实际货币余额;对整个国家而言,表现为货币外流,即国际收支逆差。反之,当国内名义货币供给量小于名义货币需求量时,国际收支为顺差。

3. 国际收支的调节是实际货币余额(货币存量)对名义货币供给量的调整过程。国际收支失衡只是暂时现象,市场调节机制和政府政策调节机制可以使之恢复平衡。货币政策和外汇储备都是政府调节国际收支的直接手段。如果一国汇率保持固定,则该国为支撑持续的逆差失衡最终会耗尽储备。

4. 国际收支失衡能够用国内货币政策而非汇率调整来解决。货币贬值是对减少国内信贷增长的替代,因为贬值降低了本币价值,如果贬值的根本货币原因没有被纠正,则需求进一步贬值来抵补该国货币的持续过度供给。

5. 增加的国民收入可经由增加货币需求而非增加国内信贷来改善一国国际收支。

可见,货币论主要用国内货币政策来调节国际收支失衡,膨胀性货币政策可以减少国际收支顺差,紧缩性货币政策可以减少国际收支逆差。如果采用贬值、外汇管制等措施改善国际收支,则必须注重信贷紧缩,其结果是用牺牲内部平衡的方式来实现外部平衡。货币论的主要精髓,后来被波拉克(J. Polak)应用于国际货币基金组织的国际收支调节规划中,受到很多发展中国家的指责。

三、货币论有关货币贬值的效应

在考察货币贬值对国际收支的影响时,货币论假设一价定律成立,有 $P = S \times P^*$,则:

$$M_d = P \times F(Y, i) = S \times P^* \times F(Y, i) \tag{3-33}$$

其中,S 是外汇汇率(直接标价法),P^* 是外国价格水平。根据式(3-31),本币贬值,即 S 上升,使得 $P = S \times P^*$ 上升,M_d 相应上升。依据式(3-32),国际收支逆差相对减少。

综合式(3-32)、式(3-33),货币论政策主张的核心是:货币贬值若要改善国际收支,则在贬值时,国内的名义货币供给量不能增加。

四、货币论的应用

中国从 2005 年 7 月汇改以来,人民币大幅升值,但是中国国际收支顺差并没有得到遏制,反而不断上升。从货币论考察,由于国际收支顺差,外汇储备不断上升,货币投放量不断增加,导致国内价格上升。同时,随着人民币升值,人们对人民币升值预期长期化,也使货币需求大增,国外投机性热钱大量流入中国。研究表明,我国货币需求收入弹性较高,有助于吸收一部分因顺差所导致的货币供给量增加;中央银行的冲销操作有效地控制了国际收支顺差所导致的货币供给量的过快增长,这也是人民币升值条件下国际收支保持顺差的原因。

本 章 小 结

国际收支是指一国或地区在一定时期内(通常为一年)居民与非居民之间进行的全部

经济交易的系统的货币记录。国际收支包括货物和服务账户、初次收入账户、二次收入账户、资本账户和金融账户。

国际收支的各笔经济交易,都采用复式簿记,即"有借必有贷、借贷必相等"的原则,以相同的金额分别记入国际收支平衡表的借方和贷方。凡是引起本国从外国获得(实际或未来)货币支付的交易,都记入贷方分录;凡是导致本国向外国支付(实际或未来)货币的交易,都记入借方分录。凡是引起外汇需求的交易,都记入该交易所属账户的借方分录;凡是引起外汇供给的交易,则记入贷方分录。

货物贸易差额往往综合反映一国的产业结构、产品质量和劳动生产率状况,反映该国产业在国际上的竞争力。经常账户差额反映一国的进出口状况,被当作是制定国际收支政策和产业政策的重要依据。基本差额反映一国国际收支的长期趋势。如果一国国际收支的基本差额为盈余,即使其综合差额暂时为赤字,从长期看,该国仍有较强的国际经济实力。官方结算差额衡量一国货币当局所愿意弥补的国际收支差额。综合账户差额可用来衡量国际收支对一国官方储备造成的压力。

依据 UNCTAD 数据测算,证实了中美双边在贸易失衡的主要贸易品上存在着高度的贸易互补性。美中双边贸易失衡表象上看是双边贸易的结果,实际上受制于诸多决定因素。其中,美中两国经济发展水平差距、两国要素禀赋差异、贸易计价差异与运输时滞、贸易结构、储蓄因素、美国出口管制、汇率变化、贸易增加值、显性比较优势、购买美国国债,以及外商在华直接投资与区域生产网络等直接影响到中美双边贸易失衡。

如果线上自主性交易的差额等于零,则称为国际收支平衡,否则,称为国际收支失衡。国际收支失衡按照性质可分为五种类型:偶发性或临时性失衡、周期性失衡、收入性失衡、货币性失衡和结构性失衡。持续性的国际收支失衡,无论顺差还是逆差,都不是件好事,政府当局必须要采取有效的措施进行调节。国际收支的调节方式可分为市场调节机制和政策调节机制。

纸币本位的固定汇率制度下的国际收支自动调节机制分为利率调节机制、收入调节机制和价格调节机制三类。政府调节国际收支的政策,主要包括需求管理政策、供给调节政策和资金融通政策。其中,需求管理政策主要有支出增减政策和支出转换政策;供给调节政策主要有产业政策、科技政策和制度创新政策;资金融通政策包括使用官方储备和使用国际信贷。

弹性论以进出口商品的供求弹性为出发点,假定国民收入、利率不变条件下,只考察汇率变动对国际收支调整的影响。乘数论以凯恩斯宏观经济分析为基础,假定汇率、价格等不变条件下,只考察国民收入变动对国际收支调整的影响,揭示出一国可以通过需求管理政策来调整国际收支不平衡。吸收论以凯恩斯宏观经济理论为基础,认为国际收支与整个国民经济活动相联系,着重考察总收入与总支出变动对国际收支的影响。货币论以货币主义理论为基础,把国际收支视为一种货币现象,强调货币供给和货币需求之间相互影响来决定一国国际收支,主张用国内货币政策来调整国际收支失衡。

重要概念

国际收支	初次收入账户	二次收入账户	复式簿记	基本差额
官方结算差额	综合账户差额	国际收支平衡	国际收支失衡	货币性失衡
利率调节机制	收入调节机制	价格调节机制	支出增减政策	支出转换政策
弹性论	马歇尔—勒纳条件	J曲线效应	贸易条件	对外贸易乘数
乘数论	哈伯格条件	吸收论	货币论	中美贸易收支失衡

习题与思考题

1. 简述国际收支失衡与平衡的含义。
2. 国际收支失衡的类型有哪些？
3. 试析基本差额、官方结算差额和综合账户差额的经济含义。
4. 试析中美贸易收支失衡与调整。
5. 国际收支失衡有何经济影响？调节措施有哪些？
6. 纸币本位下国际收支失衡自动调节机制如何运作？
7. 国际收支的政策调节机制主要措施有哪些？
8. 正确推导马歇尔—勒纳条件。
9. 试析为何产生J曲线效应？
10. 为何开放经济中对外贸易乘数作用小于准开放经济中乘数作用？
11. 试析国际收支是与货币供求相联系的一种货币现象。
12. 比较弹性论、乘数论、吸收论和货币论的异同。
13. 比较美国和中国的国际收支报告，这些报告怎样帮助你理解和评价两国间不断出现的贸易失衡冲突？

案例分析

美中信息通讯技术行业贸易失衡[①]

在东亚生产网络中，最为发达的是信息通讯技术（ICT）行业。参照经合发展组织（OECD）1998年的定义，信息通讯技术行业是指以电子技术获取、传播和演示数据信息的制造业和服务业的集合。一般说来，ICT产业零部件为技术和资本密集型环节，而装配主要为劳动密集型环节。东亚地区既有日本、韩国等发达工业化国家和地区，又有与其毗邻的最大发展中国家中国，还有能够提供丰富廉价劳动力的东盟国家，这使得东亚成为全球最适合生产网络发展的区域。同时，ICT行业也是美中货物贸易逆

[①] 本案例分析参见：沈国兵、王琳璨（2014）：《东亚区域生产网络与中美贸易再平衡：以信息通讯技术行业为例》，《复旦国际关系评论》第2期。

差最为严重的部门。如图 3-4 所示：2002—2013 年，美国统计的对中国 ICT 行业贸易逆差从 2002 年的 147.3 亿美元迅速增加到 2013 年的 1 281.9 亿美元，美国对中国 ICT 行业贸易逆差占美中货物贸易逆差的比重从 2002 年的 14.3% 稳步上升至 2013 年的 40.2%。由此，在全球垂直专业化生产背景下，中美贸易失衡和再平衡离不开东亚区域生产网络，美中信息通讯技术行业是其中一个非常典型的行业。

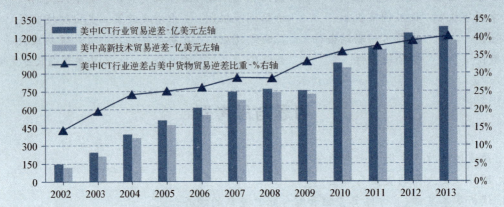

图 3-4　美中 ICT 行业贸易逆差及占美中货物贸易逆差的比重：2002—2013

数据来源：US Census Bureau 数据库。

从区域行业生产网络考虑中美贸易不平衡是基于全球价值链和国际分工视角，中美贸易不平衡不再是双边贸易问题，而是一种结构性失衡现象。这里以信息通讯技术行业为例，来考察美中信息通讯技术行业生产网络对中美贸易不平衡的影响。

1. 中美双边 ICT 行业贸易分解：比较分析

美中信息通讯技术行业贸易逆差是双边高技术产品贸易逆差的最主要来源，也是美中双边贸易逆差的重要来源，2013 年已占到美中货物贸易逆差的 40.2%。而且，ICT 行业是中国"十三五"规划推进产业结构调整、全面提高信息化水平的重点行业。为此，选择 ICT 行业来考察中美贸易不平衡问题。

首先，有关 ICT 行业数据处理。我们使用联合国贸发会议（UNCTAD）关于产品总分类（CPC 2.0 版）和 HS 2007、HS 2002 的数据转换表，其中，HS 数据来自 UN Comtrade 数据库，一共有 95 种 HS 2007 六分位代码产品，包括计算机及周边设备、通讯设备、消费电子设备、电子元件和杂项五大类产品，每一类产品又被分为最终产品和零部件两种。据此分类标准，可以得到中美双边 ICT 产品贸易差额。

表 3-5　中国对美国 ICT 行业产品贸易差额　　　　单位：亿美元

	类　　别	2002	2005	2007	2009	2012
最终产品	计算机及周边设备	9.78	136.10	276.55	330.32	525.68
	通讯设备	21.80	92.56	131.65	101.92	243.37
	消费电子设备	55.21	129.30	165.06	170.35	181.06
	电子元件	1.32	2.65	3.70	2.26	4.19

续 表

类　别		2002	2005	2007	2009	2012
最终产品	杂项	−0.36	8.74	15.77	15.27	9.80
	小计	87.74	369.35	592.74	620.12	964.11
零部件	计算机及周边设备	53.50	132.91	124.00	79.91	80.89
	通讯设备	−3.08	0.07	6.76	10.59	15.28
	消费电子设备	0.93	1.40	1.58	1.37	2.48
	电子元件	−17.14	−27.54	−54.06	−51.44	−43.02
	杂项	1.02	14.79	10.65	8.45	11.90
	小计	35.23	121.62	88.93	48.88	67.53
合计	ICT 行业贸易差额	122.98	490.97	681.67	668.99	1 031.64

数据来源：根据 UN Comtrade 数据库中方报告的数据计算整理。注：负值表示中国对美贸易逆差。

其次，我们选取 2002、2005、2007、2009 和 2012 年作为截面观察期间，原因是 2002 年是中国加入世界贸易组织后的开局之年，2005 年 7 月，人民币开始单向升值；2007 年，美国爆发次贷危机；2009 年，欧洲爆发主权债务危机；2012 年，美欧金融危机出现缓和。这些事件会影响到中美双边 ICT 行业贸易的变化。如表 3-5 所示，2002—2005 年，中国对美国 ICT 行业出口有了较大地增长，致使期间中国对美国 ICT 行业贸易顺差增加了 3 倍；2005—2007 年，受人民币升值和美国次贷危机的不利影响，中国对美国 ICT 行业出口和行业贸易顺差有了小幅增加；2007—2009 年，受美欧金融危机叠加的不利影响，中国对美国 ICT 行业出口和行业贸易顺差都出现微小下降；2010—2012 年，随着美欧逐渐走出金融危机的泥潭，中国对美国 ICT 行业出口和行业贸易顺差出现了恢复性小幅增长。据此，从纵向 ICT 行业来看，按照传统出口原产地统计，2002—2012 年，中国对美国 ICT 行业出口和行业贸易顺差分别增长了 5 倍多和 7 倍多，这主要归因于东亚其他国家和地区甚至美国将 ICT 行业中间品出口至中国，利用中国大陆低成本生产优势完成最终产品组装后、再对美国大量出口 ICT 行业最终产品所致，即产生统计假象。

最后，从信息通讯技术行业产品贸易来看，中美双边 ICT 行业在最终产品和零部件贸易上呈现出很大的不同。如表 3-5 所示，在 ICT 最终产品上，中国对美国出现巨额贸易顺差，特别是计算机及周边设备中国对美国贸易顺差增长最为凸显，从 2002 年的 9.78 亿美元激增至 2012 年的 525.68 亿美元；在通讯设备和消费电子设备上，中国对美国顺差也有较大增加，从 2002 年的 21.80 和 55.21 亿美元增加到 2012 年的 243.37 和 181.06 亿美元。但是，在零部件的电子元件贸易上，中国对美国呈现较大的贸易逆差。这显示出 ICT 行业生产具有可分割性，其零部件和最终产品的生产被分开，在全球生产网络下利用中国更廉价的生产成本可将零部件组装成最终产品后再对美国出口，从而放大了中国对美国 ICT 行业的贸易不平衡。

上述细分的产品贸易比较分析使我们认识到对信息通讯技术行业贸易进行产品划分的重要性。虽然从中国对美国 ICT 行业贸易差额来看,2002—2012 年,中国对美国 ICT 行业贸易顺差激增了 7 倍之多,但是 2012 年这些贸易顺差的 92.1% 来自该行业最终产品中计算机及周边设备、通讯设备和消费电子设备之上。而在零部件中的电子元件贸易上,中国却长期处于贸易逆差。由此,就生产高度分割化的信息通讯技术行业而言,存在较高的最终产品贸易逆差是否就意味着中国对美具有较高的比较优势?该行业产品贸易逆差失衡究竟是互补性贸易还是竞争性贸易所致?对此,需要进一步分析。

2. 中美双边 ICT 行业产品贸易:互补抑或竞争

依据图 3-4,中美双边 ICT 行业贸易失衡严重,2013 年,美国统计的对中国 ICT 行业贸易逆差已占美中货物贸易逆差的 40.2%。根据表 3-5,中国报告的对美国 ICT 行业贸易顺差 90% 以上来自计算机及周边设备、通讯设备和消费电子设备的最终产品之上。不过,这种加总的 ICT 行业贸易失衡仍无法反映其互补性抑或竞争性。为此,我们通过测度中美双边 ICT 部门的产业内贸易(IIT)指数来进行分析。IIT 指数衡量的是一国或地区某一产业内进出口贸易平衡程度。IIT 指数取值在 0 和 1 之间。当等于 0 时,表示完全产业间贸易,即两国该产业内贸易完全失衡,产业是互补的;当等于 1 时,表示完全产业内贸易,即两国该产业内贸易完全平衡,该产业是竞争的。依据沈国兵(2007a)提出的静态产业内贸易指数,将产业内贸易指数分段为低(0—0.5)、中(0.5—0.7)和高(0.7—1)水平,分别表示产业内贸易对双边贸易失衡影响较大、适中和较小。由此,判断中美双边 ICT 行业产品贸易是互补抑或竞争?

我们选取归类为 ICT 行业的 95 种 HS 2007 的六分位代码产品,测算出这些产品产业内贸易指数。计算结果如表 3-6 所示:第一,从计算机及周边设备最终产品来看,有三个产品(代码 847141、847149 和 847170)产业内贸易指数由高降至低,出现明显减小,其他该类产品 IIT 指数都处于很低的水平。从计算机及周边设备零部件来看,有两个产品(847190 和 852841)IIT 指数由低升至中等水平,一个产品(847350)IIT 指数由中降至低,出现明显下降;其他该类产品 IIT 指数都处于较低水平。据此,在计算机及周边设备贸易上,中国对美国 ICT 六分位产品贸易属于行业产品间贸易,放大了 ICT 行业中国对美国的顺差。第二,从通讯设备来看,有两个产品(851761 和 851770)IIT 指数由高降至低,另一个产品(851769)IIT 指数由高降至中,其他该类产品除个别年份外,IIT 指数都处于较低水平。据此,中美通讯设备贸易属于行业产品间贸易,放大了 ICT 行业中国对美国的顺差。第三,从消费电子设备来看,有一个产品(852849)IIT 指数由低升至高水平,其他该类产品除个别年份外,IIT 指数都处于较低乃至很低水平。据此,中美消费电子设备属于行业产品间贸易,也放大了 ICT 行业中国对美国的贸易顺差。

同理,依据表 3-5,中美双边 ICT 行业在零部件电子元件贸易上表现出中国对美国较大的贸易逆差。另据表 3-6,从电子元件零部件贸易来看,有七个产品(854140、854091、854040、854110、854233、854239 和 854190)IIT 指数由高或中降至低,有九个产品(854071、854089、854121、854129、854150、854160、854232、854099 和 854290)IIT

指数由低升至中或高，其他八个产品除个别年份外，IIT 指数都处于低水平。据此，在电子元件零部件贸易上，中国对美国六分位产品贸易既有多数产品属于行业产品间贸易，造成了中国对美国电子元件零部件贸易较大的逆差，也有九个产品成长为行业产品内贸易，即中国通过"干中学"的技术溢出效应已形成在电子元件零部件的一些产品上产业内贸易竞争力。

表 3-6　中国对美国 ICT 部门产品产业内贸易指数

类别	HS 2007	2002	2005	2007	2009	2012	HS 2007	2002	2005	2007	2009	2012
计算机及周边设备——最终产品	847050	0.02	0.32	0.07	0.03	0.01	847150	0.19	0.02	0.23	0.15	0.15
	847290	0.12	0.05	0.03	0.03	0.01	844331	0.14	0.74	0.00	0.00	0.00
	847130	0.02	0.00	0.00	0.00	0.00	844332	0.00	0.00	0.06	0.09	0.08
	847141	0.88	0.55	0.05	0.11	0.20	847170	0.76	0.23	0.28	0.13	0.08
	847149	0.72	0.48	0.99	0.39	0.24						
计算机及周边设备——零部件	847160	0.04	0.02	0.06	0.07	0.05	852851	N.A.	N.A.	0.00	0.01	0.01
	847180	0.36	0.48	0.22	0.37	0.16	852861	N.A.	N.A.	0.00	0.01	0.00
	847190	0.13	0.48	0.51	0.39	0.52	847330	0.38	0.25	0.19	0.18	0.17
	852841	N.A.	N.A.	0.04	0.13	0.63	847350	0.70	0.63	0.41	0.14	0.12
通讯设备——最终产品	853110	0.14	0.07	0.06	0.07	0.05	851762	N.A.	N.A.	0.30	0.22	0.12
	852560	0.13	0.01	0.79	0.35	0.20	851718	1.00	0.02	0.02	0.02	0.03
	852550	0.03	0.42	0.62	0.23	0.54	851769	0.80	0.98	0.25	0.60	0.52
	851712	0.40	0.56	0.00	0.01	0.00	851711					
	851761	0.56	0.94	0.13	0.03	0.48						
通讯设备——零部件	851770	0.49	0.99	0.64	0.49	0.38						
消费电子设备——最终产品	852712	0.00	0.00	0.00	0.00	0.00	851950	0.00	0.03	0.04	0.00	0.00
	852713	0.00	0.00	0.00	0.00	0.00	851981	0.00	0.00	0.01	0.00	0.01
	852719	0.00	0.01	0.00	0.00	0.00	851989	0.01	0.00	0.02	0.04	0.02
	852791	0.00	0.00	0.00	0.00	0.04	851920	N.A.	N.A.	0.00	N.A.	0.92
	852792	0.01	0.00	0.00	0.00	0.00	852110	0.00	0.03	0.06	0.07	0.52
	852799	0.00	0.03	0.07	0.14	0.02	852190	0.00	0.00	0.00	0.00	0.00
	852721	0.00	0.00	0.00	0.00	0.00	851810	0.24	0.09	0.08	0.22	0.22
	852729	0.89	0.00	0.00	0.06	0.18	851821	0.01	0.02	0.01	0.02	0.02
	852871	0.00	0.00	0.00	0.00	0.00	851822	0.19	0.13	0.12	0.13	0.06
	852872	0.01	0.01	0.00	0.00	0.00	851829	0.04	0.03	0.07	0.06	0.03

续表

类别	HS 2007	2002	2005	2007	2009	2012	HS 2007	2002	2005	2007	2009	2012
消费电子设备——最终产品	852873	N.A.	N.A.	0.00	0.00	N.A.	851830	0.04	0.02	0.01	0.01	0.01
	852849	0.75	0.00	0.23	0.92	0.95	851840	0.10	0.03	0.05	0.04	0.05
	852859	0.02	0.02	0.00	0.05	0.02	851850	0.17	0.13	0.10	0.27	0.03
	852869	0.07	0.00	0.00	0.00	0.00	950410	0.00	0.00	0.00	0.00	0.00
	851930	0.10	0.00	0.02	0.00	0.00	852580	0.03	0.01	0.02	0.03	0.07
消费电子设备——零部件	851890	0.30	0.20	0.21	0.19	0.12						
	852210	0.33	0.17	0.08	0.25	0.95						
	852290	0.08	0.05	0.06	0.07	0.02						
电子元件——最终产品	852352	0.98	0.99	0.83	0.68	0.94	854050	0.59	0.83	0.63	0.42	N.A.
	852321	0.49	0.03	0.38	0.29	0.47	854072	0.00	0.73	0.00	0.00	N.A.
	853400	0.34	0.37	0.33	0.38	0.39						
电子元件——零部件	854011	0.29	0.52	0.29	0.01	0.00	854130	0.29	0.20	0.35	0.16	0.43
	854012	0.00	0.81	0.23	0.00	0.00	854140	0.90	0.69	0.41	0.28	0.11
	854020	0.05	0.02	0.15	0.06	0.11	854150	0.08	0.80	0.78	0.95	0.82
	854040	0.49	0.68	0.18	0.00	0.06	854160	0.63	0.98	0.89	0.83	0.71
	854060	0.00	0.01	0.12	0.00	0.03	854231	0.46	0.46	0.19	0.19	0.35
	854071	0.46	0.26	0.58	0.35	0.65	854232	0.31	0.88	0.48	0.31	0.51
	854079	0.01	0.01	0.00	0.00	0.00	854233	0.61	0.53	0.76	0.51	0.06
	854081	0.26	0.39	0.14	0.16	0.85	854239	0.54	0.32	0.66	0.29	0.36
	854089	0.50	0.47	0.49	0.54	0.72	854091	0.97	0.44	0.48	0.28	0.20
	854110	0.70	0.70	0.37	0.28	0.39	854099	0.27	0.17	0.74	0.76	0.31
	854121	0.04	0.78	0.77	0.60	0.45	854190	0.67	0.32	0.29	0.11	0.05
	854129	0.10	0.47	0.78	0.98	0.97	854290	0.11	0.34	0.58	0.72	0.88
杂项——最终产品	852351	0.46	0.01	0.02	0.04	0.33	852380	0.16	0.58	0.63	0.03	0.38
	852359	0.04	0.01	0.47	0.49	0.97	852910	0.70	0.13	0.14	0.18	0.09
杂项——零部件	852990	0.84	0.23	0.17	0.12	0.07						
	901320	0.19	0.68	0.89	0.94	0.72						

数据来源：作者根据 UN Comtrade 数据库里中方报告的数据，参照 ICT 产品定义计算整理。

因此，中国对美国 ICT 行业产品贸易总体上属于行业产品间贸易，是互补性贸易，但是通过"干中学"的技术溢出效应，中国在电子元件零部件的九个产品上已成长为行业产品内贸易，具有一定的产业内贸易竞争力。由此，我们将进一步利用 RCA 指数来分析中国 ICT 部门对美国出口显性比较优势。

3. 中国 ICT 部门对美产品出口的显性比较优势：比较分析

我们再选取中国 ICT 部门最终产品和零部件的出口作为考察样本，计算出中国 ICT 部门产品对美国出口显性比较优势（RCA）指数，用来衡量中国 ICT 部门产品在美国市场的出口供给优势及贸易模式。RCA 指数由 Balassa（1965，1989）提出，沈国兵（2007a）用来测度中国贸易品在美国市场上的显性比较优势，并将产品 RCA 指数分段为 0—0.8、0.8—1.25 和 1.25 以上。当 RCA≥1.25 时，表示该行业产品出口在美国市场上具有强的显性比较优势和出口竞争力；当 0.8≤RCA<1.25 时，表示该产品出口在美国市场上有较强的显性比较优势和出口竞争力；当 RCA<0.8 时，表示该行业产品出口在美国市场上处于显性劣势、出口竞争力差。

依据测算的结果，第一，从计算机及周边设备来看，中国在其最终产品和零部件上有 10 个产品对美国出口 RCA 指数都大于 1.25，说明中国对美国出口这十个产品具有强的出口竞争力；有 2 个产品（847180、847190）中国对美国出口 RCA 指数大于 0.8，说明这 2 个产品出口在美国市场上有较强的显性比较优势和出口竞争力；有 2 个产品（847050、847350）中国对美国出口 RCA 指数由较低升至 1.25 以上，说明这 2 个产品中国对美国出口由劣势转为显著优势；另 3 个产品（847149、852861 和 852841）中国对美国出口 RCA 指数由 1.25 以上降至较低或很低，说明中国这 3 个产品在美国市场上逐步丧失出口竞争力。

第二，从通讯设备来看，中国有 4 个产品（853110、851712、851762 和 851711）对美国出口 RCA 指数都大于 1.25，说明在这 4 个产品上中国对美国具有强的出口竞争力；有 2 个产品（851718、851770）中国对美国出口 RCA 指数由较低升至 1.25 以上，说明在美国市场上中国这 2 个产品出口由劣势转为显著优势；有 2 个产品（852560、851761）中国对美国出口 RCA 指数降至较低甚至很低，表明中国出口的这 2 个产品在美国市场上正丧失出口竞争力；另 2 个产品（852550、851769）中国对美国出口已处于劣势，出口竞争力差。

第三，从消费电子设备来看，中国有 20 个产品对美国出口 RCA 指数大于 1.25（个别年份除外），表明在这 20 个产品上中国对美国出口具有强的竞争力；有 6 个产品中国对美国出口 RCA 指数由低或很低升至 1.25 以上，表明这 6 个产品中国对美国出口转为显著优势；有 4 个产品 RCA 指数降至较低，表明这 4 个产品中国对美国出口正丧失出口竞争力；另 2 个产品中国对美国出口已处于劣势，出口竞争力差。

第四，从电子元件来看，观察的样本期间内中国没有一个产品对美国出口 RCA 指数大于 1.25，表明在考察的这些电子元件产品上中国对美国出口不具有强的出口竞争力。其中，有 5 个产品中国对美国出口 RCA 指数由低升至 1.25 以上，表明这 5 个产品中国对美国出口由劣势转为明显优势；另有 5 个产品中国对美国出口 RCA 指数处于低中水平，说明这 5 个产品中国对美国出口竞争力尚不明显；有 4 个产品（854040、854050、854231 和 854091）中国对美国出口 RCA 指数降至较低甚至很低，说明这 4 个产品逐步丧失出口竞争力；另有 15 个电子元件产品中国对美国出口一直处于劣势，出口竞争力差。

第五,从ICT部门杂项产品来看,中国有3个产品(852351、852910、852990)对美国出口RCA指数大于1.25,表明在这3个产品上中国对美国出口具有强的竞争力;有1个产品(901320)中国对美国出口RCA指数中等水平,即中国对美国该产品出口优势不明显;另2个产品(852359、852380)中国对美国出口已处于劣势,出口竞争力差。

相比较来看,中国ICT部门对美国产品出口具有强的显性比较优势的产品主要来自计算机及周边设备的7个最终产品、通讯设备的4个最终产品,以及消费电子设备的19个最终产品。虽然这些产品显现出高的显性比较优势和出口竞争力,但是这些产品并不足以说明中国对美国出口的ICT部门产品具有真实的竞争力。因为这些计算机及周边设备、通讯设备和消费电子设备中包含较多的电子元件,而中国在电子元件产品贸易上一直处于比较劣势,中国需要进口大量的电子元件在华组装生产、再对外出口。这种国际分工格局从侧面揭示出我国在全球生产网络分工中的地位仍取决于增加值较低的劳动力要素禀赋,还没有创造出具有更高增加值的比较优势。中国只是ICT行业的最后组装加工中心,中国出口的ICT行业最终产品中包含大量来自进口国的中间投入品,而中国获取的国内增加值含量却很低。这样,采用传统的最终出口国贸易统计,必然夸大了中美信息通讯技术行业贸易的不平衡程度。

因此,中国对美国出口具有显著比较优势的ICT行业产品主要集中在计算机及周边设备、通讯设备和消费电子设备的最终产品之上,而在ICT行业零部件贸易特别是电子元件的零部件出口上,中国对美国出口一直处于比较劣势,更多是大量进口电子元件零部件。这表明中美双边信息通讯技术行业贸易的不平衡,不能只停留在行业贸易加总数字的表面,而要根据ICT行业全球生产网络分工的外包特征,从全球生产价值链贸易增加值的角度,将中美双边ICT行业贸易不平衡置于东亚区域乃至全球多边生产网络视角来分析揭示。

第四章

汇率制度变迁与选择及中国汇率制度事例

学习目标

1. 了解国际汇率制度及其变迁,国际金本位制度特征,外汇市场干预的类型。
2. 理解固定汇率制对浮动汇率制、做市商制对竞价制、名义分类、1999年实际分类、2009年实际分类、"中间空洞化"假说,以及人民币汇率制度变迁与选择。
3. 掌握布雷顿森林体系下汇率制度、牙买加体系下汇率制度、特里芬两难、1999与2009年实际分类比较、影响汇率制度选择的主要因素、人民币汇率形成机制改革要点,以及1994与2005年人民币汇率制度改革比较。
4. 学会分析香港联系汇率制度的选择,分析人民币汇率形成机制改革的困境和未来发展方向。

第一节 汇率制度变迁和"中间空洞化"假说

汇率制度被界定为有关汇率决定及其调节的一系列制度性安排。姜波克(2001)认为:"汇率制度是指一国货币当局对本国汇率水平的确定、汇率变动方式等问题所作的一系列安排或规定。"[①]潘英丽、马君潞(2002)给出相似的定义。这些定义强调了汇率制度是外生的正式规则或规定,而没有涉及市场经济主体对汇率制度存在的内生习惯或偏好,即非正式规则。为了强调汇率制度不仅是由外生的正式规则构成的,而且也离不开市场经济主体内生的非正式规则。在这里,我们将汇率制度定义为:一国或地区货币当局有关汇率的确定、维持、调整和管理的一系列制度性安排和规则(含正式规则和非正式规则)。

一、国际汇率制度变迁

国际汇率制度在国际货币制度的演变之下经历了一系列的演化和变迁。具体可分为

---

① 姜波克(2001):《国际金融新编》(第3版),复旦大学出版社,第135页。

四个阶段:

(一) 国际金银复本位和国际金本位制度下固定汇率制度

19世纪70年代以前,国际货币制度处于金银复本位制度下,其主要特征有:(1) 各国用黄金或白银规定了其货币所代表的价值,每一货币单位都有法定的含金或含银量;(2) 国内流通的金币或银币可以用等值的金银交由铸币厂自由铸造;(3) 金币或银币具有无限法偿权利,可以在国家间自由输出或输入;(4) 官方随时准备按照本国金币或银币固有的价格进行金银买卖。在金银复本位制度下,货币供求具有自动调节机制,货币间的汇率具有内生的稳定性,因而可称为内生的固定汇率制度。到19世纪70年代末,世界上主要经济大国都相继实行了金本位制度。1880—1914年,国际社会处于金本位制度时期,货币都有一定的含金量,货币之间的汇率具有内在的稳定性,被称为内生的固定汇率制度。

(二) 两次世界大战之间动荡的浮动汇率制度

1918—1925年为自由浮动汇率制度。由于第一次世界大战造成的巨额军费开支和财政赤字,迫使战后各国相继放弃了金本位制度,致使汇率脱离黄金平价,处于剧烈的波动状态。不过,这期间内浮动汇率只被认为是为恢复第一次世界大战前金本位制度而做的准备阶段,它缺乏一个完整的国际货币制度载体。

1925—1931年为国际金汇兑本位制度下的固定汇率制度。第一次世界大战结束后,世界黄金供给不足和分配不均的问题依然存在,因而恢复到传统的金本位固定汇率制度显然不可能。1922年29个国家在意大利热那亚召开了世界货币会议,建议各国采用金汇兑本位制。金汇兑本位制是一种试图通过金本位制来保持本国货币与黄金间接联系的国际货币制度。金汇兑本位制度下,黄金不能自由兑换、自由输出和输入,使得这种固定汇率制度缺乏内生的稳定基础。

1931—1939年为货币集团间浮动汇率制度。由于1929—1933年世界经济大危机导致了国际金汇兑本位制的崩溃,许多国家货币汇率再次进入自由浮动状态,形成了以英镑、美元和法国法郎为中心的相互对立的货币集团。各国随时准备干预外汇市场,并且货币贬值时常发生。因此,1931—1939年国际货币制度是动荡不定的,这种浮动汇率可称为货币集团间浮动汇率制度。

(三) 布雷顿森林体系下可调整的固定汇率制度

第二次世界大战结束前夕,同盟国于1944年7月在美国新罕布什尔州布雷顿森林召开了有44个国家参加的国际货币会议,正式通过了《布雷顿森林协定》,建立起以布雷顿森林体系为框架的国际货币制度。根据协定:(1) 美元与黄金挂钩,直接盯住黄金。美国政府承诺各国中央银行可以按35美元兑换1盎司黄金向美国兑现黄金。(2) 其他各国货币按固定比价与美元挂钩,各国政府承诺其各自货币同美元自由兑换,并且各国货币当局有义务通过干预外汇市场使汇率波动不超过±1%的幅度。(3) 成员国汇率的变动接受IMF的统一安排和监督,只有当成员国国际收支出现"根本性不平衡"时,才可以调整与美元的固定平价,但是当调幅超过10%时,必须在获得IMF批准后才能调整汇率。由此,确立了以"美元—黄金"为本位的可调整的固定汇率制度。布雷顿森林体系从诞生的那一天起就遭到许多经济学家的批判,如Friedman(1953)、Triffin(1961)等。特里芬(Triffin)

提出著名的"特里芬两难"①(Triffin's dilemma)命题,预言以"美元—黄金"为本位的布雷顿森林体系将不可避免地崩溃。

虽然在当时独特的国际经济环境下,布雷顿森林体系下可调整的固定汇率制度得以成功地运行了将近30年,但是,在巨额的对外流动性债务冲击下,布雷顿森林体系下可调整的固定汇率制度开始陷于崩溃。1971年8月15日,美国总统尼克松宣布美国停止履行美元可兑换黄金的义务,美元公开与黄金正式脱钩,标志着布雷顿森林体系的两大支柱之一被破坏。1973年3月19日,6个欧共体成员国对美元实行联合浮动,标志着以"美元—黄金"为本位的布雷顿森林体系彻底瓦解,宣告了以美元为中心的可调整的固定汇率制度全面崩盘。

(四) 牙买加体系下混合汇率制度

1976年1月,在牙买加召开的IMF临时委员会会议上,一致通过了基金章程的第二次修正案,达成了《牙买加协定》,批准了浮动汇率制度。由此,国际货币制度进入了牙买加体系。根据《牙买加协定》,IMF成员国在汇率制度选择上有更大的自由。IMF成员国可以:(1) 将货币与特别提款权、其他主要货币或某一货币篮子挂钩(不包括黄金);(2) 达成货币合作安排;(3) 维持所选择的汇率安排,包括浮动汇率安排等。因此,牙买加体系下,一个国家有更多的自由根据本国经济特征和本国与世界经济的联系去选择适合本国的汇率制度,汇率制度安排因此成为一个国家确定其对外经济关系的重要政策手段。1973年3月布雷顿森林体系崩溃后,"人们认为世界已经放弃了固定汇率制度,而选择了浮动汇率,尽管全世界100多种货币中的绝大多数仍然盯住某种主要货币或'货币篮子'上。关键性的变化是美元、联邦德国马克和日元彼此之间的关系现在是浮动的。另外,英镑和瑞士法郎也同样是浮动的"②。因此,牙买加体系下国际汇率制度是多种汇率制度形式相互并存的一种混合汇率制度。

二、汇率制度的分类

有关汇率制度的分类存在着两种情形:一是官方宣布的汇率制度,称之为名义汇率安排或法律上汇率安排(de jure arrangements);二是IMF确认的成员方实际汇率安排(de facto arrangements)。现实中,汇率制度分类所根据的都是名义汇率的灵活程度和政府或货币当局对汇率的干预程度进行分类的。IMF根据各国官方宣布的名义汇率安排对各成员方汇率制度进行的分类,即名义分类。但是,这种名义分类方案并不能反映成员方实际汇率安排情况。

(一) 1999年实际分类法

1999年1月1日开始,IMF重新依据实际汇率制度而不是官方宣布的名义汇率安排对各成员方汇率制度进行了新的实际分类。实际分类主要是根据各成员方实际的名义汇率灵活程度和货币当局干预程度来划分的,它很可能与一国宣告的汇率制度不同。根据

---

① "特里芬两难"是指为了保证美元信誉,美国需要维持国际收支平衡,但却使得世界缺乏国际清偿手段;而为了供给国际清偿手段,满足其他国家越来越强的外汇储备需要,美国需要通过持续的国际收支逆差来促使美元外流,但又使得美元信誉下降。

② 约翰·伊特韦尔等(1996):《新帕尔格雷夫经济学大辞典(第二卷:E—J)》,经济科学出版社,第409页。

IMF 实际分类,主要分为八类:

1. 无独立法定货币的汇率安排(exchange arrangements with no separate legal tender,NS),指一国采用另一国货币作为唯一法定货币或成员国属于货币联盟共有同一法定货币,包括美元化和货币联盟。

2. 货币局制度(currency board arrangements,CBA),指货币当局暗含法定承诺按照固定汇率来承兑指定的外币,并通过对货币发行权的限制来保证履行法定承兑义务。

3. 其他传统的固定盯住制(conventional fixed peg arrangements,FP),指汇率波动围绕着中心汇率上下不超过1%,包括按照固定比率盯住单一货币、盯住货币篮子和盯住合成货币 SDR。

4. 盯住平行汇率带(pegged exchange rates within horizontal bands,HB),指汇率被保持在官方承诺的汇率带内波动,其波幅超过围绕中心汇率上下各1%的幅度,如欧洲货币体系下欧洲汇率机制(ERM)。

5. 爬行盯住(crawling pegs,CP),指汇率按照固定的、预先宣布的比率作较小的定期调整或对选取的定量指标的变化作定期调整。

6. 爬行带内浮动(exchange rates within crawling bands,CB),指汇率围绕着中心汇率在一定幅度内上下浮动,同时,中心汇率按照固定的、预先宣布的比率作定期调整或对选取的定量指标的变化作定期调整。

7. 不事先宣布汇率路径的管理浮动(managed floating with no predetermined path for the exchange rate,MF),指货币当局通过在外汇市场上积极干预来影响汇率的变动,但不事先宣布汇率的路径,货币当局用来管理汇率的指标包括国际收支状况、国际储备、平行市场发展以及自行调整。

8. 独立浮动(independently floating,IF),指汇率基本上由市场决定,偶尔的外汇干预旨在减轻汇率变动、防止汇率过度波动,而不是为汇率确定一个基准水平[①]。

(二) 2009 年实际分类法(2009 年以后)

2007 年和 2009 年美欧金融危机后,各成员方加强了对自身汇率的干预。自 2009 年开始,IMF 根据成员方实际(de facto)汇率安排而非官方宣布的名义(de jure)汇率安排对各成员方汇率制度进行了新的实际分类[②],将原先八分类扩展成新的十分类。新的实际分类主要是根据市场决定汇率的程度而非官方宣布的来划分,Habermeier, et al. (2009)将汇率制度分为十种类型:(1) 无独立法定货币的汇率安排(NS)。(2) 货币局制度(CBA)。这一分类是基于明确在法律上承诺国内货币与特定外币按固定汇率进行兑换,限制了货币发行权来确保履行法定义务。(3) 传统盯住制(CPA)。货币当局通过直接干预和间接干预随时准备维持固定平价,此汇率安排是围绕中心汇率在不到±1%的狭窄幅度内波动。(4) 稳定性安排(stabilized arrangement,SA)。此分类必需

---

① Johnston, B.(1999), Exchange Rate Arrangements and Currency Convertibility: Developments and Issues, *IMF Working Paper*, p.36.

② 名义汇率安排的描述和有效日期是由一国当局提供的。一国当局愿意简洁地描述其官方汇率政策,包括官方宣布或估计的汇率安排参数。IMF 提出的汇率制度实际分类法是基于后向方法,依赖过去 6 个月及以上的汇率波动和历史数据。

即期市场汇率保持在2%波幅内为6个月及以上。此分类需求满足统计上标准,汇率保持稳定是官方干预的结果,并不暗含政策承诺。(5)爬行盯住(CP)。此分类是对选取的数量指标变化作出反应或者参考固定汇率做小幅调整。(6)类似爬行安排(crawl-like arrangement,CLA)。此分类必须保持汇率在2%的狭窄幅度内波动,统计上确认趋势在6个月及以上,且此汇率安排不能被视为浮动汇率。(7)盯住平行汇率带(HB)。此分类保持汇率围绕固定中心汇率在超过±1%的波动幅度内,或者汇率波幅超过2%,如欧洲货币体系的ERM。(8)浮动汇率(FR)。此分类汇率主要由市场决定,没有汇率的预期路径,表现出或多或少的汇率波动性,取决于冲击大小。(9)自由浮动(FF)。如果货币当局只是偶尔干预,旨在解决无序的市场条件,或货币当局能够提供信息或数据证实干预仅限于6个月内至多3次,且每次持续不超过3个交易日,则归为自由浮动。(10)其他管理安排(other managed arrangement,OMA)。当一种汇率安排无法满足任何其他类别的标准时,就纳入此类;那些频繁转换的汇率安排也属于此类[①]。

(三) 汇率制度实际分类归类比较

1999年汇率制度的八类分类可归为三大类:(1)严格固定汇率制度,包括IMF无独立法定货币的汇率安排和货币局制度;(2)中间汇率制度,包括IMF其他传统的固定盯住制、盯住平行汇率带、爬行盯住、爬行带内浮动和管理浮动;(3)独立浮动或自由浮动汇率制度,指IMF独立浮动。

2009年汇率制度的十类分类可归为四大类:(1)严格盯住(hard pegs),包括无独立法定货币的汇率安排和货币局制度;(2)软盯住(soft pegs),包括传统盯住制、稳定性安排、爬行盯住、类似爬行安排和盯住平行汇率带;(3)浮动汇率制度(floating regimes),包括浮动汇率和自由浮动;(4)其他管理安排(OMA)[②]。

将1999年和2009年两种实际分类法划分的汇率制度构成类别列成表4-1进行比较,发现2009年实际分类法考虑了跨国间汇率制度分类更大的一致性和客观性,促进了分类的进步,改进了透明性,有利于IMF双边和多边监督。

表4-1 1999年和2009年IMF实际分类法及其汇率制度类别比较

2009年4月末实际分类	合计	1999年4月末实际分类	合计
严格盯住或硬盯住	**23**	严格固定汇率	**45**
——无独立法定货币的汇率安排	10	——无独立法定货币的汇率安排	37
——货币局制度	13	——货币局制度	8
软盯住	**65**	软盯住	**67**

[①] Habermeier, K.; A. Kokenyne, R. Veyrune and H. Anderson(2009), Revised System for the Classification of Exchange Rate Arrangements, *IMF Working Paper* No.09211, pp.11-14.

[②] IMF Annual Report(2009), Appendix II: Financial operations and transactions, pp.8-9.

续 表

2009年4月末实际分类	合计	1999年4月末实际分类	合计
——传统盯住制	42	——其他传统固定盯住制	44
——稳定性安排	13	/	
——爬行盯住	5	——爬行盯住	6
——类似爬行安排	1	——爬行带内浮动	9
——盯住平行汇率带	4	——盯住平行汇率带	8
浮动汇率制度	**79**	浮动汇率制度	**73**
——浮动汇率	46	——管理浮动	25
——自由浮动	33	——独立浮动	48
其他管理安排	**21**	/	
总　计	**188**	总　计	**185**

资料来源：IMF Annual Report（2009），Appendix II：Financial operations and transactions，pp.8-9。

三、汇率制度"中间空洞化"假说

根据研究需要，我们以1999年IMF汇率制度分类和2009年IMF新的汇率制度分类为依据，将汇率制度归类为三大类：严格固定汇率制度、中间汇率制度或软盯住，以及浮动汇率。这样，在一致内涵界定的基础上再来论证汇率制度"中间空洞化"假说是否成立才具有有效的说服力。而且，我们也使用IMF在2009—2016年的汇率制度分布格局统计来加以稳健性说明。

根据1999年IMF汇率制度实际分类，1999年1月1日，在IMF的185个成员方中，严格固定汇率制度45个，独立浮动汇率制度47个，中间汇率制度93个（包括其他传统的固定盯住制39个、盯住平行汇率带12个、爬行盯住6个、爬行带内浮动10个和管理浮动26个）[①]。这样，"两极"汇率制度合计92个，约占总数的49.7%，中间汇率制度约占总数的50.3%。据此，1999年按照IMF汇率制度实际分类，汇率制度"中间空洞化"假说难以成立。为稳健起见，我们再分别对IMF的成员方1999—2008年汇率制度安排进行分类比较。见表4-2。

表4-2　IMF成员方1999—2008年汇率制度安排　　　单位：个

类　别		1999	2001	2003	2004	2005	2006	2008	平均数
严格固定	NS+CBA	45	48	48	48	48	48	23	44
中间汇率制度	FP	39	41	41	41	42	49	68	46
	HB	12	5	4	5	5	6	3	6
	CP	6	4	5	6	5	5	8	5

---

① IMF(1999)，*International Financial Statistics*，April 1999.

续表

类别		1999	2001	2003	2004	2005	2006	2008	平均数
中间汇率制度	CB	10	6	5	1	1	—	2	4
	MF	26	42	50	51	52	53	44	45
独立浮动	IF	47	40	34	35	34	26	40	37
合计(个)		185	186	187	187	187	187	188	187

数据来源：IMF Annual Report，2000—2008，Appendix II Financial Operations and Transactions.

根据表 4-2，从 1999—2008 年来看，在 IMF 的 187 个成员方中，严格固定汇率年均为 44 个，中间汇率制度年均为 106 个，独立浮动制度年均为 37 个。这样，"两极"汇率制度合计占 43.3%，中间汇率制度占 56.7%，因此，从长时期跨度来看，并没有出现什么汇率制度"两极化"的现象。并且，从单个年度来看，严格固定汇率制度和独立浮动制度合计占比都要小于中间汇率制度所占的比重，因而也没有呈现出汇率制度"中间空洞化"假说。由此，从 IMF 所有成员方来看，现阶段中间汇率制度仍占据重要地位，汇率制度"中间空洞化"假说难以成立，现实中呈现出多种汇率制度形式相互并存的客观现实。

2009 年 IMF 实际分类法调整后，2009—2016 年 IMF 所有成员方的汇率制度分布状况又将怎样呢？为此，我们再对 2009 年实际分类法调整后 IMF 成员方汇率制度分布情况进行分析。如表 4-3：

表 4-3　2009 年实际分类法调整后 IMF 成员方汇率制度实际分类　单位：个

类别	严格盯住		中间汇率制度						浮动汇率		合计
	NS	CBA	CPA	SA	CP	CLA	HB	OMA	FR	FF	
2009 年	10	13	42	13	5	1	4	21	46	33	188
2010 年	12	13	44	24	3	2	2	21	38	30	189
2011 年	13	12	43	23	3	12		17	36	30	190
2012 年	13	12	43	16	2			24	35	31	190
2013 年	13	12	45	19	2	15		19	35	30	191
2014 年	13	12	44	21	2	15		18	36	29	191
2015 年	13	11	44	22	2	20	1	10	37	30	191
2016 年	14	11	44	18	3	10	1	20	40	31	192

注：表中每年统计的时间节点是 4 月 30 日。NS：无独立法定货币；CBA：货币局；CPA：传统盯住制；SA：稳定性安排；CP：爬行盯住；CLA：类似爬行安排；HB：盯住平行汇率带；OMA：其他管理安排；FR：浮动汇率；FF：自由浮动。

数据来源：IMF Annual Report，2009—2016，De Facto Classification of Exchange Rate Arrangements and Monetary Policy Frameworks.

依据表 4-3，按照 2009 年实际分类法，基于 2009—2016 年 IMF 对汇率制度的统计，2009 年严格盯住或硬盯住汇率为 23 个，中间汇率制度为 86 个，浮动汇率为 79 个。"两极"汇率制度合计占 54.3%，中间汇率制度占 45.7%。2012 年两极汇率制度合计占

47.9%，中间汇率制度占52.1%。2016年"两极"汇率制度合计占50%，中间汇率制度占50%。因此，从纵向比较来看，按照2009年实际分类法调整后并没有出现汇率制度"中间空洞化"现象。所以，从IMF所有成员方来看，当前中间汇率制度仍占据十分重要的地位，这进一步支撑了多种汇率制度形式相互并存的客观现实，也为现阶段人民币汇率制度改革选择管理浮动汇率制度提供了强有力的实证支持。

第二节 汇率制度选择的主要影响因素

一国或地区选择固定汇率、灵活汇率还是选择某种中间汇率制度，这是一个经典的政策选择问题。一些国家因为选择了错误的汇率制度而遭遇了危机，并使经济增长停滞。另一些国家因为作了错误的汇率决策，经济还未起飞。虽然汇率制度选择不是唯一重要的，但是不当的汇率制度选择会将一国经济增长努力化为乌有。Balassa认为，汇率政策是一个国家经济发展的核心因素之一，如果一国的汇率有充足的竞争力，就可以激励该国企业走向国际市场，销售传统大宗商品之外的产品，也可激励企业增加投资，扩大就业，经济因而获得增长。为此，我们探究影响汇率制度选择的主要因素。

一、汇率制度选择的争议

作为一国宏观经济的重要制度框架，汇率制度的选择对一国宏观经济调节和运行的影响是重要的。但是，各种汇率制度中哪种才是最优的？目前学术界并没有达成一致的见解。现实中，固定汇率制度是货币当局把本国货币对其他货币的汇率加以基本固定，波动幅度限制在一定的、很小的范围之内。这种制度下的汇率处于货币当局调控之下，具有相对稳定性。由于固定汇率使得汇率波动的不确定性降低，能够起到促进国际贸易与投资的作用，在一定程度上抑制通货膨胀和国际货币投机行为。但是，固定汇率制度也会使一国受到其他国家的牵制，丧失货币政策的独立性。浮动汇率制度一般是指自由浮动汇率制度，是一个国家不规定本国货币与外国货币汇率的上下波动幅度，也不承担维持汇率波动界限的义务，而听任汇率随外汇市场供求的变化自由浮动。采用浮动汇率制度加强了一国货币政策的独立性，由市场决定的汇率能够起到自动调节、稳定经济的作用；同时，能够促使国际收支平衡自动实现，减少调节国际收支所需要的国际储备。但是，浮动汇率也可能导致不稳定的投机行为，扰动货币市场平衡，汇率的波动也不利于国际贸易和投资的发展。

从通货膨胀治理角度来说，固定汇率支持者从"名义锚"视角出发，认为固定汇率制度可以确保物价在一个狭窄的区间内，从而实现物价稳定、通货膨胀得以控制。浮动汇率支持者的理论支撑是货币主义学派提出的"三元悖论"，认为只有在浮动汇率制度下，独立的货币政策才能有效地治理通货膨胀。从经济增长绩效来看，固定汇率支持者认为固定汇率有利于价格稳定，消除外汇风险，避免投资者和贸易双方因防范风险而付出的成本，因而对一国的国际贸易和投资有促进作用。浮动汇率支持者认为，富有弹性的汇率制度有助于发挥国际收支自动调节的作用和协调宏观经济内外平衡。

汇率制度对于发展中国家和发达国家均具有重要意义。中国作为新兴经济体中的转型国家,汇率制度对稳定中国宏观经济和构建金融体系至关重要,由此,中国的汇率制度选择问题一直备受关注。1994年,人民币汇率改革,复汇率双轨并轨;2005年7月,人民币第二次汇改,人民币不再单一盯住美元,有了更大的汇率弹性,开始实行以市场供求为基础、参考一篮子货币进行调节、有管理的浮动汇率制度。尽管如此,学术界对人民币到底是否实行浮动汇率和推进人民币国际化争议不断。威廉姆森(2004)认为,虽然人们仍然倾向于认为摒弃固定汇率就意味着采纳自由浮动汇率,但仍有许多其他选择,包括各种中间汇率制度。可以说,中国已经采纳了中间汇率制度,即可调整的钉住汇率。在该制度下,汇率在短期内钉住,但是政府仍有权在它认为必要时予以改变。

二、影响汇率制度选择的主要因素[①]

由于实际政治经济环境具有复杂性,影响汇率制度选择的因素也是多种多样的。对于不同经济发展水平、不同政治经济体制的国家来说,这些影响因素各不相同。因此,由这些多因素决定的汇率制度也呈现出多样化特征。不同的经济学家从各自选取的影响因素出发,总结出的对于汇率制度选择的理论成果往往也存在着争议。在此背景下,Mundell(1961)适时地提出了最佳货币区(optimal currency areas,OCA)理论。该理论提出影响汇率制度选择的七种经济结构因素,并着重强调要素(劳动、资本)流动性在建立最佳货币区(一种事实上的固定汇率安排)中的关键作用。

从现有文献来看,关于汇率制度选择的影响因素研究可归为十二个视角:

1. 成本—收益因素影响汇率制度的选择。20世纪50年代,西方学者对汇率制度的选择争论进入了白热化阶段,以金德尔伯格(Kindleberger)为代表的一批学者极力推崇固定汇率制,他们认为固定汇率制能够带来显著的收益,有助于促进贸易和投资;而浮动汇率制由于汇率的不稳定带来显著的成本,不利于国际贸易和投资。但是,以弗里德曼(Friedman,1953)为代表的另一批学者极力主张浮动汇率制,认为"浮动汇率不必是不稳定的汇率,即使汇率不稳定,也主要是因为主导国际贸易的经济条件的基础是不稳定的。固定汇率尽管名义上是稳定的,但它可能使经济中其他因素的不稳定性变得持久和强化"[②]。他们认为,在外界经济条件发生变化的情况下,固定汇率由于无法进行适时的纠偏性行动会带来显著的成本,造成国际收支严重失衡,结果非均衡累积最终会酿成货币危机。而浮动汇率制能够带来两方面收益:能够提供更加有效的国际调节体系,促进国际贸易更加自由;能够提供利率和汇率双重调节手段来实现国内目标。双方各执一词,展开了激烈的争论,究竟哪一种汇率制度更理想,双方仍争执不下。

2. 经济结构特征影响汇率制度的选择。在"固定对浮动"优劣之争相执不下的情况下,蒙代尔(Mundell,1961)另辟蹊径,提出了最佳货币区(optimal currency areas)理论。他认为不能笼统而抽象地谈论汇率制度的优劣,应当结合某种经济特征来进行汇率制度

[①] 本节参考沈国兵(2002):"汇率制度的选择:理论综述及一个假说",《世界经济文汇》第3期。
[②] Friedman, M. (1953), The Case for Flexible Exchange Rates, *Essays in Positive Economics*, Chicago University Press, p.173.

的选择。蒙代尔提出以生产要素流动性作为建立最佳货币区的标准。在生产要素可以自由流动的区域内,实行固定汇率制是可行的;如果一个区域范围很大,生产要素不能自由流动,经济发展不平衡,就不宜采用固定汇率制,因为在这种情况下,需要以货币币值的变动去促使生产要素的流动、发展经济和解决就业问题,所以,浮动汇率制更合适。最佳货币区理论由蒙代尔(1961)开创,其后,麦金龙(McKinnon,1963)、凯南(Kenen,1969)、英格拉姆(Ingram,1969)、哈伯勒(Haberler,1971)等分别从不同的角度补充和发展了最佳货币区理论。

麦金龙(McKinnon,1973)和肖(Shaw,1973)提出了"金融抑制论"和"金融深化论"以后,经济学家开始关注发展中国家汇率制度的选择,如肖指出,"如果小型经济体想比外部世界更好地对付通货膨胀,那么唯有浮动汇率才是正确的选择"[①]。Black(1976)提出"贸易加权的有效汇率"的概念来考察发展中国家汇率制度的选择,并认为无论选择何种汇率制度,都必须在汇率制度的成本和收益之间进行权衡。而且,从实践来看,20世纪70年代中期以后,发展中国家的汇率制度安排较为复杂,大多数国家一直在改变其汇率制度,从钉住单一货币转变为或是钉住一篮子货币或是采用更加灵活的汇率制度。于是,在最优货币区理论的基础上,汇率制度的选择理论得到进一步的发展。一是经济学家罗伯特·赫勒和奈特(Robert Heller & Malcolm Knight,1978)提出的"经济论",认为一国汇率制度的选择主要取决于经济结构特征因素,如经济规模、经济开放程度、进出口贸易的商品结构与地域分布、相对通货膨胀率以及同国际金融市场一体化程度等。一般来说,经济开放程度较高、经济规模较小或者进出口集中度较高的国家多实行固定汇率制或钉住汇率制,而经济开放程度低、进出口商品多样化或者地域分布分散化,同国际金融市场联系密切,资本流动较为可观和频繁,或者国内通胀与其他主要国家不一致的国家,则倾向于实行浮动汇率制。二是一些发展中国家的经济学家提出的"依附论",认为一国汇率制度的选择取决于其在对外经济、政治、军事等诸方面与他国的联系,发展中国家汇率制度的选择取决于其经济、政治、军事等对外的依赖关系,至于采用哪一种货币作为被钉住的"参照货币",取决于该国对外经济、政治关系的集中程度。

在最新文献中,Nilsson, K.和Nilsson, L.(2000)分析了发展中国家出口易遭受汇率失调和汇率易变性影响的两个主要原因:一是发展中国家出口的主要是原材料和农产品,缺乏市场控制力,对汇率失调反应脆弱;二是发展中国家欠发达的金融市场以及对资本流出的限制使得发展中国家出口应收货币无法得到套期保值的需求,对汇率易变性反应脆弱。所以,发展中国家在无法获取市场控制力的情况下,为规避汇率易变性对出口应收货币的风险,往往不得不选择钉住汇率制。Aizenman和Hausmann(2000)提出,汇率制度的选择是与金融结构交织在一起的,国内资本市场与全球金融市场的分割程度越大,此时,钉住汇率制越适合;反之,与全球资本市场一体化程度越高,则更加灵活的汇率制度越适合。Poirson(2001)研究表明,影响汇率制度选择的决定性因素主要有:通货膨胀率、外汇储备水平、生产和产品多样化、贸易冲击脆弱性、政治稳定性、经济规模或GDP大小、资本流动、通胀诱因或失业率以及外币定值债务等。如果一国通胀率、生产多样化、贸易

---

① 爱德华·肖(1988):《经济发展中的金融深化》,上海:上海三联书店,第234页。

冲击脆弱性、政治不稳定、经济规模、资本流动和本币定值的债务程度越高,那么该国就越适宜选择浮动汇率制度。如果一国外汇储备水平、GDP 增长率、通胀诱因和美元化程度越高,那么该国就越适宜选择固定汇率制度。

Krugman 和 Obstfeld(1997)将成本—收益分析法与经济一体化特征相结合来研究一国汇率制度的选择,即是否加入固定汇率区(或共同货币区)。他们的研究结果表明,如果一国与其所在的固定汇率区(或共同货币区)经济一体化程度越高,那么该国加入固定汇率区(或共同货币区)对本国货币状况的收益就越大,而且,在产出市场波动时,其遭受的经济稳定性损失成本就越小;反之,则相反。

3. 经济冲击干扰源影响汇率制度的选择。Yoshitomi 和 Shirai(2000)认为,如果干扰源是货币冲击,比如货币需求的变化和影响价格水平的冲击,那么就应偏向固定汇率制,因为所有商品和服务的价格成比例的变动不会改变它们的相对价格,使用汇率变动作为改变支出的政策是不必要的。相比而言,如果干扰源主要是实际冲击,比如偏好的改变或者影响国内商品与进口商品相对价格的技术的变化,那么更加灵活汇率制度是合意的,因为相对价格的频繁变动使得有必要使用汇率作为政策工具来调整经济以对实际冲击作出反应。虽然依据干扰源类型来考虑合意汇率制度的选择在理论上是有用的,但在实际中由于很难区分各种干扰源类型,因而也就难以确定选择哪种汇率制度相对更优。同样,如果干扰源来自外部冲击,那么浮动汇率制度是合意的,因为浮动汇率能够极大地隔离国内经济,降低外部冲击的影响。相比而言,如果干扰源来自国内,如不稳定的财政政策和货币政策,那么固定或钉住汇率制度是合意的,因为固定或钉住汇率有助于对政府财政政策和货币政策形成外部硬约束,部分地限制了政府政策随意性的行为,从而极大地降低政府政策不稳定带来的负面效应。

美国经济学家格雷厄姆·伯德将经济结构特征与经济冲击结合起来提出了十个方面的因素作为发展中国家是否采用浮动汇率制的参考标准,具体是:一国经济波动主要来自国内还是国外,经济开放程度,商品多样化程度;贸易地理分布情况;国内外资金市场一体化程度;相对通货膨胀率;进出口价格弹性;国际储备水平;社会对收入稳定和收入增长的偏好;是否存在较为完善的远期外汇市场[①]。如果一国经济波动主要来自国外、经济开放程度不高、商品多样化、贸易分布广、资金市场一体化程度高、相对通货膨胀率差异大、进出口价格弹性高、国际储备少、社会更倾向于收入增长或存在完善的远期外汇市场,如果具备这些因素中的多数,则适宜选择浮动汇率制。反之,则相反。

4. 政策配合影响汇率制度的选择。Mundell(1960;1963)提出了开放经济条件下货币政策与财政政策的有效性分析理论,其中孕育了 Mundell-Fleming 模型思想。Fleming(1962)和 Mundell(1968)最终形成了 M-F 模型理论。该模型是在开放经济条件下,采用短期、需求分析法,引入对外贸易和资本流动因素,分析固定汇率和浮动汇率制度下货币政策和财政政策的不同作用。在给定假定前提下,其研究表明,固定汇率制度下财政政策有效,货币政策无效;而浮动汇率制度下货币政策有效,财政政策无效。这样,M-F 模型实际上已蕴含着"三元悖论"(trilemma),即资本自由流动、固定汇率与货币政策独立性三

[①] 陈岱孙、厉以宁(1991):《国际金融学说史》,北京:中国金融出版社,第 553—554 页。

者之间存在着"不可能三角"(impossible triangle)。Frankel(1999)将其形式化为不可能三角模型。易纲、汤弦(2001)又将不可能三角扩展,提出了扩展三角假说。因此,一国在进行汇率制度选择时就要权衡一下三者目标的权重。要想同时实现其中两个,就不可能实现第三个目标。而且,Frankel还提出了"半独立、半稳定"的组合。沈国兵、史晋川(2002)对不可能三角模型引入本币国际借债能力变量,将不可能三角模型扩展为四面体假说,并且证实不可能三角模型是四面体假说的一个特例。

5. 投机压力和汇率失调影响汇率制度的选择。这一研究方向由 Williamson(1965;1985)分别提出爬行钉住(crawling peg)和汇率目标区(target zones)理论所开创。其后,Krugman(1989;1991)、Dornbusch 和 Park(1999)以及 Williamson(2000)进一步发展了爬行钉住和目标区理论。Williamson(1965)认为:"如果平价钉住的改变趋向于导致汇率未来可持续信心的累积性降低,那么可调整钉住是不可能无限期可行的。因为如果钉住易于变动,则增强的不稳定投机将会发生;如果僵化不动,则又中止了可调整"①。据此,威廉姆森提出,需要采用一种不易遭受投机压力的汇率制度——爬行钉住制。20 世纪 80 年代初,浮动货币之间反复出现的主要汇率失调致使人们深信,问题不是出在浮动汇率被管理的方式,而是出在浮动汇率不被管理时发生的情况;市场并没有力量将汇率推向均衡。在此背景下,Williamson(1985)主张建立一个中心汇率上下各 10% 的汇率目标区。目标区的维持不需要太多的努力,货币当局的干预只是偶尔为之。Krugman(1989;1991)则把这种汇率目标区思想加以理论化、形式化,形成经典的 Krugman 汇率目标区理论模型。沿着爬行钉住和目标区理论路径,经济学家提出了爬行带(crawling bands)以取代爬行钉住和汇率目标区。之后,Dornbusch 和 Park(1999)又将爬行钉住、目标区和爬行带统称为"BBC 制度"(the BBC rules)。至于另一种中间汇率制度——管理浮动,威廉姆森认为其有两大缺陷:一是缺乏透明度,二是没有预期的中心汇率。据此,威廉姆森主张监控汇率带。但是,Obstfeld 和 Rogoff(1995)认为,汇率目标区虽然可以减少央行承受单方面博弈的风险,同时排除极端的汇率波动,但是汇率目标区仍旧只能够推迟汇率遭受攻击的时间,而无法规避之,当汇率达到目标区的界限时,便面临着与固定汇率同样的问题。

6. 基于统一货币,试图消除汇率制度的选择。这一研究方向由凯恩斯(Keynes)于 1943 年在"凯恩斯方案"中提出的世界货币"班考"(Bancor)所开创,其后,特里芬(Triffin,1961)沿着凯恩斯的设想,针对 IMF 以一国货币——美元与有限黄金储备并列作为国际储备资产的弊端——"特里芬两难"②,提出了国际储备资产多元化或国际化的方案。之后,根据特里芬在 20 世纪 60 年代初所倡导的这种方案,IMF 于 1969 年创立了特别提款权(SDRs),并从 1970 年 1 月起 IMF 成员国正是以 SDRs 形式持有储备资产。按照特里芬原有的设想,实际上是要让 IMF 转换作用,充当世界中央银行的角色;同时,让特别提款权充当世界货币的角色。但是,要让凌驾于各主权国家政府之上的世界中央银行来协调各国之间的经济利益关系,不仅在第二次世界大战后的 10 余年中难以实现,就是在当

---

① Williamson, J.(1965), "The Crawling peg", Princeton Essays in International Finance, No.50, p.8.
② "特里芬两难"是指主导货币国家的顺差有利于巩固主导货币的信誉和地位,但却不利于扩大其作为国际清偿手段的作用和影响;反之,主导货币国家的逆差有利于扩大主导货币作为国际清偿手段的作用和影响,但却有损于主导货币的信誉和地位。

今也是难以想象的。尽管特里芬方案中有许多不切实际的设想,但是其理论精髓在区域货币一体化中已被逐渐采纳。例如,欧洲货币联盟(EMU)共同货币——欧元(euro)可以说是世界货币在区域范围内的一种缩影。

7. 价格确定影响汇率制度的选择。以 Devereux 和 Engel(1998;1999)为主要代表。Devereux 和 Engel(1998)研究固定和浮动汇率制度的社会福利特性,认为最优汇率制度取决于是厂商货币还是消费者货币来确定价格。当消费者货币确定价格时,浮动汇率下国内消费的变化不受外币变化的影响;当厂商货币确定价格时,则无论浮动汇率还是固定汇率下都存在着外币干扰的传染,汇率制度不仅影响到消费和产出的变化,而且也影响其平均水平。Devereux 和 Engel(1999)提出在货币冲击造成的不确定环境中,汇率制度的最优选择取决于是厂商货币确定价格还是消费者货币确定价格。研究结果表明,当厂商货币确定价格时,如果一国足够大或不过于厌恶风险,应偏向于选择浮动汇率;当消费者货币确定价格时,因为浮动汇率能使国内消费与外币冲击相隔离,也总是偏向于选择浮动汇率。这样,在国际化生产的世界中,选择浮动汇率的收益应更大。

8. 汇率噪声交易影响汇率制度的选择。Jeanne 和 Rose(1999)认为,汇率制度主要因汇率噪声而不同,并不是因宏观经济基本面而不同。噪声交易者的存在能够造成汇率失调,导致外汇市场上多重均衡,而损害宏观经济结果。但是,噪声交易者的进入又分担了与汇率变动相关的风险。在这种情况下,可以使用货币政策来降低汇率变动而不改变宏观经济基本面。因此,良好设计的汇率政策要比无管理的浮动汇率能够产生更好的结果。

20世纪90年代后,由于新兴市场接连爆发一系列货币危机并伴随着汇率制度的崩溃,使得关于货币危机与汇率制度的选择研究凸显出来。

9. 经济基本面特别是金融脆弱性影响货币危机与汇率制度的选择。以 Bordo 和 Schwartz(1997)、Mishkin(1999)、Calvo 和 Reinhart(2000)等为主要代表。Bordo 和 Schwartz 通过对金本位制度下、布雷顿森林体系下、欧洲和拉美钉住汇率制度下货币危机进行比较研究后认为,近来货币危机反映经济基本面与固定汇率之间的冲突,就像过去的货币危机一样。如果政府政策与钉住汇率不一致,那么货币投机攻击必定会发生。Mishkin 认为,虽然坚持固定或钉住汇率制对于控制通货膨胀可能是成功的,但是如果一国银行体系脆弱,并有大量外币定值的债务,那么实行钉住汇率制是非常危险的,它可能增加金融体系的不稳定性,使金融危机更有可能发生。Calvo 和 Reinhart 针对钉住汇率制是东亚货币危机的罪魁祸首以及新兴市场应该选择浮动汇率制提出了新的看法。谈及汇率制度的选择,新兴市场与发达经济体在起关键作用的许多重要维度上是非常不同的,在新兴市场中,货币冲击是收缩的,经常账户调整更加剧烈,信用等级和利率行为获得的信誉和市场准入很容易受到贬值或升值的不利影响,汇率易变性对贸易的损害更大,汇率波动更多地传递于通胀,因而浮动汇率对于新兴市场也不是万灵药。

10. 资本流动和金融恐慌影响货币危机与汇率制度的选择。以 Roubini 和 Wachtel(1998)、Radelet 和 Sachs(1998)等为主要代表。Roubini 和 Wachtel 对中东欧转型经济研究表明,资本流入和固定汇率制度的选择导致这些国家的货币实际升值、竞争力明显丧失、经常账户恶化。而且,这些国家中也存在着脆弱的经济基本面。在这些转型经济体中,短期资本投资即所谓的热钱流入相对较少,因而限制了投机性资本突然逆转的可能性。这可能就是转型经济体没有像新兴市场经济体那样爆发货币危机与汇率制度崩溃的原因所在。Radelet 和 Sachs 认为,金融恐慌(financial panic)是造成东亚危机的基本因素,危机的核心是大规模国外资本流入金融体系,使得金融体系对金融恐慌变得脆弱。当外币定值的短期债务大量增加、外汇储备减少时,投资者便产生心理恐慌,结果市场预期的变化造成资本流动逆转引致自促成危机,即使经济基本面足够健康能够保证外币定值的长期债务不违约,也无法规避危机。所以,外币短期定值债务对汇率制度的选择是至关重要的。

11. 政府声誉和公众预期影响货币危机与汇率制度的选择。以 Agénor 和 Masson(1999)、Frankel, et al.(2000)为主要代表。Agénor 和 Masson 以 1994 年 12 月墨西哥比索危机为例研究了信誉和声誉因素在危机中的作用,结论是:几乎没有实证证据能把比索贬值的预期归因于经济基本面因素影响到的信誉和声誉的演进;相反,市场似乎严重低估了比索贬值的风险,直到当局宣布比索贬值 15% 之后,市场信心似乎才崩溃。Frankel, et al. 针对中间汇率制度正在消失的假说,提出了一种可能的理论解释,即中间汇率制度缺乏所需要的政府信誉来保证。这样,如果央行宣布汇率作为中间目标,公众就能够通过所观察到的数据来判断货币当局是否守信、遵循其宣布的政策。简单的制度比复杂的制度更易为市场参与者所查证,这就解释了政府信誉缺乏下中间汇率制度更易遭受投机攻击的原因。

12. 国家相互博弈影响货币危机与汇率制度的选择。Ogawa 和 Ito(2000)构建了一个相互贸易(与美国、日本和邻国)的理论模型来考察亚洲新兴市场经济体的最优汇率制度选择[①],提出新兴市场经济体汇率制度的选择依赖于邻国的选择,并且两国货币篮子中美元的权重取决于纳什均衡;由于存在着多重均衡,所以,货币协调往往趋于失败,导致货币危机和钉住美元制崩溃。根据这种理论,在中国的主要贸易伙伴都选择了更加灵活的汇率制度之后,现阶段人民币汇率制度也应选择更加灵活的汇率制度。Kohler(1998)研究表明,货币政策合作的帕累托效率会优于非合作博弈的结果。因此,两国有激励形成一个货币联盟,这时,确信其他国家也将加入。但是,在 N 国模型中,搭便车的激励限制了稳定的货币联盟规模。这样,大的货币联盟构成是不可维持的,几个更小的货币联盟相互并存可能是对于货币合作搭便车问题的次优解(second-best solution)。这种思想是我们提出"汇率制度选择的未来趋势:多个共同货币区相互并存"的理论基础之一。

此外,还有其他一些关于汇率制度选择的观点。李羽中(2000)从防范国家金融风险的角度阐述了灵活的浮动汇率制度是较好的选择。但他也指出,"如果一个国家或地区认为钉住汇率制度给它所带来的如提高本国或本地区货币的地位,加强与它所钉住的国家的经济联系等方面的利益超过可能遭受外国机构投资者投机性冲击所带来的损失,它仍然应该选择钉住汇率制度。但无论选择什么样的汇率制度,如何防范国家金融风险是各国选择汇率制度的重要因素之一"[②]。另一些学者提出了一些新假说,如 Hausmann, et al.(2000)提出了原罪论(doctrine of the original sin);Kindleberger(1973)提出"稳定霸权

---

① 最优汇率制度是指使贸易平衡波动最小化的汇率制度。
② 李翀(2000):《国家金融风险论》,北京:商务印书馆,第 114—115 页。

论";Fratianni 和 von Hagen(1990)提出"汇率变动转移论";Reinhart(2000)提出"恐惧浮动论";Obstfeld 和 Rogoff(1995)、Summers(2000)提出了"中间空洞论"假说;Frankel(1999)提出了"反中间空洞论"。

从上述理论综述中可以看出,影响汇率制度选择的因素很多,如成本与收益因素、经济结构特征、经济冲击干扰源、政策配合、投机压力、价格确定、汇率噪声交易、经济基本面特别是金融脆弱性、资本流动和金融恐慌、政府声誉和公众预期,以及国家相互博弈等。正是由于影响因素的纷繁复杂,从而使得关于汇率制度的选择研究成为一株枝叶繁茂的理论奇葩。由于研究者所取的影响因素角度不同,因而得出了不尽一致的结论。尽管如此,全球经济和金融条件的不确定性上升,最终导致了更加灵活的汇率制度数量增加。

专栏 4-1

汇率制度选择:几个争议性假说

1. 原罪论

Hausmann, et al.(2000)认为,一国或地区由于金融市场不完全,导致本国货币不能用于国际借贷(外国银行或其他机构不能用该货币提供贷款),甚至在本国市场上,也不能用本币进行长期借贷。这样,本国企业或政府在用外币进行借贷或投资时,便会面临一种"魔鬼的选择"(the devil's choice)[①]。这便是原罪论(doctrine of the original sin)的内涵。因为如果企业借外币用于国内业务而出现货币错配的话,当本币贬值时,就会使已借款的本币成本上升,结果容易陷入财务困境,直至破产。如果因借本币出现期限错配的情形,当利率上升时,其借款成本也会大增。由于原罪的存在,汇率或利率变动便会产生资产平衡表效应(the balance sheet effect),当本币贬值或利率提高时,便会有一大批对外借债企业由于资产缩水、资不抵债而陷于破产。所以,原罪的存在导致理性的政府和企业都不愿汇率变动,更不愿本币贬值,博弈的结果使得汇率软钉住直至固定钉住。一旦形成软钉住或固定钉住,政府在汇率政策上便会陷入两难境地。面对外来的投机冲击,政府既不能用货币贬值来缓解压力,也不能用提高利率来保卫本币,结果在两难中折腾导致货币危机和汇率制度崩溃。所以,对于金融市场发展不完全的非工业经济体,正是原罪的存在,使得它们无论选择何种汇率制度都会有问题,原罪造成的种种不利后果都会存在。

2. 稳定霸权论与汇率变动转移论

Kindleberger(1973)提出稳定霸权论(stabilizing hegemony hypothesis),他认为,大萧条(the Great Depression)是因为那时缺乏经济主导国,英国变得虚弱,美国尚未崛起。主导力量的存在会对经济起稳定作用,因为它能够对其伙伴国实施某种合作,同时承受绝大部分成本。Kindleberger强调霸权在实施合作、非对称承担成本方面的作用,主导国的任务之一就是实行相对稳定的汇率制度。但是,Bénassy-Quéré, et al.(2000)指出,霸权稳定的效果源自霸权国相对较低的开放度,而随着霸权国开放度的增加,现今 IMS 似乎处于霸权体系与平衡两极体系之间。Fratianni 和 von Hagen(1990)提出汇率变动转移论

[①] 要么借外币美元而招致货币错配(currency mismatch),要么用短期贷款来做长期用途而出现期限错配(maturity mismatch)。

(volatility-transfer hypothesis)，他们认为，汇率是可调整的变量，固定汇率则把调整的负担转移给其他变量，容易造成国际收支失衡，从而导致不稳定的经济环境。Bénassy-Quéré, et al.(2000)证实，从长期来看，对于欧元/美元组合最稳定的货币体系将是总体浮动，这与汇率变动转移论是相一致的。于是，产生了浮动论与恐惧浮动论之争。

3. 浮动论与恐惧浮动论

Reinhart(2000)认为，在过去的几年中，许多国家特别是新兴市场经济体经历了严重的货币和银行危机，给它们的经济带来令人咋舌的代价。在许多情况中，重构银行部门的成本已超过GDP的20%，紧随危机而来的产出下降达14%。于是，一个日益流行的观点是把这些金融崩溃(financial meltdowns)都归咎于固定汇率，特别是软钉住(soft pegs)。坚持这种观点的人主张浮动论，建议新兴市场体要加入美国和其他工业国行列，允许其货币自由浮动。如Chang和Velasco(2000)指出:"对于大多数新兴市场经济体已不再是浮动或不浮动的问题而是如何浮动的问题"①。但是，在实际运作中却出现了恐惧浮动论。Calvo和Reinhart(2000)、Reinhart(2000)关于汇率制度的研究结果发现:(1)那些声称允许汇率浮动的国家多半并没有浮动，似乎传染了一种恐惧浮动症(fear of floating)。实际上，与美国和日本相比，这些国家大多数在贸易条件方面都遭受到更大和更频繁的冲击。(2)这些国家相对较低的汇率变动率是稳定汇率的政策行动有意识造成的结果，因为它们的国际储备变动性是很高的，而在典型的浮动汇率制下，这不应当发生。(3)这些国家的名义和实际利率变动率明显高于真正实行浮动汇率的国家，这表明它们不但在外汇市场进行干预，而且也利用利率变动进行干预。(4)那些被划归为管理浮动的国家大多类似于不可信的钉住汇率(incredible pegs)，因此，所谓固定汇率消亡的说法只是一种虚幻(myth)，甚至在一些发达国家中也存在着恐惧浮动症。

恐惧浮动汇率是与信誉问题紧密相连的。新兴市场明显不情愿浮动汇率的根本原因是多重的。恐惧浮动论认为，"如果一国缺乏信誉是一个严重的障碍，那么同时避免浮动汇率和信誉问题的唯一方式是完全美元化，一个真正角点解"②。但是，美元化的成本毕竟过于高昂，它不仅使一国丧失独立的货币政策，而且使一国丧失了一种有用的调节手段。所以，许多国家声称离开了可调节的钉住汇率制度，但实际上并非如此。由于恐惧浮动，许多声称实行浮动汇率的国家，其实采用的是软钉住，包括可调节的钉住、爬行钉住、汇率目标区。于是，又引出了"中间空洞论"之争。

4. 中间空洞论(hollowing-out of intermediate regimes)与反中间空洞论

20世纪90年代以来，新兴市场爆发了一系列货币危机。危机发生后，引发了人们对造成货币危机原因的探讨，经济学家们已提出了各种可能的理论解释③。但是，从汇率制度角度来看，对货币危机的解释有两种:一是这些货币危机主要是由于危机国实行钉住

---

① Chang, R. and Velasco, A.(2000), Exchange-Rate Policy for Developing Countries, *American Economic Review*, Vol.90, No.2, p.71.

② Reinhart, C.(2000), The Mirage of Floating Exchange Rates, *American Economic Review*, Vol.90, No.2, p.69.

③ 梁勇(1999)将金融危机理论概括为七类，即马克思主义危机理论、费雪"债务——通货紧缩"理论、货币主义危机理论、明斯基"金融体系不稳定性假说"、国际债务危机理论、市场投机与国际信贷市场恐慌的货币危机理论、信息不对称与恐慌的银行危机理论。其中，最后两种危机理论被经济学家更多地用来解释东亚货币危机。

汇率制所造成的,要是这些国家货币不钉住美元,危机就可能不会发生,据此,他们提出需要实行浮动汇率制度来预防投机性货币攻击所导致的深重危机和经济衰退。如 Chang 和 Velasco(2000)指出:"对于大多数新兴市场经济体已不再是浮动或不浮动的问题而是如何浮动的问题"。① 二是这些货币危机主要是由于危机国实行"软钉住"(soft pegs)所造成的,要是这些国家采用严格固定汇率制度,可能就会平安无事。如 LeBaron 和 McCulloch(2000)指出:"90 年代的危机给出了一个令人沮丧的信息——即使稳健的经济基本面和似乎充足的外汇储备及信用能力也无法可靠地预防决意的投机攻击。因此,越来越受关注的预防危机的可选方式是确立货币局或美元化这样的严格固定汇率制度,使得固定汇率变得完全可信,从而规避投机攻击。对于许多国家,浮动汇率提供的积极的货币政策带来的价值与严格固定汇率制度提供的增强的价格稳定性相比是较小的"②。

稍作分析可以发现,虽然这两种观点看上去相互对立,但是它们却蕴含着一个共同的思想,即介于严格固定汇率与自由浮动汇率之间的中间汇率制度③已变得不可维持。事实上,Obstfeld 和 Rogoff(1995)依据资本高度流动使得汇率承诺变得日益脆弱为基础,已提出了"中间空洞论"假说。如 Obstfeld 和 Rogoff 指出,"形成和保持信誉已变得越来越困难,甚至像 EMS 那样的宽幅汇率目标区也面临着投机攻击,因而浮动汇率与共同货币之间的中间汇率制度不再是合意的"④。Summers(2000)认为:"对于可进入国际资本市场的经济,合意的汇率制度选择越来越倾向于从中间汇率制度转向两个角点汇率制度(two corner regimes),如果必要的话可通过承诺放弃独立的货币政策来支持"⑤。Fischer(2001)也认为,"在过去的十年中,汇率制度分布存在着中间汇率制度空洞化趋势,这不仅对于积极融入国际资本市场的经济而且对于所有的国家都是真实的"⑥。

然而,对于"中间空洞论"也有不少经济学家提出了异议,简称为反中间空洞论。如 Frankel(1999)认为:"对于许多国家来说,中间汇率制度通常比角点汇率制度可能更合适,特别是对于大规模资本流动尚不构成问题的发展中国家更是如此。而且,对于适合建立共同货币的区域,中间汇率制度比角点汇率制度更可行"⑦。Masson(2000)则运用马尔柯夫链(Markov chains)和变迁矩阵(transition matrices)作为分析工具,引用两种汇率制度分类数据(Ghosh, et al. Data 和 LYS Data)来检验"两极"或"中间空洞论",研究结果表明,"中间空洞论"被选取的样本数据所否决,中间汇率制度将继续构成未来实际汇率制度

---

① Chang, R. and Velasco, A.(2000), Exchange-Rate Policy for Developing Countries, *American Economic Review*, Vol.90, No.2, p.71.
② LeBaron, B. and R. McCulloch(2000), Floating, Fixed or Super Fixed? Dollarization Joins the Menu of Exchange-Rate Options, *American Economic Review*, Vol.90, No.2, pp.32-36.
③ 中间汇率制度包括 IMF 的其他传统的固定钉住制、钉住汇率带、爬行钉住、爬行带内浮动和管理浮动。
④ Obstfeld, M. and K. Rogoff(1995), The Mirage of Fixed Exchange Rates, *Journal of Economic Perspectives*, Vol. 9, No.4, p.74.
⑤ Summers, L.(2000), International Financial Crises: Causes, Prevention, and Cures, *American Economic Review*, Vol.90, No.2, p.8. 在文中,角点汇率制度即指两极汇率制度。
⑥ Fischer, S.(2001), Exchange Rate Regimes: Is the Bipolar View Correct?, Delivered at the Meetings of the American Economic Association, New Orleans, January 6, p.15.
⑦ Frankel, J.(1999), No Single Currency Regime is Right for All Countries or At All Times, *NBER Working Paper* No.7338, p.37.

选择的重要组成部分。Bénassy-Quéré, et al.(2000)研究表明,通过公式估计的实际汇率制度的情况明显不同于官方所描述的情况,没有趋势表现出转向更多的浮动或更少的钉住美元,实际上,钉住美元在国际货币体系(IMS)中仍旧是显著的。这一结果与Levy-Yeyati和Sturzenegger(1999)、Masson(2000)的研究结果是相一致的。LYS发现许多实际钉住货币的情况,中间汇率制度并没有逐渐地消失;Masson的动态分析也对"中间空洞论"假说提出了质疑。据此,Bénassy-Quéré等通过实证分析认为,很明确地IMS并没有转向总体浮动汇率制度,它仍旧是多种汇率制度相互并存,甚至在遭受亚洲货币危机较大的冲击后仍是如此。

由上可见,经济学家们对于汇率制度的选择在理论上并没有形成一致的观点。其中,一派主张"中间空洞论",认为中间汇率制度不再可行,汇率制度的选择应该转向"两极"。这派包括原罪论、汇率变动转移论、浮动论和中间空洞论。另一派则否认"中间空洞论",认为中间汇率制度仍然适用,而且对于某些国家可能更加合意,汇率制度的选择并非呈现两极化。这派包括霸权论、恐惧浮动论和反中间空洞论。

第三节 人民币汇率制度变迁与选择

一、IMF实际分类下人民币汇率制度变迁

经过四十年的改革开放,中国官方宣布的名义汇率制度是"以市场供求为基础、参考一篮子货币进行调节、有管理的浮动汇率制度",人民币汇率形成机制改革已日益趋向市场化、透明化。但是,在IMF的实际汇率制度分类中,中国的汇率制度并没有被定性为浮动汇率制度,仍旧被划分在"软盯住"类的汇率制度中,并根据汇率制度分类的演变对中国汇率制度实际分类进行同步地调整。

具体从表4-4来看,(1) 2005—2006年,虽然中国官方宣布实行有管理的浮动汇率,但是IMF却将人民币汇率制度划归为其他传统的固定盯住安排(other conventional fixed-peg arrangements),也就是2005年至2006年4月末,人民币汇率波动围绕着中心汇率上下不超过1%的狭窄范围内波动,至少6个月及以上。(2) 2007—2008年,IMF将人民币汇率制度划分为爬行盯住汇率(crawling pegs),即人民币汇率按预先宣布的固定范围作较小的定期调整或对选取的定量指标(诸如与主要贸易伙伴的通货膨胀差或主要贸易伙伴的预期通胀与目标通胀之差)的变化作定期调整,货币当局每隔一段时间就对本国货币进行一次小幅度的贬值或升值。(3) 2009—2010年,因为美国次贷危机和欧洲主权债务危机的冲击,世界范围内各国汇率制度有了新的变动和调整,中国的汇率制度也有所变动和调整,因而IMF根据实际分类将人民币汇率制度划分为稳定汇率安排(stabilized arrangement),该制度要求人民币无论对美元还是对货币篮子的即期市场汇率保持在2%波幅内至少6个月及以上(除了特定数量的异常值或步骤调整),并且不是浮动制度。(4) 2011—2015年,IMF将人民币汇率制度划分为类似爬行安排(crawl-like arrangement),

该制度要求人民币汇率相对于一个在统计上识别的趋势必须保持在2%的狭窄范围内至少6个月及以上,并且不能被视为浮动汇率。(5) 2016年IMF又将人民币汇率制度划分为其他有管理的安排(other managed arrangement),即当一种货币汇率安排无法满足任何其他类别的标准时,或频繁转换的汇率安排被纳入此类。据此,IMF可能认为人民币汇率安排过于复杂、易受到干预频繁转换。

表4-4 IMF实际分类下的人民币汇率制度变迁(2005年汇改后)

年 份	汇率制度实际分类	含 义
2005—2006年	其他传统的固定盯住安排	人民币汇率波动围绕着中心汇率上下不超过1%的狭窄范围内波动,至少6个月及以上。
2007—2008年	爬行盯住汇率制度	人民币汇率按预先宣布的固定范围作较小的定期调整或对选取的定量指标的变化作定期调整。
2009—2010年	稳定汇率安排	人民币无论对美元还是对货币篮子的即期市场汇率保持在2%波幅内至少6个月及以上,并且不是浮动制度。
2011—2015年	类似爬行安排	人民币汇率相对于一个在统计上识别的趋势必须保持在2%的狭窄范围内至少6个月及以上,并且不能被视为是浮动汇率。
2016年	其他有管理的安排	当一种货币汇率安排无法满足任何其他类别的标准时,或频繁转换的汇率安排。

资料来源:作者根据MF Annual Report,2005—2016,De Facto Classification of Exchange Rate Arrangements and Monetary Policy Frameworks整理。

事实上,由于国内外宏观经济协调等种种限制,一国的名义汇率制度(法定汇率制度)往往与IMF公布的实际汇率制度之间存在有偏离的情况,尤其是在发展中国家汇率制度变迁中更为常见。所以,在考察人民币汇率制度变迁时,应该同时考察人民币名义汇率制度和实际汇率制度。

二、影响人民币汇率制度变迁与选择的主导因素

假定其他影响因素不变,则决定人民币汇率制度变迁与选择的主导因素有:(1)汇率制度变迁与选择的经济环境,包括国际与国内经济环境;(2)汇率制度变迁与选择的主体——政府的目标函数;(3)汇率政策目标;(4)利率与汇率市场化程度;(5)前期汇率制度。用模型可表示为:

$$ERR = F(H, U, P, M, ERR_{-1})$$
$$H = H(h_1, h_2)$$
$$U = U(x_1, x_2, x_3)$$
$$P = P(n, r)$$
$$M = M(i, e)$$

其中，ERR 表示当期汇率制度变迁与选择的结果；ERR_{-1} 表示前期汇率制度；H 表示汇率制度变迁与选择的经济环境，h_1 表示国际经济环境，h_2 表示国内经济环境；U 表示汇率制度变迁与选择的主体——政府的目标函数，x_1 表示稳定，x_2 表示效率，x_3 表示意识形态刚性；P 表示汇率政策目标，n 表示名义锚，r 表示实际目标。M 表示利率与汇率市场化程度，i 表示利率，e 表示汇率。

由此，在给定利率与汇率市场化程度以及前期汇率制度下，根据经济环境（H）、政府目标函数（U）和汇率政策目标（P）之间的可能搭配，可得：(1) $h_1 \cap x_1 \cap n \rightarrow$ 六种可能的结果，包括无独立法定货币的汇率安排（货币联盟、美元化）、货币局、其他传统的固定盯住制、盯住平行汇率带、爬行盯住、爬行带内浮动。其中，后四种统称为盯住汇率制度。现阶段，具体到中国特有的国内经济环境（h_2）后，则 $h_1 \cap x_1 \cap n \cap h_2 \rightarrow$ 盯住汇率制。因为中国作为一个发展中大国，难以和其他国家保持经济周期基本一致，不可能放弃自己的货币，所以，中国不可能实行无独立法定货币的汇率安排和货币局制度。这样，在政府目标函数偏向稳定的情况下，必然采用盯住汇率制度。(2) $h_1 \cap x_2 \cap r \rightarrow$ 两种可能的结果，包括管理浮动汇率制和独立浮动汇率制。现阶段，具体到中国特有的国内经济环境（h_2）后，则 $h_1 \cap x_2 \cap r \cap h_2 \rightarrow$ 管理浮动汇率制。因为中国资本账户尚未开放，人民币尚不能自由兑换，若实行独立浮动汇率制，则不但不能获取所期望的最优效率，反而会造成汇率稳定损失。而且，现阶段由于人民币利率与汇率尚未实现市场化，即使选择实际目标也只是名义上的，实际中往往由于没有基准的实际目标可循，又不得不陷入名义汇率盯住。即使在政府目标函数偏向效率的情况下，采用了管理浮动汇率制，但是这也只是名义上的。所以，要引入汇率的市场形成机制。

在弄清了人民币汇率制度变迁与选择的主导影响因素之后，可以据此阐释人民币汇率制度的变迁与选择，以期对我国汇率制度的选择起到借鉴作用。

三、入世后人民币汇率制度的选择

随着中国正式加入 WTO，人民币汇率制度安排成为经济界关注的热点，当时存在三种主要观点：(1) 张五常(2001)认为，人民币汇率应该可以自由浮动。(2) 郭建泉(2001)认为，人民币汇率改革最现实的安排是尽快实现由盯住美元汇率制度向盯住一篮子货币的固定汇率制度转变。(3) 胡祖六(2000)认为，人民币应该有序地退出当前锚住美元的盯住汇率制，转向更加灵活的汇率制度，即重归有管理的浮动汇率制。相比而言，更倾向于第三种观点，遗憾的是，金融专家胡祖六并没有给出充分的理论论证。为此，我们从汇率制度变迁理论角度给出一种解释。

首先，根据汇率制度变迁的共性动力因素，从经济增长来看，1995—2011 年中国 GDP 保持较高的增长速度，年均增长率都在 9.9%（见表 4-5）。中国经济的快速增长导致国内经济利益格局发生重大变化，现阶段非国有经济已占到 GDP 的 2/3 强。这些非国有企业资源配置市场化程度很高，决定它们迫切要求人民币利率市场化和汇率市场化。由此，它们内在地需求人民币汇率由盯住汇率转向管理浮动汇率，以反映外汇市场资金供求的真实价格。

表 4-5　1995—2011 年中国 GDP 增长率　　　　　　　　　　　单位：%

年　份	1995	1996	1997	1998	1999	2000	2001	2002	2003
GDP 增长率	10.9	10.0	9.3	7.8	7.6	8.4	8.3	9.1	10.0
年　份	2004	2005	2006	2007	2008	2009	2010	2011	
GDP 增长率	10.1	11.3	12.7	14.2	9.6	9.2	10.4	9.3	

资料来源：《中国统计年鉴 2012》，中国统计出版社 2012 年版。

从制度变迁本身来看，20 世纪 50 年代中期到 70 年代末期，贯穿于整个中央计划经济时期，我国实行的是统收统支的外汇管理制度，对应的汇率制度为固定盯住制。改革开放后，我国外汇管理制度改为强制性外汇计划，对外汇实行留成制度，对应的汇率制度为双重汇率制度。1994 年，我国对外汇管理制度进行了重大改革，取消强制性外汇计划，实行银行结售汇制度；允许人民币在经常项目下有条件可兑换。与此相对应，我国实现了人民币汇率并轨，并轨后的人民币汇率实行以市场供求为基础的、单一的、有管理的浮动汇率制度。因此，从制度变迁的共同动力因素来看，人民币汇率制度需要退出盯住汇率制，重归管理浮动汇率制。

其次，根据汇率制度变迁独特的主导影响因素和直接动力因素，可以推论出加入世界贸易组织后人民币汇率制度也应由盯住汇率制重归管理浮动汇率制。而且，这种汇率制度变迁属于需求诱致性汇率制度变迁。根据 Poirson(2001)，影响汇率制度变迁的主导因素有：通货膨胀率、外汇储备水平、生产和产品多样化、贸易开放度、贸易冲击脆弱性、政治不稳定、经济规模、经济发展水平、贸易地理集中度、GDP 增长率、失业率或通胀诱因、资本流动、外币储蓄/M2 或美元化以及外币定值债务等。根据这些影响指标可以得出：中国合意的汇率制度应该在 HB，CP，CB，MF 或 IF 中选择①。实际上，1995—2005 年，人民币汇率逐年变动幅度非常小，除了 2005 年 7 月 21 日人民币升值调整外，都介于 ±1% 之间，表现为 IMF 传统的固定盯住制，具体为盯住单一货币美元。可见，1995—2005 年，中国实际实行的汇率制度与其合意的汇率制度完全不符。

最后，现阶段人民币汇率制度的选择无非是货币当局在实际中重归真正的管理浮动汇率制。尽管中国实际实行的汇率制度与其合意的汇率制度完全不符，但由于中国实行了严格的资本管制，人民币不可自由兑换，因而阻止了资本外逃，隔离了外来游资对汇率制度的冲击，从而幸运地规避了货币危机和汇率制度崩溃。但是，在我国加入 WTO 后，按照中国加入 WTO 后金融市场开放时间一览表：(1) 2001 年 12 月 11 日正式加入后，取消外资银行办理外汇业务的地域和客户限制，外资银行可以对中资企业和中国居民开办外汇业务；(2) 银行及证券 2003 年开放银行间人民币往来；(3) 2004—2005 年，A、B 股合并，允许外资参股中资银行、基金管理，并开放人民币汇率政策；(4) 逐步取消外资银行经营人民币业务的地域限制和客户对象限制，加入世界贸易组织后 5 年内，允许外资银行

---

① 1999 年，IMF 把成员国汇率制度划分为八类：NS 无独立法定货币的汇率安排、CBA 货币局制度、FP 其他传统固定盯住制、HB 盯住平行汇率带、CP 爬行盯住、CB 爬行带内浮动、MF 不事先宣布汇率路径的管理浮动和 IF 独立浮动。

对所有中国客户办理人民币业务,允许外资银行设立同城营业网点,审批条件与中资银行相同,到 2006 年,外资银行获准全面进入中国市场。由此可见,在外资银行获得全面准入的未来,人民币利率和汇率都将逐步走向市场化,我国外汇管理制度将完成由准外汇管理向宏观间接外汇管理转变,并逐步实现资本账户下人民币可自由兑换。在此情况下,根据不可能三角理论,中国要想保持独立的货币政策,就必须转向更加灵活的汇率制度。

事实上,2005 年 7 月 21 日,人民币汇率形成机制改革就是中国重归真正有管理的浮动汇率制度。中国人民银行 2010 年 9 月公布的人民币汇率制度是:当前我国实行以市场供求为基础、参考一篮子货币进行调节、有管理的浮动汇率制度。包括三个方面:一是以市场供求为基础的汇率浮动,发挥汇率的价格信号作用;二是根据经常项目主要是贸易平衡状况动态调节汇率浮动幅度,发挥"有管理"的优势;三是参考一篮子货币,即从一篮子货币角度看汇率,不片面地关注人民币与某个货币的双边汇率。

第四节 人民币汇率形成机制改革新进展[①]

一、2005 年后人民币汇率形成机制改革

自 1994 年人民币官方汇率和外汇调剂市场汇率并轨以来,人民币汇率形成机制改革的脚步从未停歇,但是人民币汇改的道路却是跌宕起伏。如表 4-6 所示,2005 年 7 月 21 日,中国人民银行进行了人民币汇率形成机制的第二次重大改革,人民币汇率不再盯住单一美元,开始实行以市场供求为基础、参考一篮子货币进行调节、有管理的浮动汇率制度。当日,美元兑人民币官方汇率由 8.27 调整为 8.11,人民币升值 2.1%。人民币汇率中间价由参考上一日银行间市场加权平均价确定,改为参考上一日收盘价确定,但维持人民币汇率日浮动区间 0.3%不变。

表 4-6 2005 年后人民币汇率形成机制市场化改革

时 间	人民币汇率形成机制改革大事记
2005 年 7 月 21 日	开始实行以市场供求为基础、参考一篮子货币进行调节的浮动汇率制度。当天,美元兑人民币官方汇率由 8.27 调整为 8.11,人民币升值 2.1%。人民币汇率中间价由参考上日银行间市场加权平均价确定,改为参考上日收盘价确定,但维持人民币汇率日浮动区间 0.3%不变
2006 年 1 月 4 日	银行间外汇市场引入 OTC 方式,人民币对美元汇率中间价的形成方式将由此前的收盘价确定方式改为做市商询价方式
2007 年 5 月 21 日	中国人民银行决定,银行间即期外汇市场人民币对美元交易价浮动幅度,由 0.3%扩大至 0.5%
2008 年 7 月至 2010 年 6 月	人民币自 2005 年汇改以来已经升值 19%,但受到 2008 年美国金融危机的影响,人民币停止了升值走势;同时,在危机爆发后,人民币开始紧盯美元,人民币兑换美元汇率固定在 6.83

---

① 本节分析资料由复旦大学 2015 级国际商务班硕士研究生曹钰初步整理。

续 表

时间	人民币汇率形成机制改革大事记
2010年6月19日	中国人民银行宣布,结束金融危机时的特殊阶段,进一步推进人民币汇率形成机制改革,增强人民币汇率弹性
2012年4月16日	银行间外汇市场人民币汇率浮动幅度从0.5%扩大到1%;外汇指定银行为客户提供当日美元最高现汇卖出价与最低现汇买入价之差不得超过当日汇率中间价的幅度由1%扩大至2%
2014年3月17日	银行间即期外汇市场人民币对美元交易价浮动幅度由1%扩大至2%,外汇指定银行为客户提供当日美元最高现汇卖出价与最低现汇买入价之差不得超过当日汇率中间价的幅度由2%扩大至3%
2015年8月11日	中国人民银行宣布,即日起将进一步完善人民币汇率中间价报价,做市商在每日银行间外汇市场开盘前,参考上日银行间外汇市场收盘汇率,综合考虑外汇供求情况以及国际主要货币汇率变化向中国外汇交易中心提供中间价报价,同日大幅调低人民币对美元中间价,引发在岸人民币1994年汇率并轨以来最大单日跌幅
2015年12月11日	中国人民银行在中间价中进一步引入篮子货币
2016年5月8日	以"收盘价+篮子货币"为基础的人民币汇率形成机制初步形成

资料来源:根据中国人民银行网站信息整理。

2006年1月4日,为促进外汇市场发展,丰富外汇交易方式,提高金融机构自主定价能力,中国人民银行决定进一步完善银行间即期外汇市场,改进人民币汇率中间价形成方式。一是自2006年1月4日起,在银行间即期外汇市场上引入询价交易方式(over the counter,简称OTC方式),同时保留撮合方式。银行间外汇市场交易主体既可选择以集中授信、集中竞价的方式交易,也可选择以双边授信、双边清算的方式进行询价交易。同时在银行间外汇市场引入做市商制度,为市场提供流动性。二是引入OTC方式后,人民币对美元汇率中间价的形成方式将由此前根据银行间外汇市场以撮合方式产生的收盘价确定的方式改进为:中国外汇交易中心于每日银行间外汇市场开盘前向所有银行间外汇市场做市商询价,并将全部做市商报价作为人民币对美元汇率中间价的计算样本,去掉最高和最低报价后,将剩余做市商报价加权平均,得到当日人民币对美元汇率中间价,权重由中国外汇交易中心根据报价方在银行间外汇市场的交易量及报价情况等指标综合确定。

2007—2009年,美国次贷危机和欧洲主权债务危机爆发以后,国际金融市场进入特殊敏感阶段,人民币也中止了不断升值的态势;同时,人民币开始重新紧盯住美元。

2010年6月19日,中国人民银行决定进一步推进人民币汇率形成机制改革,增强人民币汇率弹性。这标志着美欧金融危机后人民币汇率形成机制改革的重启。在此之后,中国银行间外汇市场人民币汇率浮动幅度有了两次调整。一是自2012年4月16日起,中国银行间即期外汇市场人民币对美元交易价浮动幅度由0.5%扩大至1%。外汇指定银行为客户提供当日美元最高现汇卖出价与最低现汇买入价之差不得超过当日汇率中间价的幅度由1%扩大至2%。二是2014年中国人民银行继续按主动性、可控性和渐进性原则,进一步完善人民币汇率形成机制,保持人民币汇率在合理均衡水平上的基本稳定。自2014年3月17日起,中国银行间即期外汇市场人民币对美元交易价浮动幅度由1%扩大至2%,外汇指定银行为客户提供当日美元最高现汇卖出价与最低现汇买入价之差不得超过当日汇率中间价的幅度由2%扩大至3%。由此,市场供求在汇率形成中发挥更大的作用,人民币汇率弹性增强,汇率预期分化,中国人民银行基本退出了常态化的外汇干预。

2015年8月11日,中国人民银行宣布将进一步完善人民币汇率中间价报价,做市商在每日银行间外汇市场开盘前,参考上日银行间外汇市场收盘汇率,综合考虑外汇供求情况以及国际主要货币汇率变化向中国外汇交易中心提供中间价报价。2015年12月11日,中国人民银行在中间价中进一步引入"篮子货币",并在2016年5月8日正式公布"收盘价+篮子货币"为基础的人民币汇率形成机制。据此,"8.11"汇改后,人民币双向浮动弹性明显增强,不再单边升值;人民币不再紧盯美元,逐步转向参考一篮子货币;人民币中间价形成的规则性、透明度和市场化水平显著提升;跨境资金流出压力逐步缓解,人民币汇率贬值预期减弱。

二、外汇市场交易的两种模式——做市商制和竞价制

根据价格形成方式的不同,外汇交易的模式可以分为做市商制和竞价制。在做市商市场中,投资者之间并不进行交易,而是由做市商报出外汇的买入、卖出价及其交易数量,承诺在此价位上进行交易。双向报价,以此维持市场的连续性和流动性。所以,做市商制又叫报价驱动制度。在世界上,绝大多数外汇市场都采用做市商制度。而在竞价市场中,买卖双方向市场提供委托指令或订单,交易系统根据一定的指令匹配规则进行撮合,成交价格由投资者订单的竞争关系决定,买卖委托的流量是推动价格形成和流动性的根本动力,所以,竞价制又叫订单驱动机制。除了纯粹的报价驱动机制和指令或订单驱动机制外,还有兼有两种特征的混合机制。目前,我国外汇市场就是这两种交易机制的混合。

做市商制和竞价制由于价格发现的过程不同,因而流动性的提供机制也不一样。在做市商市场中,作为市场的核心和组织者,提供连续报价,从而为外汇市场提供流动性。而在竞价市场中,来自交易者的委托订单,根据预先决定的规则进行匹配交易成交,从而为市场提供流动性。竞价交易采取分别报价、撮合成交的方式。交易系统对买入报价和卖出报价分别排序,按照价格优先、时间优先的原则撮合成交。因此,竞价制能够更加有效地发现价格,价格能够反映可以获得的信息;而做市商制被认为能够较好地提供流动性。在给定价格下,交易可以很快地执行,在提供流动性的同时,也获得市场的定价权。我们承认做市商为市场提供了连续性,但是他们经常在日常的每天结束时保持一定的头寸或者轧平头寸。只有他们认为自己积累的外汇头寸能够有将来的买入者或者卖出者出现时,他们才愿意提供头寸。所以,从这点来看,对做市商能够提高市场流动性的观点打了一点折扣。总的来说,做市商制相对于竞价制的优点是:外汇市场流动性好,价格稳定性好。其缺点是透明性差,运作成本较高,可能增加监管成本。

三、人民币汇率形成机制改革的两次挫折

(一)美欧金融危机负面冲击了人民币汇率形成机制改革

2007—2009年美欧金融危机爆发以后,中国经济受到了较大的冲击,人民币暂时停

止了升值走势,同时,人民币开始重新紧盯美元。在金融危机之前,人民币就一直处于升值通道,如果危机后进一步升值,无疑会给中国出口企业带来致命的打击,造成国内经济恶化,失业率上升。同时,人民币在金融危机后大幅贬值也不现实,危机后,许多国家面临经济衰退,贸易保护主义重新抬头,如果人民币此时贬值,中国必然承受着来自其他国家要求人民币不贬值的压力。因此,美欧金融危机后,人民币选择重新盯住美元是当时中国的现实选择。随着逐步走出危机的冲击,2010年6月19日,中国宣布继续人民币汇率改革,提高人民币汇率弹性,增强人民币交易的灵活性,将人民币兑换美元每日的中间价波动幅度确定为0.5%。并且,2012年4月16日,将人民币汇率波幅由0.5%扩大至1%;2014年3月17日,又将人民币汇率波幅由1%扩大至2%。拉开了人民币汇率由单边升值转向双向波动的序幕。

资料来源:中国人民银行统计数据,货币统计概览,汇率报表。

图 4-1 美欧金融危机负面冲击了人民币汇率形成机制改革

(二) 2015 年"8.11 汇改"后人民币贬值压力负面冲击了人民币汇率形成机制改革

2006年1月4日起,银行间外汇市场引入OTC方式,中国外汇交易中心于每日银行间外汇市场开盘前向所有银行间外汇市场做市商(约15家)询价,去掉最高和最低报价后,将剩余报价加权平均后得到当日人民币对美元汇率中间价,其权重由中国外汇交易中心根据报价方在银行间外汇市场的交易量及报价情况等指标综合确定。由于做市商报价和权重等信息不公开,人民币中间价形成实质上是"黑匣子",中国人民银行自由裁量的空间很大。根据2015年"8.11汇改"规定,做市商报价时"参考上日银行间外汇市场收盘汇率",这相当于给人民币中间价设置了一个参照系,明确做市商报价来源,从而大大缩减中国人民银行操控中间价的空间,把确定中间价的主导权交给市场。由此,人民币汇率朝着市场化迈向了重要一步。如表4-7所示,2015年12月,中国人民银行在中间价中进一步引入篮子货币,公布了确定汇率中间价时所参考的三个货币篮子:中国外汇交易中心(CFETS)指数、BIS和SDR指数。2016年2月,中国人民银行进一步明确,做市商的报价要参考前日的收盘价加上24小时篮子货币汇率的变化。2016年5月,以"收盘价+篮子货币汇率"为基础的人民币汇率形成机制初步形成。

表 4-7 中国外汇交易中心公布的人民币汇率指数算法

参考的货币篮子		CFETS 货币篮子	BIS 货币篮子	SDR 货币篮子
样本货币		与人民币直接开展交易的 13 种货币	BIS 货币篮子内货币	SDR 货币篮子内货币
样本货币取价		当日人民币外汇汇率中间价和交易参考价	当日人民币外汇汇率中间价和交易参考价/当日人民币对美元汇率中间价和该币种对美元汇率套算	当日人民币外汇汇率中间价
货币权重	权重计算方法	采用考虑转口贸易因素的贸易权重法计算	双重权重法，进出口权重加权	由各样本货币在 SDR 货币篮子的相对权重计算
	美元权重	26.40%	17.80%	41.90%
	欧元权重	21.39%	18.70%	37.40%
	日元权重	14.68%	14.10%	9.40%
	英镑权重	3.86%	2.90%	11.30%
	四个发达经济体共计	66.33%	53.50%	100%

资料来源：根据中国外汇交易中心公布的《人民币汇率指数算法说明 v1.0》整理。

不幸的是，受内部经济下行和外部美元走强的影响，自 2014 年第二季度开始，我国经历了持续的资本净流出，外汇储备较大幅度地减少。"8.11 汇改"的直接后果是人民币与美元意外加速脱钩，这造成市场情绪较大波动，加剧了外汇市场震荡。为维护外汇市场平稳运行，防止市场恐慌情绪进一步蔓延，外汇管理局配套采取了包括提供外汇流动性、引入人民币外汇衍生品交易外汇风险准备制度、加强银行结售汇以及跨境人民币业务真实性审核要求等在内的一系列干预措施。但是，人民币贬值压力未减。在有管理的浮动汇率制度下，外汇市场贬值压力要么被货币贬值直接吸收掉，要么表现为外汇储备减少，要么表现为两者的混合。这里采用 Girton 和 Roper(1977)提出的外汇市场压力(EMP)，按照卜永祥(2008)方法测算出人民币外汇市场压力程度。根据计算结果，在 2005 年至 2014 年上半年之前，人民币 EMP 值基本为正，说明人民币面临着升值压力。但是，自 2014 年下半年起，人民币 EMP 变为负值，人民币贬值压力明显。特别是 2015 年"8.11 汇改"后，2016 年年初人民币贬值压力达到峰值，中国外汇市场的形势变得非常严峻。面对外汇储备的急剧下降，以及人民币汇率贬值下行压力，国家外汇管理局于 2016 年 12 月 31 日晚发布消息称，自 2017 年 1 月 1 日开始，外汇管理部门将要求商业银行对个人外汇信息申报管理进行完善，此举使得人民币汇改之路又遇挑战。

四、人民币汇率形成机制改革的困境和未来发展方向

2015 年 11 月 30 日，国际货币基金组织(IMF)主席拉加德在总部宣布，将人民币纳入特别提款权(SDR)篮子货币，该决定自 2016 年 10 月 1 日起正式生效。这被认为是人民

币国际化的重要一步。如果人民币的未来发展方向是国际货币,那势必要维持人民币币值稳定,但是 2015 年"8.11 汇改"后,人民币贬值压力很大,中国外汇市场形势变得非常严峻。中国人民银行为维持人民币汇率稳定,不断抛售外汇,导致中国外汇储备在 2014 年下半年至 2016 年 6 月急剧减少了近 8 000 亿美元。由此,通过外汇市场操作干预汇价的方式变得不可持续,也无法根本上抑制人民币贬值态势。对比一下,在货币加入 SDR 的国家中,英国和日本实行的是浮动汇率,以盯住通货膨胀为目标的制度框架;而美国和欧盟实行的是自由浮动汇率,并没有实际性的参照物为盯住目标。美国和欧盟都可以根据自身的经济状况、战略需要随时调整汇率。但是,中国目前并未实行浮动汇率制度(根据 IMF 实际汇率分类),且资本市场尚未完全开放,与其他加入 SDR 的国家有着显著的不同。人民币加入 SDR 货币篮子后,货币"可自由使用"这一前提条件客观上已不允许中国再实施资本管制。中国目前面临的困境是,面对巨大的贬值压力,货币当局必须在保持货币政策独立性、保住外汇储备、允许汇率适度弹性(即半浮动)和资本账户适度开放(即半开放)中进行相机抉择。

第五节 香港联系汇率制度变迁与选择

一、香港汇率制度的变迁与选择

从历史来看,香港实行过不同类型的汇率制度,历经银本位制、英镑汇兑本位制和浮动汇率制,最后发展成为现今的联系汇率制度。香港的银本位制始于 19 世纪,1863 年,香港政府宣布银元为香港的法定货币,1866 年,香港开始发行银元,实行银本位货币制度,采用与当时中国相同的银本位制度。到 1935 年,由于全球性白银危机,香港被迫放弃了银本位制,开始实行英镑汇兑本位制,将港元与英镑挂钩,并规定 1 英镑兑 16 港元。第二次世界大战以后,由于英国经济衰退和经常性国际收支失衡,英镑连续贬值。1972 年,英国爆发了国际支付危机,同年 6 月,英国宣布英镑自由浮动,为避免英镑自由浮动对港元的不利影响,同年 7 月,香港政府放弃英镑汇兑本位制,取消了港元与英镑的固定汇率。香港港元开始转而实行与美元挂钩,汇率为 1 美元兑 5.65 港元,1973 年 2 月,又改为 1 美元兑 5.085 港元。1974 年,国际外汇市场波动剧烈,香港政府外汇基金干预乏力,为了减少不利影响,香港从 1974 年 11 月 25 日起改为自由浮动汇率制度。

但是,浮动汇率制度并没有给香港带来货币汇率政策的稳定,货币当局既无法控制基础货币,又难以实施独立的货币政策。结果,在外来冲击下港元利率和汇率发生大幅波动。由于投机冲击活动,加上 1982 年开始的中英谈判引发对香港前途的担忧,1983 年 9 月,港元创历史新低,跌至 1 美元兑 9.60 港元的低价。此时,香港的金融体系已处于全面崩溃的危险边缘,面对港元危机的压力,香港政府为了稳定港元汇价,于 1983 年 10 月 15 日颁布新货币政策,从 10 月 17 日开始,将港元按 1 美元兑 7.80 港元的固定汇率再度与美元挂钩,结束了浮动汇率制,香港联系汇率制度应运而生。具体变迁与选择参见表 4-8。

表 4-8　香港汇率制度的变迁与选择

期　　间	汇 率 制 度	参 考 汇 率
1863 年至 1935 年 11 月 4 日	银本位制度	银元为法定货币
1935 年 12 月至 1967 年 11 月	英镑汇兑本位制（与英镑挂钩）	1 英镑兑 16 港元
1967 年 11 月至 1972 年 6 月	英镑汇兑本位制（与英镑挂钩）	1 英镑兑 14.55 港元
1972 年 6 月至 1973 年 2 月	与美元挂钩，干预上下限为±2.25%	1 美元兑 5.65 港元
1973 年 2 月 14 日	与美元挂钩	1 美元兑 5.085 港元
1974 年 11 月 25 日	自由浮动	1 美元兑 4.965 港元
1983 年 9 月 24 日	自由浮动	1 美元兑 9.60 港元
1983 年 10 月 17 日至今	按固定汇率与美元挂钩	1 美元兑 7.80 港元

资料来源：香港金管局资料，《香港的联系汇率制度》。

二、香港联系汇率制度的运作

香港特区没有中央银行，是世界上由商业银行发行钞票的少数地区之一。港币以外汇基金为发行机制。外汇基金是香港外汇储备的唯一场所，是港币发行的准备金。发钞银行在发行钞票前，必须以百分之百的外汇资产向外汇基金交纳保证，换取无息的"负债证明书"（certificates of indebtedness），以作为法定的发行准备。换取负债证明书的资产，先后是白银、银元、英镑、美元和港币。实行联系汇率制度后，再次规定必须以美元换取。1983 年 10 月 15 日，香港货币当局颁布的货币政策新政中一项重要的措施就是重新安排发钞程序，发钞银行在发行钞票前，必须以 1 美元兑 7.80 港元的汇率向外汇基金交纳等值美元，以换取"负债证明书"作为法定的发行准备；同时发行银行可以"负债证明书"同样基准价（7.80）向外汇基金赎回美元，从而奠定了香港联系汇率制度的基础。在香港历史上，无论以何种资产换取"负债证明书"，都必须是十足的，这是港币发行机制的一大特点。

香港自 1983 年 10 月 17 日起实行联系汇率制度，联系汇率制度属于货币发行局制度，其核心内容便是港币与美元挂钩，维持 1 美元兑 7.80 港元的固定汇率。在联系汇率制度下，基础货币的流量与存量均需得到外汇储备的足额支持。在香港，基础货币主要包括：（1）"负债证明书"，用以支持发钞银行发行的纸币和流通硬币；（2）银行总结余，银行在金管局开设的结算户口结余；（3）外汇基金票据及债券，由金管局代表政府发行。

香港的纸币由 3 家发钞行汇丰、渣打和中银共同发行，法例规定发钞行发钞时须按 1 美元兑 7.80 港元的固定汇率向金管局提交等值美元，并记入外汇基金账目，以赎买"负债证明书"作为所发行纸币的支持。因此，港元得到外汇基金持有的美元提供的十足支持。相反，回收港元纸币时，金管局会赎回"负债证明书"，银行则自外汇基金收回等值美元。这一机制也被引入同业现钞市场，即当其他持牌银行向发钞银行取得港币现钞时，也要以百分之百的美元向发钞银行进行兑换，而其他持牌银行把港元现钞存入发钞银行时，发钞银行也要以等值的美元付给它们。这两个联系方式对港元的币值和汇率起到重要的稳定作用，是联系汇率制的重要特点。港元硬币由金管局负责发行，并由代理银行负责储存及向公众分派硬币,金管局与代理行之间的交易也是按 1 美元兑 7.80 港元的汇价以美元结算。在货币发行局制度下,资金流入或流出会令利率而非汇率出现调整。若银行向货币发行局出售挂钩的外币美元,以换取本地货币港元,即资金流入,基础货币便会增加。若银行向货币发行局买入外币,即资金流出,基础货币便会收缩。基础货币扩张或收缩,会分别使本地利率下降或上升,这种货币状况的转变会自动抵消原来资金流入或流出的影响,汇率则一直保持稳定。这是一个完全自动的机制,金管局无需行使酌情权(参见表 4-9)。

表 4-9 货币发行局调节机制

资 金 流 入	资 金 外 流
港元汇率保持稳定	资金外流
利率下跌	市场人士沽出港元
基础货币扩张	港元汇率面对下调压力
货币发行局沽出港元	货币发行局买入港元
港元汇率面对上升压力	基础货币收缩
市场人士买入港元	利率上升
资金流入	港元汇率保持稳定

需要指出的是,在香港的公开外汇市场上,港元汇率是自由浮动的。港元联系汇率只适用于发钞银行与外汇基金之间,以及发钞银行与其他持牌银行之间的港元现钞交易,而发钞银行与其他银行的非现钞交易以及银行同业之间、银行与客户之间的一切交易均按市场汇率进行,由市场的供求状况来决定。联系汇率与市场汇率、固定汇率与浮动汇率并行,是香港联系汇率制度最重要的机理。一方面,政府通过对发钞银行的汇率控制,维持整个港币体系对美元汇率的稳定联系;另一方面,通过银行与公众的市场行为和套利活动,使市场汇率一定程度地反映现实资金供求状况。联系汇率令市场汇率在 1∶7.80 的水平上作上下窄幅波动,并自动趋近之,不需要人为地直接干预;市场汇率则充分利用市场套利活动,通过短期利率的波动,反映同业市场情况,为港币供应量的收缩与放大提供真实依据。

实践中,为了减少利率过度波动,金管局会通过贴现窗提供流动资金。银行可利用外汇基金票据和债券及其他合格证券作抵押品订立回购协议,通过贴现窗向金管局借取隔夜流动资金。贴现窗的基本利率——计算回购协议适用的贴现率的基础利率——是按预先公布的公式厘定,该公式以美国联邦基金目标利率与香港银行同业拆息为依据。由于外汇基金票据及债券有外汇储备的足额支持,所以,这个过程所产生的港元流动资金就自动得到外汇储备支持,完全符合货币发行局制度的运作原则。

三、香港联系汇率制度的自动稳定机制及缺陷

对香港来说,联系汇率制度是较为可取的货币制度。由于实行百分之百的发钞准备

制度,使联系汇率制本身具有抑制通货膨胀的效应。一方面,可避免信用发行制度下滥发钞票行为的发生;另一方面,可避免通过发行货币弥补财政赤字情况的发生。这便从制度上杜绝了人为因素造成的通货膨胀。此外,联系汇率制具有内在的套戥机制,可使市场汇率自动地向发钞汇率靠拢。"套戥"是指当市场上美元汇率升至7.8港元以上时,一般持牌银行会以1∶7.8的汇率将多余的港元现钞交还发钞银行,然后把换回的美元按市场价格抛出并赚取其中的差价。发钞银行也会用港元以7.8的汇价向外汇基金兑换美元,然后以高于7.8的汇价出售美元。这样,市场上美元供给就会增加,港元逐渐减少,即"通货的自动收缩",结果美元汇率下降,港元汇率逐渐上升,市场汇率逐渐向联系汇率水平回拢。并且,套戥活动引起港元供应量的收缩,导致港币短期利率上升,引发套利活动,对港币的需求增加,港元的市场汇率也会相应上浮。相反,在港元升值时,反向操作。因此,香港联系汇率制具有内在的自动稳定机制。

联系汇率制的优点是它减少了投机而引起的汇率波动,减少了经济活动中的不确定性,便于成本核算、盈利估计和结算,有利于促进国际贸易的发展和国际资本的流动。此外,联系汇率制可以束缚政府稳定了港元。

无论哪种货币制度都有其局限性,香港的联系汇率制度也不例外,其主要缺陷表现在:第一,在联系汇率制度下,货币管理局不能通过汇率变动调节国际收支状况。第二,在联系汇率制度下,香港货币政策独立性丧失。由于实行联系汇率制,香港要跟随美国的货币政策,但香港与美国的经济周期却不尽一致。这样,在联系汇率制度下,没有什么空间让金管局可运用独立的利率政策达到价格稳定或促进经济增长的目标。第三,在联系汇率制度下,香港的外汇储备不能完全满足兑付要求。流通中的港元现钞虽然有百分之百的外汇储备支撑,但银行贷款却没有美元作担保。银行贷款的乘数作用使货币供应量增加,远远超出了基础货币的数量。如果市场对港元失去信心,将港元全部兑换为美元,则现有的美元储备无法支撑联系汇率。因此,联系汇率制存在一个制度上的缺陷,就是实际上不能保证港元有百分之百的外汇储备作为担保,良好的经济前景所带来的市场信心是维持联系汇率制的根本保障。尽管如此,由于香港经济结构灵活,能够迅速适应不断变化的内外环境,所以,在联汇制度下,香港经济至今仍然能够一直表现出色。

本 章 小 结

汇率制度是指一国或地区货币当局有关汇率的确定、维持、调整和管理的一系列制度性安排和规则(含正式规则和非正式规则)。国际汇率制度经历了国际金银复本位和金本位制度下内生的固定汇率制度、两次世界大战之间动荡的浮动汇率制度、布雷顿森林体系下可调整的外生的固定汇率制度和牙买加体系下多种汇率制度形式相互并存的混合汇率制度。

根据IMF汇率制度分类方法,1999年实际分类主要关注的是中间汇率制度的区分,使它们与各成员国实际汇率制度情况更加相符,增加各成员国汇率制度安排的透明度。而2009年实际分类法考虑了跨国间汇率制度分类更大的一致性和客观性,促进了分类的进步,改进了透明性,有利于 IMF 双边和多边监督。从 IMF 所有成员方来看,现阶段中间汇率制度仍占据重要地位,汇率制度"中间空洞化"假说难以成立,多种汇率制度形式相互并存是客观现实。

固定汇率使得汇率波动的不确定性降低,能够起到促进国际贸易与投资的作用,在一定程度上抑制通货膨胀和国际货币投机行为。但是,固定汇率制度也会使一国受到其他国家的牵制,丧失货币政策的独立性。浮动汇率制度加强了一国货币政策的独立性,由市场决定的汇率能够起到自动调节、稳定经济的作用;同时能够促使国际收支平衡自动实现,减少调节国际收支所需要的国际储备。但是,浮动汇率也可能导致不稳定的投机行为,汇率的波动也不利于国际贸易和投资的发展。

影响汇率制度选择的因素很多,如成本与收益因素、经济结构特征、经济冲击干扰源、政策配合、投机压力、价格确定、汇率噪声交易、经济基本面特别是金融脆弱性、资本流动和金融恐慌、政府声誉和公众预期以及国家相互博弈等。正是由于影响因素的纷繁复杂,而研究者所取的主要影响因素不同,因而得出汇率制度选择的不同标准。

2005 年汇改后,IMF 实际分类下的人民币汇率制度变迁经历了其他传统的固定盯住安排、爬行盯住汇率制度、稳定汇率安排、类似爬行安排和其他有管理的安排等。影响人民币汇率制度变迁与选择的主导因素有:经济环境、政府的目标函数、汇率政策目标、利率与汇率市场化程度和前期汇率制度。根据这些多因素互动,加入世界贸易组织后,人民币汇率应该转向更加灵活的汇率制度。2005 年 7 月 21 日,人民币汇率形成机制改革就证明了这一点。之后,我国开始实行以市场供求为基础、参考一篮子货币进行调节、有管理的浮动汇率制度。

2006 年 1 月 4 日起,我国在银行间即期外汇市场上引入询价交易方式和做市商制度,旨在进一步完善人民币汇率市场形成机制。2015 年 8 月 11 日,中国人民银行宣布做市商在每日银行间外汇市场开盘前,参考上日银行间外汇市场收盘汇率,综合考虑外汇供求情况以及国际主要货币汇率变化向中国外汇交易中心提供中间价报价。2016 年 5 月 8 日,中国人民银行正式公布"收盘价+篮子货币"为基础的人民币汇率形成机制。

中国目前面临的困境是,面对巨大的贬值压力,货币当局必须在保持货币政策独立性、保住外汇储备、允许汇率适度弹性(即半浮动)和资本账户适度开放(即半开放)中进行相机抉择。香港特别行政区的联系汇率制度属于货币发行局制度。港元联系汇率只适用于发钞银行与外汇基金之间以及发钞银行与其他持牌银行之间的港元现钞交易,而发钞银行与其他银行的非现钞交易以及银行同业之间、银行与客户之间的一切交易均按市场汇率进行,由市场的供求状况来决定。

香港联系汇率制度属于货币发行局制度,其核心内容便是港元与美元挂钩。港元联系汇率只适用于发钞银行与外汇基金之间,以及发钞银行与其他持牌银行之间的港元现钞交易,而发钞银行与其他银行的非现钞交易以及银行同业之间、银行与客户之间的一切交易均按市场汇率进行,由市场的供求状况来决定。在联系汇率制下,基础货币的流量与存量均需得到外汇储备的足额支持。联系汇率制具有内在的套戥机制,可使市场汇率自动地向发钞汇率靠拢。

重 要 概 念

汇率制度	国际汇率制度	特里芬两难	固定汇率制度	浮动汇率制度
货币联盟	货币局制度	美元化	传统固定盯住制	不可能三角
汇率目标区	管理浮动	独立浮动	名义汇率安排	实际汇率安排
稳定性安排	浮动汇率	自由浮动	类似爬行安排	其他管理安排
中间空洞化	OTC 方式	做市商制	竞价制	联系汇率制度

习题与思考题

1. 简述国际汇率制度的变迁历程。
2. 比较布雷顿森林体系与金本位制度下固定汇率制度的异同。
3. 牙买加体系下的汇率制度规则有哪些改变？
4. 1999 年 IMF 汇率制度实际分类主要有哪些？其内涵是什么？
5. 2009 年后 IMF 汇率制度实际分类有哪些？其内涵是什么？
6. 试对 1999 年和 2009 年汇率制度的实际分类进行比较。
7. 试论汇率制度"中间空洞化"假说。
8. 比较固定汇率制与浮动汇率制的优劣。
9. 影响汇率制度选择的主要因素有哪些？
10. 简述 IMF 实际分类下的人民币汇率制度变迁。
11. 影响人民币汇率制度选择的主导因素有哪些？
12. 加入世界贸易组织后人民币汇率制度的选择方向是什么？
13. 2005 年后人民币汇率形成机制市场化改革的主要进展有哪些？
14. 比较外汇市场交易的做市商制和竞价制。
15. 试述人民币汇率形成机制改革的困境和未来发展方向。
16. 香港联系汇率制度的特点、运作方式和局限性是什么？

案例分析

丝绸之路经济带上成员方汇率制度比较

1. 中国人民币汇率制度

中国实行以市场供求为基础、参考一篮子货币进行调节、有管理的浮动汇率制度。人民币汇率不再盯住单一美元，而是参考一篮子货币、根据市场供求关系来进行浮动。这里的"一篮子货币"是指按照我国对外经济发展的实际情况，选择若干种主要货币，赋予相应的权重，组成一个货币篮子。同时，根据国内外经济金融形势，以市场供求为基础，参考一篮子货币计算人民币多边汇率指数的变化，对人民币汇率进行管理和调节,维护人民币汇率在合理均衡水平上的基本稳定。篮子内的货币构成,将综合考虑在我国对外贸易、外债、外商直接投资等外经贸活动中占较大比重的主要国家、地区及其货币。参考一篮子表明外币之间的汇率变化会影响人民币汇率,但参考一篮子货币不等于盯住一篮子货币,它还需要将市场供求关系作为另一重要依据,据此形成有管理的浮动汇率。这将有利于增加汇率弹性,抑制单边投机,维护多边汇率安排。

2. 俄罗斯卢布的汇率制度

俄罗斯实行有管理的浮动汇率制度。俄罗斯银行每天制定和公布卢布的官方汇率,卢布对美元的官方汇率以俄罗斯国内外汇市场价格为基础制定,卢布对其他货币的官方汇率由卢布对美元汇率和国际市场美元对其他货币价格为基础制定。近年来,俄罗斯银行使用双货币篮子的卢布汇率作为实施汇率干预的操作基准。双货币篮子包含美元和欧元,卢布/美元买卖是俄罗斯银行进行外汇市场干预的最主要方式。俄罗斯银行不仅在场内市场实施外汇干预,还对OTC交易进行干预。俄罗斯银行负责实施外汇管理,监督和监测授权银行的外汇交易和外汇头寸。

自1996年6月1日起,俄罗斯开始承诺履行国际货币基金组织的第八条款,开放经常项目,但对商品进出口收付汇仍实施一定的管制。除特定情况外,所有的商品贸易、服务贸易和经常转移项目收入必须全额汇回至外汇特许银行的外汇账户中,一定比例的外汇收入必须在外汇市场上出售,2004年年底这一比例为10%。俄罗斯规定,个人携带等值于3 000美元以上的现金出境须向海关申报,不允许携带1万美元以上的现金出境,除非这笔现金是之前向海关申报从境外带入的。2004年6月起,除特定情况外,在俄罗斯进行资本项目交易必须在特许银行开立特别账户。

3. 哈萨克斯坦坚戈汇率制度

哈萨克斯坦央行负责外汇管理,并与授权代理机构一起实施外汇管理。外汇管理代理机构为授权银行和授权办理个别银行业务的机构及根据其许可证规定在办理业务时有责任监督外汇法律实施的其他机构。从1999年4月起,哈萨克斯坦货币坚戈实行自由浮动汇率制度,政府不再干预汇率变化。国家经常项目外汇管理政策规定,居民自然人和非居民自然人可直接在银行和有经营许可证的外币兑换所进行外币兑换业务,但在汇出和携出时有管制。例如,2001年4月规定,自然人每人每天最多汇出1万美元,每月不得超过5万美元(必须申报明确用途),且自然人不得向境外法人汇款。居民自然人携带1万美元以上出境时,需要出示证明资金合法来源的单据。非居民自然人携出外币,需要出示入境申报单。在贸易进出口付收汇管理方面,对进口付汇业务要求向授权银行出示相关合同、协定或协议,并由授权银行向进口企业核发交易许可证,在交易完全结束前要受海关委员会和授权银行的监管。同时规定,所有出口收入必须汇回,企业出口前必须向授权银行申领交易许可证,且在交易完全结束前,出口要接受海关委员会和授权银行的监管。

4. 吉尔吉斯斯坦索姆汇率制度

吉尔吉斯斯坦实行浮动汇率制度,本国货币索姆在国内实行完全兑换,在吉尔吉斯斯坦注册的企业可在吉尔吉斯斯坦境内和境外自由买进和卖出外汇。任何个人、机构、团体都可在商业银行、金融机构以及兑换点将索姆与美元进行自由兑换,无须任何手续,不受额度限制。中央银行每天根据银行间外汇市场的交易情况发布当天日均汇率,并以此作为确定商务交易价格和进行结算的依据。吉尔吉斯斯坦的《外汇交易法》规定,本国公民和外国人均可自由携带自由兑换货币出、入境,或将其汇出、入境,只需履行规定程序即可,不受金额限制。

5. 乌兹别克斯坦苏姆汇率制度

乌兹别克斯坦实行浮动汇率制度,货币为苏姆。苏姆与美元、欧元可自由兑换。但乌兹别克斯坦实行较为严格的外汇管制,在购汇和汇出方面仍存在一定的困难。外资企业可以在当地设立外汇账户,法律规定外汇可自由汇进汇出,但企业利润汇出时需要缴10%的所得税。外国人出境时携带的外汇数额不能超过其入境时申报的数额,否则,一经查出,全部没收。

6. 土库曼斯坦马纳特汇率制度

土库曼斯坦的货币为马纳特,可自由兑换。在土库曼斯坦的任何金融机构,马纳特和美元可随时自由兑换。土库曼斯坦实行固定汇率制度,自2008年以来,土库曼斯坦实行了汇率并轨政策,并在短期内四次变革了马纳特兑美元汇率,目前,汇率基本稳定在2.84∶1。在外汇管制方面,在土库曼斯坦注册的外国公司可在土库曼斯坦的银行开设外汇账户,但不允许提取大额现金,需用美元交费时只能通过银行转账。外汇可自由汇进汇出。外汇汇出土库曼无需缴纳特别税金。土库曼斯坦对外国人携带入境的美元数量没有限制,但需填写海关申报单。在土库曼斯坦工作的外国人,其合法税后收入可全部转出到国外。

7. 伊朗里亚尔汇率制度

伊朗从之前的盯着美元的固定汇率制度调整为参考一篮子货币的有管理的浮动汇率制度,同时也正在积极地实行汇率并轨政策。在外汇管制方面,目前,外国居民及投资者不能在伊朗当地银行开设外汇账户,必须兑换成当地货币里亚尔方可进行储蓄,外国公民储蓄需获得当地合法居民身份。受安理会及欧美金融制裁影响,现阶段伊朗外汇无法自由汇进汇出,需通过中转行代理。根据《伊朗保护和鼓励外国投资法》的规定,投资者在完成全部义务并交纳了法定的费用后,提前三个月通知伊朗最高投资委员会,经委员会通过并经财经部部长批准后可将原投资及利息或投资余款汇出伊朗。外国投资产生的利润在扣除税款、费用及法定的储备金后,经委员会通过并经财经部部长批准后可汇出伊朗。该法未对交税/交费比例作出具体规定。携带现金出入境需要申报,数额规定是1000美元。

8. 土耳其里拉汇率制度

土耳其里拉汇率制度属于中间汇率制度。土耳其无外汇管制,居民可以自由持有外币,从银行等金融机构自由购买外币,且交易时可直接接受外汇支付。外国投资企业在土耳其可以开立外汇账户。外币可存入外汇账户,在清算和销售得以保证的情况下,可自由转移利润、手续费、版权费和汇回资本,获得外汇不困难,汇出汇入也无限制。

9. 乌克兰格里夫纳汇率制度

乌克兰的经济结构特点:一是农业体系发达。乌克兰是世界上第三大粮食出口国,素有"欧洲粮仓"的美誉。二是工业产值占比较高。作为一个新兴的自由市场经济体,乌克兰的工业门类齐全,是乌克兰生产领域中最大的部门,其中,重工业比较发达,轻工业相对薄弱。但是,地缘政治局势动荡导致乌克兰货币格里夫纳持续性贬值。因为政局不稳使得国际金融市场对乌克兰经济金融安全形势产生担忧,直接削弱了其对外资的吸引力,而外汇形势不佳则加剧了乌克兰的资本外逃。2015年2月5日,乌克兰央行迫于IMF提供紧急贷款援助的附加条件,宣布停止外汇市场干预,取消官方指导汇率,实行自由浮动的市场汇率。官方指导汇率取消当日,格里夫纳汇率即与市场价接轨。2015年2月23日,乌克兰央行出台《第130号决议》,实施外汇管制,在汇兑环节全面限制购汇和资本外流。

10. 波兰、德国和荷兰

波兰、德国和荷兰均属于欧盟地区,其汇率制度为欧盟的汇率制度。欧盟的汇率制度有两个层面:一是欧元对欧盟外实行单一的浮动汇率制;二是欧元对欧盟内非欧元成员国实行"欧洲第二汇率机制(ERM2)",即欧元与尚未加入欧元区的欧盟成员国货币间的波动幅度保持在15%以内。欧洲中央银行负责管理汇率机制的日常事务,协调欧元区国家与尚未加入欧元区的欧盟成员国间的货币政策。欧洲中央银行可以向欧盟理事会提出汇率体制与汇率中心平价调整的建议,并同欧盟理事会协商,供后者在制定汇率政策时参考。《马斯特里赫特条约》规定,欧洲中央银行具有实施外汇业务的全部权力。欧洲中央银行拥有外汇储备500亿欧元。欧洲中央银行可以自由支配这500亿欧元的外汇储备,在必要时还可以动用成员国中央银行的外汇储备。欧元区成员国中央银行在动用其外汇储备时,必须征得欧洲中央银行的批准,以防止成员国中央银行进行外汇业务时与欧元区汇率政策不一致。欧洲中央银行可在欧洲理事会的指示下,对欧元与美元、日元以及其他货币的汇率进行外汇干预。

从1979年欧洲货币体系成立到欧元启动前,欧洲货币体系实行的是对内可调整盯住、对外自由浮动的汇率制度。该汇率机制又被称为欧洲第一汇率机制(ERM1)。它与1973年3月开始实行的联合浮动汇率制度的不同之处在于,欧洲第一汇率机制主要通过两种汇率干预体系来实现汇率稳定机制:一是平价网体系,二是货币篮子体系。平价网体系要求成员国货币之间彼此确定中心汇率,各成员国相互之间的汇率只能在中心汇率上下2.25%间浮动(个别国家为6%)。如果任何一国的货币波幅超过容许波动的幅度,该国中央银行就有义务采取行动干预,使汇率回复到规定的幅度之内。所谓的"货币篮子体系",是指每个成员国货币只同"篮子货币"欧洲货币单位(ECU)相联系。任何成员国货币偏离对ECU的中心汇率,都必须进行干预。

1997年6月16日,欧盟十五国首脑在阿姆斯特丹举行高峰会议,通过了《新的货币、汇率机制》,批准从1999年1月1日开始实行新的汇率机制,即欧洲第二汇率机制(ERM2)。包括:(1)新的汇率机制以欧元为中心和记账单位,与尚未加入欧元区的欧盟成员国建立双向汇率机制,取消现存的多边平准汇率机制;(2)欧元与尚未加入欧元区的欧盟成员国货币间的汇率称为中心汇率,其波动幅度在15%以内;(3)欧洲中央银行负责管理汇率机制的日常事务,协调欧元区国家与尚未加入欧元区的欧盟成员国间的货币政策;后者同样有权利对外汇市场进行干预,而且可以申请欧洲货币合作基金的信贷支持。ERM2一方面以政府间的协定为基础,另一方面以各国中央银行间的平行协定为基础。

表4-10 丝绸之路经济带上各国汇率制度比较

类 别	汇率制度	外汇管制	是否正在实行双轨或多轨制	目前是否同人民币直接可兑换
中 国	中间汇率制度	严格	否	—
俄罗斯	中间汇率制度	严格	否	是
哈萨克斯坦	自由浮动汇率制度	严格	否	否
吉尔吉斯斯坦	自由浮动汇率制度	较少	否	是
乌兹别克斯坦	中间汇率制度	严格	否	否
土库曼斯坦	固定汇率制度	较少	否	是
伊 朗	中间汇率制度	非常严格	是	否
土耳其	中间汇率制度	较少	否	否
乌克兰	自由浮动汇率制度	严格	否	否
波 兰	自由浮动汇率制度	较少	是	是
德 国	自由浮动汇率制度	较少	是	是
荷 兰	自由浮动汇率制度	较少	是	是

由表4-10可以看出,陆上丝绸之路或丝绸之路经济带上各国具有多样化的汇率制度安排,人民币要想实现国际化还需要同各国协商具体解决方案方能最终确定,有很大的难度。

第五章

国际储备与人民币国际化

学习目标

1. 了解国际储备特征与构成、国际储备规模管理,以及国际储备结构管理。

2. 理解国际储备与国际清偿力、特别提款权及其功能、中国外汇储备规模管理、中国外汇储备结构管理,以及多元化国际储备体系的成因。

3. 掌握影响一国国际储备需求的主要因素,最佳国际储备量及其确定方法,中国外汇储备规模不断扩大的成因,货币国际化及其特征,以及货币国际化模式和人民币国际化的目标选择。

4. 学会分析中国外汇储备规模由不断扩大转向减缓的原因,分析人民币纳入SDR货币篮子与中国人民币国际化模式的选择。

第一节 国际储备的特征及构成

一、国际储备的主要特征

国际储备(international reserves)是指一国货币当局持有的,用于国际支付、平衡国际收支差额和干预外汇市场、维持货币汇率稳定的国际间可接受资产。能够作为国际储备的资产必须具备三个基本特征:(1)可获得性(availability)。作为国际储备的资产必须是一国货币当局完全有能力获得的资产(一般是中央银行或财政部集中掌握的),非官方金融机构、企业和私人持有的资产不能算作国际储备。从这一点来说,有时又把国际储备称为官方储备(official reserve)。(2)充分流动性(liquidity)。国际储备应有充分的变现能力,在一国出现国际收支逆差或干预外汇市场时可以随时动用。如存放国外的活期可兑换外币存款、有价证券等。(3)普遍接受性(acceptability)。国际储备必须在外汇市场和政府间清算国际收支差额时能够得到普遍认同和接受。除了三个基本特征外,储备货币发行国还需要具备两个重要的特征:(1)是否为最大的进口品最终消费目的地之一,决定着一国货币可以作为向世界提供流动性清偿的潜在储备货币能力;(2)本币有无向国际社会充足的融资能力,决定着一国货币由潜在储备货币变成现实的储备货币,这反过来要求该国必须能够承受巨额的经常账户逆差失衡。

现实中,国际储备分为广义国际储备和狭义国际储备。广义国际储备包括自有储备和借入储备,两者构成国际清偿能力。国际清偿力(international liquidity)是指一国金融当局干预外汇市场的总体能力,它由自有储备和借入储备构成。狭义国际储备仅指自有储备,就是通常所说的国际储备,其数量多少反映一国在国际货币金融领域中的地位。大多数经济学家认为,国际储备和国际清偿力有所不同。国际清偿力不仅包括国际储备,还包含其他一些资产。随着国际经贸往来的日益密切,国际货币基金组织现在把国际储备以及具有国际储备特性的借入储备都统计在国际清偿力的范围内。借入储备资产包括备用信贷、互惠信贷协议、借款总安排、互换支付协议等临时性的筹款协议,以及本国商业银行的对外短期可兑换货币资产。所以,国际储备和国际清偿力是有区别的,国际清偿力的内涵更广,它强调的是对外支付能力而不是所有权关系。

二、不同历史阶段的国际储备货币

(一)国际金本位时期储备货币:黄金

19世纪80年代,形成了国际金本位制度,国际储备货币就是黄金,其特点是:黄金是国际货币体系的基础;黄金可以自由输出和输入;黄金可自由兑换和自由铸造。

(二)布雷顿森林体系:美元为唯一的国际储备货币

1944年,国际社会建立了布雷顿森林体系,其特征主要体现在三个方面:汇率制度、外汇储备制度和国际收支不平衡的调整机制。在汇率制度上,各国货币与美元挂钩,美元与黄金挂钩,汇率浮动范围在法定汇率上下1‰之内。在外汇储备制度上,规定美国持有黄金,其他国家持有美元和黄金。但是能与黄金直接兑换的只有美元,这保证了美元在第二次世界大战后的国际储备货币地位。在国际收支不平衡调整机制上,采取了可调整的盯住汇率制度。当一国出现暂时性国际收支不平衡时,可向国际货币基金组织贷款,当出现基础性不平衡时,可以调整汇率。

(三)牙买加体系:多元国际储备货币并行

美元仍然作为主要的国际储备货币,但是欧元、日元和英镑成了国际储备货币。牙买加体系的主要特点体现在三个方面:黄金的非货币化,即黄金不再作为货币流通;储备货币的多样化,美元、欧元、日元和英镑都成了国际储备货币;汇率制度的多样化,现在世界各国的汇率制度除了固定汇率制度外,还有浮动汇率制度等其他形式。

三、国际储备的构成

一般来说,国际储备仅指狭义国际储备,按照国际货币基金组织对会员国规定的统计标准,一国的国际储备由四种资产构成,主要包括政府持有的货币黄金储备、政府持有的外汇储备、在国际货币基金组织的储备头寸以及在 IMF 内的特别提款权贷方余额。

(一)货币黄金储备

货币黄金储备(gold reserve),指一国货币当局持有的货币化黄金(monetary gold),不包括为了满足工业用金和民间藏金的需求作为商品储备的黄金。黄金作为储备的历史比较长,在国际金本位制度和布雷顿森林体系下,黄金一直是最重要的储备资产,因为黄金是最可靠的保值手段,是理想的财富化身,黄金储备完全是一国范围内的事,可以自动控制,不受任何超国家权利的制约。但是,世界黄金产量增长有限,黄金储备的流动性欠缺,而且持有的机会成本比较高,使得黄金储备的吸引力受到影响。特别是1976年《牙买加协议》实施以后,随着黄金的"非货币化",黄金已不再是货币制度的基础,也不能用于政府间的国际收支差额清算。严格意义上来说,它已不再是国际储备资产了,然而,由于历史上形成的习惯,大多数国家货币当局仍持有黄金,国际货币基金组织在统计和公布成员国的国际储备时,也把黄金储备列入其中。

从世界黄金储备的规模及其分布变化来看(见表5-1),基金组织成员国的黄金储备实物量并无很大变化,若按黄金市场价格计算,则黄金储备变化较大。发达经济体的黄金储备在2004—2010年呈现出小幅下降态势,2012—2015年趋于平稳;而新兴市场和发展中经济体的黄金储备从2006—2015年保持着小幅增长的态势。中国持有的黄金储备分别在2009年和2015年呈现跳跃式的增加。2015年年末,发达经济体持有的黄金储备占黄金总储备的比重为67.1%,新兴市场和发展中经济所占的比重为23.9%,其中,中国占比为5.4%。相比来看,发达经济体持有的黄金储备实物量远远超过新兴市场和发展中经济体,并且中国持有的黄金储备份额较低。

表5-1 国际货币基金组织成员国的黄金储备分布 单位:百万盎司

年末	2004	2005	2006	2007	2008	2009	2010	2011	2012	2013	2014	2015
世界	1 010.7	991.3	979.6	963.4	963.9	980.8	991.5	1 003.3	1 018.6	1 024.1	1 029.8	1 052.4
发达经济体	761.6	744.6	733.6	717.0	708.3	704.7	704.5	705.6	706.4	706.9	706.8	706.7
新兴和发展中经济体	139.0	137.2	137.0	138.5	148.2	174.5	180.5	191.6	204.9	215.6	224.0	251.9
中国	19.3	19.3	19.3	19.3	19.3	33.9	33.9	33.9	33.9	33.9	33.9	56.7

资料来源:IMF, *International Finance Statistic Yearbook* 2016, July 2016, p.27.

(二)外汇储备

外汇储备(foreign exchange reserve),指各国货币当局所持有的以储备货币表示的流动资产,其形式表现为货币、欧洲货币单位、银行存款、政府的有价证券、中长期债券、货币市场工具、衍生金融工具、以股本证券形式持有的对非居民的债权等。外汇储备是当今国际储备的主体,就金额而言,它超过所有其他类型的储备资产。如表5-2所示,2004—2014年发达经济体、新兴市场和发展中经济体的外汇储备都呈现明显的增加趋势;2015年发达经济体的外汇储备继续增加,新兴市场和发展中经济体的外汇储备小幅下降,中国的外汇储备也出现明显减少。同期,发达经济体的外汇储备占比从2004年的55.4%下降至2015年的36.2%,新兴市场和发展中经济体的外汇储备占比从2004年的44.6%上升至2015年的63.8%,中国的外汇储备占比从2004年的16.3%增加至2015年的30.5%。总体来看,2015年新兴市场和发展中经济体的外汇储备额大大超过发达经济体,并且中国持有的外汇储备份额较高。

表 5-2 国际货币基金组织成员国外汇储备分布　　单位：十亿特别提款权

年　末	2004	2005	2006	2007	2008	2009	2010	2011	2012	2013	2014	2015
世　界	2 413.5	3 022.6	3 491.8	4 242.7	4 769.3	5 208.2	6 015.8	6 646.9	7 125.9	7 585.8	8 000.6	7 883.8
发达经济体	1 336.7	1 458.4	1 503.9	1 547.4	1 624.7	1 780.5	2 016.5	2 222.5	2 411.2	2 483.4	2 661.8	2 857.6
新兴和发展中经济体	1 076.8	1 564.2	1 987.9	2 695.3	3 144.6	3 427.7	3 999.4	4 424.4	4 714.6	5 102.4	5 338.8	5 026.2
中　国	392.7	572.9	708.8	967.1	1 263.4	1 530.4	1 848.9	2 072.0	2 154.7	2 481.4	2 652.5	2 403.3

资料来源：IMF，*International Finance Statistic Yearbook* 2016，July 2016，p.24.

作为储备货币，必须具备三个条件：(1) 它在国际货币体系中占有重要地位。若该国是国际贸易中的最大进口国，并且具有较高信用且能够承受资本项目逆差的能力，则该国货币具有成为国际储备货币的可能性。(2) 它在贸易交易和资本流动中保持自由兑换性。意味着这种货币不存在外汇交易制约，可以在全球自由流动，政府随时可以用于国际支付或干预外汇市场。(3) 其内在价值比较稳定。这种货币需要具有稳定的币值和高效的金融市场。外汇储备的供给状况直接影响世界贸易和国际经济往来能否顺利开展。如果供给太多，会增加世界性的通货膨胀；反之，供给太少，很多国家将被迫实行外汇管制或采取其他不利于国际贸易的措施。所以，外汇储备供给量如何保持适度规模，储备货币发行国有何制约机制，是国际金融亟待研究的课题。

外汇储备都是些"硬通货"，储备货币发行国的经济在全球经济中所占的比重上升，其他国家持有这些货币的比重也上升。20 世纪 70 年代布雷顿森林体系崩溃以前，外汇储备主要依赖于美元的供应，随着历次美元危机的爆发，美元的信用不断恶化，日元、德国马克和瑞士法郎成为硬通货，从而出现储备货币的多元化趋势。1999 年 1 月 1 日，正式启动的欧元显示出强大的潜力，美元在外汇储备中的重要性已相对下降，但是依然在国际储备货币中占据非常独特的地位。

(三) 在货币基金组织的储备头寸

储备头寸(reserve positions in IMF)又叫普通提款权(general drawing rights)，是 IMF 成员方在 IMF 的普通账户中可以随时自由提取和使用的资产，包括成员方在基金组织储备部分提款权余额和基金组织对成员国货币的净使用。按照 IMF 的规定，成员国加入时必须缴纳份额(quota)，其中，25% 用可兑换货币缴纳，75% 用本国货币缴纳，缴纳的份额使成员方获得向基金组织的普通提款权。当成员方发生国际收支困难时，有权以本国货币为抵押向基金组织申请提用可兑换货币，最多可以达到份额的 125%。如表 5-3 所示，2004—2015 年 IMF 储备头寸的规模以及分布情况是：所有成员国在 IMF 的储备头寸在 2007 年达到最低点，2008—2012 年有所增加，储备头寸在 2012 年达到最高点，2012—2015 年逐渐回落。同时，2012 年后发达经济体、新兴市场和发展中经济体、中国在 IMF 的储备头寸都呈现下降趋势。2015 年发达经济体在 IMF 的储备头寸占比为 72.7%，新兴市场和发展中经济体的外汇储备头寸占比为 27.3%，中国的储备头寸占比为 5.2%。相比来看，发达经济体的储备头寸是新兴市场和发展中经济体的 2.7 倍。

表 5-3　在 IMF 的储备头寸表　　　　　　　　　　　　　单位：亿 SDR

年　末	2004	2005	2006	2007	2008	2009	2010	2011	2012	2013	2014	2015
世　界	557.9	285.6	175.1	137.3	251.0	386.8	488.1	982.6	1 032.4	975.1	817.4	634.5
发达经济体	451.0	217.1	125.1	93.3	181.1	274.4	345.3	739.1	776.5	732.0	606.4	461.2
新兴和发展中经济体	106.9	68.5	50.0	44.1	70.0	112.3	142.8	243.5	256.0	243.1	211.0	173.3
中　国	21.4	9.7	7.2	5.3	13.2	28.0	41.5	63.7	53.2	45.8	39.3	32.8

资料来源：IMF，*International Finance Statistic Yearbook* 2016，July 2016，p.21.

（四）特别提款权贷方余额

IMF 于 1969 年创立特别提款权（Special Drawing Rights，SDR），并于次年设立特别提款权账户按照成员国的份额进行首次分配。特别提款权是 IMF 为补充成员国储备资产而创设并无条件分配给成员国的一种账面资产，是 IMF 分配给成员国的一种使用资金的权利。成员国发生国际收支逆差时，可用它向 IMF 指定的其他成员国换取外汇，以偿付国际收支逆差或偿还基金组织贷款，还可与黄金、自由兑换货币一样充当国际储备。如表 5-4 所示，2004—2008 年所有成员国持有的加总 SDR 基本没有变化，2009 年为应对欧洲主权债务危机，IMF 的增资扩容使得各方持有的 SDR 出现跨越式增长。2012 年之后加总的 SDR 没有变化，2015 年发达经济体持有的 SDR 占比为 61.8%，新兴市场和发展中经济体的 SDR 占比为 30.5%，中国持有的 SDR 占比为 3.6%。相比来看，发达经济体持有的 SDR 额度是新兴市场和发展中经济体的 2 倍。

表 5-4　IMF 成员方的 SDR　　　　　　　　　　　　　　单位：亿 SDR

年　末	2004	2005	2006	2007	2008	2009	2010	2011	2012	2013	2014	2015
世　界	214.7	214.7	214.8	214.8	214.5	2 040.7	2 042.9	2 040.7	2 041.8	2 041.8	2 041.8	2 041.8
发达经济体	155.5	127.3	137.9	140.4	142.0	1 298.5	1 297.3	1 265.9	1 257.2	1 257.8	1 255.3	1 261.1
新兴和发展中经济体	47.6	73.3	44.6	43.5	46.6	709.3	699.1	672.6	657.6	652.4	643.4	622.8
中　国	8.0	8.8	7.1	7.5	7.8	79.8	80.2	77.2	73.9	72.6	72.2	74.2

资料来源：IMF，*International Finance Statistic Yearbook* 2016，July 2016，p.18.

第二节　国际储备规模管理和结构管理

一、国际储备规模管理：供给层面

国际储备的供应来源主要有国际收支顺差、外汇市场干预引致供给、收购黄金，以及在国际货币基金组织的储备头寸和特别提款权。具体是：

1. 国际收支顺差。国际收支盈余是国际储备最主要和最直接的来源。在汇率固定下,国际收支顺差意味着该国国际储备存量的增加。从来源上说,经常项目盈余比资本项目盈余更为可靠,虽然资本项目下的资本净流入也可以增加国际储备,但是还本付息和短期资本的频繁流动,制约了储备积累的稳定性。

  2. 外汇市场干预。一国对外汇市场的干预活动可以改变国际储备的存量。货币当局进入外汇市场抛售本币收购外汇,可以增加国际储备。反之,抛售外汇收购本币,会减少国际储备。但这种市场操作往往是被动式的,很少用这种方法来增加储备。

  3. 收购黄金。一国收购黄金主要有两条渠道:一是用本国货币在国内收购(叫黄金货币化),二是从国际黄金市场上收购。从黄金供应来看,高昂的产金成本使黄金产量有限。从黄金需求来看,工业用金、艺术、保值等用金需求日益增长,增加黄金储备有实际困难。由于大多数国家的货币不可自由兑换,收购黄金必须动用外汇储备,所以,这种收购只能改变国际储备的构成,而不能增加储备总量。

  4. 在国际货币基金组织的储备头寸和特别提款权。一国在国际货币基金组织的债权,可以增加国际储备,但是也仅限于少数几个发达国家,国际货币基金组织收存的大多数会员国的货币现实中并无需求。特别提款权则因为发行数量有限,分配机制还不完善,无法成为储备增加的主要来源。

二、国际储备规模管理:需求层面

  国际金融理论在分析一国持有国际储备的需求动机时,大多从交易性需求、预防性需求和赢利性需求三个角度进行研究。还有一种相对虚无的"马克卢普夫人衣橱理论",认为外汇储备规模完全由金融当局含糊不清的偏好决定。金融当局基本上是年复一年地希望扩大外汇储备规模,就像马克卢普夫人每年增添新的服装一样。按照这种理论,外汇储备规模与任何经济变量不存在直接的联系。实际上,国际储备的决定并非是随意的。具体来说,影响一国国际储备需求的主要因素有:

  1. 国际收支状况。一国的国际储备需求和国际收支赤字出现的规模和频率呈正相关关系,国际收支状况越不稳定,对国际储备的需求越高。一国储备需求和国际收支失衡的性质有关,面临的国际收支逆差越偏向于短期性,需要的储备越多。国际收支的调节机制和政策也会影响储备需求,国际储备需求与国际收支调节机制的效率成反比。自动调节机制和调节政策的效率越高,国际储备需求就越小。

  2. 汇率制度。国际储备需求与汇率制度密切相关。固定汇率制度下,政府需要较多的储备来应变国际收支危机和汇率波动。浮动汇率制度下,汇率变动越灵活,越富有弹性,该国对国际储备的需求越小,反之,汇率变动越缺乏弹性,对国际储备的需求量越大。

  3. 融资能力。一国对国际储备的需求与其融资能力呈负相关关系。发达国家融资能力较强,具有较高的资信等级,可以方便迅速地筹措、利用国际金融市场的信贷资金,或者获得国际金融机构或外国政府的贷款,所以对国际储备的需求较小。而发展中国家外部融资能力相当薄弱,这就决定了发展中国家一般要求较高的国际储备量。

  4. 国际资本流动状况。国际储备用于国际收支差额的支付,但在当今资本流动规模日益扩大,同时各国又实行金融自由化的情况下,国际储备的作用更多地体现为应对国际资本流动对一国国际收支的冲击。1997年东南亚金融危机中,大多数危机发生国由于国际储备有限,被迫放弃维系固定汇率的努力。而同样境遇的香港,依靠充足的外汇储备和完善的金融体系,最终成功捍卫了港元联系汇率制。因此,发展中国家特别是新兴市场国为了增强本国经济抵御外部冲击的能力,需要持有较多的国际储备。

5. 政府政策选择偏好。如果一国以经济增长和提高国民收入为首要目标,偏好膨胀性的经济政策,持有较多的国际储备有利于经济和收入的稳定。如果本国的对外开放度较高,对外贸易规模很大,该国对国际储备的需求也相应增加。其他因素如外汇管制的宽严、就业率、汇率弹性、对投资风险管理的态度等都会对国际储备需求量有一定的影响。

6. 本币的国际地位。如果一国货币为主要国际储备货币,则该国在调节国际收支不平衡时就具有一个有利的条件,即可以用本币对外支付和清偿债务。因此,对国际储备货币发行国来说,它无需保持规模过大的国际储备。不过,国际储备货币发行国必须具有强大的经济实力以维持其货币的国际地位。

7. 金融市场的发育程度。金融市场越落后,调节国际收支需要的自有储备越大。

8. 持有国际储备的机会成本。持有国际储备是要付出代价的,因为国际储备代表了对外国经济资源的购买力,如果用于进口急需的外国商品、技术或劳务,可增加本国的投资,促进国民收入的提高和国内就业。所以,持有国际储备的机会成本越高,对国际储备的需求越低。

9. 国际政策协调和国际货币合作状况。一国与其他国家之间开展的经济合作和国际间的政策协调,可以有效地减少对国际储备的需求。有良好国际货币合作关系的国家,一般对自有国际储备的需求较少。

三、国际储备结构管理

国际储备结构管理,是指确定国际储备资产最佳的分布格局,使得黄金储备、外汇储备、普通提款权和特别提款权之间,以及使外汇储备的各种储备货币之间保持适当的比例关系。

(一) 四种储备资产的结构管理

在实现国际储备的职能方面,国际储备的四种资产各有优劣。所以,它们的具体构成情况会影响到一国国际储备的使用效率。外汇储备资产的流动性最高,使用时随时可以变现,缺点是因为汇率、利率风险,价值不稳定,安全性较差。黄金储备安全性较好,但流动性差,使用时必须先兑换成外汇资产,所以,被列为高收益低流动性的三级储备资产。SDR 兼备外汇储备和黄金储备的优点,它的定值是按五种货币加权平均计算,比外汇储备的价值稳定,流动性又高于黄金储备,可以视同二级储备。储备头寸则类似于一级储备,但是,储备头寸和 SDR 的数量并不能由一国政府决定,所以,无法在储备资产中占据主导地位。对一国政府来说,储备资产构成主要是指确定黄金和外汇储备资产所占的比重。如表 5-5 所示,从世界国际储备资产的发展来看,2009—2015 年外汇储备在国际储备中占据着绝对份额,虽然 2015 年全球外汇储备绝对额有所下降,但是 2015 年外汇储备占比仍高达 88.2%,高于 2009—2015 年历史同期各年度的外汇占比。同期,黄金储备在总的国际储备中占比有了明显的下降,从 2009 年占比 16.01% 下降至 2015 年的 9.01%。

表 5-5 世界国际储备资产的构成

年 份	2009	2010	2011	2012	2013	2014	2015
黄金(伦敦市价折算)(10亿SDR)	980.8	991.5	1 003.3	1 102.8	801	857.2	805.1
外汇储备(10亿SDR)	5 208.2	6 015.8	6 646.9	7 125.9	7 585.8	8 000.6	7 883.8
在基金组织的储备头寸(10亿SDR)	38.7	48.8	98.3	103.2	97.5	81.7	63.5
特别提款权(10亿SDR)	204	204	204.1	204.2	204.2	204.2	204.2
总的国际储备(10亿SDR)	6 128	7 169.2	7 939.8	8 523.6	8 675.6	9 129.6	8 940.4
黄金占比(%)	16.01	13.83	12.64	12.94	9.23	9.39	9.01
外汇储备占比(%)	84.99	83.91	83.72	83.60	87.44	87.63	88.18
储备头寸占比(%)	0.63	0.68	1.24	1.21	1.12	0.90	0.71
特别提款权占比(%)	3.33	2.85	2.57	2.40	2.35	2.24	2.28

注：黄金、外汇储备、在基金组织的储备头寸、特别提款权和总的国际储备的单位为10亿SDR。
资料来源：IMF, Annual report, 2016：Appendix Table I.1 Official Holding of Reserve Assets。

值得注意的是，中央银行对国际储备资产管理的侧重点不同于一般商业银行。一般商业银行通常把追求利润放在首位，中央银行通常将安全性和流动性放在首位，然后才考虑其投资的赢利性。

(二) 外汇储备的结构管理

外汇储备是国际储备中最重要的组成部分，所以，外汇储备管理是国际储备管理的核心所在。外汇储备结构管理的主要内容是外汇储备的币种管理，以及外汇储备资产形式的选择。

1. 外汇储备的币种管理。自20世纪70年代以来，随着国际货币制度的重大变化，储备货币从单一的美元转变为多种储备货币并存的局面，各种储备货币在汇率、利率和通货膨胀率上存在着很大的差异，使得储备货币币种管理的重要性凸显。在进行外汇储备货币币种选择时，应考虑以下标准：(1) 应尽可能与弥补赤字和干预外汇市场所需的货币保持一致，确保储备的使用效率。(2) 应尽可能与一国国际贸易结构和国际债务结构相匹配，从而一定程度上避免兑换风险，节约交易成本。(3) 应尽可能选择和增加硬通货的储备量，减少软通货的储备量。(4) 充分考虑安全性、流动性和赢利性三性原则，保持储备货币的多元化，不要把鸡蛋放在一个篮子里。

2. 外汇储备的资产形式管理。根据外汇储备资产的流动性，可将外汇储备资产分为三类：(1) 一级储备，即现金或准现金，如活期存款、短期国库券或商业票据等，流动性最高，盈利性差。(2) 二级储备，如各种定期存单和政府中期债券。(3) 三级储备，主要包括长期债券、AAA级欧洲债券等，这类资产流动性最差，盈利性最高。为了应付对外支付和市场干预，货币当局必须持有足量的一级储备；对于自然灾害等，还必须拥有一定数量的二级储备以备急用，剩余部分才可以考虑进行长期投资。

第三节　国际储备量及其确定方法

理论上,最佳国际储备量是指当国际储备的边际成本等于边际收益时,一国政府或货币当局所持有的国际储备量。实践中,关于一国最佳国际储备量的确定,目前主要有如下几种方法:

一、比率分析法

美国耶鲁大学教授罗伯特·特里芬(Robert Triffin)开创了研究国际储备的先河。他指出,一国持有的储备额同它的进口额之间存在着一定的比例关系,可以用储备与进口的比率来决定一国的储备需求水平。一国储备的合理数量约为该国年进口总额的 20%—50%。对大多数国家而言,保持储备占年进口总额的 20%—40% 是比较合理的。一般认为,国际储备额应该能够满足 3 个月的进口需要。这个数额按全年储备对进口的比率来计算,约为 25% 左右。20 世纪 60 年代初,比率分析法成为测度最佳国际储备量的标准方法。

由于 IMF 在这方面给各成员国提供了现成的计算数据,而且绝大多数国家的国际收支失衡是由于贸易项目下的失衡造成的,所以,特里芬认为,储备进口比率是比较可行的方法。用这一方法来确定最佳国际储备水平,具有简便易行的优点。但是,它也存在明显的不足。该理论仅考虑了对外贸易支付,忽略了资本项目变动对储备的需求和影响,是以资金的单向流动来衡量储备量,忽视了国际收支中资金对流的实质。事实上,储备量的变动与调整还取决于包括国民收入、货币供应量、政府意愿等多种因素,它是由多种经济变量共同决定的多元函数。此外,该比率忽视了储备使用的规模经济效应,可能高估国际储备量。

如何判断一国或地区储备够不够问题?刘遵义(2007)提出需要考虑以下几个因素:一是能够维持一国或地区一段时间(如 6 个月)进口所需的外汇。二是到期的外债的数量,这个是非常重要的因素。这里指的主要是短期(一年之内到期)的外债。三是外商的证券投资(foreign portfolio investment),而不是直接投资(FDI)。需要强调的是,证券投资不是指流量,而是指存量。这样,6 个月的进口加上一年之内到期的外债和证券投资的存量,再与一国或地区持有的外汇储备相比较,就可以判断该国或地区的储备是否足够,是否有足够的能力来应付可能的外汇需求[①]。

二、回归分析法

20 世纪 60 年代以后,弗兰克尔(J. Frenkel)等西方经济学家运用回归技术,建立了许多经济计量模型,对影响一国最佳国际储备量的因素进行了分析。回归分析法将对储备的分析从单纯的规范分析转向实证分析,引入诸多经济变量,主要包括:(1)国民收入;

---

① 刘遵义(2007):《十年回眸:东亚金融危机》,《国际金融研究》第 8 期,第 10 页。

(2) 货币供给量;(3) 国际收支变量;(4) 进口水平;(5) 边际进口倾向;(6) 持有储备的机会成本,如长期利率等,从而使得储备水平的分析更为全面。由于回归模型的建立主要依赖于过去的经验数据,因此,预测未来储备量还要和其他理论结合起来进行综合分析。

三、成本—收益分析法

该理论认为,一国之所以持有储备,是因为储备带来收益,主要表现为融资成本和调节成本的节约,随着储备持有额的增加,储备的边际收益递减,图 5-1 中 MR 为储备的边际收益线。另一方面,持有储备也要付出代价和成本,表现为一国资本生产力和储备资产收益率之差。持有储备的边际成本随着储备的增加而增加,图中的 MC 表示边际成本递增趋势。只有当持有储备的边际收益等于边际成本($MR=MC$)时,才会达到储备量的均衡点,此时的 R_0 是最佳国际储备量水平。尽管理论上的确定没有问题,但是实践中如何准确衡量持有储备的收益和成本十分困难,再加上政治等非经济因素的考虑,进一步增加了难度。

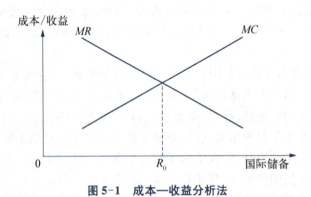

图 5-1　成本—收益分析法

四、区间分析法

由于实际操作中要维持在一个确定的最佳储备水平比较困难,所以,人们选择一个适度国际储备量的目标区间,使储备额在此区间内以较小的幅度波动。目标区间的上限是一国保险储备量,它既能满足一国在国际收支逆差时的对外支付,又能保证国内经济增长所需要的实际经济资源投入而不会引起通货膨胀。目标区间的下限是一国经常储备量,以保证正常经济增长所需的进口不因储备不足而受到影响。只要一国的储备量保持在这一区间内,就可以认为国际储备量是最佳的。最佳国际储备量应根据经济发展的情况确定在这二者之间的某个最佳水平上。

五、定性分析法

影响一国储备需求量的因素有:一国储备资产的质量;各国经济政策的合作态度;一国国际收支调节机制的效力;一国支付采取调节措施的谨慎态度;一国依赖的国际清偿能力的来源及稳定程度;一国国际收支动向以及经济状况等。定性分析法虽然大大丰富了储备适度规模理论的研究,但是没有对最佳国际储备量作出精确的量化分析,无法在具体实践时提供指导。

从国际角度确定最佳国际储备量水平是重要的,因为世界储备量的充足与否,关系到世界经济的发展与稳定,影响国际货币体系改革的走向。从表5-6可见,世界储备资产的规模逐年递增,所以,国际储备管理将长期成为国际金融领域内的难题。这方面,中国的储备资产规模增加更为显著,占比从2011年的29.9%已增长至2014年的32.1%,中国的国际储备管理也是一个长期的难题。

表5-6 世界国际储备资产的分布　　　　　　　　单位:十亿SDR

年末	2005	2006	2007	2008	2009	2010	2011	2012	2013	2014	2015
世界	3 106	3 562.2	4 308.8	4 847.2	5 481.6	6 298.1	6 970.7	7 456.5	7 910.4	8 308.4	8 172.1
发达经济体	1 514.9	1 549.6	1 588	1 674.8	1 954.4	2 196.9	2 438.7	2 639.9	2 707.7	2 873.5	3 054.6
新兴和发展中经济体	1 587.3	2 008.7	2 717.1	3 168.7	3 523.6	4 097.4	4 528.2	4 812.8	5 199.2	5 431.7	5 114.3
中国	575.5	710.9	969.1	1 266.2	1 542.3	1 862.2	2 087.3	2 168.6	2 494.4	2 664.9	2 416.0

资料来源:IMF,*International Financial Statistics Yearbook* 2016,July 2016. p.30.

第四节　中国外汇储备规模管理和结构管理

一、中国外汇储备规模管理

从外汇储备规模来看,我国各项指标均突破了国际通行标准,远远高于发展中国家的平均水平。储备充足显示我国经济实力的增强,但是关于中国外汇储备的适度规模问题一直是社会各界较有争议的话题。

从外汇来源上看,我国外汇储备规模的大幅增长很大程度上来源于出口创汇。雄厚的外汇储备提高了我国整体对外信誉,企业融资成本降低。当然,这并不意味着我国外汇储备越多越好,可以无限制地积累储备。外汇储备规模是否适度,关键要看一国是否实现了内外平衡。在目前中国外汇储备消耗较大和人民币承受贬值压力下,"中国到底持有多少外汇储备是适度的"一直是个饱受争议的问题。

总的来看,衡量中国外汇储备是否充足和适度,除了考虑进口因素之外,还需要考虑债务特别是到期债务量、国外投资者收益汇出以及未分配利润、潜在的资本外逃等因素。尽管从理论上难以确定我国外汇储备适度规模的具体金额,但是毫无疑问,面对如此巨额的中国外汇储备规模,如何管理好中国外汇储备的存量和流量及储备结构是一个复杂的难题。

二、中国外汇储备结构管理

从外汇储备的结构来看,我国外汇储备的币种构成历来以美元为主。据推测,在中国外汇储备的构成中,相当大的比重为高流动性的美国国债。由于美元贬值,这势必增加外汇储备中美元资产储备的损失风险。同时,我国对日本的贸易比重一直较大,而且对欧洲地区的贸易也在不断扩大,现在欧盟是我国第二大出口市场和第一大进口来源地,交易货币的多样化也要求各种储备货币的合理搭配和调整。另一方面,我国外汇储备资产组合也存在一定的缺陷,表现为对长期非货币金融资产缺乏避险工具,储备资金投放国内的渠道单一,外汇风险防范技术落后,影响了储备资产的保值和风险规避。因此,我国外汇储备结构管理应努力做到:(1) 保持多元化的货币储备,以分散汇率变动的风险;(2) 根据支付进口商品所需的货币币种和数量,确定不同货币在外汇储备中的比例;(3) 选择储备货币的资产形式时,既要考虑收益率,又要考虑流动性和安全性;(4) 密切注意国际市场汇率变动的趋势,随时相机调整各种储备货币的比例。

三、中国外汇储备规模由不断扩大转向减少的成因及对策

20 世纪 90 年代后,中国的外汇储备在不断地增长,特别是 1994 年出现一个跳跃式增长。当年,我国新增外汇储备 304.21 亿美元(见表 5-7)。究其原因,1994 年中国外汇管理体制进行重大改革,实现了人民币汇率并轨,并轨后人民币发生大幅贬值,直接推动了中国出口增长。在强制性结售汇制度下表现为中国外汇储备的大幅增加。进入 21 世纪后,2001—2002 年,中国外汇储备又出现明显地增加。2003—2013 年,我国外汇储备都以年均新增 3 213.6 亿美元在累积。至 2014 年年末,中国外汇储备规模已高达 38 430.18 亿美元。究其原因,2001 年 12 月 11 日,我国经过长达十几年的漫长磋商和谈判后正式加入 WTO,成为 WTO 成员国。加入世界贸易组织后,原先强加于中国身上的各种不合理的贸易壁垒和限制措施被逐步取消,贸易确定性和稳定的市场规模预期,加上中国自身的贸易比较优势,以及与主要贸易伙伴间的互补性贸易,这些因素一起促使中国对外贸易差额出现显著的增长。同期,伴随有人民币升值预期和强制结售汇制度(2008 年后改为意愿结售汇制度),使得中国外汇储备不断累积增加。2014 年 6 月,中国外汇储备规模达到峰值 39 932.13 亿美元,此后,由于经济形势和汇率走势等因素的负向冲击,中国外汇储备规模开始出现大幅减少趋势,2015 年年末,我国外汇储备规模已降至 33 303.62 亿美元。

表 5-7 中国外汇储备数量的变化 单位:亿美元

年末	外汇储备	年末	外汇储备	年末	外汇储备	年末	外汇储备
1984	82.20	1992	194.43	2000	1 655.74	2008	19 460.30
1985	26.44	1993	211.99	2001	2 121.65	2009	23 991.52
1986	20.72	1994	516.20	2002	2 864.07	2010	28 473.38
1987	29.23	1995	735.97	2003	4 032.51	2011	31 811.48
1988	33.72	1996	1 050.29	2004	6 099.32	2012	33 115.89
1989	55.50	1997	1 398.90	2005	8 188.72	2013	38 213.15
1990	110.93	1998	1 449.59	2006	10 663.40	2014	38 430.18
1991	217.12	1999	1 546.75	2007	15 282.49	2015	33 303.62

资料来源:中国国家统计局编,《中国统计年鉴—2016》,中国统计出版社,2016 年版。

如表 5-7,2014—2015 年,中国外汇储备急剧减少 5 126.6 亿美元,究其原因是,随着美国经济从次贷危机中逐渐复苏和增长,美联储加息的预期日渐上升,人民币出现了相对贬值的预期,加上 2008 年中国已取消了强制结汇制度,以及 2015 年以来中国对世界外贸出口形势变得严峻。如表 5-8 所示,从 2014 年年中开始,中国的外汇储备规模出现了月度显著地减少、下滑态势,从 2014 年 6 月最高峰值的 39 932.13 亿美元连续减少、下滑至 2015 年 12 月的 33 303.62 亿美元。

表 5-8　中国外汇储备规模月度变化(2014 年 1 月—2015 年 12 月)　　单位:亿美元

日　期	外汇储备	日　期	外汇储备	日　期	外汇储备
2013 年 1 月	34 100.61	2014 年 1 月	38 666.41	2015 年 1 月	38 134.14
2013 年 2 月	33 954.18	2014 年 2 月	39 137.39	2015 年 2 月	38 015.03
2013 年 3 月	34 426.49	2014 年 3 月	39 480.97	2015 年 3 月	37 300.38
2013 年 4 月	35 344.82	2014 年 4 月	39 787.95	2015 年 4 月	37 481.42
2013 年 5 月	35 148.01	2014 年 5 月	39 838.90	2015 年 5 月	37 111.43
2013 年 6 月	34 966.86	2014 年 6 月	39 932.13	2015 年 6 月	36 938.38
2013 年 7 月	35 478.10	2014 年 7 月	39 662.67	2015 年 7 月	36 513.10
2013 年 8 月	35 530.43	2014 年 8 月	39 688.25	2015 年 8 月	35 573.81
2013 年 9 月	36 626.62	2014 年 9 月	38 877.00	2015 年 9 月	35 141.20
2013 年 10 月	37 365.87	2014 年 10 月	38 529.18	2015 年 10 月	35 255.07
2013 年 11 月	37 894.51	2014 年 11 月	38 473.54	2015 年 11 月	34 382.84
2013 年 12 月	38 213.15	2014 年 12 月	38 430.18	2015 年 12 月	33 303.62

资料来源:中国人民银行网站。

相比来看,中国外汇储备规模由不断扩大转向减少的成因,可以概括为制度因素和经济因素。制度因素体现在 2008 年中国取消了强制结售汇制度,改为意愿结售汇制度,这为中国外汇储备在经济因素负向冲击下出现急剧反转提供了制度可能。经济因素主要包括:(1)中国经济增长下滑,美元加息形成对人民币贬值的强烈预期。2015 年四个季度我国 GDP 增速分别为 7%、7%、6.9%和 6.9%,投资和消费增速下降,房地产等金融风险使得人们对中国经济增长预期看低,同期人们对美联储加息的预期,形成了对人民币贬值的强烈预期。(2)中国进出口理念和跨境结算方式发生变化。从前依靠企业大规模出口获得大规模贸易顺差,形成累积的外汇储备,现在强调进口与出口一样重要、企业走出去投资以及跨境人民币结算等,直接削弱了外汇供给能力。(3)由于土地、劳动力和环境保护等成本上升,加上中国提高了引进外资标准,使得中国吸引外资能力相对减弱,同期国家又鼓励有条件有能力的企业开展对外投资,使得中国资本与金融账户处于逆差状态。结果,使得中国外汇储备规模下降。(4)中国企业、居民、金融机构的资产配置更加丰富,增添了外汇存款和对外资产,部分藏汇于民。

可能的对策是：一是明确中国外汇储备的适度区间。要充分考虑影响区间变化的经济与非经济因素、宏观和微观因素，而且适度的区间是动态调整的。二是要加大中国汇率体制改革，完善人民币汇率形成机制，扩大人民币汇率弹性，降低对外汇市场的干预，从而保持外汇储备规模的可持续。三是优化外汇储备结构，并促进外汇储备结构多元化，促进资产全球配置与资产结构优化。四是完善外汇储备管理体系，加强外汇储备多层次管理，依法管理外汇储备。五是继续推进人民币国际化。在人民币国际化的初期与中期，充足的外汇储备是人民币国际化的有力支撑，而人民币国际化的深入推进则有利于缓解中国外汇储备规模压力，从根本上化解外汇储备规模过大带来的风险。

第五节 国际储备体系变迁与人民币加入特别提款权货币篮子

一、国际储备体系变迁

国际储备体系是指在一种国际货币体系下，国际储备资产的构成及其相互关系。其核心问题是以什么货币作为国际货币体系的中心。随着国际货币体系的变迁，国际储备体系经历了一系列的演变过程。在国际金本位制度下，黄金是货币体系的基础，发挥着世界货币的职能，后来，英国在资本主义世界占据了统治地位，英镑随之成为比肩黄金的储备货币。这一时期的国际储备体系被称为黄金—英镑储备体系。第一次世界大战爆发以后，该体系瓦解。1944年布雷顿森林体系建立以后，赋予了美元等同于黄金的地位，美元成为国际货币体系的中心，所以，此时的国际储备体系变成美元—黄金储备体系。这一体系建立的基础是美国的经济实力和美国承诺用美元兑换黄金的信用保证。20世纪60、70年代，美元的中心地位发生动摇，美元—黄金储备体系也宣告结束。布雷顿森林体系解体后，德国马克、日元、法国法郎和瑞士法郎等相继跻身于国际货币之列。1999年欧元诞生，欧元替代德国马克和法国法郎等货币成为重要的国际储备货币。2003年以来，随着美元贬值、欧元等其他货币坚挺，国际储备体系形成了由多种储备货币组成的多元化储备货币体系。国际储备体系的演变如图5-2所示：

图5-2 国际储备体系的演变

二、特别提款权及其货币篮子审查

（一）特别提款权（SDR）创立的背景和权重决定因素

第二次世界大战后，1944年形成了布雷顿森林体系。这是一种"双挂钩"模式，即美元的币值与黄金挂钩，其他主要国家的货币币值与美元挂钩。但是，第一次美元危机暴露出以美元为中心货币的布雷顿森林体系的重大缺陷。经济学家特里芬指出，世界各国需要在全球货币流动性缺乏与对美元的信心丧失之间作出选择。这是布雷顿森林体系最终走向崩溃的根本原因。

第二次美元危机爆发后,IMF 于 1969 年创建设立了一种账面资产,即特别提款权(Special Drawing Rights,SDR)。初始价值被设为 1 单位 SDR 兑 1 美元,相当于 0.888 671 克黄金,所以,特别提款权也被称作"纸黄金"。按 IMF 规定,国际货币基金组织的会员国都可以自愿参加特别提款权的分配,成为特别提款账户参加国。旨在全球范围补充储备、实现收支平衡并促进经济调整,成员分配得到的 SDR 数量与其持有的 IMF 份额成正比。IMF 规定,每 5 年为一个分配特别提款权的基本期。每隔 5 年,IMF 都会对 SDR 货币篮子进行一次例行复审。但是,历史上实际只发生过三次调整,即 1970—1972 年 93 亿 SDR、1979—1981 年 121 亿 SDR 以及 2009 年 1612 亿 SDR。2015 年 12 月 1 日,IMF 正式将人民币作为除美元、欧元、日元和英镑之外的第五种货币纳入特别提款权货币篮子。该决议于 2016 年 10 月 1 日起生效。如表 5-9 所示。

表 5-9 特别提款权的定值 单位:亿 SDR

货币	1996 年 1 月 1 日	货币	2006 年 1 月 1 日	货币	2011 年 1 月 1 日	货币	2016 年 10 月 1 日
美元	39%	美元	44%	美元	41.9%	美元	41.73%
德国马克	21%	欧元	34%	欧元	37.4%	欧元	30.93%
法国法郎	11%					人民币	10.92%
日元	18%	日元	11%	日元	9.4%	日元	8.33%
英镑	11%	英镑	11%	英镑	11.3%	英镑	8.09%

资料来源:《国际货币基金组织年报(1999 年)》《国际货币基金组织年报(2006 年)》《国际货币基金组织年报(2011 年)》《国际货币基金组织年报(2016 年)》。

2016 年 10 月 1 日后,特别提款权价值的计算公式为:

$$\text{以美元表示的 SDR 价值} = 1 \times 41.73\% + \text{美元/欧元比价} \times 30.93\% + \text{美元/人民币比价} \times 10.92\% + \text{美元/日元比价} \times 8.33\% + \text{美元/英镑比价} \times 8.09\%$$

需要指出的是,1981 年后,新加入国际货币基金组织的成员很少或没有分配到 SDR,这说明 SDR 的分配的公平性还需进一步加强。自 SDR 创立以来,世界各国的经济格局发生了很大变革,原有的配额亟需进一步改革以反映现实世界的经济状况。

(二) 特别提款权货币篮子的审查[①]

审查包含了 SDR 评估方法的要素:选择 SDR 篮子货币的标准和指标,篮子货币的数目,以及决定货币权重的方法。组成 SDR 利率篮子的金融工具通常也在审查范围之内。

具体地,2015 年审查的 SDR 篮子构成和规模如下:IMF 认为,人民币满足 SDR 现有的加入标准。中国作为世界第三大出口国(按照过去五年出口衡量),满足第一条准入标

---

① 资料来源:IMF:"特别提款权(Special Drawing Right,SDR)货币篮子的审查",2015 年 11 月 30 日。

准。2016年10月1日后,人民币可自由使用,满足第二条准入标准。中国当局已经采取一系列广泛措施来促进人民币业务,IMF、其成员国和其他SDR用户有充分渠道进入在岸市场,并且无实质性障碍地使用人民币进行相关基金和储备管理交易。2016年10月1日,人民币加入SDR篮子后,中国国债三个月基准利率将成为特别提款权利率篮子中的人民币计值工具。

2015年审查的货币权重:IMF采用新的公式确定SDR篮子中的货币权重。该公式是2010年审查提出的两个备选方案之一。在新公式中,出口和金融变量具有相同的权重。金融指标包括相等份额的IMF其他成员国(或货币联盟)持有的以各篮子货币计值的官方储备数额、外汇市场交投总额以及以各篮子货币计值的国际银行负债和国际债务证券。基于新公式计算的权重将于2016年10月1日开始生效并用于决定新的SDR篮子中5种货币的数目:2016年10月1日开始生效并用于决定新的SDR篮子中5种货币的权重数目是:美元41.73%(2010年为41.9%)、欧元30.93%(2010年为37.4%)、人民币10.92%(2016年10月)、日元8.33%(2010年为9.4%)、英镑8.09%(2010年为11.3%)。

SDR货币篮子的加入标准:出口标准扮演着"门槛"的角色,旨在确保有资格加入篮子的货币是由那些在全球经济中发挥核心作用的成员国或货币联盟发行的。自19世纪70年代以来,该标准一直是SDR定值方法的一部分。2000年,增加了SDR篮子中的货币还必须可自由使用这一标准,以使SDR篮子的货币选择标准正式体现出金融交易的重要性。根据《国际货币基金组织协定》,如果IMF认定一个成员国的货币事实上:(1)广泛用于国际交易支付;(2)并且在主要外汇市场上广泛交易,那么,该货币被定义为可自由使用货币。可自由使用货币的概念关注货币的实际国际使用和交易,不能等同于某种货币是否自由浮动或完全可兑换。一种货币可以被广泛使用和广泛交易,即使其受到一些资本账户的限制(过去,英镑和日元被认定为可自由使用货币时,仍存在一些资本账户管制)。另一方面,某种完全可兑换的货币未必被广泛使用和广泛交易。可自由使用的概念在IMF的资金操作中起着核心作用。2011年,IMF执行委员会批准使用一些指标作为评估货币"可自由使用"的要素:储备资金的份额、以各篮子货币计价的国际债券、以各篮子货币计价的国际银行借贷(用于评估是否广泛使用),以及即期外汇交易量(用于评估是否广泛用于贸易)。还考虑了一些附加因素,如外币资产的官方储备、国际债券的发行、跨境支付以及2011年的贸易融资来补充这些指标。

三、人民币纳入特别提款权货币篮子及对世界经济金融的影响

(一)人民币正式纳入特别提款权货币篮子[①]

2015年11月30日,国际货币基金组织(IMF)执董会决定将人民币纳入特别提款权(SDR)货币篮子。为给SDR使用者预留充裕时间做好会计和交易的准备工作,新的SDR篮子生效时间被定为2016年10月1日。2016年10月1日,IMF发表声明宣布人民币加入SDR货币篮子正式生效,SDR货币篮子的币种和权重相应进行了调整,正式扩大至美元、欧元、人民币、日元和英镑5种货币,权重分别为41.73%、30.93%、10.92%、8.33%和

---

① 中国人民银行货币政策分析小组(2016):《中国货币政策执行报告》,2016年第三季度报告,第33—35页。

8.09%，对应的货币数量分别为 0.582 52、0.386 71、1.017 4、11.900、0.085 946。同时，SDR 的汇率和利率也进行了相应调整，人民币汇率和 3 个月国债利率分别进入 SDR 汇率和利率的计算。

人民币正式纳入 SDR 货币篮子后，各国央行持有的人民币资产被 IMF 承认为外汇储备。IMF 相应地修改外汇储备币种构成统计调查(COFER)统计报表，将人民币纳入统计。人民币还成为 IMF 的交易货币，向 IMF 缴纳份额、IMF 向成员国提供贷款、成员国向 IMF 还款以及 IMF 向成员国支付利息等在内的 IMF 官方交易均可使用人民币进行。

(二) 人民币纳入 SDR 货币篮子对世界经济金融的影响

2007—2009 年美欧金融危机后，美元、欧元等主要国际结算货币出现大幅波动，中国周边国家和地区出现流动性紧缩，境内外企业使用人民币进行跨境贸易结算和投融资的需求迅速上升。随着人民币的国际使用规模扩大，人民币被纳入 SDR 货币篮子顺应了国际货币体系发展的内在要求。中国人民银行与相关部门密切配合，完成了人民币正式纳入 SDR 的各项技术性准备，便利境外央行类机构配置人民币资产和对冲风险的需要，提高汇率政策的规则性、透明度和市场化水平，提高数据透明度，同时积极推动扩大 SDR 的使用。

人民币加入 SDR 货币篮子后，促进了国际货币体系的多元化，改变以往单纯以发达经济体货币作为储备货币的格局，使 SDR 货币篮子的构成更能代表国际交易的主要货币，有助于提高 SDR 的稳定性，有助于实现全球风险的分散化和更有效的管理，提高国际货币体系的稳定性。Bénassy-Quéré 和 Capelle(2014)认为，人民币纳入 SDR 后将会平衡 SDR 中贬值的趋势，因为占 SDR 最大权重货币的美元受发行国累积的贸易逆差所致贬值，而中国恰恰因巴拉萨-萨缪尔森效应经历强的人民币实际升值。这一特征提升了 SDR 作为储备货币的吸引力。

人民币加入 SDR 货币篮子对中国经济金融具有"双刃剑"影响。一是有利于提高企业和个人在跨境贸易和投资结算中使用人民币。二是增强了市场对人民币的信心，降低了境外使用人民币的阻力。三是有助于进一步推动中国人民银行与相关央行或货币当局开展货币合作，人民币作为互换资金的主要用途也将从便利双边贸易和投资扩展到提供流动性支持和弥补国际收支缺口。四是国际市场增持人民币资产的需求会增加，有助于改善外汇市场供求，促进人民币汇率保持稳定。国际金融组织和其他机构。商业配置对人民币资产的需求将会增加，境外投资者增持人民币债券资产将有较大的增长空间。五是人民币"入篮"后，将会导致境内市场波动性明显上升，同时货币当局对外汇的干预下降，人民币汇率的波动区间扩大，这些对市场参与者的趋势把握和风险管理能力都提出更高的要求。

总的来看，人民币纳入 SDR 货币篮子是人民币国际化的一个重要里程碑，是对中国经济发展成就和金融业改革开放成果的充分肯定，增强了 SDR 的代表性、稳定性和吸引力，有利于国际货币体系改革向前推进。同时，也有助于推动中国各项金融改革和对外开放，为促进世界经济增长、维护全球金融稳定和完善全球经济金融治理作出积极的贡献。

第六节 货币国际化模式与人民币国际化目标选择

一、货币国际化及其特征

货币国际化是指一国货币的职能在国际层面的拓展,强调的是非本国居民对本国货币的持有和使用,其间伴随着一国货币在国际市场上的供给和需求。从供给来看,货币国际化的最终结果是国外居民对本国货币的长期持有,本国货币呈现净输出的特征,货币输出方式要在经常账户逆差和资本账户逆差之间作出选择。而从需求来看,国外居民对本国货币的需求大体上可分为交易需求和投资需求,前者强调国外居民对本国产品的购买意愿,对应的是本国经常账户顺差,而后者主要是为了满足国外居民所持本币资产的保值需要,表现为外国居民对本国资产工具的购买,反映为资本账户顺差。

不同国家货币的国际化程度虽然有所差异,但是一国要实现货币国际化,必须具有如下特征:(1) 国际货币必须具有充分的可兑换性。货币可兑换性分为完全兑换和有限兑换两种,完全兑换是指货币在外汇市场上以单一汇率可自由兑换;有限兑换是指本币与外汇的交易限定在经常账户中自由使用。(2) 国际货币在国际市场上使用应该具备三种职能:计价单位、交易媒介及价值储藏。(3) 货币发行国对外资本交易是自由的。一种货币作为国际化货币的使用必须满足使用的便利性和可充分交换的条件,也就意味着货币发行国最大程度地开放资本项目,便于国际投资者顺利进入本国的资本金融市场(王博、范小云,2015)。

二、货币国际化的典型模式分析

布雷顿森林体系崩溃后,各主要货币相继走上了国际化的道路。现实中,国际货币已形成了美元、欧元(以德国马克为基础)和日元的三足鼎立格局。由于各国的初始情况不同,不同货币的国际化模式也不尽相同。

(一)"先入为主"型模式——英镑

英镑在整个19世纪一直处于国际货币体系的核心,而在20世纪由盛转衰。英镑国际化是金本位制下货币国际化的典范,它是在全球经济发展极不平衡的情况下实现的,是以英国的经济霸权为后盾发展起来的。英镑通过以下四个阶段完成了国际化实施路径:

1. 建立币值稳定的货币制度和发达的金融市场。

英国是世界上第一个建立中央银行的国家。1821年,英国在法律上实现了金本位制。金本位制保证了英镑的价值稳定性,增进了英镑的国际公信力。中央银行利用贴现率等货币工具及时有效地进行市场利率调整,实现了调整资金流动和国际收支的目的,灵活的市场调控手段使英镑的可兑换性和币值稳定性得到了外国金融机构和商人的认可,人们更愿意使用英镑进行收付,这是英镑国际化的基础。

2. 发挥英国的工业、贸易优势,建立以英国为核心的自由贸易网络。

英国贸易的大发展是从17世纪就开始了。工业革命促使英国在贸易上抢占了先机。到19世纪,英国在现代工业中具有无可匹敌的领先地位,英国生产了全世界一半的铁、煤,消费了全世界一半的原棉产量,贸易额占全世界的四分之一,是当时法国的2倍。仅在1876—1885年的10年间,英国的工业产品出口占到世界工业产品出口总额的38%,巨额的贸易顺差为英国快速积累了规模巨大的黄金储备。英国最先倡导的自由贸易使其迅速成了欧洲自由贸易网络的核心,当然也离不开英镑自由兑换和金本位制的金融体系支撑。虽然后来由于欧洲贸易保护主义的干扰,英国在欧洲贸易市场的地位衰减了,但英国依旧将对外贸易扩展到了加拿大、澳大利亚等自治领地,并逐步向非洲、亚洲和南美市场进军。至此,英镑通过强大的自由贸易网络,提升了其国际地位,进一步实现了英镑国际化。

3. 建立以英镑为核心的国际货币体系。

英国作为被殖民国家银行的最终贷款人,加之英镑与黄金直接兑换及英国首先建立起来的比较完善的金融监管制度,使得英镑较为稳定。被殖民国家也相对乐意持有英镑,使得英镑在全球范围内获得了广泛的流通,1860—1914年的50多年间,以英镑为计价和结算单位占所有世界贸易货币的比例高达60%,在一定意义上英镑成为事实上黄金的替代物,真正实现了"黄金—英镑"本位制。19世纪末,世界各国都完成了向金本位制转变,黄金在结算国际债务中日益扮演着次要的角色。在英镑为国际普遍认可的情况下,以英镑为核心的国际货币体系逐渐形成。英镑的汇票不仅被用来为英国进出口融资,而且用于为世界其他地区的进出口融资。这一时期可以称为"英镑本位"。这从伦敦成为国际金融中心、国际清算中心中可见一斑。

4. 建立英帝国范围内的单边关税特惠区。

英国通过其庞大的殖民体系,控制了以加拿大、澳大利亚、新西兰为代表的多个殖民地国家,通过自治领地单边关税特惠区的建立,使英镑地位更加巩固,在欧洲贸易保护时期,各国纷纷向英国靠拢。

通过上述四个阶段,英镑逐步完成了其国际化的实施路径,在18、19世纪形成并长期保持稳定。

(二)"霸权推进"型模式——美元

美元国际化是英镑国际化进一步发展的高级形式。美元是世界第一大货币,在国际经济、贸易和金融活动中普遍被使用,是国际上使用最广泛的货币。不过,美元国际货币体系的推进及巩固依赖于其政治、军事和经济上的霸权地位支持。美元主要通过以下三个阶段完成了其国际化路径的实施:

1. 建立金本位制体系,实现以美国为核心的自由贸易圈。

19世纪下半叶,美国一跃成为世界上最大的工业化国家。据德国经济史学家库钦斯基估算,从1860年到1910年,美国出口商品价值增长了5倍,达到174 498.4万美元,进口商品价值增长了4倍,达155 694.7万美元,在世界贸易中所占比重为11%,成为第三大贸易国。1899年,美国正式将事实金本位制改为正式金本位制,取消了白银的本位货币地位,正式加入以金本位制为核心的国际货币体系中。随后两次世界大战的爆发,为美元国际化扫清了障碍,美国一举雄踞世界霸主地位。第一次世界大战结束后,英、法、德等参战国经济受到严重的冲击,而美国由于远离主战场,通过向欧洲国家出售军火,美国积累了大量的黄金储备,巩固了金本位制体系。仅仅1938—1945年,美国的黄金持有量从145.1亿美元增加到200.8亿美元,占到国际黄金储备的59%,美国及美元在国际储备中地位的重要性得到不断提升。巨额黄金储备的积累,为美元后期国际化进程的推进提供了坚实保障。1947年后,美国的工业生产已占世界生产的42%。通过两次大战,美国不仅在军事、政治上树立霸主地位,在贸易上形成了以美国为核心的贸易圈。

2. 建立布雷顿森林体系,确立与黄金对等的国际储备地位。

第二次世界大战后,作为当时全球最强的经济实体,美国有条件也有能力通过制定国际化货币体系秩序,广泛对外进行经济干预,推进美元在全世界范围内的流通。仅仅1938—1945年,美国的黄金持有量从145.1亿美元增加到200.8亿美元,占到国际黄金储备的59%,美国及美元在国际储备中地位的重要性得到不断提升。1944年,在美国新罕布什尔州的布雷顿森林,举行了由44国代表参加的联合国货币金融会议,协议通过了以美国怀特计划内容为主的《国际货币基金组织协议》和《国际复兴开发银行协议》确立了国际货币体系下美元本位的货币体系,即布雷顿森林体系。此种具有美国霸权性质的"双钉住"汇率制度安排使得美元顺理成章地成为国际货币体系的中心货币,美元逐渐成为国际清算的主要货币及国际储备货币。

虽然布雷顿森林体系通过取消外汇管制和国际资金转移限制,促进了国际间贸易,并以正式的制度框架形式彻底取代了英镑,奠定了美元本位制地位。但是,布雷顿森林体系的致命弱点——特里芬难题却无法得到克服,战后普遍存在的"美元荒"和"美元灾"现象,使美元出现了危机,最终美国停止了美元兑换黄金的义务,布雷顿森林体系瓦解。

3. 建立信用货币体系,确立以美元为核心的国际货币体系。

美元国际化和英镑国际化的一个重要差别是布雷顿森林体系崩溃后真正的美元本位制的出现。布雷顿森林体系瓦解后,牙买加体系下浮动汇率制度合法化,允许汇率制度多样化,美元对世界主要国家货币汇率波动呈现出不同的趋势。这是一种真正建立在信用上的货币体系,人们可以自由选择贸易货币、金融货币。由于历史惯性,此时的美元仍然是国际贸易和国际金融市场的主要计价货币和交易媒介,仍然是重要的价值储藏手段。美元真正成为建立在信用货币体系基础上的国际货币。不过,美元国际货币体系的推进及巩固依赖于其政治、军事、经济上的霸权地位的支持。

(三)"天然国际"型模式——欧元

与英镑、美元国际化的历史进程不同,欧元是伴随着欧洲经济一体化的进程而诞生的,欧元国际化始于国际经贸合作,是欧盟各国政治、经济合作的成果,其国际化路径通过以下三个阶段实施:

1. 组建欧洲共同体,促进欧洲自由贸易区发展,统一大市场。

由于欧洲区内各国的贸易频繁,各国间为追求更便利、更高效的经济贸易制度,自然形成了一种区域经济一体化的想法。1965年4月《布鲁塞尔条约》的签订,标志着欧洲共同体正式诞生,《欧洲单一法案》的签订也加速了欧共体经济一体化的进程。

2. 建立欧洲货币体系,创立欧洲货币单位——埃居。

欧共体的诞生使汇率机制和货币一体化的要求越来越迫切。1978年,欧共体各国领导人在布鲁塞尔达成协议,筹建欧洲货币体系(EMS),1979年,欧洲货币体系正式成立,并将原欧洲记账单位改为欧洲货币单位——埃居。与此同时,欧洲货币体系的诞生在一定程度上也将内部汇率相对稳定下来,降低了因美国宏观经济失调引起的美元危机对欧洲自由贸易区的冲击。

3. 建立欧盟,组建欧洲中央银行,发行欧元。

1992年,欧共体成员正式签署《欧洲联盟条约》,更名为欧洲联盟。条约要求欧盟的生产要素和资本要素自由流动,各国间在经济、财政和货币政策方面协调一致。1998年,欧洲中央银行建立。1999年,欧元正式启用。2002年1月1日起,欧元正式流通,成为有形货币,迅速取代区域内流通货币成为区域内唯一合法货币。欧元自诞生之日,便以国际货币的姿态展现在世界面前。从经济总量上,欧元区实力与美国不相上下,远超日本,自欧元运行以来的十多年间,欧元的外汇储备已跃居世界第二。

通过上述三个阶段,欧元完成了国际化的实施,成了世界第二大国际货币。欧元的国际化路径打破了单一货币通过自我强化逐步实现国际化的模式,创造了区域性货币转变为国际货币的货币国际化的新途径。

(四)"决策失误"型模式——日元

日元国际化始终是作为美元的"附庸"存在着。但是,日元国际化的实施路径却符合货币国际化的相关理论逻辑,其主要通过三个阶段来实施:

1. 建立日元国际贸易结算制度,完成日元国际化起步。

第二次世界大战后,日本迅速开始进行本国经济建设。20世纪60年代末,日本一跃成为资本主义世界第二经济大国,这促使日元国际化被提上议事日程。日元要做到像美元、英镑那样作为各国储备货币使用并非易事,但在贸易、资本交易方面作为结算货币的前景十分广阔。1960年,日本创立了非居民日元存款自由结算制度,使非居民持有的日元同居民持有的日元实现可兑换性。1973年,日本在布雷顿森林体系瓦解后,也迅速完成了固定汇率向浮动汇率制度的转变。同时,日本开始发行以日元计价的外债和同意非居民发行以外币计价的债券,这些金融市场的国际化措施,使日本金融市场十分活跃,人们愿意使用日元进行贸易结算,也愿意使用日元参与东京市场的金融交易活动。

2. 建立开放的金融市场,推进日元国际化进程。

20世纪80年代,日美之间贸易摩擦不断加剧,日元承受了巨大的升值压力,日本迫于美国的压力将国内市场开放领域由贸易领域拓展到金融领域,通过多项措施推进了日元的国际化进程,包括建立灵活的以日元计价的外债发行制度,撤销指定证券公司的规则,推进欧洲日元借贷的自由化,放松对非居民债券发行的限制,创立东京离岸金融市场等。这一时期的日元国际化基本上是在美国的外加压力下进行的,它与前一个阶段日本自主的、积极的日元国际化态度是不同的,因而这一时期的日元国际化只能说是形式上的日元国际化。

3. 建立亚洲化战略,完善金融体系改革。

亚洲金融危机爆发,日元国际化进程受阻,甚至倒退。日元的大幅贬值,日元持有者纷纷抛弃日元资产,日本经济陷入僵局。日本原本可以通过其大量的外汇储备来向东南亚各国注入流动性,但日本却采取自保的措施,这使日元错失了国际地位的良机。随后,日本政府开始反省,改变原来以各国储备货币为主要功能的日元国际化路径,采取以亚洲地区为主的区域扩大化路径,推动日元更多地被亚洲地区国家使用。但其在金融危机中自保的态度,使日元失去了作为国际化货币的形象,这使亚洲区域国家对日元的信心丧失严重。

通过上述三个阶段,日元的国际化道路是迅速的、不健康的,是不完全的国际化。由于日本外向型的经济结构和对美国的依赖,使日元承担的国际储备货币的职能更多,而价值尺度和交易媒介的两项职能并不突出。

总结以上各国货币国际化的路径可以看出,强大的经济、有效率的金融市场、有效率的经济和金融制度体系、恰当的国际化战略是货币国际化成功的不二法门。同时,各种货币的国际化路径并不完全相同,这是由它们自身不同的状况和当时世界的综合环境所决定的。这些都给我国实现人民币国际化提供一些经验参考和警示。

三、人民币国际化的进展

(一) 人民币纳入 SDR 货币篮子

SDR 是国际货币基金组织于 1969 年创设的一种补充性储备资产,与黄金、外汇等其他储备资产一起构成国际储备。IMF 在 2015 年 11 月 30 日宣布,人民币已经符合 IMF 关于国际货币的"自由使用"标准的规定,将人民币纳入特别提款权货币篮子,并在 2016 年 10 月 1 日生效,人民币在 SDR 货币篮子中的占比为 10.92%,人民币将超过日元和英镑成为全球第三货币。

人民币是牙买加货币体系时代第一个来自发展中国家和新兴市场国家的 SDR 货币,其意义在于:一方面,它不仅是对中国改革开放几十年来成果的确认,也确立了中国经济在国际市场上的大国地位;有利于推进人民币跨境贸易结算和跨境国际投资结算,有利于降低企业海外投资融资的成本,加速我国企业"走出去"的步伐。另一方面,人民币成为 SDR 货币,有助于完善现行牙买加国际货币体系,将逐步改变美国、欧洲垄断的格局,提升新兴经济体和发展中国家在国际金融领域的话语权,也有利于特别提款权成为特里芬难题的最终解,对中国和世界是双赢的结果。

(二) 人民币跨境贸易结算

跨境贸易人民币结算是人民币国际化的一个重要步骤,是人民币结算货币职能的重要体现。开启跨境贸易人民币结算,最直接的原因是为了克服国际金融危机中世界经济衰退和国际货币汇率剧烈波动对我国出口企业的不利影响,更深层次的目的则是借此推进人民币国际化,提高人民币作为结算货币的国际地位。2009 年 7 月,我国在上海和广东的 365 家企业开始跨境贸易人民币结算试点;2011 年 8 月,将试点扩大至全国,并将跨境结算范围从经常项目扩展至部分资本项目;2015 年 10 月,兼顾国内国际支付的人民币跨境国际支付系统(CIPS)成功建成,大幅度提升了人民币跨境结算业务的交易效率和安全性。2009—2015 年,人民币跨境贸易结算额增长迅速,从 2009 年的 35.8 亿元上升至 2015 年 7.23 万亿元;跨境资本项目人民币结算金额从 2011 年的 1108.7 亿元上升至 2015 年的 4.87 万亿元。人民币跨境支付的市场占有率快速攀升,2010 年人民币跨境货物贸易结算占货物贸易总量的比重只有 2.17%,2011 年上升至 8.44%,2014 年为 22.32%,2015 年上升至 26%左右,超过贸易总量的四分之一。截至 2015 年年末,使用人民币进行跨境结算的境内企业已达 17 万家,人民币成为全球第三大贸易融资货币、第五大外汇交易货币。

(三) 人民币货币互换业务

伴随着跨境人民币结算业务的开展,人民币货币互换业务发展迅速,为人民币跨境业务提供了有利的资金基础。货币互换(currency swap)是各国中央银行之间以短期贷款方式相互供应对方所需外币的一种协议,2009 年到 2015 年年末,中国人民银行已与境外 33

个国家和地区签订人民币双边本币互换协议,总规模超过3.3万亿元。人民币双边互换协议的签订使得我国在双边贸易中很大程度地避免使用第三方货币,企业可以更自主地选择本币进行贸易计价结算,有效规避以外币进行结算的汇率风险,很大程度地减少互换双方的贸易成本和汇兑成本,有助于人民币国际化战略的顺利推进。

(四) 人民币离岸市场

随着中国对外贸易和对外投资的快速发展,建立离岸人民币金融市场是人民币国际化的必然选择。人民币离岸金融中心是指主要为非中国居民提供的境外人民币借款贷款或企业投资、进口贸易或出口贸易结算、外汇买卖及证券市场交易等金融业务的自由交易中心。由于当前人民币尚未实现完全可自由兑换,人民币离岸市场的发展为我国资本账户和金融账户的逐渐开放提供了有效的缓冲带,为在岸市场的金融机构和"走出去"企业提供了对接点,有效支撑了人民币跨境支付结算的发展。截至2015年5月,通过双边协议完成离岸人民币金融中心建设的市场已经达到15个,涵盖了除纽约和东京以外的所有国际金融中心;截至2015年年末,离岸人民币存款余额约为2.22万亿元。

(五) 建设人民币全球清算系统

如果没有高效的清算系统,人民币在境外的流通及交易规模将受到极大的制约。人民币清算系统的建设实现了离岸人民币市场和在岸人民币市场之间的有效连接,且能推动不同人民币离岸中心之间的高效运转。截至2015年年末,我国已在全球20个国家和地区建立了人民币清算行,人民币清算量累计达到312.09万亿元(见表5-10),有效降低了人民币离岸金融中心的成本,形成了"人民币在岸市场—人民币离岸中心—人民币离岸区域枢纽(人民币清算行)"三个层次的人民币全球交易网络。

表5-10 境外人民币清算行的发展

国家或地区	时间	清算行	国家	时间	清算行
香港特别行政区	2003.12	中银(香港)有限公司	卡塔尔	2014.11	中国工商银行卡塔尔分行
			加拿大	2014.11	中国工商银行加拿大有限公司
澳门特别行政区	2004.09	中国银行澳门分行	澳大利亚	2014.11	中国银行悉尼分行
			马来西亚	2015.01	中国银行马来西亚有限公司
中国台湾	2012.12	中国银行台北分行	泰国	2015.01	中国工商银行泰国有限公司
新加坡	2013.02	中国工商银行新加坡分行	智利	2015.05	中国建设银行智利分行
英国	2014.06	中国建设银行伦敦有限公司	匈牙利	2015.06	匈牙利中国银行
			南非	2015.07	中国银行约翰内斯堡分行
德国	2014.06	中国银行法兰克福分行	阿根廷	2015.09	中国工商银行阿根廷股份有限公司
韩国	2014.07	交通银行首尔分行			
法国	2014.09	中国银行巴黎分行	赞比亚	2015.09	赞比亚中国银行
卢森堡	2014.09	中国工商银行卢森堡分行	瑞士	2015.11	中国建设银行苏黎世分行

资料来源:作者从中国人民银行网站整理。

四、人民币国际化的目标选择

据环球同业银行金融电信协会(SWIFT)统计,2016年12月,人民币成为全球第6大支付货币,市场占有率为1.68%。2016年10月1日,人民币正式纳入国际货币基金组织特别提款权(SDR)货币篮子,这是人民币国际化的重要里程碑。

(一) 初级目标

在人民币国际化进程中,初级目标是实现人民币作为周边贸易结算货币,增强人民币在边境贸易、周边国家经贸往来中的结算货币地位。在促进人民币国际化过程中,我国应从周边国家入手,逐步在这些国家中加大人民币的使用,将人民币作为我国与周边国家开展贸易活动的主要货币,并让这些国家了解到将人民币作为主要货币的好处,如有利于提升边境贸易交易效率、降低交易成本等。但是,也要加大对人民币境外流通量的控制,避免人民币境外流通量过大或过小,防止威胁到国内经济发展。国家在促进人民币国际化的过程中应充分发挥自身作用,推出相关政策,出台有利于人民币国际化的政策,如在部分项目中扩大人民币兑换能力,并给予将人民币作为结算货币的企业一些优惠政策,有步骤有计划地促进人民币在周边地区使用,为实现人民币全面国际化奠定基础。

(二) 阶段目标

在人民币国际化推进中需要设定阶段目标,随着人民币国际化的推进,人民币的交易量不断扩大,这时可以适当放松对人民币兑换的管制,促进人民币存量逐步增长。同时,强化自发离岸人民币市场,这是促进人民币国际化进一步实现的措施。做好对离岸人民币市场的维护,构建完整的人民币回流通道,鼓励国外民众利用人民币消费、购物,逐步增强人民币在各个地区的影响力,将人民币发展成为地区主要货币。

(三) 终极目标

在人民币国际化进入终极阶段以后,人民币国际化特征将更加突出。人民币可自由兑换能力从亚洲开始逐渐向其他大洲推进,逐步将人民币推向国际市场,让人民币真正成为与美元、欧元等国际货币一样的国际储备货币。为进一步促进人民币终极目标的实现,国家应进一步做好金融市场改革,做好金融调控,确保货币稳定推进,强化货币政策调控能力。同时,重视人民币汇率市场形成机制的完善,发挥市场供求汇率的作用,保持人民币汇率在合理范围内稳定增长,将构建完善的金融基础设施与信用体系作为重点。

五、人民币国际化面临的挑战

(一) 对经济和货币政策传导的影响

人民币国际化将要求中国的资本项目更加开放,而文献表明资本项目开放可能会对一国经济造成冲击,考验其管理跨境资本流动和抵御风险的能力。由于人民币资金的跨境双向流动更加便利,在一定程度上对中国货币政策调控措施形成抵消作用,这将使得国内货币政策的有效性被削弱。同样,欧盟和美国的经济政策、货币政策传导也会经由不同的方式和路径受到人民币国际化的影响。人民币国际化虽然会对欧元形成潜在的竞争,但其影响至少在长期来看是相对较小的。如果人民币对美元形成了有效替代,美元的特权将被削弱,美国的财政和货币政策的成本也将难以在全球范围内进行转嫁。

（二）对监管政策传导的影响

对中国来说，随着人民币国际化程度的不断提高，越来越多的外国投资者参与到中国境内金融市场，中国监管机构对全球监管政策的影响途径将会增加，中国国内的政策法规也将逐渐向境外溢出。同时，中国与西方国家在某些重要的监管政策方面，也会因人民币国际化而产生摩擦。随着人民币国际化进程的不断推进，以往由美国来制定国际金融规则的方式将受到挑战，西方国家将逐渐承担政策接受者的角色，而不仅仅是国际金融监管政策的制定者。

（三）对外交政策传导的影响

人民币国际化使得中国与周边国家和贸易伙伴之间的关系愈加紧密。比如，清迈倡议多边化协议（CMIM）、金砖国家新开发银行（NDB）和相关的倡议，以及亚洲基础设施投资银行这些协议和组织的建立，不仅表明了加大对人民币国际化的支持力度，也提高了中国作为负责任大国参与亚洲和国际事务的声望，同时也使得中国能够推动 IMF 和世界银行等多边国际组织对新兴经济体及其货币做到包容。随着人民币国际化的进一步发展，中国甚至可以通过货币和银行渠道，对其他国家实施有效的经济制裁。欧洲国家对建立人民币离岸中心表达了积极的态度，同时也在为吸引人民币清算银行、争取 QFII 和 RQFII 限额等人民币市场基础设施而互相竞争。而美国对参与人民币国际化进程的态度明显地缺乏积极性。更有甚者，美国对英国等传统盟国支持人民币成为储备货币事宜提出了指责。

本 章 小 结

国际储备指一国货币当局持有的，用于国际支付、平衡国际收支差额和干预外汇市场、维持货币汇率稳定的国际间可接受资产。国际储备具备三个基本特征：可获得性、充分流动性和普遍接受性。储备货币发行国还需要有两个特征：是否为最大的进口品最终消费目的地之一、本币有无向国际社会充足的融资能力。国际清偿力指一国金融当局干预外汇市场的总体能力，由自有储备和借入储备构成。

国际金本位时期储备货币是黄金，布雷顿森林体系下美元是唯一的国际储备货币，牙买加体系下多元国际储备货币并行。一国的国际储备由四种资产构成，包括政府持有的货币黄金储备、政府持有的外汇储备、在国际货币基金组织的储备头寸，以及在 IMF 内特别提款权贷方余额。

国际储备的供给主要有国际收支顺差、外汇市场干预引致供给、收购黄金、在 IMF 的储备头寸和特别提款权。影响一国国际储备需求的主要因素有国际收支状况、汇率制度、融资能力、国际资本流动状况、政府政策选择偏好、本币国际地位、金融市场发育程度、持有国际储备机会成本，以及国际政策协调和国际货币合作状况。国际储备结构管理是指确定国际储备资产最佳的分布格局，使得黄金储备、外汇储备、普通提款权和特别提款权之间，以及使外汇储备各种货币之间保持适当的比例关系。

关于一国最佳国际储备量的确定方法有比率分析法、回归分析法、成本—收益分析法、区间分析法和定性分析法。衡量中国外汇储备是否充足和适度,除了考虑进口因素之外,还需要考虑债务特别是到期债务量、国外投资者收益汇出,以及未分配利润、潜在的资本外逃等因素。

美联储加息预期日渐上升,人民币出现相对贬值预期,加上 2008 年中国取消强制结汇制度,以及中国对外出口变得严峻。可能的对策是:一是明确中国外汇储备的适度区间;二是加大中国汇率体制改革,完善人民币汇率形成机制;三是优化外汇储备结构;四是完善外汇储备管理体系;五是继续推进人民币国际化。

国际储备体系经历了黄金储备体系、黄金—英镑储备体系以及美元—黄金储备体系。一种货币可以被广泛使用和广泛交易,即使其受到一些资本账户的限制,而某种完全可兑换的货币未必被广泛使用和广泛交易。人民币加入 SDR 货币篮子后,促进了国际货币体系的多元化,对中国经济金融具有"双刃剑"影响。

货币国际化是指一国货币的职能在国际层面的拓展,强调的是非本国居民对本国货币的持有和使用。不同国家货币的国际化程度虽然有所差异,但是一国要实现货币国际化,必须具有以下特征:一是货币必须具有充分的可兑换性,二是货币在国际市场上需具备计价单位、交易媒介及价值储藏职能,三是货币发行国对外资本交易是自由的。

布雷顿森林体系崩溃后,各主要货币相继走上了国际化的道路,有"先入为主"型模式——英镑,"霸权推进"型模式——美元,"天然国际"型模式——欧元,"决策失误"型模式——日元。强大的经济、有效率的金融市场、有效率的经济和金融制度体系、恰当的国际化战略是货币国际化成功的不二法门。同时,各个货币国际化路径并不完全相同,是由它们自身不同状况和当时世界环境所决定的。

人民币国际化进展有:人民币纳入 SDR 货币篮子、人民币跨境贸易结算、人民币货币互换业务、人民币离岸市场,以及建设人民币全球清算系统。人民币国际化的初级目标是实现人民币作为周边贸易结算货币,增强人民币在边境贸易、周边国家经贸往来中的结算货币地位;阶段目标是将人民币发展成为地区主要货币;终极目标是让人民币真正成为与美元、欧元等国际货币一样的国际储备货币。

重 要 概 念

国际储备　　　　国际清偿力　　　　特别提款权　　　　国际储备结构管理
进口储备比率　　货币国际化　　　　国际储备体系　　　最佳国际储备量

习题与思考题

1. 国际储备的特征有哪些?
2. 比较国际储备和国际清偿力。

3. 不同历史阶段的国际储备货币分别是什么?
4. 一国国际储备的构成有哪些?
5. 什么是IMF特别提款权? 其功能是什么?
6. 一国国际储备的供应有哪些来源?
7. 简述影响一国国际储备需求的主要因素有哪些?
8. 国际储备结构管理涉及哪些主要内容? 管理策略有哪些?
9. 什么是最佳国际储备量? 衡量一国或地区最佳国际储备量的确定方法有哪些?
10. 如何理解我国的外汇储备规模问题? 需要考虑哪些因素?
11. 简述中国外汇储备规模由不断扩大转向减少的成因及对策。
12. 国际储备体系的演变及多元化的成因是什么?
13. 人民币纳入SDR货币篮子对世界经济金融的影响?
14. 货币国际化的特征是什么?
15. 货币国际化的典型模式有哪些?
16. 简述人民币国际化的最新进展及其目标选择。
17. 简述人民币国际化的影响和挑战。

案例分析

中美冲突背后的重要症结:美元霸权信用与人民币国际化

一、美国巨额的经常账户逆差需要金融账户顺差来抵补,其缺口需要不停地发行美债

20世纪80年代以来,美国一直呈现较大的经常账户逆差;90年代后,美国的逆差失衡不断扩大;21世纪后,美国的经常账户逆差达到新的高水平。1999年,美国经常账户逆差为2 955.3亿美元,占当年美国GDP的3.06%。此后,美国的经常账户逆差持续增长,2006年达8 067.3亿美元,占当年美国GDP的5.82%。2007年美国次贷危机后,经济疲软、需求大幅下滑,使得美国经常账户逆差失衡得到稍微改善。2009年,美国经常账户逆差为3 840.2亿美元,占当年美国GDP的2.66%。随着逐步走出次贷危机后,美国经常账户逆差又开始回升。

与持续高额的经常账户逆差相对应地,美国的金融账户保持持续净借入以平衡其国际收支差额,否则,美国持续的经常账户逆差将难以延续数十年。1999—2015年,美国金融账户的净借入基本与经常账户逆差相符,不过,在2009年由于美欧金融危机后美国经济陷入低谷,市场担忧违约导致美国资产吸引力急剧下降,使得美国金融账户净借入额与经常账户逆差额的缺口较大。2015年,该缺口变得更大,当年美国金融账户净借入为1 952.27亿美元,冲抵美国经常账户逆差的42.2%。为了解决这个巨大的缺口,美国得不停地发行美债。

二、居高不下的美国政府国债正在侵蚀着美元自身的信用,但是美国绝不会容忍揭穿美元"皇帝新装"的可替代货币长大

截至2015年年底,美国未偿付的国债总额高达18.12万亿美元,创历史新高,占同期美国GDP的101.0%,其中,由外国投资者持有的超过总额的1/3还多。大量美债在全世界交易、流通,支撑着美国双赤字的经济体系,使得美国成为世界上最大的债务国。截至2014年年末,外国投资者持有的美债总额达6万多亿美元,创历史新高。面临巨额经常账户逆差、高筑的政府国债不断侵蚀美元霸权信用的形势下,美国如何让外国政府和投资者仍持续不断地持有美债呢?美国必须得维护好美元作为国际结算、媒介货币的霸权信用!如何做到这一点呢?美国的理念是虽然美元本身信用存在着先天的缺陷,但是美国绝不会允许可能揭穿美元"皇帝新装"的可替代货币长大!

案例一是,1969年,第24届IMF年会通过协议,正式创立特别提款权(SDR)。创立之初,特别提款权是为了支持布雷顿森林体系而创设的一种储备资产和记账单位。但是,特别提款权的使用仅限于政府之间,可用于政府间结算;虽然特别提款权小部分代替美元作为国际储备货币,缓解了美元的一些压力,但是美国为保持美元的国际地位,一旦美元的压力减轻,就对SDR采取各种限制措施,使得SDR成为"小老人"货币(意思是长不大的货币)。

案例二是,1985年9月,美国迫使日本签订了"广场协议",当时拥有世界上最大经常账户顺差的日本,被迫开启了日元大幅升值,美元兑日元呈现大幅贬值。但是,直到1995年,大幅升值的日元并没有能够纠偏美国对日本的巨额贸易逆差。带来的后果却是日元大幅升值导致日本在20世纪90年代陷入紧缩萧条和失落的十年(McKinnon & Schnabl, 2006)[①]。也使得日元沦为"小老人"货币。

案例三是,2007年,曾经在美国一度被认为是最赚钱的次级住房抵押贷款,引爆了美国次级债危机。美元的霸权信用岌岌可危!在此形势下,2009年12月,惠誉、标准普尔及穆迪三大国际评级机构相继下调了希腊的主权信用评级,希腊的债务危机越演越烈,并成为引爆欧洲主权债务危机的导火索。欧盟官员曾将主权债务危机的矛头直指美国三大评级机构,认为评级机构不合时宜地调低欧元区处于困境中国家的评级,是爆发主权债务危机的元凶之一,它加剧了欧元区债务危机的恶化。但是,这种"以邻为壑"的方式恰恰是美元自我拯救信用,成为增强美元、美国国债作为避险资产的重要支撑,也使得最有希望替代美元国际信用货币地位的欧元成为"小老人"货币。

三、"特里芬两难"时时刻刻敲响着美元霸权信用货币的丧钟,维护美元霸权信用货币本位已成为美国没有退路的选择

第一,美元独大的国际货币体系面临着"特里芬两难",这一内生的矛盾将伴随美元始终。美元具有美国本币和世界货币的双重身份,以及保持美元信誉和满足国际清偿力的双重责任。而这双重身份及双重责任均是矛盾的,难以做到两全。为了维持美国自身经济增长,美国采取了量化宽松的货币政策,导致世界上美元流动性泛滥,美元的信誉或信用(credibility)成了严重问题,而美元作为最主要的国际清算和结算的媒介货币,就需要美元持续不断地向国际市场投放,以满足流动性(liquidity)清偿需要。如果遇到美国实施相反的货币调节政策,就会使得世界遭受流动性清偿力短缺问题。

[①] McKinnon, R. and G. Schnabl (2006), Devaluing the Dollar: A Critical Analysis of William Cline's Case for a New Plaza Agreement, *Journal of Policy Modeling*, Vol.28, Issue 6, pp.683-694.

第二,美元独大的国际货币体系使得美国责权不对称,缺乏制衡约束机制,使得美元的跟随者代价高昂。美元作为主要储备资产享有特权地位,美国可以利用美元直接对外投资,也可以利用滥发美元来弥补国际收支逆差,这就造成美元持有国的实际资源向美国转移。而这些国家是无法有效地约束美元滥发的行为,使得持有美元代价高昂。

第三,"特里芬两难"使得美国维护美元霸权信用货币本位已成为没有退路的选择。美国财政赤字靠发行国债解决,美国国债靠发行钞票解决,美元钞票则靠美元的国际货币霸权信用来维持。美国已陷入"特里芬两难",美国财政赤字不断扩大,美国国债债台高筑,越印越多的美元最终会导致其信用的丧失。美元霸权信用一旦发生动摇,对美国的影响将是致命性的。标准普尔曾发出警告:如果美国国会无法制定降低国家债务计划,将再次下调美国信用评级。早在2011年8月,在美国国会谈判债务上限问题时,标准普尔撤销了美国的AAA信用评级,下调至AA+。但是,本人认为过多的担心也是多余的,因为90%的评级机构都在美国,都持有用美元定价的金融资产。谁会和自己过不去?谁又会把自己持有的钱评价得一文不值呢?美国政府更将为维护美元霸权信用作出没有退路的选择。

四、人民币国际化:一个似是而非的问题,却成为中美冲突背后的重要症结

第一,现阶段,人民币国际化是一个似是而非的问题。国际货币需要具有三个基本特征,即可自由兑换性、可偿性和普遍接受性。参照IMF归纳的条件,要实现人民币国际化,必须具备一定的社会经济和政治条件,主要有:(1)保持持续和较高的经济增长率;(2)保持人民币币值的长期基本稳定;(3)保持充足的国际储备,实现人民币完全可自由兑换;(4)取得中国对外贸易在国际贸易中占有重要的比重;(5)取得中国对外直接投资在国际投资中占有重要地位;(6)建立健全的金融制度和高效发达的金融市场;(7)运用强有力的国际政治地位加以推动等。现阶段,我国具备了其中的一些条件,但是也存在着诸多不利条件,如(1)外部经贸环境恶化,美欧贸易保护主义抬头,不利于中国经济的可持续增长;(2)美元反转升值、打乱了人民币完全可自由兑换的步伐;(3)中国货币市场、资本市场、外汇市场和金融衍生品市场等都急需大力发展和完善,以提供从事外贸和投资中的企业可对冲金融风险的工具。据此,尽管人民币可自由兑换和人民币国际化是中国未来发展的大方向,但是现阶段人民币国际化尚不具备核心条件。

一国货币要成为国际信用货币,除了传统的三个基本特征之外,本文认为仍有两个更重要的特征:一是是否为最大的最终消费品目的地之一;二是有无向国际社会充足的融资能力。最大的最终消费品目的地决定着一国货币可以向世界提供流动性清偿的潜在能力;有无向国际社会充足的融资能力决定着一国货币由潜在的清偿流动性变成现实的流动性,这反过来要求该国必须能够承受巨额的经常账户逆差失衡。后者是发展中经济体的中国现阶段根本无法做到的,因而现阶段人民币国际化不宜过快地上马推进。因为2017年一年中国大陆就有795万大学毕业生需要寻找工作,谁能提供他们的工作机会呢?根据奥肯定律,只能依靠中国经济可持续快速地增长,而中国经济快速增长的法宝是依靠大规模出口和吸引FDI,进而解决中国高校巨量的毕业生就业难题。由此,推论的函数是中国的进口依赖于中国的出口,出口下滑会导致中国进口下滑得更加厉害。因此,现阶段中国是无法承受巨额的经常账户逆差失衡的,也就无法向国际社会提供充足的人民币流动性作为清偿手段。

第二,现阶段人民币虽然无法成为国际清偿货币,但是人民币国际化的呼声已挑战了美元霸权信用货币的本位,使得中美贸易失衡之争逐渐演化为"货币汇率之争"。中美之间围绕人民币汇率问题的争论将会继续发酵,特朗普政府新任命的主要官员都表达出对人民币汇率的指责和不满,很可能将遭遇特朗普政府对华打"汇率战",再度对中国施压、要求人民币重新升值。对此,中国必须亮明态度,2017年,中国必须既要保外汇储备,又要保汇率稳定,实施资本账户用汇限制,阶段性推延人民币国际化进程。假如只保外汇储备,让人民币自由贬值,大量离岸人民币就会回来套汇美元,那样中国外汇储备反而保不了,就必须实施资本账户用汇限制。这方面,马来西亚在1998年实施暂时资本管制,成功阻击了对林吉特的投机冲击就是成功的例证。

第三,美国最大的忧虑就是如何维持美元霸权信用货币的本位,人民币国际化将成为中美冲突背后的重要症结所在。美国最大的忧虑就是如何维持美元的霸权信用货币地位,如何让世界人民都相信美元的信用是可以维持的。从历史经验来看,日元和欧元等都被美国相继整治成"小老人"货币,已成为无法替代美元信用货币本位的长不大货币。接下来,目标就是人民币了。2009年7月以来,中国开始了跨境贸易人民币结算试点,以帮助企业规避美元汇率风险。截至2014年年末,全年跨境贸易人民币结算额达6.55万亿元人民币,人民币直接投资额达1.05万亿元。中国开始实施人民币国际化战略,已经与20多个国家和地区签订了货币互换协议,开展人民币跨境贸易结算试点,启动了人民币和日元、韩元、卢布等多国货币互换业务。美国的反应只能"围魏救赵"了,有目的地在东亚和东南亚挑起了针对中国的领土、领海等纠纷问题,打破了双边货币互换的"蜜月期"。对于美国而言,只有找不到一个可以来替代美元的货币,美元霸权信用货币的本位才可以维持。

最后,在中短期内,应对中美冲突背后的重要症结,就货币信用本位而言,如前所述,中国现阶段不宜过快地上马推进人民币国际化的进程,需要弱化对美元霸权信用货币本位的过度挑战,重构中美新型大国经贸关系。此外,在美国总统特朗普政府正式宣布退出TPP协议之年,在美国政府提出"美国优先"发展战略来提升美国经济增长之年。在此新形势下,中国、韩国和日本的外贸、外资乃至经济增长都将面临前所未有的新机遇和新挑战。在美国政府已主动"抛弃"了TPP的时代,东亚三大经济体更应积极主动地提升人文和经贸互信,增强政策沟通和贸易畅通,积极谈判、早日建成中日韩三国共同自贸区,开创一个和谐的东亚经贸格局;中长期内,在共同自贸区内实行货币互换,以消减美元强势—弱势—强势对中日韩三国经贸发展带来的冲击和挑战。

资料来源:沈国兵(2017):"中美冲突背后的重要症结:美元霸权信用与人民币国际化",《世界经济情况》第2期。

第六章

货币危机理论及中国外债与地方债问题

> **学习目标**
> 1. 了解货币危机类型、理性预期多重均衡论,以及中国外债和地方债问题。
> 2. 理解货币危机及其成因、投机冲击的多重均衡、第三代货币危机模型的主要观点。
> 3. 掌握第一代货币危机模型主要内容、影子汇率,第二代货币危机模型主要内容、自促成危机,道德风险论和金融恐慌论,以及中国外债的监控指标。
> 4. 学会分析比较三代货币危机模型的主要内容,学会中国国家面临的外债风险,美国次贷危机和欧洲主权债务危机的异同点。

第一节 货币危机及其成因

20世纪80年代以来,在金融创新和金融自由化思潮的影响下,各国开始放松资本管制,国际资本流动开始盛行起来。其中,一些短期投机性国际资本流动造成了对一些国家货币的负面冲击,由于不同经济体基本面的差异和干预方式的不同,进而酿成了不同类型的货币危机。比如,20世纪80年代初,对拉美国家汇率机制的冲击酿成危机;1992—1993年欧洲货币体系危机以及芬兰马克、瑞典克朗危机;1994—1995年墨西哥比索(Peso)危机;1997—1998年泰国泰铢(Thai baht)危机及其引发的东亚全面货币危机;1998年俄罗斯卢布(Ruble)货币危机;1999年巴西里亚尔(Real)货币危机;2001年2月22日土耳其里拉(Lira)货币危机;2002年阿根廷比索(Peso)危机;2007—2009年美国次级债危机和欧洲主权债务危机;2016年6月23日英国脱欧公投带来的英镑危机等。

一、货币危机:内涵、类型和传播

20世纪70年代后,随着布雷顿森林体系的崩溃,在金融创新和金融自由化思想的影响下,世界范围内掀起了放松金融管制、推动经济自由化和金融深化的浪潮。在现代计算机网络技术和通讯手段的推动下,金融创新产品层出不穷,国内与国际金融市场日益融合。国际资本流动规模日益扩大,其中孕育的风险也越来越大。大量游资凭借各种新式金融工具和交易方式在国际市场上自由流动以寻求获利机会。这种国际游资在国际金融市场上的频繁活动使得国际金融市场的动荡频频发生。我们把这种国际游资的投机性冲击给一国或多国带来的以货币大幅度贬值为症状的经济现象称为货币危机。

货币危机(currency crisis)分为广义和狭义两种。广义货币危机是指一国或地区货币的汇率变动在短期内超过一定的幅度——按照IMF定义,如果一年内一国货币贬值25%或更多,同时贬值幅度比前一年增加至少10%,那么该国就发生了货币危机。狭义货币危机是指市场参与者通过外汇市场的操作导致该国固定汇率制度的崩溃和外汇市场持续动荡的事件。一般所说的货币危机即指狭义货币危机。狭义货币危机通常表现为固定汇率制度的崩溃或被迫调整(如法定贬值或汇率浮动区间的扩大等),国际储备的急剧减少(国际收支危机)以及本币利率的大幅上升等。

按照货币危机的成因,货币危机可以分为三种类型:第一类是由政府扩张性财政货币政策导致经济基础恶化,从而引发国际投机资本冲击所导致的货币危机,可称为经济基本面恶化触发危机。第二类是在经济基础比较健康时,主要由心理预期自我实现(self-fulfilling)性质作用而引发的国际投机资本冲击所造成的货币危机,可称为自促成危机。第三类是蔓延型货币危机。在金融市场一体化的今天,一国发生货币危机极易传播到其他国家,这种因其他国家货币危机传播而引发的货币危机被称为蔓延型货币危机。东亚货币危机就是金融市场一体化条件下泰国货币危机对邻国的货币传染所致。

货币危机最容易传播到以下三类国家:(1)与货币危机发生国有较密切贸易联系的国家,称之为贸易渠道传染。发生货币危机的国家或者对该国商品的进口下降,或者对该国的出口形成巨大压力,从而导致该国贸易收支恶化,进而诱发投机攻击。(2)与货币危机发生国有相似经济结构和发展模式以及潜在经济问题(如汇率高估)的国家,称之为预期自促成传染。投机资本一般会比较一致地对这些国家逐一攻击。(3)过分依赖国外资本流入,并拥有相同债权人的国家,称之为共同债权人传染。影响比较大的货币危机发生后,国际金融市场上的投机资本一般都会调整或收缩其持有的外国资产,至少是收缩风险较大的国家的资产。若这一资本流出对该国的国际收支有重大影响,则该国就有可能发生货币危机。

二、货币危机的主要原因

1. 汇率制度不当。固定汇率制名义上可以降低汇率波动的不确定性,但是自20世纪90年代以来,货币危机常常发生在那些实行固定汇率制的国家。正因如此,越来越多的国家放弃了曾经实施的固定汇率制,如巴西、哥伦比亚、韩国、俄罗斯、泰国和土耳其等。

2. 外汇储备不足。发展中国家保持的理想外汇储备额是足以抵付三个月的进口。由于汇率政策不当,长期锁定某一主要货币将导致本币币值高估,竞争力降低。货币危机发生前夕,往往出现经常项目顺差持续减少,甚至出现巨额逆差。当国外投资者意识到投资国"资不抵债"(外汇储备不足以偿还所欠外债)时,清偿危机会随之出现,从而导致货币危机。

3. 银行系统脆弱。货币危机的一个可靠先兆是银行危机。在许多发展中国家,银行收入过分集中于债款收益,但又缺乏对风险的预测能力。资本不足而又没有受到严格监管的银行向国外大肆借取贷款,再贷给国内有问题的项目,由于币种错配、期限错配,因而累积的呆坏账越来越多,银行系统也就越发脆弱。

4. 金融市场开放过早过快。一些拉美、东亚、东欧等新兴市场国家过快开放金融市场,尤其是过早取消对资本的控制,是导致货币危机发生的主要原因。金融市场开放会引发大规模资本流入,而当国际或国内经济出现风吹草动时,则会在短期内引起大规模资本外逃,导致货币急剧贬值,由此爆发货币危机。

5. 外债负担沉重。泰国、阿根廷以及俄罗斯的货币危机,都与所欠外债规模巨大且结构不合理密切相关。

6. 财政赤字严重。在发生货币危机的国家中,或多或少都存在财政赤字问题,赤字越庞大,发生货币危机的可能性也就越大。

7. 政府信任危机。民众及投资者对政府的信任是金融稳定的前提,同时赢得民众及投资者的支持,是政府有效防范、应对金融危机的基础。墨西哥比索危机的原因很大一部分归咎于其政治上的脆弱性;俄罗斯金融危机的主要诱因是国内"信任危机"。

8. 经济基础薄弱。强大的制造业、合理的产业结构是防止金融动荡的坚实基础。产业结构的严重缺陷是造成许多国家经济危机的原因之一。如阿根廷和俄罗斯危机。

9. 危机跨国传播。由于贸易自由化、区域一体化,特别是资本跨国流动的便利化,一国发生货币风潮极易引起邻近国家的金融市场发生动荡。泰国之于东亚,俄罗斯之于东欧,墨西哥、巴西之于拉美等反复印证了这一多米诺骨牌效应。

10. 国际货币基金组织政策不当。20世纪80和90年代,IMF等依据与美国财政部达成的"华盛顿共识",向要求遭受危机、等待救援的国家硬性推出"财政紧缩、私有化、自由市场和自由贸易"三大政策建议。斯蒂格利茨、萨克斯等猛烈抨击了"华盛顿共识",认为IMF造成的问题比解决的还多。对IMF更深刻的批评会引起道德风险,使得投资者和一些国家相信在遇到麻烦时总会得到国际救助。

第二节 第一代货币危机模型[①]

第一代货币危机模型是以20世纪70年代末、80年代初发展中国家发生的货币危机为考察对象,着重强调在宏观经济政策与固定汇率制度相矛盾的情况下,若采取扩张性的财政政策,最终将导致外汇储备耗尽,从而造成固定汇率制度的崩溃。Krugman(1979)提出了国际收支危机模型,Flood和Garber(1984)在Krugman模型的基础上提出了一个线性分析模型,主要探究了固定汇率制度下货币投机攻击的冲击。由此,他们建立了第一代货币危机模型。

---

① 本章第二节至第四节主要内容可参考:沈国兵(2013):《国际金融》(第二版),北京大学出版社,第242—256页。

一、第一代货币危机发生的背景

1976年3月,阿根廷的军事政变推翻了Peron夫人领导的政府。在军事政变发生时,阿根廷的年通货膨胀率达300%,财政赤字大约为GDP的17%。新的军事政府引进了一系列改革措施。这些改革包括逐渐消除资本控制、利率自由化和减少对贸易的限制等。此后,阿根廷的通货膨胀率明显降低,但还是超过100%。为了进一步控制通货膨胀,1978年12月,阿政府提出了以汇率政策为中心的Tablita计划。根据这个计划,从1979年1月1日开始,阿根廷比索采取对美元爬行盯住汇率制,旨在通过逐渐把货币贬值幅度降低到零,使阿根廷的通货膨胀率逐渐与贸易伙伴国保持一致。为了提高这个计划的可信度,政府提前几个月宣布汇率的调整速度。伴随着政府赤字的减少和国内信贷的收缩,比索贬值幅度逐渐减小。到1979年年底,公共部门的赤字减少到GDP的5%。然而,1980年3月爆发银行债务危机时,为了挽救银行体系,阿根廷的央行对银行系统的贷款迅速增加,结果弱化了人们对稳定计划的信心。1980年后半年,央行对公共部门融资的增加进一步损坏了市场对Tablita计划的信心。这种信心的丧失使得阿根廷比索存款利率上升,外汇储备大量流失。此时,发达国家的反通货膨胀政策使得阿根廷更是雪上加霜。1981年2月,阿政府宣布货币贬值10%,Tablita计划土崩瓦解。4月份又贬值31%,6月份又贬值30%。此后,阿根廷货币当局采取了双汇率制,允许资本账户汇率自由浮动。

二、第一代货币危机:理论模型

(一) 理论背景和核心观点

第一代货币危机理论模型产生的背景是20世纪70年代末、80年代初拉美地区所经历的货币危机。以Krugman(1979)、Flood和Garber(1984)为代表的经济学家从宏观经济条件角度开创性地主张,如果政府实行与货币盯住不一致的政策,则投机性攻击不可避免。由此,建立了第一代货币危机模型。Krugman(1979)强调了财政需求与维持固定或盯住汇率制度之间不可调和的矛盾。结论是:实行固定或盯住汇率的国家必须严守财政、货币纪律,避免宏观经济失衡;否则,货币危机与汇率制度崩溃将不可避免。在Krugman(1979)提出的货币危机模型中,假定政府为解决赤字问题会不顾外汇储备,无限制地发行纸币,而同时中央银行为维持固定汇率制度会无限制地抛出外汇直至外汇储备消耗殆尽。由于投机者的冲击,政府被迫放弃固定汇率的时间将早于政府主动放弃的时间,结果货币汇率制度危机会提前爆发。可见,第一代货币危机模型有一个重要假定,即信息是完全的,市场投机者可以预期国家宏观经济基础和政府政策信息以及政府在外汇储备下降到什么临界点时不再捍卫固定或钉住汇率的信息。之后,Flood和Garber(1984)在Krugman(1979)模型的基础上提出了一个线性分析模型。该模型主要探究了固定汇率制度下货币投机攻击的冲击。其假定货币市场均衡和非抛补的利率平价方程式成立,政府主要通过国内信贷扩张来为财政赤字融资。结果表明,国家为了捍卫固定汇率而采取的扩张性政策并不能维持固定汇率,而只能导致一国在外汇储备耗竭后最终或提前放弃固定汇率制度,转向其他可维持的汇率制度。

第一代货币危机理论认为,一国的经济基本面(economic fundamentals)决定了货币对外价值稳定与否,决定了货币危机是否会爆发、何时爆发。如果政府选择与货币盯住不一致的政策,则投机性攻击是不可避免的。投机者将攻击货币体系,尝试售出本币、购买外币来谋取利润。央行将损失外汇储备来捍卫盯住汇率,直到达到一个最低的临界值储备水平。这时候,央行会被迫放弃盯住汇率。政府在内部均衡与外部均衡发生冲突时,为维持内部均衡干预外汇市场的结果必然是外汇影子汇率与目标汇率发生持续的偏差,而这为外汇投机者提供了牟取暴利的机会,也是投机冲击引发货币危机的开端。第一代货币危机理论表明,投机冲击和固定汇率制崩溃是微观投资者在经济基本面和汇率制度之间存在矛盾下理性选择的结果,因而被称为理性冲击模型(rational attack model)。避免第一代货币危机的有效方法是实施恰当的财政、货币政策,保持经济基本面健康运行,维持民众对固定汇率的信心。

Krugman(1979)认为,在一国货币需求稳定的情况下,国内信贷扩张会带来外汇储备的流失和经济基本面的恶化,导致原有的固定汇率在投机冲击下产生货币危机。

(二)模型前提假设

第一代模型的前提假定有:(1)小型开放经济国家,该国居民只消费单一的可贸易商品,该国汇率盯住其主要贸易伙伴国货币,汇率由购买力平价决定。(2)经济主体具有完全预期,且可供本国居民选择的资产只有四种,分别为本币、外币、本国债券和外国债券。(3)货币需求非常稳定;没有私人银行,货币供给总量等于国内信贷和外汇储备之和。(4)国内信贷增长量为外生变量,固定为常数μ。(5)该国政府利用其持有的外汇储备维持固定汇率制度。

(三)模型描述和推导

Krugman(1979)对货币危机研究具有开拓性贡献,Flood和Garber(1984)通过一个高度简化的模型概括了克鲁格曼的思想。模型可以描述如下:

$$\frac{M_t}{P_t} = a_0 - a_1 i_t, \quad a_1 > 0 \tag{6-1}$$

$$i_t = i_t^* + \frac{\dot{S}_t}{S_t} \tag{6-2}$$

$$S_t = \frac{P_t}{P_t^*} \tag{6-3}$$

$$M_t = R_t + D_t \tag{6-4}$$

$$\dot{D}_t = \mu, \quad \mu > 0 \tag{6-5}$$

其中,M_t,P_t,i_t分别代表t时该国的国内货币存量、国内价格水平和国内利率水平,a_0,a_1是常数。式(6-1)左边为货币供给,右边为货币需求。式(6-2)为利率平价条件,i_t^*为外国利率水平,$\dot{S}_t/S_t$为本币贬值率。式(6-3)为购买力平价条件,P_t^*为外国价格水平。式(6-4)为基础货币构成,R_t为该国持有的外汇储备,D_t为国内信贷总量。$\dot{D}_t = \mu$为国内信贷固定增长率。

将式(6-2)、式(6-3)代入式(6-1)整理得到:

$$M_t = \alpha S_t - \beta \dot{S}_t \tag{6-6}$$

其中，$\begin{cases} \alpha = a_0 P_t^* - a_1 i_t^* P_t^* \\ \beta = a_1 P_t^* \end{cases}$。如果政府采取固定汇率政策，固定汇率为 $\bar{S}$，则 $\dot{S}_t = 0$。据此，由式(6-6)和式(6-4)得到：

$$M_t = \alpha \bar{S} = R_t + D_t，得到：R_t = \alpha \bar{S} - D_t \Rightarrow \dot{R}_t = -\dot{D}_t = -\mu$$

由于国内信贷固定增长率 $\mu > 0$，所以，$\dot{R}_t < 0$。也就是，随着国内信贷的持续增长，该国外汇储备会持续减少，从而预示固定汇率制度终将会崩溃。当外汇储备耗失殆尽（即 $R_t = 0$）时，政府已无力继续维持固定汇率制度，要么本币大幅度贬值并建立新的盯住汇率制，要么允许汇率自由浮动。

（四）投机冲击时间的确定

投机者发动投机冲击的时间取决于投机者对投机获利的估计。投机获利的多少取决于影子汇率(shadow exchange rate)与实际汇率的差额。影子汇率是指没有政府干预下，外汇市场上汇率自由浮动时确立的汇率水平，它是本币真实价值的反映。用 $\hat{S}_t$ 表示影子汇率。货币扩张会使影子汇率水平不断下降。而当投机者意识到该国政府为维持固定汇率而持续耗费外汇储备，并判断该国外汇储备即将耗尽时，影子汇率将大于固定汇率。投机者将对本币发动攻击(抛出本币购入等量外汇储备)，此时，固定汇率制度崩溃，设该时刻为 T，投机者将能获得总额为 $(\hat{S}_T - S_T)R_{T-}$ 的投机利润，其中，R_{T-} 为 T 时刻前夕投机者购入的外汇储备。当每个投机者都充分预计到这一点时，他们就会争先恐后购买外汇储备并抛售本币，从而将发动投机攻击的 T 时刻不断推前。

由于投机攻击，在外汇消耗殆尽时，$\dot{M}_t = \dot{D}_t = \mu$，代入 $M_t = \alpha S_t - \beta \dot{S}_t$，得到影子汇率为：$\hat{S}_t = \dfrac{\beta \mu}{\alpha^2} + \dfrac{M_t}{\alpha}$。设初始状态 $t = 0$，此刻仍为固定汇率，$\bar{S} = \dfrac{R_0 + D_0}{\alpha}$。如图6-1，在 $t = T$ 时，外汇储备突然降为零，固定汇率制崩溃。此时，$\hat{S}_T = \bar{S}$，$R_T = 0$，$M_T = R_T + D_T = D_0 + \mu T$。据此，解得：

$$T = \dfrac{R_0}{\mu} - \dfrac{\beta}{\alpha} \tag{6-7}$$

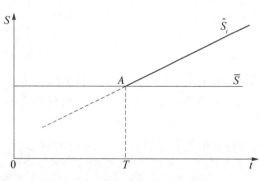

图6-1 货币投机冲击时间的决定

根据式(6-7)，得出投机冲击导致固定汇率崩溃的时刻。据此，结论是：(1) 政府所持有的初始外汇储备 R_0 越少，固定汇率崩溃的时间就越早，投机冲击就越容易取得成功。(2) 国内信贷增长速度越快，即 μ 越大，则投机冲击发生的时间越早，固定汇率崩溃的时间也越早。如图6-1所示。

在图6-1中，横轴表示时间，纵轴表示汇率水平(直接标价法)。在国内信贷不断扩张的情况下，储备不断流失，影子汇率 $\hat{S}_t$

不断下跌,其轨迹为一条斜率为正的直线。固定汇率为 $\bar{S}$。A 点是影子汇率与固定汇率的交点。显然,当 t 小于 T 时,影子汇率小于固定汇率,投机者攻击后的利润为负,因此,投机者不会发动攻击。当 t 大于 T 时,影子汇率大于固定汇率,投机者按照固定汇率从该国购入外汇并按照本币贬值后的影子汇率抛出将获得正的投机利润。投机者之间的竞争会驱使其提前发动攻击,以期获得最大化的投机利润,其结果是冲击在 $t=T$ 时发生,此时,外汇储备突然降为零,固定汇率制崩溃。

三、第一代货币危机模型的结论及不足

根据第一代货币危机模型分析,可以得出如下结论:货币危机的发生是由于政府宏观经济政策与其维持固定汇率制之间存在的矛盾冲突所引起的。国内信贷扩张是外汇储备流失的根本原因,因此,货币危机的根源是政府扩张性的财政货币政策,投机性攻击只是催化剂,仅仅起到加速固定汇率制崩溃的作用。在货币投机攻击前提高国内利率并不是一个有效的保卫汇率的措施,反而会加速投机攻击,加速固定汇率的崩溃,在投机攻击后提高利率能够延迟危机的爆发。在政策含义上,实施恰当的财政、货币政策,保持经济基本面健康运行是防止货币危机发生的唯一方法。

第一代货币危机模型的不足之处表现在三个方面:(1)模型的假设条件过于简化,其理论假定与实际偏离较大,对政府在内、外均衡上的取舍与政策制定问题上的论述存在很大的不足,忽略了许多重要的因素,而这些因素在现实经济生活中恰恰可能是引起货币危机的重要原因。尽管第一代货币危机模型较好地解释了 20 世纪七、八十年代拉美货币危机,但是 1992—1993 年欧洲货币危机是在经济基本面比较健康的情况下发生的,危机爆发前英国并没有明显的货币扩张。(2)模型设定所有的经济主体都是完全理性的,唯独政府本身是个例外,其原因无法解释。模型中政府的行为过于简单和机械,它们只是按照一个固定的速度扩展信贷,实行扩张的货币政策,直至耗竭外汇储备,并在储备耗尽后让货币贬值。汇率制度在很大程度上是政府选择的结果,它不仅忽略了当局可用的政策,而且忽略了当局在选择过程中对成本和收益的比较权衡。(3)经济基本面的稳定并不是维持汇率稳定的充分条件,单纯依靠基本经济变量的预测来解释危机显得单薄。由于第一代货币危机模型无法解释 1992—1993 年欧洲货币体系危机,所以,经济学家另辟蹊径,从自促成危机角度来解释经济基本面没有出现持续恶化情况下爆发危机的可能性。由此,形成了第二代货币危机理论。

第三节 第二代货币危机模型

与强调经济基本面恶化的第一代货币危机模型不同,第二代货币危机模型被称为预期自促成或自我实现(self-fulfilling)货币危机模型,特别强调预期在货币危机中所起的关键作用。这类模型考察了货币危机脱离宏观经济失衡的现象,解释了经济基本面没有恶化的情况下货币危机的运行机制。其结论是:与不同的预期相对应,经济中存在着不同的均衡结果。即使政府并没有执行与固定汇率制度相抵触的扩张性财政、货币政策,一种

本来可以延续下去的固定汇率制度,也有可能因为大家都预期它将崩溃而崩溃,即货币危机预期具有自促成性质,与宏观经济基础无关。

一、第二代货币危机发生的背景

欧洲货币体系于1979年3月13日正式成立,其实质是一个固定的可调整汇率制度。它的运行机制有两个基本要素:一是货币篮子——欧洲货币单位(ECU);二是格子体系——汇率制度。欧洲货币体系的汇率制度以欧洲货币单位为中心,每个成员国的货币与欧洲货币单位挂钩,然后再通过欧洲货币单位使成员国的货币确定双边固定汇率。这种汇率制度被称为格子体系,或平价网。欧洲货币单位确定的本身就孕育着一定的矛盾。欧共体成员国的实力不是固定不变的,一旦变化到一定程度,就要求对各成员国货币的权数进行调整。虽然按规定权数每隔五年变动一次,但若未能及时调整,则通过市场自发调整就会使欧洲货币体系爆发危机。

1992年9月中旬开始爆发的欧洲货币危机,其根本原因是德国经济实力的增强打破了欧共体内部力量的均衡。当时,德国的经济实力因东西德统一而大大增强,尽管德国马克在欧洲货币单位中用马克表示的份额不变,但由于马克对美元汇率升高,马克在欧洲货币单位中的相对份额也不断提高。与此同时,英国和意大利的经济一直低迷,增长缓慢,失业增加,他们急需实行扩张性的低利率政策,以增加企业投资,扩大就业,并刺激居民消费以振作经济。但统一之后的德国在财政上出现了巨额赤字,政府担心由此引发通货膨胀,引起民众不满,爆发政治和社会危机。由此,德国拒绝了七国首脑会议要求其降息的要求,反而在1992年7月把贴现率升为8.75%。这样,德国利率的上扬引起了外汇市场抛售英镑、里拉而抢购马克的风潮,致使里拉和英镑汇率大跌,导致1992年欧洲货币危机。

对德国利率提高率先作出反应的是芬兰①。芬兰马克与德国马克自动挂钩,德国提高利率后,芬兰马克被纷纷兑换成德国马克。芬兰央行为维持比价不得不抛售德国马克购买芬兰马克,但芬兰马克仍狂泻不止。1992年9月8日,芬兰政府宣布芬兰马克与德国马克脱钩,开始自由浮动。当时,英、法两国政府就深感事态的严重而向德政府建议降低利率,但德国拒绝了英、法两国政府的建议。德国央行行长施莱辛格在9月11日公开宣布,德国绝不会降低利率。货币市场投机者据此把投机的目标投向坚挺的德国马克。9月12日,意大利里拉告急,虽然意政府曾在7日和9日先后两次提高银行贴现率,从12%提高到15%,同时还向外汇市场抛售马克和法郎,但也未能使局势缓和。9月13日,意政府不得不宣布里拉贬值,将其比价下调3.5%,而欧洲货币体系另外10种货币将升值3.5%。这是自1987年1月12日以来欧洲货币体系比价的第一次调整。到了此时,德国政府才出于维持欧洲货币体系的运行而作出细微的让步。9月14日,德国正式宣布贴现率降低0.5个百分点,由8.75%降到8.25%,此举受到了美、英、法三国的高度赞赏。

但是,就在德国宣布降息的第二天,英镑汇率一路下跌,英镑与马克的比价冲破了三

---

① 芬兰和瑞典都于1991年采取了盯住欧洲货币单位的货币制度,以争取加入欧盟。

道防线达到 1 英镑兑 2.78 马克。英镑的狂跌使英国政府不得不于 16 日清晨宣布提高银行利率 2 个百分点,几小时后又宣布提高 3 个百分点,利率由 10% 提高到 15%。英国作出这种非常之举的目的无非是要吸引国外短期资本流入,增加对英镑的需求以稳定英镑汇率。但是,市场信心已经动摇,汇率变动趋势已难以遏阻。1992 年 9 月 15—16 日,各国央行注入上百亿英镑的资本支持英镑,但也无济于事。16 日,英镑与马克的比价由前一天的 1 英镑兑换 2.78 马克跌至 1 英镑兑换 2.64 马克。至此,9 月 16 日晚上,英国财政大臣拉蒙特宣布英国退出欧洲货币体系并降低利率 3 个百分点,17 日上午又降低 2 个百分点,恢复到原来 10% 的水平。意大利里拉在 13 日贬值之后,仅隔了 3 天又一次在外汇市场上处于危机,马克对里拉的比价再次超过了重新调整后的汇率下浮界限,意政府为了挽救里拉下跌耗费了 40 万亿里拉的外汇储备终未奏效,结果只好宣布里拉退出欧洲货币体系,让其自由浮动。

二、第二代货币危机:理论模型

(一) 理论背景和核心观点

第一代货币危机模型提出假定:只有在经济基本面出现问题时,投机者才会对一国货币发起攻击。而 1992—1993 年欧洲货币危机是在经济基本面比较健康的情况下发生的,所以,第一代货币危机模型难以解释。这样,在欧洲货币危机发生后,以 Obstfeld (1996) 为代表,提出了第二代货币危机模型,认为货币危机不是由于经济基本面恶化所致,而是由于贬值预期的自促成或自我实现所致。当人们预期货币将贬值时,政府发现维持固定汇率的成本随之上升,达到一定水平后,政府维持固定汇率的成本超过收益,从而决定放弃固定汇率制度。货币危机完成了自我实现的过程。相反,当公众预期固定汇率将继续维持时,政府会发现,坚持固定汇率的成本小于收益,因而货币汇率不会出现贬值,从而构成两种不同的均衡结果。所以,政府并不会机械地坚持固定汇率,而会在减少失业、增加政府债务、维持固定汇率三者之间进行相机抉择。只要一国的失业或政府债务压力达到一定的限度,固定汇率就可能步入随时崩溃的多重均衡区间。所以,第二代货币危机模型有两个典型的特征,即预期的自我实现和多重均衡。

(二) 模型假定

1. 假定政府是主动的行为主体,在其政策目标函数之间寻求最大化组合,政府会出于一定的原因维护固定汇率制,也会因某种原因放弃固定汇率制。当公众预期或怀疑政府将放弃固定汇率制时,维持固定汇率制的成本将会大大增加。因此,放弃固定汇率制度是央行在维持和放弃之间进行成本和收益权衡后所作出的相机抉择,不一定是储备耗尽之后的被动结果。货币危机预期具有自我实现的特征。

2. 引入博弈。在动态博弈过程中,央行和市场投资者的收益函数相互包含,双方均根据对方的行为或有关信息不断修正自己的行为选择,而自身的这种修正又将影响对方的行为,因此,经济可能存在一个循环过程,出现多重均衡。其特点是自我实现的危机可能存在。所以,第二代货币危机理论又被称为自我实现货币危机模型。

(三) 非线性政府行为与多重均衡模型

与第一代货币危机模型不同,第二代货币危机模型假定政府的货币供给行为是非线性的,是依据不同条件而变化的非常量,即在没有发生对固定汇率的投机冲击时,国内信贷以 μ_0 的速度增长;如果发生了投机冲击,则国内信贷以更快的速度 μ_1 增长。如图6-2所示。

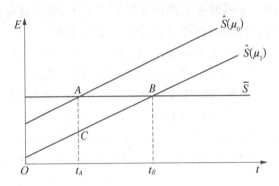

图6-2 非线性政府行为下投机冲击的多重均衡

在图6-2中,对应于国内信贷增长率 μ_0 和 μ_1 的两条影子汇率轨迹线 $\hat{S}(\mu_0)$ 和 $\hat{S}(\mu_1)$ 分别与固定汇率相交于A点和B点,对应的固定汇率崩溃的时间分别为 t_A 和 t_B。对应于不同的时刻和时间段,相应的投机冲击也有四种情况:(1)当 $t<t_A$ 时,无论是不发动冲击时的影子汇率 $\hat{S}(\mu_0)$,还是有发动投机冲击时的影子汇率 $\hat{S}(\mu_1)$,都小于固定汇率 $\bar{S}$,发动投机冲击将获得负利润,因此,投机者将不会发动投机攻击。(2)当 $t=t_A$ 时,若影子汇率为 $\hat{S}(\mu_1)$,均衡点为C点。若影子汇率为 $\hat{S}(\mu_0)$,均衡点为A点。在C点,由于影子汇率小于固定汇率,投机冲击不发生。在A点,影子汇率等于固定汇率,恰好是投机攻击发起之时,但投机攻击的获利为零。此时,经济可能处在有冲击和无冲击的两个均衡点上,但一旦发起攻击,均衡点就从C点跳跃至A点,固定汇率崩溃。(3)当 $t_A<t<t_B$ 时,在该区间存在多重均衡。当公众预期市场上没有投机冲击时,影子汇率为 $\hat{S}(\mu_1)$,不会有投机冲击发生;当公众预期有投机冲击发生时,影子汇率为 $\hat{S}(\mu_0)$,投机收益大于零,必然导致现实的投机冲击。可见,是否发生投机冲击完全取决于公众的预期,一旦预期发生了变化,经济就可能从无冲击的均衡点突然跳跃至有冲击的均衡点。(4)当 $t>t_B$ 时,影子汇率总是大于固定汇率,投机冲击必然会发生。

(四)投机冲击的"自我实现"模型

第二代货币危机模型认为危机可能是自促成现象。虽然正式模型太抽象而无法描述,但是假设一伙投资者仅仅开始投机一种货币,其他投资者认为该货币将崩盘,因而售出该货币,会导致更多的资本流出。如果央行被弄得势不可挡,则该国货币将贬值,这将使央行产生对投资者的恐惧,即使没有任何经济基本面原因也会放弃盯住汇率。

奥布斯特菲尔德从政府行为和私人投资者行为之间相互影响和相互决定的关系入手,强调了投机冲击的"自我实现"特征,即公众对汇率贬值的预期会影响政府的反应函数,并促成政府采取相应的政策,导致顺应公众预期的现实货币贬值最终发生。公众的贬值预期自发促成了实际上的货币贬值,而经济基本面的恶化已经不是诱发货币危机发生的主要原因。

如果市场交易者相信政府不会采取强硬措施来抵制投机攻击,投机攻击就具有自促成特征。在下列经济和政治条件下,政府被相信不会采取强硬的抵制措施,如经济萧条、高失业率、刚刚结束或即将开始的选举时机、财政领导人的弱势地位等。在"自我实现"模型中,公众的预期因素包含在一些经济变量的决定中,如利率、通货膨胀率、工资水平等。一旦公众预期贬值,这些变量就会发生相应的变化,从而对政府的政策行为施加极大的压力。政府顺应公众的预期实施贬值政策将有助于缓解因利率或工资水平提高带来的经济调节成本的上升,使得政府债务和劳动力部门的压力得以减轻。

奥布斯特弗尔德认为,投机者之所以发动投机冲击,并不是由于经济基本面的恶化,而是由于公众贬值预期的自我实现所致。从理论上讲,当投机冲击发生后,政府可以通过提高本国利率来抵消市场的贬值预期,同时吸引资本流入来维持固定利率。但是,提高利率是有成本的,如果提高利率以维持固定利率的成本高于维持固定利率所获得的收益,政府就会放弃固定汇率制。所以,固定汇率制是否能够维持取决于政府行为的成本—收益比较后的结果。

政府提高利率以维持固定汇率的收益包括:(1)消除汇率自由浮动给国际贸易与投资带来的不利影响;(2)发挥固定汇率的"名义锚"遏制通货膨胀的作用;(3)政府通过维持固定汇率能获得政策一致性的名声,对于具有理性预期的公众来说,声誉能确保政府以后的政策实施收到既定成效。相应地,政府通过提高利率以维持平价的成本包括:(1)高利率加重了政府债务的负担;(2)高利率意味着经济紧缩,代价是经济衰退和高失业率。在经济中,股票市场、房地产市场状况与利率密切相关,如果因为利率过高而导致股市暴跌、房地产萎缩,将使整个经济陷入萧条乃至于危机的境地。

在图6-3中,纵轴代表维持固定汇率制的成本,横轴代表本国利率水平。CC'曲线是成本线,代表维持固定汇率制所需的成本随利率变化的情况。假定经济中存在最优的利率水平i_0,此时,维持固定利率的成本为零,随着利率水平不断提高,成本也不断上升。因此,CC'线向上倾斜。B线表示维持固定汇率制的收益,它与利率水平无关,因而是一条水平线。当利率为i_1时,成本与收益相等。从图上可以看出,当维持固定汇率制所需要的利率水平低于i_1时,成本低于收益,固定汇率得以维持;当维持固定汇率制所需要的利率水平高于i_1时,成本高于收益,货币危机爆发,固定汇率制崩溃。

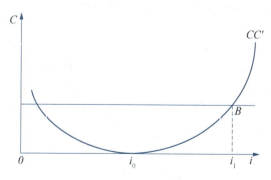

图6-3 维持固定汇率制的成本与收益

综上所述,第二代货币危机模型认为,货币危机不是由于经济基本面恶化所致,而是由于贬值预期的自促成或自我实现所致。货币危机发生的实质原因主要是内外均衡的矛盾。所以,政府并不会机械地坚持固定汇率,而会在减少失业、增加政府债务、维持固定汇率三者之间进行相机抉择。在公众预期货币贬值时,货币危机的发生机制表现为一种恶性循环:政府通过提高利率来维持平价→政府维持固定利率的成本上升→加强公众的贬值预期→促使利率进一步上升→维持供给利率的成本超过收益→政府放弃固定利率制→固定汇率制崩溃→货币危机爆发。

三、第二代货币危机模型的贡献和不足

(一) 第二代货币危机理论的主要贡献

1. 货币危机发生的前提是经济中多重均衡的存在。经济中有两种均衡,分别对应于公众对固定汇率所持的不同预期,每种预期具有自我实现的性质。当公众的贬值预期为零时,汇率顺应预期将保持稳定。当公众抱有贬值预期且达到一定程度时,政府将不断提高利率以维持平价直至最终放弃,均衡结果即发生货币危机。由于现实生活中公众往往持有消极预期,因而后一种均衡发生的概率大得多。

2. 注重危机的自我实现性质。经济依靠稳健的国内经济政策不足以抵御货币危机,固定汇率制的先天不足使其易受投机冲击,选择固定汇率制,必须配以资本管制或者限制资本市场交易。

3. 提出了预期的重要作用,拓展了货币危机理论对现实的解释能力。

4. 多重均衡区间的存在,实际上暴露了国际金融体系的内在不稳定性。因为即使根本没有执行与固定汇率不相容的财政货币政策的国家,也有可能因为市场心理的作用而遭遇货币危机。

(二) 第二代货币危机理论的不足

1. 模型没有对投机攻击的时间选择作出解释。投机者任何一次集中的投机攻击都会提高政府的维持成本,最终迫使其放弃固定汇率制。但是,为什么投机攻击恰好是在那一点发生,而不是提前一点或推后一点呢?上述理论将其归因于危机理论模型之外的因素,不具有说服力。

2. 没有深入分析预期的影响因素,即没有分析预期是由哪些因素决定,又如何形成的。奥布斯特弗尔德认为,由于预期是自我实现的,所以,只要改变公众的贬值预期就能防止货币危机的发生。但同时他又说明预期是由模型之外的因素决定的,因此,该模型没有回答如何影响和改变公众预期。

除了这类主流理论外,另有少数学者认为,货币危机可能根本不受经济基本面的影响,受冲击国家所出现的宏观经济的种种问题是投机者投机行为带来的结果,而非投机行为的原因。这些文献对危机的解释一般从两个角度出发,即通常所说的羊群行为和传染效应。一般也把它们归于第二代货币危机模型。这些模型的主要阐释可参见 Jeanne (1997) 等的论著。

羊群行为(herding behavior)是指由于市场参与者在信息不对称下行为的非理性,从而导致金融市场的不完全有效(这是该理论与第一代、第二代货币危机理论的重要区别。第一代与第二代货币危机理论均假定市场参与者拥有完全信息,从而金融市场是有效的)。花车效应(bandwagon effect)和市场收益与成本的不对称性容易造成羊群行为。由于存在信息成本,投资者的行为建立在有限信息基础之上,投资者各有其信息优势,投资

者对市场上的各种信息包括谣言的敏感度极高,任何一个信号的出现都可能改变投资者的预期。花车效应会导致经济基本面可能没有问题的国家遭受突然的货币冲击;同时,花车效应会人为地创造出热钱(hot money),加剧危机。市场上的任何风吹草动都会导致羊群行为。政府在考虑是否维持固定汇率制时应充分估计到这一点。

传染效应(contagion effect)主要从国家间的关联角度出发解释危机。由于全球一体化以及区域一体化的不断加强,区域内国家间的经济依存度日益增高,危机将首先在经济依存度高的国家间扩散。一国发生货币危机会给出一定的市场信号,改变投资者对其经济依存度高,或者与其经济特征相类似国家货币的信心,加大这些国家货币危机发生的可能性,甚至导致自我实现式货币危机的发生。

不论是在由理性预期导致的自我实现危机,还是在由非理性的羊群行为造成的危机中,都存在着大投机者操纵市场从而获利的可能,大投机者利用羊群效应使热钱剧增,加速了危机的爆发,加剧了危机的深度和危害。

第四节 第三代货币危机模型

无论是第一代货币危机模型还是第二代货币危机模型都无法对1997年亚洲新兴市场货币危机作出解释,因为危机发生国在危机前既没有第一代模型强调的扩张性财政货币政策,也没有第二代模型关注的失业或政府债务问题。与前两代相比,第三代货币危机模型的一个共同特点是,从企业、银行、外国债权人等微观主体的行为来探讨危机的原因。它们被不太严格地称作第三代货币危机模型①。1997—1998年,对于泰国、印尼、韩国爆发大规模货币危机和银行危机的原因,以及中国香港、马来西亚、菲律宾和中国台湾出现的金融动荡的原因是:高估的货币盯住、原罪、日本资本回流、公司渎职与腐败。这些国家危机对其他新兴经济体具有传染效应。两个凸显的国家是俄罗斯和巴西,前者在1998年违约其债务,后者在1998年爆发严重的货币危机。

一、第三代货币危机发生的背景

1997年1月,以乔治·索罗斯为首的国际投机商开始对觊觎已久的东南亚金融市场发动攻击,他们抛售泰铢,买进美元,致使泰铢直线下跌。他们先从不堪一击的泰国、印度尼西亚、马来西亚入手,进而搅乱亚洲"四小龙"中的新加坡、韩国、中国台湾,最后以图攻占香港,引发"羊群"心理,形成多米诺效应。1997年5月,国际投机商开始大举抛售泰铢,泰铢兑美元汇率大幅下跌。对此,泰国央行与新加坡央行联手入市,三管齐下,企图捍卫泰铢。他们动用了120亿美元吸纳泰铢,禁止本地银行拆借泰铢给离岸投机者,同时大幅度提高利率,泰铢暂时保住了。然而,索罗斯等国际投机商对此进行了强有力的反击,他们狠抛泰铢。6月,投机商再度向泰铢发起攻击。此时,泰国央行仅有的300亿美元外汇储备消耗殆尽。泰国央行被迫宣布实行浮动汇率制,放弃了长达13年之久的泰铢盯住

---

① 吴有昌(2000):"货币危机的三代模型",《世界经济》第3期,第41页。

美元汇率制。当天,泰铢重挫 20%,7 月 29 日,泰国央行行长伦差·马拉甲宣布辞职,8月 5 日,泰国央行决定关闭 42 家金融机构,至此,泰铢爆发全面货币危机。

与此同时,菲律宾央行一周之内 4 次加息,并宣布扩大比索兑美元汇率的波动幅度,竭力对抗索罗斯。1997 年 7 月 11 日,菲律宾央行宣布允许菲律宾比索在更大幅度内波动,结果,比索大幅贬值,菲律宾爆发货币危机。相继地,马来西亚林吉特、印度尼西亚盾也成为投机者攻击的目标。林吉特、印尼盾兑美元比价一再创低。在索罗斯的强势攻击下,东南亚诸国纷纷放弃了捍卫行动,任由本币在市场上浮动。由此,东南亚货币危机全面爆发。

8 月 5 日,危机重重的泰国同意接受 IMF 附带苛刻条件的备用贷款计划及一揽子措施。IMF 和亚洲一些国家和地区承诺为泰国提供总共 160 亿美元的融资计划。8 月 21 日,国际清算银行(BIS)宣布给予泰国总值 33 亿美元的临时贷款。8 月 20 日,东南亚各国货币的汇率暂时回稳。然而,仅仅几天后,索罗斯再度集中火力进行攻击。到 11 月上旬,东南亚历时 4 个多月的黑色风暴才渐趋平静。这场金融风暴不仅使泰国损失惨重,同时使韩国、中国香港和中国内地等地区的经济受到严重的不利影响。

二、第三代货币危机:理论模型

1997—1998 年亚洲新兴市场货币危机后,各界对此进行了大量研究,主要有:McKinnon 和 Pill(1998)提出了道德风险论;Radelet 和 Sachs(1998)提出了金融恐慌论;Krugman(1999)提出了理性预期多重均衡论;Mishkin(1999)提出了不对称信息分析来解释东亚货币危机和汇率制度崩溃,强调此次危机主要是由于经济基本面特别是金融部门中资产平衡表的恶化所造成的。但是,这些理论尚无法独自对亚洲货币危机作出全面的解释。因此,我们将这些理论不太严格地统称为第三代货币危机模型。与前述相比,第一代货币危机模型着重强调经济基本面,阐明在固定汇率制度下,恶化的财政状况是如何导致固定汇率制度崩溃的。第二代货币危机模型重点放在危机本身的性质、信息与公众的信心上,强调政府行为的非线性使得多重均衡可能存在,并说明了市场预期的改变是如何影响政府在固定汇率政策和其他政策目标之间的取舍(trade-off),从而导致一种自我实现危机的。然而,这两类模型都没有明确地将银行等私人部门纳入其中,因而模型缺乏银行和其他金融中介的微观基础。实际上,20 世纪 90 年代后,许多国家在经受货币危机的同时也遭受了银行危机。第三代货币危机模型与第一代、第二代货币危机模型相比,有一个显著的不同,即在理论模型中企业、银行、金融中介机构、外国债权人等微观主体起到了重要作用。下面就道德风险论、金融恐慌论和理性预期多重均衡论作出具体论述:

(一) 道德风险论

1. 理论背景。

道德风险论最初出现于对 20 世纪 80 年代初美国存贷款危机的文献研究中。如果政府对存款进行保险,而对金融机构缺乏有效的监管,则金融机构就会产生道德风险。在亚洲,这种道德风险表现得更为复杂。政府与金融机构之间长久以来保持着错综复杂的资本、业务和人事关系。由于这种所谓的"担保"缺乏确凿的根据,我们将其称为隐性担保。隐性担保的存在使道德风险的危害更为严重。McKinnon 和 Pill(1998)认为,新兴市场货币危机是由银行道德风险所引发的过度借贷综合症(over-borrowing syndrome)所造成的。道德风险是指因当事人的权利和义务不相匹配而可能导致他人的资产或权益受到损失;在货币危机中,道德风险表现为政府对金融机构的隐性担保和监管不力,导致金融机构存在严重的道德风险问题。

2. 主要内容。

根据该理论,货币危机产生及发展包括以下几个阶段:

第一阶段,金融机构在隐性担保条件下进行投资决策。假定市场上有两个成本相同的项目可供金融中介选择,比如 90 万美元。第一个项目的回报率是确定的,为 107 万美元;第二个项目具有风险性,如果成功,项目就能产生 120 万美元;如果失败,则只能收回 80 万美元。假定成功和失败的概率都为 50%,预期收益就为 100 万美元(120×50%+80×50%)。很明显,风险中性的投资者会根据预期收益的大小偏好第一个投资项目。对于金融机构而言,它在成功的时候将得到超额收益,即在最优情况下得到 120 万美元的回报;但如果失败,损失的并不是其自有资本,而是在金融机构的存款者。因此,它将选择风险性较高的投资项目。

第二阶段,尽管金融机构进行了扭曲的投资决策,但由于隐性担保的存在,人们仍然放心地将资本贷放给这些机构,进一步激发了金融中介的过度借贷。这使各种资产价格迅速上涨,引起整个经济的"投资"热潮,金融泡沫由此产生。更甚的是,资本市场的开放加剧了过度投资行为。使投资(或者投机)需求不断膨胀,并将风险扩散到国际市场。如果在资本市场开放的同时还维持着固定汇率制,居高不下的利率会使外资不可遏止地涌入国内。

第三阶段,在泡沫经济持续一段时间之后,金融机构对资产价格上涨而形成的"良好"财务状况开始引起关注和警觉。这种警觉渐渐演变为普遍的金融恐慌。高风险的投资项目出现漏洞,泡沫开始破裂。在此过程中,首当其冲的就是一直扶摇直上的资产价格。资产价格的下降使中介机构的财务状况迅速恶化,出现偿付危机。此时,金融机构的经营状况已岌岌可危,但人们所期待的政府担保并未出现。金融机构的偿付力问题很快蔓延开来,金融体系崩溃,金融危机爆发。

为了进一步阐述道德风险模型,Krugman 提出了金融过度的概念,这一概念主要是针对金融中介机构而言的。当金融机构可以自由进出国际金融市场时,金融中介机构的道德风险会转化为证券金融资产和房地产的过度积累,这就是金融过度。金融过度加剧了一国金融体系的脆弱性。事实上,东南亚国家的一些金融机构、大企业集团与政府有着紧密的联系,享受着事实上的政府担保,这种隐性的政府担保使得其可以很容易地以较低的利率从国际市场借入资金,同时在高风险的领域,进行过度放款,从而在客观上推动了资产泡沫的膨胀。在特定的条件下,当金融机构的过度金融行为推动的泡沫难以为继时,资产泡沫就会崩溃,外资和部分内资就可能出现退出和外流,最终导致汇率制度的崩溃。

道德风险论的结论是:政府的隐性担保导致的道德风险是引发危机的真正原因,货币价值的波动只不过是危机的一个表现而已。所以,防范危机的关键在于尽可能减少政府与金融机构之间的"裙带关系"和过于密切的往来,同时加强对金融体系和资本市场的监管。

道德风险论对亚洲货币危机具有一定的解释力。但是,在危机之前,亚洲国家所有类型的投资行为都有所上升,还有半数以上的国际银行贷款和几乎所有的证券或直接投资都进入了没有国家担保的非银行企业。所以,道德风险论的前提假定与现实不符。并忽略了国际游资的恶意攻击。

随着亚洲货币危机的发展,Krugman本人也开始对自己先前提出的道德风险模型表示怀疑。Krugman(1999)认为,银行体系不是问题的关键,他提出应该在第三代模型中考虑传染、传递问题,即资本流动对实际汇率乃至经常账户的影响问题。

(二)金融恐慌论

1. 理论背景。

虽然道德风险论对危机作出了一定的解释,但却遭到Radelet和Sachs(1998)的有力抨击。他们指出,危机发生前这些国家的过度投资并不十分明显,不能用危机后的投资损失来说明先前的投资决策是错误的,有相当一部分外资是以不可能有任何政府担保的股权投资的形式流入这些国家的,这些外资流入显然不能用道德风险来解释。他们用Diamond和Dybvig(1983)银行挤兑模型来解释亚洲金融危机,认为金融恐慌[①](financial panic)是造成东亚危机的基本因素,危机的核心是大规模国外资本流入金融体系,使得金融体系对金融恐慌变得脆弱。当外币定值的短期债务大量增加、外汇储备减少时,投资者便产生心理恐慌,市场预期的变化造成资本流动逆转引致自促成危机,即使经济基本面足够健康,能够保证外币定值的长期债务不违约,但是也无法规避危机。Chang和Velasco(1998)构造了一个开放经济下Diamond和Dybvig模型论证了Radelet和Sachs(1998)的观点。Chang和Velasco(1998)认为,在汇率固定且中央银行承担最后贷款人角色的情况下,对银行的挤兑将转化为对中央银行的挤兑,新兴市场货币危机的主要根源在于投资者金融恐慌所导致的金融部门短期流动性不足。

2. 主要内容。

金融恐慌论认为,亚洲各国在危机前大多经历一个资本迅速内流的过程,但是外资的流入是很脆弱的,极易受到金融恐慌的影响而发生逆转,一旦发生大规模逆转,危机就会爆发。金融恐慌论对资本流动恶化危机的作用进行了比较完整的论述。

(1)在危机前一段较短的时间内,迅速的外资流入潜伏着巨大的风险。亚洲各国自20世纪80年代初开放资本市场后,以其高速增长的经济潜力吸引了大量外资。这些外资最初进入了生产性较强的实物经济领域,促进了经济发展。但是90年代以后,亚洲各国的经济金融形势出现巨大的变化,金融市场开始成熟,投机需求不断增长,外资流入迅猛攀升。并且,这些外资多为短期投机性资本,大多投向风险性很强的房地产和金融部门,而极易发生逆转。

(2)危机爆发前后,金融市场上出现一系列导致金融恐慌的触发事件(triggering

---

① 早在1983年,Diamond等经济学家就指出金融恐慌会导致并恶化危机。所谓金融恐慌,是指由于某种外在的因素,短期资本的债权人突然大规模地从尚具有清偿能力的债务人那里撤回资本,并且这种资本的撤回不是个别行为,而是一种集体行为(collective action)的心理恐慌。

events)。这些事件包括金融机构和企业的破产、政府违背自己的承诺或金融市场上投机者的恶意炒作等。例如,1997年1月,韩国韩宝钢铁厂在60亿美元债务的压力下宣告破产,成为近10年来第一个破产的韩国财团;2月,韩国起亚公司遭受同样的命运。这些大企业集团的破产使对其提供担保的韩国各大商业银行遭受巨大的压力。同年,泰国Samprasong房地产公司将大量金融公司带入噩梦之中,其中包括泰国第一金融公司,导致第一金融公司破产。这些事件引发了货币信心危机,加上国际游资对各国货币发起了猛烈的攻击,最终致使危机爆发。

(3) 危机爆发后,一系列因素使金融恐慌不断放大,进一步恶化了危机。盲目而短期的防治措施以及危机爆发后的诸多经济问题放大了金融恐慌,加速了资本外逃,使各国金融市场和经济在一个很短的时间内彻底崩溃。

金融恐慌论研究的结论及其政策建议:首先,资本市场会发生多重均衡,所以,要对金融体系进行改革,以防患于未然。其次,国际金融市场容易受到金融恐慌的影响,因而,必须由一个适当的组织充当最后贷款人,及时防止金融恐慌的爆发和扩大。最后,必须全面而又谨慎地制定和采取措施,并在危机初露端倪时就采取有效的防范措施,防止短期行为对市场情绪产生不利的影响。

3. 造成金融恐慌的主要因素。

具体来看,造成金融恐慌的主要因素有:(1)危机国政府和国际社会的政策失误。各国政府以外汇储备为代价捍卫固定汇率制,并采取其他一些激进的措施,远远超出了其自身的承受能力,使公众对固定汇率制的可维持性产生怀疑。(2)资本外逃本身加剧了金融恐慌的严重性,形成恶性循环。货币贬值和股市动荡等经济条件的恶化使资本大量外逃,引发新一轮的货币贬值、银行挤兑和利率上涨。同时,一些流动性较强的跨国或国内银行也开始限制贷款的发放。加剧资本进一步外逃。(3)危机在亚洲地区的传染。亚洲地区各国的经济结构具有较强的相似性,贸易、资本和业务往来都非常密切,因此,局部问题会扩散到整个亚洲。(4)亚洲各国政局出现动荡,信用评级机构对各国信用实行降级处理,这加剧了市场信心的崩溃和金融恐慌。以上种种因素都使市场参与者的恐慌与日俱增,结果资本不断外逃,最终恶化了危机。

(三) 理性预期多重均衡论

随着亚洲金融危机的发展,Krugman对自己先前提出的道德风险论表示怀疑。Krugman(1999)基于资本流动、汇率、经常账户、企业净值和融资能力以及外国债权人预期之间的互动关系,提出了理性预期多重均衡模型来解释亚洲金融危机。

这一模型将Bernanke和Gertler(1989)等人对企业净值(资产减负债)与企业融资能力关系的研究应用到开放经济环境中。假定外国债权人只愿意提供高于企业净值一定比例的贷款,但是由于外资流入的数量会影响到本国的实际汇率,从而影响到企业外币负债的本币价值,所以,企业的净值又取决于外资的流入量。这就导致多重均衡:当外国债权人预期本国企业有较高净值时,资本流入,本币升值,本国企业的外币负债价值下降,外国债权人的预期得到证实,因而构成一个理性预期均衡。当外国债权人预期本国企业净值较低时,资本流入减少,本币贬值,本国企业的外币债务加重,外国债权人的预期同样得到证实,这也构成一个理性预期均衡。因此,Krugman认为,亚洲货币危机的关键在于企业，由于销售疲软、利息升高和本币贬值，企业的资产负债表出现财务困难，这种困难限制了企业的投资行为。这一问题并非银行本身的问题，即使银行重组，对金融状况大大恶化了的公司来说也是于事无补的，一个谨慎的银行体系并不足以保持开放经济下受自我实现式金融崩溃风险的威胁。所以，金融体系在货币危机中发生崩溃并非是由于先前投资行为失误，而是由于金融体系的脆弱性。

由于出发点不同，上述三个模型的政策建议也迥然不同。根据道德风险模型，危机是危机发生国制度扭曲的必然结果，这个苦果只能通过危机发生国自己来消化，外界的援助只会使国际层面的道德风险问题更加严重。危机的预防也只能通过取消政府担保和加强金融监管来实现。根据金融恐慌模型，危机处理中最重要的就是避免恐慌性的资本流出，通过对短期资本流入的适当限制、建立国际层面的最后贷款人机制和债务协商机制来实现危机的防范。Krugman 的理性预期多重均衡模型预示着一种更为艰难的政策选择，在危机袭来时，政府选择贬值会使企业因外债加重而破产，政府利用紧缩政策来保卫固定汇率则又会使企业因国内经济萧条而破产。据此，Krugman 提出，可考虑实行暂时的资本管制，以此来切断利率和汇率之间的联系；在危机的防范上，不仅短期外债应该受到限制，而且所有以外币定值的债务都应该受到限制（吴有昌，2000）。

此外，有一派认为是短期债务造成金融危机。Benmelech 和 Dvir(2011)使用危机期间成熟的长期债券来减轻有关短期债务内生性的困扰，认为短期债务反映而不是引发金融制度的忧虑。2007—2009 年金融危机使得人们相信短期债务导致金融脆弱性和动荡风险。结果，有主张管理金融体系中特别是非传统的金融机构的短期债务的使用。经验分析显示，1997—1998 年金融危机期间到期的短期债务不会引起银行失败；短期债务是虚弱金融机构的症状而非其消亡的原因。

三、第三代货币危机模型的结论及不足

无论是第一代货币危机模型还是第二代货币危机模型，都无法对 1997 年的亚洲货币危机作出解释，因为危机发生国在危机前既没有第一代模型强调的扩张性财政货币政策，也没有第二代模型关注的失业或政府债务问题。因此，与前两代货币危机模型相比，第三代货币危机模型的一个共同特点是，将银行部门和金融中介机构纳入模型中，从企业、银行、外国债权人等微观主体行为来探讨危机的原因。

第三代货币危机模型严格上是一个没有统一理论的货币模型，至今仍有各种假说尝试对 1997—1998 年亚洲新兴市场爆发的货币危机乃至金融危机作出解释。但是，至今尚没有达成一致的共识。比如，第三代货币危机模型中的道德风险模型仍只是一种理论上的假说，有待用确实的经验证据来证明其重要性。按照政治经济学对货币危机的解释，货币危机是政府和市场投机者在不确定条件下战略互动的结果，而不确定条件是由不完全信息所决定的，市场投机者和政府各自根据不完全的政治和经济信息进行处理，形成预期，并进行相应的行动（丁斗，2011）。

四、对三代货币危机模型的比较和评价

货币危机主要围绕三个主要理论模型：第一代货币危机模型由 Krugman(1979)提

出,针对20世纪70年代和80年代拉美国家危机的。这一模型聚焦于坚守盯住汇率制度与政府赤字货币融资之间政策的不一致,要么借入,要么耗竭储备。在这一模型中,危机是可预测的,基本面因素显示出危机信号。第二代货币危机模型产生于欧洲货币体系危机。Obstfeld(1994)发展了这一模型,政府面临着固定汇率目标与其他政策目标(产出增长、失业和通胀)之间权衡。市场主体对货币贬值的预期可能是自促成的,因为预期增加了政策决策者捍卫货币的成本,因而导致放弃固定汇率制度。在这些模型中,危机是不可预测的,即使基本面中没有显著的趋势,危机也能够发生。第三代货币危机模型是随着90年代末亚洲危机发生的,提出在私人部门和银行体系财务报表脆弱性与货币危机之间密切关联。第三代货币危机模型存在着各种类型:道德风险论,如Corsetti, et al.(1998)聚焦于政府潜在的担保引起的过度投资问题;公司资产负债表脆弱性问题,如Krugman(1999);金融体系脆弱性问题,如Chang和Velasco(1999)认为在固定汇率经济中,国内金融部门的国际非流动性引起银行失灵,导致货币危机。在自由化金融体系中,银行若有货币错配和期限错配,危机的可能性是更高的(Eijffinger & Karataş, 2012, p.949)。

对于新兴和发达经济体来说,经常账户逆差、货币实际升值、国家风险都增加了爆发货币危机的可能性。新兴经济体爆发货币危机前,往往遭受高的短期外部债务水平,股票价格突然下跌,央行低的透明度和银行危机。对于发达经济体,除了经常账户逆差、实际汇率高估和国家风险之外,爆发危机的另一个主要原因是GDP增长率滑坡,这是第二代货币危机模型的主要指标。

在第一代和第二代货币危机模型中,如果存在强的金融体系和私人部门,则紧缩的货币政策在平衡汇率上是成功的。为防止第一代货币危机,聚焦于更紧的财政政策、保持平衡预算是一个优选策略。虽然在短期内这种政策会抑制经济活动,但在长期内并不损害产出的增长潜能。对于第二代货币危机模型,防止危机就是能够通过可靠的政策来防止货币遭受投机者的攻击。即使央行执行的货币政策是正确的政策,但是投机性攻击仍旧会发生。为了防止第三代货币危机,更强的金融制度、金融体系逐渐自由化是至关重要的。灵活的汇率管理对于成功的货币政策执行是基本的,短期债务的构成是反映货币危机的另一个基本点。虽然采用各种脆弱性需要不同的方法来处理危机,但是决策者首要的目标是保持对经济的信任(Eijffinger & Karataş, 2012)。实际上,没有单一的货币政策适用于世界上已经发生和正在发生的所有货币危机。发达和新兴市场经济体的实例证实,对新兴市场经济体的货币政策反应不同于对发达经济体的反应,主要取决于这些经济体的脆弱性。

在微观层面上,三代货币危机模型及其发展对货币危机的成因作出了一定的解释,但是对引起货币危机的形成条件却没有作出较好的解释。另外,虽然也强调宏观经济基本面变化对货币危机发生的作用,但是基本面如何变化会导致微观经济主体行为发生变化,从而引起货币危机却没有给出令人信服的解释。在宏观研究层面,虽然货币危机预警系统通过宏观经济指标的变化来对危机发生进行预警,但是这类模型建立在统计经验之上,没有严格的数理推导(韩振国,2008)。

第五节 美国次贷危机和欧洲主权债务危机

广为接受的观点是 2007—2009 年美国次贷危机是由 2001—2006 年信用繁荣期间提供次级债借款者的信用供给过度扩张所引起的,导致引发危机的违约和丧失抵押品赎回权急剧增加。次级债信用扩张导致抵押贷款违约和丧失抵押品赎回权的上升,引起房地产危机和 2007—2009 年的经济衰退。研究发现,在房地产繁荣期,抵押债务的大多数增长和危机期间抵押贷款违约的增长都是由中等到高等信用得分的借款者所推动的,正是这些借款者在危机期间对抵押债务非对称的违约造成的。违约的增长大多数可由房地产投资者来解释。在邮政编码级别上,主要借款者在债务和违约上经历了比次级债借款者更大的上升,不管该编码上次级群体的规模如何(Albanesi、De Giorgi & Nosal,2017)。

一、美国次贷危机

（一）次贷危机爆发的背景

从 2006 年下半年开始,美国住房市场开始降温,住房抵押贷款者通过抵押住房再融资变得困难。同时,美联储从 2004 年 6 月 30 日到 2006 年 6 月 29 日连续 17 次上调联邦基准利率,次级抵押贷款的还款利率不断上升。这些原因导致次级抵押贷款的违约率急剧上升,大批银行贷款难以收回。2007 年 2 月 7 日,汇丰控股表示,该行在次级抵押贷款业务方面存在的问题超过预期。由此,拉开了美国次级债风险的全球多米诺骨牌效应。2007 年 3 月 16 日,美国房贷公司 Ameriquest 宣布关闭分支机构而停业。2007 年 4 月,美国新世纪金融公司(美国第二大次级抵押贷款公司)宣布申请破产,标志着次贷危机爆发。8 月 6 日,美国第十大抵押贷款公司 American home mortgage 申请破产保护。事实上,次级债券违约率在 2006 年开始上升,但是这没有转化成攀升的风险溢价和违约率,直到 2007 年才开始反映在信息非对称上。进入 2007 年 8 月后,骤然形成席卷全球的金融市场风暴。令许多市场参与者惊异的是次级债危机这么快地、全面地传染到其他市场的债券上。

2008 年 3 月,美国第五大投资银行贝尔斯登因无法克服流动性危机而被摩根大通银行低价收购。2008 年 9 月 15 日,美国雷曼兄弟(Lehman Brothers)宣布破产,其风险杠杆率在 2008 年 2 月 29 日时高达 34.9 倍。雷曼兄弟和许多重要的投资银行承担这样高的风险。2008 年 6 月 9 日,雷曼兄弟发布第二季度报告,损失了 28 亿美元,第三季度损失了 38 亿美元。美国财政部长 Henry Paulson 原本计划保释雷曼兄弟为 700 亿美元,但在最后一刻此交易落空了,几天后雷曼兄弟申请破产。2008 年 9 月 15 日,具有将近 6 390 亿美元资产的美国雷曼兄弟破产,成为美国历史上最大的银行破产案。华盛顿共同抵押银行(Mortgage banks Washington Mutual)和印地麦克银行(IndyMac)也宣布破产。

（二）次贷危机爆发的原因

全球去杠杆化进程引起最近一系列金融机构的失败,面对复杂结构资产的私人市场,主张能够追溯到机构债务市场的来源,诸如房利美和房地美发行的债券。Whalen(2008)

提出,次级债市场的崩盘归因于许多因素,但是有三个基本问题似乎是问题的根源:第一,一个可恶的公共政策合作的国家住房战略,催生了华盛顿和包括数以百计的公司、银行、协会和政府机构,通过使用"创造性的融资技术"来提升"经适房"的可获得性。第二,美国证券交易委员会(SEC)和联邦银行监管机构积极鼓励各类金融机构的场外衍生品和证券快速增长,导致银行和证券交易商的安全和稳健崩溃。第三,美国证券交易委员会和财务会计准则委员会(FASB)对"公允价值会计"的相关支持,是对所有上市公司报告标准的一种不明智的改变,而这可能是当前华尔街恐慌的主要原因。

此外,关于美国次贷危机还有许多说法,其中之一是由于低的诱惑利率(teaser rates)引起的。当诱惑利率被重置太高时,违约就会发生。事实上,许多借款者在重置诱惑利率前就已违约,诱惑利率已经很高了。次贷危机存在两个基本的、相互关联的因素:一是美国房地产市场暴涨,另一是全球金融市场高度的流动性。美国房地产市场价格增长部分是由美国人口发展来解释的,但是它们由货币政策环境火上浇油。如果没有抵押融资创新带来的便利化,美国房地产市场的暴涨是不可能的。一种金融创新就是出现了次级债抵押债券,这些产品允许有污迹的借款者和低收入借款者购买房产。在贷款泡沫的末期,甚至出现根据自我声称的收入进行贷款,使得信用标准进一步恶化。尽管如此,许多贷款者继续发放信贷,因为他们认定房地产价格仍继续上涨。如果房地产价格上涨,金融弱的借款者的潜在违约对贷款者有着相对较小的影响(Ackermann,2008)。没有投资者对高的回报和更高风险资产的强烈需求,创新融资形式的增长是不可能的。次贷危机使得银行以及管理者和央行面临显著的挑战。危机表明,市场的证券化和全球化创造出如贝尔斯登(Bear Stearns)机构,太强的相互关联而不能倒闭。因为这样,进行危机机构隔离就不是选择,而是需要银行以及政府间密切的协调。

(三)次贷危机爆发的后果

次贷危机事件标志着自大萧条以来最严重的金融危机。几大商业银行和投资银行濒临破产边缘,资产价值暴跌,数以百万计的房屋被取消。与此同时,经济陷入深度和长期衰退,2009年10月,美国的失业率达到10.1%的峰值(Yeager,2011)。次贷危机的宏观效应是:第一,对银行业的效应。次贷危机在银行业务模式中留下巨大的漏洞,在限制资产负债表期权的同时减少了交易量和收入。其净效应是信用大打折扣。第二,风险偏好。次贷危机戏剧性地改变了投资者和贷款人的偏好。所有评级等级的结构性资产都被回避,转而使用更简单的现金证券。因担忧资本可获得性和"公允价值"风险,经销商是远离市政债券(Munis)等低风险市场。正如贝尔斯登崩溃所表明的那样,市场流动性总体上大幅度减少,而且所有市场参与者都在大幅降低杠杆率。第三,带来诉讼增加。次贷危机使贷款人及其顾问极易受到许多不同类型债权的侵害。最终投资者可同样起诉贷款人、交易商和评级机构的欺诈,以及客户身份验证(KYC)对复杂结构资产的适宜性(Whalen,2008)。

次贷危机后,第一,银行业作为一个整体,依据利润来看已经历了大幅放缓,非流动资产和其他不动产在上升。所有银行的业绩明显地恶化,但银行业还没有接近于危机。第二,花旗银行及其他大型银行同业的总贷款冲销或违约显示,尽管次级债资产的信用质量经历了近一年的市场动荡,但是大的银行违约率仍旧很低。由于总体上银行业违约率恢复到并超过长期平均水平,因而美国银行业将面临自20世纪90年代初以来最大的金融挑战。第三,给定过去几年房地产价格增长的幅度,很合理地得出正在进行中的贷款违约率的上升波动,将超过最近的峰值。1991年花旗银行发生的340个基点违约直接威胁到银行的偿付能力。由此,2008—2009年银行贷款违约率峰值是1991年水平的两倍,这将可能导致一个广泛的系统性金融和经济危机(Whalen,2008)。为此,Swan(2009)提出,美国的金融管理制度需要被彻底地检查以增加透明度,人工设计的金融创新如担保债务证券(CDOs)需要接受严格的监管。可能的解决方案是需求透明的交易,因为危机的根源在于废除了投资银行的伙伴治理安排,被私人股份所取代,银行采用了复杂的金融工具来避开金融审查。Yeager(2011)认为,一旦危机的深度变得明朗起来,美国政府就以前所未有的方式干预金融和经济市场。房地产巨头房利美和房地美被接管。政府实施干预是为了使银行资本化,促进贷款,减少丧失抵押品赎回权的房主数量,使美国的汽车工人就业,通过增加政府开支和减税来刺激美国经济。具体是,美联储通过购买数万亿美元的长期证券进行了四次大规模的量化宽松计划。同时,美联储采用更传统的货币政策,将联邦基准利率从2007年8月17日的5.75%下调至2008年12月16日的接近于零。

二、欧洲主权债务危机

在欧洲主权债务危机(European sovereign debt crisis)发生的期间内,几个欧洲国家面临金融机构的倒闭、高的政府债务和政府证券快速上升的债券收益率。欧洲主权债务危机发端于2008年,伴随着冰岛银行体系的崩盘,2009年主要传染到希腊、爱尔兰和葡萄牙。债务危机导致对欧洲商业和经济的信任危机。

(一)欧洲主权债务危机爆发的背景

欧洲主权债务危机于2009年年底开始爆发,这时候假如没有如欧洲中央银行(ECB)、国际货币基金组织(IMF)和欧洲金融稳定基金(EFSF)等第三方金融机构的援助,欧元区外围成员国希腊、西班牙、爱尔兰、葡萄牙和塞浦路斯都无力偿还或无力为政府债务融资,或无力拯救陷入困境的银行。十七个欧元区国家投票决定在2010设立EFSF,以解决和协助欧洲主权债务危机。一些主权债务危机的成因包括2007—2008年的金融危机、对2008—2012年的大衰退以及在一些国家的房地产市场危机和房地产泡沫。但是,直接导火索是2009年希腊公布了上届政府严重低估了它的预算赤字,这意味着希腊违反了欧盟政策,会通过政治和金融传染刺激人们对欧元崩溃的担忧。美国国会2012年报告认为:"欧元区债务危机开始于2009年年末,当时新一届希腊政府公布了上一届政府误报了政府预算数据,高于预期的赤字水平侵蚀了投资者的信心,导致债券息差上升到不可持续的水平。一些欧元区国家的财政状况和债务水平难以为继,这一担忧迅速蔓延开来"。

爱尔兰跟随希腊在2010年11月要求救助,2011年5月,葡萄牙成为需要救助的下一个。意大利和西班牙也很脆弱,西班牙需要在2012年6月与塞浦路斯一起正式援助。到2014年年底,由于各种财政改革、国内紧缩措施和其他独特的经济因素,爱尔兰、葡萄牙和西班牙的局势有所改善。但是,随着意大利出现的银行危机以及英国脱欧带来的不稳定,经济全面复苏的道路将是漫长的。

(二) 欧洲主权债务危机爆发的原因

大多数评论员将欧洲主权债务危机的开始追溯到2009年11月5日,当时,希腊披露其预算财政赤字为国内生产总值(GDP)的12.7%,是该国此前披露的两倍以上。然而,危机的真正根源可以追溯到支配欧洲机构和管理欧洲机构的机构。Voss(2011)认为,欧元区准入承诺会带来巨大的经济回报,因为主权信用评级低于最强大成员国的国家将能够借入资金,就像他们也有较高的评级一样。此外,共同货币坚守承诺防止贸易伙伴贬值其货币,迫使欧元区所有成员在同一水平上竞争。虽然很容易将2009—2012年的欧洲主权债务危机完全归咎于希腊,但是希腊债务问题可以被视作一堆点燃的火花。据IMF估计,2006—2012年,欧元区的债务总额从5.87万亿欧元增加到8.714万亿欧元,增加2.844万亿欧元。相比之下,欧元区国内生产总值从2006的8.568万亿欧元增加到2012的9.687万亿欧元,增加1.119万亿欧元。据此,欧元区的绝对债务水平增长将快于GDP的2.5倍。由于欧元区债务的每一个成员国的增长速度都快于其国内生产总值,因而在长期内这种状况是不可持续的。几乎所有欧元区成员国——17个国家中的13个——其债务水平超过了趋同标准的上限(60%)。在这个群体中有大的经济体——德国(81.9%)、法国(89.4%)、意大利(121.4%)和西班牙(70.2%)。2012年,仅这四个国家的债务与国内生产总值的比率高达90.9%,比趋同标准所要求的60%上限还要高出51.4%。因此,欧元区成员国的负债率水平过高是导致欧洲主权债务危机的根本原因。造成欧洲主权债务危机的另一个因素是欧洲银行的资产负债表的健康状况,这些银行持有的欧元区主权债务达数千亿欧元。

(三) 欧洲主权债务危机爆发的后果

紧随次贷危机后,欧洲爆发了主权债务危机,发达国家的政府被迫实施各种救市计划,以避免市场恐慌,恢复投资者的信心。这些金融一揽子计划主要包括注资、流动性规定和担保。一个重要的后果是,一些国家政府从2010年年初开始就面临着偿还债务的困难(Urcchc-Rangau和Burietz,2013)。随着主权债务危机的加剧,公共财政赤字扩张无处不在。由于对政府连锁违约、金融体系崩溃或者对欧元本身离心力的担心,引起了更广泛的金融恐慌。许多国家的政府若没有外界支持,已失去了借入资本的能力。总体上,欧洲主权债务危机包含两种危机,这两者都源于对债务融资和投资问题的选择:第一,欧洲的主权债务和赤字增长已增至不可持续的水平;第二,欧洲金融机构持有大量的欧洲主权债务,以及价值上千亿欧元的价值低迷的房地产资产。这些使得欧洲主权债务危机爆发后那些受困的欧洲国家很难在中短期内从危机中解困出来。

第六节 中国外债及地方债的风险及其管理

一、外债的界定

世界银行、国际货币基金组织、国际清算银行和经济合作与发展组织对外债所下的定义是:"外债是指在某一给定时间内,一国居民对非居民承担的已拨付但尚未偿还的契约性债务,这种债务或是须偿还本金(无论是否支付利息),或是须支付利息(不论是否偿还本金)。"对外债的理解,要注意以下几个方面:(1)外债是一定时点上已拨付但尚未偿还的外债存量;(2)契约性债务是指在法律上承担偿还责任的负债;(3)外债是已经提用而尚未清偿的那一部分实际债务;(4)外债必须是居民与非居民之间的债务;(5)全部债务既包括货币形式的债务,也包括实物形式的债务。

根据国家外汇管理局的界定,中国对外债务类型包括外国政府贷款、国际金融组织贷款、国外银行及其他金融机构贷款、买方信贷和延期付款、向国外出口商及国外企业或私人借款、对外发行债券、与贸易有关的信贷、非居民外币存款、国际金融租赁、补偿贸易中用现汇偿还的债务、贸易信贷①以及其他形式对外债务等。

二、外债的监控指标

一国举借外债的能力受制于该国的偿还能力,外债偿还能力既反映了一国的经济实力和应变能力,又决定了一国的信誉。外债的监控指标主要有:

1. 偿债率(debt service ratio),指一国或地区当年外债还本付息额与当年贸易和非贸易外汇收入(国际收支口径)之比。公式为:偿债率=(一国当年外债还本付息额/当年贸易与非贸易外汇收入)×100%。偿债率是衡量外债适度规模的核心指标,国际上通行的警戒线是控制在20%以下。世界银行曾对45个债务国作过分析,在偿债率超过20%的17国中,有15个国家出现了严重的债务问题,不得不重新安排债务。这一指标的局限性在于出口创汇收入只是国际收支的一个方面,未包括国际储备状况,而这也是影响一国支付能力的重要因素。另外,该指标显示的是过去的情况,缺乏预见性。

2. 负债率(liability ratio),指一国或地区年末外债余额与当年国民生产总值(GNP)之比。不过,中国国家统计局采用的是当年国内生产总值来替代当年国民生产总值。公式为:负债率=(一国年末外债余额/当年国内生产总值)×100%。负债率表明一国对外负债与整个国民经济发展状况的关系,其比值的高低反映了一国GNP对外债的负担能力,国际上通常认为安全线为20%。

3. 债务率(foreign debt ratio),指一国或地区年末外债余额与当年贸易和非贸易外汇收入(国际收支口径)之比。公式为:债务率=(一国年末外债余额/当年贸易与非贸易外汇收入)×100%。债务率反映了对外举债能力的大小,是衡量一国偿还能力和风险的指标,一般控制在100%以内。

4. 短期债务比率,指一国或地区年末外债余额中短期外债占整个外债的比率。一般不超过20%—50%。国际上通常认为一个国家的短期外债占全部外债的比率不超过25%。短期外债比重不宜过高,否则,偿债期过于集中,会增大偿付压力。

上述指标能清楚地反映一国债务负担情况,容易操作,但是就各国具体情况而言,还应具体研究各国国情,结合国内外发展的变化趋势,作出客观的判断。

---

① 企业贸易项下的外债是指企业出口项下的预收货款和进口项下的延期付款,国际收支统计上统称为企业贸易信贷(负债方,以下简称贸易信贷)。按照国际标准和我国对外债的定义,企业贸易信贷是居民对非居民的负债,是需要纳入外债统计和管理的。在债务期限统计上,贸易信贷算作为短期外债。

三、中国国家外债风险及外债管理

2001年加入世界贸易组织后,中国的外债债务率出现了下降态势,从2001年的67.9%下降到2011年的33.3%。参照世界银行的标准,我国的外债指标安全线应该为15%的偿债率、20%的负债率和75%的债务率。对比表6-1可见,我国外债每年需要还本付息的压力较小,而我国对外债务余额负担已中等偏上,外债规模控制在国力所能承受的限度之内。入世以来,我国债务率尚不高,外债风险较小,具有很强的外债偿还能力。2011年以后,中国外债偿债率依然保持较低的水平,外债规模可控。但是,受到对外贸易发展速度放缓的影响,中国的负债率和债务率都有升高态势,已向20%和75%的标准线靠近,但总体风险仍是可控的。

表6-1 中国外债余额与外债风险指标　　　　　　　单位:亿美元

年份	外债余额	偿债率	负债率	债务率	年份	外债余额	偿债率	负债率	债务率
1985	158	2.7%	5.2%	56.0%	2002	1 863	7.9%	13.9%	55.5%
1987	302	9.0%	9.4%	77.1%	2003	2 088	6.9%	13.4%	45.2%
1989	413	8.3%	9.2%	86.4%	2004	2 475	3.2%	13.6%	40.2%
1991	606	8.5%	14.9%	91.9%	2005	2 965.5	3.1%	13.1%	35.4%
1992	693	7.1%	14.4%	87.9%	2006	3 385.9	2.1%	12.5%	31.9%
1993	836	10.2%	13.6%	96.5%	2007	3 892.2	2.0%	11.1%	29.0%
1994	928	9.1%	16.6%	78.0%	2008	3 901.6	1.8%	8.6%	24.7%
1995	1 066	7.6%	14.6%	72.4%	2009	4 286.5	2.9%	8.6%	32.2%
1996	1 163	6.0%	13.6%	67.7%	2010	5 489.4	1.6%	9.3%	29.2%
1997	1 310	7.3%	13.7%	63.2%	2011	6 950	1.7%	9.5%	33.3%
1998	1 460	10.9%	14.3%	70.4%	2012	7 369.9	1.6%	9.0%	32.8%
1999	1 518	11.2%	14.0%	68.7%	2013	8 631.7	1.6%	9.4%	35.6%
2000	1 457	9.2%	12.2%	52.1%	2014	17 799	2.6%	17.2%	69.9%
2001	1 848	7.5%	15.3%	67.9%	2015	14 162	5.0%	13.0%	58.0%

资料来源:根据《中国统计年鉴(2007—2016)》数据整理。
注:偿债率指偿还外债本息与当年贸易和非贸易外汇收入(国际收支口径)之比;负债率指外债余额与当年国内生产总值之比;债务率指外债余额与当年贸易和非贸易外汇收入(国际收支口径)之比。

外债管理是指一国或地区对外部债务实行有集合系统的组织管理,以达到降低外债成本,保持适度外债规模,从而确保按期还本付息的目标。我国外债管理中存在的主要问题有:国家外汇管理局的监管能力比较薄弱、外债流入流出速度加快、外债使用效率不高,以及隐性外债问题严重。建议的外债管理方法有:(1)根据国内外经济形势的变化,加强对外债的宏观管理,做到短期债务和长期债务搭配合理,比例恰当;(2)区分外债清偿力与流动性,力求外债种类结构、利率结构、期限结构和币种结构要适当;(3)控制外债大规模流入流出,保持适度的外债规模,对外债要实行监测和预警;(4)明确借入外债的目的,对外债用途要实施监控,提高外债使用效益;(5)完善外债信息披露,加强对隐性外债的管理。

四、中国地方债的发行状况及管理

(一) 中国地方债的形成

根据中国现有《预算法》规定,地方政府没有直接发行地方债券的权利,也不允许存在赤字。但实际上,地方政府通过种种方式举债的行为已经屡见不鲜。目前,中国地方政府债务主要包括地方政府直接承担的债务(财政负债)和地方政府提供信用担保的债务(即地方政府融资平台债务)两大类。究其原因,中国地方财政失衡问题由来已久,由于中央和地方财权与事权的非对称性和不平衡发展,地方政府要承担大量的公共事务支出,如基础设施建设、公共服务项目投资等,而地方税缺乏主体税种、税收渠道狭窄,必然导致财政捉襟见肘。因此,地方政府长期面对资金缺口是地方债务问题的根源。为了平衡支出,土地财政和债务性融资就成为地方财政的普遍模式。

(二) 地方政府性债务的主要形式

政府性债务按照偿还责任可以分为三类:政府负有偿还责任的债务、政府负有担保责任的债务、政府可能承担一定救助责任的债务。政府负有偿还责任的债务是指需要由财政资金偿还的债务,属政府债务;政府负有担保责任的债务是指由政府提供担保,当某个被担保人无力偿还时,政府需要承担连带责任的债务;政府可能承担一定救助责任的债务是指政府不负有法律偿还责任,但当债务人出现偿债困难时,政府可能需要给予一定救助的债务。后两类债务均应由债务人以自身收入偿还,正常情况下无需政府承担偿债责任,属政府或有债务。以上三类债务不能简单相加。

负有偿还责任的债务主要是中央政府发行的国债和外国政府贷款、地方政府的银行贷款、通过融资平台公司发行的各类企业债、BT(建设—移交)项目债务等。负有担保责任的债务主要是转贷的债券和政府及全额拨款事业单位为其他单位担保形成的债务。或有债务主要是中央所属高校、医院、科研院所的债务以及地方政府通过国有独资或控股企业、自收自支事业单位等举债主体,以及通过BT(建设—移交)、融资租赁、垫资施工等举债方式为公益性项目举债,且由非财政资金偿还的债务等。

表 6-2　2013 年 6 月底地方政府性债务资金来源情况表　　　　单位:亿元

债权人类别	政府负有偿还责任的债务	政府负有担保责任的债务	政府可能承担一定救助责任的债务
银行贷款	55 252.45	19 085.18	26 849.76
BT	12 146.3	465.05	2 152.16
发行债券	11 658.67	1 673.58	5 124.66
其中:地方政府债券	6 146.28	489.74	0
企业债券	4 590.09	808.62	3 428.66

续 表

债权人类别	政府负有偿还责任的债务	政府负有担保责任的债务	政府可能承担一定救助责任的债务
中期票据	575.44	344.82	1 019.88
短期融资券	123.53	9.13	222.64
应付未付款项	7 781.9	90.98	701.89
信托融资	7 620.33	2 527.33	4 104.67
其他单位和个人借款	6 679.41	552.79	1 159.39
垫资施工、延期付款	3 269.21	12.71	476.67
证券、保险业和其他金融机构融资	2 000.29	309.93	1 055.91
国债、外债等财政转贷	1 326.21	1 707.52	0
融资租赁	751.17	193.05	1 374.72
集资	373.23	37.65	393.89
合计	10 8859.17	26 655.77	43 393.72

数据来源：中华人民共和国审计署网站。

截至2013年6月，从债务资金来源看，银行贷款、BT、发行债券是政府负有偿还责任债务的主要来源，分别为55 252.45亿元、12 146.3亿元和11 658.67亿元。

（三）地方债的举债主体

如表6-3所示，除了政府部门、事业单位、国有企业之外，比较特殊的借债主体是地方融资平台公司，其承担的各类债务余额均十分庞大，占全国各级地方政府负有偿还责任的债务余额的37.44%。地方融资平台，就是指地方政府发起设立，通过划拨土地、股权、规费、国债等资产，包装出一个资产和现金流均可达到融资标准的公司，必要时再辅之以财政补贴作为还款承诺，以实现承接各路资金的目的，进而将资金运用于市政建设、公用事业等项目。为弥补以上城市发展的资金缺口、突破地方政府不得举债的法律障碍，各级地方政府在融资形式上予以变通，组建了诸多的地方政府融资平台，利用融资平台的独立法人资格以市场化的融资方式筹措城市建设资金。地方政府融资平台的横空出世，开辟了地方政府融资新渠道。由于融资主体更加市场化，融资过程也更加灵活和便捷，推动了我国城市基础设施建设和公共事业的快速发展。但是，利用地方政府融资平台盲目举债，也引发了道德风险。

表6-3　2013年6月底地方政府性债务余额举债主体情况表　　　单位：亿元

举债主题类别	政府负有偿还责任的债务	政府负有担保责任的债务	政府可能承担一定救助责任的债务
融资平台公司	40 755.54	8 832.51	20 116.37
政府部门和机构	30 913.38	9 684.2	0
经费补助事业单位	17 761.87	1 031.71	5 157.1

续表

举债主题类别	政府负有偿还责任的债务	政府负有担保责任的债务	政府可能承担一定救助责任的债务
国有独资或控股企业	11 562.54	5 754.14	14 039.26
自收自支事业单位	3 462.91	377.92	2 184.63
其他单位	3 162.64	831.42	0
公用事业单位	1 240.29	143.87	1 896.36
合计	180 859.17	26 655.77	43 393.72

数据来源：中华人民共和国审计署网站。

2009年，为应对国际金融危机，在"保增长"的压力下，中国政府推出了4万亿投资计划以及一系列扩大内需的刺激措施来应对此次危机，其中，中央政府投资1.2万亿，其余资金由地方政府配套投入。为解决资金的来源问题，地方政府开始大规模地开展组建地方融资平台进行融资。中国人民银行2011年6月1日公布的《2010中国区域金融运行报告》介绍了2008年以来对全国各地区政府融资平台贷款情况的专项调查结果。显示，截至2010年年末，全国共有地方政府融资平台1万余家，较2008年年末增长25%以上。由此，地方政府融资平台数量达到历史最高点。与此同时，地方政府债务风险也在迅速上升[1]。据中华人民共和国审计署和财政部统计，2010年12月的中国地方政府债务余额为67 109.51亿元，2012年12月为96 281.87亿元，2015年12月更是增至160 074.3亿元。从2010年到2015年，各年度中国地方政府的债务余额都达到六万亿至十六万亿元之间，总量是比较庞大的。若以负债率[2]、债务率[3]两个指标对各年我国政府性债务负担状况（偿还责任）进行测度，表明全国政府性债务各项风险指标均处于国际通常使用的控制标准参考值范围之内，也就是我国政府性债务风险总体上是可控的。

表6-4 2010—2015年我国政府性债务风险状况   单位：亿元

类　　别	2015	2014	2013	2012	2010
中央政府债务余额（偿还责任）	105 467.48	94 676.31	85 836.05	76 747.91	66 987.97
地方政府债务余额（偿还责任）	160 074.3	154 074.3	108 859.17	96 281.87	67 109.51
全国债务总额	265 541.78	248 750.61	194 695.22	173 029.78	134 097.48
GDP	676 707.8	635 910.2	588 018.8	534 123	408 903
负债率	39.24%	39.12%	33.11%	32.40%	32.79%

---

[1] 由于数据不公开性，无法获知各年具体的融资平台数量和债务实际情况，审计署更新的报告中关于融资平台的债务数量只是其审计中认为与政府有较大债务关系的部分，并非全部。

[2] 负债率是指年末债务余额与当年GDP的比率，是衡量经济总规模对政府债务的承载能力或经济增长对政府举债依赖程度的指标。国际上通常以《马斯特里赫特条约》规定的负债率60%作为政府债务风险控制标准参考值。

[3] 债务率是指年末债务余额与当年政府综合财力的比率，是衡量债务规模大小的指标。国际货币基金组织确定的债务率控制标准参考值为90%—150%。

续表

类　别	2015	2014	2013	2012	2010
全国一般公共预算收入	152 269.23	140 370.03	129 209.64	117 253.52	83 101.51
全国政府性基金预算收入	42 338.14	54 113.65	52 268.75	37 534.9	36 785.02
国有资本经营预算	2 550.98	2 007.59	1 713.36	1 495.9	558.67
综合财力	197 158.35	196 491.27	183 191.75	156 284.32	120 445.2
债务率	134.68%	126.60%	106.28%	110.71%	111.33%

数据来源：中华人民共和国审计署网站；中华人民共和国财政部网站；中华人民共和国统计局网站。

如果再考虑政府负有担保、救助责任的债务中可能有一部分需要政府偿还（2007年至2013年6月，各年度全国政府负有担保责任的债务和可能承担一定救助责任的债务当年偿还本金中，由财政资金实际偿还的比率最高分别为19.13%和14.64%[①]），各年度中国政府性债务率和负债率将会有20%～30%的上浮。而且，中国地方政府偿还责任债务余额从2010年至2015年持续增加，年均增速在6.7%。若如此下去的话，我国政府性债务水平就有相对比较大的债务风险了。所幸的是，中国财政部为整治管理地方债，已制定严格的地方债限额，规定地方政府只能通过发行地方政府债券新增政府债务，这种规制对地方债的限额管理已起到作用。如2015年中国地方政府的债务余额只增加了3.89%。

（四）城投债问题

城投债又称准市政债，是地方投融资平台作为发行主体，公开发行的企业债和中期票据，其主业多为地方基础设施建设或公益性项目。从承销商到投资者，参与债券发行环节的人，都将其视为是当地政府发债。城投债是根据发行主体来界定的，涵盖大部分企业债和少部分非金融企业债务融资工具。中央审计中未将地方投融资平台发行的所有城投债计入地方政府债务，但因为这种债券是由地方政府"隐性担保"，其关系与政府密不可分。由于数量庞大，其造成的风险如计入地方政府债务内将产生极大的负面影响。

为抵御美欧金融危机的负面影响，2008年年底，中央提出了4万亿元的经济刺激计划，除了1.2万亿元的中央资金外，地方政府需要从其他渠道筹措配套投资资金。为了鼓励地方政府规范使用投融资平台，拓宽融资渠道，中国人民银行和银监会于2009年公布了《关于进一步加强信贷结构调整，促进国民经济平稳快速发展的指导意见》，提出"支持有条件的地方政府组建投融资平台，发行企业债、中期票据等融资工具，拓宽政府投资项目的配套资金融资渠道"。由此，2009年，城投债发行的数量和规模呈现飞速发展的态势，地方政府投融资平台的数量快速地增加。在快速扩张过程中，地方政府投融资平台、城投债存在的问题开始暴露，其隐藏的风险备受关注。2010年，监管层先后出台《关于加强地方政府融资平台公司管理有关问题的通知》和《进一步规范地方政府投融资平台公司发行债券行为有关问题的通知》，要求各地政府对融资平台公司债务进行一次全面清理，规范地方政府投融资平台的管理，同时鼓励投融资平台公司通过债券市场直接融资。

---

① 中华人民共和国审计署2013年12月30日公告。

2012年,由于城市化进程中基础设施建设持续加大而地方政府财政收入和土地出让金收入放缓,融资需求缺口增大;另一方面,中央政策放松,2012年8月,发改委发布了《国家发展改革委办公厅关于企业债券融资支持棚户区改造有关问题的通知》,企业债融资借机棚户区改造项目"重获新生"。此后,企业债发行开始全面回暖。直接导致2012年发行量井喷,达到8 806.4亿元。2013年,发行增速虽放缓,但由于城投债市场热度不减,发行量仍十分庞大,为7 559.26亿元。2014年,城投债发行增速惊人,高达13 927.4亿元。2015年,城投债发行量减少归因于财政部下发了《地方政府性存量债务清理处置办法》,其中提到:"2015年12月31日前,对符合条件的在建项目后续融资,政府债券资金不能满足的,允许地方政府按照原渠道融资,推进项目建设。2015年12月31日之后,只能通过省级政府发行地方政府债券方式举借政府债务。"地方融资平台债券仅剩下2015年一年的发行窗口,而且在这一期间,发行额度从严审核,并且纳入地方预算管理。城投债发行未见明显增长。然而,2016年上半年发行量非常庞大,主要是面临很多短期债集中到期的问题,借新债还旧债屡见不鲜。

（五）地方政府债务管理措施

1. 建立健全地方债务的一系列法律、规章和制度,使地方政府成为合法的借贷主体,增强地方政府的信用主体意识。既然地方政府在资本市场上通过举债的方式进行融资,就应赋予地方政府合法正当的举债主体身份和资格,只有这样,才可以使所有地方债显性化,使地方债的"借、用、还"的全过程始终都在法制轨道上运行,得到全程监管。

2. 坚持中央政府对地方政府债务不托底原则,建立和完善明确主体的责任制。通过明确责任,划清责任界限,明确债务借贷和债务偿还的主体,这样才能有效地解决我国地方债的"借贷有人、偿还无主"的问题。这是解决我国地方债带来的一系列问题的基本保证。当前,我国的地方债之所以规模大、增速快,就是因为地方政府有依靠思想,错误认为反正地方政府破产不了,出了问题中央不可能不管,最后还是由中央政府来托底。所以,要明确地方政府的偿还主体责任,只有这样,才能有效遏制地方政府的盲目借贷冲动,这是建立地方政府债务自我约束机制的根本保证。

3. 转变经济发展方式。债务问题归根结底是个发展问题,要用发展的思路来解决。这就要求进行改革创新,走经济自主内生增长、可持续增长的发展道路。改变我国急功近利、粗放式发展模式,改变我国经济增长的债务依赖模式和路径,使经济发展转变到依赖科技进步和提高劳动者素质上来。

4. 转变政府职能,改革创新地方政府的考核方式。在对地方政府的考核中,需要放弃GDP至上模式,把地方债的负债率、地方债的规模等指标作为考核的重要内容。为了防止"前任借贷继任不管"的债务恶性循环,应该建立官员离任时的地方债审核制度。这样就能有效遏制地方政府的举债冲动和欲望。要坚决遏制地方政府靠举债大搞形象工程、面子工程。切实做到借贷前有论证、借贷合法、使用有监管、偿还有保证。只有这样,才能防止地方债失控、无序,确保地方债高效发挥作用,良性运行。同时,在当前,我国应切实做好消化地方债存量和严控增量的工作。

5. 深化财政体制改革,理顺中央财政与地方财政之间的关系,建立规范的财政转移支付制度。财政体制改革创新是解决我国地方债问题的重要措施。我国实行分税制之后,中央和地方的财政收入能力和权利是不对等的,有些地方财政收入明显不足,这就需要中央政府进行财政转移支付来弥补地方财政收入的不足。要推进财政管理制度的改革与创新,使地方政府的事权与财权相匹配。同时,要建立健全地方政府的财政约束、债务约束制度与机制,防止地方债的无序和过度膨胀。

6. 规范债务平台,规范新债发行规则,妥善处理好存量地方债。当前,解决我国地方债问题有很多有利条件,如我国银行资本充足率较高,银行拨备覆盖面较广。但是,我国地方债风险不能忽视,应采取分类处置的办法解决地方债问题。新发地方债要规范透明,将发行地方债纳入财政预算。2015年,时任财政部部长楼继伟就我国地方债问题答记者问时指出:"2015年预算6 000亿元地方债"。这实际上是地方债务发行的财政预算化。同时,要处理好存量地方债问题。对于有收益的地方债,可以交给市场,不足的部分由政府财政补贴。对于无收益的地方债,应将其债务偿还纳入财政预算之中。

本 章 小 结

按照IMF的定义,如果一年内一国货币贬值25%或更多,同时贬值幅度比前一年增加至少10%,该国就发生了货币危机。狭义货币危机是指市场参与者通过外汇市场的操作导致该国固定汇率制度的崩溃和外汇市场持续动荡的事件。货币危机可以分为三种类型:一是经济基本面恶化触发危机,二是自促成危机,三是蔓延型货币危机。

货币危机的主要原因有:汇率制度不当、外汇储备不足、银行系统脆弱、金融市场开放过早过快、外债负担沉重、财政赤字严重、政府信任危机、经济基础薄弱、危机跨国传播和国际货币基金组织政策不当。

第一代货币危机模型强调在宏观经济政策与固定汇率制度相矛盾的情况下,若采取扩张性财政政策,最终将导致外汇储备耗尽,造成固定汇率制度崩溃。货币危机的根源是政府扩张性的财政货币政策,投机性攻击只是催化剂,仅仅起到加速固定汇率制崩溃的作用。政策含义是实行固定或盯住汇率的国家必须严守财政、货币纪律,避免宏观经济失衡;否则,货币危机与汇率制度崩溃将不可避免。

第二代货币危机模型强调预期在货币危机中所起的关键作用,货币危机发生的实质原因主要是内外平衡的矛盾。即使政府并没有执行与固定汇率制度相抵触的扩张性财政货币政策,预期也可能自促成货币危机,与宏观经济基础无关。第二代货币危机理论有两个特征,即预期的自我实现和多重均衡。

第三代货币危机模型有一个显著的不同,在理论模型中将银行部门和金融中介机构纳入模型,从企业、银行、金融中介机构、外国债权人等微观主体行为来探讨货币危机的成因。其主要代表有道德风险论、金融恐慌论和理性预期多重均衡论。第三代货币危机模型严格上是一个没有统一理论的货币模型,单单抓住某一视角进行局部均衡分析并不能对货币危机作出圆满的解释。

美国次贷危机是由2001—2006年信用繁荣期间提供次级债借款者的信用供给过度扩张所引起的,导致引发危机的违约和丧失抵押品赎回权急剧增加。美国次贷危机存在两个基本的、相互关联的因素：一个因素是美国房地产市场暴涨，另一个因素是全球金融市场高度的流动性。欧洲主权债务危机爆发的原因主要有：内生经济基本面因素、外生次贷危机冲击、欧元区自身制度缺陷、高福利制度与人口老龄化，以及评级机构因素。欧洲主权债务危机包含两种危机：一是欧洲的主权债务和赤字增长已增至不可持续的水平；二是欧洲金融机构持有大量的欧洲主权债务，以及价值上千亿欧元的价值低迷的房地产资产。

外债是指在某一给定时间内，一国居民对非居民承担的已拨付但尚未偿还的契约性债务，这种债务或是须偿还本金，或是须支付利息（不论是否偿还本金）。外债的监控指标主要有偿债率、负债率、债务率和短期债务比率。受到对外贸易发展速度放缓的影响，中国的负债率和债务率都有升高态势，但总体风险仍是可控的。外债管理是指一国或地区对外部债务实行集合系统的组织管理，以达到降低外债成本，保持适度外债规模，从而确保按期还本付息的目标。

中国地方政府债务主要包括地方政府直接承担的债务（财政负债）和地方政府提供信用担保的债务（即地方政府融资平台债务）两大类。地方政府长期面对资金缺口是地方债务问题的根源。土地财政和债务性融资成为地方财政的普遍模式。政府性债务按照偿还责任可以分为三类：政府负有偿还责任的债务、政府负有担保责任的债务、政府可能承担一定救助责任的债务。城投债是地方投融资平台作为发行主体，公开发行的企业债和中期票据，其主业多为地方基础设施建设或公益性项目。

重 要 概 念

货币危机　自促成危机　第一代货币危机　　　影子汇率　第二代货币危机
羊群行为　传染效应　　花车效应　　　　　　多重均衡　道德风险
金融恐慌　美国次贷危机　欧洲主权债务危机　　外债　　　偿债率　　负债率
债务率　　外债管理　　政府负有偿还责任的债务　地方债　　城投债

习题与思考题

1. 货币危机有哪些类型？其主要成因是什么？
2. 简述第一代货币危机模型的主要内容及其政策含义。
3. 试述第二代货币危机模型的特征和主要内容。
4. 第三代货币危机模型的主要代表有哪些？简述其主要观点。
5. 试比较第一、第二和第三代货币危机模型的核心要义。
6. 简述美国次贷危机爆发的原因。
7. 试述欧洲主权债务危机爆发的原因。
8. 比较美国次贷危机与欧洲主权债务危机的异同点。

9. 美国次贷危机和欧洲主权债务危机对中国的启示是什么？
10. 中国国家面临的外债风险是什么？如何进行有效的外债管理？
11. 试析中国地方政府债发展状况以及如何进行地方政府债管理。

案例分析

美国实施及退出量化宽松货币政策对中国的影响①

为应对2007年美国爆发的次贷危机,刺激经济增长,美联储从2008年11月25日至2014年10月29日,先后实施了4轮量化宽松的货币政策。所谓量化宽松的货币政策(quantitative easing, QE),是指央行在遇到零利率下限时,常规性货币政策失效的条件下,通过购买长期国债等长期资产,扩大央行资产负债表的规模,调整央行资产负债表机构等手段,扩大基础货币的供给,稳定金融市场,缓解通货紧缩的压力,以期推动经济恢复增长的非常规货币政策。正如Reis(2016)指出,虽然QE在过去可能是中性的,但在未来财政危机是可能的,因而QE有两种作用:一是允许中央银行通过管理通胀应对财政冲击来稳定通胀,二是防止财政危机后信用紧缩,为金融市场提供流动性来促进金融稳定。

一、第一轮量化宽松(QE1)

第一轮QE政策从2008年11月25日开始,到2010年4月28日结束。2008年11月25日,美联储发表声明,决定购买5 000亿美元的抵押支持证券(MBS)和1 000亿美元的两房(政府支持企业,GSE)直接债务,主要集中于房地产行业。在首轮量化宽松货币政策下,美联储先后累计购买了1.725万亿的美元资产,资产负债表规模由2007年8月的0.874万亿美元增加到2010年4月的2.31万亿美元。2009年,第一轮QE规模扩大,美联储增持1 000亿美元机构债和7 500亿美元MBS。第一轮量化宽松货币政策之后,美国就业状况虽未有效改善,但是金融体系趋于稳定,整体经济趋于好转。这段时间内,美国实际GDP增长率从−8.2%一路攀升至3.9%,美国经济开始复苏。2009年11月,美国CPI当月同比开始转正,为1.8%,直到2010年4月第一轮量化宽松退出,美国基本上将CPI当月同比维持在2%的水平上。虽然经济增速和通货膨胀有了一定的改变,但是美国的失业率并没有很好地改善。直到第一轮量化宽松结束,美国失业率依然维持在接近10%的水平。

二、第二轮量化宽松(QE2)

在QE1后,美国失业率虽然有所降低,但是到2010年11月美国失业率再次攀升到9.8%的高值。虽然在QE1期间美国的CPI维持在2%左右的水平上,但是当美国停止QE1后,CPI开始快速回落至1.2%左右。基于这一形势,美联储宣布开启第二轮量化宽松(QE2)。QE2从2010年11月开始到2011年6月结束。在这一阶段,美联储的资产负债表规模由2010年11月份的2.303万亿美元增加到2011年6月份的2.793万亿美元。第二轮量化宽松的内容比较单一,美联储购入的仅仅是美国国债,且集中于较长期限的美国国债,预计于2011年6月前增持6 000亿美元。这一轮量化宽

---

① 本案例分析由复旦大学2015级国际商务班硕士生钟小川整理。

松,美联储着力解决美国政府的财政危机,一方面,购入美国国债,在市场上投放大量的基础货币;另一方面,积极游说其他国家增持美国国债,通过增加储备金以缓解未来可能发生的财政危机。QE2 实施后,美国 CPI 快速上扬,到 2011 年 6 月结束 QE2 时,CPI 维持在 3.6% 的水平上。第二轮量化宽松后,美国的失业率呈现下降趋势。2011 年 6 月,美国失业率已降到 9.1%,2011 年 7 月和 8 月维持在 9.0% 的水平。

三、第三轮量化宽松(QE3)

第二轮量化宽松新增的流动性并没有进入实体经济,而是流入国内外的金融市场,借助美元的强势地位,很大一部分热钱涌入到新兴经济体,推升了通胀压力。QE2 使美元贬值,稀释了美国债务,在某些方面化解了美国的财政危机。虽然,QE2 结束后的美国失业率出现下滑,可一直维持在 8% 以上。基于此,美联储决定实施第三轮量化宽松的货币政策。第三轮 QE 政策从 2012 年 9 月 14 号开始,又称为扭曲操作(OT)阶段①。在第三轮量化宽松期间,美联储资产负债表的规模由 2012 年 9 月的 2.824 万亿美元增加到 2012 年 12 月的 2.861 万亿美元。目的在于引导长期利率下降,减少债务人在利息方面的负担,营造更加宽松的金融环境,同时也考虑将失业率降低到 7% 以下。QE3 的具体措施为:决议在 2012 年 12 月之前每月增持 400 亿美元 6 至 30 年期的美国国债,减持相同金额 0 至 3 年期国债。2012 年 9 月 13 日,美联储公开市场委员会宣布每月增持 400 亿美元机构 MBS,直到将美国失业率降低到 7% 以下。美联邦公开市场委员会利率会议过后,美联储始终将利率维系在 0 至 0.25% 之间。QE3 实施期间内,美国的通胀率保持良好,一直维持在 2% 的目标区间内,但是美国失业率依然维持在 7.8% 左右。经济增速由 2012 年第三季度的 0.5% 降低到 0.1%。

四、第四轮量化宽松(QE4)

为了进一步刺激美国经济增长,降低失业率,美联储于 2012 年 12 月 12 日宣布从 2013 年起开始第四轮量化宽松货币政策。美联储原本预计将扭曲操作(OT)实施到 2012 年 6 月底,但是由于出售大量的短期债券后,美联储手中的短期债券已经不多,无法再继续实行扭曲操作。所以,这一轮量化宽松货币政策继续增持美国长期国债以替代扭曲操作,即月增加购入美元长期国债 450 亿美元。在这一时期,美联储资产负债表每个月扩大 850 亿美元。同时,持续超低利率 0 至 0.25%,直到预期通胀率高于 2.5%,失业率回落到 6.5% 以下。QE4 从 2013 年 1 月开始,持续至 2014 年 10 月 29 日。美联储资产负债表规模由 2013 年 1 月 2 日的 2.917 万亿美元增加到 2014 年 10 月 29 日的 4.487 万亿美元。这一段时间内,美国经济增长率由 2012 年第四季度的 0.1% 增加至 2014 年第三季度的 5.0%。失业率已从 2012 年 12 月的 7.9% 降低到 2014 年 10 月的 5.7%,达到预期要求水平。

---

① 扭曲操作(operation twist,OT),即卖出较短期限国债,买入较长期限国债,从而延长所持国债资产的整体期限,这样的操作将压低长期国债收益率,刺激抵押贷款持有人进行再融资,降低借贷成本,借此鼓励银行向中小企业放贷,从而刺激经济。从收益率曲线来看,这样的操作相当于将曲线的较远端向下弯曲,这也是扭曲操作得名的原因。1961 年,美国联邦储备体系首次实施扭曲操作。2011 年 9 月,美联储第二次采用扭曲操作。事实上,扭曲操作由美国经济学家詹姆士•托宾于 20 世纪 60 年代初设计,名称来自当时流行的扭扭舞(Twist)。

五、美国实施量化宽松货币政策对中国的影响

一是美国实施的QE1—QE4货币政策会对中国物价水平产生强烈的冲击,使得中国进口上游产品的成本上涨,不利于中国就业和收入增长。二是由于美国是中国最重要的贸易伙伴,中国人民银行将不得不被动地跟随美联储进行量化宽松货币政策调整。三是美国接连推出QE1—QE4货币政策,会直接侵蚀中国外汇储备的实际购买力,使得中国的外汇储备资产蒙受损失。四是美国实施QE1—QE4货币政策,可能会引发以邻为壑的全球主要货币竞相贬值,不利于中国的对外贸易和投资。

六、美国退出量化宽松货币政策对中国的影响

根据美国联邦储备委员会的决议,自2014年1月起,为有效应对次贷危机,美国量化宽松货币政策开始逐步退出,把每月增持的850亿美元债券缩小到750亿美元。2014年10月29日,美联储宣布结束资产购买计划,为六年前开始实施的量化宽松货币政策(QE)画上句号。同时,明确下一步政策重点将转向加息,这意味着次贷危机以来史无前例的宽松货币政策"盛宴"落幕。美联储退出量化宽松货币政策后,美国经济增长率在2014年第四季度到2015年第四季度维持在2.3%左右。美国失业率持续降低,到2016年12月已降至4.7%。虽然CPI出现过一段通货紧缩的状况,但是2016年9月、10月、11月的美国CPI维持在1.6%左右。

一方面,考虑到中国持续的经常账户顺差、较低外债、较高储蓄率、资本管制以及巨额外汇储备等有利因素,美联储退出量化宽松货币政策不会对中国造成显著的冲击。美国退出量化宽松货币政策引发的美元升值预期将增强中国出口产品的价格优势,美元走强带动大宗商品价格走低,也会降低中国经济运行成本和输入型通胀压力。另一方面,美国退出量化宽松货币政策可能加大中国资本流动的不确定性,引起市场波动。在国内外经济金融形势日趋复杂的形势下,美国退出量化宽松货币政策给中国货币政策带来新的挑战,加大了中国外汇储备管理的难度。

为积极应对美国退出量化宽松货币政策的影响,中国可采取的有效措施是:一是深化经济金融改革,促进自主创新和产业结构升级,提高经济增长的自主性和内生性。按照发挥市场在资源配置中的决定性作用的要求,加快发展国内金融市场,增加市场深度和广度;深化财税制度改革,提高抵御外部风险的能力。二是进一步完善人民币汇率市场化形成机制,拓展外汇市场的广度和深度,有序地扩大人民币汇率的波动区间,更多让市场供求力量决定外汇市场的平衡点,减少跨境资本的套利空间。三是建立健全宏观审慎管理框架下的外债和资本流动管理体系,完善跨境资本流动的监测和监管,渐进、稳健、有序地推动人民币资本项目开放,努力实现流入流出的双向动态平衡。四是推进宏观政策沟通与协调,积极利用多边平台推进多边贸易进程,加强与发达经济体的政策交流,推动新兴市场经济体合作,通过签订货币互换协议等方式共同抵御相关风险①。

---

① 中国人民银行金融稳定分析小组(2014):《中国金融稳定报告2014》,中国金融出版社,第9—10页。

第七章

开放经济下内外平衡理论和宏观经济政策协调

> **学习目标**
> 1. 了解宏观经济政策目标、IS-LM-BP模型,以及国际宏观经济政策协调。
> 2. 理解开放经济下宏观经济政策工具、宏观经济政策调控原理、两国相互依存模型,以及固定和浮动汇率下经济政策国际传导。
> 3. 掌握宏观经济政策搭配理论、丁伯根原则、米德冲突、斯旺模型、丁伯根原则,以及蒙代尔有效市场分类原则。
> 4. 学会使用宏观经济政策搭配理论、斯旺模型和蒙代尔有效市场分类原则来分析一国如何化解内外部失衡问题;学会使用开放经济下政策选择的"三元悖论"来分析。

第一节 开放经济下宏观经济政策目标、工具和政策搭配理论

一般而言,开放经济条件下,一国宏观经济政策目标包括内部平衡和外部平衡两个方面,具体包括经济增长、充分就业、物价稳定和国际收支平衡。其中,经济增长是一国的长期目标,充分就业、物价稳定和国际收支平衡则是三个短期目标,这些是一国或地区关心的内外平衡目标。在开放经济条件下,可通过 IS-LM-BP 模型来加以说明一国或地区的内外平衡。对于开放经济下宏观经济失衡,可采取相应的宏观经济政策工具加以调节,由此孕育出不同的宏观经济政策搭配理论。

一、开放经济下宏观经济内外部平衡目标

在开放经济条件下,具体表现在国际收支失衡及汇率变动对经济增长、充分就业和价格稳定等内部平衡目标的影响上。因此,保持国际收支平衡就成为各国追求的外部平衡目标。

(一) 经济增长

经济增长是指在一定时期内一国或地区国内生产总值的增长率。通常采用一国或地区国内生产总值(GDP)的年增长率作为衡量指标。

(二) 充分就业

充分就业是指一切生产要素(包含劳动)都有机会以自己愿意的报酬参加生产的状态。但是,由于在实际中测量各种经济资源的就业程度非常困难,因而各国大都以失业率高低作为衡量就业状态的指标。失业率是指失业者人数对劳动力人数的比率。狭义的充分就业是指经济中的非自愿失业完全消失,失业仅限于摩擦失业和自愿失业。摩擦失业是指生产过程中由于难以避免的摩擦所造成的短期性和局部性失业。自愿失业是指个人不愿接受现行工资水平而形成的失业。根据著名的奥肯定律,GDP每增加3%,失业率大约下降1%。可见,经济增长和失业之间具有强相关关系,失业的成本是巨大的。因此,降低失业率,实现充分就业就常常成为各国宏观经济政策的首要目标。

(三) 物价稳定或价格稳定

价格稳定是指价格总水平的稳定。由于在经济生活中各种商品价格变化的情况复杂,造成统计上的困难,一般用价格指数来表达一般价格水平的变化。目前使用较多的为消费物价指数(CPI)、批发物价指数(PPI)和国内生产总值缩减指数(GDP deflator)三种。价格稳定成为内部平衡目标,主要在于无论是通货膨胀还是通货紧缩都对经济具有破坏作用。

以上三种内部平衡目标之间是存在矛盾的。一般而言,经济增长往往伴随有通货膨胀,而低通货膨胀或通货紧缩又常常导致高失业率。在开放经济条件下,还要保持外部平衡即国际收支平衡。对于发展中国家而言,追求汇率稳定也是其外部平衡目标之一。

(四) 国际收支平衡

当一国的国际收支处于逆差时,首先会引起本币汇率下浮。若该国政府不愿接受本币汇率下降,则必须动用外汇储备,对外汇市场的供求现状进行干预。如果一国国际收支长期出现顺差,也会给国内经济带来不良影响,引起国际摩擦。而且,一国的国际收支顺差会给本币带来升值的压力。相比之下,逆差所造成的影响更为严重。

(五) 汇率稳定

汇率是连接国内外市场的重要纽带。汇率变化表现为货币的贬值或升值。对于发达经济体而言,可通过调节性交易来降解汇率变动带来的风险,而无需追求汇率稳定。但是,对于发展中国家来说,不具备完善的市场传导机制,也缺乏各种避险的金融衍生工具,汇率剧烈变动会给国内经济造成很大波动和损失,因此,追求汇率稳定成为发展中经济实现外部平衡的目标之一。

二、开放经济下宏观经济 IS-LM-BP 模型

在开放经济条件下,可通过 IS-LM-BP 模型来加以说明内外部平衡问题。开放经济下宏观经济政策的总目标是实现内外部平衡。因此,一国经济的理想状态是:国内实现了充分就业的平衡,国际收支也处于平衡状态。图 7-1 说明了这种理想状态。

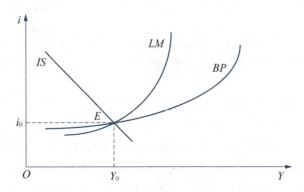

图 7-1　开放经济条件下宏观经济内外部平衡

图中 Y_0 为充分就业的产出水平，i_0 为均衡的利率水平。E 点为 IS 线与 LM 线的交点，表示实现了充分就业的内部平衡。E 点同时又位于 BP 线上，说明在该点国际收支也处于平衡状态。但在现实经济生活中这种理想状态很少实现，而常见的几种情形是：国内经济和国际收支都不平衡；国内经济平衡，但国际收支处于逆差或顺差失衡；非充分就业平衡，国内经济和国际收支都实现了平衡，但国内平衡不是理想的状态。这三种情形都需要进行调整，以实现理想的内外部平衡状态。从图示来看，政府需要采取相应的政策使 IS、LM 和 BP 三条曲线相交于一个能实现充分就业的产出——利率组合点上。

三、开放经济下宏观经济政策工具

按照宏观经济政策工具的不同作用机制分类，开放经济下宏观经济政策工具可分为调节社会总需求的工具或需求管理政策工具、调节社会总供给的工具或供给调节政策工具，以及外汇缓冲政策或资金融通政策工具等。据此，开放经济下政府可采取的宏观经济调节政策工具主要有：

1. 调节社会总需求的工具或需求管理政策工具，包括支出增减型政策和支出转换型政策。支出增减型政策是改变社会总需求或国民经济总支出水平的政策，旨在通过改变社会总需求或总支出水平来改变对外国商品、服务和金融资产的需求，从而调节国际收支。这类政策主要包括财政政策和货币政策。支出转换型政策是指不改变社会总需求和总支出水平而改变其方向的政策，是将国内支出从外国商品和劳务转移到国内的商品和劳务上来。这类政策主要包括汇率政策和直接管制政策。

2. 调节社会总供给的工具或供给调节政策工具，包括产业政策和科技政策。产业政策和科技政策是从供给角度调节的政策，其特点是长期性，在短期内很难有显著的效果，但是可以从根本上提高一国的经济实力和科技水平，从而达到调节国际收支失衡、实现内外平衡的目标。

3. 外汇缓冲政策或资金融通政策工具。资金融通政策工具简称融资政策，是一国政府当局在短期内利用资金融通来弥补国际收支逆差，包括使用官方储备和国际信贷。外汇缓冲政策运用的难点是如何判断失衡的类型，因为它只能用于解决短期性国际收支失衡，该政策不适用于长期的根本性失衡。该政策的运用要具备一定的条件，即必须保持实施缓冲政策所需要的充足的外汇储备。

四、开放经济下宏观经济政策搭配理论

(一) 米德冲突

英国经济学家詹姆斯·米德(J. Meade)于1951年在其名著《国际收支》中首次提出固定汇率制度下内外部平衡冲突问题。他指出,由于在汇率固定不变时,政府只能运用影响社会总需求的政策(通常为财政和货币政策)来调节内外部平衡,这样,在开放经济运行的特定区间便会出现内外部平衡难以兼顾的情形。例如,在开放经济条件下,经济可能面临着如表7-1所示的内外经济状态的组合(这里,失业和通货膨胀相互独立、外部平衡不包括资本账户而仅指经常账户平衡)。

表7-1 固定汇率制度下内部平衡与外部平衡的搭配与矛盾

情 况	内 部 状 态	外 部 状 态
第一种情况	经济衰退、失业增加	国际收支逆差
第二种情况	经济衰退、失业增加	国际收支顺差
第三种情况	通货膨胀	国际收支逆差
第四种情况	通货膨胀	国际收支顺差

在表7-1中,第二和第三种情况意味着内外部平衡的一致。在第二种情况下,为实现内部平衡,要求政府采取增加社会总需求的措施进行调整,这会导致进口相应增加,在出口保持不变时,就会改善原有的顺差状态使国际收支趋于平衡。在这种情形下,政府在采取措施实现内部平衡的同时也对外部平衡的实现发挥了积极影响,因而是内外部平衡一致的情况。第一和第四种情况意味着内外部平衡的相互冲突,即米德冲突。因为政府在通过调节社会总需求实现内部平衡时,会引起外部经济状况距离平衡目标更远。由此,米德冲突(Meade's conflict)是指在固定汇率制度下,失业增加与国际收支逆差,或者通货膨胀与国际收支顺差这两种特定的经济状态组合(见表7-2)。

表7-2 米德冲突

国际收支状况	失 业	通 货 膨 胀
国际收支逆差	解决失业问题必须施以扩张政策,而国际收支逆差要以紧缩政策治理,扩张政策与紧缩政策之间存在着冲突	
国际收支顺差		解决通胀问题必须施以紧缩政策,而国际收支顺差要以扩张政策加以治理,紧缩政策与扩张政策之间存在着冲突

米德第一次系统地从理论上阐述了单一政策调控在复杂经济状况下是无能为力的,进而潜在强调了政策搭配的现实重要性。在此之前,政策制定者的政策菜单上并没有"政策搭配"的想法,他们所要做的就是通过简单的政策选择来对国内总需求施加或紧或松的政策影响。

米德分析的不足在于只考虑了固定汇率制度。实际上,在浮动汇率制度下,内外部平衡冲突同样存在。由于在浮动汇率制度下,政府不可能完全依靠外汇市场对国际收支实现自发调节功能,在汇率变动受到一定管理的条件下,通过国内总需求的变动来实现内外部平衡仍是常见的做法。因此,在浮动汇率制度下,也会出现与固定汇率制度下相似的内外部平衡冲突现象。并且,在汇率波动剧烈的情况下,通过调节国内需求来实现内部平衡目标时,国内需求的变动同时会通过多种途径造成汇率的变化,汇率的进一步变动又会通过一系列机制进一步影响到内部平衡。此外,米德分析也忽略了对资本因素的考虑。在现代经济中,国际间资本流动是影响一国经济的一个重要因素,活跃在国际金融市场的巨额资金会因各国汇率的动荡不定而频繁流动,直接影响到国内宏观经济的运行,使各国国内经济政策受到更多的影响和制约,从而一国同时实现内外部平衡目标变得更加困难。

(二) 斯旺模型

针对米德冲突问题,澳大利亚经济学家斯旺(T. Swan)进行了深入研究,并于1955年提出了著名的斯旺模型(如图7-2)。传统的斯旺模型描述内外部平衡时使用实际利率与实际汇率的组合,但是此模型并没有得到广泛的运用,主要是因为它没有反映出利率、汇率与资本流动的"三元"关系。新的斯旺模型通过考虑资本账户的外部平衡反映出三者的关系。在该模型中,EB曲线表示与经常账户保持平衡的资本账户平衡的条件,用违约与货币风险的非抛补利率平价进行修正。

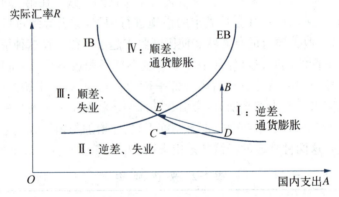

图 7-2 斯旺曲线

图7-2中的纵轴表示实际汇率。在直接标价法下,实际汇率上升意味着本国货币贬值,可以由名义汇率贬值、国内价格水平下降,或国外价格水平上升造成。实际汇率的上升表示本国商品在国际市场上的竞争能力增强,将改善国际收支的经常账户。图7-2中的横轴为国内经济的总支出水平,以 A 表示,则有 $Y=C+I+G+(X-M)$,令 $A=C+I+G$,得到 $Y-A=X-M$。其中,Y,C,I,G,X,M 分别为国民收入、消费支出、投资支出、政府支出、本国出口以及本国进口。该式表明,当国内吸收水平 A 过高,且超过总收入水平 Y 时,则净出口为负,于是出现经常账户逆差。

图7-2中的EB线为外部平衡曲线,表示能够使国际收支经常账户保持平衡的实际汇率 R 和国内支出 A 的组合点。其斜率为正,因为当 R 上升时,国际收支状况改善,为维持平衡,国内吸收水平也必须相应提高,以便增加进口。所有EB线以下的点均处于逆差

状态,即在现有的国内吸收水平下,相应的实际汇率水平不足以保持经常账户的平衡。所有 EB 线以上的点均处于顺差状态,即相应的实际汇率水平已经超过了保持经常账户平衡所需要的水平。只要一国的经济状态是在 EB 线以上或以下,就会产生相对于其他国家的债权或债务关系。

图中的 IB 线为内部平衡曲线,表示能够维持国内充分就业的所有实际汇率和国内吸收水平的组合。IB 线向右下方倾斜,因为如果实际汇率下降或货币升值,导致进口增加、出口减少,要维持充分就业就必须增加国内支出水平。所有 IB 线以上的点均处于通货膨胀状态,即在现有的国际竞争力或实际汇率水平下,国内总支出水平已经超过了创造充分就业所需要的水平,从而导致了国内通货膨胀。所有 IB 线以下的点均处于通货紧缩或失业状态,即总支出水平不足以形成充分就业。

斯旺模型由 EB 和 IB 两条曲线划分为 4 个区域:Ⅰ区存在逆差和通货膨胀、Ⅱ区存在逆差和失业、Ⅲ区存在顺差和失业、Ⅳ区存在顺差和通货膨胀。内部和外部总体平衡状态,由 IB 和 EB 线相交的 E 点表示,即在 E 点,其对应的国内支出或吸收水平和实际汇率的组合,能够实现国内充分就业并同时保持国际收支平衡。假设一国经济由于某种原因陷入Ⅰ区的 D 点,该状态既承受着通货膨胀压力,又存在国际收支的逆差。如果政策当局试图在维持汇率固定的条件下减少国际收支逆差,可以采取宏观紧缩政策即通过紧缩国内支出来促使经济状态向 C 点移动。然而,这样的政策实施后果是造成严重的经济衰退和大量失业。或者,政府还可以采取货币贬值的方法来解决逆差问题。这样,经济状态将会向 B 点移动,其结果是离 IB 曲线越来越远,即国际收支逆差的解决要以国内更严重的通货膨胀为代价。综上分析,斯旺模型同样说明一个观点:仅使用一种政策工具来同时解决内部和外部平衡问题是无法成功的。

(三)国际收支调节政策搭配选择

采用何种政策来调节国际收支,首先取决于国际收支失衡的性质,其次取决于国际收支失衡的国内社会和宏观经济结构,再者取决于内部平衡与外部平衡之间的相互关系。每一种国际收支调节政策都会对宏观经济带来或多或少的调节成本,所以,必须进行相机抉择,搭配使用各种政策,以最小的经济和社会成本代价达到国际收支平衡。在运用政策搭配以实现内外平衡的政策选择中,蒙代尔提出的财政政策与货币政策的搭配,以及斯旺提出的支出增减型政策与支出转换型政策(汇率政策)的搭配最有影响力,如表 7-3、表 7-4 所示。

表 7-3 财政政策与货币政策的搭配:蒙代尔政策指派原则

区 间	经 济 状 况	财政政策	货币政策
Ⅰ	通货膨胀/国际收支逆差	紧缩	紧缩
Ⅱ	失业、衰退/国际收支逆差	扩张	紧缩
Ⅲ	失业、衰退/国际收支顺差	扩张	扩张
Ⅳ	通货膨胀/国际收支顺差	紧缩	扩张

表 7-4 支出增减型政策与支出转换型政策(汇率政策)的搭配

区间	经济状况	支出增减型政策	支出转换型政策
Ⅰ	通货膨胀/国际收支逆差	紧缩	贬值
Ⅱ	失业、衰退/国际收支逆差	扩张	贬值
Ⅲ	失业、衰退/国际收支顺差	扩张	升值
Ⅳ	通货膨胀/国际收支顺差	紧缩	升值

开放经济下内外部平衡冲突问题的症结是:(1)内外平衡冲突的根源在于经济的开放性;(2)内外平衡冲突的产生是与某种特定的宏观经济调控方式直接相对应的。内外平衡冲突问题说明,在开放经济条件下,单纯运用调节社会总需求这一经济政策工具不足以同时实现内外部平衡目标,开放经济的宏观调控需要有新的政策工具进行合理科学的搭配。

第二节 开放经济下宏观经济政策调控原理

丁伯根的一般分析方法将米德的内外部平衡冲突细化为政策目标和政策工具的数量匹配冲突,只要政府有可以操纵的政策工具,或政府能够施加作用的外部变量,在数量上少于政策调控意图达到的目标种类,那么全部目标的同时实现就不可能发生。

一、宏观经济政策调控的丁伯根原则

开放经济条件下政策调控需要有新的思路。首位诺贝尔经济学奖得主丁伯根最早提出了将宏观经济政策目标和政策工具联系在一起的正式模型,指出要实现 N 个独立的政策目标,至少需要相互独立的 N 个有效的政策工具,即丁伯根原则(Tinbergen's Law)。丁伯根建立的一般模型可以用来描述层次不同的经济系统,如一个企业、一个行业、一个市场以及一国经济,但在政策搭配理论应用中主要是用于对一国经济变量相互关系进行研究。

假定只存在两个目标 T_1、T_2 与两种政策工具 I_1、I_2,政策目标 T_1、T_2 的理想状态为 T_1^*、T_2^*。令政策目标是政策工具的线性函数,有:$\begin{cases} T_1 = a_1 I_1 + a_2 I_2 \\ T_2 = b_1 I_1 + b_2 I_2 \end{cases}$。从数学来看,只要 $\frac{a_1}{b_1} \neq \frac{a_2}{b_2}$(即两个政策工具线性无关),就可求解出达到理想水平的 T_1^*、T_2^* 时所对应的 I_1、I_2 的值:$I_1 = \frac{b_2 T_1^* - a_2 T_2^*}{a_1 b_2 - b_1 a_2}$,$I_2 = \frac{a_1 T_2^* - b_1 T_1^*}{a_1 b_2 - b_1 a_2}$。当 $\frac{a_1}{b_1} = \frac{a_2}{b_2}$ 时,意味着这两种政策工具对这两个政策目标有着相同的影响,换句话说,决策者只有一个独立的政策工具而试图实现两个政策目标,这是无法做到的。在这种情况下,只要决策者能够控制两种政策工具,且每种政策工具对政策目标的影响是独立的,决策者就能通过政策工具的配合

实现理想的目标水平。

丁伯根原则的政策含义是：在开放经济条件下，只运用支出增减型政策通过调节支出总量的途径来同时实现内部平衡与外部平衡两个政策目标是不够的，必须增加新的政策工具搭配进行才能实现。上述结论可进一步推广到 N 种目标和 N 种工具的情形，即在开放经济条件下，如果经济是线性的，要实现 N 个政策目标，至少要有 N 种相互独立的政策工具。

在丁伯根的政策模型里，政策目标可能由政府、投票人、监管者、经济学家等市场参与者在不同影响之下共同决定的，表示为两种模式：一是使得内生变量中的一个、几个或是全部趋近于潜在的固定目标值，二是使得目标偏好函数最大化或是社会成本最小化。政策制定者和执行者通过对可控外生变量施加政策影响来谋求政策目标的实现。

丁伯根用数理分析方法将米德冲突更为具体地表述为政策目标和政策工具数量匹配上的冲突，由于开放经济中内外平衡所包含的政策目标更加复杂和多样，所以，单一、较少的政策工具调控难以保障政策目标同时实现，这时候，广泛、大量的政策工具搭配成为维持经济稳健发展的一种客观要求。

二、宏观经济政策指派的蒙代尔有效市场分类原则

丁伯根原则有两个局限：一是假定各种政策工具可以被决策者集中控制，从而通过各种政策工具的紧密配合来实现政策目标，这在实践中是很困难的。比如，以非充分就业与国际收支逆差情形为例，内部平衡的实现要求政府实施扩张性的调控政策，而外部平衡的实现要求政府施以紧缩性的调控措施。此时，政府虽然拥有两类调控工具，政策目标同样是两个，符合丁伯根原则的要求，但是政府在运用政策工具调控经济以实现内、外部平衡时，仍然会遭遇到冲突困难。二是丁伯根原则没有明确指出每种政策工具有无必要在调控中侧重于某一政策目标的实现，即没有就各种政策工具的不同作用及其不同的实施效果进行深入的分析。

20 世纪 60 年代，蒙代尔（R. Mundell）提出宏观经济政策指派的有效市场分类原则在一定程度上弥补了这两个方面的不足。蒙代尔认为，以丁伯根原则为代表的传统理论将财政政策与货币政策工具的调节效率等同对待，而实际上不同政策工具的作用与效果是不同的。货币政策的运用除了可以对经济运行产生扩张或紧缩效应外，还对国际资本流动具有很强的调节能力，但财政政策在调节国际资本流动中的作用却小得多。因此，如果用货币政策纠正外部失衡，用财政政策对付内部失衡，经济就有可能重新恢复内外部平衡。由此，不同的政策工具与恰当的政策目标的匹配是最为重要的，匹配的原则就是蒙代尔提出的有效市场分类原则。

蒙代尔对宏观政策调控的研究建立在如下假定前提之上：在大多数情况下，不同的政策工具掌握在不同的决策者手中。例如，货币政策的制定者是中央银行，财政政策的制定权则属于财政部。如果决策者并不能紧密协调这些政策而在权力分割的情况下独立地进行决策，就不能实现预期的政策目标。由此，关于每一政策工具应如何指派给相应的政策目标，蒙代尔提出了有效市场分类原则，即每一政策目标应当指派给对这一目标有着相对最大影响力，因而在影响政策目标上有相对优势的政策工具。如果工具指派得不合理，

经济就会因产生波动而距平衡点越来越远。如果每一政策工具被合理地指派给一个政策目标,那么在分散决策的情况下仍有可能实现最佳调控目标。根据这一原则,蒙代尔区分了财政政策、货币政策在影响内外平衡上的不同作用,提出了以货币政策实现外部平衡目标,以财政政策实现内部平衡目标的指派建议。

蒙代尔的宏观政策指派模型如图7-3所示,图中的纵轴表示货币政策,Nm为政策中性,向下为货币紧缩,向上为货币扩张。横轴表示财政政策,Nf为政策中性,向右为财政扩张,向左为财政紧缩。IB线(内部平衡线)表示能够维持充分就业的财政政策和货币政策的组合。曲线斜率为负,这意味着在充分就业条件下,如果实行紧缩性货币政策,就必须相应地采取扩张性的财政政策才能保持国内充分就业的平衡。IB线右边的货币政策和财政政策搭配会产生通货膨胀,曲线左边的政策搭配则不足以形成充分就业。EB线(外部平衡线)表示能够维持国际收支平衡的财政政策和货币政策的组合。图中的EB线斜率为负,是假定扩张性的财政政策对国际收支总体的净影响是负的,即经常账户的恶化程度超过资本账户的改善程度。于是,扩张性的财政政策导致国际收支的恶化,因而必须采取紧缩性的货币政策,通过提高利率以吸引资金流入来保持国际收支平衡。

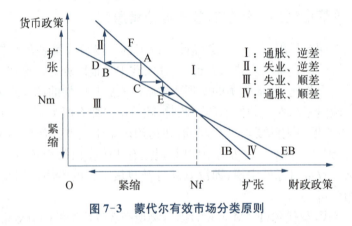

图7-3 蒙代尔有效市场分类原则

蒙代尔的有效市场分类原则为一国政府如何采用政策工具以实现内外平衡的宏观经济目标开辟了新的思路,它丰富了开放经济下宏观经济政策调控理论。它与丁伯根原则一起确定了开放经济条件下宏观政策调控的基本思想,即针对内外平衡目标,确定不同政策工具的指派对象并尽可能地进行协调,以达到内部平衡与外部平衡的相互一致。

三、开放经济下宏观政策选择的"三元悖论"

Mundell(1963)研究得出,假定资本完全自由流动,那么,"固定汇率下货币政策对就业没有影响,而浮动汇率下财政政策对就业没有影响。另一方面,固定汇率下财政政策对就业有强烈影响,而浮动汇率下货币政策对就业有强烈影响"[1]。也就是说,如果资本完全自由流动,固定汇率下货币政策失效,浮动汇率下货币政策独立有效。蒙代尔—弗莱明

---

[1] Mundell, R.(1963), Capital Mobility and Stabilization Policy under Fixed and Flexible Exchange Rates, *Canadian Journal of Economics and Political Science*, Vol.29, No.4, p.484.

模型已孕育了"三元悖论"思想。后经 Krugman(1979)和 Frankel(1999)进一步将"三元悖论"思想形式化为"不可能三角"模型(沈国兵、史晋川,2002),如图 7-4 所示。Frankel(1999)认为,在货币独立、汇率稳定和金融完全一体化之间,一国不可能同时实现这三个目标,必须得放弃三个目标中的一个。而且,在国际金融市场变得日益一体化之际,汇率制度的选择似乎变成要么放弃汇率稳定要么放弃货币独立。但是,这不等于说一国不能有半稳定和半独立。现存理论中没有东西阻止一国追求管理浮动,即货币需求中一半波动被干预吸收,一半被允许反映在汇率波动上[①]。这样,在开放经济条件下,国际金融体系中存在着无法解决的"三元悖论",即在资本完全自由流动、汇率稳定和货币政策完全独立三个目标中,一国只能同时实现两个目标而不得不放弃第三个目标。

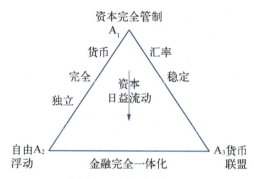

图 7-4 开放经济下宏观政策选择的"三元悖论"

在图 7-4 中,A_1 是选择货币政策的独立性和汇率稳定,中国是这种政策选择的代表;A_2 是选择货币政策的独立性和资本自由流动(即金融完全一体化),目前的美国选择这一模式;A_3 是选择汇率稳定和资本自由流动,实行货币局制度的中国香港、南美洲部分国家采用这种模式。

蒙代尔得出的结论是基于资本自由流动的假设前提,固定汇率下的财政政策有着较强的产出效应,浮动汇率下的货币政策有着较强的效应。基于此结果,蒙代尔很自然地得出两种汇率制度下的政策指派方案:固定汇率制度下将财政政策指派给内部平衡,将货币政策指派给外部平衡;浮动汇率制度下将财政政策指派给外部平衡,将货币政策指派给内部平衡。

第三节 宏观经济政策的国际协调:两国模型

宏观经济政策的国际协调,是指各个国家、地区政府或国际经济组织,在承认世界经济相互依存的前提下,就贸易政策、汇率政策、货币政策和财政政策等宏观经济政策进行磋商和协调,适当调整现行的经济政策或联合采取干预市场的政策行动,以缓解政策溢出

[①] Frankel, J.(1999), No Single Currency Regime is Right for All Countries or at All Times, *NBER Working Paper* No.7338, pp.7-8.

效应和外部经济冲击对各国经济的不利影响,维持和促进各国经济的稳定增长。国际经济政策协调的基础是国际经济相互依存和国际经济传递机制。国际经济相互依存理论的主要内容是:一个国家的经济发展取决于其他国家的发展和政策;一个国家的发展和政策又影响到其他国家的经济发展(Cooper,1968;1969)。

一、开放经济下的相互依存性

我们将蒙代尔—弗莱明模型扩展为两国情况,考察开放经济下的相互依存性问题。假定只存在两个相同规模的国家,它们之间相互影响;本国利率能够影响世界利率及外国国民收入。在蒙代尔—弗莱明模型中,假定其他条件不变,考虑资本完全流动下两国之间的相互影响。

两国相互依存模型

本国商品市场　　　　　　　　　　外国商品市场

$$Y = A(G, i, Y) + NX\left(\frac{EP^*}{P}, Y, Y^*\right) \quad Y^* = A^*(G^*, i^*, Y^*) + NX^*\left(\frac{P}{EP^*}, Y^*, Y\right)$$

本国货币市场　　　　　　　　　　外国货币市场

$$\frac{M_s}{P} = L(i, Y) \quad\quad\quad\quad\quad \frac{M_s^*}{P^*} = L^*(i^*, Y^*)$$

本国外汇市场　　　　　　　　　　外国外汇市场

$$i = i^* \quad\quad\quad\quad\quad\quad\quad\quad i^* = i$$

该模型的主要结论是:当两国蒙代尔—弗莱明模型处于稳定状态时,两国利率水平必然相等;在两国模型中,世界利率水平是由两国共同确定的;两国的国民收入通过贸易收支发生联系;两国利率水平通过外汇市场发生联系;两国价格水平通过实际汇率发生联系。

在开放经济条件下,宏观经济政策进行传递时存在着三种冲击传导机制:第一,利率机制。利率机制对冲击的传导主要是通过国际资本流动进行的。第二,收入机制。一国边际进口倾向的存在,使得一国国民收入的变动导致该国进口发生变动,通过乘数效应带来另一国国民收入的变动。第三,相对价格机制。由于实际汇率是由名义汇率和价格水平共同决定的。因此,后者的任何变动都会引起实际汇率的变动,带来两国商品国际竞争力的变化,对他国产生冲击。

二、固定汇率制度下经济政策的国际传导

(一) 固定汇率下货币政策的国际传导

初始状态:本国与外国的利率水平相等。

本国政策行为:本国采取扩张性货币政策,LM_0 曲线右移至 LM_1,本国利率 i 下降,本国产出 Y 增加。

收入机制:本国产出 Y 增加,边际进口倾向带来本国进口增加,外国出口增加,使外

国的 IS_0^* 曲线右移至 IS_1^*，外国产出 Y^* 增加，外国利率 i^* 提高。

利率机制：本国利率低于外国利率，资金大量外流，外汇市场上本币供给增加，外币需求增加。固定汇率下，两国货币当局干预导致本国货币供给减少，LM_1 曲线左移；外国货币供给增加，LM_0^* 曲线右移至 LM_1^*，分别导致本国利率 i 上升和外国利率 i^* 下降。

收入机制：本国的 LM_1 曲线左移至 LM_2，本国国民收入 Y 下降至 Y_1，通过收入机制，边际进口倾向带来外国出口下降，IS_1^* 曲线左移至 IS_2^*。

最终，两国互动作用使本国与外国利率水平相等时，两国经济重新处于平衡状态。平衡结果：世界货币存量高于期初水平，两国利率水平低于期初水平，两国产出都高于期初产出水平。如图 7-5 所示。

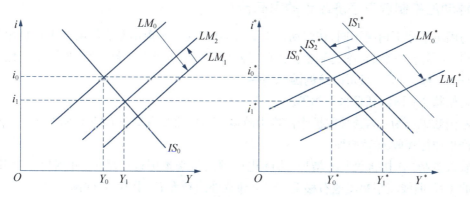

图 7-5　固定汇率下货币政策的国际传导

（二）固定汇率下财政政策的国际传导

初始状态：两国利率水平相等。

本国政策行为：本国采取扩张性财政政策，IS_0 右移至 IS_1，本国利率 i 上升，本国产出 Y 增加。

收入机制：本国产出或国民收入 Y 增加，边际进口倾向带来本国进口增加，外国出口增加，外国国民收入 Y^* 增加（其增加幅度低于本国收入增加幅度），体现为使外国的 IS_0^* 曲线较小幅度地右移至 IS_1^*，外国产出或国民收入 Y^* 增加，外国利率 i^* 提高。

利率机制：本国利率提高得更多，高于外国利率，资金大量流入本国，固定汇率下，两国干预导致本国货币供给扩张，LM_0 曲线右移至 LM_1，本国国民收入增加，本国利率下降；外国货币供给减少，LM_0^* 曲线左移至 LM_1^*，外国国民收入 Y^* 下降，外国利率 i^* 上升。

收入机制：本国的 LM_0 曲线右移至 LM_1，本国国民收入增加，通过收入机制又带来外国国民收入的一定增加，IS_1^* 再次略有右移至 IS_2^*，造成外国利率水平再度上升的同时，外国国民收入也有增加。

最终，两国互动作用使本国利率与外国利率水平相等时，两国经济重新处于平衡状态。平衡结果：世界货币存量不变，两国利率水平相等时确定的世界利率高于期初水平，两国产出水平都高于期初产出水平。如图 7-6 所示。

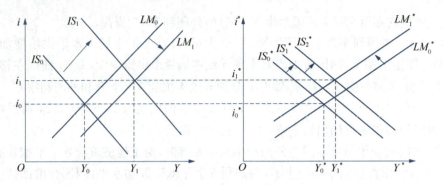

图 7-6　固定汇率下财政政策的国际传导

三、浮动汇率制度下经济政策的国际传导

与固定汇率下情况不同,在浮动汇率下,国际收支不平衡不会引起两国干预货币供给的调整,而是造成名义汇率的调整。因此,经济政策在国际间传导的效应也发生变化。

（一）浮动汇率下货币政策的国际传导

初始状态：两国利率水平相等。

本国政策行为：本国采取扩张性货币政策,LM_0 曲线右移至 LM_1,本国利率 i 下降,本国产出或国民收入 Y 增加。

收入机制：本国国民收入增加,边际进口倾向带来本国进口增加,外国出口上升,使外国的 IS_0^* 曲线较小幅度地右移至 IS_1^*,导致外国利率 i^* 上升,外国国民收入 Y^* 一定程度的增加。

利率机制和相对价格机制：本国利率低于外国利率,资金大量外流。浮动汇率下造成本国货币贬值,外国货币升值,使本国产品的国际竞争力上升,出口增加。本国的 IS_0 曲线右移至 IS_1,本国产出 Y 增加,本国利率 i 上升;外国竞争力下降,出口下降。外国的 IS_1^* 左移至 IS_2^*,外国产出 Y^*、利率 i^* 下降。

最终,两国互动作用使本国利率与外国利率水平相等时,两国经济重新处于平衡状态。平衡结果：世界货币存量增加,本国产出或国民收入较期初增加,而外国国民收入较期初下降,两国利率水平相等时确定的世界利率水平低于期初利率水平。如图 7-7 所示。

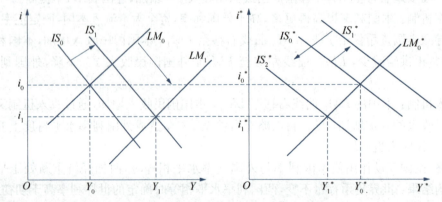

图 7-7　浮动汇率下货币政策的国际传导

(二) 浮动汇率下财政政策的国际传导

初始状态：两国利率水平相等。

本国政策行为：本国采取扩张性财政政策，IS_0 曲线右移至 IS_1，本国国民收入或产出 Y 增加，本国利率 i 上升。

收入机制：本国国民收入 Y 增加，边际进口倾向带来本国进口增加，外国出口增加，使外国的 IS_0^* 曲线右移至 IS_1^*，外国国民收入一定程度增加（其增加幅度低于本国收入增加幅度），外国利率提高。

利率机制和相对价格机制：本国利率提高得更多，高于外国利率，资金大量流入本国。在浮动汇率下，造成本国货币升值，外国货币贬值，使本国产品的国际竞争力下降，出口减少，本国的 IS_1 曲线左移至 IS_2，本国产出 Y 减少，本国利率 i 下降；使外国竞争力上升，出口增加，外国的 IS_1^* 曲线进一步右移至 IS_2^*，外国产出 Y^* 增加，外国利率 i^* 上升。

最终，两国互动作用使本国利率与外国利率水平相等时，两国经济重新处于平衡状态。平衡结果：世界货币存量不变，两国利率水平相等时确定的世界利率水平高于期初利率水平，本国与外国国民收入或产出水平都高于期初产出水平。如图 7-8 所示。

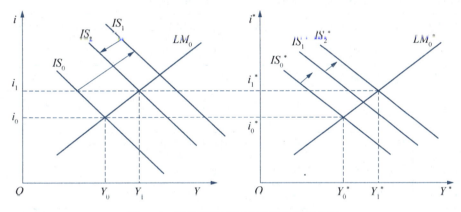

图 7-8　浮动汇率下财政政策的国际传导

上述对开放经济下宏观经济政策的国际协调分析表明：第一，开放经济下两国之间通过收入机制、利率机制和相对价格机制等途径相互联系，使得冲击得以在国际间进行传导，各国经济存在着相互依存性。第二，一国货币政策和财政政策对他国会产生溢出效应，这使得一国在实现其内外平衡目标时，不得不考虑国家之间的相互依存和相互制约。第三，这里的溢出效应是在高度简化的前提下得出的，没有考虑开放经济条件下大国的回转效应。

第四节　G20 机制下国际经济政策协调

20 国集团（G20）是一个国际经济合作论坛，于 1999 年 9 月 25 日由八国集团（G8）的财长在德国柏林成立，于华盛顿举办了第一届 G20 峰会，由 G8 以及其余 12 个重要经济体组成。其宗旨是为推动已工业化的发达国家与新兴市场国家之间就实质性问题进行开放和有建设性的讨论和研究,以寻求合作并促进国际金融稳定和世界经济的持续增长。

一、G20机制下国际经济政策协调的演进

自2007—2009年美国次贷危机和欧洲主权债务危机以来,G20的发展格局出现变化,由原先部长级会议迅速升级为首脑峰会,并且第三次峰会确定G20正式取代G7成为国际经济合作平台。G20的首要目标是国际经济政策协调。通过历届峰会的举办,G20在宏观经济政策协调、金融市场稳定、IMF国际金融机构改革等方面取得了一系列的成果。

截至2016年,G20峰会已走过8年历程,历届G20峰会的主题如表7-5所示。

表7-5 1999—2016年历届G20会议的主题

时间	地点	议题
2016年9月	中国杭州	共同创建创新、活力、联动、包容的世界经济
2015年11月	土耳其安塔利亚	共同行动以实现包容和稳健增长
2014年11月	澳大利亚布里斯班	促进私营企业成长,增加全球经济抗冲击性和巩固全球体系
2013年9月	俄罗斯圣彼得堡	国债发行和管理体系的现代化
2012年6月	墨西哥洛斯卡沃斯	加强国际金融体系和就业、发展、贸易
2011年11月	法国戛纳	应对欧债危机、促进全球经济增长、加强国际金融监管、促进社会保障和协调发展
2011年11月	韩国首尔	汇率、金融安全网、国际金融机构改革和发展问题
2010年6月	加拿大多伦多	推动世界经济全面复苏
2009年9月	美国匹兹堡	国际金融体系改革和全球经济失衡
2009年4月	英国伦敦	改革国际金融体系
2008年11月	美国华盛顿	全球复苏,金融监管

资料来源:作者自己整理。参考了Callaghan, M., C. Ghate, S. Pickford, F. X. Rathinam(2014), Global Cooperation Among G20 Countries: Responding to the Crisis and Restoring Growth, Springer: India 2014.

G20机制下全球货币与金融协调日益密切。2008年,G20华盛顿峰会上各国达成共识:"建立更密切的国际宏观经济合作机制,以拉动增长、避免负向溢出效应,同时给予新兴市场经济体和发展中国家以更广泛的支持",并于2009年4月成立了金融稳定理事会。2009年和2012年对IMF两次增资以提高其贷款能力,以此重塑全球金融市场的稳定。在欧债危机深化的背景下,2013年G20财金会议明确要求发达经济体谨慎退出量化宽松,并增强与其他国家的沟通与协调,避免量化宽松货币政策退出引发国际金融市场动荡。由此,G20机制下一系列的努力和行动促进了国际经济与金融的协调。特别是,2016年9月4日至5日,G20第十一次峰会在中国杭州召开,东道国中国提出了"构建创新、活力、联动、包容的世界经济"主题。在此次峰会上,第一次将发展议题置于全球宏观政策框

架的突出位置。但是,G20 国家间并不存在很强的制度约束,因此,研究 G20 国家经济政策间的相互合作、制约和协调,是对两国模型的扩展,也是现阶段开放经济下宏观经济政策国际协调的新案例。

20 世纪 70 年代起,Hamada(1976)、Canzoneri 和 Gray(1985)、Canzoneri 和 Henderson(1991)等,开创了第一代国际经济政策协调模型,他们借助博弈论工具,分析了国际经济政策协调的社会福利。20 世纪 90 年代,为弥补第一代国际经济政策协调模型缺乏微观经济基础的缺陷,Obstfled 和 Rogoff(1995)开创了以新开放经济宏观经济学(NOEM)理论框架为基础的第二代国际经济政策协调模型。2007—2009 年美国次贷危机和欧洲主权债务危机相继爆发后,促使 G20 由财长和央行行长会议上升为 G20 国家领导人峰会,对国际经济政策协调机制的发展影响深远。从危机后历次的 G20 协调成果来看,国际宏观经济协调的内容仍是重中之重。由此,学界展开了对 G20 下国际经济政策协调的研究。

Vines(2010)认为,全球金融危机后的世界经济缺乏稳定性,表现为东亚的储蓄过高和美国财政赤字。G20 在稳定全球经济的过程中扮演着积极的作用,主要在于 G20 包含了发达国家和新兴市场国家,不同种类的国家通过 G20 相互沟通、协调,对各国和世界经济的复苏有着重要的作用。同时,也需要一个全球经济组织来平衡东亚过高的储蓄和美国不断扩大的财政赤字,而 G20 正在或希望能发挥这种功能。Frieden(2016)认为,世界经济面临的主要挑战是一再发生的金融危机风险,全球宏观经济失衡为盛衰周期创造了条件,对于一些危机国家而言,成本是极端高昂的,也影响到世界其他经济体。G20 认识到这些趋势的重要性,承诺采取合作措施以减少失衡。但是,其进展是有限的、踌躇的。对于全球宏观经济政策合作,存在有国家内和国家间重要的政治障碍。中国尝试再平衡其经济对于更广的国际金融稳定是至关重要的。2016 年中国主办的 G20 峰会显示出,中国愿意并能够推进与世界其他经济伙伴进行合作。

二、G20 机制下国家间货币政策协调措施[①]

(一) 大规模货币互换行动

货币互换是金融危机管理中各国央行较早的货币政策协调方式。为了便于解决短期美元资金市场的流动性压力和改善全球金融市场环境,2007 年 12 月开始,G20 的中央银行就开始协调政策行动,如采取货币互换方式。通过这一机制,美联储发挥对全球短期美元资金市场的最后贷款人职能。参与货币互换的其他国家或地区的中央银行,从美联储借入美元资金,然后在其管辖权范围内,按照事先确定的固定利率招标提供 7 天、28 天或者 84 天等期限不同的美元资金,交易对手提供相应的担保品后可从其中央银行借入相应的美元资金。

在这次危机管理中,最初参加与美联储货币互换的中央银行只有欧洲央行和瑞士国民银行。随着危机的不断加深并向全球蔓延,参与货币互换的中央银行或货币当局不断增加。截至 2008 年 12 月底,参与这项行动的央行数量上升至 14 个,至今仍有五家央行

[①] 本小节分析由复旦大学 2016 级国际商务班硕士生伍亭整理。

同美国签有此协议。协议涉及金额从 2007 年 12 月的 67 亿美元迅速扩大至 2008 年 12 月高峰时的 6 200 亿美元,相当于美联储总资产的 25%以上。此外,中国央行先后与周边国家或地区的 6 家央行签订 6 份双边本币互换协议,其总金额高达 6 500 亿元人民币。欧洲央行也与匈牙利等 4 国央行达成货币互换协议,总金额高达 315 亿欧元。如表 7-6 所示。

表 7-6　2008 年 3 月后美联储与其他央行的货币互换额度(亿美元)

日 期	3.11	5.02	7.30	9.18	9.24	9.26	9.29	10.28
欧洲央行	300	500	550	1 100	1 100	1 200	2 400	2 400
瑞 士	60	120	120	270	270	300	600	600
加拿大				100	100	100	300	300
英 国				400	400	400	800	800
日 本				600	600	600	1 200	1 200
澳大利亚						100	300	300
丹 麦						50	150	150
挪 威						50	150	150
瑞 典							300	300
新西兰								1 500
墨西哥								300
新加坡								300
韩 国								300
巴 西								300

数据来源:根据美联储公告逐期整理而得。

(二) 全球央行史无前例地集体大降息

尽管在 2008 年 9 月前,各国央行在利率政策行动方面缺乏协调性,那些尚未切身感受到金融危机冲击国家的中央银行迫于国内的通胀压力,并没有跟随美联储的降息举措而调整货币政策。相反,为了稳定国内物价的需要还在继续紧缩货币和提高利率。

但是,从 2008 年 10 月 8 日,美联储、欧洲央行、英格兰银行、加拿大银行、瑞士国民银行和瑞典银行联合宣布降息 50 个基点以来,到 2009 年年初,美联储已累计降息 500 个基点,将联邦基金利率水平下调至 0—0.25%。同期,欧洲央行也将主要利率降至 1%以下,英格兰银行也将其基准利率下调至 0.5%,日本央行也将隔夜无担保拆借利率从 0.3%降至 0.1%,成为第一个降息至接近零水平的央行。2008 年 10—12 月,中国央行也多次下调利率和准备金率。全球主要经济体的同步降息,其规模效应远远大于单个国家降息效应的加总。如图 7-9 所示。

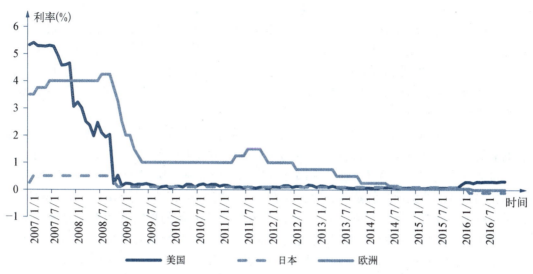

数据来源：根据 EU-ECB、US-FRB 和 Japan-BOJ 资料绘制成图。

图 7-9　美国、日本和欧盟利率走势

（三）量化宽松的货币政策纷纷上台

各主要央行在利率等常规货币政策工具失效后，先后推出量化宽松（QE）计划，希望通过购买国债等中长期债券，增加基础货币供给，向市场注入大量流动性资金，以鼓励开支和借贷，刺激经济复苏。美国是次贷危机中最先采取量化宽松货币政策的经济体，从 2008 年 11 月至 2014 年 10 月共展开了 4 轮 QE 货币政策。为应对金融危机，2009 年 3 月，英国央行首次实施 QE，最初规模为 750 亿英镑，之后英国的 QE 规模不断扩增。2016 年 8 月，为对冲脱欧公投对经济下行的压力，英国央行资产购买规模扩大至 4 350 亿英镑，并计划在未来 18 个月中购买 100 亿英镑的公司债。日本央行于 2013 年 4 月和 2016 年 1 月先后推出质化和量化的货币宽松政策以及负利率，震惊世界。2014 年 6 月开始，欧元区进入负利率时代，欧元区成为最晚加入量化宽松队列的发达经济体，2015 年 1 月推出欧元版 QE，之后欧元区 QE 规模从每月 600 亿扩大至 800 亿欧元，持续截止期从 2016 年 9 月延长至 2017 年底。

第五节　G20 机制下中国参与国际货币政策协调的政策选择

随着中国与世界各国经济相互依存度的提高，中国积极参与以 G20 为核心的国际经济治理体系。并且，随着中国在全球经济影响力的增大，外界日益要求中国承担相应的"大国责任"。在此背景下，中国通过主动积极地参与和借助 G20 等全球经济治理机制，来获取更多的话语权和规则制定权。

第一，中国可借助 G20 机制积极推动主要经济体之间的货币政策协调，与发达国家建立广泛的互信机制,因为 G20 机制最主要的功能就是发达国家和发展中大国就重大问题进行高层次的沟通和对话,以期达成理解和共识。就中美协调来看,中国需要联合 G20 其他成员国,一是要求美国采取更加有效的措施控制财政赤字,控制美元滥发,提高美国国内储蓄率;二是促进国际货币体系多元化,摆脱美元霸权的束缚;三是要防止美国将 G20 作为对华遏制和打压的新平台,将全球经济失衡问题归咎于中国,在人民币汇率和贸易平衡等问题上对中国集体施压。

第二,可借助 G20 机制,加强与欧洲国家在金融货币领域的合作。欧盟对中国市场和商品的依赖程度不断提高,2015 年,欧盟不仅是中国最大的贸易伙伴国,还是中国对发达经济体直接投资最大的目的地。中国和欧洲都希望促进国际货币体系多元化,摆脱美元霸权的束缚。法国前总统萨科齐曾公开表示,法国在 2011 年担任 G20 轮值主席期间,将重点推进国际货币体系改革。另外,中国债券投资多元化的战略同欧洲部分国家希望利用中国资金来缓解欧洲主权债务危机的要求是一致的。中国可以将购买欧洲债券作为一种手段,既可以分散目前以美国国债为主的投资组合,又可以得到欧洲的支持。

第三,中国要联合 G20 中的新兴经济体,谋求共识,构建发展中国家的集体身份认同与共同利益,提升新兴经济体总体的谈判能力,努力把 G20 打造成一个体现新兴市场国家的全球经济治理机制。中国要团结其他发展中国家,继续扩大在国际组织中的份额和投票权,并争取将发展等议题作为 G20 的核心议题。

第四,在 G20 机制下积极倡议建立全球汇率稳定合作机制。中国提倡建立的国际金融体系应该反映和代表贸易大国和债权大国的利益诉求。由于外贸出口依赖度较大,汇率水平的稳定对中国经济增长有着重要作用。而美国的外贸依存度较低,欧盟国家的贸易主要为区域内贸易,并且美国和欧盟可以以本国货币进行结算,其遭受汇率变动的风险程度远远小于中国。因此,在 G20 机制下,中国应积极谋求稳定美元、欧元、人民币和日元货币的汇率。

第五,中国应积极关注非常规货币政策退出可能产生的国际溢出效应,特别是要关注美联储超宽松货币政策的退出对全球流动性产生的重大影响。届时,资本回流美国,全球金融市场流动性的收紧将影响世界各地的资产价格。中国要防止因宽松货币政策的退出而导致国内资金大规模外流现象的发生,进一步强化与 G20 国家间的货币政策合作和沟通,避免相互之间采取以邻为壑的货币政策。

本 章 小 结

一国或地区经济的内部平衡目标主要包括经济增长、充分就业和物价稳定。内部平衡即国民经济处于经济增长、充分就业和物价稳定的状态。在开放经济条件下,还要保持外部平衡,即国际收支平衡。降低失业率,实现充分就业常常成为各国宏观经济政策的首要目标。对于发展中国家而言,追求汇率稳定也是其外部平衡目标之一。

开放经济下宏观经济政策工具可分为调节社会总需求的工具或需求管理政策工具、调节社会总供给的工具或供给调节政策工具,以及外汇缓冲政策或资金融通政策工具等。

其中，需求管理政策工具包括支出增减型政策和支出转换型政策，供给调节政策工具包括产业政策和科技政策，资金融通政策工具包括使用官方储备和国际信贷。

米德冲突是指在固定汇率制度下，失业增加与国际收支逆差，或者通货膨胀与国际收支顺差这两种特定的经济状态组合。米德第一次系统地从理论上阐述了单一政策调控在复杂经济状况下是无能为力的，进而潜在强调了政策搭配的现实重要性。米德分析的不足在于只考虑了固定汇率制度。实际上，在浮动汇率制度下，内外部平衡冲突同样存在。米德分析也忽略了对资本因素的考虑。针对米德冲突问题，斯旺模型通过考虑资本账户的外部平衡反映出三者的关系。

在运用政策搭配以实现内外平衡的政策选择中，蒙代尔提出的财政政策与货币政策的搭配，以及斯旺提出的支出增减型政策与支出转换型政策（汇率政策）的搭配最有影响力。内外平衡冲突问题说明：在开放经济条件下，单纯运用调节社会总需求这一经济政策工具不足以同时实现内外部平衡，开放经济的宏观调控需要新的政策工具进行合理科学的搭配。

丁伯根原则指出，要实现N个独立的政策目标，至少需要相互独立的N个有效的政策工具。丁伯根原则的政策含义是，在开放经济条件下，只运用支出增减型政策通过调节支出总量的途径来同时实现内部平衡与外部平衡两个政策目标是不够的，必须增加新的政策工具搭配进行才能实现。

蒙代尔认为，以丁伯根原则为代表的传统理论将财政政策与货币政策工具的调节效率等同对待，而实际上不同政策工具的作用与效果是不同的。根据蒙代尔提出的有效市场分类原则，主张以货币政策实现外部平衡目标，以财政政策实现内部平衡目标。具体地，固定汇率制度下将财政政策指派给内部平衡，将货币政策指派给外部平衡；浮动汇率制度下将财政政策指派给外部平衡，将货币政策指派给内部平衡。在开放经济下，国际金融体系中存在着无法解决的"三元悖论"，即在资本完全自由流动、汇率稳定和货币政策完全独立的三个目标中，一国只能同时实现两个目标而不得不放弃第三个目标。

固定汇率下货币政策的国际传导结果是：世界货币存量高于期初水平，两国利率低于期初水平，两国产出都高于期初产出水平。固定汇率下财政政策的国际传导结果是：世界货币存量不变，两国利率相等时确定的世界利率高于期初水平，两国产出都高于期初产出水平。浮动汇率下货币政策的国际传导结果是：世界货币存量增加，本国产出较期初增加，而外国产出较期初下降，两国利率相等时确定的世界利率低于期初水平。浮动汇率下财政政策的国际传导结果是：世界货币存量不变，两国利率相等时确定的世界利率高于期初利率水平，本国与外国国民收入或产出水平都高于期初产出水平。

在2016年9月召开的G20第11次杭州峰会上，中国提出了"构建创新、活力、联动、包容的世界经济"主题，第一次将发展议题置于全球宏观政策框架的突出位置。随着中国与世界各国经济相互依存度的提高，中国积极参与以G20为核心的国际经济治理体系。中国可借助G20机制积极推动主要经济体之间的货币政策协调，加强与欧洲国家在金融货币领域的合作；在G20机制下积极倡议建立全球汇率稳定合作机制；强化与G20国家间的货币政策合作和沟通，避免相互之间采取以邻为壑的货币政策。

重 要 概 念

内部平衡　　外部平衡　　需求管理政策工具　　供给调节政策工具　　资金融通政策工具
米德冲突　　斯旺模型　　支出增减型政策　　　支出转换型政策　　　有效市场分类原则
丁伯根原则　三元悖论　　国际宏观经济政策协调

习题与思考题

1. 开放经济条件下一国的宏观经济政策目标有哪些？
2. 简述内部平衡与外部平衡之间的关系。
3. 开放经济下宏观经济政策工具有哪些？
4. 试析米德冲突揭示的内外部平衡问题及其不足。
5. 简述斯旺模型说明的内外部平衡之间的冲突。
6. 简述丁伯根原则的主要观点及政策含义。
7. 试述蒙代尔有效市场分类原则的主要内容及其局限性。
8. 举例说明开放经济下政策选择的"三元悖论"问题。
9. 开放经济条件下宏观经济政策冲击传导机制有哪些？
10. 试述固定汇率下货币政策和财政政策的国际传导机理及结果。
11. 试述浮动汇率下货币政策和财政政策的国际传导机理及结果。
12. G20机制下国家间货币政策协调措施有哪些？
13. G20机制下中国参与国际货币政策协调的政策选择是什么？

案例分析

"一带一路"倡议建设面临的机遇和挑战

一、以"一带一路"倡议走向落实为标志的新型全球化

2013年9月和10月，中国国家主席习近平在访问哈萨克斯坦和印度尼西亚期间，分别提出中外共建"丝绸之路经济带"和"21世纪海上丝绸之路"的倡议，后被合称为"一带一路"倡议。2015年3月28日，中国国家发展改革委、外交部、商务部联合发布了《推动共建丝绸之路经济带和21世纪海上丝绸之路的愿景与行动》，表明"一带一路"正从倡议逐步走向落实。

与中国积极推动全球化合作共赢不同的是，2016年6月23日，英国公投以51.89%的赞成票选择脱离欧盟。继任的英国首相特瑞莎·梅在2017年3月28日签署通告知会欧盟，英国决定按照《里斯本条约》第50条，启动脱欧程序。2017年1月23日，美国总统特朗普签署行政命令，正式宣布美国退出跨太平洋伙伴关系协定(TPP)。

特朗普总统更注重一对一地重新谈判双边自由贸易协定。由此,发生在英国和美国的两次"黑天鹅"事件给全球化带来了诸多的不确定性,很多人悲观地认为这是全球化时代终结的开端。

然而,中国在继续将"一带一路"倡议推向落实,开启了新型全球化的实践。2016年9月4日至5日,二十国集团(G20)第十一次峰会在中国杭州召开,东道国中国提出"构建创新、活力、联动、包容的世界经济"主题,设立了"创新增长方式""更高效的全球经济金融治理""强劲的国际贸易和投资""包容和联动式发展"等四个重点议题。第一次将发展议题置于全球宏观政策框架的突出位置。2017年5月14日至15日,中国在北京成功举办了第一届"一带一路"国际合作高峰论坛,此次高峰论坛的主题为"加强国际合作,共建'一带一路',实现共赢发展",议题总体以"五通"即政策沟通、设施联通、贸易畅通、资金融通、民心相通为主线,围绕基础设施互联互通、经贸合作、产业投资、能源资源、金融支撑、人文交流、生态环保和海洋合作等重要领域进行讨论,旨在一是加强政策和发展战略对接,深化伙伴关系;二是推进互联互通务实合作,实现联动发展。

二、"一带一路"倡议建设的机遇①

"一带一路"构想是国际层面众多类似举措的延续。联合国于2003年曾发起"丝绸之路倡议",旨在促进丝绸之路地区在贸易、投资和旅游业等领域的合作和发展,最终目标是帮助丝绸之路地区减贫并促进发展,帮助丝绸之路沿线各国和地区谋求平等。日本早在1997年提出"丝绸之路外交"的设想,旨在通过官方援助同中亚五国和高加索地区从前苏联独立的三个国家展开政治对话、经济交流和安全合作。俄罗斯把这一地区视为地缘政治的利益核心,在2001年便与哈、吉、塔以及白俄罗斯成立了欧亚经济共同体,通过关税同盟、反危机条约的建立以及在欧亚银行支持下的基础设施建设来努力推进欧洲一体化。欧盟自东欧剧变后就对中东欧和中亚国家进行经济和技术援助,2013年欧盟宣布向中亚国家七年内提供10亿欧元发展援助用于贫弱国家的治理和可持续发展。美国很早就在亚太部署经济外交,在"重返亚太"与"亚太再平衡"总体战略提出后,近些年加快建设"印太经济走廊",并在2011年正式开启"新丝绸之路"计划。由国际机构或其他国家推出的中亚经济发展规划和项目,为中国推动自身的构想提供了先例。历史经验表明,古丝绸之路地区的经济发展是一个需要长期不懈努力的过程,因而中国在"一带一路"的愿景中提出,期望与认同这个构想的国家一起,以点带面,从线到片,逐步形成区域大合作。

一方面,当"一带一路"倡议逐渐成为本区域与域外国家合作共识之际,中国正处于经济结构调整与产业转型升级的历史性关键期。由于要素成本和比较优势结构不断发生转变,中国处在由第二产业向第三产业转变、由劳动密集型向技术密集型和资本密集型产业转变的产业升级转型"十字路口"。中国最初以加工贸易和垂直专业化分工的形式参与全球价值链体系。得益于这样的国际分工模式,中国制造业等工业生

---

① CCG(2017):"'一带一路'的国际合作共赢方案及实现路径",《CCG研究报告》第7期,第3—5页。

产能力大大增强。中国工业竞争力指数在136个国家中排名第七位,制造业净出口居世界第一位。按照国际标准工业分类,在22个大类中,中国在7大类中名列第一,钢铁、水泥、汽车等220多种传统工业品产量居世界第一位。

另一方面,"一带一路"沿线的发展中国家普遍处于不同的发展阶段,急需外部的资本和产能合作来推动本国经济发展。利用外汇投资,通过建立产业园等创新投资模式,加强产能合作,已被证明能够缓解发展中国家所面临的资金和技术制约。"一带一路"国家可以顺应国际化市场的比较优势规律,承接中国一些特定的劳动密集型产业链的上下游区段,积极参与国际分工,为本国提高加工贸易出口、扩大非农就业、培养熟练劳动力、积极融入全球产业链等方面提供发展动力。

如今,欧亚大陆的心脏地带在人口、经济、社会等方面的发展仍然是"塌陷"区域。"一带一路"中的"丝绸之路经济带"就是在这条贸易路线的历史实践中形成的"经济带"倡议,它的含义体现在,面对各国发展水平不同、文化传统不同、资源禀赋不同以及社会制度不同的现实条件,通过对沿途和相关城市的连接和协调,使各国发挥资源优势,形成更好的经济发展合作环境和平台。中国与美国围绕阿富汗的稳定和发展已经展开了多年的合作,而且双方都需要对方的持续合作。同样,中国与俄罗斯已经在上海合作组织等框架下形成一套与中亚国家合作的习惯性做法。与联通亚洲和欧洲的陆上"丝绸之路"相比,未来"海上丝绸之路"的前景,更需要依赖共商共建的力量。海洋所提供的是一个向全球开放的贸易和投资竞争条件,使这些国家的政府和企业拥有十分广泛的合作伙伴选项。

"一带一路"愿景与行动以"政策沟通、道路联通、贸易畅通、货币流通、民心相通"的"五通"表述解释了"一带一路"的合作重点。首先在"五通"的基础上,将带来以基础设施和能源贸易为抓手的国际产能合作新机遇,以实现沿线软硬件基础设施的对接,前瞻地建设满足经济发展需要的铁路、公路、航线、港口、油气管道网和信息通信网。其次是促进产业转型啮合,利用沿线国家处于不同工业化阶段的特性,通过利用各国生产要素的禀赋进行产业转移打开局面,推动新兴国家充分利用后发优势促进本国产业的升级。最后,"一带一路"建设包括区域安排创新带来的新机遇,作为一个国际性区域经济的范畴,随着"一带一路"倡议的推进升级,必将引发不同国家之间在区域发展模式、区域产业战略选择、区域经济的技术路径等领域的创新,在沿线国家内部释放新的活力。

三、"一带一路"倡议建设的挑战[①]

"一带一路"构想从提出之日起至今,已经产生了广泛的影响,其中蕴藏了巨大的机遇。但是,"一带一路"倡议的实施更面临着不容忽视的风险和挑战。

第一,地缘政治方面的挑战。在推进"一带一路"的过程中面临的首要挑战是地缘政治风险。"一带一路"几乎经过了世界上地缘政治最复杂的几个地区;而且沿线国家本身具有独特的政治、宗教、民族环境,甚至有一些国家对内处于政治动荡期,对外深

---

① CCG(2017):"'一带一路'的国际合作共赢方案及实现路径",《CCG研究报告》第7期,第5—7页。

陷大国博弈的战场,"一带一路"的政治风险不容忽视。地缘政治风险来源复杂,既包括东道国的政府质量与政治不稳定因素等;也包括东道国的政府控制与管理因素,如法律是否合理,税收、国有化、征用、没收、东道国对外政策、金融制度的健全程度、知识产权的保护程度等;还包括东道国资源质量与资源风险等。

第二,经济法律方面的挑战。一是,"一带一路"沿线某些国家没有良好的治理体制,初期对这些国家的投资相对容易,但是从长期来看,要想得到投资回报则困难重重。二是,沿线经济发展水平不平衡,市场发育程度不均匀。"一带一路"涉及老牌发达国家和新兴发展中经济体,不同国家的经济发展水平极为不同。"一带一路"沿线国家市场开放难度大。一些国家市场封闭,进入难度大,增加了企业投资评估的复杂性。还有市场经营风险,如沿线一些国家尤其是中亚与西亚的国家,由于市场发育不成熟,市场监管能力弱小,大大增加了建设企业的市场风险。三是,违约风险,包括企业违法风险与政府违约风险,即参与建设的国家的企业与政府违反合约造成的成本损失以及不确定性风险。

第三,文化差异与公共关系挑战。一是,在"一带一路"推进中将面临许多文化差异方面的挑战。二是,"一带一路"沿线不同文明的地区对于外来企业有相应的期待与禁忌。一些入境投资的企业对文化习俗差异意识淡薄,往往对当地宗教、文化缺乏敏感性,极易被误解或产生冲突。三是,一些企业在面对国外民间社会时,准备十分不足,由于缺乏国际经验,对来自民间社会的风险要么根本看不到,要么视而不见,往往容易导致公共关系危机。由此引发的对中国"一带一路"意图的猜忌,增加了沿线各国合作的难度,都将成为"一带一路"推进中长期面临的重要风险。

第二部分
国际金融实务篇

国际金融理论与实务是融汇国际金融基本理论与具体实务案例的综合体,本部分将重点阐述国际商务、国际金融实务操作中的基本方法及专业知识技能。国际金融实务篇主要包括五章:第八章国际结算及其方式,第九章国际贸易融资方式,第十章海关通关实务与报关单数据统计,第十一章外汇交易和外汇风险管理,第十二章国际金融创新和银行业监管。并且,在每一章中都融入中国案例问题分析。

第八章

国际结算及其方式

学习目标

1. 了解国际结算的演进、票据的特性和功能,以及票据的风险与防范。
2. 理解国际结算的现代特征、托收的风险与防范、信用证的风险与防范、跟单信用证、银行保函和备用信用证。
3. 掌握国际贸易结算的基本内容、国际结算的金融工具(汇票、本票和支票)、国际结算的方式(汇款、托收和信用证等),以及中国企业对三种国际结算方式的选择。
4. 学会在哪种情形下使用国际结算的三种金融工具(汇票、本票和支票),在哪种情形下使用国际结算的方式(汇款、托收、信用证、银行保函和备用信用证)。

第一节 国际结算演进及其现代特征

国际结算(international settlement)是国际贸易和国际金融发展到一定阶段的产物,其理论基础是国际贸易学和国际金融学,其研究对象是因国际货物贸易所引起的债务债权关系如何通过银行办理货币收付业务而予以了结。国际结算包括国际贸易结算和非贸易结算,国际贸易结算是我们研究的主要内容。国际贸易结算是指由有形贸易活动引起的货币收付活动;非贸易结算是指由有形贸易以外的活动引起的货币收付活动。国际结算方式又称为国际支付或付款方式,主要包括汇付、托收和信用证。在目前的国际结算中,绝大多数采用非现金结算方式[①]。

一、国际结算的历史演进

国际结算伴随着国际贸易和国际金融的发展而逐渐演变。回溯历史,国际结算经历了四大变革:现金结算向票据结算、货物买卖向单据买卖、直接结算向银行结算、人工结算向电子结算。

---

① 姚新超(2014):《国际结算——实务与操作(第三版)》,对外经济贸易大学出版社,第39页。

（一）从现金结算到非现金结算

在前资本主义社会，国际结算主要采用简单的现金结算方式，即直接通过运送货币现金（包括纸币、铸币、银行券）或等值贵金属来逐笔清算国际间的债权债务关系。如果直接运送货币现金和黄金白银，不仅在途风险大、成本高，而且资金的占用时间也很长，这对于国际贸易的发展是很不利的。于是，非现金结算顺势而生，非现金结算是使用汇票等信用工具和支付凭证，传递国际间资金支付指示或收取指示，通过银行间的划账冲抵来结算国际间债权债务关系的一种方式。非现金结算的实现是以商业银行为中心的多边清算制度为条件的。

（二）票据结算支付系统

第一，以银行为中心的清算制度。这里的票据有汇票、本票和支票。

第二，票据结算的基本形式有汇款、托收和信用证。(1) 汇款(remittance)，是指由债务人或付款人主动将款项交给银行，委托银行使用某种支付工具，支付一定金额的款项给国外债权人或收款人的结算方式。按照所用支付工具的不同，汇款又可分为电汇、信汇和票汇。汇款方式风险大，这是因为不能银货当面两讫，因而无法约束对方。(2) 托收(collection)。在贸易上常用的是跟单托收，指出口商按合同的要求发货后，备齐包括提单和发票等在内的单据，开立向进口商索款汇票，委托一家出口地银行（即托收行）收款；托收行接受委托后，再委托一家进口地银行（即代收行）收款；代收行持有汇票向进口商（付款人）提示付款，进口商只有在付款或承诺付款之后才能取得作为货权凭证的单据；进口商付款后，代收行就根据托收行的指示汇出款项，托收行收款后再付给出口商。在托收时，银行只是出口商的代理人。尽管采取了银货当面两讫的形式，托收要比汇款安全，但出口商能否收款，仍然依赖于进口商的商业信用。(3) 信用证(letter of credit)，在贸易上常用的是跟单信用证。受益人支取款项的前提条件是"terms are complied with"，行话叫"单证相符"。信用证是开证行向受益人作出的有条件的付款承诺，开证行承担第一性的付款责任。在采用信用证支付方式时，由于收款依赖银行信用，因而出口商的收款风险就很小。

（三）国际结算的发展趋势

当前，国际结算正朝着电子化、无纸化、标准化和一体化的趋势发展。主要代表有SWIFT、EDI、EC 和 E-Bank。(1) SWIFT 是指全球同业银行金融电讯协会(Society for Worldwide Inter-bank Financial Telecommunications)。该协会于 1983 年 5 月成立，总部设在布鲁塞尔。SWIFT 电信系统已成为国际金融通讯和国际结算的主体网络。中国银行总行于 1985 年 5 月 13 日开通使用 SWIFT 系统，提高了国际结算的效率。(2) EDI 是指电子数据交换或电子资料交换(electrical data interchange)，是指两个或以上用户之间，按照协议将一定结构特征的标准经济信息，经数据通讯网络在电子计算机系统之间进行交换和自动处理。EDI 实现无纸交易，降低成本费用，提高了效率。对传统国际结算方式实现了无纸化变革。(3) EC 是指电子商务(electronic commerce)。中国电子商务协会(China Electronic Commerce Association，CECA)于 2000 年 6 月 21 日成立，普及跨国电子商务后，通关手续和结算将大为简化。电子商务的特征是：市场全球性、方便快捷性、低成本渗透性、高效率性；电子商务基本模式包括：B to B；B to C；C to B；C to C；G to B；B to B to C。(4) E-Bank(电子银行或网上银行)。电子支付主要有电子信用卡、电子支票、电子现金。

二、国际结算的现代特征

国际结算的现代特征主要包括：(1) 国际结算的规模和范围越来越大；(2) 国际结算的规则和惯例逐步完善；(3) 以银行为中介的国际结算体系形成；(4) 国际结算中商业信用的比重加大；(5) 国际结算的方式不断创新，但是凭单付款仍为主要付款方式；(6) 国际结算与进出口贸易融资相融合；(7) 国际结算与国际担保相融合。

第二节 国际贸易结算的主要内容

一、国际贸易结算的基本内容

第一，国际贸易结算的信用工具主要是票据(notes or bills)。票据是具有一定格式，由付款人到期对持票人或者其指定人无条件支付确定金额的信用凭证。

第二，国际贸易结算的方式，指货币收付的手段和渠道，是国际贸易结算的中心内容，主要包括汇款、托收、信用证(Letter of credit，L/C)、银行保函(letter of guarantee)和备用信用证(standby L/C)，其中，信用证是国际贸易结算中的最主要方式。

第三，国际贸易结算的单据(documents)，指贸易结算中涉及的商业单据，如商业发票、保险单、海运提单等。

二、国际结算票据

(一) 票据的界定、特性和功能

广义票据泛指一切有价证券和各种凭证，包括汇票、本票、支票、股票、提单和债券等。狭义票据是指以支付金钱为目的的债权有价证券，是由出票人签发的、无条件承诺由自己或委托他人在一定日期支付确定金额的有价证券。狭义票据是国际结算的重要工具，主要包括汇票(bill of exchange)、本票(promissory note)和支票(cheque)。根据《中华人民共和国票据法》第2条第2款规定，我国票据包括汇票、本票和支票三大类。

票据的特性主要有：(1) 设权性，指票据权利的发生，必须以票据的设立为前提。(2) 无因性，指票据是一种无需过问原因的证券。只要票据记载合格，符合法定要式，就能取得票据文义载明的权利。(3) 要式性，指票据必须按法定方式作成，其形式和内容完全符合票据法。(4) 文义性，指票据当事人的责任和权利，完全根据票据上所记载的文义来解释。(5) 流通性或流通转让性，指票据权利可以背书交付或无背书交付进行转让，不必通知债务人。票据的上述特性，尤其是流通转让性、无因性和要式性，使票据成为国际贸易结算的主要工具。

票据的功能或作用主要有：(1) 支付功能或支付工具；(2) 信用功能或工具；(3) 流通功能；(4) 融资功能。其中，支付功能是票据的基本功能，信用功能是票据的核心功能。

(二) 票据法和中国票据法

票据法是规定票据种类、票据行为以及票据当事人权利义务等内容的法律规范的总称,包括广义票据法和狭义票据法。广义票据法是指调整票据关系的全部法律规范的总称,被称作实质意义上的票据法。狭义票据法是指关于票据的专门立法,即各国政府为了促进商品贸易的发展所制定的关于汇票、本票以及支票的流通规则的法律规范。狭义票据法被称作为形式意义上的票据法。

1928年,国民党政府草拟了《票据法草案》,于1929年通过并颁布实施,为我国历史上第一部正式票据法。新中国成立后,中国人民银行于1988年颁布了《银行结算办法》,不仅重申了票据的支付手段功能,而且恢复了票据的信用功能和流通功能。1995年5月10日,我国颁布了《中华人民共和国票据法》,并于1996年1月1日施行,该法采取三票合一的形式,将汇票、本票和支票集中于一部法中统一加以规范。

(三)票据权利的取得和行使

票据权利也称票据上的债权,是指持票人以请求支付票据金额为目的而对票据的当事人所享有的权利。票据权利可分为付款请求权和追索权,或称为第一次请求权和第二次请求权。票据权利是由票据行为所产生的,与票据行为人的票据义务相对应。票据就其性质而言,就是金钱债权,票据的付款请求权是票据上的主要权利,而追索权是次要的、附条件的票据权利。

票据权利的取得主要有原始取得和继受取得两种形式。票据的取得应当遵循公平和诚实信用的原则,一旦背离这一原则,取得票据者就不能享有票据权利。票据权利的取得存在限制条件:以恶意或者有重大过失行为取得票据的,不得享有票据权利。因此,要想取得完整的票据权利,就必须是善意取得的并给付对价的持票人。票据权利的行使是指持票人请求票据债务人支付票据金额的行为。

(四)票据的风险与防范

票据伪造指没有接受授权而蓄意假冒他人名义所为的票据行为。票据伪造分为票据本身的伪造和票据上签名的伪造。票据发生伪造后,不影响真正签名的效力,即在伪造票据上却有真正签名或盖章的人,仍应依据有关规定对票据负责。

票据的变造是指没有合法权限的人在已有效成立的票据上变更签名以外的记载内容的行为,如变更票据的金额、到期日、付款地或者其他票据事项。票据变造是变更票据文义的行为,它是针对已合法有效的票据内容进行变造的。票据的变造条件包括合法成立的票据、变造的事项(是票据上记载的要件事项)以及变更人无变更权限。

下列情况不能视为变造:(1)依法有变更权限的人所做的变更;(2)在空白票据上进行填充;(3)不发生票据效力的文义的变更;(4)变更票据上的签名也不是票据变造,而是属于票据伪造。

票据的风险防范:票据伪造和票据变造是诈骗犯最常用的手法,银行对票据的把关是最后的把关。

第三节 国际结算的金融工具

国际结算需要使用一定的金融工具,主要包括汇票、本票和支票等。

一、汇票

(一) 汇票的界定

汇票(bill of exchange/postal order/draft/money order)是国际结算中使用最广泛的一种信用工具。汇票是由出票人签发的、委托付款人在见票时或者在指定日期无条件支付确定金额给收款人或持票人的票据。汇票分为银行汇票和商业汇票两种。我国《票据法》第 22 条规定,汇票必须记载下列事项:汇票的字样、无条件支付的委托、确定的金额、收款人名称、付款人名称、出票日期、出票人签章。未记载之一的,汇票无效。汇票的必要项目又可分为绝对必要项目和相对必要项目,前者指票据上必须记载的事项,否则,票据不发生法律效力;后者指票据未记载这些事项,不会影响到汇票的有效性。

绝对必要项目:(1) 汇票字样(bill of exchange)、(2) 无条件支付命令(unconditional order)、(3) 确定的金额(amount)、(4) 付款人名称(name of drawee)、(5) 收款人名称(name of payee)、(6) 出票日期(date of issue)和出票人签章(drawer's signature)。相对必要项目:(1) 付款日期(tenor)、(2) 出票地点(place of issue)、(3) 付款地点(place of payment)。具体参见图 8-1。

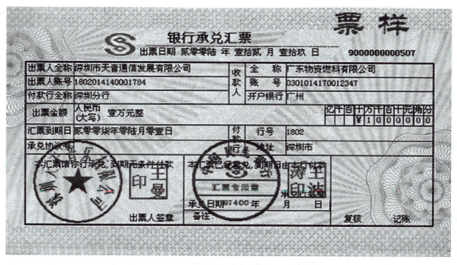

图 8-1 汇票

汇票的任意记载事项:(1) 担当付款行(bank designed as payer);(2) 预备付款人(referee in case of need);(3) 免作退票通知或者放弃拒绝证书(notice of dishonor excused or protest waived);(4) 无追索权(without recourse)。

汇票当事人及其权利和义务:第一,尚未进入流通领域之前,汇票有 3 个当事人,即出票人、付款人和收款人,三者都是票据的基本当事人。第二,进入流通领域之后,其当事人包括:(1) 背书人(endorser),指在票据背面做签章,将票据权利通过背书转让给他人的人。(2) 被背书人(endorsee),指接受票据背书转让的受让人。(3) 保证人(guarantor)。(4) 参加承兑人(acceptor for honor)。(5) 持票人(holder)。分为对价持票人(holder for value)和正当持票人(holder in due course)。前者通常指持票人自己未给付对价但其前手给付对价;后者又称为善意持票人,指经过转让而持有汇票的人。

(二) 汇票的票据行为

汇票的票据行为包括:第一,汇票行为是指以票据上规定的权利和义务所确立的法律行为,包括出票、背书、承兑、参加承兑和保证等。票据行为中出票是主票据行为,其他为从票据行为。出票和背书是三种票据共有行为;承兑、参加承兑是汇票特有行为;保证为汇票、本票共有行为;支票为保付。票据行为具有要式性、无因性、文义性和独立性。第二,出票(issue),是出票人签发汇票交付给收款人的票据行为。出票完成后,出票人就成为汇票的主债务人,承担担保承兑和付款的责任。第三,背书(endorsement),是指在票据背面或粘单上记载相关事项并签章的票据行为。背书具有不可分性和无条件性。我国《票据法》规定:"对汇票金额一部分的背书或将汇票金额分别转让给2人以上的背书无效"。第四,提示(presentment),是指持票人对付款人现实地出示汇票,要求其承兑或者付款的法律行为。分为提示承兑、提示付款。第五,承兑(acceptance),是指经持票人提示,付款人同意按出票人指示支付票额的行为。分为提示承兑、付款人承兑、保留性承兑、参加承兑。我国票据法不承认参加承兑,并且付款人承兑汇票不得附有条件。第六,保证(guarantee),是指保证人为担保票据债务的履行,以负担同一票据债务内容为目的而作出的一种附属票据行为。我国票据法规定只有票据债务人以外的他人才能充当保证人。出票人、背书人或承兑人都可以是被保证人。第七,付款(payment),是指付款人支付票据金额,从而消灭票据债权债务关系的行为。我国票据法规定必须当日足额给付。第八,追索(recourse),是指持票人在票据被拒付时,向其前手请求偿还票据金额及其他法定款项的行为。法律上称为追索权。追索的法定原因有四个:到期日不获付款;到期前不获承兑;承兑人或付款人逃避、死亡,无法提示承兑或提示付款;承兑人或付款人被宣告破产或终止业务活动。追索的程序:合理提示;拒付通知或退票通知;拒绝证书。

我国票据法规定,未按规定期限通知的,持票人仍可以行使追索权。我国票据法规定,持票人在行使追索权时,应当提供拒绝承兑或者拒绝付款的有关证明。

二、本票

(一) 本票的相关含义

本票(promissory notes)是由出票人签发的,承诺自己在见票时无条件支付确定金额给收款人或持票人的票据。在中国,本票是指银行本票,不包括商业本票,更不包括个人本票。本票与汇票共性:以货币表示的金额是一定的;都必须以无条件的书面形式作成;付款期限可以是即期或远期的;收款人可以是指定某人或来人。本票特性:(1) 本票是由出票人自己付款的票据(基本当事人有出票人、收款人),本票的出票人就是付款人,而不是像汇票那样,是出票人要求付款人付款的委托或命令。正因为如此,本票为付款承诺,而不是债权凭证。(2) 本票是无条件支付的承诺。其出票人在完成出票行为后,即负绝对的付款责任,而汇票的付款人只有在承兑之后才负绝对的付款责任,除非不需要承兑的汇票。

日内瓦统一票据法规定,本票的必要项目包括表示本票的字样;无条件支付承诺;付款日期(未记载视为见票即付);付款地(未记载视为出票地);收款人或其指定人;出票日以及出票地;出票人签章。我国《票据法》规定,本票的必要项目包括:表示本票的字样;无条件支付承诺;确定的金额;收款人名称;出票日期以及出票人签章。而付款地、出票地(到期日)为相对必要项目。我国规定的本票是见票即付的银行本票,因而没有到期日或付款日期。具体参见图8-2:

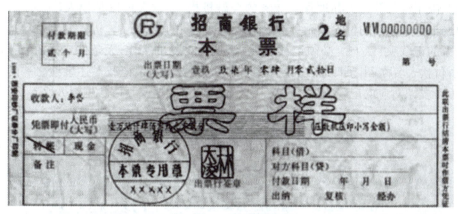

图8-2 本票

本票任意记载的事项有:担当付款人;利息及利率;不能转让的记载;付款期限延长或缩短的特约记载;免作拒绝证书的记载;免作拒付通知的记载。

（二）本票的类别和票据行为

目前,中国不容许发行商业本票,只能发行银行本票。银行本票的出票人资格必须由中国人民银行审定。根据付款期限指定到期日的方式不同,可分为即期本票、远期本票。银行本票都是即期本票;远期本票分为定日付款、出票后定期付款、见票后定期付款。本票的形式有:国际限额本票;旅行支票;国库券;可转让存单;信用卡等。

本票的票据行为:第一,出票,本票是自付证券,出票人有承担付款的责任。如果本票出票人是委托往来银行担当付款人的,出票人应在本票到期日的提示付款前,保证有足够支付本票金额的款项存在银行。担当付款人不付款时,持票人仍得向出票人请求付款。担当付款人的存在并不影响到出票人付款义务的性质。持票人在申请法院强制执行时应提交拒绝证书,除非本票上有免除作拒绝证书的记载。第二,见票,指本票持票人向出票人提示票据,出票人在本票上记载见票字样及日期并签名的行为。见票是专门针对见票后定期付款本票而特有的。见票的程序有持票人的见票提示和出票人的有关记载及签名。持票人提示见票是保金追索权的要件。

对于本票,除非因其自身特点而需要特殊规定之外,其余等行为的规定都分别准用汇票的规定。

三、支票

支票是出票人签发的,委托办理支票存款业务的银行或其他金融机构在见票时无条件支付确定金额给收款人或者持票人的票据。

(一) 支票的相关含义

支票是无条件的书面支付命令,是一种以银行为付款人的即期汇票。支票的共性是支票法中有支票的有关事项准用汇票的规定。其特殊性在于:(1) 支票是见票即付的票据,不存在远期到期的问题。我国票据法第 91 条规定:支票限于见票即付,不得另行记载付款日期。另行记载付款日期的,该记载无效。(2) 支票是由银行付款的票据。支票的付款人只限于银行等可以办理存款业务的金融机构,收款人可以是他人,也可以是出票人。这与汇票和本票的付款人无身份限制是绝对不同的。

支票的记载项目:(1) 必须记载项目:表明"支票"的字样;无条件支付的委托;确定的金额;付款人名称;出票日期;出票人签名/签章。支票上未记载上述事项之一的,支票无效。(2) 支票对应的记载事项:收款人,出票地和付款地。具体参见图 8-3。

图 8-3 支票

划线支票,划线后支票只能委托银行转账,持票人不能提现。在支票正面划有两条平行线的支票,被称为划线支票。划线是一种附属的支票行为,由出票人、背书人或持票人划上,目的在于防止支票丢失和被盗时被人冒领。在票据上划线是支票独有的制度。(1) 普通划线(general crossing),指在两条平行线中不注明收款银行的名称,收款人可通过任何一家银行代收票款。(2) 特别划线(special crossing),指在两条平行线中注明收款银行的名称,付款人只能将支票金额支付给该指定的收款银行。

(二) 保付支票

保付支票是支票的付款人表示对支票票款额承担保证支付行为的支票。支票可以由支付银行加保付(certified to pay)字样并签字,这样的支票被称为保付支票(certified cheque)。对出票人、背书人来说,支票保付后,他们的责任便已免除。支票保付是美国支票的特有行为;中国票据法无支票保付规定。债务关系只是持票人与付款人之间的债权债务关系。对持票人来说,支票保付后,持票人可以不受提示期限的约束,只要是在一个"合理"的期限内,随时都可以提示付款,保付人不得拒绝。

(三) 支票的种类和票据行为

支票的种类:(1) 根据是否记载收款人的名称,分为记名支票和无记名支票;(2) 根据是否划线,分为普通支票和划线支票。中国票据法没有规定划线支票,但是将支票分为现金支票和转账支票(类似于划线支票);(3) 根据是否记载事项,分为保付支票和无保付支票。

支票的出票(issue)、提示(presentment)、付款(payment)、划线(crossing the cheque)、保付(certified to pay)。对于出票人而言,支票出票后,出票人承担担保付款的责任。出票人的担保责任是最终的、绝对的。付款行拒付时,持票人仍然有对出票人的追索权。支票持票人要实现其票据权利,必须向付款人现实地出示票据请求付款。支票的付款提示也有法定期限,支票限于即期付款,因而出票人可以随时向付款人请求付款。但是,出现下列抗辩事由,支票的付款行可以拒付:一是持票人未在法定提示期间为付款提示行为;二是出票人撤回付款委托,且支票提示期间已经届满;三是支票的票据权利时效届满;四是付款人已经收到出票人宣告破产的通知。

第四节 国际结算的方式[①]

国际结算有三种基本方式,本节采用案例分析对每一种结算方式进行更直观和更具体的阐述说明。再基于 2012—2014 年数据,分析我国企业对三种国际结算方式的选择,从中总结出中国进出口银行针对企业结算方式选择的建议。

一、国际结算的方式:汇付或汇款

(一) 汇付及其当事人

汇付(remittance),又称汇款,由债务人或付款人主动将款项交给银行,委托银行使用某种支付工具,支付一定金额的款项给债权人或收款人的一种结算方式。按照所用支付工具的不同,又分为电汇、信汇和票汇。汇款方式风险大,这是因为不能银货当面两讫,因而无法约束对方。

结算工具和资金流动方向:在汇付业务中,债务人主动将资金和汇款申请书交给当地银行,由其根据债务人的要求,制作付款委托书作为结算工具寄送债权人所在地银行,同时将资金转移给该银行,委托其转交债权人。由于汇款业务中结算工具(委托通知、票据)的传递方向与资金的流向相同,故属顺汇。汇付业务不仅适用于贸易结算,凡是外汇资金的转移都可以采用汇付方式[②]。

信用性质:进出口贸易使用汇付方式结算货款的过程中,银行只提供服务而不提供信用,因而使用汇付方式完全取决于买卖双方中的一方对另一方的信任,以此向对方提供信用和资金融通。因此,汇付方式属于商业信用性质[③]。

汇付方式涉及四个基本当事人:汇款人、汇出行、汇入行和收款人。一是汇款人

[①] 本小节分析是由复旦大学 2015 级国际商务班硕士生邱胜男整理。
[②] 姚新超(2014):《国际结算——实务与操作(第三版)》,对外经济贸易大学出版社,第 39 页。
[③] 吴百福、徐小薇和聂清(2015):《进出口贸易实务教程(第七版)》,格致出版社和上海人民出版社,第 162 页。

(remitter),即付款人,是委托汇出行向国外债权人支付款项的债务人。在国际贸易中,汇款人通常指进口商。作为贸易合同的买方,其权利是要求出口商提供合格的货物。作为汇付的当事人,其义务是填制汇款申请书并向汇出行交款付费,履行付款义务。二是汇出行(remitting bank),是接受汇款人的委托,办理汇出汇款业务的银行,通常是进口方所在地银行。三是汇入行(receiving bank),又称解付行(paying bank),即接受汇出行的委托,依照"支付授权书",向收款人解付款项的银行。该银行通常是收款人所在地银行,一般为汇出行的联行或代理行,又被称为解付银行。四是收款人(payee),又称受益人(beneficiary),是指接受汇款人所汇款项的债权人。国际贸易中,收款人通常为出口商。作为贸易合同的卖方,收款人的权利是凭证取得货款。具体来看,采用汇款进行贸易结算的路径如图8-4所示。

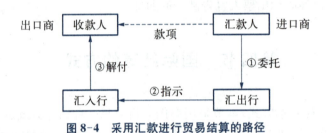

图8-4 采用汇款进行贸易结算的路径

(二)汇款结算方式

汇款结算方式的基础是商业信用。银行在汇款业务中只是处于受委托的地位,即按常规办理汇款业务,并对汇款的技术性问题负责,但是对货物的买卖和货物收付的风险不承担任何责任。这是汇款结算方式的最主要特点。在国际贸易结算中,对汇款方式的运用主要反映在预付货款和货到付款两个方面。预付货款(payment in advance)是进口商先将货款的一部分或全部通过银行汇交出口商,出口商收到货款后按照合同约定装运货物。预付货款被称为下定金(down payment),预付货款结算方式对出口商有利,对进口商风险则较大。货到付款(payment after arrival)是指进口商在收到出口商发出的货物后才按照规定支付货款的方式。它是一种赊销交易或延期付款交易。货到付款的结算方式有利于进口商而不利于出口商。货到付款分为两种:一是售定和寄售。售定(be sold out)是进口商收到货物后按事先订妥的货物价格付款,通常是双方交易条件达成一致,合同中明确规定贸易结算方式。使用售定的情况有快销商品、日用品等。这种特定的延期付款方式被称为"先出后结",又因为价格事先已确定,被称为售定。寄售(consignment)是指出口商委托进口商代卖,价格未定,进口商自定价格,销售后扣除佣金,再付出口商的一种贸易结算方式。货物卖完后,出口商还需支付一定的佣金或手续费给代理商。寄售方式出口的商品,价格是无法事先确定的,这种方式对卖方来说是最差的收款条件。

汇付结算方式是以银行为中间媒介来结算进出口双方的债权债务关系。即使在使用其他结算方式时,资金的实质性划拨最终也是以汇款方式完成的,因而汇付是基本的结算方式。

(三) 汇付实务案例分析[①]

在三种汇付方式中,电汇(T/T)交款速度最快,风险与信汇和票汇两种汇付方式相比较小,因而最受卖方欢迎。下面结合案例进行分析。

1. 纺织品出口案例。

某出口商 C 公司和法国买方 D 公司缔约出口纺织品,合同总金额为 34 万美元,约定支付方式为 T/T,即电汇付款。2007 年 4 月,买方收货后一直拖欠货款,虽经 C 公司多次催促,D 公司始终不予支付,并向 C 公司阐明其没有付款的理由是:贸易双方在合同中仅约定付款方式为 T/T,但并未明确约定付款的具体期限。因此,买方决定有钱之后再付款。

【案例分析】 除了应该在买卖合同中明确规定何种支付方式,还应该明确货款汇到的期限。目前,我国出口贸易中由于种种原因使货到(或"单到")汇付方式收取货款的交易日趋增多,由于国外进口商诚信缺失或破产倒闭以致迟迟收不到货款造成重大损失的案例不断发生,因此,出口业务中不能轻易接受先发货后收款的汇付方式。

2. 美发剪刀出口案例。

采用汇付方式预付货款,可能在一定程度上缓和风险,但仍然存在一些问题。

一位专门生产美发剪刀的供货商于 2008 年结识了一位来自巴基斯坦的买家,双方经洽谈达成价值 5 万美金的剪刀出口合同,约定以 T/T 方式付款,发货前先预付 30%,后 70%见提单复印件付款。签约后,买家如约付了 30%的预付款;7 月,该供货商将货备齐运至巴基斯坦卡拉奇,并将提单复印件传真给买家,要求支付剩余 70%的尾款。但直到货到港近一个月,都没收到货款,供应商非常着急,不停地联系买家但无音讯,直到后来才了解到买家已因经营不善倒闭。所幸供应商控制着船东单,经过一番周折终将货拉回,但是来回的运费、滞港费、操作费等让供应商苦不堪言,预付款根本不足以弥补损失,该单生意让供应商损失惨重。

【案例分析】 一是签订合同前应加强对进口商的资信、经营状况调查;二是签订定金条款:尽可能争取提高电汇预付金额的比例;三是签订所有权保留条款[②],在货物发到进口方但进口方未支付全部货款期间,如进口商破产或发生其他变化,出口商可优先于进口商的其他债权人,以所有人身份将货物或货物金额收回;四是对于合同金额较大、预付金额不大的订单,出口商可通过在合同中规定"分批出运、分批收汇"条款,要求进口商根据交货进展按时分批付款;五是慎放正本提单,最好汇款到账后再提交提单正本,本案例若不是正本提单仍在出口商处,将会承受更大的损失。

3. 汇票使用第二国货币案。

中国内地某公司向香港 R 公司出口一批货物转运瑞士。港商向香港某银行购买了一张银行即期汇票寄给出口商作为货款,但该汇票的付款货币为瑞士法郎。出口商向中国银行提示,因不代垫头寸,收妥结汇及汇票的货币为瑞士法郎,还需等待中国银行将汇

[①] 安卓信用咨询:《出口外贸实务中"电汇"(T/T)风险的防范》[EB].中国贸易金融网:www.sinotf.com/GB/News/1003/2014-10-22/3NMDAwMDE4MjE3Nw.html,检索于 2016 年 12 月 16 日。

[②] 买卖合同中双方约定的货物虽已交付买受人,但须支付所有欠款后标的物所有权方才发生转移的条款。

票背书转让给苏黎世某银行,除了正常的邮程,加上各银行工作时间,该笔货款在约3个多月后才能到达出口商。

【案例分析】 如果票汇使用的货币不是汇款人和收款人所在国或地区的货币,而是第三国货币,收汇的速度最慢。汇票因需多次背书转让,与汇票使用的结算货币有关,索偿路线复杂,汇款银行为了达到长时间占用汇款头寸的目的,有时故意选择收款方式最慢的银行作为付款银行。因此,票汇收款的速度有时非常慢。出口商应提出使用电汇付款方式。

二、国际结算的方式:托收

(一) 托收及其当事人

托收是建立在商业信用基础上的另一种贸易结算方式。托收是出口商或债权人开立金融票据或商业票据或两者兼有,委托托收行通过其联行或代理行向进口商或债务人收取货款或劳务费用的一种结算方式。其中,金融票据是指汇票、本票、支票、付款收据或其他类似的工具;商业票据主要指商业发票、运输单据、所有权单据或其他类似的单据,或其他"非金融"方面单据,如保险单据等。《托收统一规则》(URC)是由国际商会编写的关于国际贸易和国际结算方面的重要国际惯例。1996年1月1日,《托收统一规则》(国际商会第522号出版物,即URC522)正式生效并实施。由于使用的结算工具(托收指示书和汇票)传送方向与资金的流动方向相反,因而托收方式属于逆汇。

按照《托收统一规则》,银行在托收业务中,只提供服务,不提供信用。银行只以委托人的代理人身份行事,既无保证付款人必然付款的责任,也无检查审核货运单据是否齐全、是否符合买卖合同的义务;当发生进口人拒绝付款赎单的情况时,除非事先经托收银行委托并经代收银行同意,代收银行也无代为提货、办理进口手续和存仓保管的义务。所以,托收方式属于商业信用性质[①]。

托收业务中有4个当事人:委托人、托收行、代收行和付款人。一是委托人(principal),委托银行进行托收的当事人。委托人一般是出口商,即出票人。委托人根据贸易合同的要求交付货物;提交符合合同要求的单据;填写托收申请书;开立汇票,并将托收申请书和汇票连同商业单据一并交给托收行。二是托收行(remitting bank),接受委托人的委托并通过国外代理行办理托收的银行,又称寄单行。一般是指出口商的往来银行。托收行缮制托收委托书;核验单据。三是代收行(collecting bank),接受托收行委托向进口商或付款人办理收款并交单的银行。代收行保管好单据;谨慎处理货物。四是付款人(payer or drawee),根据托收委托书提示单据被要求付款的当事人,即进口商或受票人。

此外,托收业务中还可能出现其他当事人,主要有:(1) 提示行(presenting bank),向付款人提示提交单据的银行,也称交单行。一般由代收行来充当。(2) 需要时的代理(principal's representative in case of need),出口商为了应对拒付事件,往往在付款地事先指定一个代理人,一旦拒付,则由代理人料理货物,一般出口商直接请代收行作为"需要时的代理"。

[①] 吴百福、徐小薇和聂清(2015):《进出口贸易实务教程(第七版)》,格致出版社和上海人民出版社,第166页。

在贸易上常用的是跟单托收。一是出口商按合同的要求发货后,备齐包括提单和发票等在内的单据,开立向进口商索款汇票,委托一家出口地银行(即托收行)收款;二是托收行接受委托后,再委托一家进口地银行(即代收行)收款;三是代收行持汇票向进口商(付款人)提示付款,进口商只有在付款或承诺付款之后才能取得作为货权凭证的单据;四是进口商付款后,代收行根据托收行的指示汇出款项,托收行收款后再付给出口商。具体来看,采用托收进行贸易结算的路径如图8-5所示。

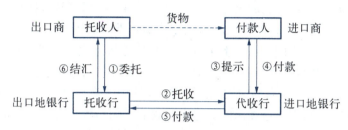

图 8-5　采用托收进行贸易结算的路径

(二) 托收的类型

1. 光票托收(clean collection),是指不附带商业单据(或货运单据)的金融单据的托收。当出口商发货后,开立汇票即光票,委托银行向进口商收取货款。光票托收并非不附带任何单据,有些汇票的托收附有发票、垫款清单等,但不包括货运单据,这类托收也属于光票托收。支票托收也属于光票托收的范畴。光票托收的汇票有即期汇票和远期汇票。

光票托收使用的范围较广,它主要使用于非贸易的结算,如赠款、知识产权使用费及其他债权债务关系的结算等;它也适用于贸易结算,如小额贸易货款、贸易项下的保险费、运费、赔偿金、佣金等从属费用①。由于光票托收对出口商风险很大,出口商只有在确信进口商能遵守买卖合同和及时付款的条件下才能这样做。长期以来,我国贸易界采用光票托收一般只用于收取出口货款尾数、代垫费用、佣金、样品费或其他贸易从属费用等。

2. 跟单托收(documentary collection)。这里的"单"是指商业单据。(1) 根据是否附有金融单据来划分,分为附有金融单据的商业单据的托收、不附有金融单据的商业单据的托收。后者托收单据中仅有发票、运输单据、保险单等,而不附有汇票等金融单据。(2) 根据银行交单条件的不同,可分为付款交单和承兑交单两种。付款交单(documents against payment)是先付款后交单,货运单据始终掌握在银行手中。也就是,出口商掌握着对货物的支配权,所以,风险较小。付款交单又分为即期付款交单、远期付款交单。即期付款交单(D/P at sight)是指如果出口商使用即期汇票委托银行收款,当代收行向进口商提示有关单据后,只要单据合格,进口商就必须立即付款赎单。远期付款交单(D/P at…days after sight)是指如果出口商使用远期汇票委托银行收款,当代收行向进口商提示汇票和单据时,只要单据合格,进口商必须立即承兑汇票,待付款到期日再付款赎单。(3) 承兑交

---

① 姚新超(2014):《国际结算——实务与操作(第三版)》,对外经济贸易大学出版社,第62页。

单(D/A，documents against acceptance)。代收行向买方交付单据不以后者付款为条件，而仅以买方所作的在双方共同认可的一定日期后保证支付汇票款项的承诺为条件。承兑交单是先承兑后交单，出口商的交单以进口商的承兑为条件，付款人等到汇票到期时再履行付款义务，这种结算方式实际上是卖方对买方的赊销。

(三) 托收的风险与防范

1. 托收方式的风险。第一，信用风险。托收方式中银行既不管买卖合同，也不负责审单，托收方式仅仅是商业信用，而商业信用一般低于银行信用，所以，托收方式存在一定的风险，特别是对出口商。出口商常见的风险主要有：进口商借口进口地货价下跌要求降价；从审单中找茬；破产倒闭或失去偿付能力；要求延期付款等。进口商存在的风险有：由于货物单据化，付款后发现货物与合同规定不符；伪造的单据；银行在托收业务中提供融资服务时，面临着进出口商的信用风险。第二，货物风险，是指由于自然灾害和意外事故引起的货物损坏与灭失。这类风险对进出口商的影响与贸易合同中的价格条件密切相关。常用的价格条件有三种：到岸价格(CIF)、离岸价格(FOB)，以及成本加运费价(CF)。在 CIF 条件下，保险是由卖方办理，在装船之后至交单期间，由买方承担风险，货物发生损坏或灭失，只要出口商提交的单据符合合同要求，进口商不得拒付，但可凭所得单据向责任方提出索赔。在 FOB 和 CF 条件下，由进口商办理保险，只有在货物装上船后，进口商才承担风险。

2. 从出口商角度来看，在托收方式下，出口商可能遇到的风险主要包括：一是进口商破产、倒闭或丧失清偿债务的能力，导致出口商无法收回或晚收回货款。二是出货后进口地货价下跌或销售情况不好，进口商认为无利可图，从而要求出口商降低价格或借故拒付。三是货物到达进口国后，进口商因尚未领到进口许可证，或尚未申请到所需的外汇，或因海关法规变化或其他原因而拒付货款。四是代收行与进口商互相勾结，提货后不付款。五是在承兑交单下，由于进口商只需要在汇票上承兑就可取得货运单据先行提货，一旦提完货后不履行付款责任，出口商往往遭到货款两空的损失[①]。六是远期付款交单的托收容易因代收行的失误或因各国银行惯例的不同而被处理成承兑交单，使得进口商能够提前支取货物而无需货款，从而增大出口商的收款风险。

3. 托收风险的防范。第一，从出口商来看，防范托收的风险应需要：一是考察进口商的资信情况；二是要求银行在托收指示书中注明托收方式；三是严格按照买卖合同中的规定发货和制作单据，保证单据完整性、准确性和真实性；四是托收金额不宜太大、期限不宜太长；五是搞清进口国贸易与外汇管制情况；六是了解进口国法律和惯例；七是争取以 CIF 价格成交，由出口商办理保险；八是应了解有关进口地光票托收的具体规定和习惯做法，针对性地在托收指示书中加以明确规定托收的方式。

案例 1：北欧和拉美许多国家往往有"货到地头死"的习惯，即货进公仓后 60 天内无人提取即允许公开拍卖，因此，出口商应掌握好发货时间，或找好"需要时的代理"以免付款人拒付。

案例 2：某银行受理一客户一张光票，票面金额为 300 万港币，客户称此票款有急用，

---

① 苏隆中、王海涛(2006)："中小型外贸企业出口信用风险分析及管理"，《国际贸易问题》第 10 期，第 108 页。

希望银行收到托收款项后立即通知他。3日后,该行接到贷记通知,银行就将托收款项解付给客户,客户当天将托收款项划走,不料第二天银行又收到代收行退票通知,并将托收款项借记回去。托收行询问原因,代收行的解释是:托收行托收指示书中未指明托收方式,按照香港银行的做法,未指明托收方式则按临时贷记托收处理。

第二,从进口商来看,防范托收的风险应注意:一是事先了解出口商资信;二是对进口货物的销售趋势及价格进行预测;三是严格审单;四是签订贸易合同时选择对自己有利的交单条件。

第三,从银行来看,防范托收风险应注意:一是严格按照委托人的托收申请书各项要求进行办理,不做擅自主张;二是在办理托收业务时,必须争取时效,加强复核及业务监管;三是托收项目下融资对银行风险最大,作为托收行,只有对出口商的资信非常了解,才可为其提供托收融资;四是作为代收行,要根据进口商资信来决定是否接受其提交的信托收据,并加强事后的一系列监控手段。

三、国际结算的方式:信用证

信用证是以银行信用为特征的贸易结算方式,它可以保证出口商安全收款,为互不了解或互不信任的商人提供商业交易信心和安全。跟单信用证是银行有条件的付款承诺。

(一) 信用证的含义及涉及的当事人

信用证是开证银行根据申请人的要求和指示,向受益人开立的、载有一定金额的、在一定期限内凭规定的单据,在指定的地点支付(即付款、承兑或议付汇票)的书面保证(written engagement)。据此,信用证是以银行信用取代了商业信用。信用证包括光票信用证和跟单信用证。在国际贸易中,信用证是指开证银行根据进口商的请求,对出口商发出的、授权出口商签发以银行为付款人的汇票,保证交来符合条款规定的汇票和单据必定承兑和付款的保证文件。

信用证的性质:一是信用证是由开证行承担第一付款责任的书面承诺。信用证一经开出,开证行即是第一付款人。二是信用证是自足文件,具有独立性。信用证一经开出,就与买卖合同相分离并成为独立性契约。三是信用证是凭单付款的文件,信用证业务处理的对象是单据。只要出口商按信用证的要求提交单据,银行即保证付款。

信用证涉及的当事人很多,在国际贸易实践中主要涉及开证申请人(applicant)、开证行(issuing bank)、通知行(advising bank)、受益人(beneficiary)、议付行(negotiating bank)、付款行(paying bank)这6个主体。根据不同情况,还可能涉及其他当事人:偿付行(reimbursing bank)、保兑行(confirming bank)、承兑行(accepting bank)、转让行(transferring bank)、转开行(reissuing bank)等。

现主要对6个主体进行说明:一是开证申请人,又称开证人(opener)、出账人(accountee),是指向银行提出申请开立信用证的人,一般为进口商。开证申请人为信用证交易的发起人。二是开证行,是指按开证申请人的请求或为其自身行事,开立信用证的银行,一般是进口地银行。开证人与开证行的权利和义务以开证申请书为依据。信用证一经开出,开证行即按信用证规定的条款承担付款的责任。三是通知行,一般是出口商所在地的银行,而且通常是开证行的代理行(correspondent bank)。通知行如愿意将信用证通知受益人,则应鉴别信用证的表面真实性;如不愿通知或无法鉴别,则必须毫不迟延地告知开证行;如无法鉴别而又决定通知受益人,则通知时必须告知受益人它未能鉴别该证的表面真实性。四是受益人,指信用证上所指定的有权使用该信用证的人,一般为出口商,也就是买卖合同的卖方。受益人通常也是信用证的收件人(addressee),他有按信用证规定签发汇票向所指定的付款银行索取价款的权利,但也在法律上以汇票出票人的身份对其后的持票人负有担保该汇票必获承兑和付款的责任。五是议付行,又称押汇银行、购票银行或贴现银行,指根据开证行的授权,买入或贴现受益人开立和提交的符合信用证规定的汇票或单据的银行。议付行审单无误,即可垫付汇票和/或单据的款项,在扣减垫付利息后将净款项付给受益人。在信用证业务中,议付行通常又是以受益人的指定人和汇票的善意持票人的身份出现的,因而它对作为出票人的信用证受益人的垫款有追索权。六是付款行,是开证行授权进行信用证项下付款或承兑并支付受益人出具的汇票的银行。付款行通常是汇票的受票人,也称受票行(drawee bank)。开证行一般兼为付款行,但付款行也可以是接受开证行委托的代为付款的另一家银行。例如,当开立的信用证是以第三国货币支付时,通常指定在发行该货币的国家的银行为付款行。这种付款行又称代付行(paying bank agent)。付款行如同一般的汇票受票人,一经付款,即使事后发现有误,对受款人也无追索权。

具体来看,采用信用证进行贸易结算支付的路径如图8-6所示。

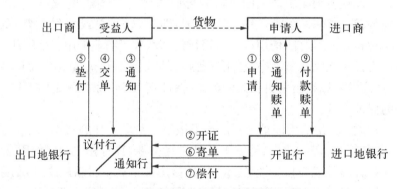

图8-6 采用信用证进行贸易结算的路径

(二)信用证当事人的权责

开证申请人的权责:按合同规定的时间申请开证;合理指示开证;提供开证担保;支付开证与修改的有关费用;向开证行付款赎单。

开证行的权责:遵照开证申请人指示开立和修改信用证;合理、小心审核单据;承担第一性、独立的付款责任。

通知行权责:必须对信用证的表面真实性负责,即确定印鉴是否相符,密押是否一致。

受益人权责:审核信用证条款;及时提交正确、完整的单据;要求开证行付款、承兑或议付。

议付行权责:议付行议付单据后,有权向开证行索偿,开证行有责任对已议付的指定银行予以偿付。议付行向开证银行行使索偿的权利以提交正确的单据为前提。因此,议付行应当严格审单,坚持单证严格相符原则,以降低议付的风险。

付款行权责:付款行是开证行的付款代理人,付款行一旦接受开证行的代付委托,它的审单付款责任与开证行一样,也属于"终局性"的,付款行付款后不得向受益人追索,只能向开证行索偿。因此,在开证行资信较差的情况下,被指定的付款行可以不接受开证行的授权。

偿付行权责:偿付行往往是代开证行偿付议付行垫款的第三国银行。偿付行与信用证无直接联系,信用证项下的单据由议付行直接寄给开证行,偿付行不接受单据,不审核单据,不与受益人发生关系。单据正确与否并不构成其偿付的依据。

保兑行权责:信用证经保兑后,如需修改,必须得到保兑行的同意。在单据相符的条件下,保兑行的付款责任与开证行是完全一样的,都是第一性付款人,加保兑后的信用证受益人就有了双重付款的保证。但是,保兑行与开证行的承诺是分别独立的,各自承担责任不同。保兑行付款后只能向开证行索偿,如果开证行倒闭或拒付,保兑行无权向受益人或其他前手追索偿款。保兑行有权拒收有不符点的单据,但必须明白无误地向受益人声明这一态度。

(三) 信用证的类型

1. 根据信用证下汇票是否随附商业单据,信用证分为光票信用证(clean credit)和跟单信用证(documentary credit)。光票信用证可用于贸易结算与非贸易结算两个领域。预支信用证是一种光票信用证(贸易结算)、旅行信用证(非贸易结算)。跟单信用证是指凭跟单汇票或仅凭商业单据付款的信用证。国际贸易结算中所使用的信用证基本上都是跟单信用证。受益人支取款项的前提条件是单证相符。

2. 根据开证行对所开立的信用证所承担的责任,信用证分为可撤销信用证和不可撤销信用证。可撤销信用证(revocable credit)指信用证的开证行有权在信用证开立后不征求受益人的同意而随时撤销或修改的信用证。但是,开证行修改或撤销可撤销信用证,必须告知通知行,若通知行在信用证修改或撤销之前,已经根据单证相符原则议付了受益人的单据,则开证行应当承担偿付的责任。我国规定银行不接受、不开立可撤销信用证。不可撤销信用证(irrevocable credit)指信用证一经开立,若未征得受益人(和保兑行)同意,就不得单方面修改或撤销的信用证。国际贸易结算中使用最多的是不可撤销信用证。

3. 信用证按照是否加具保兑,分为保兑信用证与未加保兑信用证。保兑信用证(confirmed credit)是指开出的信用证由另一银行保证对符合信用证条款规定的单据履行付款,保证承担付款的信用证。另一银行即保兑行,往往是出口地银行,保兑行责任相当于其本身开证,保兑行与开证行都负第一性付款责任。保兑信用证一定是不可撤销的信用证。如果保兑行不是通知行,还需加保兑行的签章,这样才能产生保兑的效力。如果只是在信用证标题中加上"保兑的"字样而未有前面的批注,这张信用证不属于保兑信用证。在实务中,保兑信用证必须由保兑行在信用证上附加一份保兑声明或在证内注明"我行对本证加具保兑"的词句。从出口商来说,只有严格保证单证相符、单单相符,才能使保兑行无从挑剔。这样,保兑才有意义。未加保兑信用证是指只有开证行承诺付款的信用证。

4. 按照兑现方式分类,信用证分为即期付款、延期付款、承兑和议付四种。即期付款信用证(sight payment credit)一般不要求受益人开立汇票。付款行审单付款后,对受益人无追索权,而且承担证实单证相符、单单相符的责任。若开证行提出不符点,付款行应向开证行退款而自行承担风险。延期付款信用证(deferred payment credit)是一种不用汇票的远期信用证,指开证行在信用证中规定货物装运后若干天付款或交单后若干天付款的信用证。承兑信用证(acceptance credit)指开证行或付款行在收到符合信用证条款的跟单汇票后予以承兑,于汇票到期日再付款的信用证。承兑信用证的使用一般建立在进出口双方远期销售合约的基础上。议付信用证(negotiation credit)指开证行指定某一银行或任何银行买入受益人提交的相符单据的信用证。议付信用证分为限制议付信用证和自由议付信用证。如果开证行在信用证中指定了议付行,如本证限 X 银行议付,被称为限制议付信用证。如果议付行可以由受益人自由选择,被称为自由议付信用证。

上述四种信用证中,承兑信用证和延期付款信用证属于远期信用证,都是由银行保证在将来时间支付,两者的区别是:(1) 远期付款期限不同,前者是从开证行或付款行见票之日算起,后者是按信用证中规定的办法来确定付款的具体日期。(2) 前者要求开立一张远期汇票,后者一般不需要汇票。

议付信用证和即期付款信用证的区别是:(1) 当议付行垫款后,即可向开证行寄单索款,若开证行拒绝偿付,除非议付行就是保兑行,否则,可以向受益人行使追索权。但是,即期付款信用证的指定银行一经付款就无权向受益人追索。(2) 议付信用证下汇票可有可无,如要求开立汇票,只能是即期汇票,付款人不能是开证行。但是,即期付款信用证多数情况下不需要汇票,如要汇票,则为开证行指定另一银行为付款人的即期汇票。不可议付信用证(straight credit)即直接信用证,由开证行本身付款。

5. 根据使用信用证的权利能否转让,分为可转让信用证和不可转让信用证。可转让信用证(transferable credit)指信用证的受益人可以要求指定的转让行将信用证的权利部分或全部地转让给第三者的信用证。开证行必须在信用证中注明"可转让",信用证方可转让。在国际贸易中,中间商和代理商的存在是可转让信用证产生的直接原因。可转让信用证程序:第一受益人申请转让信用证→转让行办理转让手续→转让行通知新行→第二受益人交单→通知行向转让行寄单索偿→第一受益人替换汇票和发票→转让行寄单索偿。在我国,可转让信用证有两种情况:一是信用证的第一受益人为我方出口公司;第二受益人仍为我方实际供货的出口企业,转让行为我国境内的通知行。第二受益人可直接请议付行按开证行有关指示索汇,与普通信用证类似,风险较小。

6. 背对背信用证(back to back credit),又称对背信用证、转开信用证、桥式信用证、从属信用证或补偿信用证,指某一信用证的受益人以该证为保证,要求一家银行开立以实际供货商为受益人的信用证。这是一种中间商为保守商业秘密和中介人地位而使用的信用证。背对背信用证和可转让信用证都产生于中间交易,两者的业务程序相似。背对背信用证条款修改时,实际上需要得到背对背信用证开证行和原证开证人的双重同意,所以,修改比较困难。

7. 对开信用证(reciprocal credit)，指贸易双方各开出一份以对方为受益人的信用证，用于两批不同商品的换货和易货，进出口双方既是这对易货的进口商又是出口商。对开信用证一般规定生效条款，主要有同时生效、分别生效。在对开信用证业务中，规定两证生效时间是很重要的。只有在贸易双方互相信任和了解贸易伙伴时，才会运用两证分别生效的规定，以加快贸易速度。对开信用证主要运用于易货贸易、补偿贸易以及来料加工等贸易活动。贸易双方采用对开信用证在一定程度上可以起到防范风险的作用。我国来料加工和来料装配贸易中常使用对开信用证。

8. 预支信用证(anticipatory credit)，是指准许受益人在装货交单之前支取全部或部分货款的信用证。开立预支信用证，由申请开证的进口商要求开证行在信用证上加列预支条款。预支信用证的特点是进口商先付款、出口商后交货。预支信用证实际上是进口商利用开证行的信用对出口商进行的融资。预支信用证的一个基本原则是谁垫款谁收取利息，另一个是预支款项的损失风险都由进口商承担。

9. 循环信用证(revolving credit)，指信用证金额被全部或部分使用后，仍可恢复原金额并再次使用的信用证。使用循环信用证可以为进口商节省开证手续和押金。例如，贸易合同需要在较长时间内分批完成，分批装货，或者多次相同货物的包销或专卖合同，进口商假如开立一个货物总价的信用证来支付，面临被占款的风险就比较大，而循环信用证很好地解决了这一问题。循环信用证可分为按时间循环和按金额循环两种。时间循环信用证又可分为可积累循环信用证(cumulative revolving credit)和不可积累循环信用证，前者是指上期未完的信用证金额可以移至下一期合并使用；后者是指上一循环期信用证余额不能移至下一期使用。金额循环信用证又可分为自动循环信用证、半自动循环信用证(开证行未提出停止循环通知)、非自动循环信用证(开证行通知后方可以)。

(四)信用证的风险与防范

信用证结算方式是在托收方式的基础上演变出来的一种比较完善的逆汇形式。信用证在操作过程中与合同独立，即使基础合同无效，也不影响信用证的支付。信用证欺诈者完全可以置原买卖合同于不顾，甚至故意让步，而在信用证中埋下"陷阱"。银行在信用证业务中的责任是根据"单单相符、单证一致"原则审单，只要卖方提供的单据符合信用证条款的要求，银行就必须付款。银行的审查只限于表面，而对于单据的真实性、准确性、货物交易的真实性以及履行情况、买卖双方的资信等，没有审查了解的义务，且银行也难以真实了解。

信用证结算风险主要包括技术性风险和欺诈风险。技术性风险是任何一个单据上的误操作导致的信用证交易的失败；而欺诈风险主要包括假冒信用证、信用证修改书诈骗、信用证软条款陷阱等。

1. 出口商的风险和防范：第一，伪造信用证的防范。信用证以电开形式开出但无密押；信用证以信开形式开出并随附伪冒开证行的印鉴；先交来一份信用证副本或将信用证传真给受益人。第二，信用证"软条款"的识别。如另加信用证生效的条款，即开证申请人要求开证行开出"暂不生效"信用证，规定必须取得某种条件或文件后该信用证才生效。如凭证文件规定由申请人或其代理人出具的条款；如一般信用证都规定以卖方所在国检验机构出具的检验证书作为议付单据;如信用证中"提单径寄开证申请人"条款的处理,正常情况下,应该是受益人将全套正本提单及单据提交银行,由开证行通知开证申请人到银行付款赎单,然后向船运公司提货。如果"提单径寄开证申请人",则开证申请人收到单据后就可以在未付款的情况下提货,对出口商不利。

2. 进口商的风险和防范:提货担保中的风险;成组化商品运输的风险;提单的真伪。

3. 银行的风险和防范:如果开证申请人要求开立"提单径寄开证人"条款的信用证时,首先考虑风险的应该是银行,当提单还在邮路上,开证申请人要求银行出具担保提货时,也有利用银行提货担保向开证行行骗的。银行还应警惕利用信用证项下的融资套取银行资金的行为。

四、中国企业对三种国际结算方式的选择

(一) 三种国际结算方式占比

自2013年开始,《中国金融年鉴》在其第三部分的金融业务统计下公布中国进出口银行贸易金融业务量统计数据。该数据下将国际结算分为开立信用证(即期、远期)、信用证议付/审单、托收(进口、出口)、汇款(汇入、汇出)、结售汇(含远期)等几项进行统计。我们根据2013—2015年《中国金融年鉴》统计来分析我国企业对国际结算方式的选择情况。这里,开立信用证可理解为进口时选择信用证方式结算;信用证议付/审单可理解为出口时选择信用证方式结算;汇款中汇入可理解为出口时选用汇款结算;汇款中汇出可理解为进口时选用汇款结算。如图8-7和图8-8所示,无论是进口还是出口,中国企业都极少使用托收结算。在汇款和信用证之间,中国企业更倾向于汇款方式。虽然汇款风险比信用证方式大,但相比信用证(涉及银行信用和保证金)来说,汇款操作更加简便,成本也比信用证方式要低。虽然进、出口结算中汇款方式的金额占比相比信用证方式的金额占比要高出很多,但是进口业务中信用证金额占比明显大于出口业务中的信用证金额占比。而且,我们发现中国企业在国际贸易结算时已越来越多地采用信用证方式,而逐渐减少汇款方式的使用。

资料来源:2013—2015年《中国金融年鉴》。

图8-7　2012—2014年中国进出口银行进口结算业务中三种国际结算方式占比

资料来源:2013—2015年《中国金融年鉴》。

图 8-8　2012—2014 年中国进出口银行出口结算业务中三种国际结算方式占比

(二) 三种国际结算方式每笔结算规模

从这三种国际结算方式的使用规模来看,我国企业在进行进口结算时,平均单笔汇款金额高于信用证和托收方式下的平均单笔结算金额。在进口和出口贸易结算的统计中,信用证单笔结算金额在近年来都呈现出上升趋势。

(三) 三种国际结算方式变化的原因

出现这种情况的原因可能是我国企业在国际贸易结算时普遍倾向于使用便捷且费用低廉的汇付方式;只有在贸易涉及资金非常大或对贸易对手缺乏了解的情况下,才会选择使用信用证方式;托收方式由于其价格和便捷程度都不及汇款方式有优势,安全度又无法和信用证相匹敌,因而最少被选择。

五、国际结算的方式:银行保函

银行保函(Banker's letter of guarantee,L/G)的产生与信用证的产生一样,源于国际间贸易往来和经济交往的需要。银行担保业务只构成银行的或有负债(contingent liability),属于不列入资产负债表的表外项目(off balance sheet item)。这样,银行从事担保业务的规模可以不受资产负债比率及各项管理规定的约束,可以增加业务收入。在国际经济交易中,银行担保普遍以保函的形式出现。

(一) 银行保函的含义及涉及的当事人

银行保函也称为银行保证书或银行担保,是担保合同的一种形式。担保合同分为赔偿合同和保证合同。银行保函是银行根据申请人的请求,向受益人开立的、担保履行某项业务、承担经济赔偿责任的书面承诺文件。各国国内的银行保函一般都是从属性保函(accessory L/G)或有条件保函(conditional L/G)。不过,银行保函越来越信用证化,有的国家将保函称作担保信用证(guaranty L/C)或无条件保函(unconditional L/G)。现在国际结算中使用的保函大多是无条件保函。只要银行保函规定的偿付条件已经具备,担保银行便应偿付受益人的索偿。

银行保函的当事人:银行保函除了申请人(applicant)、受益人(beneficiary)、担保行(guarantor)这三个基本当事人之外,还涉及通知行(advising)、保兑行(confirming)、转开行(reissuing bank)、反担保人(counter-guarantor)。

(二)银行保函的种类

1992年,《见索即付保函统一规则》(uniform rules for demand guarantee, publication No.458,简称 URDG)明确界定了银行保函独立于基础合同的属性,规定银行承担第一性付款责任,保函赔付处理仅凭单据和文件,与事实交易无涉,即单据化业务。

银行保函按性质分为信用类担保和付款类担保。信用类担保:第一,投标保函(tender guarantee),由商品或劳务的提供者、工程的承包方委托开立的保函。为了防止投标者不遵守在投标书中作出的承诺,招标人通常要求投标人另行提供银行保函,作为有效投标的一个部分,即投标保函。其主要目的是保证投标人履行因投标而引起的各项义务。投标押金一般是投标报价的1%至5%。第二,履约保函(performance guarantee),指担保银行应委托人的请求,向受益人开立的一种保证文件,保证委托人忠实地履行合约。第三,预付款保函(advanced payment guarantee),指银行出具的一种书面承诺,一旦委托人未能履行基础合约,担保行将在收到买主或业主所提出的索赔后向其返还与预付金等额的款项。第四,质量保函(quality guarantee)和维修保函(maintenance guarantee),是指担保行就合同标的物的质量所出具的一种担保。

付款类担保:由商品或劳务的购买者、工程项目的业主委托开立的保函。第一,付款保函(payment guarantee),是对合同某一方在合同项下的付款责任所作出的担保,它是由买方或业主通过其银行向卖方或承包商所作出的一种旨在保证货款支付或承包工程进度款支付的保证文件。第二,留置金保函(retention money guarantee),实际上是业主或买方以现金留滞的形式对承包方或供货方在项目和合同维修期间应负的维修责任所采取的一种制约手段。第三,费用保付保函(payment guarantee for commission),指银行应某些合约或协议项下付款方的要求,就一些特殊的费用或其他款项的支付向受益人所作出的保证。

(三)银行保函与跟单信用证比较

1. 关于银行信用。保函的开立只是向受益人提供一种银行信用担保,是对申请人的商业信用的一种补充,并非代替申请人履约或向受益人赔偿损失;而信用证的开立则是用银行信用取代商业信用,使交易双方付款提货、交货收款的商业信用变为银行信用。

2. 关于交易合同。如果保函是独立性的,则与信用证一样,一旦开出后,便构成一种独立于交易合同之外的新的合同关系,其法律效力不依附于交易合同。如果保函是从属性的,其法律效力随交易合同的存在而存在,就与信用证不一样了。

3. 关于付款责任。信用证下银行是主债务人,承担第一性付款责任。如果保函是独立的,则银行也是主债务人,受益人可以直接向担保行行使追索权。如果保函是从属性的,银行承担的是第二性付款责任。受益人先向申请人索偿,无力履约时再向银行索偿。

4. 关于支付依据。信用证下银行处理的是单据,而非事实。只要受益人提交了单证相符的单据,银行支付就会发生。如果保函是独立性的,类同;如果保函是从属性的,未履约时担保行才会赔付。

5. 关于单据处理。保函与信用证下对单据的业务处理是相同的,即银行只对所要求单据的表面合格性负责,对受益人提交的单据的真伪,以及单据的遗失、延误等概不负责。

六、国际结算的方式:备用信用证

(一)备用信用证的含义

备用信用证(standby letter of credit)是指银行应委托人请求,向受益人出具的、保证在委托人对某项基础合同违约时,受益人可以凭借信用证规定的单据从开证行获得赔偿的一种书面凭证。备用信用证不同于一般信用证,开立备用信用证的目的不像跟单信用证那样由开证行向受益人承担首先支付货款的责任,而是由开证行向受益人承担一项义务,保证委托人履行有关合同义务。若委托人未能履约,则由银行负责向受益人赔偿经济损失。备用信用证不要求货运单据,属于光票信用证,一般不直接用于进口货物的款项结算,而是作为一种担保手段使用。备用信用证是一种介入商业信用中的银行信用,当委托人违约时,受益人有权根据备用信用证的规定向开证行索偿。

(二)备用信用证与银行保函

备用信用证被看成是具有信用证形式的银行保函,它与见索即付保函有许多相似之处:(1)两者都是独立于基础合同的信用工具;(2)两者处理的都是单据或文件,与事实无关;(3)两者都是不可撤销的担保工具。但是,备用信用证与银行保函也存在许多差异:(1)兑付方式不同,备用信用证可在即期付款、延期付款、承兑和议付四种方式中规定一种作为兑付方式,而银行保函的兑现方式为付款;(2)开立方式不同;(3)融资作用不同;(4)单据不同;(5)付款依据不同;(6)遵循的规则不同。

(三)备用信用证与跟单信用证

备用信用证与跟单信用证都是介入商业信用中的银行信用,都属于信用证范畴。在业务处理上,都遵循《跟单信用证统一惯例》,凭有关单据而不是基础合约进行付款。差异在于:付款责任不同,单据作用不同,适用范围不同。

各类银行保函的共同之处,就是由开立保函的银行就委托人对某一基础合同的未尽义务承担赔偿责任,这一点是保函的核心所在。

本 章 小 结

国际贸易结算是指由有形贸易活动引起的货币收付活动,非贸易结算是指由有形贸易以外的活动引起的货币收付活动。国际结算方式主要包括汇付、托收和信用证。在目前的国际结算中,绝大多数采用非现金结算方式。国际结算经历了四大变革:现金结算向票据结算、货物买卖向单据买卖、直接结算向银行结算、人工结算向电子结算。

国际结算的票据主要有汇票、本票和支票。票据结算的基本形式有汇款、托收和信用证。国际结算正朝着电子化、无纸化、标准化和一体化的趋势发展。国际贸易结算的中心内容包括汇款、托收、信用证、银行保函和备用信用证,其中,信用证是国际贸易结算中的最主要方式。

国际结算票据的特性主要有设权性、无因性、要式性、文义性、流通性或流通转让性。尤其是流通转让性、无因性和要式性,使得票据成为国际贸易结算的主要工具。国际结算票据的功能或作用主要有支付功能或支付工具、信用功能或工具、流通功能、融资功能。其中,支付功能是票据的基本功能,信用功能是票据的核心功能。

国际结算的金融工具主要有汇票、本票和支票。汇票是由出票人签发的、委托付款人在见票时或者在指定日期无条件支付确定金额给收款人或持票人的票据。本票是由出票人签发的,承诺自己在见票时无条件支付确定金额给收款人或持票人的票据。支票是出票人签发的,委托办理支票存款业务的银行或其他金融机构在见票时无条件支付确定金额给收款人或者持票人的票据。保付支票是支票的付款人表示对支票票款额承担保证支付行为的支票。

汇款是由债务人或付款人主动将款项交给银行,委托银行使用某种支付工具,支付一定金额的款项给债权人或收款人的一种结算方式。汇付结算方式是以银行为中间媒介来结算进出口双方的债权债务关系。托收是出口商或债权人开立金融票据或商业票据或两者兼有,委托托收行通过其联行或代理行向进口商或债务人收取货款或劳务费用的一种结算方式。信用证是开证银行根据申请人的要求和指示,向受益人开立的、载有一定金额的、在一定期限内凭规定的单据,在指定的地点支付的书面保证。

跟单信用证是指凭跟单汇票或仅凭商业单据付款的信用证。银行保函是银行根据申请人的请求,向受益人开立的、担保履行某项业务、承担经济赔偿责任的书面承诺文件。现在国际结算中使用的保函大多是无条件保函。只要银行保函规定的偿付条件已经具备,担保银行便应偿付受益人的索偿。

备用信用证是指银行应委托人请求,向受益人出具的、保证在委托人对某项基础合同违约时,受益人可以凭借信用证规定的单据从开证行获得赔偿的一种书面凭证。

重 要 概 念

国际结算	国际结算方式	汇款	托收	信用证	票据	票据伪造
票据的变造	承兑交单	汇票	顺汇	本票	支票	远期付款交单
划线支票	保付支票	寄售	光票托收	跟单托收		光票信用证
跟单信用证	保兑信用证	承兑信用证	议付信用证	背对背信用证		备用信用证
对开信用证	循环信用证	银行保函	备用信用证	付款保函		

习题与思考题

1. 国际结算的现代特征有哪些?
2. 国际贸易结算的基本内容是什么?
3. 票据的特性和功能主要有哪些?
4. 国际结算的金融工具有哪些?
5. 国际结算的方式有哪些?

6. 试对银行保函与跟单信用证进行比较。
7. 试比较银行保函与备用信用证的异同。

案例分析

跨境贸易和投资人民币结算

2013年7月,中国人民银行发布《关于简化跨境人民币业务流程和完善有关政策的通知(银发〔2013〕168号)》,简化了经常项目下跨境人民币业务办理流程,对银行卡人民币账户跨境清算业务进行了梳理,明确了境内非金融机构可开展人民币境外放款业务、境外参加行人民币账户之间资金划转等相关内容,调整了境外参加行人民币账户融资期限和限额,进一步促进了跨境贸易和投资的便利化。

2013年,跨境贸易和投资人民币结算业务保持平稳有序地增长。全年银行累计办理跨境贸易人民币结算业务4.63万亿元,同比增长57%。直接投资方面,2013年全年银行累计办理人民币跨境直接投资结算业务5 337.4亿元。2013年,中国人民银行与欧洲中央银行、英格兰银行等五家签署了双边本币互换协议,新签署协议为7 520亿元人民币;与新加坡金融管理局等三家境外货币当局续签双边本币互换协议,续签协议总规模为4 035亿元人民币。双边本币互换协议一方面维护金融稳定,另一方面便利中国与其他国家的双边贸易和投资。

2013年,为稳步推进人民币资本项目可兑换,提升资金跨境配置效率。一是将跨国公司外汇资金集中使用试点范围进一步扩大到广东等7省(市)的32家国有、民营和外资企业,为资本项目可兑换改革探索外汇监管经验。二是加大外债和资本市场管理简政放权,初步建立以登记管理为核心、以统计监测为手段、以主体监管和事后核查为重点的管理框架。三是稳步实施合格境外机构投资者(QFII)、人民币合格境外机构投资者(RQFII)和合格境内机构投资者(QDII)制度。截至2013年年末,共批准QFII投资额度497亿美元,RQFII投资额度1 575亿元人民币,QDII投资额度842亿美元。研究扩大境内金融机构对外投资和合格境内有限合伙人制度试点,有序引导资本流出。

2014年,跨境贸易和投资人民币结算业务保持平稳发展。银行累计办理跨境贸易人民币结算业务6.55万亿元,同比增长42%。其中,货物贸易结算金额为5.9万亿元;服务贸易及其他经常项目结算金额为0.65万亿元。直接投资方面,2014年,银行累计办理人民币跨境直接投资结算金额1.05万亿元。2014年,人民币资本项目可兑换取得明显进展。沪港股票市场交易互联互通机制(沪港通)顺利推出,境外机构在境内发行人民币债券更加便利,资本项目外汇管理进一步简化。

2015年11月30日,国际货币基金组织执董会决定将人民币纳入SDR货币篮子。根据SWIFT的最新统计,人民币是全球第三大贸易融资货币、第五大外汇交易货币。2015年年末,人民币市场占有率为2.31%。全年跨境人民币实收6.19万亿元,实付5.92万亿元。截至2015年年末,使用人民币进行结算的境内企业17万家,124个境外国家和地区的银行在中国境内开立人民币同业往来账户2 843个,138个境外国家和地区的企业在中国境内开立人民币非居民账户约2.75万个。境外清算行人民币清算量全年累计312.09万亿元。中国人民银行已与33个央行或货币当局签署了互换协议,总规模超过3.3万亿元。

根据IMF对资本账户交易的分类,40个子项目中只有5项不可兑换,中国资本项目的开放度接近90%。这五项主要涉及个人跨境投资以及非居民在本国市场发行股票和其他金融工具。人民币资本项目可兑换取得了新突破:一是在北京中关村等三个特殊经济区域开展外债宏观审慎管理试点。二是直接投资实现完全可兑换。三是正式实施内地与香港基金互认政策。四是进一步开放境内商品期货市场。中国将进一步推动人民币资本项目可兑换改革:一是打通个人跨境投资的渠道,考虑推出合格境内个人投资者(QDII2)境外投资试点。二是允许非居民在境内发行除衍生品外的金融产品。三是修订外汇管理条例,取消大部分事前审批。四是提高境外机构投资者投资我国资本市场的便利性。五是继续便利人民币国际化,消除不必要的政策壁垒和提供必要的基础设施。六是做好风险防范。

2016年,跨境人民币收付金额合计9.85万亿元,同比下降18.6%,其中,实收3.79万亿元,实付6.06万亿元。其中,货物贸易收付金额4.12万亿元,服务贸易及其他经常项目下收付金额1.11万亿元;资本项目下人民币收付金额合计4.62万亿元。2016年,在提升资本项目可兑换程度上取得一定进展:一是实施合格境外机构投资者外汇管理改革。二是推动银行间债券市场对外开放。允许境外机构投资者投资银行间债券市场,不设单家机构限额或总限额,方便境外机构投资者资金汇出入和购结汇手续。

资料来源:《中国人民银行年报2015》《人民币国际化报告2015》和《中国货币政策执行报告:2015—2016年第四季度》。

第九章

国际贸易融资方式

> **学习目标**
>
> 1. 了解国际贸易融资业务、国际贸易融资方式,以及供应链融资在国际贸易融资中的应用。
> 2. 理解信托收据、进口押汇、打包放款、出口押汇、出口托收押汇、银行承兑、出口信用证押汇、票据贴现,以及提货担保;理解影响福费廷业务的主要因素。
> 3. 掌握进口贸易融资的主要形式,出口贸易融资的主要方法,区分托收下的融资和信用证下的融资,包买票据或福费廷,以及保付代理或保理。
> 4. 学会使用托收下对出口商和进口商的融资,信用证下对出口商和进口商的融资,以及学会区分福费廷和保理业务的异同点。

第一节 国际贸易融资方式的主要内容

国际贸易融资业务有两种形式:一是由银行向客户直接提供资金融通;二是银行为客户提供信用保证,以使客户能从贸易对方或第三方取得融资的方便。国际贸易融资方式根据融资对象不同,可分为进口贸易融资、出口贸易融资。

一、进口贸易融资

进口贸易融资的主要形式:第一,开证额度(limits for issuing L/C)。银行根据自身的实际业务需要,对开证额度进行分类,主要有普通信用额度、一次性开证额度。前者可循环使用,后者不得循环使用。第二,信托收据(trust receipt),指进口商承认以信托的方式向银行借出全套商业单据时出具的一种保证书。进口商在汇票到期时向银行偿付票款,收回汇票,赎回信托收据,融资业务即告结束。实际上,信托收据是代收行为进口方提供到期付款的信用担保。利用信托收据进行融资时存在一个潜在风险,即受托人或进口商有可能违反信托规定,不愿或无力退还货物或货款。第三,担保提货(shipping guarantee),进口商为了报关的需要,事先可以向开证行或代收行签具"申请担保提货书",连同进口商自己的担保信,以求通过银行的担保,及时通关提货。第四,进口押汇(inward bills),指信用证开证行在收到出口商或其银行寄来的单据后先行付款,待进口商得到单据、凭单提货并销售货物后再收回该货款的融资活动。它是信用证开证行对开证申请人(进口商)的一种短期资金融通。进口押汇的步骤为:申请与审查;签订进口押汇协议;开证行对外付款;凭信托收据向进口商交付单据;进口商凭单据提货及销售货物;进口商归还贷款本息,换回信托收据。第五,进口垫款,是进口方银行用于进口代收业务项下,向进口商提供的一种资金融通便利。第六,进口代收押汇,是银行以包括物权单据在内的托收单据为抵押,向进口商提供的一种垫款融资服务,该形式仅适用于采用付款交单形式的跟单托收单据。

二、出口贸易融资

出口贸易融资是指银行或金融机构直接或间接地为出口商提供的融资。提供融资的主要是出口方银行和其他金融机构。出口贸易融资的方法主要有打包放款、出口押汇、票据贴现、银行承兑以及保理和福费廷等。其中,第一,打包放款(packing loan),是指出口商在提供货运单据之前,以供货合同或从国外银行收到的、以自己为受益人的信用证,向当地银行抵押,从而取得生产或采购出口货物所需的周转资金的融资行为。第二,出口押汇(outward bills),是指出口商将代表货权的单据及其他单据抵押给银行,得到银行扣除押汇利息及费用后的有追索权的垫款。出口押汇主要指买单、议付,包括信用证项下单据押汇和托收单据押汇。其中,出口信用证押汇指卖方以出口单据为抵押,要求往来银行提供在途资金融通时,这种资金融通方式即出口信用证押汇。出口托收押汇是指出口商在提交单据,委托银行代向进口商收取款项的同时,要求托收行先预支部分或全部货款,待托收款项收妥后归还银行垫款。出口托收押汇与出口信用证押汇根本区别在于后者有开证行的付款保证,属于银行信用;而前者没有银行信用保证,付款与否完全取决于付款人或进口商,属于商业信用。第三,票据贴现(discounting),是指票据持有人在票据到期前为获取现款而向银行贴付一定利息所做的票据转让。如果到期银行不能从票据付款人处收回票款,则银行有权对贴现人进行追索。第四,银行承兑(banker's acceptance),是指银行在远期汇票上签署"承兑"字样,成为票据承兑人,使持票人(出口商)能够凭此在公开市场转让贴现。银行承兑汇票时,不必立即垫付本行资金,而只是将本行信誉借出,增强汇票流通性。银行承兑是以贸易和票据为基础的。

第二节 托收下的融资[①]

一、托收下对出口商的融资——托收出口押汇

托收出口押汇(collection bill purchase),是指由托收银行以买入出口方向进口方开

[①] 吴百福、徐小薇和聂清(2015):《进出口贸易实务教程(第七版)》,格致出版社和上海人民出版社,第169—170页。

立的跟单汇票方法向出口方融通资金的一种方式。实质是出口方以代表货物所有权的单据做抵押品,向银行申请叙做的一种抵押贷款。先付款项实际上是托收银行对出口方的一种垫款,也是以汇票和单据作为抵押品的一种贷款。托收银行属汇票的善意持票人。但是,银行仅凭一张出口方开立的汇票和提交的货运单据,缺乏第三者,特别是没有其他银行对于进口人的付款作出的信用保证。由此,托收银行做的托收出口押汇有较大的风险。实际业务中,除非托收行认为这笔业务的进出口双方信用可靠,有关出口商品的种类、价值合适,该商品市场行情和进口地区政治经济情况良好。否则,银行不愿叙做或很少叙做。承做时,大都也只根据托收的交单条件(通常仅限于付款交单)酌情发放一部分汇票金额的贷款,很少仿照信用证项下的出口押汇那样发放全额贷款。

对于跟单托收中的远期付款交单方式,银行往往不愿意给予出口押汇,因为付款人远期很可能倒闭,且付款方银行操作上容易出现即期将货物票据交给进口方远期收款(事实上,在远期付款交单方式中,付款方银行应该在远期进行付款和交单),导致风险较大。对于即期付款交单方式,出口押汇相对更加容易。交单承兑的托收项风险介于即期付款交单与远期付款交单之间,出口方在该项下申请出口押汇的难易程度也介于两者之间。

二、托收下对进口商的融资——凭信托收据借单

凭信托收据借单又称进口押汇,在托收业务中,是代收银行凭进口方信托收据(trust receipt, T/R),给予进口商提货便利的一种融通资金方式。在付款交单条件下,进口方希望能在付款以前先行提货,就可要求代收银行允许其借出单据。具体做法是:进口方在承兑汇票后出具信托收据,凭以向代收银行借取货运单据来提取货物。信托收据是进口方借单时提供的一种书面信用担保文件,用以表示出据人愿意以代收银行的受托人身份代为提货、报关、存仓、保险、出售,同时承认货物的所有权仍属银行。货物售出后所得的货款在汇票到期日偿还代收银行,收回信托收据。这种做法纯粹是代收银行自己向进口方提供的信用便利,与出口方和托收银行无关。如果在借出货运单据后,发生汇票到期不能收到货款,代收银行应对出口商和托收银行负全部责任。因此,对代收银行来说,有一定的风险。为此,代收银行接到叙做这种借单要求时,首先必须审查进口方资信,只有资信较好的进口方,或者在多数情况下还要求进口方提供足够的担保或抵押品,才予叙做。

如果凭信托收据借单提货的做法是由出口方主动通过托收银行授权办理的,即"见票后若干天付款交单,以信托收据换取单据"(D/P at ... days after sight to issue trust receipt in exchange for documents, D/P·T/R)的方式,则是另一种情形。这种做法是指出口方在办理托收申请时指示银行允许进口方承兑汇票后可凭信托收据先行借单提货,日后进口方如汇票到期不能付款,则与银行无关,一切风险概由出口方自己承担。这种做法的性质与承兑交单差不多。不同的是,由于D/P·T/R项下代收银行握有进口方出具给代收银行的信托收据,事先得到代收银行同意的条件下,出口方可以委托代收银行作为当事人的一方,直接向进口方追偿,或向法院起诉。而在承兑交单情况下,如进口方不付款,只能由出口方自己向进口方追偿。

第三节 信用证下的融资[①]

一、信用证下对出口商的融资

(一) 打包贷款

打包贷款(paching loan),是指出口地银行为支持出口商按期履行合同义务、出运货物而向出口商提供的以合格正本信用证为质押的贷款。其最初是指出口企业在取得信用证后,为了将货物包装妥当以备出口,而向银行申请用于支付包装费用的贷款,故称作打包贷款。如今,打包贷款已经不拘泥于包装费用的支付,用途扩大到包括采购、备料、生产、加工以及装运信用证项下货物的所有开支及从属费用。打包贷款本质上是出口地银行对信用证受益人提供的一种装船前短期融资,它以正本信用证作为质押,期限一般为3个月,最长不超过一年,贷款金额通常是信用证金额的70%—80%,还款来源为信用证项下出口商品的外汇收入。

(二) 出口信用证押汇

出口信用证押汇(negotiation under documentary credit),是指出口企业(信用证受益人)在向银行提交信用证项下单据议付时,议付行根据企业的申请,以企业提交的全套单据作为质押金融审核,审核无误后,参照票面金额将款项垫付给企业,然后向开证行寄单索汇,并向企业收取押汇利息和银行费用并保留追索权的一种短期出口融资业务。

出口议付(export negotiation),是指银行根据出口商要求,用提交以其为受益人的信用证及信用证项下全套单据为条件,将该套出口单据项下的应收货款(扣除议付利息费用)先行解付给出口商,然后凭单据向开证行索汇的融资行为。出口押汇(outward bill/outward bill credit),是指企业(信用证受益人)在向银行提交信用证项下的单据议付时,银行(议付行)根据企业的申请,凭企业提交的全套单证相符的单据作为质押进行审核,审核无误后,参照票面金额将款项垫付给企业,然后向开证行寄单索汇,并向企业收取押汇利息和银行费用并保留追索权的一种短期出口融资业务。

出口信用证押汇与出口议付十分相像。但我国多数银行对"议付"的处理方法往往是"议而不付",仅审核单据,如果还需银行垫付货款,则需要再办理押汇手续。出口议付与出口押汇最根本的区别是法律关系不同。出口议付是一种票据买卖关系,议付行支付合理对价后就成为"正当持票人",拥有票据项下的一切权利,接受国际惯例、信用证有关法律和票据法的约束。出口押汇是一种权利质押关系,银行不拥有质物所有权,它拥有的是开证行在单证一致情况下取得付款的权利。接受国内合同法(借款合同)、担保法有关规定的约束。此外,出口议付中,受益人花费的成本小,银行的风险大。而出口押汇中,受益人花费的成本大,银行的风险小。

[①] 林涛、郭雅欣和李传芳(2014):《国际货物贸易实务》,北京:清华大学出版社,第217—220页。

二、信用证下对进口商的融资

(一) 进口押汇

进口押汇(inward bill receivables),是指开证行在收到国外出口商寄来的信用证项下的单据后,如单证相符,银行可向开证申请人(进口商)提供用于支付该笔信用证款项的短期资金融通。由于此时进口商无需支付信用证项下的款项,即可取得信用证项下的单据,因而节省了占用资金的成本,获得融资便利。进口押汇本质上是开证行给予进口商的一种专项资金融通,仅可用于履行特定贸易项下的对外付款责任。进口押汇利息自垫款之日起记收,利率一般高于市场利率。押汇期限一般与进口货物转卖的期限相匹配,并以销售回笼款项作为押汇的主要还款来源。

(二) 提货担保

提货担保(delivery against bank guarantee),是指货物先于信用证项下的提单或其他物权凭证到达的情况下,为便于进口商办理提货,尽快实现销售和避免货物滞港造成费用和损失,银行根据开证申请人的申请向船公司出具书面担保。银行在担保书中承诺日后补交正本提单,换回有关担保书。提货担保占用授信额度,一般仅限于信用证项下使用。事实上,为了解决近洋贸易中"货到单未到"的问题,实际业务中更为常见的做法是由托运人出具"电放保函",向承运人申请不凭正本提单放货,而是凭电放提单的传真件放货。

第四节 包买票据和保付代理

包买票据业务又称为福费廷(forfeiting),保付代理业务又称为保理(factoring),两者都属于出口贸易融资方式。

一、包买票据或福费廷

福费廷(forfeiting)又称无追索权的融资或买断,是指包买商(出口地银行)从出口商处无追索权地购买已经承兑的、并通常由进口商所在地银行担保的远期承兑汇票或本票的融资业务。福费廷业务最大的特点是包买商无追索权地买断远期汇票,从而使得出口商能够立即回笼资金,在获得出口融资的同时消除远期收汇的汇率风险和利率风险。

福费廷涉及的当事人主要有4个:出口商、进口商、包买商和担保人。福费廷的特点有:一是债权凭证,产生于销售货物、技术或劳务的正当贸易;二是银行担保方式(银行保函和背书保证),票据权力转让给包买商;三是无追索权条款;四是一种中长期融资业务。

传统福费廷业务多数为大型资本货物提供的一种中长期贸易融资方式,融资期限通常在半年以上,以5—6年最多,最长的可达10年之久,融资金额一般不少于100万美元。随着国际贸易的发展以及银行业竞争加剧,福费廷业务对商品类别、融资期限和金额的要求不断放宽。包买商为扩大市场,对非资本性商品的交易也提供福费廷业务。与此同时,对融资期限和融资金额的要求也大幅度降低。

在中国,福费廷业务被称为票据包买业务,是指银行根据收款人或持票人的要求,无追索权地买入开证行承兑的远期信用证项下跟单汇票的行为。

中国进出口银行承做福费廷业务的程序是：福费廷咨询，商务合同，开证申请，开证，通知信用证，发货，福费廷协议，交单议付，请求承兑，承兑汇票，退回承兑汇票，提交福费廷所需单据，付款，到期索偿，付款。

影响福费廷业务的主要因素有：一是成本，包括贴现率、承担费和宽限期；二是担保，包括保证付款、银行保函和备用证；三是贴现率；四是未付税款与预扣税款；五是发货日。

二、保付代理或国际保理

现代保理业务产生于18世纪的欧洲和美国，主要为坏账担保、贸易融资。20世纪50和60年代，保理业务取得长足的发展。国际保理服务已广泛应用于国际贸易，成为国际贸易竞争的一种新手段。现有三大国际性保理服务机构，即国际保理联合会（factors chain international，FCI）、国际保理协会（international factors，IF）、哈拉尔海外公司（Heller oversea corporation）。

（一）保付代理的含义及基本当事人

保付代理又称保理（factoring），是指由保理商向出口商提供保理服务，包括进口商的资信调查，并为相应的信用额度提供付款保证、无追索的资金融通，以及代办托收和财务管理等。保理业务在普通日用消费品行业较为普及，大量应收账款急需融资，保付代理就是无追索权地购买由于日用消费品或劳务的赊销而产生的短期应收账款。

保理业务中的基本当事人有：出口商或供货人（seller）、保理商（factor）、进口商或买方（debtor）即债务人。但是，并非所有由日用消费品或劳务的赊销而产生的应收账款都可以叙做保付代理。下列三种情况一般不属于保付代理业务：一是以个人或家庭为债务人的应收账款，即零售业务中的应收账款；二是分期支付的应收账款；三是赊销期限超过6个月的应收账款。

（二）保付代理的类型及功能

保付代理业务的类型：第一，根据提供预付款融资与否，分为融资保理或折扣保理（financed factoring）和到期保理（maturity factoring）。前者保理商提供预付款融资；后者则不提供预付款融资，而在赊销到期时才支付。第二，根据保理商公开与否，分为公开性保理（disclosed factoring）和隐蔽型保理（undisclosed factoring），指供货商为了避免让他人得知自己因流动资金不足而转让应收账款，并不将保理商的参与通知买方，货款到期时仍由供货商出面催收，再向保理商偿还预付款。第三，根据是否保留追索权，分为无追索权保理（non-recourse factoring）和有追索权保理（recourse factoring）。前者放弃对出口方的追索权，进口方拒付或无力支付的风险，则全部由保理商自行承担。后者是指如果出口方货物不符合合同规定，进口方到期拒付，则保理商保留追索权利。第四，根据保理运作机制，分为单保理方式、双保理方式，后者涉及买卖双方保理商。实践中，一般都采取双保理方式。

保理业务的性质和功能：保理商通常是国际上一些资信良好、实力雄厚的跨国银行的全资附属公司。他们虽然是独立于银行的法人，但又依托于银行。

功能有信用销售控制（credit control）、债款回收（collection from debtors）、销售账户

管理(maintenance of the sales ledger)、贸易融资(trade financing)、坏账担保(full protection against bad debts)。保理商实际上向供货商提供了不出现坏账的担保。

出口保理协议的主要内容：有效期限、应收账款、核准应收账款与信用销售额度、贸易纠纷、收购价款、债权转让及履约保证、限制条款、协议终止。

(三) 保付代理与其他融资方式相比

与托收下融资相比，国际保理的最大优点是有债权风险保障；与信用证下融资相比，国际保理的优点是以承兑交单和赊销等延期付款方式，利用了卖方融资；国际保理免除了押金和开证费用，收到单据就可以提货，及时将适销商品投放到市场上。

与福费廷相比，保理业务的共性是：两种业务都属于融资结算业务，而且出口商获得这些融资都可以是无追索权的，只要出口商提供的债权是由正当交易引起的，则信用风险都由保理商和包买商承担。两者的差异是：(1) 融资适用的基础交易不同。保理业务主要适用于日常消费品或劳务的交易，金额相对较小，经常性持续交易。而福费廷业务主要针对资本性货物的进出口贸易、金额较大，且业务都是一次性交易。(2) 融资期限不同。保理业务融资期限取决于赊销期限，属于短期贸易融资。而福费廷业务融资期限属于中长期贸易融资。(3) 两类交易对担保的需求不同。保理业务金额小、期限短，保理商承担的风险较小，一般不需担保；而福费廷金额大、期限较长，且包买商无追索权，风险较大，必须有第三方担保。(4) 计息方法不同。融资保理的计息是以预付款为本金计算自预付日到预计收款日的利息，是期末利息；而福费廷是按贴现方式计息，是期初利息，其有效利率远高于名义利率。(5) 对出口商而言，利率与汇率风险不同。在融资保理中，出口商一般收到不足80%的预付款，因而尚有部分金额需要承受风险；而在福费廷业务中，出口商可按票面金额获得融资，不承受汇率与利率风险。

第五节 供应链融资在国际贸易融资中的应用[①]

供应链融资为解决中小企业贸易融资问题提供了很好的思路。合理地将供应链融资产品运用到中小企业贸易融资中，将能极大地提高中小企业的融资能力，同时拓宽银行的业务范围。

一、供应链融资的含义

深圳发展银行将供应链金融定义为在对供应链内部的交易结构进行分析的基础上，运用自偿性贸易融资的信贷模型，并引入核心企业、物流监管公司、资金流导引工具等新的风险控制变量，对供应链的不同节点提供封闭的授信支持及其他结算、理财等综合金融服务。这里的供应链包括企业上游的原材料零部件供应网络和链条，也包括下游的分销

[①] 本小节由复旦大学2015级国际商务班硕士生邱胜男整理。

商、代理商,即渠道链①。供应链金融包括授信业务和非授信业务两大类。银行授信业务包括表内授信和表外授信。表内授信主要指贷款,表外授信包括承兑、信用证等。非授信业务主要包括中间业务(如各类代理业务、结算业务、顾问类业务等)和负债业务。从国内情况来看,供应链金融的特色集中于授信领域,也即供应链融资②。

二、供应链融资的特征

参照深圳发展银行和中欧国际工商学院"供应链金融"课题组(2009)所论述,供应链融资的特征主要有:第一,注重核心企业。供应链融资中,银行非常重视核心企业的财务实力和行业地位以及它对整个供应链的管理效率。若条件满足且证明整条供应链联系足够紧密,银行将为成员提供融资安排,并且不会对成员财务状况作出特别评估。第二,授信风险控制。对成员融资准入评价的重点是它对整个供应链的重要性、地位以及与核心企业既往的交易历史。对成员融资严格限定于其与核心企业的贸易背景,严格控制资金挪用,且以针对性的技术措施引入核心企业资信,作为控制授信风险的辅助手段。这样,就使得传统银行不能给予信用授信的中小企业更容易获得授信。第三,还款来源自偿性。供应链融资强调授信还款来源的自偿性,引导销售收入直接用于偿还授信。第四,盘活流动资产。通过引入电子商务平台和物流监管,供应链融资更容易盘活流动资产,比如对企业应收账款给予授信。

三、供应链融资的产品分类

供应链融资产品分三类:应收账款类供应链融资产品、存货类供应链融资产品,以及预付款类供应链融资产品。预付款类产品和应收账款类产品都涉及对核心企业这个风险控制变量的引入,因而是标准的供应链融资产品。存货类供应链融资产品可以独立于核心企业而操作,因而这类产品在供应链融资中一般被作为预付款融资的接驳性产品来使用。其中,应收账款类供应链融资产品,是以未到期的应收账款或债券向金融机构办理融资的一种行为。存货类供应链融资产品,是指企业根据自身的经营项目所采取的一种动产质押模式,进而从金融机构获得贷款。预付款类供应链融资产品,是指企业向商业银行等金融机构办理融资业务,用来支付预付账款的一种融资行为。

本 章 小 结

国际贸易融资方式根据融资对象不同,可分为进口贸易融资、出口贸易融资。进口贸易融资的主要形式有开证额度、信托收据、担保提货、进口押汇、进口垫款以及进口代收押汇。出口贸易融资的方法主要有打包放款、出口押汇、票据贴现、银行承兑以及保理和福

---

① 深圳发展银行和中欧国际工商学院"供应链金融"课题组(2009):《供应链金融》,上海远东出版社,第26—27页。
② 同上书,第59页。

费廷等。

信托收据指进口商承认以信托的方式向银行借出全套商业单据时出具的一种保证书。进口押汇指信用证开证行在收到出商或其银行寄来的单据后先行付款，待进口商得到单据、凭单提货并销售货物后再收回该货款的融资活动。出口押汇是指出口商将代表货权的单据及其他单据抵押给银行，得到银行扣除押汇利息及费用后的有追索权的垫款。

银行承兑是指银行在远期汇票上签署"承兑"字样，成为票据承兑人，使持票人（出口商）能够凭此在公开市场转让贴现。出口托收押汇是指由托收银行以买入出口方向进口方开立的跟单汇票方法向出口方融通资金的一种方式。打包贷款是指出口地银行为支持出口商按期履行合同义务、出运货物而向出口商提供的以合格正本信用证为质押的贷款。

福费廷是指包买商（出口地银行）从出口商处无追索权地购买已经承兑的、并通常由进口商所在地银行担保的远期承兑汇票或本票的融资业务。影响福费廷业务的主要因素有：一是成本，包括贴现率、承担费和宽限期；二是担保，包括保证付款、银行保函和备用证；三是贴现率；四是未付税款与预扣税款；五是发货日。保付代理又称保理，是指由保理商向出口商提供保理服务，包括进口商的资信调查，并为相应的信用额度提供付款保证、无追索的资金融通，以及代办托收和财务管理等。

与福费廷相比保理业务的共性是：两种业务都属于融资结算业务，而且出口商获得这些融资都可以是无追索权的，只要出口商提供的债权是由正当交易引起的，则信用风险都由保理商和包买商承担。二者的差异是：融资适用的基础交易不同；融资期限不同；两类交易对担保的需求不同；计息方法不同；对出口商而言，利率与汇率风险不同。

重 要 概 念

进口贸易融资　信托收据　进口押汇　进口代收押汇　打包放款　出口押汇
出口贸易融资　票据贴现　银行承兑　出口信用证押汇　出口托收押汇　提货担保
包买票据或福费廷　　　　保付代理或保理

习 题 与 思 考 题

1. 进口贸易融资的主要形式有哪些？
2. 出口贸易融资的主要方法是什么？
3. 试区分托收下的融资和信用证下的融资。
4. 影响福费廷业务的主要因素有哪些？
5. 保付代理业务的类型有哪些？
6. 简述保理业务的性质和功能。
7. 试比较福费廷和保理业务的共性与差异性。

案例分析

人民币国际化与国际贸易融资[①]

国际贸易融资是外贸企业在国际贸易中,为满足真实的贸易需求而进行的融资行为。它通过消除进口商或出口商在进出口贸易环节的资金短缺,使国际贸易得以更加顺畅地进行。据估算,80%—90%的国际贸易需要依托国际贸易融资来实现,众多学者的研究也证明国际贸易融资问题会极大地影响企业的进出口行为。可见,国际贸易融资在国际贸易中的重要性。

国际贸易融资困难是由来已久的问题,尤其是对于中小型外贸企业。这个问题在2008年金融危机之后更加突出。外贸企业由于可供抵押的资产较少以及能够提供担保的第三方较少,很难满足银行的借款条件。传统的融资方式对外贸企业来说十分困难,这些企业在实际对外贸易中十分依赖国际贸易融资。

自20世纪90年代开始,中国各家银行便陆续开展国际贸易融资业务。打包贷款、进口开证、出口押汇等常用的国际贸易融资方式到现在已经发展得十分健全。但是,我国银行由于自身风险管理能力有限,对于国际上通常使用的福费廷、保理等国际贸易融资工具的开发有限,这与我国是世界上第一大进出口贸易国的地位是非常不相称的。

人民币国际化可以为解决上述矛盾提供"润滑剂"。从企业层面来看,出口商需要通过国际贸易融资的方式在货物发出后获取资金以支撑之后的生产,进口商需要通过国际贸易融资的方式预先缴付货款以满足后续的生产,进而产生利润进行还款。总体来说,无论是进口商还是出口商,都是在生产贸易过程中出现了资金缺口。人民币国际化为国际贸易提供了充足的流动性,使货物和款项可以及时结算,在时间上缩短了企业资金缺口。

从银行层面来看,国际贸易融资利润丰厚,是各家银行争先抢夺的目标,只是因为风险管理水平有限才鲜有涉足。自从人民币国际化推行以来,银行更加重视自身的风险管理水平,广泛地在境外设立分支机构,也在一定程度上缓解了信息不对称,降低了国际贸易融资业务的风险程度。同时,人民币国际化开拓了境外的人民币外汇交易市场、拆借市场,方便了银行等金融机构开发更具有竞争力的人民币国际融资业务。

[①] 中国人民大学国际货币研究所(2015):《人民币国际化报告:"一带一路"建设中的货币战略》,中国人民大学出版社,第95—96页。

第十章

海关通关实务与报关单数据统计[①]

> **学习目标**
>
> 1. 了解世界与中国的海关演进情况、世贸组织成立以来中外关税的演变历程,以及海关统计项目的主要内容。
> 2. 理解海关通关管理、通关作业、通关环节、通关方式、贸易便利化及海关统计数据的常用功能。
> 3. 掌握海关通关环节、通关方式,以及贸易便利化的主要内容;掌握美国、欧盟和日本的关税制度与中国关税制度的异同,以及海关贸易便利化形式的异同。
> 4. 学会分析如何提升海关贸易便利化,以及尝试分析关税在调节一国进出口贸易中的作用。

第一节 海关总体情况:世界与中国

海关是指依据本国(或地区)的法律、行政法规行使进出口监督管理职权的国家行政机关。海关使用"Customs"一词,最初是指商人贩运商品途中向地方缴纳的一种税捐,带有"买路钱"或港口、市场"通过费"的性质。这种税捐取消后,"Customs"一词专指政府征收的进出口税,"the Customs"是征收进出口税的政府机构,即海关,是对出入国境的一切商品进行监督、检查并照章征收关税的国家机关。

一、中外海关的发展历程

公元前5世纪中叶,具有海关职能的外国政府机构出现在古希腊城邦雅典,是最早的海关雏形。

直到11世纪初期,第一个以"海关"命名的机构出现在威尼斯共和国,即威尼斯海关。在漫长的封建社会时期,各个国家不仅在沿海、沿边设置海关,而且在内地的沿海、陆地和

[①] 本章由上海海关学院段景辉副教授负责编写。

交通要道等处也设置了征收税费的关卡。17世纪资本主义发展前期,大部分国家对关税的征收非常重视,建立了严格的关税征收管理制度,海关部门扮演了执行和保护关税政策的角色。随着对外贸易的发展,19世纪中叶,欧洲国家纷纷将内地的沿海、陆地和交通要道等处的关卡撤除,废止内地关税,并且不再征收出口税。

发展中国家受侵略和剥削,对外贸易发展较为落后,海关机构在对外贸易发展中受到较多的限制。

中国海关历史悠久,早在西周和春秋战国时期,古籍中已有关于"关和关市之征"的记载。西汉元鼎六年(公元前111年),在合浦等地设关。宋、元、明时期,先后在广州、泉州等地设立市舶司。清政府宣布开放海禁后,于康熙二十三至二十四年(1684—1685年),首次以"海关"命名,先后设置粤(广州)、闽(福州)、浙(宁波)、江(上海)四海关①。1840年鸦片战争后,中国海关逐渐丧失关税自主权、海关行政管理权和税款收支保管权,长期被英、美、法、日等帝国主义国家控制把持。直至1949年以后,人民政府接管中国海关,逐步完善了新中国的海关建设。中外海关发展历程如表10-1所示。

表10-1 中外海关发展历史比较

时 间	中 国	国 际
公元前5世纪	关和关市之征	雅典出现海关机构雏形
封建社会时期	在重要的港口城市设立市舶司	沿海及内陆皆设关卡
17—18世纪	开放海禁,并设置粤、闽、浙、江四海关	实施关税保护政策,建立征税制度
19世纪	逐渐丧失海关自主权、沦为半殖民性质的海关	撤除内地关卡,基本停止出口税的征收
20世纪	社会主义性质的海关诞生,开始进行变革	寻求海关共同合作,确立规则

资料来源:作者根据资料整理。

对比我国与美国、日本的海关制度,存在着很大的不同,我国海关组织下属国务院,而美国和日本海关下属财政部(详见表10-2)。

表10-2 中、美、日海关制度比较

国家	组 织 机 构	职 能
美国	美国海关总署是美国财政部下属的一个主要分支机构,是海关系统的最高领导机关。它在全国有45个地区办公机构,300多个海关港口,7个海关分区,以及2个海关办事处	贯彻和实施美国贸易法规,管理进出口。美国海关总署管理进出口,协助其他政府机构贯彻和实施与国际贸易有关的法律和规章制度多达数百项。海关负责对货物、人员、运送工具等的检查和清算;对进口货物的分类估价;对进口货物关税的评定和征收;侦察和阻止走私;执行进口配额制和其他限制

---

① 中华人民共和国海关总署官网 http://www.customs.gov.cn/。

续 表

国家	组织机构	职能
日本	日本海关总部为日本海关及关税局,隶属于财政部。日本全国划分为九个关区,各关区总部为总关,下辖若干分关及防卫站。总部长官将大部分职权授予分关主管处理地区事务	征收进口关税、消费税和进口货物应纳的其他国内税;对货物流动进行监管,防止有害物品走私进入日本(如麻醉品、火器和其他违禁品);促进贸易便利,协调国际贸易手续,促进世界经济增长和人民生活水平的提高
中国	国务院设立海关总署,统一管理全国海关。国家在对外开放口岸和海关监管业务集中的地点设立海关。海关的隶属关系不受区域行政区划的限制。海关依法独立行使职权,向海关总署负责。全国所有省会城市和业务量大的口岸共设41个直属海关	依照《中华人民共和国海关法》等有关法律、法规,中国海关主要承担4项基本任务:监管进出境运输工具、货物、物品;征收关税和其他税、费;查缉走私;编制海关统计和办理其他海关业务。根据这些任务主要履行通关监管、税收征管、加工贸易和保税监管、海关统计、海关稽查、打击走私、口岸管理等7项职责。中国海关实行"依法行政,为国把关,服务经济,促进发展"的工作方针和"政治坚强、业务过硬、值得信赖"的队伍建设要求

资料来源:作者根据资料整理。

二、世界海关组织与中国海关

世界海关组织(World Customs Organization,WCO)最早应追溯到1947年,当时,欧洲经济合作委员会的13个成员国家政府同意成立一个研究小组,根据关贸总协定就建立一个或多个欧洲关税联盟的可能性开展研究。1948年,该研究小组成立两个委员会,一个是经济委员会,另一个是海关委员会。前者为经济合作和发展组织(OECD)的前身,后者则发展为海关合作理事会(Customs Co-operation Council,CCC)。1952年,《关于建立海关合作理事会的公约》正式生效,海关合作理事会同年在比利时首都布鲁塞尔成立。第一次理事会大会于1953年1月26日举行,共有17个成员参加。1994年,理事会采用了"世界海关组织"的工作名称。截至2011年1月,WCO共有成员177个,分布在世界各大洲,代表着经济发展的不同水平。如今,WCO成员承担着对占国际贸易总量98%[①]的进出口货物监管。中国于1983年7月18日加入WCO,成为海关合作理事会的成员国。

世界海关组织的宗旨是:研究有关关税合作问题,审议征税技术及其经济因素以统一关税,简化海关手续,确保对其他两个公约的统一解释和应用。监督各国的执行情况,负责调解纠纷,并向成员国提供有关关税、条例和手续方面的情报和咨询。

国际海关组织通过制定国际公约推动各国海关合作,在促进协调和简化海关手续、方便国际贸易方面发挥着积极作用。建立有效和开放的海关,不仅有利于世界各国之间的贸易发展,也会增加本国政府税收。该组织成立后制定了《海关合作理事会税则商品分类目录》(又称《布鲁塞尔税则》)。20世纪70年代初,该组织研究并制订了《商品名称及编码协调制度》,简称《协调制度》。现有150多个国家和地区实行HS编码,1992年1月1

---

① 数据来源:中华人民共和国驻欧盟使团官网 http://www.fmprc.gov.cn/。

日,我国海关正式采用 HS 编制中国的海关商品编码。

自加入 WCO 以来,中国海关一直积极参与 WCO 的事务,除了参加历次理事会年会,承办和参加部分政策委员会会议之外,还参加了几乎所有 WCO 技术委员会的工作。此外,中国海关还积极参与 WCO 多边规则和公约的制定工作;2004 年至 2006 年,再次当选 WCO 亚太地区代表(现称为亚太地区副主席);2005 年 6 月,在上海海关学院安装 WCO 远程教育系统,使该学院成为首个配备该系统的 WCO 地区培训中心;2006 年 4 月,举办 WCO 第 11 次亚太地区海关署长会议;2012 年 3 月,当选《伊斯坦布尔公约》管委会主席;2012 年 6 月,承办 WCO 亚太地区驯犬中心等。

第二节　世贸组织成立以来中外关税的演变

关税是指进出口商品经过一国关境时,由政府设置的海关根据国家制定的关税税法、税则对进出口货物征收的一种税。关税政策是一国政府在一定时期内为运用关税达到其特定经济、政治目的而采用的行为准则。一国采用什么样的关税政策,主要受制于该国经济发展水平、经济发展模式等因素。

一、外国主要国家关税演变历程

1995 年 1 月 1 日,世界贸易组织(WTO)成立,体现多边贸易体制的制度基础由此展开。依照 WTO 规定,各成员国可以利用关税保护国内经济,关税制度成为货物贸易中唯一合法的保护国家外贸发展的手段。同时,WTO 也规定,各成员国应该致力于实现更大程度的贸易便利化和自由化,不断降低关税水平。GATT(WTO 的前身)在 47 年的历程中,主持了八轮多边贸易谈判,其结果是发达国家的平均关税已削减 35%,发展中国家削减 15% 左右。WTO 成立后,主要发达成员国还在谋求新的关税减让。世界各国关税水平的下降使关税的作用发生变化,其调节作用不断加强。关税的直接财政作用在减弱,其间接的财政作用在增强。下面以美国、日本和欧盟关税史的演进为例说明(详见表 10-3)。

（一）美国

美国关税制度的演进可以分为四个时期:第一,1792—1816 年为财政关税时期,关税政策的主要目的是增加政府的财政收入。第二,1816—1934 年为保护关税时期。为了保护本国工业的发展,美国合法地采取一些关税措施来弥补企业生产成本上的差距,以此抵消外国产品在价格竞争上的优势;美国关税保护的对象开始由幼稚产业转移到成熟产业上来,关税税率不断提高。第三,1934—1973 年是双边互惠关税时期,美国改变了长期以来的高关税政策,关税税率从此逐渐降低,美国开始注重与他国互惠基础上的双边共赢。第四,1974 年至今,是非关税保护时期,关税政策成为美国在对外贸易政策中的政治手段,美国依靠强大的经济实力对他国贸易实施打击报复,开始寻找除关税之外的保护本国工业及其市场的措施,其实质依然是保护主义。具体如图 10-1 所示。

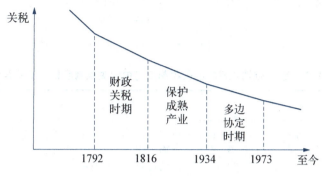

图 10-1 美国关税变化示意图

(二) 欧盟

欧盟关税同盟始于 1958 年,由最初的六大成员国创立(后称欧盟组织)。欧盟成立后的重要工作之一就是制定共同的关税政策,目的是确保无论哪个成员国的货物进口到欧共体,他们不仅要遵守同样的关税法,也要遵守同样的关税制度。1988 年,欧盟成员国采用单一行政票据作为申报单来代替各成员国以前所使用的 150 多种票据,将原产地规则、入库程序和所有其他的法律文件都统一到单一行政票据中,简化繁杂的海关程序,确立了统一的海关管理部门。1994 年,欧盟关税法把所有成员国的关税法规统一起来,写成一个单一文本。欧盟关税法的基本原则是最大程度上促进贸易便利化和货物的自由流动,既要兼顾贸易便利与风险之间的适度平衡,又要确立贸易自由与监管之间的适度平衡。从世界范围来看,欧盟成员国内部创造了新的出口机遇,贸易取得较大发展,并促进了各成员国经济的增长,同时欧盟也成为与第三国进行贸易的最重要的合作伙伴。

(三) 日本

1910 年,日本政府颁布了《关税定率法》,标志着日本完整地恢复了关税自主权。1926 年开始,日本的关税税率原则上采用了从量税形式。1951 年,日本对关税税率体系进行了全面调整,将关税税率由从量税改为从价税,同时全面提高了税率水平。1955 年,日本加入关贸总协定,1960 年,又出台《关税暂定措施法》,以迎合世界贸易自由化的趋势。但是,日本于 1961 年合并了关税税率表与关税商品目录表,并实施了紧急关税制度和关税壁垒措施。从 1965 年开始,日本与各国之间的贸易摩擦问题日趋严重。为了减少贸易摩擦,日本政府于 1972 年出台了综合性对外经济政策。其中的一个重要内容就是将关税税率削减 20%。从 1980 年开始,关贸总协定进入了东京回合的谈判阶段。

进入 21 世纪后,日本关税面临的客观环境发生了很大变化,为此,日本进行了一系列改革,其主要内容有:(1)关税制度和关税税率的改革。主要是顺应新一轮 WTO 谈判要求,制定关税制度和关税税率。(2)海关行政机构设置及职能定位方面的改革。日本在 2006 年 7 月 1 日实施了新一轮海关机构改革,将关税行政的主要部门改为监督部门(主要职能是对进出口货物实施监控)、业务部门(主要职能是关税评估、进出口商品分类分析、执行原产地规则和保护知识产权)、调查部门(负责搜集走私等违法犯罪活动信息,对信息进行管理和分析)。(3)关税行政系统的改革。1978 年,日本海关实施了新的进出口管理系统方案。现阶段,日本还实施了单一窗口制度改革①。

中国和日本在关税演变上具有很大的相似性,两者关税都经历了先升高后降低的过程,且都在加入世界贸易组织后积极调整本国的关税政策,降低关税,发展对外贸易。

表10-3 美国、欧盟和日本的关税制度与中国关税制度相似及差异比较

国别	关税制度	与中国的差异性	与中国的相似性
美国	美国现使用《协调制度》或HS制度下的关税税则,《协调制度》税则美国文本共将商品分为22类、97章。美国关税制度主要由四个部分组成:预付税款的缴纳、结税制度、退税制度、关税优惠制。此外,美国还有秩序销售协议,用来控制出口数量。	关税缴纳时间不同,美国规定在货物申报进口后10日内交纳预估税款,中国纳税方式是由接受按进(出)口货物正式进(出)口的通关手续申报时办理纳税手续。	都是以《协调制度》作为商品目录和进出口税则的基础;关税优惠制度都反映国家的贸易政策;都是征税手续在前,结关放行手续在后。
日本	进口申报与纳税申报、征收税金和确认通关货物工作合二为一同时进行;课税环节采用事后调查的关税确认方法;关税行政遵循"简便、公平、中立"的征税原则。	日本的关税结构比中国复杂,其中有季节税、复合关税也有紧急关税等特殊关税;在课税环节,中国强调事前的计算,而日本采用事后确认。	随着多边协议的增多,中日税率都会受协定条款约束;且两国都会根据国际关税协定适度保护国内幼稚产业。
欧盟	欧盟成员国间无进口关税,有统一的对外关税;欧盟关税税则编码根据世界海关组织(WCO)《商品名称及编码的协调制度》制定;欧盟以委员会指令的形式每年对外发布一次更新后的税率表;欧盟对进口产品和本地产品征收相同的增值税和消费税;欧盟还实行自主关税暂停征收和配额制度。	欧盟的关税征收方式较为复杂。除对大多数产品适用从价税税率,欧盟对部分农产品、化工品以及盐类、玻璃、钟表零部件等产品适用复合税、混合税或其他技术性关税的非从价税税率。此外,欧盟对部分农产品设置了包括季节性关税在内的多种技术性关税。	我国现行进口货物国内税征税制度,欧盟及中国都对进口产品实行与国内产品同等纳税原则,即对进口货物征收与本地相同的增值税和消费税。

资料来源:作者根据资料整理。

二、中国关税的功能和演变

关税是海关向进出口商所征收的,有维护国家主权和经济利益,保护和促进本国工业和农业生产的发展,调节国民经济和对外贸易,筹集国家财政收入的功能。

(一)中国海关关税演进:建国初期至改革开放前

1950年1月,中国政府第十七次政务会议通过了《关于关税政策和海关工作的决定》,这标志着新中国的关税政策正式确立。《决定》强调:"海关税则必须保护国家生产,必须保护国内生产产品与外国商品的竞争。"建国初期至改革开放前的中国关税政策的实质是高保护性的。一是中国整体经济薄弱,需要提高政府的财政收入;二是国内民族产业

---

① 崔景华、陈盛光和荣海楼(2007):"日本关税制度及对我国的启示",《涉外税务》第10期,第51—54页。

刚刚起步,需要加以保护,提高自身竞争力。中国该时期实施的这项保护关税政策,不仅大大提高政府的财政收入(如表 10-4 所示),而且帮助本土企业抵御外来竞争,为国内本土工业的成长和壮大起到积极的作用。1951 年,中国政府颁布实施了我国第一部独立自主的《海关进出口税则》。按照税则的规定,全国算术平均关税水平为 52.9%,其中,农产品的算术平均关税水平为 92.3%,工业品的算术平均关税水平为 47.7%[①]。随着经济的发展,中国海关税率也进行了调整,到 1985 年实行新关税则前共对税率进行 23 次的局部修改。虽然,这一时期的关税存在税率过高、结构欠合理等缺陷,但是其对我国经济发展和保护民族企业起了不可忽视的作用。

表 10-4 改革开放前关税占全国税收的比重

时　　期	全国税收收入(亿元)	关税收入(亿元)	关税占全国税收的比重(%)
经济恢复时期	227.80	15.31	6.72
"一五"时期	675.07	25.04	3.71
"二五"时期	916.55	30.48	3.33
1963—1965 年	550.61	14.23	2.58
"三五"时期	1 126.79	30.11	2.67
"四五"时期	1 471.70	48.00	3.26
"五五"时期	2 505.03	129.52	5.17

资料来源:杨圣明(1997):《中国关税制度改革》,中国社会科学出版社。

(二)中国海关关税演进:改革开放全面展开时期

1978 年,改革开放后,为了适应对外开放和经济的发展,有必要对关税制度进行相应的改革。同时,随着国内工业的壮大和对外贸易额的扩大,中国对关税保护政策有了新的认识:长时间的高关税保护会使企业没有先进参照系和国际竞争压力,导致企业效率偏低和产业国际竞争力减弱,因而需要适当地开放市场、引入国际竞争。此时的关税制度在政策目标上追求促进对外开放和发展民族工业之间的平衡,注重发挥关税调节进出口的经济职能作用。1984 年,国务院税则领导小组正式提出了改革开放时期中国的关税政策,即贯彻国家的对外开放政策;体现鼓励出口和扩大必需品的进口;保护和促进国民经济的发展;保证国家的关税收入。至此,中国关税制度改革进入第二个历史时期。

1985 年,第二部《海关进出口税则》确立,标志着我国关税政策已由建国初期的高保护性政策调整为相对开放的保护政策。这部关税税则采用当时国际上通用的《海关合作理事会商品分类目录》,并调整了部分进口税率和税率结构。该部新税则降低了 1 512 个税目的进口税率,调整后的中国进口关税平均水平为 38%。农产品为 43.6%,工业品为

[①] 马彦杰(2007):《中国关税制度改革与汽车工业生产率:理论与实证分析》,合肥工业大学硕士论文,第 9 页。

36.9%。税率结构也进行了局部调整。总体来看,1991年之前,我国关税的算术平均水平为42.5%[1]。关税职能主要体现在:一是关税税率在调节经济发展和产业结构方面开始发挥作用,关税税率按照经济发展和产业结构调整的需要不断进行变化;二是中国关税的财政职能作用得到加强,关税收入不断增加,并成为政府的重要财源。但财政职能与经济调节职能相比还是更加强调后者的作用。

(三) 中国海关关税演进:"复关—入世"后

1992年10月,中共十四大确立全面实行社会主义市场经济体制改革加快进程。人们越来越意识到关税政策不仅可以有效保护民族工业,维持国内外需求平衡,而且可以通过调节税率平衡国际贸易关系,提高本土产业的国际竞争力。1992年,第三部《海关进出口税则》确立,该部税则采用国际统一的《商品分类及编码协调制度》税则目录,本着对外开放大局的思想对关税税率和结构进行调整。

2001年,中国加入WTO,按照承诺需较大幅度降低关税税率。自2002年1月起,总共下调了5 332种商品的进口关税,关税总水平由15.3%降低到12%。工业品的平均税率由14.7%降低到11.3%,农产品(不包括水产品)的平均税率由18.8%降低到15.8%;水产品平均税率由19.2%降低到14.3%;原油及成品油由8.4%降低到6.1%;木材、纸及其制品由13.2%降低到8.9%;纺织品和服装由21.1%降低到17.6%;化工产品由11%降低到7.9%;交通工具由23.7%降低到17.4%;机械产品由13.8%降低到9.6%;电子产品由16.2%降低到10.7%。2010年1月1日,中国从产品结构上继续调整关税税率,关税总水平降到9.8%,其中,工业品平均税率水平为8.9%,农产品平均税率水平为15.2%。整体上看,形成"两头小、中间大"的关税税率分布,约45%的税目的税率水平在5.1%—10%之间,约50%的税目其税率水平在0—5%和10%—20%之间,仅5%左右的税目的税率水平高于20%,体现了以国家战略为导向的阶梯形税率结构方案[2]。至此,中国履行完成了加入世界贸易组织降税的承诺。

2013年10月24日,为贯彻落实《中国(上海)自由贸易试验区总体方案》中的相关政策,财政部、海关总署、国家税务总局明确上海自由贸易试验区有关进口税收政策。一是对试验区内注册的国内租赁公司或其设立的项目子公司,经国家有关部门批准从境外购买空载重量在25吨以上并租赁给国内航空公司使用的飞机,享受《财政部 国家税务总局关于调整进口飞机有关增值税政策的通知》(财关税〔2013〕53号)和《海关总署关于调整进口飞机进口环节增值税有关问题的通知》(署税发〔2013〕90号)规定的增值税优惠政策。二是对设在试验区内的企业生产、加工并经"二线"销往内地的货物照章征收进口环节增值税、消费税。三是对试验区内生产企业和生产性服务企业进口所需的机器、设备等货物予以免税,但生活性服务等企业进口的货物以及法律、行政法规和相关规定明确不予免税的货物除外。四是在严格执行货物进口税收政策的前提下,允许在特定区域设立保税展示交易平台。除上述进口税收政策外,中国(上海)自由贸易试验区分别执行现行相

---

[1] 李媛、张弛(2005):《WTO框架下中国对外贸易制度调整与重构》,东北大学出版社,第62页。
[2] 陈爱玮(2013):《关税内生化理论在中国的适用研究——中国关税政策的政治经济学分析》,复旦大学博士论文。

应的海关特殊监管区域的税收政策。可以说,中国改革开放以来的重大关税改革与国家战略密切相关,主要参见表10-5。

表10-5 改革开放以来中国较大的关税改革

时 间	改 革	关 税 变 革 内 容
1980年	经济特区	特区内企业出口本区生产的产品,除国家限制出口产品或国家另有规定的外,免征出口关税;特区进口自用物资先征后返。特区内的中资企业、行政事业单位,进口自用物资,在批准进口额度内,从1996—2000年5年增值税和关税实行先征后返。
1992年	正式实施中国第三部税则	我国申请恢复关税及贸易总协定席位后,承诺降低关税,为便于比较和测算,也需以《协调制度》目录作为减税谈判的基础。所以,经过税则拟定和修改后,进出口税则开始采用国际贸易通用的《协调制度》目录,并根据本国商品情况增添了子目录。
2013年	建立自由贸易园区	区域内准许外国商品豁免关税自由进出,实质上是采取自由港政策的关税隔离区。其特点及作用是:立即免税的商品范围扩大,削减关税的过渡期缩短,单边降低关税和促进多边谈判。

第三节 海关通关制度

通关是随着对贸易便利化需要的增加、对商人权力的维护等较新的海关执法理念的出现而产生的。在国际贸易实践中,通关存在广义与狭义两种。广义通关是指进出境货物、物品和运输工具等按照国家法律法规要求,办理进出境必要手续的整个过程[①],其中包括向商务部、海关、检验检疫局等机构办理一些前期备案与申请,货到后报关、报检、提货、银行付汇等手续。在办理这些手续的过程中,进出境当事人不仅需要向海关等国家管理机关进行申报、申请、备案,还需要与码头、堆场、理货、保险、运输等商业主体发生业务关系。在广义通关下,除了执行海关通关制度外,还涉及进出境禁止与限制制度、进出口配额与许可证制度、进出口商品检验制度、动植物检疫制度的实施。狭义通关就是货物、物品和运输工具等通过海关。具体来说,狭义通关是指进出境运输工具负责人、货物收发货人及其代理人、物品的所有人向海关申请办理货物的进出境手续,海关对其呈交的单证和实际进出口货物依法进行审核、查验、征收税费、批准进口或出口的全部过程。

可见,狭义的通关主要是海关通关,是指货物、物品和运输工具从进入关境或申报出境到办结海关手续的过程中,收发货人与海关间为了执行海关制度而产生的全部行为的总和。

一、通关管理和通关作业

(一)通关管理

通关管理是海关根据既定的职责任务,对通关过程进行有效的组织、实施、协调、检查

[①] 许丁、何耀明等(2005):《通关作业》,北京:中国海关出版社,第1页。

和指导,以保证通关作业正常进行的管理活动①。通关管理是海关进出境监管工作中的一个重要环节,根据全新的通关模式和作业流程要求建立起来的新的管理职能,是海关监管职能的重要组成部分和内容。为进一步加强海关管理,提高通关效率,有效打击和防范走私违法活动,我国海关系统不断深化业务改革,努力实现业务科技一体化,并已取得了一系列良好的成绩。

通关管理涉及面广,政策性强,时效要求高,管理难度很大。主要表现在:一是通关管理模式是审单作业、物流监控和职能管理三大系统相互支持配合、相互监督制约而形成的有机整体,是海关职能管理要求和各项规定执行的具体切入点。通关管理部门是业务政策和职能部门业务需求的执行单位,在实际工作中,要求通关管理部门和职能部门必须加强联系配合,形成合力。二是通关管理是海关业务科技一体化的结合点,必须与科技部门紧密配合,充分应用现代科技管理手段,才能有效实施和保障通关作业的顺畅进行。通关管理工作遵循的基本原则和要求是"两效"原则,即高效运作、有效监管。

加强通关管理,是我国海关积极应对加入世贸组织的挑战,支持开放型经济发展的需要。

(二) 通关作业

通关作业是通关管理的实体,包括货物、运输工具、物品进口或出口的海关作业全部环节。一般来讲,进口指从运输工具申报实际进境并将舱单电子数据传输(输入)到海关计算机系统起,至海关实际放行通关货物止;出口指自出口通关货物运抵海关监管区域或海关指定的场所后,收发货人向海关电子申报起,至运输工具实际离境止,由海关和海关管理相对人共同参与完成的运输工具进出境监管和货物通关处理的各个环节。通关作业分别在隶属海关通关现场和直属海关审单中心两个层级上进行,包括物流监控、报关单电子数据申报、集中审单、接单审核、征收税费、查验、放行等各项环节。

二、通关法律制度

通关法律制度(以下简称通关制度)是调整收发货人与海关之间通关行为与通关关系的法律规范的总称②。其调整对象主要是货物国际流动中海关与管理相对人之间发生的社会关系。

根据通关所发生的环节的不同,通关制度可以分为进口、出口、转口通关制度。根据通关制度调整的客体种类的不同,通关制度可以分为货物通关制度、物品通关制度与运输工具通关规则。其中,货物通关制度中,针对不同种类的货物会设计出不同种类的具体通关规则,包括一般进出口货物通关制度、报税加工货物通关制度、报税物流货物通关制度、特定减免税货物通关制度、暂时进出境货物通关制度以及其他进出境货物的通关制度等。

---

① 黄丙志(2013):《海关管理学概论》,上海:复旦大学出版社,第89页。
② 厉力(2013):《海关监管概论》,上海:复旦大学出版社,第57页。

第四节 海关通关环节与贸易便利化

一、海关通关环节

(一)海关通关流程

通关是一个涉及多环节、多部门、多种流程的复杂过程,包括海关和商检的查验、各种运输方式之间衔接、港口仓储企业的存储和海关监管、海事部门审批检查和安全监控等。提高港口通关效率需要港口企业、海关、国检以及多种相关服务企业密切配合和协同工作。主要环节如图10-2所示。

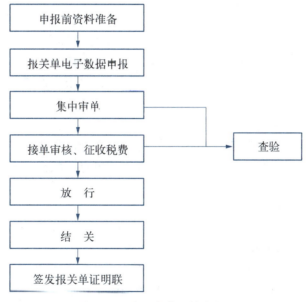

图10-2 中国海关通关流程图

1. 报关前资料准备。

(1)报关委托书。报关企业接受进出口货物收发货人的委托,以委托人的名义办理报关手续的,应当向海关提交由委托人签署的授权委托书,遵守海关法对委托人的各项规定。(2)各类许可证件。进口货物的收货人、出口货物的发货人应当向海关如实申报,交验进出口许可证件和有关单证。国家限制进出口的货物,没有进出口许可证件的,不予放行。如果需要电子底账数据的,还需要提前做好电子数据的备案工作,如出口核销单的电子底账数据的口岸备案。(3)各类商业单证。包括合同、发票、装箱单、信用证、提运单等。

2. 货物申报。

进出口货物可以由进出口货物收发货人自行办理报关纳税手续,也可以由进出口货物收发货人委托海关准予注册登记的报关企业办理报关纳税手续。按照《报关单填制规范》进行填制并通过电子口岸向海关如实申报。进口货物的收货人、受委托的报关企业应当自运输工具申报进境之日起十四日内向海关申报。进口转关应当自运输工具申报进境之日起十四日内,向进境地海关办理转关运输手续,有关货物应当自运抵指运地之日起十四日内向指运地海关申报。出口货物发货人、受委托的报关企业应当在货物运抵海关监管区后、装货的二十四小时以前向海关申报。

3. 集中审单。

(1) 电子审单。电子审单的工作重点是运用海关业务信息化系统,按照预先设定的报关单状态判断标准、逻辑检查标准、预定式布控、通道决策标准及其他控制条件,对进出口报关单电子数据的合法性和规范性进行综合审查,量化报关数据的风险值,并根据审核结果自动确定报关单电子数据的通道流向。根据通道流向的不同,对报关单电子数据进行相应的处理。(2) 专业化审单。专业化审单管理以商品分类为基础,依靠各相关职能部门提供的参数支持和自身的数据,实行专业化审核,确保海关对进出口货物的监管措施的落实和审单作业的规范和统一。

4. 接单审核、征收税费。

接单审核是指企业在报关单通过集中审单之后需要到现场海关递交相关资料并接受接单审核,现场海关主要对纸面单证和电子数据的一致性进行审核。征收税费是指接单之后,海关打印出税单,由企业到银行转账缴纳税费后,凭银行回单再到现场海关核注税费(或选择网上支付)。

5. 查验。

海关查验是根据各通关环节的审核情况,对风险较大的进出口货物以及 H2010 系统随机选择的货物进行的实物查验过程,主要检查报关单电子数据与纸面单证是否与实物一致。

6. 结关。

进口货物放行即结关。一般贸易出口货物的出口结关是指载运出口货物的运载工具实际离境,报关单电子数据被出口清洁舱单核注之后。

7. 报关单证明联签发管理。

进出口货物放行后,应将纸质报关单与相应的电子数据核对,并办理报关单交接、整理、保管手续,监督报关单证流转;办理进出口货物结关后,按规定签发进口付汇、出口收汇、出口退税报关单证明联。同时,根据要求向海关总署传输上报进出口货物报关单电子底账数据。

(二) 通关方式

通关环节的作业时间主要受两方面因素的影响:一是海关环节的作业时间,这是衡量海关平均作业时间的重要因素;另一是企业环节作业时间,企业不及时办理交接单手续,缴纳税费时间过长等都会影响日放行率统计,进而影响整体通关效率。现有通关方式如下:

1. 基本通关,是指依照《海关法》和其他法律、行政法规的规定,采用报关单电子数据和纸质报关单形式,向海关申请办理货物的进出境手续,海关审核报关单证、查验货物、征税、准予货物进口或出口的通关方式。

2. 区域通关,是指应用信息化手段,整合口岸和内地海关的管理资源,简化转关监管手续的通关模式。

3. 无纸化通关,是利用中国电子口岸及现代海关业务信息化系统功能,改变海关验核进出口企业递交书面报关单及随附单证办理通关手续的做法,直接对企业联网申报的进出口货物报关单电子数据进行无纸审核、验放处理的通关模式。

4. 特殊通关,是以全过程担保为基础,经海关审核批准的特定企业集中申报、便捷通关企业担保验放的通关模式。其适用范围包括:图书、报纸、期刊类出版物等时效性较强的货物;危险品或者鲜活、易腐、易失效等不宜长期保存的货物;公路口岸进出境的保税货物。海关特殊监管区域货物需要按照集中申报方式办理通关手续的,特殊监管区域集中申报适用范围不限于上述三类货物。

目前,根据收、发货人及海关监管的实际需要,对进出口货物设置的快速通关方式有三种[①]:

1. 跨关区快速通关。在直属海关之间采取快速转关方式的通关。进出口货物报关人在货物到港前向主管地海关提前申报报关单数据,海关办理提前集中审单、接单审核或征收税费手续,货物运抵监管场所后,由口岸海关办理进口货物的转关手续(或办理出口货物的核放手续)。

2. 隶属海关间快速分流。在同一直属海关关区内隶属海关之间采取快速转关方式的通关。进出口货物报关人向关区审单中心提前申报报关单数据,审单中心提前办理集中审单,主管地海关提前办理接单审核、征收税费手续,口岸海关快速分流,货物运抵主管地海关监管场所后快速验放。

3. 口岸海关快速验放。进出境运输工具负责人提前申报舱单数据,进出口货物报关人提前申报报关单数据,海关可提前办理集中审单、接单审核和征收税费手续,货物到港后办理验放手续。

二、贸易便利化

"贸易便利化"一词最早是在1923年国际联盟会议中被提及的。随着各国际组织对于贸易便利化问题的关注,其相关研究日益增多,世界贸易组织界定:贸易便利化是指简化和统一国际贸易程序。这里的贸易程序是指在提交、通报和处理国际贸易中的商品流动所需的数据时所涉及的活动、管理和手续。其通常涉及海关程序、国际运输、贸易保险和支付以及过境时必须履行的正式程序和手续。根据亚太经合组织(2002)的定义,贸易便利化一般是指使用新技术的其他措施,简化和协调与贸易有关的程序和行政障碍,降低成本,推动货物和服务更好地流通。

从贸易便利化的内容、形式、原则、目标等多个角度予以描述,但这些表述都立足于贸易自由化与国际商事利益,其中对贸易便利化对国内经济、文化、消费、环境等公共利益的保护有所忽略。本书的贸易便利化是指在国际货物贸易的框架下,为了实现全球商界利益与国内社会公益的平衡,对货物跨境流动的实体与程序性规则所作出的科学简化、现代化、协调化制度性安排的努力或其努力趋势。

贸易便利化的特征:(1)贸易便利化是一种努力或趋势,但既定目标的实现仍然需要

---

① 徐道文(2006):"深化海关通关改革促进口岸物流健康发展",《港口经济》第5期,第43—45页。

很长时间;(2)贸易便利化的利益取向具有复合性,即其并不是单纯考虑商界的利益,而是考虑商界利益与国内公益的平衡;(3)贸易便利化是贸易规则的科学简化,货物跨境流动规则的单纯简化并不能实现复合性的利益目标,因而需要科学简化。

(一)服务性海关的形成

海关是国家权力机关的组成部分,代表国家强制力,维护国家利益,如维护国家的税收主权,确保国家的财政收入。

在利益多元的社会中,海关从过去单纯的国家行政机关、国家利益的代表角色中转换出来,成为社会利益的代言人。在国家、社会与个人三元主体下,国家利益和私人利益以外还存在一种相对独立的利益,即社会利益。虽然"社会"是最大的共同体,但社会利益的主体具有不特定性、抽象性和广泛性。社会利益既没有国际利益那样明确的法律地位,也没有私人利益那样明确的受益主体,其法律地位在三种利益中是最弱的。因此,承担这一责任的必然选择就是政府。在进出境环节中,在反不正当竞争、实现通关的便利方面,海关来承担这一责任也是社会利益主体唯一的选择。海关虽作为政府机关,但并不排斥其作为社会利益维护者的身份。

(二)通关制度中贸易便利化目标的形成

在通关法律关系中,由于海关身份的双重性,形成了海关与贸易界利益的同向性,海关与商界间关系的转变成为必要。海关在通关法律关系中代表着国家与社会的双重利益,是负责通关安全监管与便利服务的双重主体,其与提供担保的商界的关系从原来的监管与被监管转变成有着共同利益追求的伙伴关系。海关与商界在信用账户与评级的基础上相互信任,海关在较大的自由裁量幅度下,以自我的需要出发,主动地给予便利,积极服务。

与此种利益追求与身份定位相适应,海关增加了简化通关、便利通关、提前通关等多种服务措施,并增加了辅助性服务行为。此外,随着各国经济竞争的加剧,各国的通关制度在保证贸易安全的基础上,日益重视国内商界在国际市场的竞争力。各国支持国际竞争的政策在通关制度方面的表现就是贸易便利化政策,以减少国内商界在出口中各方面的负担。

(三)进口通关选择贸易便利化目标的利益驱动

如果说对出口贸易便利化的促进是为了保护国内社会的经济利益,给国内社会与人民带来福利,那么,进口贸易为什么要实施通关贸易便利化呢?

第一,选择贸易便利化目标的国内利益驱动——国际平等竞争待遇的获得。进口贸易可以使国家获得其所需要的资源,满足国内社会的物质需求。对这些国家需求型产品提供贸易便利,可以提升国内相关利益。在现代国际贸易中,双边最惠国待遇与国民待遇的获得一般是有条件的。在加入关贸总协定、世界贸易组织多边贸易体制后为了使本国产品与商界在他国的市场上获得非歧视的贸易待遇,一国必须给予他国的国民与产品贸易的便利。否则,就会使本国商界与产品在国际商场上处于不利地位。这也是一种出于为本国增加国内社会福利的考虑而给予的贸易便利,这种目标选择是被动的。

第二,选择贸易便利化目标的国际利益驱动。贸易主体对于统一、高效的贸易环境的追求是与生俱来的。这种特性不是因为法律的赋予或认可才被商人具有,也不会因为法律的否定或剥夺而被商人抛弃。这种特性在国际贸易发展的早期阶段有着非常明显的表现。在中世纪或者更早,国际贸易的发展很少受到国家干预。在国际贸易规则被国内化之前,形成了具有国际性的中世纪商人法。当时的商人法十分重视贸易效率。专门的商事法庭在解决贸易争议时程序公平,审理案件速度之快,就像把(商业)脚上的灰去掉一样。

现代国际贸易的发展受到国家强制性法律的限制与约束,但商人们从未放弃过对贸易统一与效率的追求。这种商人的特性在国际贸易通关方面的表现,就体现在贸易便利化过程中。通关制度的立法在国内利益的驱动与国际商界共同的追求下,其对进口与出口环节贸易便利化目标的追求是不可放弃的。主要参见表10-6。

表10-6 欧盟、美国和中国海关贸易便利化形式比较

主体	形　　式	主　要　表　现
欧盟	欧盟贸易便利化建设与其一体化进程一样呈现出内外有别。除了因为其对内零关税、对外适用统一关税的关税同盟外,还有其境内70多个自由贸易区,从而形成类似我国上海自贸区与其他境内区外在贸易便利化方面存在差异的局面。欧盟贸易便利化水平可通过《共同体海关法典》和《现代化海关法典》,对自贸区有关便利化措施的规定而体现。	第一,电子海关系统建设。根据海关法典及无纸化环境决定等要求,海关、贸易经营者和其他行政机构的信息传递都应当是电子数据的形式,并在统一标准的系统中进行,以此便利经营者。第二,AEO(经认证的经营者)制度,在欧盟是从贸易安全与便利视角出现的,意在建立海关与企业伙伴关系。第三,层次性报关制度。在入境报关问题上,根据货物是否来自同体境内,将其分为共同体货物或非共同体货物,从而选择层次性的报关模式。
美国	美国对外贸易区是指在美国进口口岸内或毗邻地区设立的一片对于外国货物免于海关进口手续和关税缴纳,在不导致货物税则发生改变的前提下,可进行储存、展示、分级、清洁、混合、销毁、批发、加工、制造等处理,但又严格实行"境内关外"标准的地理区域。作为自由贸易区发展水平最高的国家,除自贸区的数量较大、管理先进、税收政策有效外,其还拥有多样的便利化措施。	第一,便捷的通关制度。美国对外贸易区通关便利化制度涉及直接通关程序、周报关制度两大物流政策。第二,系统的货物地位分类制度。分为特惠外国地位、非特惠外国地位、国内地位、对外贸易区受限地位。第三,库存控制和簿记制度。有关货物信息记录并允许FTZ经营人向海关关长提交包含货物明细账目及变动、短溢情况、报关信息等相关方面事项,用于对FTZ货物进行监督管理活动的操作系统。
中国	贸易便利化建设是我国参与国际贸易链无法避免的重要环节。我国贸易便利化建设水平高低决定未来我国进出口贸易发展的成败。上海自贸区的设立将促成我国贸易便利化在观念、态度化及实际成果等方面显著差异局面的形成。按照贸易便利化发展每一阶段呈现的特性来看,我国贸易便利化发展经过3个时期,分别是WTO下初始时期、区域协定体系下主动时期和特殊监管区域独特时期。	(1) 外贸管理体制变革。如2004年经营权由之前的审批制改为备案登记制。 (2) 贸易法规建设。出台新的《对外贸易法》。 (3) 海关建设。包含建立公共数据系统和实行"大通关"模式。 (4) 标准化建设。行业标准涵盖基础、方法、安全、卫生、环保、产品、管理等各个领域。 (5) 外来人员流动。通过受理外国人员申请,发放多次入境签证、商务旅行卡、定期免签及增设专用过关通道等形式。

资料来源:作者整理。

第五节　海关统计项目的主要内容[1]

1. 一般贸易货物，是指我国境内有进出口经营权的企业单边进口供加工内销产品的料件，外商投资企业用国产材料加工成品出口或自行收购产品出口，宾馆饭店进口的餐饮食品，供应外籍船舶或飞机的国产燃料、物料及零配件，境外劳务合作项目中以对方实物产品抵偿我国劳务人员工资所进口的货物（如钢材、木材、化肥、海产品），我国境内企业在境外投资以实物投资部分带出的设备、物资等，均按一般贸易统计。

2. 国家间、国际组织无偿援助和赠送的物资，是指我国政府与其他国家政府或国际组织根据协议或临时决定，对外提供的无偿援助物资、捐赠品或我国政府、国内组织基于友好关系向对方国家政府、国内组织赠送的物资，以及我国政府、国内组织接受外国政府、国际组织或国外组织无偿援助、捐赠或赠送的物资。这类物资的赠予和接受一般是通过我国政府、组织或红十字会等机构实现。

3. 进出口捐赠物资，是指境外捐赠人（外国政府和国际组织除外）以扶贫、慈善、救灾为目的向我国境内捐赠的直接用于扶贫、救灾、兴办公益福利事业的物资。我国境内捐赠人以扶贫、慈善、救灾为目的向境外捐赠的直接用于扶贫、救灾、兴办公益福利事业的物资。

4. 补偿贸易，是指由境外厂商提供或者利用境外出口信贷进口生产技术或设备，由我方进行生产，以返销其产品的方式分期偿还对方技术、设备价款或贷款本息的交易形式。如经批准，也可以使用该企业（包括企业联合体）生产的其他产品返销对方，进行间接补偿。

5. 来料加工装配贸易，是指由外商提供全部或部分原材料、辅料、零部件、元器件、配套件和包装物料，必要时提供设备，由我方按对方的要求进行加工装配，成品交由对方销售，我方收取工缴费，对方提供的作价设备价款，我方用工缴费偿还的交易形式。

6. 进料加工贸易，是指我方用外汇购买进口的原料、材料、辅料、元器件、零部件、配套件和包装物料，加工成成品和半成品后再外销出口的贸易形式。

7. 寄售、代销贸易，是指寄售人把货物运交事先约定的代销人，由代销人按照事先约定或根据寄售代销的协议规定的条件，在当地市场代为销售，所得价款扣除代销人的佣金和其他费用后，按照协议规定方式将余款付给寄售人的贸易形式。寄售人与代销人之间不是买卖关系，而是委托关系，代销人对货物没有所有权。

8. 边境小额贸易，是指我国沿陆地边境线经国家批准对外开放的边境县（旗）、边境城市辖区内（以下简称边境地区）经批准有边境小额贸易经营权的企业，通过国家指定的陆地口岸，与毗邻国家边境地区的企业或其他贸易机构之间进行的贸易活动，包括易货贸易、现汇贸易等各类贸易形式。

9. 加工贸易进口设备，是指来料加工和进料加工贸易项下对方作价或不作价提供进

---

[1] 海关总署综合统计司编写(2013)：《海关统计实务手册》，中国海关出版社。

口的机械设备。

10. 对外承包工程出口货物,是指经商务部批准有对外承包工程经营权的公司为承包国外建设工程项目和开展劳务合作等对外合作项目而出口的设备、物资,但不包括边境地区经商务部批准有对外经济技术合作经营权的企业与我国毗邻国家开展承包工程和劳务合作项下出口的工程设备、物资。

11. 租赁贸易,是指承办租赁业务的企业与外商签订国际租赁贸易合同,租赁进出口货物的期限为1年及以上的贸易形式。

12. 外商投资企业作为投资进口的设备、物品,是指外商投资企业以投资总额内的资金所进口的机器设备、零部件和其他物料,以及根据国家规定进口本企业自用合理数量的交通工具、生产用车辆和办公用品。

13. 出料加工贸易,是指将我国境内原辅料、零部件、元器件或半成品运至境外加工或装配,成品复运进口,我方支付工缴费的交易形式,不包括带料加工出口。

14. 易货贸易,是指不通过货币媒介而直接用出口货物交换进口货物的贸易形式。

15. 免税外汇商品,是指由经批准的经营单位进口,销售专供入境的我国特定出国人员和驻华外交人员的免税外汇商品。

16. 保税仓库进出境货物,是指从境外直接存入保税仓库的货物和从出口监管仓库运出境的货物。它包括从境外进口供出口加工区内企业加工的仓储货物,但不包括保税区的仓储、转口货物。

17. 保税区仓储转口货物,是指从境外存入保税区的仓储、转口货物和从保税区运出境的仓储、转口货物。

18. 出口加工区进口设备,是指出口加工区企业从境外进口用于区内加工生产所需的机器设备和工模具、区内建设所需的基建物资,以及区内企业和行政管理机构自用合理数量的办公用品等。

19. 其他贸易,是指除有进出口经营权的我国各类企业以外的单位进出口货物。

第六节 海关统计数据常用功能

一、我国海关统计数据

统计工作的基础就是数据,海关统计也不例外。从对数据的采集、整理、汇总等一系列流程来看,统计工作的中心就是对数据的真实性、准确性、完整性、及时性负责。对数据的合理分类不仅可以简化在统计分析工作中对问题的理解,还便于检验数据的准确性,使用数据间的逻辑关系可以达到相互检验、甚至发现问题的目的。目前,海关统计的数据被分为两类:贸易统计数据与业务统计数据。对于两类数据的交互使用就成为海关统计发现进出口环节、自身监管环节问题的基本手段。

海关统计数据来源于海关统计的原始资料,根据《海关统计实务手册》(2009年版),海关统计的原始资料主要由《中华人民共和国进口货物报关单》《中华人民共和国出口货物报关单》《中华人民共和国保税区进境货物备案清单》《中华人民共和国保税区出境货物备案清单》《中华人民共和国出口加工区进境货物备案清单》《中华人民共和国出口加工区出境货物备案清单》《中华人民共和国保税港区进境货物备案清单》《中华人民共和国保税港区出境货物备案清单》(以上均包括电子数据)以及经海关核发的其他申报随附单证等。

表 10-7 中的通关管理参数由业务代码参数、通关监控参数、风险布控参数、系统授权参数构成。海关利用计算机对统计数据的各项指标进行逻辑关系的合法性、合理性和可靠性进行核查,不断更新中间数据库数据,以确保统计数据的质量。

表 10-7 海关数据的构成

通关备案数据	申报数据	业务流数据
在业务信息化管理系统中设置的通关管理参数和对应各类审批注册的备案(底账)数据。	海关监管对象依法申报项目形成的数据,是海关对监管对象的直接记录。包括进出境运输工具、货物和物品的申报数目,以报关单数据为主。	海关在实际监管业务工作过程中记录监管操作及其处置结果的数据。如审单记录与查验记录。

资料来源:作者整理。

电子报关单是海关进出口数据的重要来源,包括进出口商品品名、商品编码、数量、重量、价格、经营单位、贸易方式、征免性质等重要信息。表 10-8 列出电子报关单的调取样本,以作说明。

表 10-8 报关单详细情况:样例

海关编号		申报号			备案号		申报口岸	
申报单位						申报日期	进口口岸	
经营单位						进口日期	启运国	
收货单位						货主地区	装运港	
许可证号		运输方式		监管方式			成交方式	件数
结汇证号		运输工具		征免性质			运费率	毛重
合同号		航次		征税比例			保费率	净重
随附单证		提单		集装箱数			杂费率	包装种类
监管仓号		关联报关单			关联备案		备注	

续 表

商品序号	商品编号	合同项序号	商品名称	申报数量	成交总价	成交方式	规格型号	
商品编号		商品名称					规格型号	
申报数量		申报单价		申报单价			申报总价	币制
法定数量		法定单位		海关单价			海关总价	用途
第二数量		第二单位		备案序号	版本号		原产地	征免

报关单数据的特点有：(1) 数据量大。我国的对外贸易方式日趋多元化，对外贸易量不断增多。根据世贸组织统计，2001 年，我国对外贸易进出口总值为 5 097.7 亿美元，排名世界第六；2008 年，尽管遭受全球金融危机以及我国"甲型 H1N1 流感"等不利影响，对外贸易总额占世界货物贸易总额的比重达 8%，排名仍居世界第三，仅次于美国和德国；2014 年，我国对外贸易总额达 4.16 万亿美元，跃居全球第一。随着中国对外贸易额的迅速增长，海量的数据涌入海关统计数据信息库，使得对于这些数据的处理和分析变得越来越重要。(2) 数据类型多。整数、实数、日期、字符型数据等。例如，"运输方式"就是有特殊意义的离散型数据，其数字、字母对应意义如下表 10-9 所示。(3) 逻辑关联性强。数据与数据之间具有很强的逻辑关联性。简单的逻辑关系，例如表头净重一定是小于毛重的；单价乘以数量等于总价；第一数量和第二数量之比应该在一定范围以内等。复杂的逻辑关系会由统计司相关信息维护部门以表格的形式公布。

表 10-9 运输方式统计代码表

统计代码	运输方式名称	说 明
2	水路运输	跨境运输方式
3	铁路运输	同上
4	公路运输	同上
5	航空运输	同上
6	邮件运输	同上
9	其他运输	
0	非保税区	单项统计运输方式，境内使用
1	监管仓库	同上

续 表

统计代码	运输方式名称	说　明
7	保税区	单项统计运输方式,境内使用
8	保税仓库	同上
W	物流中心	同上
X	物流园区	同上
Z	出口加工区	同上
Y	保税港区	同上
H	边境特殊海关作业区	同上

资料来源：作者整理。

二、海关统计工作内容

海关统计工作[1]的4个工作过程是循序渐进、环环紧扣的。从研究对外经济贸易货物实际进出口的内在规律出发,设计海关统计指标与海关统计指标体系,这就是海关统计设计;根据海关统计设计的指标进行海关统计指标资料的收集,这就是海关统计调查;收集好资料后,要对大量纷繁的海关统计指标资料进行条理化、系统化,这就是海关统计整理;对整理好的资料用科学的方法去粗取精,去伪存真,发现对外经济贸易货物的实际进出口的内在规律,这就是海关统计分析。具体见表10-10。

表10-10　海关统计工作内容

海关统计设计	根据海关统计研究的目的,对海关统计工作进行全盘考虑,设计海关统计指标与海关统计指标体系,以保障海关统计工作的有序进行。
海关统计调查	根据海关统计设计的内容与要求,收集对外经济贸易货物实际进出口的准确的数据资料。
海关统计整理	根据海关统计研究的目的,将海关统计调查所得的原始资料用科学的方法进行加工整理,使之条理化和系统化,为海关分析做好准备。
海关统计分析	根据海关统计研究任务的要求,应用统计的、数字的分析方法对对外经济贸易活动的数量关系进行考察研究,揭示对外经济贸易活动的内在规律,为指导对外经济贸易活动提供依据。

三、海关统计数据的常用功能

1. 揭示对外贸易活动发生和发展的内在规律。对外贸易是我国国民经济的重要组成部分。它既受国内市场的影响,又受国际市场的制约,既受国际国内原材料价格波动的左右,也受消费市场大小的限制。它每天都在不断地变化,不断地出现新的情况、新的问题。

---

[1] 钱锦(2011):《海关统计》,北京:中国海关出版社,第55页。

但无论它有多么复杂,其自身的发生、发展变化是有规律可循的。通过对统计数据的分析,能够对外贸的一切活动去粗取精、去伪存真,透过现象看清本质,从而找到最适合我国对外贸易活动的捷径和方法。

2. 为各级决策部门及各经济主体制定对外贸易政策与战略提供全方位的信息与咨询服务。制定对外贸易的各项方针、政策、战略与计划,是各级决策部门及各经济主体最为重要的一项前期工作。要做好这些工作,信息与咨询服务,特别是经过分析以后准确的全方位的信息与高质量咨询服务,是各级决策部门及各经济主体最为迫切需要的。海关统计数据分析承担了这项无以代替的工作。

3. 为各级决策部门及各经济主体对外贸易政策的执行情况及对外贸易活动的各个环节进行有效的监督检查。海关统计监督是海关统计分析的核心职能。海关统计监督是指通过海关统计分析,对国家各级决策部门及各经济主体制定的各项对外贸易方针、政策、战略与计划,从宏观与微观的角度实行全方位的跟踪、督促与检查,及时发现问题,并提出最适时的解决问题的思路与方法。海关执法评估系统是目前实施海关统计监督的最科学的一种方法。其基本原理是:利用海关统计数据,开展海关统计分析,对海关执法的全过程实施动态风险管理,以达到对海关执法评估的综合评估。

本 章 小 结

海关是指依据本国(或地区)的法律、行政法规行使进出口监督管理职权的国家行政机关,是对出入国境的一切商品和物品进行监督、检查并照章征收关税的国家机关。对比我国与美国、日本的海关制度,发现存在着很大的不同,我国海关组织下属国务院,而美国和日本海关下属财政部。

世界海关组织的宗旨是:研究有关关税合作问题,审议征税技术及其经济因素以统一关税,简化海关手续,确保对其他两个公约的统一解释和应用。监督各国的执行情况,负责调解纠纷,并向成员国提供有关关税、条例和手续方面的情报和咨询。

关税政策是一国政府在一定时期内为运用关税达到其特定经济、政治目的而采用的行为准则,是国家经济、政治及社会政策在对外贸易活动中的具体体现。中国和日本在关税演变上具有很大的相似性,两国的关税都经历了先升高后降低的过程。

中国海关主要承担4项基本任务:监管进出境运输工具、货物、物品;征收关税和其他税、费;查缉走私;编制海关统计和办理其他海关业务。根据这些任务,海关主要履行通关监管、税收征管、加工贸易和保税监管、海关统计、海关稽查、打击走私、口岸管理等7项职责。中国政府于1983年7月18日加入WCO,成为海关合作理事会的成员国。

1995年WTO成立后,主要发达成员在谋求新的关税减让、信息技术产品协议达成上,使得成员国的关税水平进一步降低。世界各国关税水平的下降使得关税的作用发生变化,即关税的保护作用不断弱化,其调节作用不断在加强,关税的直接财政作用在减弱,其间接的财政作用在增强。

海关通关是指货物、物品和运输工具从进入关境或申报出境到办结海关手续的过程中,收发货人与海关间为了执行海关制度而产生的全部行为的总和。

通关作业是通关管理的实体,包括货物、运输工具、物品进口或出口的海关作业全部环节。通关作业分别在隶属海关通关现场和直属海关审单中心两个层级上进行,包括物流监控、报关单电子数据申报、集中审单、接单审核、征收税费、查验、放行等各项环节。

通关包括海关和商检的查验、各种运输方式之间的衔接、港口仓储企业的存储和海关的监管、海事部门的审批检查和安全监控等。现有通关方式有基本通关、区域通关、无纸化通关、特殊通关。在通关法律关系中,由于海关身份的双重性,形成了海关与贸易界利益的同向性,海关增加了简化通关、便利通关、提前通关等多种服务措施。

贸易便利化是指简化和统一国际贸易程序,其通常涉及海关程序、国际运输、贸易保险和支付以及过境时必须履行的正式程序和手续。贸易便利化是一种努力或趋势,但既定目标的实现仍然需要很长时间;贸易便利化的利益取向具有复合性,考虑商界利益与国内公益的平衡;贸易便利化是贸易规则的科学简化。

海关统计数据的主要功能是揭示对外贸易活动发生和发展的内在规律;为各级决策部门及各经济主体制定对外贸易政策与战略提供全方位的信息与咨询服务;为各级决策部门及各经济主体对外贸易政策的执行情况及对外贸易活动的各个环节进行有效的监督检查。

重 要 概 念

海关　　通关　　通关管理　　通关作业　　通关法律制度　　通关方式　　贸易便利化

习题与思考题

1. 简述世界海关组织与中国海关的演进。
2. 试分析世贸组织成立以来中外关税的演变。
3. 简述海关通关制度的主要内容。
4. 海关通关环节有哪些流程?
5. 进出口通关方式主要有哪些形式?
6. 贸易便利化的特征有哪些?
7. 对于进口贸易为什么要实施通关贸易便利化?
8. 简述海关统计工作的主要内容。
9. 试比较美国、欧盟和日本的关税制度与中国关税制度的异同。
10. 试比较欧盟、美国和中国海关贸易便利化形式的异同。
11. 简述海关统计项目的主要内容。
12. 试述海关统计数据的主要功能。

案例分析

企业商品归类错误涉嫌走私案

一、案件背景

2008年3月,厦门市某公司(以下称A公司)经中间商介绍,从马来西亚(以下称B公司)进口一批苯乙烯聚合物制品并委托某报关行代理进口。A企业如实向报关行提供了货物资料,并告知以前进口的几批苯乙烯聚合物制品均是以"苯乙烯"品名来申报进口的。报关行无法在HS编码目录中找到"苯乙烯聚合物制品"相应的海关编码,认为苯乙烯聚合物主要是用于合成橡胶和塑料等单体,于是就用公司苯乙烯类化工制品的批文代理进口。报关行实际申报时,申报商品编码2902500000,申报数量10 000千克,申报价格8 000美金。2008年5月20日,B公司出口10吨聚乙烯聚合物到厦门某码头,海关查验时发现货物外观形态、颜色等与报关单上申报的名称不相符,于是抽取样品进行检验。经海关送样化验,该批申报品名为"聚乙烯"的产品,实际应归入商品编码3915200000。据此,厦门海关缉私分局认为A公司故意伪报商品编码,涉嫌走私普通货物商品罪。经了解,A公司并不明确知道聚乙烯聚合物碎料的商品编码,只是凭经验报关,也并不知道其涉及进口税和进口许可证。

在A、B公司的要求下,厦门海关同意在B公司缴纳10万元保证金的情况下,一方面先放行货物,另一方面A公司必须同时申请缴税流程(详见附图1、附图2和附图3),及时补缴30%的进口关税和17%的增值税。但后来海关在大批量验货时发现该批货物呈固体状,与苯乙烯的无色透明油状液体差异很大,怀疑是国家限制进口的"苯乙烯聚合物的废碎料及下脚料"。8月,厦门出入境检验检疫局评定货物属国家限制进口的固体废物。于是,海关要求A企业提交环保部门签发的进口许可证。A企业无法提供该类证明,B公司看到货物可能被没收,要求A公司退运货物,无奈下A公司就提交了退运申请,要求船务公司办理退运手续。相关证据及A、B公司的行为表明有伪报走私的嫌疑,2008年10月,缉私局对涉案人员进行刑事拘留,同年11月逮捕并立案取证、调查。福建省公诉机关向法院提起公诉,指控A、B公司及相关涉案人员犯走私废物罪。A、B公司及相关涉案人员则提供证据称从未逃避过海关监管,也没有走私故意,恳请法庭作出无罪判决。

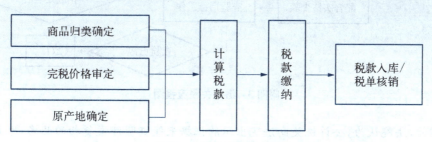

附图1 关税计算示意图

在案件审理过程中,公诉机关向法院详细阐述了 A、B 企业的订购、船运和通关过程,并提交了中国检验有限公司装运前检验合格证书、进口关税缴纳证明、苯乙烯类化工制品批文、退运申请等资料。经查证,这些资料虽然都是真实合法的复印件,但对本案无实质性意义,不符合法律要求,尤其是检验合格证书中并没有明确进口废物原料的物理形态、组分构成等量化等。因此,该检验证书作为鉴定结论的依据和理由不充分,以上证据法院不予采信。并且,法院无法确认鉴定报告中的货物就是指向涉案货物,难以认定被告人有走私的主观故意。

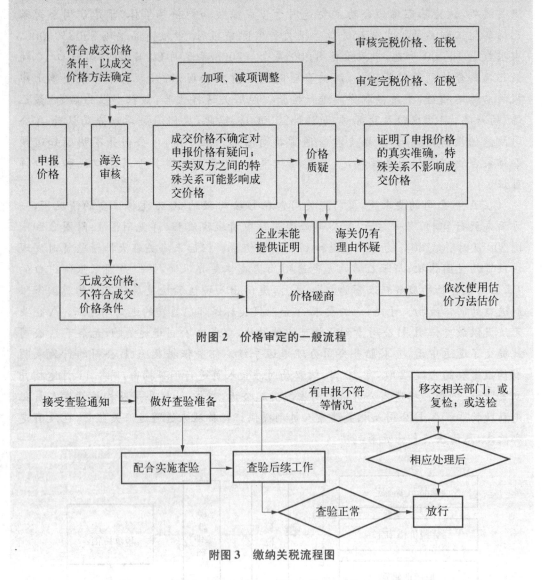

附图 2　价格审定的一般流程

附图 3　缴纳关税流程图

因此,法院认为,公诉机关向法院出示的证据未能证明涉案货物的品名,也无法充分认定被告人有故意伪报品名、逃避海关监管,走私废物的主观故意的证据不足。最终,法院综合评判公诉机关指控的罪名不成立。

二、该企业涉嫌走私的原因

产生走私的原因很多,有走私分子在追求利益最大化下不惜违反外贸管制、逃避海关监管进行走私,也有对国家相关法律法规缺乏正确认识与了解,或因业务不熟出现的错报、误报等,或者被不法商人、居心叵测之人利用、陷害所致等[①]。因此,对于走私案例要认真分析具体原因,才能吸取教训、总结经验,避免此类案件的发生。下面就本案例产生的具体原因作如下分析。

(一)企业不熟悉HS商品编码和商品归类制度

在企业的进出口商品报关业务中,商品归类是一项技术性、专业性极强的工作,要做到每一种商品都准确归类,难度非常大[②]。商品编码的不同往往会影响到进出口货物应征关税税率的高低,甚至会出现申报此税号征税,申报彼税号就不征税的现象。由于现行的海关法律法规对申报不实并没有给出明确的定义,导致实践中经常出现对当事人申报的HS编码与海关认定的不一致的处理结果,有时会大相径庭:有的以"归类差错",作补税处理;有的以"申报不实"进行行政处罚;有的甚至被认定为走私,涉嫌走私犯罪。由此,商品归类是进出口企业报关业务中违规风险极高的一个环节。本案例发生的主要原因在于对商品编码协调制度(HS)和商品知识的不熟悉。A公司在对商品的成分、性质、规格等特征并不十分了解的情况下,甚至不知是否属于国家限制进口的商品,在利益驱使下就与B公司贸然签订进口合同。报关公司对商品错误归类后向海关进行申报,属于伪报行为,违反了《海关法》的相关规定,最终导致海关以伪报性质的走私案提起诉讼。

(二)企业不了解海关监管法律法规

根据当事人主观过错及行为的违法程度的不同,一般对当事人申报HS编码错误可以分为申报错误、申报不实以及伪报走私三类。第一,申报错误。申报错误分为两种情况:一是由于笔误或失误造成的填写错误;二是申报商品归类与海关最终认定不一致,也就是通常的归类差错。如果当事人主观上不存在走私的故意这种申报错误只是一般性的申报差错行为。第二,申报不实。申报不实是指当事人的申报错误已经构成了违反海关监管规定,但并不具有走私故意的行为。根据《海关行政处罚实施条例》第十五条的规定,对进出口货物的品名、税则号列、数量、规格、价格、贸易方式、原产地等反映出口情况的重要信息的申报内容与货物的实际情况不符的,影响了海关的监管秩序、税款征收、海关贸易统计,海关将对当事人予以行政处罚。第三,伪报走私。伪报走私的行为,根据其偷逃税款的数额不同,分为构成走私行为或走私犯罪。当事人向海关申报的货物信息与货物实际状况不符,且其主观上存在走私故意,如果这种行为尚未达到《刑法》规定的走私刑事案件立案标准(个人偷逃税款不足5万元,单位偷逃税款不足25万元),则构成走私行为。但是,如果这种行为达到《刑法》规定的走私

[①] 徐振增(2012):"透析企业进出口商品归类的法律风险",《企业经济》第3期。
[②] 王华强(2007):"协调制度与海关商品归类",《纺织导报》第7期。

刑事案件定罪标准,则涉嫌构成走私犯罪①。本案例中,A公司在不知进口货物是否属于自动进口类和限制进口类的固体废物时,就签订合同并随意归类。此举属于伪报性质,海关有权以"申报不实"扣留货物、处罚甚至以走私罪论处。从整个案例可以看出,当事人虽不是主观故意,但由于涉案企业和个人法制观念淡薄以及对国家有关走私的法律法规缺乏正确认识与了解,对走私进口的认识模糊不清,才导致本案的发生。

（三）进口公司的退运申请增加了走私的嫌疑

《海关法》第八十二条、《海关行政处罚实施条例》第七条对走私行为做出了明确的规定。从违法性来看,走私行为是违反海关法律法规的行为。从行为人主观方面来看,走私行为必须是出于故意,并具有牟取非法经济利益或者逃避国家禁止、限制进出口规定的目的。在本案例中,B公司进口货物在向海关申报过程中经海关查验时出现问题,属国家限制进口货物,B公司并未积极配合提供相关证书证明,意识到货物可能会被没收。该公司(B公司)要求A公司申报退运手续,无奈下,A公司提交了退运申请,要求船务公司办理退运手续。进口公司的退运申请说明两个问题:第一,对走私进口的概念不太清楚,不了解走私的真正含义。第二,增加了走私嫌疑。B公司在利益驱使下,不顾维护国家安全和环境保护,仅想着如何保全货物,这种极端行为让海关不得不怀疑A、B公司有走私的嫌疑。虽然本案例中被告人并没有侵害的主观故意,但是该退运行为却确实增加了走私的嫌疑。

三、在归类实践中企业可以采取的防范、抗辩与救济方式

（一）防范:充分利用预归类

目前,进出口商品预归类存在海关预归类和社会化预归类两种基本形式②。依据《归类管理规定》第十五条的规定,海关预归类是指企业可以在货物实际进出口的45日前,向直属海关申请就其拟进出口的货物预先进行的商品归类。企业对拟进出口商品编码把握不准,可向进出口关区直属海关申请预归类。商品预归类并非企业的法定强制义务,而是可自主选择的制度途径。因此,当企业申报不一致时,海关不能仅以企业未申请预归类为由认定企业具有过错。

社会化预归类是指由报关企业接受进出口货物经营单位委托,按照《归类管理规定》,对其拟进出口的货物预先确定商品归类,并出具《进出口商品预归类意见书》的活动。海关总署联合商务部及报关协会于2007年推出了这种预归类服务社会化模式,同年在天津、青岛、宁波、厦门、南京、大连、上海、广州、深圳、拱北、黄埔共11个关区进行试点。预归类服务便利了企业申请预归类,有利于商品归类困难的预先解决(见附表1)。

---

① 徐珊珊(2010):"贸易便利化视角下看商品归类中进出口商的'安全港'",载陈晖主编:《海关法评论》第1卷,法律出版社。
② 徐志浩(2013):《现行海关商品归类工作机制的弊端及完善》,华东政法大学硕士学位论文,第29—30页。

附表1 预归类、商品归类行政裁定以及商品归类决定的主要区别

类 别	启动人	内容性质	决 定 人	适用对象	适用范围
预归类	管理相对人	有明确规定	直属海关	申请人	所有做出预归类的直属海关关区
归类行政裁定	管理相对人	无明确规定	海关总署或其授权机构	所有管理相对人	关境内统一适用
归类决定	海关	有明确规定/无明确规定	海关总署或其授权机构	所有管理相对人	关境内统一适用

资料来源:作者自己整理。

(二)抗辩:归类差错而非申报不实

一旦企业出现申报不一致,可提出其行为属于归类差错而非申报不实的抗辩。此时,企业应注意以下两点:第一,所涉商品归类须存在技术困难;第二,避免出现前文所列典型的"申报不实"情形[①]。实践中,在同时满足以上两点的前提下,以下典型情形被认为企业已尽合理注意义务:

第一,在海关事先未对所涉商品做出过归类认定的情况下,企业以同一商品编码多次报关而海关通关放行的,前文实例即为此情形。不应认定为申报不实的理由在于:(1)海关作为商品归类部门,对企业的申报认可并通关放行,会使企业产生合理信赖并坚信先前的申报正确[②]。(2)货物已进入生产流通领域,海关推翻先前认可并追究企业申报责任的做法会对贸易稳定产生影响。(3)既然海关事先未对所涉商品归类作出认定,其后的认定不应对先前行为有追溯力,货物以错误税号通关,海关也有审核不严的责任。第二,企业采用了国内外其他企业所普遍申报的编码,且没有证明此编码为错误的公开记录。企业因归类困难而不得不参照国外企业的申报情况。此时,只要没有关于证明所申报编码为错误的公开记录或其他证据,应认定企业为寻求正确编码已尽了合理的注意义务。

(三)救济:充分利用各种申辩途径

企业应主动启动商品归类的行政复议。当海关审单部门审核报关单时认为企业申报不一致,企业应与之沟通磋商,可依《中华人民共和国海关行政复议办法》第九条的规定,单独就商品归类问题向其所属直属海关提起行政复议,由其直属海关进行归类。此外,《海关处罚条例》等法规还规定了企业在海关缉私局作出处罚决定前的陈述权和申辩权,处罚决定作出后的行政复议和行政诉讼等权利,企业应充分重视与利用。

[①] 蒋磊(2010):《论商品归类争议的产生及解决》,苏州大学硕士学位论文,第15—16页。
[②] 张丽霞、吴晨(2011):"进口企业价格欺瞒与海关监管——博弈均衡分析与经验描述",《华东经济管理》第6期,第158—160页。

四、案件启示

（一）当事双方签约前需明确对方资质，规定双方的责任义务

在国际贸易中，货物进出口买卖一般要经过磋商、订立、履约三个基本环节，签订合同的双方都必须具有签约资格。在签约时，要调查对方的资信情况，应该要求当事人相互提供有关法律文件，证明其合法资格。此外，签约时特别要注明一旦货物受到损失，双方需要承担的义务和责任。本案例中，A、B双方是经过中间商介绍认识的，A公司对于B公司的资信、经营能力、公司状况等并未作过认真调查了解，对B公司提供的货物成分、形态、性质等不了解，甚至不知该货物是属于国家限制性进口商品，就贸然与对方签约。尤其是，海关查验出问题时，B公司申请退运，给A公司带来很大的损失。

（二）企业应熟悉国家相关法律法规，维护国家安全和利益

在对外贸易实际操作业务中，企业应熟悉了解国家相关法律法规，根据现行的海关法律法规的规定，可以把违反海关监管法律法规的行为按照违法性质的不同，分为违反海关监管规定的行为、走私行为和走私犯罪三类。其一，违反海关监管规定的行为。只有不构成走私行为的违反海关法律法规的行为，才属于违反海关监管规定的行为。两者最大的区别就在于当事人是否有逃避海关监管以及偷逃税款的主观故意，有这种主观故意的行为构成走私行为。其二，走私行为。《海关法》第八十二条、《海关行政处罚实施条例》第七条对走私行为作出了明确的规定。走私行为必须是出于故意，并具有牟取非法经济利益或者逃避国家禁止、限制进出口规定的目的，任何过失都不可能构成走私行为。其三，走私犯罪。当走私行为符合《刑法》规定的走私犯罪的构成要件时，走私行为就转化为走私犯罪。反之，如果没有达到追究刑事责任的立案标准，则只构成走私行为，依法应对行为人予以行政处罚。本案中的A公司在不确认涉案商品的内在质量与外观形态时，随意以经验报关，由报关行进行归类，是申报不实的表现。在确认货物属于国家限制类进口商品后，因无法提供环保部门的进口许可证书，而不得不申请退运，最终给相关企业造成不可弥补的损失。

（三）企业应熟知商品编码协调制度，掌握商品归类方法

《商品名称及编码协调制度》，是指在原海关合作理事会商品分类目录和国际贸易标准分类目录的基础上，协调国际上多种商品分类目录而制定的一部多用途的国际贸易商品分类目录[①]。HS是一个完整、系统、准确的国际贸易商品分类体系。要了解商品编码协调制度方面的知识，掌握商品归类方法，才能根据海关税则归类方法和适用的税率等，对它进行相应的归类，报关时才能顺利通关。一旦出现报关错误，应积极配合海关进行纠正。

本案例中，报关行因为无法找到与涉案货物对应的商品名和编码，以经验向海关进行申报，这种商品品名归类上的错误，属于伪报行为，违反了《海关法》的相关规定。

---

① 臧华(2010)：《论海关商品归类与〈进出口税则〉列目的关系与调整》，复旦大学硕士论文。

第十一章

外汇交易和外汇风险管理

> **学习目标**
>
> 1. 了解即期外汇交易、外汇择期交易、外汇掉期交易、外汇会计风险,以及外汇经济风险。
> 2. 理解远期外汇交易与即期外汇交易的差异、外汇期货交易的特征与功能、外汇期权交易、外汇风险、外汇交易风险,以及涉外企业汇率风险防范的具体方法。
> 3. 掌握外汇交易的主要类型及其计算方法、外汇交易风险管理、外汇经济风险管理和外汇会计风险管理。
> 4. 学会分析不同外汇风险的管理,以及人民币汇率改革后中国企业如何防范汇率风险。

第一节 外汇交易的类型

据《中国货币政策执行报告》显示,2017年第二季度,人民币汇率双向浮动弹性明显增强。美元整体走弱,主要货币对美元多数升值,人民币兑美元汇率也有所升值。随着汇率形成机制的规则性、透明度和市场化水平不断提升,人民币兑美元双边汇率弹性进一步增强,双向浮动的特征更加显著,汇率预期总体平稳。2017年6月末,中国外汇交易中心/系统(CFETS)人民币汇率指数为93.29,较上年年末下跌1.62%。参考国际清算银行(BIS)货币篮子和特别提款权(SDR)货币篮子的人民币汇率指数分别为94.25和94.18,较上年年末分别下跌2.07%和下跌1.38%。根据BIS计算,上半年,人民币名义有效汇率贬值2.27%,实际有效汇率贬值3.32%;2005年人民币汇率形成机制改革以来至2017年6月末,人民币名义有效汇率升值34.26%,实际有效汇率升值42.24%。2005年人民币汇率形成机制改革以来至2017年6月末,人民币兑美元汇率累计升值22.17%[①]。这样,由于人民币汇率已呈现出显著的双向浮动变化和波动态势,因而培育建设和发展完善外汇

---

① 中国人民银行货币政策分析小组(2017):《中国货币政策执行报告2017年第二季度》,第9—10页。

市场上各种金融工具来降低外汇风险、保值增值外汇资产就成为内在的需求。具体地,外汇市场上主要外汇交易①的类型有:即期和远期外汇交易、择期和掉期外汇交易、外汇期货交易和外汇期权交易等。

一、即期和远期外汇交易

即期外汇交易(spot exchange transaction)又称现期交易或现汇交易,是指外汇买卖成交后,交易双方约定于当天或两个交易日内办理交割手续的一种交易行为。交割日为成交当天,称当日交割(value today);交割日为成交后第一个营业日,称翌日或明日交割(value tomorrow),交割日为成交后的第二个营业日,称即期交割或即交割(value spot)。个人外汇交易又称外汇宝,是指个人委托银行,参照国际外汇市场实时汇率,把一种外币买卖成另一种外币的交易行为。

即期外汇交易是外汇市场上最常用的一种交易方式。狭义的即期外汇交易是指成交后第二个营业日交割的外汇交易,目前大部分即期外汇买卖都采用这种方式。即期外汇交易的报价采用"双价"原则,即外汇银行报价时必须报出买入价和卖出价。在直接标价法下,较小的数值为银行买入外汇的汇率,较大的数值为银行卖出外汇的汇率;在间接标价法下则相反。

远期外汇交易(forward exchange transaction)又称期汇交易,是指买卖双方在外汇买卖成交后并不立即办理交割,而是预先签订合同,规定买卖外汇的数额、汇率和将来交割的时间,到规定的交割日期再按合同规定进行交割清算的外汇交易。远期外汇交易利用远期合同,创造与远期外汇流入相对应的外汇流出,可以消除外汇的时间风险和价值风险。在远期外汇交易中,买卖双方签订的合同被称为远期外汇合同,其构成要素主要有:第一,约定远期交割日。在远期外汇市场中,外汇买卖的交割日可以是在即期交割日(即成交第二个营业日)之后的任何一个商定的日期。远期外汇交易是有效的外汇市场中不可缺少的组成部分。最常见的远期外汇交易交割期限一般有1个月、2个月、3个月、6个月、12个月。远期外汇交易的作用是避险保值。第二,远期汇率。远期汇率的标价方法有两种:(1)直接标价法,即直接标出远期汇率的实际汇率;(2)间接标价法,即标出远期汇率与即期汇率的差额。这里有两种方式:一是升水、贴水和平价法,升水是指远期汇率高于即期汇率,远期差价为正;贴水是指远期汇率低于即期汇率,远期差价为负;平价表示两者相等,远期差价为零。二是点数法,银行报出的远期差价在实务中常用点数表示,每点(point)为万分之一,即 0.000 1。

在直接标价法下,升水时,远期汇率(F)等于即期汇率(S)加上升水值;贴水时,等于即期汇率减去贴水值。在间接标价法下,升水时,远期汇率等于即期汇率减去升水值;贴水时,等于即期汇率加上贴水值。一般来说,用 ρ 来表示远期汇率的升水或贴水,主要决定于两国之间的利率差。简单地说,利率高的货币,其远期汇率表现为贴水;利率低的货币,其远期汇率表现为升水。其计算公式为:远期升(贴)水=即期汇率×两地利率差×

---

① 外汇交易是一国货币与另一国货币进行交换。外汇市场没有具体地点,也没有中央交易所,而是通过银行、企业和个人之间的电子网络进行交易。

月数(即交易期限)/12。具体地,用公式可表示为:

直接标价法的升水:$F=S+\rho$　　直接标价法的贴水:$F=S-\rho$
间接标价法的升水:$F=S-\rho$　　间接标价法的贴水:$F=S+\rho$
远期升(贴)水:$\rho=S\times(i-i^*)\times$月数$/12$

在远期外汇交易中,外汇报价较为复杂。因为远期汇率不是已经交割或正在交割的现实汇率,它是人们在即期汇率的基础上对未来汇率变化的预测。由于汇率变动是经常性的,在商品贸易往来中,时间越长,由汇率变动所带来的风险也就越大,因此,进出口商预先买进或卖出期汇,以避免汇率变动的风险。

例如,某香港进口商向美国买进价值 100 万美元的商品,约定 3 个月后交付货款,如果买货时的汇率为 USD1=HKD 7.81,则该批货物买价为 781 万港元。但 3 个月后,美元升值,港元对美元的汇率为 USD=HKD 7.83,这批商品价款就上升为 783 万港元,进口商得多付出 2 万港元。为此,香港的进口商为避免遭受美元汇率变动的损失,在订立买卖合约时就向美国的银行买进这 3 个月的美元期汇,锁定 781 万港元的货款,以此避免美元汇率上升所承担的汇率风险。

远期外汇持有额就是外汇头寸(foreign exchange position)。进出口商为避免外汇风险而进行期汇交易,实质上就是把汇率变动的风险转嫁给外汇银行。这样,外汇银行处于汇率变动的风险之中。为此,外汇银行设法将它的外汇头寸予以平衡。在出现期汇头寸不平衡时,外汇银行应先买入或卖出同类同额现汇,再抛补这笔期汇。也就是说,用买卖同类同额的现汇来掩护这笔期汇头寸平衡前的外汇风险。银行在平衡期汇头寸时,还必须着眼于即期汇率的变动和即期汇率与远期汇率差额的大小。

远期外汇交易与即期外汇交易的根本区别在于交割日不同。凡是交割日在成交两个营业日以后的外汇交易,均属于远期外汇交易。

外汇市场成交持续活跃,人民币对外币挂牌币种增加。2016 年,银行间外汇市场共成交 16.97 万亿美元,同比增长 24.12%。其中,人民币外汇市场成交 16.85 万亿美元,同比增长 24.36%;外币对市场成交 1 159.44 亿美元,同比下降 3.55%。从产品结构来看,外汇即期成交 6.01 万亿美元,同比增长 21.76%;外汇衍生品成交 10.96 万亿美元,同比增长 25.45%。人民币直接兑换币种进一步丰富,年内推出了人民币对南非兰特、韩元、沙特里亚尔、阿联酋迪拉姆、加拿大元、匈牙利福林、丹麦克朗、波兰兹罗提、墨西哥比索、瑞典克朗、土耳其里拉和挪威克朗等币种直接交易[①]。

二、择期和掉期外汇交易

外汇择期交易是指由交易双方约定于未来某一段时期,依据交易当时所约定的币种、汇率及金额可随时进行交割的交易活动。外汇择期交易主要为一部分无法掌握确定的远期交割日的进出口商提供远期汇率锁定服务,以帮助他们控制汇率风险。与远期外汇买卖相比,外汇择期交易为客户提供了较大的灵活度。

---

① 中国人民银行金融稳定分析小组(2017):《中国金融稳定报告 2017》,中国金融出版社,第 68 页。

掉期交易(swap transaction)是指交易双方约定在未来某一时期相互交换某种资产的交易形式。掉期交易是当事人之间约定在未来某一期间内相互交换他们认为具有等价经济价值的现金流(cash flow)的交易。较为常见的是货币掉期交易和利率掉期交易。外汇掉期交易是指两种货币之间的交换交易，将币种相同，但交易方向相反、交割日不同的两笔或者以上的外汇交易结合起来进行的交易。在一般情况下，掉期交易是指两种货币资金的本金交换。利率掉期交易是指同种货币资金的不同种类利率之间的交换交易，一般不伴随本金的交换。

掉期交易与期货、期权交易一样，已成为国际金融机构规避汇率风险和利率风险的重要工具。外汇掉期交易常见的有：第一，即期对远期的掉期交易，是指买进或卖出某种即期外汇的同时，卖出或买进同种货币的远期外汇。第二，远期对远期的掉期交易，是指买进并卖出两笔同种货币不同交割期的远期外汇。该交易有两种方式：一是买进较短交割期的远期外汇(如30天)，卖出较长交割期的远期外汇(如90天)；二是买进期限较长的远期外汇，卖出期限较短的远期外汇。

例如，美国某银行在3个月后应向外支付100万英镑，同时在1个月后又将收到另一笔100万英镑的收入。如果2017年11月外汇市场上汇率有利，则该银行就可进行一笔远期对远期的掉期交易。设某天外汇市场汇率为：

即期汇率：1英镑＝1.310 6—1.311 5美元

1个月远期汇率：1英镑＝1.309 5—1.310 0美元

3个月远期汇率：1英镑＝1.306 5—1.307 6美元

这时候，该银行可作如下两种掉期交易：

第一，进行两次"即期对远期"的掉期交易。也就是，将3个月后应支付的英镑，先在远期市场上买入(期限3个月，汇率为1.307 6美元)，再在即期市场上将其卖出(汇率为1英镑＝1.310 6美元)。这样，每英镑可获益0.003美元。同时，将一个月后将要收到的英镑，先在远期市场上卖出(期限1个月，汇率为1.309 5美元)，并在即期市场上买入(汇率为1.311 5美元)。这样，每英镑须贴出0.002美元。两笔交易合计，100万英镑可获得净收益0.1万美元。

第二，直接进行远期对远期的掉期交易。也就是，买入3个月的远期英镑(汇率为1.307 6美元)，再卖出1个月期的远期英镑(汇率为1.309 5)，100万英镑可获得净收益0.19万美元。可见，这种交易比上一种交易更为有利。

据此，掉期交易的特征有：一是买与卖是有意识地同时进行的；二是买与卖的货币种类相同，金额相等；三是买卖交割期限是不相同的。

三、外汇期货交易

外汇期货交易(foreign exchange futures transaction)是指买卖双方在期货交易所成交后，按规定在合同约定的日期，按照约定的汇率交付某种特定标准数量外币的合约，即买卖双方签订的以约定的数量、价格和交割日进行外汇买卖的一种标准化的合约。合约现货外汇买卖是通过银行或外汇交易公司来进行的，而外汇期货买卖是在专门的期货市场进行的。

1972年5月,芝加哥商业交易所正式成立国际货币市场分部,推出了七种外汇期货合约,由此拉开了期货市场创新发展的序幕。1978年,纽约商品交易所也增加了外汇期货业务。1979年,纽约证券交易所宣布设立一个新的交易所来专门从事外币和金融期货。1981年2月,芝加哥商业交易所首次开设了欧洲美元期货交易。随后,澳大利亚、加拿大、荷兰、新加坡等国家和地区也开设了外汇期货交易市场。由此,外汇期货市场蓬勃发展起来。

外汇期货合约的金额是根据外币的种类来确定的,具体来说,每一个合约的金额分别是1 250万日元、62 500英镑、125 000欧元、125 000瑞士法郎,每张合约的价值约为10万美元。每种货币的每个合约的金额不能根据投资者的要求改变。投资者可以根据自己定金或保证金的多少,买卖几个或几十个合约。一般情况下,投资者利用1千美元的保证金就可以买卖一个合约。当外币上升或下降时,投资者的盈利与亏损是按合约的金额(即10万美元)来计算的。

外汇期货交易的特征:一是外汇期货交易是一种设计化的期货合约,表现在交易币种、合同金额和交割期限、交割日期等都是设计化的。在芝加哥的国际货币市场期货交易所开业时,只有美元、英镑、加拿大元、德国马克、日元、瑞士法郎、荷兰盾、墨西哥比索等八种货币。不同外汇期货合约的交易金额有特殊规定,例如,一份期货合同英镑为62 500、日元为1 250万、瑞士法郎为125 000、加拿大元为100 000、德国马克为125 000(现改为125 000欧元)。交割期限和交割日期固定化。交割期一般与日历月份相同,多为每年的3月份、6月份、9月份和12月份。二是外汇期货价格与现货价格相关。期货价格与现货价格变动的方向相同,变动幅度也大体一致,而且随着期货交割日的临近,期货合同所代表的汇率与现汇市场上的该种货币汇率日益缩小,在交割日两种汇率重合。三是外汇期货交易实行保证金制度。在外汇期货市场上,买卖双方在开立账户进行交易时,都必须缴纳一定数量的保证金。以确保买卖双方都能履行义务。保证金分为初始保证金和维持保证金。初始保证金是订立合同时必须缴存的,一般为合同价值的3%—10%,根据交易币种汇率的易变程度来确定。维持保证金指开立合同后,如果发生亏损,致使保证金的数额下降,直到客户必须补进保证金的最低限额。四是外汇期货交易实行每日清算制度。当每个营业日结束时,清算所要对每笔交易进行清算,盈利的一方可提取利润,亏损的一方则需补足头寸。

外汇期货交易的功能:一是套期保值,分为卖出套期保值和买入套期保值两种。就是利用期货市场和现货市场价格走势一致的规律,在期货市场和现汇市场上作币种相同、数量相等、方向相反的交易。不管汇率如何变动,利用期货市场上盈与亏和现货市场上亏与盈相补平,实现保值。卖出套期保值又称空头套期保值,即先在期货市场上卖出后再买进。买入套期保值又称多头套期保值,即先在期货市场上买入而后卖出。二是外汇投机。由于外汇期货交易实行保证金交易,投机者能用较小的资本做较大的外汇交易,体现以小博大的投机特点。期货市场的投机活动分为多头投机和空头投机两种。多头投机是指投机者预测某种货币汇率上升,先买后卖,将先前设立的多头地位了结,从中谋取盈利的行为。空头投机是预测某种货币汇率下跌,先卖后买,了结先前的空头地位,从中谋取盈利的行为。三是价格发现功能,由于外汇期货市场的透明度高和流动性强,因而成为更有效的价格发现制度。通过参与者各方有序地公开竞争和讨价还价,形成的汇率能比较真实地反映出外汇市场的供求状况。

外汇期货交易与远期外汇交易的异同:一是交易者不同。外汇期货交易,只要按规定缴纳保证金,任何投资者均可通过外汇期货经纪商从事交易,对委托人的限制不如远期外汇交易,因为在远期外汇交易中,参与者大多为专业化的证券交易商或与银行有良好业务关系的大厂商,没有从银行取得信用额度的个人投资者和中小企业极难有机会参与远期外汇交易。二是交易保证金。外汇期货交易双方均须缴纳保证金,并通过期货交易所逐日清算,逐日计算盈亏,而补交或退回多余的保证金。远期外汇交易是否缴纳保证金,视银行与客户的关系而定,通常不需要缴纳保证金,远期外汇交易盈亏要到合约到期日才结清。三是交易方式不同。外汇期货交易是在期货交易所公开喊价的方式进行的。交易双方互不接触,各自以清算所结算为中间人,承担信用风险。期货合约对交易货币品种、交割期、交易单位及价位变动均有限制。远期外汇交易是在场外交易的,交易以电话或传真方式,由买卖双方互为对手进行的,而且无币种限制,对于交易金额和到期日,均由买卖双方自由决定。

四、外汇期权交易

外汇期权交易(foreign exchange option transaction)是指交易双方在规定的期间、按约定的条件和汇率,就将来是否购买或出售某种外汇的选择权进行买卖的交易。外汇期权交易买卖的是外汇,即期权买方在向期权卖方支付一定数额的期权费后获得的一项权利,期权买方有权在未来的不定时间内按约定的汇率向权利的卖方买进或卖出约定数额的外币,同时,权利的买方也有权不执行上述买卖合约,损失的仅仅是期权费。

外汇期权交易是20世纪80年代初、中期的一种金融创新,是外汇风险管理的一种新方法。1982年,美国费城股票交易所(PHLX)成交了第一笔外汇期权合约。1982年12月,外汇期权交易在美国费城股票交易所首先进行,其后,芝加哥商品交易所、阿姆斯特丹的欧洲期权交易所和加拿大的蒙特利尔交易所、伦敦国际金融期货交易所等都先后开办了外汇期权交易业务。

外汇期权交易分为现汇期权交易和外汇期货期权交易。现汇期权交易(options on spot exchange)是指期权买方有权在期权到期日或以前以协定汇价购入一定数量的某种外汇现货,称为买进选择权(call option),或售出一定数量的某种外汇现货,称为卖出选择权(put option)。外汇期货期权交易是指期权买方有权在到期日或之前,以协定的汇价购入或售出一定数量的某种外汇期货。买方行使期货期权后的交割等同于外汇期货交割,与现汇期权不同的是,外汇期货期权的行使有效期均为美国式,即可以在到期日前的任何时候行使。经营外汇期货期权主要有芝加哥的国际货币市场和伦敦的国际金融期货交易所两家。

期权按行使权力的时限可分为两类:欧式期权和美式期权。欧式期权是指期权的买方只能在期权到期日前的第二个工作日,方能行使是否按约定的汇率买卖某种货币的权力;美式期权的灵活性较大,期权能够在期满日之前的任何时间执行,因而费用价格也高一些。

例如,有一位美国出口商,3个月后要收到一笔英镑货款,他能肯定英镑汇率会大幅度变动,但不能肯定英镑汇率的变动走势。若不在远期外汇市场卖出,他担心到交割时英镑汇率下跌而蒙受损失,使其出口利润降低,甚至变为亏损。若在远期外汇市场卖出,他又担心到交割时英镑汇率上升了,而丧失掉英镑升值带来的利润。所以,最好的选择是参与外汇期权交易,即买入外汇、卖出期权。这样,既能保障汇率下跌不受损失,又能获得汇率上升带来的利润,当然,要付出支付期权费的一点代价。

第二节 外汇风险及其类型

一、外汇风险界定

外汇风险(foreign exchange exposure)是指金融公司、企业、经济实体一定时期内在国际经济、贸易、金融的管理和营运活动中,因外汇市场变动引起的汇率变动,致使以外币计价的企业资产(债权、权益)与负债(债务、义务)上涨或者下降的可能性。外汇汇率受众多因素的影响,变幻莫测。客户进行外汇实盘交易,有可能获得利润,也有可能遭受损失。

二、外汇风险的类型

外汇风险(foreign exchange exposure)包括外汇交易风险、外汇会计风险或折算风险、外汇经济风险等。外汇风险是指企业在经营活动过程、结果和预期经营收益中,都存在着由于外汇汇率变化而引起的风险,在经营活动中的风险为外汇交易风险,在经营活动结果中的风险为外汇会计风险,在预期经营收益的风险为外汇经济风险。

外汇交易风险(foreign exchange transaction exposure)是指在约定以外币计价成交的交易过程中,由于结算时的汇率与交易发生时(即签订合同时)的汇率不同而引起收益或亏损的风险。外汇交易风险是未了结的债权债务在汇率变动后,进行外汇交割清算时出现的风险。这些债权债务在汇率变动前已发生,但在汇率变动后才清算。外汇交易风险是最常见的外汇风险,它存在于货币应收账款和应付账款中。汇率制度体系是外汇交易风险产生的直接原因,固定汇率体制将汇率风险给屏蔽了,而浮动汇率体制增加了未来货币走势的不确定性,扩大了汇率风险敞口。

外汇风险的基本要素包括货币兑换、时间和敞口头寸。承担外汇风险的外币资金通常被称为敞口或风险头寸。如果没有货币的兑换或交易,也就不存在汇率变化引起的外汇风险。同时,汇率和利率的变化总是与时间期限相对应,没有时间因素也就无外汇风险可言。外币与本币间的兑换,成为外汇交易风险产生的先决条件,而时间因素是外汇交易风险产生的催化剂。

外汇交易风险是指企业或个人在交割、清算对外债权债务时,因汇率变动而导致经济损失的可能性。自2005年7月"汇改"后,随着人民币汇率形成机制的逐步实现,人民币汇率波幅越来越大,外汇风险伴随着波动的汇率再度成为关注问题。1993年年底,中国人民银行开始允许国内银行开展面向个人的实盘外汇买卖业务。1994年8月,中国证监会等四部委联合发文,全面取缔外汇期货交易(保证金)。

外汇会计风险(foreign exchange accounting exposure)又称折算风险或转换风险,是指由于外汇汇率的变动而引起的企业资产负债表中某些外汇资金项目金额变动的可能性。根据主权原则,公司会计报表必须使用注册国货币作为记账货币,这就要求该国公司发生的外币收支、资产和负债等要根据会计准则,将其转换为本国货币表示,该过程即是折算。当公司将其以外币计量的资产负债、收入费用等折成以本币表示的有关项目时,汇率的变动很可能给公司造成账面损失,这种风险就是由货币转换带来的。会计风险是对过去的、已发生了的以外币计价交易因汇率变动而造成的资产或负债的变化。会计风险导致的汇兑损益仅为账面损益,并不涉及企业的现金流动,所以,在一般情况下,外汇会计风险并不作为企业外汇风险管理和控制的重点。

外汇经济风险(foreign exchange economic exposure)又称外汇经营风险,是指由于外汇汇率变动使企业在将来特定时期的收益发生变化的可能性。外汇经济风险是企业面临的外汇风险的一种类型,它是指意料之外的汇率变动引起企业未来一定期间内企业资产、收益或现金流量变化的一种潜在风险。汇率变动通过对企业生产成本、销售价格以及产销数量等的影响,使企业的最后收益发生变化。对于涉外企业来说,外汇经济风险是最为重要的外汇风险。

2015年2月10日上午9点半,人民币兑美元即期价开盘暴涨937基点,报6.151 0,让人十分诧异。十几分钟后,开盘价就被调整为6.249 5,回归正常。原来,做市商的交易员出现了乌龙指事件。与股市的"乌龙指"不同,外汇市场的这笔错单,只涉及交易双方,而且更改相当迅速,对市场影响十分有限。

> **专栏11-1**
> **外汇市场自律机制在人民币中间价报价模型中引入"逆周期因子"**
>
> 随着汇率市场化改革的持续推进,近年来人民币汇率中间价形成机制不断完善。2015年8月11日,中国人民银行组织中间价报价行进一步改进了人民币兑美元汇率中间价形成机制,强调中间价报价要参考前一日收盘价;2015年12月11日,中国外汇交易中心发布人民币汇率指数,加大了参考一篮子货币的力度,以更好地保持人民币兑一篮子货币汇率基本稳定,初步形成了"收盘价+一篮子货币汇率变化"的人民币兑美元汇率中间价形成机制。2016年6月,成立外汇市场自律机制,以更多地发挥金融机构在维护外汇市场运行秩序和公平竞争环境方面的作用,其中,汇率工作组主要负责规范人民币汇率中间价报价行为。2017年2月,外汇市场自律机制将中间价对一篮子货币的参考时段由报价前24小时调整为前一日收盘后到报价前的15小时,避免了美元汇率日间变化在次日中间价中重复反映。总体来看,中间价形成机制在不断完善,有效提升了汇率政策的规则性、透明度和市场化水平,在稳定汇率预期方面发挥了积极作用。
>
> 2017年以来,中国经济增长的稳定性增强,主要经济指标总体向好,出口同比增速也明显加快。同时,美元汇率持续走弱,其他主要货币对美元汇率升值较多。2017年1—5

月,欧元、日元、英镑和澳大利亚元对美元汇率分别升值6.91%、5.58%、4.46%和3.08%。同期,人民币兑美元汇率中间价仅升值1.07%,不符合经济基本面和国际汇市变化。其中,一个重要原因是外汇市场存在一定的顺周期性,市场主体容易受到非理性预期的影响,忽视宏观经济等基本面向好对汇率的支持作用,放大单边市场预期并自我强化,增大市场汇率超调的风险。针对这一问题,以中国工商银行为牵头行的外汇市场自律机制汇率工作组总结相关经验,建议将中间价报价模型由原来的"收盘价+一篮子货币汇率变化"调整为"收盘价+一篮子货币汇率变化+逆周期因子"。这一建议得到外汇市场自律机制核心成员的赞同,并于2017年5月末由外汇市场自律机制秘书处宣布正式实施。在计算逆周期因子时,可先从上一日收盘价较中间价的波幅中剔除篮子货币变动的影响,由此得到主要反映市场供求的汇率变化,再通过逆周期系数调整得到"逆周期因子"。逆周期系数由各报价行根据经济基本面变化、外汇市场顺周期程度等自行设定。

在中间价报价模型中引入"逆周期因子",对于人民币汇率市场化形成机制的进一步优化和完善具有重要意义。第一,有助于中间价更好地反映宏观经济基本面。前期人民币兑美元汇率走势与经济基本面和国际汇市变化明显不符,表明在市场单边预期的背景下,简单的"收盘价+一篮子货币汇率变化"可能会导致中间价比较多地反映与预期方向一致的变化,少反映或不反映与预期方向不一致的基本面变化,呈现出一定的非对称性。在中间价报价模型中引入"逆周期因子",有助于校正这种非对称性。

第二,有助于对冲外汇市场的顺周期波动,使中间价更加充分地反映市场供求的合理变化。汇率波动可能触发投资者"追涨杀跌"的心理,导致外汇市场出现顺周期波动,进而扭曲与基本面相一致的合理市场供求,放大供求缺口。在中间价报价模型中引入"逆周期因子",可通过校正外汇市场的顺周期性,在一定程度上将市场供求还原至与经济基本面相符的合理水平,从而更加充分地发挥市场供求在汇率形成中的决定性作用。事实上,引入"逆周期因子"不会改变外汇供求的趋势和方向,只是适当过滤了外汇市场的"羊群效应",并非逆市场而行,而是在尊重市场的前提下促进市场行为更加理性。由于适当对冲了外汇供求中的非理性因素,引入"逆周期因子"的中间价报价模型适当加大了参考篮子的权重,有助于保持人民币对一篮子货币汇率基本稳定,也能够更好地防止预期发散。当然,加大参考篮子的权重并不是盯住篮子,市场供求仍是汇率变动的决定性作用。

第三,完善后的中间价报价机制保持了较高的规则性和透明度。基准价格报价机制的规则性和透明度,取决于其规则、制度是否明确以及报价机构能否自行对机制的规则性进行验证。在中间价报价机制中引入"逆周期因子"的调整方案,是由外汇市场自律机制汇率工作组成员提出,经全部14家人民币兑美元汇率中间价报价行充分讨论并同意后实施的;每一家报价行均在充分理解新机制的基础上进行报价,并可结合本行报价结果和市场公开数据自行计算验证实际发布的中间价。此外,"逆周期因子"计算过程中涉及的全部数据,或取自市场公开信息,或由各报价行自行决定,不受第三方干预。总的来看,引入"逆周期因子"后,中间价报价机制的规则性、透明度和市场化水平得到进一步提升。从运行情况看,新机制有效抑制了外汇市场上的"羊群效应",增强了中国宏观经济等基本面因素在人民币汇率形成中的作用,保持了人民币汇率在合理均衡水平上的基本稳定。2017年6月30日,人民币兑美元汇率中间价报6.7744元,较上年年末升值2.40%,市场汇率收于6.7796元,较上年年末升值2.51%。

资料来源:中国人民银行货币政策分析小组(2017):《中国货币政策执行报告二〇一七年第二季度》,第18—20页。

第三节 不同外汇风险的管理

外汇风险管理是指涉外经济主体对外汇市场可能出现的变化采取相应的措施,以避免汇率变动可能造成的损失。具体地,外汇资产持有者通过识别风险、衡量风险、控制风险等方法,预防、规避、转移或消除外汇业务经营中的风险,从而减少或避免可能的经济损失,实现收益最大化或风险最小化。企业存在外汇风险暴露(即外汇风险可能性)是企业进行外汇风险管理的必要条件,而外汇风险管理可以创造价值是企业外汇风险管理的充分条件。同时,企业在进行外汇风险管理时还必须兼顾成本与收益。据此,外汇风险暴露、创造价值及成本与收益形成企业外汇风险管理的动机。

一、外汇交易风险管理

外汇交易风险管理就是控制和减少合约交易中汇率波动的风险。为了管理交易风险或者控制和减少交易中的不确定性,就需要发展出各种方式,并使用各种衍生产品工具。外汇交易风险管理所采用的方法包括远期套期保值、期货套期保值、货币市场套期保值和期权套期保值。套期保值(hedge)又称抵补保值,是在预期有外汇收入或外币资产时卖出或买进一笔金额相等的同一外币的远期合约。套期保值旨在规避外汇风险,或者覆盖敞口头寸。套期保值包括卖方套期保值和买方套期保值两类。

(一) 卖方套期保值

卖方套期保值又称空头套期保值,是指预期有外汇收入时,卖出一笔金额相等的同种外币期货或期权。出口商为防止计价货币贬值,签订贸易合同时在期货市场上首先卖出期货合同,收回货款时再买进期货合同进行对冲。若收回货款时计价货币贬值了,出口商在现汇市场上遭受的损失,可由期货市场上"先卖后买"所获得的盈利来弥补;若收回货款时计价货币升值了,出口商在期货市场上"先卖后买"所蒙受的损失,可由在现汇市场上所获得的盈利来弥补。从而减轻出口商的外汇风险。

例如,2017年11月,某公司3个月后要收回500万英镑,为防止英镑贬值,该公司进行空头套期保值。该公司在外汇期货市场上卖出200份(每份合约6.25万英镑)3个月到期的英镑期货合约,当时的期货汇率为1英镑=1.3274美元,共收入1659.25万美元;3个月后买入合约时,汇率为1英镑=1.3224美元,实际支出1653.0万美元,结果在期货市场上盈利6.25万美元。3个月后,现汇市场上英镑对美元的汇率从当初的 1 英镑＝1.328 0 美元下降到 1 英镑＝1.320 0 美元,结果该公司在现汇市场上亏损 4.0 万美元。期货市场上的利润抵消了现汇市场上的亏损,并有盈余,达到套期保值的目的。

(二) 买方套期保值

买方套期保值又称多头套期保值,是指预期有外汇支出时,买入一笔金额相等的同种外币期货或期权。进口商为防止以后计价货币升值带来损失,签订贸易合同时在期货市场上先买进期货合同,支付货款时再卖出期货合同进行对冲。若支付货款时计价货币升值了,进口商在现汇市场上所蒙受的损失,可由期货市场上"先买后卖"所获得的盈利来弥补;若支付货款时计价货币贬值了,进口商在期货市场上蒙受的损失,可由现汇市场上所获的盈利来弥补,从而减轻进口商的外汇风险。

例如,2017 年 11 月,某公司 3 个月后要支付 1 000 万欧元,为防止欧元升值,该公司进行多头套期保值。该公司在外汇期货市场上按照当日汇率 1 欧元＝1.200 3 美元,买入 80 份 3 个月到期的欧元合约(12.5 万欧元/份),共支付 1 200.3 万美元;3 个月后卖出合约,此时的汇率为 1 欧元＝1.200 8 美元,实际上收入 1 200.8 万美元,盈利 5 000 美元。3 个月后,现汇市场上欧元对美元的汇率从当初的 1 欧元＝1.179 3 美元上升到 1 欧元＝1.179 8 美元,该公司在现汇市场上亏损 5 000 美元。结果,期货市场与现汇市场盈亏正好抵消,达到套期保值的目的。

二、外汇经济风险管理[①]

具有经济风险的企业确定有着交易风险。管理交易风险的活动有助于管理经济风险的目标。但是,经济风险有着超越交易风险范围的内涵,经济风险管理的范围是更广的。如果交易风险管理是策略的和技术的,经济风险管理就是战略的和基本的。企业活动的许多方面都落入经济风险管理的范围,一些对于企业价值具有战略内涵包括市场营销战略、生产战略、产品战略、研发战略和融资战略。

市场营销战略是与控制和管理销售敞口面临的外汇风险相关的,这涉及需求弹性分析、定价、市场选择和市场目标、市场多样化和市场提升。例如,为了与融资多样化相一致,企业可能寻求市场多样化,以便其销售和现金流在不同的外汇条件下保持稳定。

生产战略更关注控制和管理生产成本敞口面临的外汇风险。这一分析法包括产品来源、投入混合与转换、地点轮换。

产品战略旨在通过产品分化、产品创新和产品升级来产生更多的现金流,而不必局限于外汇领域。

研发战略是发明创新和提高生产率,使得产品分化和产品创新成为可能,同时也是市场营销战略和生产过程所需求的。

融资战略旨在减少企业的资本成本,保持一定水平的未来现金流。融资战略需要战

---

① 外汇经济风险管理和会计风险管理:参见 Peijie Wang(2005),*The Economics of Foreign Exchange and Global Finance*, Berlin: Springer, pp.289-302。

略性地使用融资风险管理工具(如货币互换等)来管理企业的经济风险。

三、外汇会计风险管理

会计风险又称折算风险或转换风险,是指由于外汇汇率的变动而引起的企业资产负债表中某些外汇资金项目金额变动的可能性。会计风险并不直接影响到企业的现金流,但是,会计风险管理是与跨国公司账户项目折算所产生的统一的财务账目的潜在影响和市场存量相关的。

会计方式的使用对会计风险程度、外国子公司的规模和活动产生影响。存在着四种会计方式来折算跨国公司的海外子公司的账户和账户项目,具体是现期汇率方式、时间方式(temporal method)、货币/非货币方式、当期/非当期方式。采用现期汇率方式折算资产平衡表意味着所有的账户项目(股本除外)都以现期汇率来进行折算。只有股本/普通股在会计折算中不暴露于外汇风险。采用货币/非货币方式折算资产平衡表意味着存货、固定资产和股本不暴露于外汇风险,而其他的账户项目敞口于外汇风险,要进行折算。采用时间方式折算资产平衡表意味着所有的账户项目(除存货按现期汇率折算外)都以货币/非货币方式同样的方式来进行折算。采用当期/非当期方式折算资产平衡表意味着所有当期账户项目按照现期汇率来折算,同时非当期账户项目按照历史汇率来进行折算。例如,股本/普通股、净固定资产和长期债务都不敞口于外汇风险,而其他账户项目敞口于外汇风险,如存货和短期贷款等。

与管理外汇交易风险和外汇经济风险相比,管理外汇会计风险不是那么的重要,而且在所有外汇风险管理中缺乏优先权。尽管如此,存在着两种主要方法来管理外汇会计风险,具体是:资产平衡表套期保值和衍生产品套期保值。前者是通过匹配资产平衡表中外币资产和外币债务来最小化会计风险;后者是使用远期合约来套期保值资产平衡表中的项目。

在某些情况下,管理外汇会计风险和管理外汇交易风险在某种程度上可能是互补的,而在另一些情况下又可能是相互冲突的。

第四节 人民币汇率改革后中国企业如何防范汇率风险[①]

2005年7月21日,中国人民银行适时进行了人民币汇率形成机制改革,人民币对美元即日升值2%,人民币汇率不再盯住单一美元,我国开始实行以市场供求为基础、参考一篮子货币进行调节、有管理的浮动汇率制度。随着更富弹性的人民币汇率形成机制的实现,人民币汇率的波幅将加大。这样,习惯于固定汇率条件下从事外贸的中国企业将不得不考虑人民币汇率风险问题。

---

① 沈国兵(2013):《国际金融》,北京:北京大学出版社,第38—42页。

一、汇率短期变动及走势预测

1. 搜集影响汇率短期变动的风险信息。涉外企业可根据自身业务往来的关系,从银行、国际性的信息公司、金融信誉评估公司,甚至一些重要的国际媒体获得重要的风险信息。收集汇率风险信息要求做到真实性、及时性和有用性。

2. 选择汇率风险的预测方法。汇率预测分析方法分为基本分析法和技术分析法。涉外企业在进行外贸交易之前,应该考虑基本面和技术面两种因素。基本分析法研究市场移动的基本经济因素。基本面因素包括可能影响到汇率波动的新闻、经济指标(如GDP、CPI等)、利率、通货膨胀与失业数据以及市场对政府支持其货币能力的信心等,这些都会影响到某些汇率的走势。技术分析法研究先前移动对后来移动的影响。技术分析主要通过对市场自身行为的分析研究汇率走势,通过在图表上进行趋势线、支撑和阻力水平、形态等分析来判断汇率的未来走势。

3. 作出汇率变动的科学预测。外汇风险分为短期外汇风险和长期外汇风险。其中,短期外汇风险的产生是由于外汇市场上短期因素引起的汇率暂时变化。在这些短期因素中,国际收支的资本项目影响最大。人们把外汇作为一种金融资产来进行交易,金融资产交易对汇率的短期波动产生很大的影响。引起国际收支资本项目交易的变动,主要因素有经济数据的公布、市场预期因素、利率差异、政治因素、央行干预、国际短期资本流动等。央行干预虽然不能改变汇率变化的长期趋势,但对汇率的短期变化影响较大。长期外汇风险是由长期的汇率变动因素引起的,影响汇率变动的长期因素主要有国际收支状况、通货膨胀率差异、经济增长率差异、宏观经济政策导向等。

事实上,对短期外汇风险和长期外汇风险的划分是从企业交易风险管理角度考虑的,短期和长期只是一个相对的概念,并没有绝对的界限。企业在进行汇率变动预测时,应当根据自身经济交易的长短期需要作出决定。

二、涉外企业汇率风险防范的具体方法

(一) 签订合同时的汇率风险管理方法

1. 货币选择法。具有上浮趋势的货币,我们称之为硬币;反之,我们称之为软币。在出口贸易中,应该选择硬币作为计价货币;在进口贸易中,应该选择软币,以减少汇率风险所带来的价值风险。在经济活动中,有时为了使买卖双方互不吃亏,平等互利,可采取一半硬币和一半软币相结合的办法。

2. 货币保值法。为了规避外汇风险,进出口商在贸易合同中要求签订保值条款。外汇保值条款都是以硬币保值,软币支付的。根据具体业务,货币保值可分为三种类型:(1)计价用硬币,支付用软币。支付时按计价货币与支付货币的现行牌价进行支付,以保证收入不会下降。(2)计价和支付都用软币。签订合同时明确该货币与另一硬币的比价,支付时比价若发生变化,则原货价按这一比价的变动幅度进行调整。(3)确定一个软币与硬币的"协议汇率",如果支付时汇率变化超过协议汇率,就对原货价进行调整。

3. 提前或延期收付法。这是更改货币收付日期的一种防止外汇风险的方法,经济主体根据外汇市场变化情况选择适当的时机提前结汇或推迟支付货款,可以减轻因汇率剧

烈变化所受到的损失。一般情况下,在进口合同中计价结算的外币汇率趋升时,进口商品尽可能提前付汇;反之,亦然。尽管提前或延期收付汇是反方向的行为,但它们所起的作用都是为了改变外汇风险的时间结构。

4. 结算方式选择法。根据实际情况,选好结算方式。可采取即期信用证法、远期信用证法以及脱收法等来防止风险。

(二) 外汇交易时的汇率风险管理方法

1. 即期合同法。它是指具有外汇债权或债务的公司与外汇银行签订出卖或购买外汇的即期合同来消除外汇风险。比如,英国 A 公司在两天内要支付一笔金额为 10 万欧元的货款给德国出口商,该英国公司直接和外汇银行签订一笔即期外汇交易,即以美元购买 10 万欧元现汇。两天后,该外汇银行交割给英国公司的这笔欧元就可以用来支付给德国出口商。由于英国公司是以 11.816 万美元购进 10 万欧元,实现了资金的反向流动,消除了两天内美元对欧元可能波动的风险。

2. 远期合同法。这是指具有外汇债权或债务的公司与银行签订出卖或购买远期外汇的合同以消除外汇风险。它通过签订远期外汇合同,将时间结构从将来转移到现在,并在规定的时间内实现本币与外币的冲销,从而消除外汇的时间风险和价值风险。比如,在上例中英国公司对德国出口商的 10 万欧元债务,假设不是在两天内支付,而是在 3 个月后支付,若欧元有升值趋势,只简单地采用即期外汇交易法就不能达到避险的目的。在这种情况下,英国公司可以采用远期外汇交易法,即英国公司可与外汇银行签订为期 3 个月以美元购进欧元的远期合同。假设签订该合同时,美元对欧元 3 个月的远期汇率为 USD1＝EUR 0.845 0。3 个月后,英国公司可以用约 11.834 3 万美元购进 10 万欧元,并将这笔欧元支付给德国出口商。如果英国公司在即期外汇市场现汇汇率 USD1＝EUR 0.846 3 时不签订购进欧元的远期合同,等到 3 个月后实际对外支付时,若现汇汇率欧元升值到 USD1＝EUR 0.844 0 时,该公司将蒙受损失 140.4 美元。因此,利用远期合同可以达到规避风险的目的。

3. 外汇期货合同法。在金融市场,根据标准化原则与清算公司或经纪人签订外汇期货合同,这也是防止汇率风险的一种方法。(参见第十一章的"外汇期货交易"和"套期保值法")。

4. 外汇期权合同法,是指具有债权或债务的公司,通过外汇期权交易,以防止外汇风险的一种方法。(1) 进口商应买进看涨期权。如果到期支付货款时市场汇率高于协定汇率(均指计价货币的间接汇率,下同),进口商就执行合约。若到期支付货款时市场汇率下跌且低于协定汇率减期权费(忽略佣金)的水平,进口商可以不执行合约,而是在现汇市场上按低价支付所需的外汇,从中获得因汇率下跌所带来的好处。(2) 出口商应买进看跌期权。如果到期收回货款时市场汇率下跌且低于期权合约中的协定汇率,出口商就按事先约定好的协定汇率卖出其收回的外币货款。如果到期收回货款时市场汇率上升高于协定汇率加期权费(忽略佣金)的水平,出口商可以放弃执行合约,而是把出口收汇按市场上的高汇率卖掉,从中可以获得汇率上升所带来的好处。比如,2017 年 11 月,美国制造商购买 11 亿日元的买进期权,协议价格为 USD1＝JPY 112.72,期权费总额为 10 万美元。① 假设日元升值,3 个月后的现汇汇率为 1 美元＝110 日元,美商以 1∶110 购买 11 亿日元,需支付 1 000 万美元,行使期权按 1 美元＝112.72 日元,只需付 975.9 万美元,加上支付的期权费,最后避免了 14.1 万美元的损失。② 假设日元贬值,3 个月后的现汇汇率为 USD1＝JPY 120,在现汇市场上购买 11 亿日元,需支付 916.7 万美元,美国制造商放弃期权,可获利 49.2 万美元。可见,当汇率变动不利于该制造商时放弃期权,可以避免汇率波动带来的损失。

5. 掉期交易法。掉期交易法是指在签订买进或卖出即期合同的同时,再签订卖出或买进远期外汇合同,这也是消除时间风险和价值风险的一种方法。比如,A 公司在美国订购价值 480 万美元的货物,约定 6 个月后付款。目前,外汇市场汇率为 USD1＝JPY 125,而 6 个月后的远期汇率为 USD1＝JPY 120.0。为防止汇率风险,该公司按 1∶125 的比价与银行签订用 480 万美元购买 6 亿日元的即期合同,同时又按美元兑日元 6 个月远期 1∶120 比价,出卖 5.76 亿日元购回 480 万美元的远期合同。这样,既避免了汇率风险,又盈利 0.24 亿日元及其六个月的利息。

6. 择期交易法。外汇择期合同的形式与性质,与外汇期权合同相似,但也有不同。期权是在合约有效期内或合约到期日,要求银行交割或放弃执行合约;而择期不能放弃合约的履行,但可在合约有效期内的任何一天要求银行交割(参见第十一章的"择期外汇交易")。

(三) 借助于信贷的汇率风险管理方法

1. 借款法。这是指有远期外汇收入的企业通过向其银行借进一笔与其远期收入相同金额、相同期限、相同货币的贷款,以达到融通资金,防止外汇风险的一种方法。例如,我国某公司 6 个月后将从美国收回一笔 500 万美元的出口外汇,为了防止 6 个月后美元贬值,便向银行借款 500 万美元,期限为 6 个月,并将这笔美元作为现汇卖出。6 个月后再利用其从美国获得的美元收入,偿还其从银行取得的贷款。半年后,即使美元贬值,我国公司也避开了外汇风险。

2. 投资法。这是指公司将一笔资金投放市场,经过一定时期后连本带息收回的经济过程。投资的对象为存单、国库券和商业票据等,资金一般投放于短期货币市场。投资的作用在于改变外汇的时间结构。投资法与借款法都能改变外汇风险的时间结构,但两者不同的是,投资法是将未来的支付转移到现在,借款法是将未来的收入转移到现在。比如,某公司在半年后有一笔 10 万欧元的应付货款,该公司可将一笔同等金额的欧元(期限为半年)投资于货币市场,使未来的外汇风险转至现在,从而避开外汇风险。

(四) 其他汇率风险管理方法

1. 平衡法,是指在同一时期内,创造一个与存在风险相同货币、相同金额、相同期限的资金反方向流动。比如,A 公司在 6 个月后有一笔 1 亿日元的应付货款,该公司应设法出口一笔同等金额的货物,使 6 个月后有一笔同等数额的日元应收货款,借以抵消 6 个月后的日元应付货款,从而避免外汇风险。

2. 组对法。这是指创造一个与持有的货币相联系的另一种货币的反方向流动来消除某种货币的外汇风险。平衡法与组对法的区别在于:作为组对的货币是第三国货币,它与具有外汇风险的货币反方向流动。具有外汇风险的货币对本币升值或贬值时,作为组对的第三国货币也随之升值或贬值。可见,组对法的实现条件是:作为组对的两种货币常常是由一些机构采取盯住政策绑在一起的货币。组对法比平衡法的灵活性大,易于采用,但只能减缓货币风险的潜在影响。

3. 价格调整法。调整价格并不等于没有风险,它只是减轻了外汇交易的风险程度。在卖方市场情况下,出口商可以适当地提高出口价格,以弥补因使用对方货币而蒙受的损失;如果为买方市场,则很难提高。一个进口商,如果接受以出口商所在国的货币作为计价货币,可采取压低其销售价格的方法,以弥补接受对方国家货币所蒙受的损失。

4. 易货贸易法。签订贸易协定,采取易货贸易来防止外汇风险,虽说比较困难,但也不失为防止汇率风险的方式之一。

综上所述,只有即期、远期合同法,择期、掉期合同法,平衡法,货币期货、期权法等可独立运用于外汇保值;而提前或延期收付法,借款法,投资法等必须同即期外汇交易相结合才能全部消除外汇风险,达到外汇保值的目的。

三、不同汇率风险管理的综合方法

有些方法可以单独使用,有些方法则必须综合利用,才能消除全部风险,这种综合利用的外汇风险管理方法有借款—即期合同—投资法和提前收付—即期合同—投资法。

(一)借款—即期合同—投资法

1. BSI(Borrow-Spot-Invest)法在应收外汇账款中的具体运用。在公司有应收外汇账款的情况下,为防止汇率风险,先借入一笔与应收外汇相同金额的外币,借以消除时间风险;然后通过即期合同法卖给银行换回本币,则消除了折算风险;最后将换得的本币存入银行或进行投资,以抵冲一部分成本开支。例如,2017年10月,中国某公司在6个月后有一笔200万美元的应收账款,为了预防美元贬值的风险,该公司向银行借入相同金额的200万美元(暂不考虑利息因素),借款期限为6个月,借以消除外汇的时间风险。该公司借得贷款后,立刻按即期汇率1美元=6.6655元人民币,卖出200万美元,获得1333.1万人民币;随后,该公司又将1333.1万人民币投资到货币市场(暂不考虑利息因素)上,投资期限为6个月。6个月后,该公司将200万美元应收款还给银行,从而消除了这笔应收账款的外汇风险。可见,通过借款、即期合同和投资三种方法的综合运用,外币与本币的流出与流入都相互抵消了。6个月后,国外进口商付给中国公司的外币账款,正好用来偿还其从银行的借款,剩下一笔本币的流入,外汇风险全部消除。

2. BSI法在应付外汇账款中的具体运用。在公司有应付外汇账款的情况下,为避免外汇波动带来的损失,先向银行借入一笔本币,然后向银行购买外汇,接着将买入的现汇投放到短期货币市场,时间与应付外汇账款期限相同,最后只剩下一笔本币的支出。比如:2017年10月,某中国公司从美国进口200万美元商品,支付条件为6个月远期信用证。该公司为防止6个月后美元汇率上涨,先从银行按即期汇率1美元=6.6655元,借入人民币1333.1万元,期限为6个月。然后与银行签订即期外汇购买合约,以借入的人民币购买200万美元。接着将刚买入的美元投放到货币市场,投放期限为6个月。6个月后,该公司应付账款到期,以投资收回的美元偿付其对美国出口商的美元债务。最后剩下一笔本币的支出,从而消除了全部外汇风险。

相比来看,运用BSI法在消除应付外汇账款中的外汇风险时所借入的是本币,而不是外币(在消除应收账款外汇风险中借入的是外币)。进行投资使用的货币是外币,而不是本币(在消除应收账款外汇风险中投资的货币是本币)。通过 BSI 法使货币的流出和流入完全抵消,消除了全部外汇风险,最后,只剩下一笔本币的支出。

(二) 提前收付—即期合同—投资法

1. LSI(Lead-Spot-Invest)法在应收外汇账款中的具体运用。当公司具有应收外汇账款时,在征得债务方的同意后,请其提前支付并给其一定折扣,以消除时间风险;然后通过即期外汇合同换成本币,从而消除价值风险;接着用换回的本币进行投资,所得的收益可以冲销用以防止外汇风险的成本开支。实际上这是将提前收付法、即期合同法和投资法三种方法综合运用。比如,仍以上述中国公司 6 个月后有一笔 200 万美元应收账款为例,假设其为了防止外汇风险,该公司在征得债务方同意并给其一定折扣的情况下,要求其在3 天内提前付清这笔债务(暂不考虑折扣的具体数额),中国公司在取得 200 万美元款项后,立即采取与上例相同的防险措施,即通过即期合同购买 1 333.1 万人民币,并投资于货币市场。由此,LSI 法采取提前收款法,消除了时间风险,然后将其换成本币,又消除了价值风险。

在办汇日,有一笔提前收付的外币流入,通过即期合同换成本币,以本币进行投资。在办汇日的当天,外币及本币流出与流入彼此抵消,不再有真正的外币流动,只有一笔回收投资的本币收入,从而消除了汇率风险。

2. LSI 法在应付外汇账款中的具体运用。应付外汇账款的公司先借得本币,然后与银行签订即期合同将本币换成外币,再用买得的外汇提前支付。整个过程实际上是先借款(Borrow),再行即期交易(Spot),最后提前支付(Lead),实际上按这个过程应该缩写为 BSL,但国际传统习惯不叫 BSL,而叫 LSI。比如,还以某中国公司从美国进口 200 万美元商品在 60 天后付款为例。该公司采用 LSI,先从银行借入本币,然后与银行签订即期合同,将人民币兑换成美元,再将美元提前支付(暂不考虑折扣的具体数额)。这样,通过借本币,换外币和提前偿付来达到消除全部外汇风险的目的,将来也只剩下一笔本币流出,借款到期时本币偿还即可。

从上面的分析可看出,LSI 法与 BSI 法在消除汇率风险时的原理是相通的,只是 BSI 法最后一步是投资,并获得利息收入,而 LSI 法最后一步是提前付款,并从债权人那里获得一定的折扣。

专栏 11-2

离岸人民币市场建设与发展

从 2007—2009 年美欧金融危机中,人们已意识到单一主导货币的国际货币体系是危险的:美元短缺会导致全球金融市场的不稳定,并严重影响贸易市场。为回应全球的流动性紧缩,中国开始主动减少对美元的依赖性,在国际贸易中寻求使用人民币结算的机会。由于过去几年里中国经济发展的不俗表现,人民币的快速发展已步入正轨。国际货币基金组织一项研究认为,人民币是国际市场上可以抗衡美元的三大货币之一(另外两种是日元和欧元)。

人民币国际化推进如此迅猛的一个主要原因是离岸人民币市场建立。最早的离岸人民币市场始于2004年的香港,创立伊始发展比较缓慢,但是在美欧金融危机之后,中国加强了开拓离岸人民币市场的举措。中国已经和其他离岸金融中心寻求合作,包括伦敦和新加坡,共同推进离岸人民币业务。

在香港开展的离岸人民币业务是中国最早开始人民币国际化的举措,加上政策方面的支持,香港的离岸人民币规模和人民币产品迅速扩张。从2010年7月到2011年11月,香港离岸人民币存款从1 034亿元上升到6 273亿元,翻了五倍。这一增长率让人民币迅速成为香港离岸金融市场上紧随美元之后受欢迎的货币。人民币的贸易结算量从2010年开始迅速上升,从2010年7月到2013年几乎上涨了31倍。中国还致力于在香港建设离岸人民币债券市场。2007年,国家开发银行首次在香港发行名为点心债券的人民币债券,开始了离岸人民币市场的新篇章。从2010年10月至2015年1月,人民币在主要离岸中心(包括香港、新加坡、伦敦、中国台北、首尔、巴黎、卢森堡)的存款已超过16万亿元。但是,尽管发展迅猛,人民币在全球市场上所占的份额相较于美元仍然不大。根据BIS数据,2013年人民币在全球贸易中仅占2.2%,而美元占到87.0%,欧元占到39.1%(总共份额为200%)。

由于人民币的巨大潜力,离岸人民币业务已吸引世界上许多金融中心的目光。如伦敦、新加坡、中国台北、卢森堡、迪拜、东京等。目前,伦敦、首尔、悉尼等地都在筹划建设人民币离岸金融中心。表11-1列出中国人民银行提供的分布在各金融中心的离岸人民币清算银行:

表11-1 全球人民币清算银行在各金融中心的分布情况

金融中心	银 行
中国香港	中国银行香港分行
中国澳门	中国银行澳门分行
中国台湾	中国银行台北分行
新加坡	中国工商银行新加坡分行
首 尔	交通银行首尔分行
法兰克福	中国银行法兰克福分行
伦 敦	中国建设银行伦敦分行
巴 黎	中国银行巴黎分行
卢森堡	中国工商银行卢森堡分行
多 哈	中国工商银行多哈分行
多伦多	中国工商银行多伦多分行
悉 尼	中国银行悉尼分行
吉隆坡	中国银行(马来西亚)
曼 谷	中国工商银行曼谷分行

资料来源:Jon M. Huntsman, Jr. and C. Brummer(2015), *Renminbi Ascending: How China's Currency Impacts Global Markets, Foreign Policy, and Transatlantic Financial Regulation*, Research Report, p.19.

人民币国际化起源于2004年,当时,中国政府允许创立离岸人民币银行账户;2010年,伴随着香港和中国内地货币当局之间签署突破性的人民币清算协议,人民币已成为可以自由汇兑。全球人民币储蓄有了增长,它们能被用作为储藏货币,购买人民币定值的商品和服务,包含不断增加的离岸人民币募款。如今,超过20%的中国外贸是以人民币结算的,而2010年时仅有3%是以人民币结算的。现今SWIFT系统估计人民币已成为世界贸易金融和信用交易中第二大常用货币。这给建立离岸人民币账户流动性创造一个强有力的市场机制。人民币商业和贸易交易被储蓄在香港的储蓄账户,以及伦敦、新加坡及其他地方的离岸金融中心。在贸易结算和其他官方机制的推动下,仅仅在香港就积累了超过9 000亿元人民币储蓄,在全球有超过1.6万亿元人民币储蓄[1]。

为了保持香港离岸人民币市场的流动性,促进人民币外汇、利率、衍生产品及回购市场的发展,相关机构作出了重要努力。2014年11月,香港金融管理局委任7家银行(中银香港、汇丰、渣打、法国巴黎银行、花旗、工银亚洲、建行亚洲)作为"一级流动性提供行"(primary liquidity providers)。金管局与每家提供行签订双边回购协议,提供日间和隔夜的流动资金额度,以协助它们在离岸人民币市场进行相关活动时可以更好地管理流动性。2014年11月22日,中国人民银行与香港金融管理局续签了双边本币互换协议,互换规模为4 000亿元人民币/5 050亿港元,有效期为三年,经双方同意可以展期。2015年9月,中国人民银行放宽跨境人民币资金池业务规定,容许更多跨国企业根据简化流程进行集团内部人民币调度。

尽管如此,香港等离岸人民币市场发展也面临着诸多的问题和挑战:

第一,人民币资金池问题。国际货币基金组织在2013年的一份工作报告[2]中指出,人民币离岸中心必须有足够大的资金池和流动性来支撑离岸金融市场的扩张和金融产品的发展;起初人民币国际化措施促进了进口人民币结算,推动香港的人民币资金池不断扩大。这是因为对出口来说,以人民币计价的出口退税相对于以美元计价更难获取。但是,随着税收待遇差别丧失,现在以人民币结算的进出口大致趋同。因此,离岸市场的人民币流动性来源就消失了。近年来,香港离岸人民币市场存款额增速有所回落,人民币资金池的规模相对来说仍然较小。尤其是,在人民币币值面临下行压力情况下,出于套利目的的投资者可能会撤离市场。如果没有足够规模的资金池,离岸市场的发展必然受限。均衡的资本自由流动将有助于离岸市场具有充分的人民币流动性,防止过度的流动性紧缩影响到人民币国际化进程。

第二,香港银行体系中的人民币存款和借贷的比例不协调,大量人民币存款用途非常有限。背后的主要原因是香港人民币产品规模尚小和人民币流动性不足。在资本市场上,人民币业务主要集中在债券市场,点心债也多为短期债券,以人民币计价的股票和其他证券产品也很少。市场曾希望发展离岸人民币的衍生产品,但除了货币互换之外,定息和浮息掉期交易中的离岸人民币利率互换仍然很少。

第三,香港离岸人民币中心的风险容易在岸化。尽管目前我国政府没有放开资本项

---

[1] Jon M. Huntsman, Jr. and C. Brummer(2015), *Renminbi Ascending: How China's Currency Impacts Global Markets, Foreign Policy, and Transatlantic Financial Regulation*, Research Report, p.10.

[2] Craig, R.S., C. Hua, P. Ng and R. Yuen(2013), Development of the Renminbi Market in Hong Kong SAR: Assessing Onshore-offshore Market Integration, *IMF Working Paper*, pp.14-15.

目管制,同时采用"分离型"模式发展香港人民币业务,但在岸账户和离岸账户的分离只是相对的,二者很容易发生资本流动,这为监督和管理香港离岸人民币市场造成了困难。如果香港离岸人民币市场在监管或运营上产生风险,将很容易蔓延到在岸金融市场。很多学者都认为,离岸市场对在岸市场的影响,主要是以套利形成的跨境资本流动为主,即离岸市场可以通过对货币供给的冲击,影响在岸市场的即期汇率,并且传导是单向的。

第四,香港面临着来自其他人民币离岸市场的竞争。2013 年以来,继香港之后,伦敦、新加坡、台湾地区等地也纷纷开始涉足人民币离岸业务。例如,新加坡在政策层面上比较灵活,对金融机构的人民币业务管制较少,容易吸引金融机构和客户,加上其背靠高速发展的东盟经济,也有可能继续扩大其在离岸人民币市场中的比重。再如,香港在债券、外汇、大宗商品市场的交易量以及资产管理的总量方面落后于伦敦。不过,香港在人民币离岸中心中的绝对主导地位下降或许有利于人民币国际化进程。Chan(2014)认为[1],香港离岸人民币业务的需求是与海外人民币活动紧密相关。不同地区的海外企业有多样化的需求。人民币国际化要求在更大范围内使用和流通人民币,建立更多的离岸中心。

因此,大力建设和发展离岸人民币金融市场,提高人民币在国际贸易和投资中的结算比重,使得人民币成为避险资产和储备资产,来增强市场主体持有人民币资产的意愿。

本 章 小 结

外汇市场上主要外汇交易的类型有即期和远期外汇交易、外汇择期交易、外汇掉期交易、外汇期货交易和外汇期权交易。即期外汇交易是指外汇买卖成交后,交易双方约定于当天或两个交易日内办理交割手续的一种交易行为。远期外汇交易是指买卖双方在外汇买卖成交后并不立即办理交割,而是预先签订合同,规定买卖外汇的数额、汇率和将来交割的时间,到规定的交割日期再按合同规定进行交割清算的外汇交易。

升水是指远期汇率高于即期汇率;贴水是指远期汇率低于即期汇率。利率高的货币,其远期汇率表现为贴水;利率低的货币,其远期汇率表现为升水。远期外汇交易与即期外汇交易的根本区别在于交割日不同。外汇择期交易是指由交易双方约定于未来某一段时期,依据交易当时所约定的币种、汇率及金额可随时进行交割的交易活动。外汇掉期交易是指两种货币之间的交换交易,将币种相同但交易方向相反、交割日不同的两笔或者以上的外汇交易结合起来进行的交易。

外汇期货交易是指买卖双方签订的以约定的数量、价格和交割日进行外汇买卖的一种标准化的合约。外汇期货交易的特征有:一是外汇期货交易是一种设计化的期货合约;二是外汇期货价格与现货价格相关;三是外汇期货交易实行保证金制度。外汇期货交易的功能有套期保值、外汇投机和价格发现功能。外汇期货交易与远期外汇交易的不同

---

[1] Chan, N.T.L. (2014), Hong Kong as Offshore Renminbi Centre-Past and Prospects, *InSight*, http://www.hkma.gov.hk/eng/key-information/insight/20140218.shtml.

点表现在：交易者不同、交易保证金和交易方式不同三个方面。

外汇期权交易是指交易双方在规定的期间、按约定的条件和汇率，就将来是否购买或出售某种外汇的选择权进行买卖的交易。期权按行使权力的时限可分为欧式期权和美式期权。

外汇风险是指金融公司、企业、经济实体一定时期内在国际经济、贸易、金融的管理和营运活动中，因外汇市场变动引起的汇率变动，致使以外币计价的企业资产与负债上涨或者下降的可能性。外汇交易风险是指在约定以外币计价成交的交易过程中，由于结算时的汇率与交易发生时（即签订合同时）的汇率不同而引起收益或亏损的风险。外汇风险的基本要素包括货币兑换、时间和敞口头寸。

外汇会计风险是指由于外汇汇率的变动而引起的企业资产负债表中某些外汇资金项目金额变动的可能性。外汇经济风险是指由于外汇汇率变动使企业在将来特定时期的收益发生变化的可能性。

外汇风险管理是指涉外经济主体对外汇市场可能出现的变化采取相应的措施，以避免汇率变动可能造成的损失。外汇交易风险管理就是控制和减少合约交易中汇率波动的风险，方法包括远期套期保值、期货套期保值、货币市场套期保值和期权套期保值。套期保值旨在规避外汇风险或覆盖敞口头寸。经济风险管理是战略的和基本的。与管理外汇交易风险和外汇经济风险相比，管理外汇会计风险不是那么重要的，而且在所有外汇风险管理中缺乏优先权。

企业签订合同时的汇率风险管理方法有货币选择法、货币保值法、提前或延期收付法、结算方式选择法。企业外汇交易时的汇率风险管理方法有即期合同法、远期合同法、外汇期货合同法、外汇期权合同法、掉期交易法、择期交易法。企业借助于信贷的汇率风险管理方法有借款法、投资法。

重 要 概 念

即期外汇交易	远期外汇交易	外汇择期交易	外汇掉期交易	外汇期货交易
外汇期权交易	现汇期权交易	外汇风险	外汇交易风险	外汇期货期权交易
外汇会计风险	外汇经济风险	欧式期权	买方套期保值	外汇交易风险管理
美式期权	外汇风险管理	多头投机	卖方套期保值	空头投机

习题与思考题

1. 外汇交易的主要类型有哪些？
2. 远期外汇交易与即期外汇交易的差异在哪里？
3. 外汇期货交易的特征是什么？
4. 外汇期货交易的功能有哪些？
5. 试比较外汇期货交易与远期外汇交易的异同。

6. 外汇风险的类型主要有哪些？
7. 如何对外汇交易风险进行管理？
8. 涉外企业汇率风险防范的具体方法有哪些？
9. 汇率风险管理的综合方法有哪些措施？

计 算 题

1. 在一个时期，美国金融市场上的美元定期存款年利率为1.0%，英国金融市场上的英镑定期存款年利率为1.2%。2017年11月，即期汇率为GBP1＝USD 1.319 2。问题：(1) 三个月美元期汇是升水还是贴水？升水(或贴水)为多少？(2) 三个月美元期汇是多少？(3) 升水(或贴水)率是多少？

2. 2017年11月，美国金融市场上的美元定期存款年利率为1.0%，英国金融市场上的英镑定期存款年利率为1.25%。假定当前伦敦市场上的即期汇率为GBP1＝USD 1.319 2—1.324 2，三个月的美元期汇为GBP1＝USD 1.309 2—1.313 2。问题：是否存在无风险套利机会？如果存在，一个投资者有100万英镑，应该投资于哪个市场？可获利多少？

案例分析

美元走弱、人民币波幅扩大对中国企业外贸发展的影响[①]

为了研究美元走弱、人民币波幅扩大对中国企业外贸发展的影响，在国家社会科学基金项目的资助下，本课题组设计了有关《美元走弱、人民币波幅扩大对中国企业外贸发展影响的调查问卷》，共52道简答、单选和多选题目，合计含有341个有用信息题回答，历时2年走访和问卷调查长三角上海、苏州和无锡三地，以及珠三角深圳市等。经过细致统计核查校对，我们剔除了3份有问题的调查问卷，这里对113份有效调查问卷进行统计比较分析。

一、问卷统计描述

在这113家企业中，外商独资企业和民营私人企业占比最高，分别为37.2%和31.0%，而中外合资企业和合作企业占比较低，仅为11.5%。调查中，苏州某A企业成立于1905年，已有百年之久，从事外贸活动也达25年之久。规模最大的则为深圳某B企业，员工规模达14万人。

为了更加全面地了解汇率因素对中国外贸企业的影响，我们选取了上海、苏州、无锡和深圳的企业，回收有效问卷共113份，分布于各个行业，既有劳动密集型行业、资源密集型行业，也有技术和资本密集型行业，主要包括纺织行业(24.1%)、电子器件行业(23.2%)、机械设备制造业(21.4%)、塑料制品业(14.3%)以及服装纤维制造业(13.4%)等19个行业。具体分布如下：

[①] 本调查问卷分析可参见：沈国兵、黄铄珺和聂雨薇(2014)："美元走弱、人民币波幅扩大对中国企业外贸发展的影响：调查问卷分析"，《世界经济情况》第12期，第4—12页。

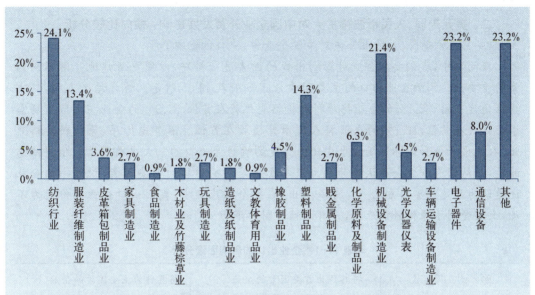

数据来源：根据课题组调查的113份有效问卷整理而得。以下图表中数据来源类同。

附图11-1 企业的行业分类

理论上，汇率水平及汇率波幅既影响一国出口企业，也影响进口企业。因此，我们的调查不局限于出口制造业企业，在本次调查中，接近半数（49.1%）的企业是进出口兼营，41.1%的企业以出口为主，只有9.8%的企业是以进口为主的。从附图11-2可以直观地看出，出口企业97.3%以美元计价，26.1%以欧元计价，10.8%以人民币计价，还有少数出口企业以日元、港币及英镑计价。进口企业94.1%以美元计价，22.5%以欧元计价，22.5%以港币计价，11.8%以人民币结算，其他使用日元和英镑等货币结算。美元作为国际贸易主要结算货币仍高居首位，人民币国际化跨境结算货币份额虽然有所上升，但是距离美元的国际结算货币地位仍有着巨大的差距。

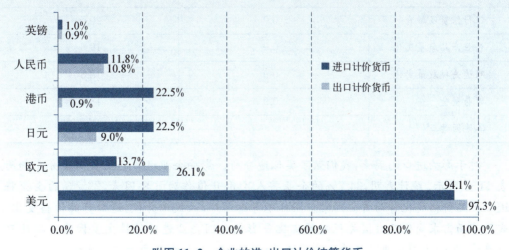

附图11-2 企业的进、出口计价结算货币

二、美元走弱、人民币波幅扩大对中国企业外贸发展影响：横向比较分析

（一）美元走弱、人民币升值对中国企业进、出口的影响

在问卷中，我们要求企业对影响出口的因素进行排序，以便更清楚地了解不同因素的重要性。影响企业出口的主要因素分布如附表11-1所示。统计结果表明，从重要性角度来看，32.1%的企业将原材料价格变化放在首位，31.3%的企业将国际市场需求变化放在首位，16.1%的企业将人民币升值放在首位。不考虑排序，原材料价格变化、人民币升值和国际市场需求变化依然是影响企业出口的三大主要因素。值得注意的是，虽然只有少数企业认为劳动力成本变化是影响出口的首要因素，但过半的企业还是认为其是主要因素之一。可以看出，在整个供应链中，我国出口企业议价能力不足，上游受制于原材料供应商，下游依赖于国际市场。

附表11-1 企业出口的影响因素分析

影 响 因 素	将其作为首要因素的企业(%)	将其作为主要因素的企业(%)
原材料价格变化	32.1	77.7
人民币升值	16.1	74.1
国际市场需求变化	31.3	73.2
劳动力成本变化	3.6	58.0
出口退税政策调整	1.8	44.6
企业产品价格变化	4.5	42.0
人民币波幅扩大	2.7	38.4
母公司经营决策	4.5	25.0
产业政策调整	1.8	24.1
银行信贷及融资	0.0	20.5
企业产品质量变化	0.0	19.6
双边关税政策变化	0.9	18.8
贸易壁垒	0.9	13.4
其他因素		0.9

对于影响进口的因素，我们做了类似地分析。影响企业进口的主要因素分布如附表11-2所示。统计表明，34.7%的企业将人民币升值作为首要因素，25.7%的企业将进口产品价格变化作为首要因素。同样不考虑顺序，人民币升值、进口产品价格变化、我国市场需求变化及我国关税政策变化是影响我国企业进口的最主要因素。据此可以看出，影响我国企业进口的主要因素是进口成本，导致企业处于被动地位。

附表 11-2　企业进口的影响因素分析

影 响 因 素	将其作为首要因素的企业(%)	将其作为主要因素的企业(%)
进口产品价格变化	25.7	77.2
人民币升值	34.7	71.3
我国市场需求变化	18.8	61.4
我国关税政策变化	6.9	54.5
进口产品质量变化	4.0	35.6
进口配额	4.0	33.7
母公司经营决策	5.0	33.7
交易国关税政策变化	1.0	27.7
交易国非关税政策变化	0.0	15.8
其他因素		5.9

虽然大部分企业都认为,人民币升值是影响企业进、出口的重要因素,但是其影响程度是有限的。20%左右的企业认为,美元走弱、人民币升值对企业进、出口的影响很大或是较大,过半数企业认为影响中等或较小,甚至有少数企业认为人民币升值对其进、出口没有多大影响。企业认为人民币升值对其进、出口影响有限主要表现在:面对人民币升值,63.4%的企业表示职工工资福利报酬基本不变,50.5%的企业认为与客户的议价情况不变,60.2%的企业表示技术更新投入不变;47.7%的企业出口产品价格基本不变,54.0%的企业进口产品价格基本不变。附图 11-3 是企业进、出口商品价格变化情况:

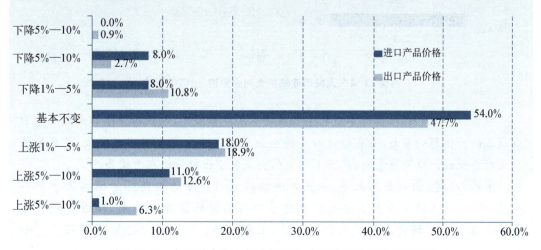

附图 11-3　人民币波幅扩大对企业进、出口商品价格变化的影响

近年来,随着跨境贸易人民币结算业务的推进和蓬勃发展,在本次调查中有接近七成的企业在出口贸易跨境人民币结算试点企业名单中,其中,47.3%的企业已有业务发生,20.3%的企业已将政策在企业内部进行传达培训。而未被列入名单的企业中,有66.7%的企业表示对这一业务呈中性态度,只有11.1%的企业有强烈加入的意愿。我们分析认为,这一现象还是由美元的国际结算主导地位以及我国出口企业在国际市场的地位所决定的。

(二)美元走弱、人民币波幅扩大对中国企业进、出口的影响

一国汇率水平会影响其企业的进、出口,一国汇率的波动同样也会影响其企业的进、出口。这里,我们着重考察人民币波幅扩大对中国企业进、出口贸易的影响。

第一,从整体来看,美元走弱、人民币波幅扩大对我们所调查的企业确实造成了负面影响,但现阶段影响处于可控的范围内。

第二,从量上来看,波幅增大对我国进口企业影响较大,56.7%的企业表示外贸进口较上年同期有小幅减少,与上年持平的仅有3.8%,说明汇率波动大大增加了进口的波动,降低了进口的稳定性。相比之下,美元走弱、人民币波幅扩大形势下,中国企业出口表现较为平稳,44.6%的企业表示外贸出口与上年同期持平;而中国企业进口受到小幅减少影响。具体见附图11-4所示。

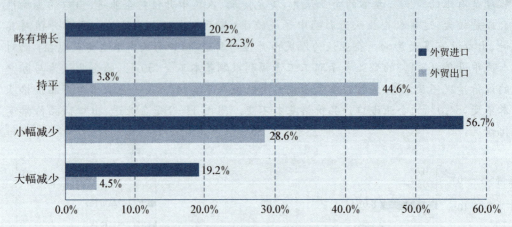

附图11-4 人民币波幅扩大对企业进、出口的影响

第三,从价格来看,接近半数的企业认为市场竞争激烈,人民币波幅扩大对企业出口商品的价格影响不大,还有接近四成的企业表示由于已定合同不能修改,汇率波幅扩大对企业的出口没有影响,只有13.4%的企业表示出口价格有所提高。

第四,从进、出口数据来看,人民币波幅扩大对企业进口商品影响略大于出口商品,有21.0%的企业表示波幅扩大使进口商品价格提高。但是,接近八成企业还是表示由于市场需求不旺及合同已定,汇率波幅扩大对企业进口影响较小。如附图11-5所示。

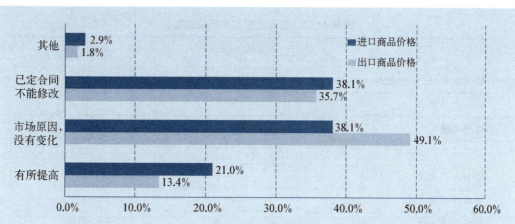

附图11-5 人民币波幅扩大和已定合同对企业进、出口商品价格的影响

第五,从债务融资角度来看,只有极少数企业表示波幅扩大对企业的短期融资及长期融资造成了很大的负面影响。从竞争角度来看,波幅扩大会增加贸易的不确定性,提升企业的经营成本。调查显示,66.4%的企业承认波幅扩大对其参与国际市场竞争有负面影响,但认为影响在可控范围之内。

第六,从市场角度来看,美元走弱、人民币波幅扩大对企业出口目的地影响较小,85.5%的企业几乎没有转移出口地。我们认为,企业可以通过金融产品对冲汇率风险,但是出口地以及合作伙伴是长期经营选择的结果,企业需要权衡汇率波幅带来的成本以及开拓转移市场的成本。

货币升值、汇率波幅扩大对一国企业出口的影响一定程度上取决于企业的生产方式。货币升值削弱一国出口的价格竞争优势,迫使企业提高要素利用率、降低成本。靠廉价劳动力保持竞争优势的生产难以为继,企业必须转变生产方式,依靠技术创新等核心竞争力取得优势地位。可喜的是,在调查中,43.1%的企业表示美元走弱、人民币波幅扩大这一长期趋势对其加大创新研发力度、培育自主品牌有提升作用。但是,也有24.8%的企业谈到了创新的瓶颈,如缺乏人才、资金投入大等问题,这些因素使得他们无法进行创新活动。类似地,受困于人才、资金、投资经验、投资风险等因素,只有26.4%的企业表示正在调整海外投资营销战略,开展和扩大对海外投资。

(三)美元走弱、人民币波幅扩大下,中国外贸企业的应对措施

如附表11-3所示,美元走弱、人民币波幅扩大下,中国企业采取了多种措施以应对,在生产、销售、结算、融资、风险规避等方面不断完善以获得竞争优势。一是60.9%的企业表示采取了降低原材料、生产成本的措施;二是30.9%的企业采取了降低劳动力成本的措施,不断优化生产结构,提高生产效率,走集约型生产道路;三是51.8%的企业认识到了"品质为王",努力通过提升产品档次获得国际市场认可及市场份额;四是40.0%的企业选择远期结售汇,在实际发生外汇收支前规定汇价,以降低交易的不确定性;五是36.4%的企业选择了重新谈判产品价格,以动态的价格应对汇率波动;六是面对国外需求不足、人民币升值等不利因素,33.6%的企业选择增加内销份额,寻求国内市场,响应国家政策,满足国内需求。

附表11-3　企业应对汇率风险的措施

应对措施类型	最重要措施(%)	重要措施(%)
降低原材料、生产成本	19.1	60.9
提高产品档次	37.3	51.8
远期结售汇	14.5	40.0
重新谈判产品价格	7.3	36.4
增加内销比重	6.4	33.6
降低劳动力成本	0.9	30.9
采用贸易融资	2.7	29.1
改用人民币结算	2.7	20.0
改变结算方式	1.8	16.4
增加对第三国出口比重	0.9	12.7
外汇掉期	1.8	9.1
增持外汇净负债	3.6	7.3
境外无本金交割远期外汇(NDF)	0.0	6.4
外汇期货	0.0	1.8
外汇期权	0.0	1.8
其他	0.9	0.9

在问卷调查中发现：(1)有29.6%的企业没有使用金融工具规避外汇汇率风险，这些企业普遍对金融工具不是很了解，认为其手续繁琐、收效不大。(2)在使用金融工具规避风险的企业中，有80.3%的企业选择了远期外汇合约，25.0%的企业使用了外汇掉期交易。由于外汇期货保值不具有标准性、是场外交易，存在违约风险，只有11.8%的企业选择。由于国家外汇管理局对外汇期权交易有较高的准入标准，只有6.6%的企业选择这一金融工具。(3)调查中有32.4%的企业没有使用贸易融资工具。其余企业中，使用比较多的贸易融资工具是进口押汇、出口押汇及出口商业发票贴现。

对于外贸结算方式，只有少数企业选择不变，近90%的企业都因为汇率波动幅度增大适时调整了贸易结算方式。由于我国企业的议价能力不足，更改结算货币难度较大，只有23.7%的企业转而使用人民币结算，7.2%的企业转而使用客户所在地货币。大部分企业只能通过被动地选择结汇时间、缩短收汇或延长付汇时间以减少损失。

虽然我国进出口企业面临汇率波幅大、劳动力成本上升等一系列问题，但是在调查中只有少数企业选择将生产线转移至其他国家或地区，大多数企业还是或不考虑转移，或目前没有转移计划，视情况进一步变化而定。如附图11-6所示，只有6.5%的企业选择转移至劳动力更加低廉的东南亚地区，4.6%的企业由于市场、汇率、运输成本等原因选择将生产线转移至出口目的地。我们认为，一是因为本国出口企业对国外的市场标准、监管标准没有充足的了解,实力不够雄厚,贸然将生产线转移可能造成更大的损失;二是因为相比于发达国家,我国的劳动力成本相对较低,外资企业暂时没有强烈的撤资意愿。但是,外资企业的"超国民待遇"正在逐渐消失,当前企业还有一个适应过程,如果劳动力成本长期居高不下,汇率波动幅度过大很有可能将这部分正在观望的企业挤出我国,使其转移至东南亚国家。

（四）企业的期待

近年来,我国企业净出口迅速增长,这主要得益于我国低廉的劳动力、被低估的人民币汇率以及政府对出口企业的出口退税。面对美元贬值,人民币波幅扩大的现状,中国企业期待的仍然是各种形式的政府优惠政策,而过度的产业优惠政策会导致

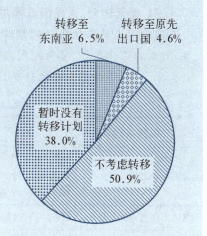

附图 11-6 人民币波幅扩大对企业生产线转移的影响

产业发展不平衡,企业核心竞争力不足。从附图 11-7 可以直观看出,66.4%的企业期待政府提高出口退税率,61.1%的企业希望政府加大出口奖励,而只有23.0%的企业期待稳定的汇率政策,23.9%的企业期待政府提供转移风险的工具。我们认为,企业应转变对政府的期许,政府应该为企业提供的是自由、平等、高效的市场环境,而非直接的产业补贴。

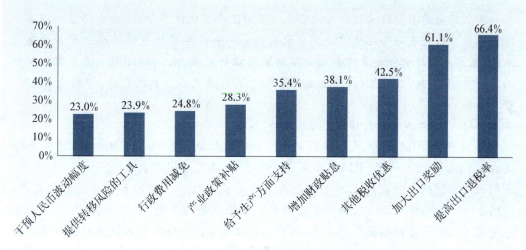

附图 11-7 企业对政府政策的期待

对于金融政策,73.5%的企业希望政府能够出台更加便利化的外汇管理政策,69.0%的企业希望银行能开发更符合企业需求的汇率避险工具以消除汇率大幅波动带来的负面影响。而对于行业协会,47.7%的企业希望行业协会能提供行业贸易信息和便利,44.0%的企业希望协会能分享行业内优质企业的经验。

三、美元走弱、人民币波幅扩大对中国企业外贸发展的影响：纵向比较分析

我们调查的企业成立时间跨度较大（从 1905 年到 2014 年），而从 1994 年到 2014 年，我国的汇率政策、贸易政策经历了多次大的改革。据此，附表 11-4 按照成立时间划分了企业，进行纵向比较分析。

附表 11-4　按时间序列划分的企业

时间分段	分段依据	企业数
1994 年之前	1994 年 1 月，人民币官方汇率与外汇调剂价格正式并轨，中国开始实行以市场供求为基础的、单一的、有管理的浮动汇率制。1997 年东南亚金融危机后，基本是盯住汇率	12
1994 年至 2001 年	2001 年 12 月，中国正式加入世界贸易组织	36
2002 年至 2005 年	官方汇率稳定在 1 USD＝8.27—8.28 RMB 汇率水平 2005 年 7 月 21 日后，大幅升值到 8.11 左右	33
2005 年至 2007 年	2005 年 7 月，我国开始实行以市场供求为基础、参考一篮子货币进行调节、有管理的浮动汇率制度	11
2008 年至 2010 年	2008 年 7 月，面对全球金融危机，我国重新盯住美元，汇率固定在 1 USD＝6.83 RMB。2010 年 6 月，我国放弃汇价目标，重回有管理的浮动汇率制度	9
2011 年	2011 年至今，人民币持续升值，2012 年人民币对美元波幅扩大至上下 1%，2014 年对美元波幅扩大至上下 2%	12

我们想研究不同时间段成立的企业是否对汇率变化改革带有"历史特质"，即某一时间段成立的企业与其他时间段成立的企业对同一汇率变化事件的反应是否会有所不同，还是不同时间段成立的企业会不断适应社会发展，表现出对同一汇率变化事件的反应整体趋同。在这里，我们主要考察新中国成立之后成立的企业，即剔除了 1905 年成立的 A 企业。

（一）企业对人民币升值的可承受程度比较

1994 年至 2014 年，人民币经历 2 个阶段稳定时期，即 1997—2005 年官方汇率稳定在 1 USD＝8.27—8.28 RMB，以及 2008—2010 年汇率固定在 1 USD＝6.83 RMB。我们预期在这两个阶段成立的企业对人民币升值幅度有更低的承受能力。但是，如附图 11-8 所示，统计数据反映的事实与我们的预期猜想不符，整体而言，中国企业能承受的人民币升值波幅程度都不高，也并没有出现在汇率稳定时期成立的企业承受能力更低，汇率波动时期成立的企业承受能力更高的现象，相反，最高点是在 2000 年出现的。

从附图 11-8 可以看出，中国企业能够承受的人民币升值幅度等级集中在等级 1（2%—5%）和等级 2（5%—8%），只有少数企业能够承受更高幅度的升值。就大部分企业而言，能够承受的年度人民币升值幅度上限是 8%。自 2003 年以来，国内外鼓吹"人民币一次性升值论"的论调不绝于耳，我们认为，中国式的渐进性升值安排虽然无法

注：图中1—8分别代表不同的升值幅度等级，数字越大，代表人民币升值幅度越大。

附图11-8　不同企业能够承受的人民币升值幅度

一下消除市场始终酝酿的人民币升值预期，即一直存在着人民币远期套利空间，但是，从我们的调查结果来看，中国企业是无法承受一次性的大幅升值的。也就是说，渐进性的人民币升值安排固然是次优选择，但它能够使中国企业有充分的时间调整生产结构，以适应人民币升值带来的国际竞争力的变化，而不至于由于人民币一次性升值到位致使中国外贸企业风险裸泳。

（二）企业对人民币升值的成本比较

由于人民币升值会影响中国外贸企业的资产负债表，按照会计审慎性原则，应将人民币升值作为成本计入财务报表。从附图11-9中可以看出，不同时期成立的企业在考虑人民币升值成本时也没有一致性的行为。稳定时期成立的企业并没有忽视人民币升值带来的成本，少数企业按年度升值5%以下计入成本。大多数企业都十分重视人民币升值带来的成本，或者将其按年度升值5%以上计入成本，或者实行动态的按年度升值幅度实行梯度报价。

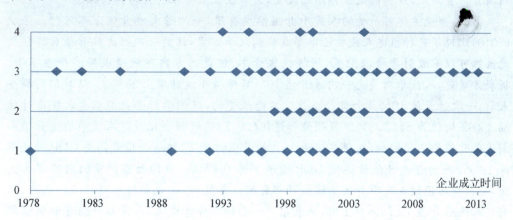

注：1表示按年度升值5%以下计入成本；2表示按年度升值5%以上计入成本；3表示按年度升值幅度实行梯度报价；4表示其他。

附图11-9　不同企业应对人民币升值的成本计算法

从附图 11-9 可以看出，成立时间的不同并不是影响不同企业面对美元升值、人民币波幅扩大时表现出不同选择的重要原因，现实因素及大环境的影响要远远大于历史的影响。前面提到人民币升值可能迫使企业提高劳动生产率，劳动生产率的提高导致劳动力工资提高。这样，人民币升值的影响会被工资吸收。但是，从图中也可以看出，大多数企业将升值直接计入成本，成本上升导致利润空间缩窄，企业可能提高出口价格来维持出口利润水平。这将导致我国出口企业价格竞争优势逐渐丧失，市场出口份额逐渐缩小。

四、调查问卷结论及政策建议

根据以上调查问卷统计和比较分析，我们得出以下主要结论及政策建议：

第一，中国进、出口企业面临的主要问题是国内原材料成本上升、市场需求变化以及产品价格变化、人民币升值等因素。国内原材料成本上升、人民币升值等因素影响企业的成本管理，市场需求及价格变化因素影响企业的销售水平。我国的大部分进、出口企业都不具有核心竞争力，议价能力不足。面对贸易全球化和汇率波幅扩大，中国的外贸企业如果不通过提升产品质量，优化生产结构获得核心竞争力，就只能如"一叶扁舟"在全球化的潮流中随波逐流。

第二，出口企业应转变对政府的过多期许，那种依靠优惠政策扶持获得的出口价格优势已不再可持续，应寻求自身转换、升级。出口优惠扶持政策往往造成出口和本国消费的不均衡，导致产业扭曲，还容易引发贸易摩擦。政府应该为企业提供的是自由、平等、高效的市场环境。王根蓓(2011)认为，在大国经济下，相对于自由贸易，本国出口补贴增加会提高国内该产品价格，减少国内该产品消费，降低国内消费者福利和非贸易部门生产者福利。中共十八届三中全会也提出"使市场在资源配置中起决定性作用"，这就要求政府逐步放开干预的手，不插手不扶持，让企业在公平自由的环境中竞争，并为企业提供有效避险、融资的工具。由于当前我国存在巨大的贸易顺差，而国内消费严重不足，政府的政策倾向已改变，出口企业应寻求自身转换、升级。

第三，微观主体可承受的人民币升值幅度有限，一次性大幅升值万不可行。张斌(2010)比较了几种推进人民币汇率形成机制改革方案，认为一次性大幅升值后盯住美元虽然可以有效引导资源配置，消除投机资本，但是短期内可能造成经济严重下滑。折衷方案是，人民币对美元一次性升值10%后保持年波动率上下3%。从我们的调查来看，一次性升值10%是大部分企业所不能承受的，我们估计企业能承受人民币升值幅度的年均值为5%至8%。肖明智和谢锐(2012)通过模型比较了人民币快速升值和渐进式升值的不同影响，发现在同为15%的升值幅度下，快速升值最高使GDP增速下降1.6%，而渐进式升值最高使GDP增速下降0.67%。我国面临严重的国际贸易失衡，有人提出通过人民币升值来缓解外部失衡。姜昱、邢曙光和杨胜刚(2011)认为，只有当人民币升值11.78%以上时，马歇尔——勒纳条件才成立，人民币升值才能够缓解贸易失衡。但他们同样认为，如此大幅度的升值会对国内生产造成巨大的负面影响，因而需适当升值伴以经济结构调整。我们认为，任何宏观政策的实施一定要考虑微观主体，这样政策才具有可行性和有效性。我国经济下行压力不减，大幅升值绝不可行。

第四,人民币升值压力短期内无法通过工资和生产率变化来吸收,人民币升值转变为成本将直接削弱我国出口企业的价格竞争优势。面对升值,有的出口企业降低或保持价格,但其利润空间会不断缩窄。有的企业为了维持利润,则选择提高价格,这样一来,价格竞争优势又丧失。短期内,由于劳动生产率无法快速提高,人民币升值无法通过生产率变化来消化。因此,从短期来看,人民币升值是中国外贸企业不可避免的成本。张会清和唐海燕(2012)通过实证分析得出结论,人民币升值趋势对中国企业的出口贸易产生了显著的负面冲击,人民币升值对劳动密集型和资源密集型行业的出口抑制效应强于资本技术密集型行业。这与我们的结论是相一致的,即劳动密集型和资源密集型行业劳动生产率的提高更为缓慢,因而人民币升值大部分转化为出口成本。

第十二章

国际金融创新和银行业监管

学习目标

1. 了解金融创新工具、沪港股票市场交易互联互通机制、亚洲基础设施投资银行和金砖国家新开发银行的功能。
2. 理解金融创新的类型、票据发行便利和远期利率协定的作用、金融衍生产品（远期合约、期货合约、期权合约和互换合约）、亚投行与金砖国家新开发银行的功能，以及国际银行业监管的核心要点。
3. 掌握金融产品创新类型、主要金融创新理论、巴塞尔资本协议、巴塞尔资本协议Ⅱ和巴塞尔资本协议Ⅲ的主要内容，以及国际金融监管改革的主要内容。
4. 学会分析比较中国与美国金融衍生产品交易情况，比较中国与巴塞尔资本协议Ⅲ对银行业的监管要求，理解《巴塞尔资本协议Ⅲ》对中国银行业的影响。

第一节 国际金融创新：类型与主要工具

美籍奥地利经济学家约瑟夫·熊彼特于1912年在其名著《经济发展理论》中率先提出了创新理念，并在其1939年所著的《经济周期》一书中系统地完成。熊彼特认为，创新是一个经济概念而非技术概念，创新就是建立一种新的生产函数，包括新产品的开发、新生产方式或者新技术的采用、新市场的开拓、新资源的开发和新的管理方法或者组织形式的推行。自从熊彼特将创新理念引入经济领域后，创新理论已被广泛地拓展和应用。20世纪70年代以后，随着西方世界金融创新浪潮的掀起，大量的金融创新活动催生了各种金融创新理论。国际金融创新就是金融创新活动在国际金融领域内的拓展和延伸，它是20世纪70年代以来国际金融市场上最重要的特征之一。

一、国际金融创新及其类型

金融创新（financial innovation），是指引进金融要素或对已有的金融要素进行重新组合，在最大化原则的基础上构造出新的金融函数的过程。国际金融创新是整个金融领域出现的新创造和新发展,包括新的金融市场、新的金融工具、新的金融机构、新的金融制度和新的金融交易技术等方面的创新;狭义的国际金融创新就是指金融产品的创新,是把金融工具或产品原有的收益、风险、流动性、数额和期限等方面特性予以分解,然后重新安排组合。金融创新可以分为五大类:金融产品与服务创新、金融技术创新、金融机构创新、金融市场创新和金融制度创新。具体来看:

1. 金融产品与服务创新是金融创新的核心内容,按照不同标准,可以将金融产品或工具创新分成不同的类别。1986年4月,国际清算银行在一份综合报告中将名目繁多的金融创新按照创新金融产品满足的目的不同,分为六种类型:(1)风险转移型创新,如浮动利率债券、金融期货、期权、货币与利率互换交易等;(2)增加流动性创新,如大额可转让存单、资产证券化和垃圾债券等;(3)信用创造型创新,如商业票据、票据发行便利NIFs、平行贷款、信用额度等;(4)股权创造型创新,如可转换债券、附有股权认购证债券;(5)规避管制型创新,如可转让支付命令账户(Now)、超级可转让支付命令(Super now)、自动转账服务(ATS)和回购协议等;(6)降低融资成本型创新,如欧洲货币、项目融资、贷款承诺和租赁等。金融服务创新是指全方位多角度地提供各种金融服务,主要包括服务意识的创新、服务环境和服务设施的创新、服务方法的创新和服务手段的创新。其中,服务意识或形式的创新包括形象服务向效能服务转变、坐堂服务向上门服务转变、传统服务向智能服务转变。

2. 金融技术创新包括融资技术、交易过程和交易方式以及国际资金清算和交易系统的创新。新的融资技术主要有票据发行便利(NIFs)、各种新型的欧洲债券以及美国存托凭证(ADR)和全球存托凭证(GDR)等[①]。新的交易过程和交易方式主要是由于新的科技成果(计算机网络和远程通信技术)的引入,促使传统手工的金融交易模式已向现代化的金融交易模式转变,同时,新的国际资金清算和交易系统也先后出现。典型代表性是各个股票交易所交易系统的更新及全球外汇网络交易的建立。总之,新技术的采用,特别是计算机、通信技术的发展及其在金融业的广泛应用,为金融创新提供了物质和技术上的保证,这是促成金融创新的主要原因。

3. 金融机构创新是指建立新型的金融机构或者是对原有的金融机构进行重组与改造的创新活动。主要包括:(1)金融机构正在从传统的单一结构逐步向集团制方向发展。其重要形式之一是银行控股公司(Bank holding corporation)。(2)"金融联合体"出现,即一种能向顾客提供几乎包括任何金融服务的"金融超级市场"。(3)出现新的金融机构。如亚洲基础设施投资银行和金砖国家新开发银行、对冲基金、养老基金、风险投资公司、企业集团财务公司、邮政金融机构、互助基金、银行持股公司、金融租赁公司、住宅金融机构等。四是商业银行由分业经营向混业经营过渡。

4. 金融市场创新是指通过对金融交易方法进行技术改进、更新或创设,从而形成新的市场架构的金融创新。金融市场创新主要包括:(1)相对于传统国际金融市场的欧洲货

---

① 存托凭证是国际性的存托银行(depositary bank),为已经在本国发行的股票,在外国发行的交易凭证。凭证如果在美国发行,就是美国存托凭证(American depositary receipt, ADR)。如果在欧洲发行,就是欧洲存托凭证(EDR)。全球存托凭证(Global depositary receipt, GDR),泛指在上述两个国际主要市场交易的存托凭证。

币市场；(2) 相对于基础市场的金融衍生产品市场。前者的主要代表是欧洲证券市场,后者的主要代表是金融期货市场。

5. 金融制度创新是指作为金融管理法律、法规的改变以及这种变革所引起的金融经营环境与经营内容上的创新,包括金融组织制度的创新与金融监管制度的创新。

二、主要金融创新工具

20 世纪 80 年代,美国国库券利率波动扩大到 5%—15%。债券利率的大幅波动造成了巨额的资本利得或资本损失。经济环境的变化激励人们创造出一些能够降低利率风险的新的金融工具。在该需求的推动下,80 年代出现了诸多金融创新,如金融期货交易和金融期权交易等。1992 年,中国在确立构建中国特色社会主义市场经济体制后,先后推出一系列金融创新工具或产品。

(一) 票据发行便利

票据发行便利(note issuance facilities,NIF),是银行与借款人之间签订的在未来一段时间内由银行以承购连续性短期票据的形式向借款人提供信贷资金的协议。它是 1981 年才出现的新型金融工具,兼具银行贷款与证券筹资的功能。具体地,票据发行便利是银行等金融机构以承购或备用信贷的形式,来支持借款人发行 3 个月至 6 个月的短期票据,若票据不能全部销出,则由银行买进所余票据或提供贷款。它是一种融资方法,借款人通过循环发行短期票据,达到中期融资的效果。

票据发行便利对借款人和承购银行双方都有好处。对借款人而言,一是由于有银行承诺和包销,提高了企业的信用度;二是循环的短期票据实际上成为中期信贷,节省了融资成本,利率比同档银团贷款要低;三是灵活性大,比银团贷款的融资方式更灵活。对银行而言,一是风险小,传统的银行贷款有关银行需提供大量资金,而票据发行便利把信用风险由持票人和承诺银行共同担负;二是可获得表外业务收入,对于信用等级高的借款人,银行一般不需提供资金,能在不改变资产负债比率的情况下获得较高的收入。对投资者而言,则具有收益高、风险小和流动性大等特点。对整个金融活动而言,则把间接融资变成直接投资。

(二) 远期利率协定

远期利率协定(forward rate agreements,FRA),指交易双方商定在未来某一时间开始算起的一定期限的协议利率,在未来的清算日,按照规定的期限和本金额,由一方向另一方支付协议利率与市场利率之差的贴现金额。它是一种金融衍生工具——远期合约,是在当前签订一项协定,对未来某一段时期内的利率水平予以约定,该交易的目的是为了锁定未来借款利率,从而达到规避远期借款利率上升的风险。本质上,远期利率协定是不管未来市场利率是多少都要支付或收取约定利率的承诺,远期利率协定是一种资产负债平衡表外的工具,不涉及实质性的本金交收。交易双方都要承担对方未来潜在的信用风险,但是只涉及利差的风险,因而信用风险低。

远期利率协定是有约束力的合约,没有双方的同意,不可撤销,也不可转让给第三方。与其他有约束力的合约工具一样,可利用有冲销作用的合约来平盘。远期利率协定交易的起点金额一般为等值 500 万美元,也可以根据客户的实际需要进行调整;远期利率协的报价最长期限通常不超过两年,以一年以内的远期最为常见,也可根据客户的实际需要进行变通安排;交易一经成交,则不可撤销或提前终止;银行有权要求客户交纳一定金额的保证金。

远期利率协定可用来对未来的利率变动进行套期保值。远期利率协定分为利率上限和利率下限。利率上限是指双方签订协议,商定一个固定利率作为利率上限,买方支付一笔费用给卖方,如果市场利率超过利率上限,则由卖方支付市场利率与上限利率差额给买方。主要适用于有浮动利率债务的负债人和有固定利率存款的存款人,用于减少市场利率上升所带来的损失。利率下限是指买方向卖方支付一笔费用,获得在一定期限内由卖方支付市场利率低于协议利率差额的交易。主要适用于有固定利率债务的负债人和有浮动利率存款的存款人,用于减少市场利率下跌带来的风险。

(三) 中国金融创新工具或产品

1992年12月28日,上海证券交易所向证券商自营推出12个品种的标准化国债期货合约。1993年,上海外汇调剂中心推出人民币对美元的期货交易,以及货币互换业务。1995年爆发"327"国债期货事件后,国务院于同年5月将当时15家从事国债期货交易的市场主体全部关闭。1994年,我国开始进行权证交易,而在1996年权证市场又被迫关闭。进入21世纪后,我国在金融创新方面迈出了新步伐。2000年,上海机场(虹桥机场)、鞍钢两只规范化的可转换债券分别上市。2004年2月4日,中国银行业监督管理委员会颁布了《金融机构衍生产品交易业务管理暂行办法》。2005年7月21日,中国人民银行实行人民币汇率形成机制改革以来,我国又陆续开展了一些金融衍生产品交易。如2005年推出的远期债券和远期外汇以及重新开始的权证交易;2006年出现的人民币外汇掉期交易和人民币利率互换;2007年推出的人民币外汇货币掉期交易和远期利率协议;2008年1月全面推出人民币利率互换业务;2010年中国金融期货交易所推出沪深300股票指数期货,标志着我国第一款股指期货的诞生;2011年2月为企业和银行提供更多的汇率避险保值工具,中国外汇交易中心在银行间外汇市场组织开展人民币对外汇期权交易。2013年8月30日,中国证监会宣布,国债期货于9月6日上市交易。2013年11月8日,中国金融期货交易所开展股指期权仿真交易并致力尽快推出股指期权产品;2016年9月23日,中国银行间市场交易商协会发布了《银行间市场信用风险缓释工具试点业务规则》及配套业务指引文件,第一次在银行间推出了信用违约互换(CDS)产品。

表 12-1 中国金融创新进程中推出的一系列金融创新工具或产品

时 间	中国金融创新工具或产品
1992年12月28日	上海证券交易所向证券商推出12个品种的标准化国债期货合约,这是中国内地推出的第一批国债期货合约交易;
1993年	上海外汇调剂中心推出人民币对美元的期货交易以及货币互换业务;
1994年	我国开始进行权证交易;
1995年5月	"327"国债期货事件后,国务院将当时15家从事国债期货交易的市场主体全部关闭;

续表

时间	中国金融创新工具或产品
1996 年	权证市场被迫关闭；
2000 年	上海机场（虹桥机场）、鞍钢的可转换债券分别上市；
2004 年 2 月 4 日	中国银行业监督管理委员会颁布《金融机构衍生产品交易业务管理暂行办法》；
2005 年 7 月 21 日	中国人民银行实行人民币汇率形成机制改革以来，我国又陆续开展了一些金融衍生产品交易；
2005 年	推出远期债券和远期外汇，重新开始权证交易；
2005 年 8 月 22 日	设立第一支新股权宝钢权证；
2006 年	人民币外汇掉期交易和人民币利率互换；
2007 年	人民币外汇货币掉期交易和远期利率协议；
2008 年 1 月	全面推出人民币利率互换业务；
2010 年	中国金融期货交易所推出沪深 300 股票指数期货；
2010 年 10 月 29 日	中国银行间市场交易商协会发布《银行间市场信用风险缓释工具试点业务指引》，启动银行间市场信用风险缓释合约（CRMA）工具交易；
2010 年 11 月 19 日	中债公司发布中国第一期 CRMA，标的是 120 亿的 10 联通 MTN2；
2011 年 2 月	中国外汇交易中心在银行间外汇市场组织开展人民币对外汇期权交易；
2011 年 4 月 2 日	银行间外汇市场推出人民币对外汇期权业务，首日里中国工商银行与中国银行成功完成多笔人民币对外汇期权交易；
2013 年 8 月 30 日	中国证监会宣布国债期货于 9 月 6 日上市交易；
2013 年 11 月 8 日	中国金融期货交易所开展股指期权仿真交易并致力尽快推出股指期权产品；
2016 年 9 月 23 日	银行间市场交易商协会发布《银行间市场信用风险缓释工具试点业务规则》及配套业务指引文件，第一次在银行间推出信用违约互换（CDS）产品；
2017 年 4 月 26 日	中国外汇交易中心将在银行间市场开展外汇期权交易冲销业务。

资料来源：作者自己整理。注：CRMA 交易结构和形式与国际通行的 CDS 类似，由交易双方达成，信用保护买方按照约定的标准和方式向信用保护卖方支付信用保护费用，由信用保护卖方就约定的标的债务向信用保护买方提供信用风险保护。CRMA 的标的债务限定于债券和贷款两种简单的信贷资产，且标的债务为具体指定的债务。

专栏 12-1

沪港股票市场交易互联互通机制[①]

2014 年 4 月 10 日，李克强总理在博鳌亚洲论坛 2014 年年会上宣布建立沪港股票市场交易互联互通机制（简称沪港通）。2014 年 11 月 17 日，沪港通试点正式启动。沪港通

---

① 资料来源：中国人民银行(2015)：《人民币国际化报告——2015 年》，第 15 页。

是上海和香港证券市场之间建立的交易及结算互联互通机制,两地投资者可以通过当地券商买卖在对方交易所上市的股票。沪港通包括沪股通和港股通两部分,沪股通是指香港投资者通过香港券商直接买卖在上海证券交易所上市的股票的交易和结算机制;港股通是指内地投资者通过内地券商直接买卖在香港联合交易所上市的股票的交易和结算机制。

沪港通试点机制的主要内容包括:一是试点原则。试点遵循本地原则,交易结算活动遵守交易结算发生地市场的规定及业务规则,上市公司则继续受上市地有关规定及规则的监管。二是投资标的。试点初期,沪股通的股票范围是上证180指数、上证380指数的成分股,以及在上海证券交易所上市的A+H股公司股票;港股通的股票范围是香港联合交易所恒生综合大型股指数、恒生综合中型股指数的成分股和同时在香港联合交易所、上海证券交易所上市的A+H股公司股票。三是投资额度。试点初期,沪股通的总额度为3 000亿元人民币,每日额度为130亿元人民币;港股通的总额度为2 500亿元人民币,每日额度为105亿元人民币。四是投资者范围。试点初期,参与港股通的境内投资者限于机构投资者及证券账户和资金账户余额合计不低于人民币50万元的个人投资者。五是交易和结算机制。两地交易所和证券登记结算机构分别成为对方的会员(结算参与人),为沪港通投资者提供交易和结算服务。资金结算采用净额轧差结算方式,以减少跨境资金流动。

沪港通试点启动以来,运行情况总体平稳有序,社会各方反应积极正面,整体上符合预期。截至2015年5月末,沪股通累计成交7 781亿元,日均成交63亿元,总额度已使用1 509亿元(占50.31%);港股通累计成交3 487亿元,日均成交28.82亿元,总额度已使用965亿元(占38.60%)。

沪港通试点的推出,顺应资本市场国际化发展的趋势,具有深远影响,有利于扩大我国资本市场双向开放,有利于提高人民币资本项目可兑换程度,有利于促进香港金融市场的繁荣稳定。

第二节 区域金融机构创新:亚投行和金砖国家新开发银行

亚洲基础设施投资银行和金砖国家新开发银行的成立都将成为推动国际金融体系和全球金融治理机制改革的重大举措,二者成立面临着共同的时代背景,即现行国际金融体系和全球金融治理机制不能完全适应新兴国家及发展中国家的需要。一方面,全球跨境私人资本流动难以有效导入新兴和发展中国家的实体经济,特别是长期资本投资领域,难以服务于新兴和发展中国家的长期经济增长和发展;另一方面,在现行国际金融体系和全球金融治理机制下,全球性、区域性开发金融机构难以适应和满足新兴和发展中国家实体经济发展、特别是长期资本投资领域的融资需求。

一、亚洲基础设施投资银行

亚洲基础设施投资银行（Asian Infrastructure Investment Bank，AIIB，简称亚投行），是一个政府间性质的亚洲区域多边开发机构，重点支持基础设施建设，旨在促进亚洲区域建设互联互通和经济一体化的进程，并且加强中国与其他亚洲国家和地区的合作。亚投行总部设在北京，法定资本为1 000亿美元。2013年10月2日，习近平主席提出筹建倡议，2014年10月24日，包括中国、印度、新加坡等在内的21个首批意向创始成员国的财长和授权代表在北京签约，共同决定成立亚洲基础设施投资银行。2015年4月15日，亚投行意向创始成员国确定为57个，其中，域内国家37个、域外国家20个。2015年6月29日，《亚洲基础设施投资银行协定》签署仪式在北京举行，亚投行57个意向创始成员国财长或授权代表出席了签署仪式。2015年12月25日，亚洲基础设施投资银行正式成立，全球迎来首个由中国倡议设立的多边金融机构。2016年1月16—18日，亚投行开业仪式成立大会在北京举行。

习近平主席提出："中方倡议筹建亚洲基础设施投资银行，愿向包括东盟国家在内的本地区发展中国家基础设施建设提供资金支持，以促进本地区互联互通建设和经济一体化进程。"即满足有关国家在基础设施投融资方面的巨大需求，充分发挥亚太地区在基础设施建设方面的潜力。亚投行不仅夯实经济增长动力引擎的基础设施建设，还将提高亚洲资本的利用效率及对区域发展的贡献水平。

具体来看，(1) 亚投行是专业性投资开发银行，将实现亚洲储蓄向亚洲基础设施投资的转变，减少亚洲资金向发达国家金融系统"倒流"，推动资金从虚拟金融市场向实体经济转移。(2) 亚投行作为政府间的地区多边投资合作平台，为亚洲基础设施建设提供专业便利的融资渠道，既能够解决基础设施建设融资难的问题，也能提高资金的利用率。(3) 亚投行是基础设施建设专项投融资平台，遵循开放包容原则，并按照先域内、后域外的原则逐步向域外国家开放。(4) 亚投行的投资重点领域包括能源与电力、交通和电信、农村和农业基础设施、供水与污水处理、环境保护、城市发展以及物流等方面。将在治穷脱贫方面发挥重要作用。(5) 亚投行增加基础设施投放，可有效改变亚洲各国交通、物流运输等现状，降低贸易成本，这将极大地激发亚洲各国和广大发展中国家的发展潜力。

亚投行旨在被打造成一个平等、包容、高效的基础设施投融资平台以及适应本地区各国发展需要的多边开发银行。亚投行秉持"先域内、后域外"的原则和"开放的区域主义"，这使得亚洲国家相对容易获得贷款，但同时又不搞封闭，体现的正是亚投行在国际金融治理结构上的创新。

二、金砖国家新开发银行

金砖国家新开发银行（New Development Bank BRICS），又称金砖国家开发银行（BRICS Development Bank），简称金砖银行，是由金砖国家共同倡议建立的国际性金融机构。为避免在下一轮金融危机中受到货币不稳定的影响，金砖国家计划构筑一个共同的金融安全网，可以借助这个资金池兑换一部分外汇用来应急。2013年3月27日，在南非德班举行的第五届金砖国家峰会上，金砖国家领导人同意成立金砖银行。2014年7月

15日,在巴西举行的第六届金砖国家峰会上,落实了相关成立问题。2015年7月21日,金砖国家新开发银行正式开业。

根据第六次金砖国家领导人峰会发布的《福塔莱萨宣言》,金砖国家新开发银行总部设在上海,核定资本为1 000亿美元,初始认缴资本为500亿美元并由5个创始成员平均出资;该银行首任行长来自印度,银行首任理事会主席来自俄罗斯,首任董事会主席来自巴西。金砖银行的主席将在五国之间轮值,五年为一个任期。另外,第六届金砖国家峰会还决定建立1 000亿美元金砖国家应急储备基金。金砖国家应急储备基金目前只是出资承诺,主要是在成员国出现短期外汇收支困难或遭遇国际金融冲击时,提供应急短期外汇支持。中方承诺出资410亿美元,巴西、俄罗斯、印度三国各180亿美元,南非50亿美元。在投票权安排上,除了5%基本投票权平均分给金砖五国之外,剩余95%投票权按承诺出资额成比例分配。

金砖国家新开发银行的主要职能有两个,即促进基础设施建设融资和可持续发展。作为以发展融资为核心业务的跨区域金融机构,金砖银行既要面向金砖国家,还要支持其他发展中国家,作为金砖成员国,可能会获得优先贷款权。世界银行和亚洲开发银行的主要目标在于消除贫困,更倾向于扶助,而金砖国家新开发银行是盈利机构,其主要业务方向聚焦在基础设施建设之上。金砖国家新开发银行建立的目的是方便金砖国家间的相互结算和贷款业务,减少对美元和欧元的依赖,有效保障成员国之间的资金流通和贸易往来,促进金砖国家优势互补、合作共赢;为金砖国家、其他新兴市场和发展中国家的基础设施和可持续发展项目筹集资金,作为对全球增长和发展领域的现有多边和区域金融机构的补充;促进全球经济复苏,为长期经济增长提供动力。

三、亚投行与金砖国家新开发银行:比较分析

1. 亚投行与金砖国家新开发银行的功能既有区别也有重叠,但并不冲突,它们是互补与合作的关系。二者成立面临着相同的国际与国内背景,中国在它们的筹备过程中都发挥着积极重要的作用。

2. 中方倡议成立亚投行的目的是充分发挥亚太地区在基础设施建设方面的潜力,满足有关国家在基础设施投融资方面的巨大需求;而倡议成立金砖国家新开发银行的目的是支持金砖国家及其他发展中国家的基础设施建设及可持续发展。

3. 亚投行与金砖银行等现有多边开发银行是并行不悖、相互补充的,有助于促进有关国家和地区的基础设施和互联互通建设,为本地区经济长期增长提供持久的动力。

但是,亚投行与金砖银行的功能的侧重点也存在着差异。

1. 亚投行更加侧重于基础设施建设,旨在充分发挥亚太地区在基础设施建设方面的潜力,同时提高亚洲资本的利用效率及对区域发展的贡献水平。例如,楼继伟在APEC财长会上说:"这个银行(亚投行)不是以减贫为主要目标,它是投资那些准商业性的基础设施,特别是实现亚洲地区的互联互通。"而金砖银行是为金砖国家及其他发展中国家的基础设施建设及可持续发展筹集资金,以减贫为目的,旨在对世界银行的业务进行补充,同时也是为了方便金砖国家间的相互结算和贷款业务,减少它们对美元和欧元的依赖。相比于亚投行,金砖银行的定位更像是作为世界银行和国际货币基金组织的补充,这与亚投

行的亚洲定位有所区别。

2. 中国在亚投行和金砖银行发展建设中都扮演着十分重要的角色。但是,金砖银行是由印度于 2012 年首先提出的,而后经由金砖国家领导人达成共识;亚投行则是由中国于 2013 年倡议建立的,而后经由中国分别与多个域内国家进行双边协商,最终进行多边协商达成共识。

3. 金砖银行的初始认缴资本由五个金砖国家平均分担,但是在亚投行的初始认缴资金中,中国所占的比重较高。如果参与的国家较多,中国的出资比重就可以相应地降低,但按照经济权重计算,中国仍将持有最大的份额。

第三节　金融创新的主要理论

20 世纪 70 年代布雷顿森林体系崩溃以来,西方主要货币的汇率陷入剧烈的变动之中。为了消减由此带来的金融风险,各国金融创新呈现出蓬勃发展的态势。随之而来的是,西方学者对金融创新现象进行大量的研究,提出了不同的理论和观点,主要有技术推进论、财富增长论、约束诱导论、规避管制论、货币促成论、制度改革论、金融中介论和交易成本论等。

一、技术推进论和财富增长论

技术推进论认为,新技术革命的出现,特别是计算机、电信工业技术和设备成果在金融业的应用,是促成金融创新的主要原因。高科技在金融业的广泛应用,出现了金融业务电子通信技术的现代化,为金融创新提供物质上和技术上的保证。新技术在金融领域的引进和运用促进金融业务创新的例子很多,例如,信息处理和通信技术的应用,促进全球金融一体化,使 24 小时全球性金融交易成为现实。又如,自动提款机和终端机,极大地便利了顾客,拓展了金融业的服务空间和时间。Hannan 和 McDowell(1984)从技术创新角度探究了金融创新的动因,发现市场集中度(market concentration)对有金融创新的企业比重和新技术扩散率都有显著的正向影响。新技术的采用,特别是计算机、通信技术的发展及其在金融业的广泛使用,为金融创新提供了物质和技术上的保证,这是促成金融创新的主要成因。但是,Hannan 和 McDowell 的研究对象过于集中,对金融创新的相关性研究不足。此外,促成金融创新的因素是多方面的,技术推进论无法解释因竞争和政府放宽管制而出现的金融创新。

财富增长论认为,经济高速发展带来的财富迅速增长是金融创新的主要原因。财富的增长加大了人们对金融资产和金融交易的需求,促进了金融创新以满足日益增长的金融需求。Greenbaum 和 Haywood(1971)在研究美国银行业的发展历史时发现,财富增长是决定对金融资产和金融创新需求的主要因素,他们给出了对金融服务业长期变化过程的一种解释。随着财富的增加,人们要求规避金融风险的愿望增强,对金融资产的需求增加,从而促进金融业的发展及金融创新的出现。但是,财富增长理论主要从金融需求角度探究金融创新的成因,这是片面的。单纯的需求并不一定能推动新金融产品的出现,还要有金融管制的放松。另外,财富的替代效应也会影响到金融创新。

二、约束诱导论和规避管制论

约束诱导论是Silber(1983)在《美国经济评论》中撰文"金融创新过程(the process of financial innovation)"对金融创新进行的一种新的阐释。西尔柏认为,在金融领域内,随意观察将大多数新金融产品创新归因为经济激励,但是缺乏关于这个问题的正式经验证据。金融创新常常被视为监管的副产品。争论的焦点是大多数金融创新试图规避监管约束。无法解释整个金融创新过程。金融创新是追求利润最大化的微观金融组织,为消除或减轻外部对其产生的金融约束而采取的"自卫"行为。西尔柏认为,金融约束来自两个方面,一是外部约束,主要是政府等监管机构的管制;二是内部约束,即金融机构制定的利润目标、增长率、资产比率等。这两个方面的金融约束,特别是外部条件发生变化而产生金融约束时,实行最优化管理和追求利润最大化的金融机构将会从机会成本角度和金融机构管理影子价格与实际价格的区别来寻求最大程度的金融创新。

西尔柏的理论从利用微观经济学对企业行为分析入手,主要侧重于金融机构与市场拓展相关联的金融工具创新和金融交易创新,而对与金融机构相关的市场创新以及由于宏观经济环境变化而引发的金融创新并不适应。事实上,金融创新并非金融机构的孤立行为,而是经济活动在金融领域内各种要素重新组合的反映。要使各种创新稳定下来,还需要制度创新作保障,顺应金融体系发展的客观需要,设计和制定出新的制度内容乃至整体的制度体系。这就要求监管部门放弃以往对金融活动过度干预的政策,转而实施一种较为宽松的金融监管制度。

规避管制论构成金融创新理论体系的核心部分,已被广泛地接受。Kane(1978)认为,管制诱发金融创新,即"监管辩证假说"(regulatory dialectic hypothesis)。规避型金融创新是指当外在市场力量和市场机制与机构内在的要求相结合,回避各种金融监管和法律制度时产生的金融创新行为。规避型金融创新其实就是合法地寻求"监管套利"。在规避型金融创新理论中,凯恩设计了一个制定制度体系的框架,在这个框架中,制定经济制度的程序和被管制人规避的过程是相互影响和相互作用的,通过这样一个互动过程,形成稳定并切实可行的制度体系。为了追求利润最大化,金融机构在运行过程中会通过创新来逃避监管部门的管制,但当金融创新危及金融制度稳定时,监管部门又会加强管制,这种管制导致新一轮的创新。由此,管制和规避引起的创新总是不断交替,形成一个动态的博弈过程。

按照凯恩的解释,金融限制使得监管机构很容易受到监管诱导的创新:来自豁免机构(如信用合作社和货币市场共同基金)的竞争和豁免工具(如回购协议和参与安排)的竞争。监管诱导创新使储贷进入进退两难的境地。尽管Q监管条例帮助他们在短期内渡过每个信贷紧缩,但是限制的时间越长,它就变得越厉害。与其他金融创新理论相比,凯恩的理论更重视外部环境对金融创新的影响,他不仅考虑了市场创新的起因,而且还研究了制度创新过程以及两者的动态过程,把市场创新和制度创新看作金融机构和监管部门不断博弈的过程和结果。

三、货币促成论和金融中介论

货币促成论认为,货币因素的变化促成了金融创新的出现。20 世纪 70 年代,通货膨胀和汇率、利率反复无常的波动是金融创新的重要成因。

弗里德曼(Milton Friedman)是货币促成理论的代表人物。他认为,国际货币体系的特征及其变动是促成金融创新不断出现,并形成放松金融市场管理压力的主要原因。金融创新是作为抵制通货膨胀和利率波动的产物而出现的。由此,货币方面因素的变化促成了金融创新的出现。该理论能够解释 20 世纪 70 年代布雷顿森林体系解体后出现的各种转嫁价格风险和市场风险的金融工具,但对 20 世纪 70 年代以前的规避管制及 20 世纪 80 年代产生的信用和股权类金融创新却无法解释。

金融中介论的主要代表人物是格利(J. Gurley)和肖(E. Shaw)。他们认为,金融中介是经济增长过程中的一个必不可少的部分。金融创新是货币赤字单位的融资偏好,是与金融部门提供的服务相匹配的结果,即满足实际部门的需要是金融创新的根源。Shaw 还认为,当旧的融资技术不适应经济增长的需要时,它表现为短期金融资产的实际需求保持不变。因此,必须在相对自由的经济环境中,用新的融资技术对长期融资进行革新。事实上,经济增长本身又为长期融资创造了市场机会,而金融创新就是对这种机会作出的反应。在利润激励的趋势下,金融部门不断推出新的金融产品来满足消费者的需求,故金融中介部门是金融创新的主体,在金融创新过程中起着不可替代的作用。该理论主要从金融产品的供求视角来分析金融创新的动因,但该理论和前几种理论一样只具有一定的说服力。

四、制度改革论和交易成本论

制度改革论认为,金融创新是一种与经济制度互相影响、互为因果的制度改革,因此,金融体系的任何因制度改革而引起的变动都可以视为金融创新。政府为稳定金融体制和防止收入不均而采取的一些措施,如存款保险制度,也是金融创新。制度经济学派的经济学家是这一理论的主要代表,如诺思(D. North)、戴维斯(L. Davis)、塞拉(R. Scylla)、韦斯特(R. West)等。这些学者主张从经济发展的角度来研究金融创新,认为金融创新并不是 20 世纪电子时代的产物,而是与社会制度紧密相关的。制度经济学派的金融创新理论实际上包含两个内涵:一是政府的管制和干预行为本身就暗含着金融制度领域的创新;二是在市场活跃、经济相对开放以及管制不很严的经济背景下,政府的管制和干预直接或间接地阻碍着金融活动,市场出现各种规避和摆脱管制的金融创新行为,而当这些金融创新行为对货币当局实施货币政策构成威胁时,政府必然要采取一系列有针对性的制度创新。

该理论将政府行为也视为金融创新的成因,实际上是将金融创新的内涵扩大到包括金融业务创新与制度创新两个方面。

交易成本论则认为,金融创新的支配因素是降低交易成本。一是金融创新的首要动机是降低交易成本,交易成本的高低决定了金融业务和金融工具创新是否具有价值;二是金融创新实质上是对科技进步导致交易成本降低的反应。希克斯(J. Hicks)和尼汉斯(J. Niehans)是该理论的主要代表人物。他们认为,交易成本是作用于货币需求的一个重要因素,不同的需求产生对不同类型的金融工具的要求,交易成本高低使经济个体对需求预期发生变化。不断降低的交易成本就会刺激金融创新。交易成本理论把交易成本的降低作为金融创新的主要动因,并侧重从微观经济结构的变化来研究金融创新,从另一个角度说明金融创新的根本原因在于微观金融结构的逐利行为。但是,该理论过分强调金融微观结构变化引起的交易成本下降,有一定的局限性。因为竞争也会使交易成本下降,进而促进金融创新。

总体上,正如Crockett和Cohen(2001)所言,金融创新虽然短期内容易带来金融系统的不稳定,但长期的后果必然是更加稳定。据此,对于监管者来说,需要做的不是出于风险考虑排斥创新,而是如何更好地监管创新。

第四节 国际金融衍生产品及其新进展

一、国际金融衍生产品[①]

金融衍生产品是一份双边合约或支付协议,它们的价值是从基本的资产或某种基础性的利率或指数上衍生出来的。衍生产品依赖的基础主要是货币、外汇、利率、汇率、股票及其指数。由此,金融衍生产品是指以货币、外汇、利率、汇率、股票、债券等传统金融产品为基础衍生出来作为买卖对象的,旨在为交易者提供转移风险、增加收益的金融工具。

按照交易方法,金融衍生产品可以分成四大类:远期合约、期货合约、期权合约和互换合约。

(一) 远期合约

远期合约(forward contract),是指买卖双方承诺在未来以预定的价格和日期提供和购买一定数量的某种金融资产的合约。远期合约中规定的交割价格(delivery price)和履约时的现货价格不一致,就会使买卖双方产生损益。如果交割价格低于现货价格,合约买方可以在期货市场上以交割价买入,同时将之在现货市场按较高的现货价格卖出,从而获得盈利,合约卖方则是亏损。反之亦然。远期合约交易最大的优点是能根据双方的具体需求确定交割对象的数量和期限,是量体裁衣式交易,但是也带来合约非标准化的缺点,即二级市场的流动性不强。

(二) 期货合约

期货合约(futures contract)是标准化的远期合约,期货合约中交易的品种、规格、数量、期限、交割地点和时间等都已标准化,唯一需要协商的是价格。期货合约的标准化大大加强了合约的流动性,所以,95%以上的期货合约在到期日之前就通过购买一份内容相同、方向相反的合约对冲了。

1. 期货交易的特征。

期货交易的特征主要有:(1)交易的合约内容是标准化的;(2)交易双方必须通过交易所采用公开喊价的方式成交;(3)交易双方必须缴纳一定数额的保证金(margin);

[①] 沈国兵(2013):《国际金融(第二版)》,北京:北京大学出版社,第167—171页。

(4) 交割时间是未来的某一特定日期,交易所需要每天结算客户账面盈亏。期货交易是典型的以小博大的交易,交易者只要交付较小比例的保证金就可以进行 7—20 倍的交易。保证金制度在很大程度上预防了客户的违约,保证金可以分为清算所向会员客户收取的清算保证金(clearing margin)和会员或期货经纪商向客户收取的客户保证金。由于期货价格和基础资产的现货价格在一般情况下呈同方向变动,所以,期货合约可以作为套期保值和投机的工具。

2. 金融期货交易。

金融期货交易(financial futures),是一种合同承诺,签订期货合同的双方,或合同的买方和卖方在特定的交易场所,约定在将来某时刻,按现时同意的价格,买进或卖出若干标准单位数量的金融资产。现代金融期货交易是 20 世纪 70 年代和 80 年代初期国际金融市场最重要的创新与发展之一。金融期货交易市场是国际货币交易风险急剧增加的产物,被看作是风险市场。

金融期货市场的构成:(1) 期货交易所,是金融期货市场的核心,其组织形式是会员制。交易所本身不参加交易,也不影响和确定价格,只提供场所和必需的交易设施,制定交易规则和操作规范,监督交易所内业务活动和提供信息资料,以保证交易公平连续活跃地进行。(2) 清算所,又称结算所,是期货交易的保证和清算机构,同时执行交割次序,提供会员间的风险担保。(3) 经纪公司,是代理客户进行期货交易的公司,在交易所内具体执行客户交易指令,代理进行期货合约的买卖。(4) 市场交易者,可分为商业性交易商和非商业性交易商,前者包括证券商、商业银行等金融机构;后者包括期货商、投资信托者和个人投资者。

金融期货市场的功能:(1) 为商业性交易提供套期保值;(2) 为非商业性交易提供投资机会。投机交易分为先买后卖的多头交易和先卖后买的空头交易两种。

3. 金融期货交易的类型。

按照交易的金融产品划分,金融期货交易主要有四类:外汇期货、利率期货、股票价格指数期货和黄金期货。本章后文"金融期货和金融期权交易"将对这四类进行具体阐述。

(三) 期权合约

期权合约(option contract),指持有者在规定的期限内具有按交易双方商定的协议价格(strick price)购买或出售一定数量某种金融资产工具的权利,是一种选择权合约。期权合约给予合约持有人的是一种权力而非义务,这是期权合约区别于其他交易的重要特征。

1. 期权合约按照期权购买者的权利划分,分为看涨期权和看跌期权。

看涨期权(call option),又称买进期权或买权,是指在约定的未来时间内按照双方协定价格赋予期权买者购买若干标准单位标的金融资产合约的权利;看跌期权(put option),又称卖出期权或卖权,是指在约定的未来时间内按照双方协定价格赋予期权买者卖出若干标准单位标的金融资产合约的权利。合约中的协定价格被称为敲定价(strike price)。无论是买权还是卖权,合约的买方都要付出期权费(即期权价格)。

2. 期权合约按照期权履约的灵活性划分,分为美式期权和欧式期权。

欧式期权(european option),是指期权的买者只能在期权到期日当天才能执行或放弃的期权;美式期权(american option),是指允许买者在期权到期日前的任何工作时间都可以执行或放弃的期权。美式期权的灵活性较大,因而费用价格也高一些。二者的主要区别在期权的执行时间上,美式期权合同在到期日前的任何工作时间或在到期日都可以执行合同,结算日则是履约日之后的一天或两天;欧式期权合同要求其持有者只能在到期日履行合同,结算日是履约后的一天或两天。目前,国内的外汇期权交易都采用欧式期权合同方式。

3. 期权合约的保险费。

无论是买权还是卖权,作为选择权的代价,期权合约的买方即多头(long position)都要向期权卖方即空头(short position)支付一笔期权费。作为期权合约的保险费,无论买方是否执行期权合约,保险费都不可退还。保险费(premium),又称期权价格,取决于期权的内在价值(intrinsic value)和时间价值(time value)。内在价值是期权合约本身所具有的价值,即期权购买者如果立即执行该期权所获得的收益。具体来说,看涨期权的内在价值为 $Max(S-X, 0)$,看跌期权的内在价值为 $Max(X-S, 0)$。其中,X 为协定价格,S 为市场价格。相应地,期权合约分为三种状态:(1) 价内期权或实值(in the money)状态。就买权而言,指交易货币的即期市场价格高于合约协定价格;卖权相反。(2) 平价期权或两平(at the money)状态,指交易货币的即期市场价格等于合约协定价格。(3) 价外期权或虚值(out of the money)状态。就买权而言,指交易货币的即期市场价格低于合约协定价格;卖权相反(见表12-2)。期权的内在价值越高,有效期越长,保险费就越高。

表 12-2　期权内在价值

类　　别	看 涨 期 权	看 跌 期 权
价内期权(in-the-money)	市场价>协定价	市场价<协定价
平价期权(at-the-money)	市场价=协定价	市场价=协定价
价外期权(out-of-the-money)	市场价<协定价	市场价>协定价

4. 金融期权交易分为场内交易(交易所交易)和场外交易。

交易所交易具有标准的合约规定和市场惯例,而场外交易市场的合约通常是定制的。场内交易期权分为利率期权、外汇期权和股票指数期权等。本章后文"金融期货和金融期权交易"将对这三类金融期权交易进行具体阐述。

(四) 互换合约

互换合约(swap contract),指交易双方通过远期合约的形式,约定在未来某段时间内互换一系列货币流量的交易。互换交易有利率互换、货币互换、股权互换、股权—债权互换等方式,利率互换和货币互换是国际金融市场上最常见的互换交易。最早的互换交易出现在20世纪60年代,采用的是背对背贷款方式(back-to-back loan)。互换和掉期,虽然英文名称相同,但它们是两种不同性质的交易,主要表现在:(1) 交易市场不同。掉期在外汇市场进行,互换在互换市场进行。(2) 期限结构不同。掉期的期限通常一年以内,互换主要适用于中长期。(3) 发挥作用不同。掉期交易主要运用于保值和资金头寸管理,互换是降低筹资成本、防范利率和汇率风险的工具。

1. 利率互换。

利率互换(interest rate swap),指交易双方在债务币种同一的情况下,互相交换不同形式利率的一种预约业务,一般采取净额支付的方法来结算。往往是存在不同信用等级、筹资成本和负债差异的两个借款人,利用各自在国际金融市场上筹集资金的相对优势所进行的债务互换安排。例如,假定 A 银行和 B 公司在国际金融市场上的筹资成本如表 12-3 所示:

表 12-3　A 银行和 B 公司的筹资成本表

类　别	固定利率	浮动利率
A 银行	10%	LIBOR
B 公司	12.5%	LIBOR+0.5%
借款成本差异	2.5%	0.5%

如果 A 银行需要 1 亿美元的浮动利率借款,而 B 公司需要 1 亿美元的固定利率借款,借助双方的比较优势,A 银行和 B 公司分别以 10% 和 LIBOR+0.5% 的利率对外借款,然后按双方约定的条件进行利率互换。设 A 银行按 LIBOR 利率支付利息给 B 公司,B 公司按 11% 的利率支付 A 银行,互换的结果如表 12-4 所示:

表 12-4　利率互换的经济效果

类　别	A 银行	B 公司
	支付 10% 的固定利率	支付 LIBOR+0.5%
	收到 11% 的固定利率	收到 LIBOR
	支付 LIBOR 浮动利率	支付 11%
实际支付利率	LIBOR-1%	11.5%
净收益	1%	1%

这样,通过利率互换,A、B 双方都从中获利,降低了融资成本。

2. 货币互换。

货币互换(currency swap),指交易双方互相交换不同币种、相同期限、等值资金债务的货币及利率的一种预约业务。它是利用筹资者在不同货币资金市场上的比较优势进行的互换安排。货币互换的优点在于不仅使双方的筹资成本都下降,而且还可以在一定程度上规避汇率风险。

二、国际金融衍生产品交易的发展趋势

1. 交易电子化发展迅速。交易电子化的迅速发展给金融衍生产品交易的发展提供了条件。交易者借助互联网和交易商进行交易快速又便捷,不受时间和地域的影响。而且,省去了经纪人、中介人环节,减少了交易时间和成本。不少交易商利用交易平台上提供商

品的行情报价,与传统交易相比提高了公平性。

2. 创新不断发展。金融衍生品的快速发展使传统衍生品期货、期权、互换等自身风险较大、流动性高,进而使得大型银行、金融机构开始推出不易定价、复杂性的结构化衍生产品。计算机技术的飞速发展为结构化衍生产品的发展提供了有利条件。结构化衍生产品能够将普通的衍生品进行组合,并与存款业务有一定的关系,最终形成一种较为特殊的产品。结构化的金融衍生品包括复合型衍生品、奇异衍生品。其中,期权、期货及互换能够被组合成债权,并能够赎回债券。国际性大金融机构的结构性衍生产品设计部门为客户提供各种各样的产品。在场外市场中,大灾保险和信用衍生品等金融衍生产品更是层出不穷。不断地创新能够使得金融市场趋于完善。

3. 场外交易发展迅速。国际上,场外金融衍生产品的成交量不断提升,其中,信用违约金逐渐下降,其余大部分呈上升趋势。全球场外衍生品发展较为迅速。场外交易优点较多,规定限制较少。场内交易需要在规定的固定场所内进行交易,它在一定程度上能够有效地降低违约风险,但限制条件较多,不少交易者逐渐趋向于选择场外交易。另外,场外交易成本较低,因为场外交易不在交易所进行,会省去大量的交易中间费用、合约费用及手续费用,这在一定程度上大大降低了投资成本。因为场外交易比较自由,无需规定时间及商品数量,只需要交易者进行私下交易,速度比较快。正是基于这些优点,国际金融衍生品在市场中占有越来越重要的地位。

三、金融衍生产品交易的新进展:以美国和中国为例

与美国金融衍生产品发展路径相比,中美两国在金融衍生产品发展顺序上有着很大的不同。中国金融衍生产品市场是由权益类衍生产品开始,然后推出外汇类和利率类衍生产品,再推出信用类衍生产品。从金融衍生产品交易类型来看,期货和远期衍生产品最早出现,互换衍生产品出现较晚。而美国金融衍生产品发展是从外汇衍生产品开始,接着是利率衍生产品和权益衍生产品,最后才出现信用衍生产品。从金融衍生产品类型来看,美国先有期货、期权,接着出现互换,最后才出现远期交易。

从外汇衍生产品交易额来看,2007年美国外汇衍生品交易额为16.61万亿美元,2008年、2009年,受次贷危机的影响,美国外汇衍生品交易额有所下降。到2010年才恢复增长至约21万亿美元,2011—2015年稳步增长,2015年达到32.8万亿美元。与美国相比,2007年中国外汇衍生品交易额为1.14万亿美元,占同期美国外汇衍生品交易额的6.8%。同样,受美欧金融危机的影响,2008年、2009年中国外汇衍生品交易额出现较大的下降。在2010年出现反弹上升,增加至1.32万亿美元,2011年达到1.99万亿美元,占同期美国交易额的7.8%;自2012年达到2.61万亿美元后,出现快速增长,分别在2013年增至3.43万亿美元,2014年达到4.54万亿美元,至2015年又翻了一番,达到8.34万亿美元的高度,占同期美国交易额的25.43%。

从利率衍生产品交易来看,2007—2010年美国利率衍生品交易额稳步增加,从2007年的129.57万亿美元增加到2010年的193.40万亿美元,2011年、2012年持续回落,2013年稍有提高至2010年水平,但2014年、2015年又呈现回落趋势,至2015年为157.73万亿美元。与美国相比,2007年中国利率衍生品交易额为4 715.5亿人民币,按当年年末汇

率折算为645.96亿美元,仅占美国利率衍生品交易额的0.05%。2007—2012年,中国利率衍生品的交易额大幅增长,虽然在2011—2012年增长幅度相对较小,且到2013年有所回落,然而2014年、2015年增势迅猛,这一阶段较前年相比,都呈倍数增长。2015年交易额达87 337.7亿元,按当年年末汇率折算为13 458.72亿美元,占美国的0.853%。据此,虽然美国利率衍生品交易额远远大于中国,但是中国利率衍生品交易额的增长快速。在中国利率衍生品交易中,利率互换和债券远期曾平分秋色,但随后中国利率互换增长得很快,债券远期逐渐"没落"。2015年利率互换交易额占利率衍生品的94.24%,债券远期只占0.022%,而其他标准利率衍生品约占5.74%。

根据美国期货业协会(FIA)发布的Annual Volume Survey的统计数字,2015年全球期货、期权交易总量近247.8亿手。其中,金融期货、金融期权贡献了201.8亿手,占到81.4%;而非金融类交易量仅占总成交量的18.56%。可见,金融类期货和期权的快速增长,是全球期货和期权业发展的主流和支撑载体。从地区分布来看,2015年亚太地区期货、期权交易量约为97亿手,占到全球交易量的39.2%;北美地区交易量约为82亿手,占到全球交易总量的33.1%;欧洲地区的交易量约为48亿手,占到全球交易总量的19.3%。可见,全球期货、期权的交易活动主要集中在北美、欧洲和亚太地区。实际上,20世纪90年代后,金融衍生产品发展迅猛,已成为国际金融市场的主角。到2016年上半年,全球金融衍生产品名义价值是544万亿美元,市值为20.7万亿美元。

据中国人民银行金融稳定分析小组(2017)统计,截至2016年年末,中国境内期货市场共有期货品种52个。其中,商品期货品种46个,金融期货品种5个,金融期权品种1个。2016年境内期货市场期货成交量41.38亿手,同比增长15.71%;成交金额195.63万亿元,同比减少64.69%。2016年,人民币利率互换市场达成交易87 849笔,同比增长35.5%;名义本金总额9.92万亿元,同比增长19.9%①。

相比来看,美国金融衍生产品市场产品种类覆盖绝大多数金融衍生产品,产品种类丰富,期限全覆盖,数据齐全,市场流动性好。中国现有的金融衍生产品有认股权证、利率及汇率类基础掉期及远期产品、套嵌在众多结构性理财产品当中的复杂衍生产品,而真正具有自主定价及平盘能力的市场仅仅是利率及外汇掉期及远期市场。从期限来看,中国大多数衍生产品最多只能覆盖到10年,而真正活跃的成交期限仅限于中短期产品。

第五节 巴塞尔资本协议演进与中国银行业监管对策

一、巴塞尔委员会与国际银行业监管②

20世纪40—70年代,在布雷顿森林体系(Bretton Woods System)主导下,全球汇率制度高度稳定而僵化,国际银行体系面临的汇率风险较小,跨境资本流动较少。1973年,

---

① 中国人民银行金融稳定分析小组(2017):《中国金融稳定报告2017》,中国金融出版社,第70—71页。
② 本节内容由复旦大学2015级国际商务班硕士生陈宏娣整理。

布雷顿森林体系解体后,全球金融体系的结构发生重大变化。在金融自由化背景下,金融创新和跨境资本流动也使得全球金融体系的系统性风险日趋上升。同时,风险的突发性和隐蔽性的特点也逐渐显现。由此,在各国之间构建对商业银行的监督合作与协调机制,成为西方国家金融监管机构日益关注的焦点问题。

(一) 巴塞尔委员会

在此背景下,为促进银行监管方面相关信息的交流,并就具体监管问题进行合作,比利时、法国、德国等六国于1972年6月成立了非正式联络小组(the groupe de contact),先后就跨国银行监管、银行资产负债表的披露、欧洲货币市场交易对银行的影响等问题进行讨论。1974年,美国富兰克林国民银行(Franklin National Bank)和前联邦德国赫斯塔特银行(Herstatt Bank)被迫倒闭后,给国际金融领域带来较大的冲击。这两次不同寻常的风险事件使得西方各国的监管机构开始意识到建立一个国际性的银行监管规则的重要性。同年9月,十国集团(G10)①在瑞士巴塞尔召开会议,商讨如何应对大型银行面临倒闭的局面,各国央行达成应当加强本国金融监管和国际监管合作的共识。1975年2月,G10在英格兰银行的提议下,成立了银行监督管理委员会(the committee on banking regulations and supervisory practice),后更名为巴塞尔银行监管委员会(Basel Committee on Banking Supervision,以下简称巴塞尔委员会)。

巴塞尔委员会成立时的最初目标是加强国际银行业监管合作,确保在境外设立的跨国银行分支机构得到有效监管。巴塞尔委员会主要从以下三个方面开展工作:一是在认为有必要的领域内建立最低监管标准;二是完善监管技术,增强跨国银行监管的有效性;三是加强各国监管部门之间的信息交流。巴塞尔委员会的成立为各国银行监管当局的交流与合作提供了重要平台,开辟了银行监管国际合作的新局面。

(二) 巴塞尔委员会制定的国际银行业监管规定

自成立以来,巴塞尔委员会制定了一系列重要的银行监管规定,主要有:(1) 1975年《库克协议》。该协议对海外银行监管责任进行了明确的分工,监管的重点是现金流量与偿付能力,这是国际银行业监管机构第一次联合对国际商业银行实施监管。(2) 1983年《巴塞尔协议》(Basel Concordat)。1983年的《对银行国外机构的监管原则》包含两个基本思想:任何海外银行都不能逃避监管、任何监管都必须是充分有效的。(3) 1988年《巴塞尔资本协议》(The Basel Capital Accord)。1988年协议通过对银行资本充足率的规定,银行业监管机关可以加强对商业银行资本及风险资产的监管,也对金融衍生工具市场的监管有了量的标准。(4) 1992年7月的声明,声明中设立了对国际银行最低监管标准,使得各国银行监管机关可以遵循这些标准来完成市场准入、风险监管、信息取得的要求。(5) 1997年有效银行监管的核心原则问世。至此,虽然巴塞尔委员会不是严格意义上的银行监管国际组织,但事实上已成为银行监管国际标准的制定者。(6)《新巴塞尔资本协议》。1999年6月,巴塞尔委员会第一次发布了《新的资本协议征求意见稿》,以期在《核

---

① 十国集团(G10)成立于1961年11月,其宗旨是专门为发展中国家讨论与协调西方债权国的官方债务推迟偿还事宜。其核心成员是经合组织中的工业化国家,即美国、英国、法国、德国、意大利、日本、荷兰、加拿大、比利时、瑞典,1984年,瑞士加入该集团,但该组织名称不变。

心原则》的基础上对《巴塞尔协议》作进一步调整和完善。(7) 2004年6月,十国集团一致同意公布《统一资本计量和资本标准的国际协议:修订框架》,即新巴塞尔资本协议或《巴塞尔资本协议Ⅱ》,明确了新的资本监管协议的三大支柱:最低资本要求、监管当局的监督检查和市场纪律。(8) 2010年9月12日,巴塞尔银行监管委员会就旨在加强银行业监管的《巴塞尔资本协议Ⅲ》达成一致。

几十年来,巴塞尔资本协议的内容不断丰富,所体现的监管思想也在不断深化。在巴塞尔资本协议Ⅱ的三大支柱基础上,巴塞尔资本协议Ⅲ强化了资本定义,明确了储备资本和逆周期资本,提高了损失吸收能力,同时提出杠杆率作为资本补充,扩大风险覆盖范围,补充流动性监管要求,提出了宏观审慎监管的理念。

二、《巴塞尔资本协议Ⅰ》《巴塞尔资本协议Ⅱ》和《巴塞尔资本协议Ⅲ》不断强化对银行业的监管

(一)《巴塞尔资本协议Ⅰ》

进入20世纪80年代后,在金融自由化的推动下,金融业逐渐显现出以下两大问题:一是受拉美债务危机的影响,跨国银行的信用风险不断累积,而且表外业务的迅速增长也使得银行面临的市场风险和流动性风险增加;二是各国银行之间的不公平竞争日益加剧。为了降低银行经营风险日益增加给国际银行业带来的不稳定性、提高银行的风险承受能力以及保证国际银行业竞争的公平性,巴塞尔委员会于1988年发布《关于统一国际银行资本计量和资本标准的协议》(international convergence of capital measurement and capital standards),即《巴塞尔资本协议Ⅰ》。

《巴塞尔资本协议Ⅰ》的主要内容有:(1) 银行资本的界定。按照资本在吸收损失上的强弱性能,把资本分为核心资本(core capital,又称一级资本)和附属资本(supplementary capital,又称二级资本)。核心资本是银行资本中最重要的组成部分,包括股本和公开储备,至少要占银行资本的50%,附属资本总额不超过核心资本总额的100%,包括未公开的储备、重估储备、普通准备金或普通呆账准备金、次级长期债务资本和带有债务性质的资本工具。两类具体构成见表12-5。(2) 引入了风险加权资产。区分表内资产与表外资产,并根据资产的性质、类别及债务主体的不同,对银行资产风险进行界定。银行资产风险主要指银行面临的信贷风险,将风险权数设置为5级:0、10%、20%、50%和100%。(3) 统一资本充足率。协议中规定,资本充足率为资本与风险加权资产的比率。要求到1992年年底,核心资本充足率不得低于4%,资本充足率不得低于8%。附属资本中的次级长期债务资本不得超过核心资本的50%,普通准备金不得超过风险加权资产的1.25%。

表12-5 《巴塞尔资本协议Ⅰ》的资本构成

核心资本(一级资本)	附属资本(二级资本)
普通股或实收资本	资产重估储备
公开储备(包括股票发行溢价及其他部分)	未公开储备

续 表

核心资本(一级资本)	附属资本(二级资本)
留存收益(包括盈余公积与未分配利润)	普通(贷款损失)准备金
永久性非累计优先股	混合资本工具
	次级长期债务资本

资料来源：廖继全(2013)：《巴塞尔协议Ⅲ解读与银行经济资本应用实务》，企业管理出版社，第15页。

《巴塞尔资本协议Ⅰ》的提出对国际银行业监管具有划时代的意义。它将资本充足率监管作为银行监管的核心内容，强调银行应当维持充足的资本水平，提高抵御风险的能力，有利于增强国际银行体系的稳定性。同时，《巴塞尔资本协议Ⅰ》首次提出了具体的、统一的国际银行监管标准。巴塞尔委员会开始将重心向国际监管标准制定的方向转移，成为国际银行监管框架构建的主体和主要推动者。

然而，随着金融创新与技术进步，《巴塞尔资本协议Ⅰ》的弱点逐渐暴露出来，主要表现在：(1)风险覆盖范围较小。《巴塞尔资本协议Ⅰ》主要针对信用风险计提资本，虽然在1996年补充规定中增加了对市场风险的管理，但操作风险、法律风险等其他实际风险还未被囊括，资产证券化还没被重视，通过监管套利逃避资本约束的现象愈演愈烈，且风险计量静态、落后，资本计提不够充足。(2)风险权重划分笼统，同一档次的风险权重对应的同类资产的信用等级存在差异，因为资本计提要求相同，银行有动机去经营高风险的资产。风险权重对风险程度不敏感，造成了资本计提不能覆盖资产的真实风险。

(二)《巴塞尔资本协议Ⅱ》

金融自由化和全球化进程加快、金融体系复杂性的不断提升，以及金融监管理念的变化，共同推动国际资本监管框架由《巴塞尔资本协议Ⅰ》向《巴塞尔资本协议Ⅱ》的更新换代。为了适应金融机构和金融体系的变化，巴塞尔委员会开始启动对巴塞尔资本协议的修订工作。1999年6月，巴塞尔委员会发布了对《巴塞尔资本协议Ⅰ》进行修订的第一次征求意见稿，随后又于2001年6月和2003年4月推出了第二次和第三次征求意见稿，最终在2004年6月，G10央行行长一致通过《资本计量和资本标准的国际协议：修订框架》，即《巴塞尔资本协议Ⅱ》。

《巴塞尔资本协议Ⅱ》相较于《巴塞尔资本协议Ⅰ》有三大创新之处：(1)《巴塞尔资本协议Ⅱ》提出了三大支柱的监管框架，即在《巴塞尔资本协议Ⅰ》的基础上对最低资本要求进行了修订和完善，形成新框架的第一支柱；增加了外部监督检查和市场信息披露作为第二支柱和第三支柱，共同对银行的风险管理开展监管，作为资本监管的有力补充。(2)从风险覆盖来看，《巴塞尔资本协议Ⅰ》重点关注信用风险，《巴塞尔资本协议Ⅱ》将市场风险和操作风险作为主要内容予以重点关注，形成三大风险并立的态势，促进了全面风险管理体系的构建。(3)在风险计量方面，《巴塞尔资本协议Ⅱ》在统一风险权重的基础上增加了银行内部模型计量风险权重的内容，金融机构可根据自身业务需要，建立与业务复杂程度相匹配的内部评级模型，以达到准确计量各类风险的目的。具体参见表12-6。

表 12-6 《巴塞尔资本协议Ⅰ》和《巴塞尔资本协议Ⅱ》的比较

类别		《巴塞尔资本协议Ⅰ》	《巴塞尔资本协议Ⅱ》
不同点	监管框架	只限于资本充足率	三大支柱代替单一支柱
	资本要求	通过提高银行资本水平，提高银行抵御风险的能力	通过将资本与银行的主要风险更加紧密地联系起来，提高银行风险衡量与管理的水平
	计量方法	对所有银行采用一种风险衡量方法	更灵活、更多样的方法，促使银行提高风险管理水平
	风险种类	信用风险＋市场风险	信用风险＋市场风险＋操作风险
	监管对象	应用于银行	应用于银行集团层面
共同点		资本的定义未变	
		8％的资本充足率未变	

资料来源：肖祖珽(2014)：《巴塞尔资本协议与商业银行全面风险管理》，中国人民大学出版社，第 55 页。

具体地，《巴塞尔资本协议Ⅱ》的核心内容主要是：

1. 最低资本要求。①

《巴塞尔资本协议Ⅱ》的第一支柱是最低资本要求。《巴塞尔资本协议Ⅱ》延续了《巴塞尔资本协议Ⅰ》规定的最低资本充足率为 8％ 的要求，对资本充足率的定义进行了修订和完善，同时结合市场变化情况和计量方式的改变对资本和风险加权资产的计算内容进行了调整。在资本充足率分子上，基于内部评级法的引入，增加了该框架下银行一般准备超过预期损失的部分可以计入二级资本但不得超过信用风险加权资产的 0.6％ 的规定。此外，还在资本扣减项中增加了由于资产证券化风险敞口增加的普通股溢价等。在资本充足率分母上，《巴塞尔资本协议Ⅱ》确立了以信用风险、市场风险和操作风险三大风险为基础的风险计量框架。此外，《巴塞尔资本协议Ⅱ》允许风险管理水平较高的银行在获得监管当局同意后，采用银行内部模型来评估相关风险，并据此计提监管资本。通过内部模型的引入，引导监管资本向经济资本靠拢，提升了资本监管的风险敏感性。

2. 监管当局的监督检查。

《巴塞尔资本协议Ⅱ》的第二支柱是外部监督检查，要求各国监管当局应结合各国银行业的实际风险对银行进行监管，旨在提高银行监管的灵活性和全面性，同时强化各国监管当局的职责。第二支柱在风险覆盖范围和有效外部监管两个方面对第一支柱进行了完善和补充。另外，在最低资本充足要求之外，提出若银行在不能完全抵御经营中存在的风险，监管机构可以通过第二支柱提出更高的资本要求，提高银行业的风险抵御能力。第二支柱的设立，推动监管机构与被监管银行的动态交流机制的健全，提高了《巴塞尔资本协议Ⅱ》操作的灵活性。

---

① 《巴塞尔资本协议Ⅱ》三大支柱内容参考：刘春航(2015)：《解密巴塞尔——简析国际银行监管框架》，中国金融出版社，第 48—52 页。

3. 信息披露与市场纪律。

《巴塞尔资本协议Ⅱ》的第三支柱是信息披露与市场纪律。《巴塞尔资本协议Ⅱ》要求各国银行应定期对外披露资本、资本充足率、各类风险暴露、风险评估程序等信息。第三支柱是第一、第二支柱实施的有效保障。开展信息披露,可以缓解银行投资者和银行管理层之间的信息不对称,有利于加强对银行经营行为和风险偏好的约束;同时能够通过舆论和市场监督起到对监管机构的督导作用,避免出现监管宽容情况的出现。《巴塞尔资本协议Ⅱ》强调以市场力量来约束银行,体现了激励相容的监管理念。通过外部约束实现奖优罚劣,使对风险管理能力较好、资本充足水平较高的银行获取较高的投资者信赖,同时对风险管理能力较差、资本充足水平较低的银行形成压力。这种市场奖惩机制可以使银行自发地积极开展风险管理,保持良好的资本充足水平,促使金融体系健康稳健发展。

《巴塞尔资本协议Ⅱ》的出台是对《巴塞尔资本协议Ⅰ》的创新和补充,既涵盖了金融市场发展的需要,也涵盖了商业银行现金风险管理经验。《巴塞尔资本协议Ⅱ》为商业银行和金融监管当局提供了更全面有效的风险监管理念和手段。随着金融市场和全球经济的发展,《巴塞尔资本协议Ⅱ》也逐渐暴露出弊端:(1)《巴塞尔资本协议Ⅱ》的要求不利于商业银行采取更先进的风险管理办法;(2)内部评级法风险敏感度高的特征助推了顺周期性,放大了系统性风险;(3)《巴塞尔资本协议Ⅱ》中商业银行用以计量风险的VAR技术存在缺陷;(4)外部评级问题偏差严重。

(三)《巴塞尔资本协议Ⅲ》

2007—2009年美欧金融危机爆发后,原有的国际银行业监管准则中的核心资本充足率偏低、银行高杠杆经营缺乏控制、流动性监管标准缺失等问题逐一暴露出来。针对这一情况,巴塞尔委员会对银行业监管标准进行了全面的修订和完善,以此构建更为稳健的银行体系,维护全球金融稳定。巴塞尔委员会于2009年启动了巴塞尔资本协议的修订工作。2010年9月12日,由27个国家的监管部门和中央银行代表就《增强银行业抗风险能力》和《流动性风险计量、标准与监测的国际框架》两个文件达成一致,由此形成《巴塞尔资本协议Ⅲ》。2010年12月16日,巴塞尔委员会发布了《巴塞尔资本协议Ⅲ》的正式文本,要求国际银行业从2013年开始实施新的监管标准。

《巴塞尔资本协议Ⅲ》的主要内容有:第一,改进资本工具,提升资本工具吸收损失的能力。将资本工具更加细分为核心一级资本和二级资本。要求银行确保一级资本可以在持续经营条件下吸收损失,其中,普通股(含留存收益)在一级资本中应占主导地位;二级资本仅在银行破产清算时承担损失;取消专门抵御市场风险的三级资本,简化资本结构。并且,对各类资本工具建立合格的标准,提高商业银行资本机构的信息披露要求。第二,提高资本充足率的监管标准。这是此次国际资本监管改革的核心内容。其中,普通股充足率最低要求将从2%提升至4.5%,一级资本充足率要求将从4%提升至6%,总资本充足率保持在原有的最低8%不变。但是,现在包括二级资本和资本留存缓冲在内的资本充足率要求为10.5%。第三,引入资本留存缓冲。《巴塞尔资本协议Ⅲ》引入2.5%的资本留存缓冲作为补充,由扣除递延税项及其他项目后的普通股权益组成。完全由普通股组成的资本缓冲提升到8.5%。第四,构建逆周期资本监管框架。为了冲抵资本充足率的顺周期性,巴塞尔委员会还特地增设一项新的资本充足要求,就是逆周期缓冲资本,其具体设定可根据不同国家的具体情况和商业银行运营状况在0—2.5%之间浮动。逆周期资本监管是与经济顺周期性相对应的概念,是指经济上升时央行增加对各商业银行准备金要求,而不是现在的在经济繁荣阶段为了追求盈利而降低准备金等高流动性资产的储备,这样有助于减少在经济突然出现衰退的时候对流动性资产的需求,实现银行业的可持续发展。主要包括:缓解最低资本要求的周期性波动;建立前瞻性的贷款损失拨备制度;建立留存超额资本;建立与信贷增长挂钩的逆周期超额资本,以弱化银行体系与实体经济之间的负反馈效应。第五,引入杠杆监管标准。《巴塞尔协议Ⅲ》要求各国对3%的杠杆率在同一时期进行平行测试。实施杠杆率监管可以控制银行系统构建过度的杠杆,可以为银行体系杠杆率积累确定底线,缓释不稳定的去杠杆化带来的风险以及对金融体系和实体经济带来的负面影响;采用简单、透明、基于风险总量的指标来衡量风险资本,一方面预防计量错误和模型风险的发生,另一方面可以防止银行钻风险资本要求的漏洞。但是,它本身也存在一定的缺陷,可能会导致监管套利,扩大资产风险度。第六,引入流动性覆盖比率和净稳定融资比率。《巴塞尔资本协议Ⅲ》引入流动性覆盖比率(Liquidity Coverage Ratio,LCR)和净稳定融资比率(Net Stable Funding Ratio,NSFR)作为银行流动性监管的强制标准。由此,扩大了风险覆盖范围,注重全系统中的流动性风险监管。同时,提高对交易账户和复杂资产证券化风险暴露的资本要求,强化交易对手信用风险的监管,将表外风险视同为表内风险,并提出明确的资本要求。第七,确定系统重要性银行。对系统重要性银行提出1%的附加资本要求,降低了"大而不能倒"带来的道德风险。

三、《巴塞尔资本协议Ⅲ》对中国银行业的影响

(一)"中国版巴塞尔协议Ⅲ"

2009年3月,中国加入巴塞尔委员会,从那时起中国开始承担起会员国的责任,履行会员国的承诺,同时也给予中国在国际金融领域内提升影响力、增强话语权的机会。事实上,在2004年《巴塞尔资本协议Ⅱ》出台之后,中国监管当局和商业银行业就已经开始主动向巴塞尔资本协议靠拢,2007年出台的《中国银行业实施新资本协议指导意见》中设定了实施阶段,开始按部就班地付诸实施。2010年,伴随着银监会对中国工商银行、中国农业银行、中国银行、中国建设银行、交通银行、招商银行等第一批商业银行执行巴塞尔资本协议的预评估工作逐渐结束,以及《商业银行新资本协议实施申请和审批指引(征求意见稿)》的颁布,《巴塞尔资本协议Ⅱ》的实施也进入最后阶段。2010年12月,随着《巴塞尔资本协议Ⅲ》的出台,中国监管当局开始考虑如何将《巴塞尔资本协议Ⅲ》和《巴塞尔资本协议Ⅱ》相结合,并以2011年4月27日《中国银监会关于中国银行业实施新监管标准的指导意见》(银监发〔2011〕44号)(即"中国版巴塞尔协议Ⅲ")为标志,中国银监会和商业银行开始了《巴塞尔资本协议Ⅲ》的实施准备工作。

此后,为进一步推动巴塞尔资本协议在中国国内的实施,提高银行业的风险管理水平,中国银行业监督管理委员会借鉴国际标准,结合中国银行业实际情况,在充分考虑国际先进经验与中国现行监管政策衔接的基础上,于2012年7月下发2012年第1号主席令,印发《商业银行资本管理办法》,它是中国成为巴塞尔委员会成员后,为落实巴塞尔资本协议相关要求出台的最为综合和权威的监管制度,已于2013年1月1日开始实施。

(二)"中国版巴塞尔协议Ⅲ"对中国银行业监管的影响

与原版相比,《中国银监会关于中国银行业实施新监管标准的指导意见》(即"中国版巴塞尔协议Ⅲ")的指导意见更为严格。该指导意见在原有的监管指标体系基础上,参考《巴塞尔资本协议Ⅲ》的内容,引进了资本留存缓冲、逆周期资本缓冲、杠杆率、流动性覆盖率和净稳定融资比率等指标,形成了中国商业银行业以资本充足率为核心,兼顾杠杆率、拨备率和流动性比率的监管指标体系。同时,该文件还为商业银行的实施规定了明确的过渡期,既考虑了《巴塞尔资本协议Ⅲ》的要求,也考虑了中国商业银行业的承受能力和现实的监管需要。

表 12-7 中国与《巴塞尔资本协议Ⅲ》对银行业监管要求比较

指标体系	具体指标	中国监管要求	《巴塞尔资本协议Ⅲ》监管要求	达标时间 中国监管要求	达标时间 《巴塞尔资本协议Ⅲ》监管要求
资本充足率	普通股核心资本	≥5%	≥4.5%	2012年开始实施,系统重要性银行2013年底达标,其他2016年底达标	2013年开始实施,2018年年底达标
	一级资本	≥6%	≥6%		
	总资本	≥8%	≥8%		
	资本留存缓冲	2.5%	2.5%		
	逆周期资本缓冲	0—2.5%	0—2.5%		
	系统重要性银行附加资本	1%	1%		
杠杆率	核心资本/未加权表内外资产	≥4%	≥3%	2012年开始实施,2016年年底达标	2013年开始实施,2018年年底达标
流动性	流动性覆盖率	≥100%	≥100%	2012年开始实施	2015年开始实施
	净稳定融资比率	≥100%	≥100%		2018年开始实施

资料来源:中国银监会:《关于中国银行业实施新监管标准的指导意见》,银监发[2011]44号,2011年4月27日;Basel Ⅲ:A global regulatory framework for more resilient banks and banking systems (June 2011)。

由表12-7可见,中国银行业监管思路和措施充分吸收和借鉴了《巴塞尔资本协议Ⅲ》的改革精神,并与国际银行业监管趋势相适应。一方面,中国监管当局提出的监管要求无论从指标标准还是过渡期安排上都高于《巴塞尔资本协议Ⅲ》,如对核心一级资本充足率、杠杆率等要求都高于《巴塞尔资本协议Ⅲ》的标准。另一方面,中国引入逆周期资本监管框架,包括2.5%的留存超额资本和0—2.5%的逆周期超额资本。同时,也增加了系统重要性银行的附加资本要求。新标准实施后,正常条件下系统重要性银行和非系统重要性银行的资本充足率分别不低于11.5%和10.5%;若出现系统性的信贷过快增长,商业银行需计提0—2.5%的逆周期超额资本。此外,中国银监会有权在第二支柱(监管部门的监督检查)框架下提出更审慎的资本要求,以确保资本充分覆盖风险。比如,根据风险判断,针对部分资产组合提出的特定资本要求;根据监督检查结果,针对单家银行提出特定资本要求。

(三)"中国版巴塞尔协议Ⅲ"对中国银行资本充足率的影响

新资本充足率标准对银行业的短期影响不大,但是商业银行在长期内将面临资本补充的压力。目前,中国主要银行已经达到了新资本监管标准,商业银行的资本缺口很小,无需大规模补充资本。据此,短期来看,"中国版巴塞尔协议Ⅲ"对商业银行资本的影响不大。具体如表12-8所示。

表12-8 中国商业银行资本充足率状况:2010—2015年

项目/年份	2010年	2011年	2012年	项目/年份	2013年	2014年	2015年
				核心一级资本净额	75 793.2	90 738.6	106 268.3
核心资本	42 985.1	53 366.6	64 340.1	一级资本净额	75 793.2	92 480.8	110 109.4
附属资本	10 294.5	14 417.6	17 585.1	资本净额	92 856.1	113 269.3	131 030.1
资本扣减项	3 196.4	3 735.4	4 057.1	信用风险加权资产	696 582.6	763 911.1	884 711.6
表内加权风险资产	355 371.1	431 420.7	506 604.1	市场风险加权资产	6 066.5	6 845.4	8 613.1
表外加权风险资产	53 233.7	68 819.0	76 108.0	操作风险加权资产	59 124.0	68 193.5	77 226.1
市场风险资本	273.3	296.3	388.4	核心一级资本充足率	9.9%	10.6%	10.9%
资本充足率	12.2%	12.7%	13.3%	一级资本充足率	9.9%	10.8%	11.3%
核心资本充足率	10.1%	10.2%	10.6%	资本充足率	12.2%	13.2%	13.5%

注:自2013年1月1日起,中国施行《商业银行资本管理办法(试行)》(简称新办法),原办法同时废止。据此,2013年第一季度始,披露的资本充足率相关指标被调整为按照《新办法》计算的结果。单位:亿元。

资料来源:《中国银行业监督管理委员会2015年报》,第177页。

根据表12-8,2010—2015年中国商业银行的最低资本充足率和核心资本充足率指标都已达到《巴塞尔资本协议Ⅲ》的标准。并且,资本充足率的各项指标基本都呈上升趋势。表12-9更是显示出中国四大国有银行2013—2015年的资本充足率指标状况,发现四大国有银行的资本充足率已达到资本监管标准。

表12-9 中国四大国有银行2013—2015年资本充足率状况

建设银行	2013年	2014年	2015年	中国银行	2013年	2014年	2015年
核心一级资本充足率	10.75	12.11	13.13	核心一级资本充足率	9.69	10.61	11.1
一级资本充足率	10.75	12.11	13.32	一级资本充足率	9.7	11.35	12.07
资本充足率	13.34	14.86	15.39	资本充足率	12.46	13.87	14.06
工商银行	2013年	2014年	2015年	农业银行	2013年	2014年	2015年
核心一级资本充足率	10.57	11.92	12.87	核心一级资本充足率	9.25	9.09	10.24
一级资本充足率	10.57	12.19	13.48	一级资本充足率	9.25	9.46	10.96
资本充足率	13.12	14.53	15.22	资本充足率	11.86	12.82	13.4

资料来源:作者根据四大国有银行2015年度报告整理而得。

四、进一步提升中国银行业资本要求的对策[①]

(一)建立逆周期资本监管框架

一般来说,银行体系的信用风险主要是在信贷快速扩张时期积累的,而在经济衰退时期暴露的。根据现有通行的资本监管办法,资本要求通常会在经济上行期下降,在经济衰退期却上升,因此,银行体系不仅未能发挥稳定经济的作用,反而扩大了经济周期的波动幅度。为促使银行在经济上行周期计提资本缓冲,以满足下行周期吸收损失的需要,巴塞尔委员会要求各国建立可行的逆周期资本监管框架。具体包括三点:一要健全周期性的贷款损失准备制度。经济上行期适度提高贷款损失准备要求,经济下行期则根据贷款核销情况适度调低,同时根据银行贷款质量和盈利能力,适度调整贷款损失准备要求。二要建立逆风向的资本监管要求,防止周期性波动过度。商业银行在经济繁荣期多计提拨备,在经济下滑期则相应少计提拨备,以此覆盖对未来经济周期的预测。三要建立及扩展逆周期超额资本要求,严防由银行信贷过度扩张而引发的系统性风险。在系统性的信贷过快增长、系统性风险不断累积的情况下,商业银行需计提逆周期超额资本。

(二)拓宽银行的资本补充渠道

为增强内在营利性和外在竞争性,商业银行必须开拓资本补充渠道,保证资本的持续充足。为此,商业银行就要坚持在"总量控制、风险可控、结构合理"的原则下,制订银行再融资计划;合理规划自身资本结构,积极拓宽资本金补充渠道,降低融资对资本市场的依赖度,使银行既可筹集到业务发展所需资金,又能尽力弱化再融资对资本市场可能产生的不利影响。具体来说,商业银行可通过以下渠道扩充资本:一是以未分配利润补充资本,二是增发股票,三是通过发行可转换债券和次级长期债务工具补充附属资本,四是在境内外公开发行募股或引入战略投资者。商业银行要坚持以内源性资本积累为主的资本补充机制,在稳妥提升资本质量的前提下,审慎探索发行新型资本工具。同时,为了增强资本规划的前瞻性和长效性,商业银行还要通过压力测试来检验不利条件下的资本损耗和资产弱点,评估在压力条件下的资本需求和筹资渠道,制定应急预案,以满足计划外的资本需求。

(三)建立合理的杠杆率评判标准

各国银行业监管机构经常使用杠杆率来评价和监管风险,以遏制银行过度发展、过度创新。过高的杠杆率往往会放大银行经营过程中累积的风险,为此,《巴塞尔资本协议Ⅲ》提出杠杆率的监管要求。但是,并未统一计算杠杆率的标准,各国监管部门有关分子分母的规定不尽相同。从目前中国情况来看,银行业的杠杆率大都在4%以上,大大低于欧美同类银行,基本处于可控范围。但是,症结在于目前计算杠杆率所要求的风险加权资产很难准确地度量,不少银行的基础数据积累得不够充分。为了与财务报表保持一致,大部分银行运用会计方法来计量表内外资产,未区分不同银行资产负债的风险状况,造成对风险管理较好的银行缺乏激励,对风险管理较弱的银行也难以限制。据此,要在实践中积极探索银行风险加权资产的计量方法,以有效识别各种风险及其暴露情况,进而获得准确的数

[①] 蔡秋华(2014):《巴塞尔协议Ⅲ对中国银行业的影响及对策》,《福建金融》第2期,第24—28页。

据。监管部门在实施杠杆率监管过程中,应注意保留一定的弹性,不宜把监管指标定得过于严格。

(四) 完善银行风险管理机制

在银行内控机制不完善、风险管理落后、经营效率不理想的情况下,无论是增加银行的核心资本还是附属资本,都无法持续满足银行资本充足率的监管要求。在通过外部渠道补充资本金的同时,商业银行还要根据自身特点,建立有效的风险管理机制,提升风险管理能力;努力降低风险资产权重,优化资产质量。具体而言,一要健全银行风险治理组织框架,明确董事会、监事会、高管层、首席风险官、风险管理部门等职责;二要运用先进的风险量化方法和新型风险计量工具,提高风险识别能力、风险计量准确性以及风险管理技术;三要强化信息技术系统建设,为风险计量工具运用及优化、风险政策制定和实施奠定技术基础;四要健全银行内控机制和内部管理体制,建立独立的监督管理机构,增强内审机构审核程序的独立性,共同促进内部制衡机制建设。需要特别强调的是,商业银行必须重视城镇化信贷、房地产贷款、地方债务平台等领域隐含的重大信用风险问题;积极开发涵盖系统性风险和个体性风险的全面风险管理模式,由此降低风险资产权重,确保资本充分覆盖各类风险。

(五) 建立高质量的银行数据体系

在当前大数据时代背景下,高质量的基础数据是商业银行资本监管和风险管理的基础;同时根据相关研究和新资本协议要求,为了能够精确地计量银行面临的风险,商业银行至少需要拥有不低于七年的相关业务数据。为此,中国商业银行应充分利用《巴塞尔资本协议Ⅲ》和中国资本监管规定的过渡期,通过内部积累和外部资源共享双重渠道,构建高质量的数据体系,提升业务数据的完整性、真实性和准确性,为中国银行业资本监管和风险管理体系的有效运行提供强有力的保障。

第六节 国际金融监管改革的主要内容:2009—2016[①]

2009年以来,基于美欧金融危机的教训,巴塞尔委员会对现行银行监管国际规则进行了重大改革,发布了一系列国际银行业监管新标准,统称为"第三版巴塞尔协议"(Basel Ⅲ)。Basel Ⅲ体现了微观审慎监管与宏观审慎监管有机结合的监管新思维。

一、资本监管及流动性监管改革

按照资本监管和流动性监管并重、资本数量和质量同步提高、资本充足率与杠杆率并行、长期影响与短期效应统筹兼顾的总体要求,确立了国际银行业监管的新标杆。

(一) 强化资本充足率监管标准

资本监管在巴塞尔委员会监管框架中长期占据主导地位,也是本轮金融监管改革的

---

① 本节内容由复旦大学2016级国际商务班硕士生陈韬整理。

核心。主要内容包括以下三个方面：

1. 提高监管资本的损失吸收能力。2010年7月，巴塞尔委员会确定了监管资本工具改革的核心要素。一是恢复普通股（含留存收益）在监管资本中的主导地位；二是对普通股、其他一级资本工具和二级资本工具分别建立严格的合格标准，以提高各类资本工具的损失吸收能力；三是引入严格、统一的普通股资本扣减项目，确保普通股资本质量。此外，巴塞尔委员会正在研究提升系统重要性银行各类资本工具损失吸收能力的具体方案，包括各类非普通股资本工具通过强制核销或转换为普通股等机制吸收损失、发行应急资本（contingent capital）和自救债券（bail-in debt），以降低破产概率的可行性。

2. 扩大资本覆盖风险的范围。本轮金融危机表明，新资本协议框架下资产证券化风险暴露、交易头寸、场外衍生产品交易的风险权重方法不能充分反映这些业务的内在风险。为此，2009年7月份以来，巴塞尔委员会调整风险加权方法，以扩大风险覆盖范围。一是大幅提高证券化产品（特别是再资产证券化）的风险权重；二是大幅度提高交易业务的资本要求，包括增加压力风险价值（S-VAR）、新增风险资本要求等；三是大幅度提高场外衍生产品交易和证券融资业务交易的对手信用风险的资本要求。巴塞尔委员会定量影响测算结果表明，风险加权的修订导致国际化大银行资本要求平均上升20%。

3. 提高资本充足率监管标准。根据自下而上的定量影响测算和自上而下的监管标准校准的结果，2010年9月12日，巴塞尔委员会确定了三个最低资本充足率监管标准，普通股充足率为4.5%，一级资本充足率为6%，总资本充足率为8%。为缓解银行体系的亲周期效应，打破银行体系与实体经济之间的正反馈循环，巴塞尔委员还建立两个超额资本要求：一是要求银行建立留存超额资本（capital conservation buffer），用于吸收严重经济和金融衰退给银行体系带来的损失。留存超额资本全部由普通股构成，最低要求为2.5%。二是建立与信贷过快增长挂钩的逆周期超额资本（counter-cyclical buffer），要求银行在信贷高速扩张时期积累充足的经济资源，用于经济下行时期吸收损失，保持信贷跨周期供给平稳，最低要求为0～2.5%。待新标准实施后，正常情况下商业银行的普通股、一级资本和总资本充足率应分别达到7%、8.5%和10.5%。此外，巴塞尔委员会还与会计标准制定机构密切对话，推动建立前瞻性的动态损失拨备制度。

（二）引入杠杆率监管标准

次贷危机之前，金融工具创新以及低利率的市场环境导致银行体系积累了过高的杠杆率，使得资本充足率与杠杆率的背离程度不断扩大。危机期间，商业银行的去杠杆化过程显著放大了金融体系脆弱性的负面影响。为此，巴塞尔委员会决定引入基于规模、与具体资产风险无关的杠杆率监管指标，作为资本充足率的补充。2009年12月，发布了杠杆率计算方法的征求意见稿；2010年7月，巴塞尔委员会就杠杆率计算方法与监管标准达成共识，自2011年年初按照3%的标准（核心资本/未加权表内外资产）开始监控杠杆率的变化，2013年年初开始进入过渡期，2018年正式纳入第一支柱框架。

（三）建立流动性风险量化监管标准

危机爆发的前几年，全球金融市场较低的利率水平以及金融交易技术的创新，增强了资本市场活力，银行融资流动性和资产流动性同时扩大，对金融市场流动性的依赖性明显增强。本轮危机暴露出欧美大型银行过度依赖批发型融资来源的内在脆弱性。为增强单家银行以及银行体系维护流动性的能力，2009年12月，巴塞尔委员会发布了《流动性风险计量标准和监测的国际框架(征求意见稿)》，引入两个流动性风险监管的量化指标。一是流动性覆盖率(LCR)，用于度量短期压力情境下单个银行流动性状况，目的是提高银行短期应对流动性中断的弹性。二是净稳定融资比率(NSFR)，用于度量中长期内银行解决资金错配的能力，它覆盖整个资产负债表，目的是激励银行尽量使用稳定资金来源。

(四) 确定新监管标准的实施过渡期

鉴于目前全球经济复苏存在不确定性，为防止过快引入新的银行监管国际标准对经济复苏潜在的不利影响，按照G20领导人的要求，巴塞尔委员会从宏观和微观两个层面对国际新监管标准实施可能带来的影响进行了评估，决定设立为期8年(2011—2018)的过渡期安排。各成员国已在2013年完成相应的国内立法工作，随后逐步向新标准接轨，预计于2018年年底全面达标。

(五) 强化风险管理实践

除了提高资本与流动性监管标准之外，次贷危机以来巴塞尔委员会还发布了一系列与风险管理相关的监管原则、指引和稳健做法等。2008年9月，巴塞尔委员会发布了《流动性风险管理和监管的稳健原则》，从定性方面提出了加强流动性风险管理和审慎监管的建议；2009年4月，发布了《评估银行金融工具公允价值的监管指引》；2009年5月，发布了《稳健压力测试实践及监管指引》。

二、"大而不倒"与系统重要性金融机构监管

本轮危机中，大型金融机构经营失败是美国次贷危机演化为全球金融危机的关键点，降低系统重要性金融机构(SIFIs)道德风险及其经营失败的负外部效应是危机之后金融监管改革的重要内容之一。2010年11月，金融稳定理事会向G20首尔峰会提交了解决SIFIs问题的一揽子政策框架。具体包括：

(一) 提高SIFIs损失吸收能力

SIFIs特别是全球性SIFIs(G-SIFIs)应具备更高的损失吸收能力，以体现这些机构对全球金融体系带来的更大风险。更高的损失吸收能力主要通过提高SIFIs的资本要求(capital surcharge)、应急资本和自救债券等方法实现，并且可能包括更高的流动性要求、更加严格的大额风险暴露以及其他结构化限制性措施等。

(二) 提升SIFIs监管强度和有效性

本次危机突出反映在监管当局没有充分的授权、独立性和足够的资源，以及缺乏早期干预的权力，影响了SIFIs监管的有效性。为此，金融稳定理事会提出了提升SIFIs监管强度和有效性的25条原则和具体的时间表，涵盖监管目标、独立性、资源、监管权力、持续监管、并表监管、监管技术和国际合作等方面，并要求母国和东道国监管当局加强全球系统重要性金融机构(G-SIFIs)的监管合作。监管指标方面的主要手段是制定总损失吸收能力(TLAC)要求。2013年，金融稳定委员会(financial stability board, FSB)发布的《关于解决"大而不能倒"问题的下一步工作安排》指出，在有序处置G-SIBs过程中应保持充足的损失吸收能力，把对金融稳定的影响降到最低。为此，FSB于2014年11月10日发布TLAC要求征求意见稿，同时会同巴塞尔银行监管委员会(BCBS)和国际清算银行

(BIS)开展了一系列定量影响分析(QIS)和市场调研。2015年11月9日,TLAC要求最终发布。

(三)完善危机处置制度安排

各国应建立有效的危机处置框架,确保在金融体系稳定和纳税人不承担风险的情况下能够有序地处置所有金融机构。对于G-SIFIs,必须建立三方面互为补充的制度安排:(1)有效的处置制度和工具;(2)跨境协调框架;(3)持续的恢复和处置计划(RRPs)。2010年3月,巴塞尔委员会发布了《跨境银行处置工作组的报告和建议》,从加强各国处置权力和跨境实施、金融机构应急计划以及降低传染性三个方面提出了10条建议。2010年8月,金融稳定理事会提出了处置问题金融机构的24条原则,包括处置体制和工具、跨境合作和协调、评估并提高处置效果的行动框架等主要内容,为各国重组或处置各类问题金融机构初步建立了较为系统的处置框架和相关机制。

(四)强化核心金融市场基础设施

G-SIFIs强化全球金融体系的相互关联性,扩大了金融危机的波及范围和影响程度,成为推动公共干预来防止SIFIs倒闭的重要因素。支付清算体系委员会(CPSS)和证监会国际组织(IOSCO)正致力于改进金融市场核心基础设施,弱化SIFIs之间的关联性以降低风险传染,这些基础设施包括支付体系、证券交易和结算体系、中央交易对手等。

此外,各国对G-SIFIs的监管政策以及单家G-SIFI的危机管理措施、恢复和处置计划等都必须接受金融稳定理事会组建的同行评估理事会(peer review council)的审议。根据审议结果,金融稳定理事会可以对单家G-SIFI提出相应的监管建议。

三、资产证券化和金融衍生品监管

(一)资产证券化监管改革

2009年7月,通过的"Basel 2.5"确立了资产证券化过渡性的资本监管框架,其改革方向已经得到广泛共识,主要包括以下三个方面:

(1)大幅提高对再证券化的资本要求。在"Basel 2.5"确定的资产证券化产品的资本要求过渡性框架中,巴塞尔委员会大幅提高了对再证券化产品的资本要求,再证券化产品与首次证券化产品的资本要求差距在1倍至3倍之间。(2)对资产证券化提出强制留存比率和加强资产池管理要求,以减缓道德风险。此外,巴塞尔委员会提出了一套加强证券化产品资产池管理的操作原则,只有满足了该原则的证券化产品才可以使用评级法、监管公式法等节约资本的计算方法,而不能满足该原则的产品无论是否有评级、评级多高一律适用1250%的惩罚性风险权重,督促发起人和相关管理人加强管理,提高审贷标准,防范道德风险。第三,在降低对外部评级依赖的同时,加强对外部评级机构的监管。巴塞尔委员会充分意识到适度的外部评级验证也是必要的,对市场发展也是有利的。因此,在降低对外部评级依赖的同时,主张加强对外部评级机构的监管,与国际证券监管联合会共同制定了外部评级机构监管规则,强化对其监管,提高外部评级的审慎性。在实践层面,欧盟已通过了对外部评级机构的监管法案,要求在欧盟市场开展业务的评级机构应统一注册登记,强化评级方法和信息披露,并要求外部评级机构在没有掌握可靠信息或金融产品过于复杂时避免作出评级或撤回现有评级结果。

（二）场外衍生品市场改革

按照 G20 领导人的要求，为增强场外衍生品的透明度和监管力度，2010 年 10 月，金融稳定理事会发布了"改革场外衍生品市场"的报告，提出了 21 项建议，涵盖场外衍生品标准化、交易所/电子平台交易、中央交易对手集中清算以及向交易信息库报告四个方面内容。截至 2015 年，在执行国际准则方面，几乎所有 FSB 成员经济体已落实了交易信息报送要求和非集中清算场外衍生品的更高资本要求，覆盖了其 90% 以上的场外衍生品交易。12 个成员经济体建立了集中清算框架，8 个成员经济体建立了平台交易框架。但是，大多数成员经济体在执行非集中清算场外衍生品的保证金要求方面还处于起步阶段。在跨境协调方面，为应对各经济体实施改革进程不同步、监管存在不协调和缺口的问题，IOSCO 于 2015 年 9 月发布了指导文件，帮助各经济体间协调跨境监管工作。

四、影子银行监管

影子银行一词最早在 2007 年由美国投资银行家保罗·麦卡利使用，特指杠杆率较高、透明度较低的结构化融资市场。为建立监测框架，提升监管当局跟踪演变、识别风险以及早期介入的能力，根据二十国集团要求，金融稳定理事会自 2011 年起每年发布全球影子银行监测报告。在《2014 年全球影子银行监测报告》中，金融稳定理事会将影子银行的监测对象界定为"在常规银行体系之外从事信用中介活动的实体和活动"。

影子银行体系中存在的监管套利弱化了监管有效性，金融监管的难度大大增加。部分影子银行业务是出于监管套利的需要而出现的，对传统银行体系的监管越严格，监管套利的空间也就越大，也就越有可能将原本在传统银行体系开展的业务"挤到"影子银行体系中。国际金融危机后，随着更为严格的《巴塞尔资本协议Ⅲ》的全面实施，监管套利空间将会进一步增大。鉴于影子银行体系与传统银行体系密切的联系和相互的风险传染性，金融稳定不仅仅依靠对传统银行体系的监管，还需要对影子银行体系实施有效监管，在整个金融体系的层面监测和防范系统性风险。

根据本次金融危机暴露出来的影子银行体系存在的缺陷，金融稳定理事会确定了影子银行体系监管的五个重点领域：一是减轻影子银行体系和传统银行体系的相互溢出效应；二是降低货币市场基金发生挤兑的概率；三是监测和减少货币市场基金以外的其他影子银行机构带来的系统性风险；四是控制资产证券化风险；五是监控证券融资和回购业务。在这五项重点工作的基础上，影子银行体系的监管框架初现雏形。

五、构建宏观审慎监管框架

危机前普遍认为已有的经济调控框架、金融监管和市场纪律已经提供了实现金融稳定的有效机制。(1) 货币政策致力于稳定通货膨胀预期，通过价格稳定为金融稳定创造条件。(2) 财政政策和货币政策致力于熨平宏观经济周期性波动，减少对金融体系的冲击。(3) 微观审慎监管可以有效阻止金融机构的过度冒险，提高金融体系的抗冲击能力，防止因单体金融机构的危机而传染为金融体系的危机。(4) 金融行为监管和其他强化市场约束的政策使得市场纪律得到加强，从而有助于提高金融稳定程度。(5) 高度发达的金融市场使得市场主体之间能够更便捷地进行风险转移、定价和管理，通过对风险的"有效配置"提高金融体系的稳健程度。(6)以存款保险为主体的金融安全网可以有效阻止单体金融机构破产引发的系统性恐慌。

但是,金融危机的爆发表明,危机前的金融稳定机制存在着重大的缺陷,至少表现在五个方面:(1)现有金融监管难以防范因金融机构太大和太复杂所形成的系统性风险。(2)现有金融监管难以防范因跨行业、跨市场传染所产生的系统性风险。(3)现有金融监管存在着重大真空。(4)现有监管具有明显的顺周期性。(5)现有的金融安全网未能阻止金融恐慌的蔓延。

围绕系统性风险的识别、监测、处置和化解,形成了宏观审慎监管框架的三个要素:(1)宏观审慎分析框架,用于识别和监测系统性风险;(2)宏观审慎政策工具箱,用于处置和化解系统性风险;(3)相关组织机构安排和有关政策协调。国际清算银行最早提出了系统性风险识别的理论框架,提出从时间和空间两个维度识别系统性风险。国际金融监管改革机构已经明确了两个专门用于宏观审慎监管的工具:(1)系统重要性附加,通过对系统重要性金融机构实施更高的资本和流动性监管要求,一方面提高其损失吸收能力和应对冲击能力,另一方面降低其进一步提高系统重要性的动机,降低整个金融体系空间维度的系统性风险。(2)逆周期附加,在经济过热时期,对银行业实施最高2.5%的资本附加,并在经济低迷时期降低或取消逆周期资本附加,以此降低金融部门的亲周期性,减缓时间维度的系统性风险。逆周期资本附加还被应用于防范特定领域的系统性风险。

鉴于国际化带来的挑战,宏观审慎监管还需要完善跨境监管合作安排。目前,跨境金融稳定合作机制在三个层面开展:(1)全球成立了金融稳定理事会,就全球金融稳定议题进行磋商,并对全球系统重要性机构实施一定程度的监管;(2)区域层面,如欧洲银行联盟将成员国的监管权部分让渡给欧洲央行和三个专业监管机构;(3)双边监管合作。

六、有效公司治理

事实表明,金融危机前,许多金融机构特别是大型复杂金融机构的公司治理存在的重大缺陷,是造成系统性风险过度积累的重要原因;危机后的金融监管改革措施也只有通过金融机构有效的公司治理才能真正落地。如果金融机构的公司治理仍无法得到显著地改善,一切金融监管改革无异于对牛弹琴,难以取得实效。

2009年7月,巴塞尔委员会大幅度强化了新资本协议第二支柱框架,要求商业银行建立集团层面的风险治理框架、加强对各类表外风险的管理、重视对各类集中度风险的管理等。2010年发布了《加强银行机构公司治理》和《薪酬原则和标准的评估方法》等,推动商业银行提升风险治理的有效性和风险管理能力。主要包括:强调董事会的全面与首要责任及履职要求;强调董事的尽责履职能力;强调对董事会及成员的履职评价与问责;强调建立与风险承担相匹配的薪酬机制;强调董事会对有效实施风险管控负有最终责任;强调复杂业务结构与组织架构带来的风险;强调发挥股东的外部监督作用;强化监管当局对金融机构公司治理的干预和纠正。

金融机构中的不当行为近年来有所加剧,已经达到了可能损害金融机构和金融市场信誉、引发系统性风险的程度。2015年,FSB积极开展各项工作,降低市场不当行为的相关风险。一是推进薪酬制度改革以及风险管理和风险文化改革,从激励机制层面防范不当行为的风险。二是针对近期固定收益、货币和商品期货（Fixed income, currencies and commodities, FICC）市场的一系列丑闻,英国和欧盟发布相关文件规范 FICC 市场行为,不断改进基准汇率的计算方式。EURIBOR、LIBOR、东京银行间拆借利率（TIBOR）等市场主要基准利率的管理机构正对基准利率的定义和确定方法进行评估,并通过加强信息收集等方式使基准利率更加基于真实交易数据。三是证监会国际组织通过《关于协调合作和信息共享多边谅解备忘录（Multilateral memorandum of understanding, MMoU）》加强行为监管,协调多边合作,目前,共有 105 个缔约方加入了 MMoU。

本 章 小 结

国际金融创新是金融创新活动在国际金融领域内的拓展和延伸。国际金融创新是整个金融领域出现的新创造和新发展,包括新的金融市场、新的金融工具、新的金融机构、新的金融制度和新的金融交易技术等创新。

金融产品与服务创新是金融创新的核心内容;金融技术创新包括融资技术、交易过程和交易方式,以及国际资金清算和交易系统的创新;金融机构创新是指建立新型的金融机构或原有的重组与改造的创新活动;金融市场创新是指通过对金融交易方法进行技术改进、更新,形成新的市场架构的金融创新;金融制度创新是指作为金融管理法律、法规的改变引起的金融经营环境与经营内容上的创新。

票据发行便利兼具银行贷款与证券筹资的功能,是银行等金融机构以承购或备用信贷的形式向借款人提供的一种融资方法。远期利率协定是一种资产负债平衡表外的工具,不涉及实质性的本金交收,信用风险低。

亚投行是一个政府间性质的亚洲区域多边开发机构,重点支持基础设施建设;金砖国家新开发银行的主要职能有两个,即促进基础设施建设融资和可持续发展。亚投行更加侧重于基础设施建设,亚投行不是以减贫为主要目标,而金砖银行是为金砖国家及其他发展中国家的基础设施建设及可持续发展筹集资金,是以减贫为目的,旨在对世界银行的业务进行补充。

经典的金融创新理论主要有：技术推进论、财富增长论、约束诱导论、规避管制论、货币促成论、金融中介论、制度改革论和交易成本论。

金融衍生产品分为四类：远期合约、期货合约、期权合约和互换合约。远期合约交易最大的优点是能根据双方的具体需求确定交割对象的数量和期限,是量体裁衣式交易,其流动性不强。期货合约的标准化大大加强了合约的流动性,期货合约可以作为套期保值和投机的工具。期权合约给予合约持有人的是一种权力而非义务,这是期权合约区别于其他交易的重要特征。互换和掉期主要区别是：交易市场不同、期限结构不同,以及发挥的作用不同。

国际金融衍生产品交易发展的趋势是交易电子化发展迅速、创新不断发展和场外交易发展迅速。与美国相比,中国金融衍生产品市场发展算是刚刚起步。中美两国在金融衍生产品发展顺序上有着很大的不同。虽然美国外汇衍生品和利率衍生品的交易额远远大于中国,但是中国外汇衍生品、利率衍生品的交易额增长快速。

巴塞尔委员会遵循着两项基本原则:没有任何境外银行机构可以逃避监管;监管必须是充分有效的。《巴塞尔资本协议Ⅰ》的内容包括银行资本的界定、银行资产风险的界定和资本充足率的确定。《巴塞尔资本协议Ⅱ》的核心监管内容有三大支柱:一是最低资本要求;二是监管当局的监督检查;三是信息披露与市场纪律。《巴塞尔资本协议Ⅲ》的主要内容有:一是更严格的最低资本要求,如核心一级资本4.5%、一级资本6.0%、总资本充足率8.0%。二是资本留存缓冲要求,为2.5%。三是逆周期资本缓冲要求,为0—2.5%。四是杠杆率要求,最低为3%。五是引入流动性覆盖比率和净稳定融资比率作为银行流动性监管强制标准。

当前,我国银行业监管问题重重,中国银行业监管思路和措施借鉴了《巴塞尔资本协议Ⅲ》的改革精神,并与国际银行业监管趋势相适应。一方面,中国监管当局提出的监管要求无论从指标标准还是过渡期安排上都高于《巴塞尔资本协议Ⅲ》;另一方面,中国引入逆周期资本监管框架,也增加了系统重要性银行的附加资本要求。

提升中国银行业资本要求的对策是:建立逆周期资本监管框架,拓宽银行的资本补充渠道,建立合理的杠杆率评判标准,完善银行风险管理机制,建立高质量的银行数据体系。

国际金融监管改革的主要内容是:一是资本监管及流动性监管改革,包含强化资本充足率监管标准、引入杠杆率监管标准、建立流动性风险量化监管标准、确定新监管标准的实施过渡期,以及强化风险管理实践;二是"大而不倒"与系统重要性金融机构监管,包含提高SIFIs损失吸收能力、提升SIFIs监管强度和有效性、完善危机处置制度安排以及强化核心金融市场基础设施等。

重要概念

金融创新	国际金融创新	金融服务创新	金融技术创新	金融机构创新
金融市场创新	金融制度创新	票据发行便利	远期利率协定	沪港通
金融衍生产品	远期合约	期货合约	期权合约	互换合约
看涨期权	看跌期权	美式期权	欧式期权	利率互换
货币互换	影子银行	流动性覆盖比率	净稳定融资比率	

习题与思考题

1. 金融创新的主要类型有哪些?
2. 根据国际清算银行关于金融创新的标准,金融产品创新包含哪些类型?
3. 票据发行便利和远期利率协定的作用是什么?
4. 试比较亚洲基础设施投资银行与金砖国家新开发银行的功能。

5. 金融创新的主要理论有哪些？其主要观点是什么？
6. 金融衍生产品的主要类型有哪些？其要点是什么？
7. 国际金融衍生产品交易发展的趋势是什么？
8. 巴塞尔资本协议Ⅰ的主要内容有哪些？
9. 巴塞尔资本协议Ⅱ的核心内容是什么？
10. 试比较巴塞尔资本协议Ⅰ和巴塞尔资本协议Ⅱ。
11. 巴塞尔资本协议Ⅲ的主要内容有哪些？
12. 试比较中国与巴塞尔资本协议Ⅲ对银行业监管的要求。
13. 分析巴塞尔资本协议Ⅲ对中国银行业的影响及提升中国银行业资本要求的对策。
14. 国际金融监管改革的核心要点是什么？

参 考 文 献

爱德华·肖(1988):《经济发展中的金融深化》(Shaw,1973),上海三联书店。
巴里·艾肯格林(2009):《资本全球化:国际货币体系史》,上海人民出版社。
巴塞尔银行监管委员会、中国银行业监督管理委员会(2011):《第三版巴塞尔协议》,中国金融出版社。
卜永祥(2008):"人民币升值压力与货币政策:基于货币模型的实证分析",《经济研究》第9期。
蔡秋华(2014):"巴塞尔协议Ⅲ对中国银行业的影响及对策",《福建金融》第2期。
曹远征等(2013):《人民币国际化战略》,学习出版社。
陈爱玮(2013):《关税内生化理论在中国的适用研究:中国关税政策的政治经济学分析》,复旦大学博士论文。
陈岱孙、厉以宁(1991):《国际金融学说史》,中国金融出版社。
崔景华、陈盛光和荣海楼(2007):"日本关税制度及对我国的启示",《涉外税务》第10期。
丁斗(2011):"货币危机的政治经济学解释:文献评述",《世界经济与政治》第1期。
董新贵(2016):"国际金融监管改革及对我国的启示:基于监管模式改革经验的比较",《华北金融》第4期。
范文仲(2015):"国际金融监管改革新进展",《中国金融》第21期。
管涛(2016):"尊重价值规律:人民币汇率形成机制改革未来之出路",《金融研究》第2期。
海关总署综合统计司(2013):《海关统计实务手册》,中国海关出版社。
韩振国(2008):"理性预期、资本内流与货币危机——基于资本流动的宏观效应分析",《国际金融研究》第8期。
黄丙志(2013):《海关管理学概论》,复旦大学出版社。
姜波克(2001):《国际金融新编》(第三版),复旦大学出版社。
姜昱、邢曙光和杨胜刚(2011):"汇率波动对我国进出口影响的门限效应",《世界经济研究》第7期。
蒋磊(2010):《论商品归类争议的产生及解决》,苏州大学硕士论文。
克鲁格曼、奥伯斯法尔德(1998):《国际经济学》,中国人民大学出版社。

李稻葵(2013):《人民币国际化道路研究》,科学出版社。

李晓峰、陈华(2012):"行为金融视角下的人民币汇率决定模型研究",《管理科学学报》第8期。

李羽中(2000):《国家金融风险论》,商务印书馆。

李媛、张弛(2005):《WTO框架下中国对外贸易制度调整与重构》,东北大学出版社。

厉力(2013):《海关监管概论》,复旦大学出版社。

廖继全(2013):《巴塞尔协议Ⅲ解读与银行经济资本应用实务》,企业管理出版社。

林涛、郭雅欣和李传芳(2014):《国际货物贸易实务》,清华大学出版社。

刘春航(2015):《解密巴塞尔:简析国际银行监管框架》,中国金融出版社。

刘遵义(2007):"十年回眸:东亚金融危机",《国际金融研究》第8期。

鲁政委(2008):"货币危机:历史经验、当前形势与对策",《中国金融》第13期。

罗伯特·特里芬(Triffin,1961):《黄金与美元危机:自由兑换的未来》,商务印书馆,1997年中文版。

罗纳德·麦金龙(1988):《经济发展中的货币与资本》,上海三联书店。

马彦杰(2007):《中国关税制度改革与汽车工业生产率:理论与实证分析》,合肥工业大学硕士论文。

迈克尔·梅尔文(Melvin,1989):《国际货币与金融》,上海三联书店,1994年中文版。

美国总统经济报告(2010):*Economic Report of the President* 2010,U.S. Government Printing Office。

米德(Meade,J.,1956):《国际收支》,李翀译,北京经济学院出版社。

潘英丽、马君潞(2002):《国际金融学》,中国金融出版社。

彭兴韵(2009):"金融危机管理中的货币政策操作——美联储的若干工具创新及货币政策的国际协调",《金融研究》第4期。

綦相(2015):"国际金融监管改革启示",《金融研究》第2期。

钱锦(2011):《海关统计》,中国海关出版社。

沈国兵(2002):"汇率制度的选择:理论综述及一个假说",《世界经济文汇》第3期。

沈国兵(2005):"贸易统计差异与中美贸易平衡问题",《经济研究》第6期。

沈国兵(2006):"美国出口管制与中美贸易平衡问题",《世界经济与政治》第3期。

沈国兵(2007a):"显性比较优势、产业内贸易与中美双边贸易平衡",《管理世界》第2期。

沈国兵(2007b):《中美贸易平衡问题研究》,中国财政经济出版社。

沈国兵(2013):《国际金融(第二版)》,北京大学出版社。

沈国兵(2015):"美元弱势调整对中美双边贸易的影响",《经济研究》第4期。

沈国兵(2017):"中美冲突背后的重要症结:美元霸权信用与人民币国际化",《世界经济情况》第2期。

沈国兵、黄铄珺(2017):"汇率变化如何影响中国对美国一般贸易品出口技术结构",《世界经济》第11期。

沈国兵、史晋川(2002)："汇率制度的选择：不可能三角及其扩展",《世界经济》第10期。

沈国兵、王琳璨(2014)："东亚区域生产网络与中美贸易再平衡：以信息通讯技术行业为例",《复旦国际关系评论》第2期。

苏隆中、王海涛(2006)："中小型外贸企业出口信用风险分析及管理",《国际贸易问题》第10期。

王博、范小云(2015)："货币国际化的典型模式及人民币国际化的现实路径选择",《苏州大学学报(哲学社会科学版)》第5期。

王根蓓(2011)："从出口优先与内需扩大走向中性贸易政策——出口导向与内需扩展政策的价格、销量与福利效应分析",《财经研究》第2期。

王华强(2007)："协调制度与海关商品归类",《纺织导报》第7期。

王慧(2015)："人民币国际化与国际储备货币体系改革",《当代经济管理》第5期。

王荣军(2010)："中美贸易"再平衡"：路径与前景",《外交评论》第2期。

王兆星(2013)："国际金融监管改革的理论与实践逻辑",《中国金融》第12期。

王珍(2004)：《WTO与农产品国际竞争力》,中国经济出版社。

王直、魏尚进和祝坤福(2015)："总贸易核算法：官方贸易统计与全球价值链的度量",《中国社会科学》第9期。

吴百福、徐小薇和聂清(2015)：《进出口贸易实务教程(第七版)》,格致出版社、上海人民出版社。

吴有昌(2000)："货币危机的三代模型",《世界经济》第3期。

肖明智、谢锐(2012)："价格粘性下人民币不同升值模式对中国经济的影响研究",《财经研究》第2期。

肖祖斑(2014)：《巴塞尔资本协议与商业银行全面风险管理》,中国人民大学出版社。

徐道文(2006)："深化海关通关改革,促进口岸物流健康发展",《港口经济》第5期。

徐凡(2014)："G20机制化建设与中国的战略选择——小集团视域下的国际经济合作探析",《东北亚论坛》第6期。

徐珊珊(2010)："贸易便利化视角下看商品归类中进出口商的'安全港'",载陈晖主编《海关法评论》第1卷,法律出版社。

徐振增(2012)："透析企业进出口商品归类的法律风险",《企业经济》第3期。

徐志浩(2013)：《现行海关商品归类工作机制的弊端及完善》,华东政法大学硕士学位论文。

许丁、何耀明等(2005)：《通关作业》,中国海关出版社。

姚新超(2014)：《国际结算——实务与操作(第三版)》,对外经济贸易大学出版社。

易纲(2000)："汇率制度的选择",《金融研究》第9期。

易纲、汤弦(2001)："汇率制度'角点解假设'的一个理论基础",《金融研究》第8期。

余永定、肖立晟(2016)："论人民币汇率形成机制改革的推进方向",《国际金融研究》第11期。

约翰·威廉姆森(2004)：汇率制度的选择：国际经验对中国的启示,《国际金融研究》

第 10 期。

约翰·伊特韦尔等(1996):《新帕尔格雷夫经济学大辞典(第二卷:E~J)》,经济科学出版社。

臧华(2010):《论海关商品归类与〈进出口税则〉列目的关系与调整》,复旦大学硕士学位论文。

张斌(2010):人民币汇率改革:折衷的方案,《国际经济评论》第 1 期。

张会清、唐海燕(2012):人民币升值、企业行为与出口贸易——基于大样本企业数据的实证研究:2005~2009,《管理世界》第 12 期。

张丽霞、吴晨(2011):进口企业价格欺瞒与海关监管——博弈均衡分析与经验描述,《华东经济管理》第 6 期。

张志超(2002):汇率制度理论的新发展:文献综述,《世界经济》第 1 期。

中国工商银行(2015):《中国工商银行股份有限公司 2015 年年度报告》。

中国建设银行(2015):《中国建设银行股份有限公司 2015 年年度报告》。

中国农业银行(2015):《中国农业银行股份有限公司 2015 年年度报告》。

中国银行(2015):《中国银行股份有限公司 2015 年年度报告》。

中国人民大学国际货币研究所(2015):《人民币国际化报告:"一带一路"建设中的货币战略》,中国人民大学出版社。

中国人民银行(2015):人民币国际化报告,《金融时报》2015 年 6 月 12 日。

中国人民银行货币政策分析小组(2017):《中国货币政策执行报告:2016 年第四季度》,2017 年 2 月 17 日。

中国人民银行货币政策分析小组(2017):《中国货币政策执行报告 2017 年第二季度》,2017 年 8 月 11 日。

中国人民银行金融稳定分析小组(2014):《中国金融稳定报告——2014》,中国金融出版社。

中国人民银行金融稳定分析小组(2016):《中国金融稳定报告——2016》,中国金融出版社。

中国人民银行金融稳定分析小组(2017):《中国金融稳定报告——2017》,中国金融出版社。

中国银行业监督管理委员会宣传部(2015):《中国银行业监督管理委员会 2015 年报》,中国金融出版社。

中国银监会(2011):《关于中国银行业实施新监管标准的指导意见》,银监发[2011]44 号,2011 年 4 月 27 日。

周平军(2015):"推进人民币国际化的路径选择",《中国发展观察》第 5 期。

Ackermann, J. (2008), The subprime crisis and its consequences, *Journal of Financial Stability*, Vol.4, Issue 4, pp.329-337.

Agénor, P. and P. Masson (1999), Credibility, Reputation and the Mexican Peso Crisis, *Journal of Money, Credit and Banking*, Vol.31, No.1, pp.82-83.

Aizenman, J. and R. Hausmann (2000), Exchange Rate Regimes and Financial-

Market Imperfections, NBER Working Paper No.7738.

Albanesi, S., G. De Giorgi and J. Nosal (2017), Credit Growth and the Financial Crisis: A New Narrative, *NBER Working Paper* No.23740.

Basel Committee on Banking Supervision (2010), *Basel Ⅲ: A Global Regulatory Framework for More Resilient Banks and Banking Systems*, Bank for International Settlements, June 2011.

Basel Committee on Banking Supervision (2010), *Basel Ⅲ: International Framework for Liquidity Risk Measurement, Standards and Monitoring*, Bank for International Settlements.

Bauer, C., P. De Grauwe and S. Reitz (2009), Exchange Rate Dynamics in a Target Zone: A Heterogeneous Expectations Approach, *Journal of Economic Dynamics & Control*, Vol.33, Issue 2, pp.329-344.

Bénassy-Quéré, A. and B. Coeuré (2000), Big and Small Currencies: The Regional Connection, CEPII, document de travail No.2000-10.

Bénassy-Quéré, A. and D. Capelle (2014), On the Inclusion of the Chinese Renminbi in the SDR Basket, *International Economics*, Vol.139, pp.133-151.

Benmelech, E. and E. Dvir (2011), Does Short-Term Debt Increase Vulnerability to Crisis? Evidence from the East Asian Financial Crisis, *NBER Working Paper* No.17468.

Bernanke, B. and M. Gertler (1989), Agency Costs, Net Worth, and Business Fluctuations, *American Economic Review*, Vol.79, No.1, pp.14-31.

Black, S. (1976), Exchange Policies for Less Developed Countries in a World of Floating Rates, *Princeton Studies in International Finance*, No.119.

Blanchard, O. and F. Giavazzi (2006), Rebalancing Growth in China: A Three Handed Approach, *China & World Economy*, Vol.14, Issue 4, pp.1-20.

Bordo, M. D. and A. J. Schwartz (1997), Why Clashes Between Internal and External Stability Goals End in Currency Crises, 1797-1994, *NBER Working Paper* No.5710.

Callaghan, M., C. Ghate, S. Pickford and F. X. Rathinam (2014), *Global Cooperation Among G20 Countries: Responding to the Crisis and Restoring Growth*, Springer: India 2014.

Calvo, G. and C. Reinhart (2000), Fixing for Your Life, *NBER Working Paper* No.8006.

Canzoneri, M. and D. Henderson (1991), *Monetary Policy in Interdependent Economies: A Game-Theoretic Approach*, Cambridge (Mass.): MIT Press.

Canzoneri, M. and J. Gray (1985), Monetary Policy Games and the Consequences of Non-Cooperative Behavior, *International Economic Review*, Vol. 26, Issue 3, pp.547-564.

Chan, N. T. L. (2014), Hong Kong as Offshore Renminbi Centre-Past and Prospects, InSight, http://www.hkma.gov.hk/eng/key-information/insight/20140218.shtml.

Chang, R. and A. Velasco (1998), The Asian Liquidity Crisis, *NBER Working Paper* No.6796.

Chang, R. and A. Velasco (2000), Exchange-Rate Policy for Developing Countries, *American Economic Review*, Vol.90, No.2, pp.71-75.

Chang, R., and A. Velasco (1999), Liquidity Crises in Emerging Markets: Theory and Policy, *NBER Working Paper* No.7272.

Cooper, R. (1968), *The Economics of Interdependence: Economic Policy in the Atlantic Community*, New York: McGraw-Hill.

Cooper, R. (1969), Macroeconomic Policy Adjustment in Interdependent Economies, *The Quarterly Journal of Economics*, Vol.83, No.1, pp.1-24.

Corsetti, G., P. Pesenti, and N. Roubini (1998), Paper Tigers? A Model of the Asian Crisis, *NBER Working Paper* No.6783.

Craig, R.S., C. Hua, P. Ng and R. Yuen (2013), Development of the Renminbi Market in Hong Kong SAR: Assessing Onshore-offshore Market Integration, *IMF Working Paper*, pp.14-15.

Crockett, A. and B. H. Cohen (2001), Financial Markets and Systemic Risk in an Era of Innovation, *International Finance*, Vol.4, pp.127-144.

De Grauwe, P. and M. Grimaldi (2005), The Exchange Rate and its Fundamentals in a Complex World, *Review of International Economics*, Vol. 13, Issue 3, pp.549-575.

De Grauwe, P. and M. Grimaldi (2006), *the Exchange Rate in Behavioral Finance Framework*, Princeton, N.J.: Princeton University Press, pp.111-132.

De Grauwe, P. and P.R. Kaltwaser (2012), *Chapter Four: The Exchange Rate in a Behavioral Finance Framework*, Handbook of Exchange Rates, Published 2012 by John Wiley & Sons, Inc.

Devereux, M. and C. Engel (1998), Fixed vs. Floating Exchange Rates: How Price Setting Affects the Optimal Choice of Exchange-Rate Regime, *NBER Working Paper* No.6867.

Devereux, M. and C. Engel (1999), The Optimal Choice of Exchange-Rate Regime: Price-Setting Rules and Internationalized Production, *NBER Working Paper* No.6992.

Diamond, D.W. and P.H. Dybvig (1983), Bank Runs, Deposit Insurance, and Liquidity, *Journal of Political Economy*, Vol.91, No.3, pp.401-419.

Dornbusch, R. (1982), PPP Exchange-Rate Rules and Macroeconomic Stability, *Journal of Political Economy*, Vol.90, No.1, pp.158-165.

Dornbusch, R. and Y. C. Park (1999), Flexibility or Nominal Anchors? *Exchange Rate Policies in Emerging Asian Countries*, Routledge, London.

Du, W., A. Tepper and A. Verdelhan (2017), Deviations from Covered Interest Rate Parity, *NBER Working Paper* No.23170, pp.1-69.

Eichengreen, B., A.K. Rose and C. Wyplosz (1995), Exchange market mayhem: The antecedents and aftermath of speculative attacks, *Economic Policy*, Vol.10, No.21, pp.249-312.

Eichengreen, B., K. Walsh and G. Weir (2014), Internationlisation of the Renminbi: Pathways, Implications and Opportunities, *Research Report*, Centre for International Finance and Regulation, March, 2014.

Eijffinger, S. and B. Karataş (2012), Currency Crises and Monetary Policy: A Study on Advanced and Emerging Economies, *Journal of International Money & Finance*, Vol.31, Issue 5, pp.948-974.

Feldstein, M. (2008), Resolving the Global Imbalance: The Dollar and the U.S. Saving Rate, *Journal of Economic Perspectives*, Vol.22, No.3, pp.113-125.

Ferguson, N. and M. Schularick (2007), "Chimerica" and the Global Asset Market Boom, *International Finance*, Vol.10, Issue 3, pp.215-239.

Fischer, S. (2001), Exchange Rate Regimes: Is the Bipolar View Correct?, Delivered at the Meetings of the American Economic Association, New Orleans, January 6, 2001.

Fleming, M. (1962), Domestic Financial Policies under Fixed and under Floating Exchange Rates, *IMF Staff Papers* No.9, pp.369-379.

Fleming, M. (1971), On Exchange Rates Unification, *Economic Journal*, Vol.81, pp.467-488.

Flood, R. and P. Garber (1984), Collapsing Exchange Rate Regimes: Some Linear Examples, *Journal of International Economics* Vol.17, pp.1-13.

Frankel, J. (1999), No Single Currency Regime is Right for All Countries or At All Times, *NBER Working Paper* No.7338.

Frankel, J., S. Schmukler, and L. Serven (2000), Verifiability and the Vanishing Intermediate Exchange Rate Regime, *NBER Working Paper* No.7901.

Frankel, J.A. and K.A. Froot (1990), Chartists, Fundamentalists, and Trading in the Foreign Exchange Market, *the American Economic Review*, Vol. 80, No. 2, pp.181-185.

Fratianni, M. and Von Hagen (1990), The European Monetary System Ten Years After, Conferences Series on Public Policy 32, pp.173-241.

Frieden, J.A. (2016), Macroeconomic Rebalancing in China and the G20, *China & World Economy*, Vol.24, No.4, pp.15-33.

Friedman, M. (1953), The Case for Flexible Exchange Rates, *Essays in Positive*

Economics, Chicago University Press, pp.157-203.

Girton, L. and D. Roper (1977), A Monetary Model of Exchange Market Pressure Applied to the Postwar Canadian Experience, *The American Economic Review*, Vol.67, No.4, pp.537-548.

Greenbaum, S. I. and C. F. Haywood (1971), Secular Change in the Financial Services Industry, *Journal of Money, Credit and Banking*, Vol. 3, No. 2, pp.571-589.

Haberler, G. (1971), Reflections on the Economics of International Monetary Integration, in W. Bickel (ed.), *Verstehen und Gestalten der Wirtschaft*, Tübingen, pp.269-278.

Habermeier, K., A. Kokenyne, R. Veyrune and H. Anderson (2009), Revised System for the Classification of Exchange Rate Arrangements, *IMF Working Paper* No.09211.

Hamada, K. (1976), A Strategic Analysis of Monetary Interdependence, *Journal of Political Economy*, Vol.84, pp.677-700.

Hannan, T. H. and J. M. McDowell (1984), Market Concentration and the Diffusion of New Technology in the Banking Industry, *The Review of Economics and Statistics*, Vol.66, No.4, pp.686-691.

Hausmann, R., U. Panizza and E. Stein (2000), Why do Countries Float the Way They Float? Inter-American Development Bank, *Working Paper* No.418.

He, D. and R.N. Mc Cauley (2010), Offshore Markets for the Domestic Currency: Monetary and Financial Stability Issues, *BIS Working Paper*, February, 2010.

Heller, H.R. and M.D. Knight (1978), *Reserve-currency preferences of central banks*, International Finance Section, Dept. of Economics, Princeton, N.J.: Princeton University Press.

IMF (2009), *Balance of payments and international investment position manual*, 6th ed. (BPM6), Washington, D.C.: International Monetary Fund, 2009.

Ingram, J. (1969), Comment: The Currency Area Problem, in *Monetary Problems of the International Economy*, ed. by Robert Mundell and Alexander Swoboda, Chicago: University of Chicago Press.

Jeanne, O. (1997), Are Currency Crises Self-fulfilling? A Test, *Journal of International Economics*, Vol.43, pp.263-286.

Jeanne, O. and A. Rose (1999), Noise Trading and Exchange Rate Regimes, *NBER Working Paper* No.7104.

Johnson, R.C. and G. Noguera (2012), Accounting for Intermediates: Production Sharing and Trade in Value Added, *Journal of International Economics*, Vol.86, Issue 2, pp.224-236.

Johnston, B. (1999), Exchange Rate Arrangements and Currency Convertibility:

Developments and Issues, *IMF Working Paper*.

Jon M. Huntsman, Jr. and C. Brummer (2015), *Renminbi Ascending: How China's Currency Impacts Global Markets, Foreign Policy, and Transatlantic Financial Regulation*, Research Report, pp.1-32.

Kane, E. J. (1978), Getting along without Regulation Q: Testing the Standard View of Deposit-Rate Competition during the "Wild-Card Experience", *The Journal of Finance*, Vol.33, No.3, pp.921-932.

Kenen, P. (1969), The Theory of Optimum Currency Areas: An Eclectic View, in *Monetary Problems of the International Economy*, ed. by Robert Mundell and Alexander Swoboda, Chicago: University of Chicago Press.

Kindleberger, C. (1973), The World in Depression, 1929-1939, Allen Lane, Penguin Books Ltd.

Kohler, M. (1998), Coalition Formation in International Monetary Policy Games, Bank of England Working Paper.

Krugman, P. (1979), A Model of Balance-of-payments Crises, *Journal of Money, Credit and Banking*, Vol.11, Issue 3, pp.311-325.

Krugman, P. (1989), Target Zones with Limited Reserves, mimeo, the MIT Press.

Krugman, P. (1991), Target Zones and Exchange Rate Dynamics, *The Quarterly Journal of Economics, The Quarterly Journal of Economics*, Vol.106, Issue 3, pp.669-682.

Krugman, P. (1999), Balance Sheets, the Transfer Problem, and Financial Crises, *International Tax and Public Finance*, Vol.6, Issue 4, pp.459-472.

Krugman, P. and M. Obstfeld (2003), *International Economics: Theory and Policy*, Sixth Edition, Boston: Pearson Education, Inc., pp.293-665.

LeBaron, B. and R. McCulloch (2000), Floating, Fixed or Super-Fixed? Dollarization Joins the Menu of Exchange-Rate Options, *American Economic Review*, Vol.90, No.2, pp.32-36.

Lee, J. W. (2011), Will the Renminbi Emerge as an International Reserve Currency?, *Working Paper*, Asian Development Bank.

Levy-Yeyati, E. and Sturzenegger (1999), Classifying Exchange Rate Regimes: Deeds vs. Words, pp.34-38, http://www.utdt.edu/~ely.

Liu, X. and J. Zhang (2009), RMB Exchange Market Pressure and Central Bank Exchange Market Intervention, *China & World Economy*, Vol.17, Issue 3, pp.75-92.

MacDonald, R. and L.A. Ricci (2005), The Real Exchange Rate and the Balassa-Samuelson Effect: The Role of the Distribution Sector, *Pacific Economic Review*, Vol.10, Issue 1, pp.29-48.

Manzan, S. and F.H. Westerhoff (2007), Heterogeneous expectations, exchange rate dynamics and predictability, *Journal of Economic Behavior & Organization*, Vol.64, Issue 1, pp.111-128.

Masson, P. (2000), Exchange rate Regime Transitions, *IMF Working Paper* No.134.

Mayer, J. (2010), Global Rebalancing: Effects on Trade Flows and Employment, *UNCTAD Discussion Papers* No.200, pp.1-48.

McKinnon, R. (1963), Optimum Currency Areas, *American Economic Review*, Vol.53, pp.717-725.

McKinnon, R. (2004), The East Asian Dollar Standard, *China Economic Review*, Vol.15, Issue 3, pp.325-330.

McKinnon, R. and G. Schnabl (2003), China: A Stabilizing or Deflationary Influence in East Asia? The Problem of Conflicted Virtue, pp.1-34, http://www.stanford.edu/~mckinnon/papers/China.pdf.

McKinnon, R. and G. Schnabl (2006), Devaluing the Dollar: A Critical Analysis of William Cline's Case for a New Plaza Agreement, *Journal of Policy Modeling*, Vol.28, Issue 6, pp.683-694.

McKinnon, R. and H. Pill (1998), International Overborrowing: A Decomposition of Credit and Currency Risk, *World Development*, Vol.26, No.7, pp.1267-1282.

McKinnon, R.I. (2006), China's Exchange Rate Appreciation in the Light of the Earlier Japanese Experience, *Pacific Economic Review*, Vol.11, Issue 3, pp.287-298.

McKinnon, R.I. (2010), Why Exchange Rate Changes Will Not Correct Global Trade Imbalances, in S. Claessens, S. Evenett and B. Hoekman (eds.), *Rebalancing the Global Economy: A Primer for Policymaking* (London: CEPR: A VoxEU.org publication), pp.81-86.

Mishkin, F.S. (1999), Lessons from the Asian Crisis, *Journal of International Money and Finance*, Vol.18, Issue 4, pp.709-723.

Mundell, R. (1960), The Monetary Dynamics of International Adjustment under Fixed and Floating Exchange Rates, *Quarterly Journal of Economics* 74, pp.227-257.

Mundell, R. (1961), A Theory of Optimum Currency Areas, *American Economic Review*, Vol.51, pp.657-665.

Mundell, R. (1963), Capital Mobility and Stabilization Policy under Fixed and Flexible Exchange Rates, *Canadian Journal of Economics and Political Science*, Vol.29, No.4, pp.475-485.

Nilsson, K. and L. Nilsson (2000), Exchange Rate Regimes and Export Performance of Developing Countries, *the World Economy*, Vol.23, No.3, pp.331-347.

Obstfeld, M. (1994), The Logic of Currency Crises, *NBER Working Paper* No.4640.

Obstfeld, M. (1996), Models of Currency Crises with Self-fulfilling Features,

European Economic Review, Vol.40, pp.1037-1047.

Obstfeld, M. and K. Rogoff (1995), Exchange Rate Dynamics Redux, *Journal of Political Economy*, Vol.103, No.3, pp.624-660.

Obstfeld, M. and K. Rogoff (1995), The Mirage of Fixed Exchange Rates, *Journal of Economic Perspectives*, Vol.9, No.4.

Ogawa E. and T. Ito (2000), On the Desirability of a Regional Basket Currency Arrangement, *NBER Working Paper* No.8002.

Patnaik, I., J. Felman and A. Shah (2017), An Exchange Market Pressure Measure for Cross Country Analysis, *Journal of International Money and Finance*, Vol.73, pp.62-77.

Phylaktis, K. and E. Girardin (2001), Foreign Exchange Markets in Transition Economies: China, *Journal of Development Economics*, Vol.64, Issue 1, pp.215-235.

Poirson, H. (2001), How do Countries Choose Their Exchange Rate Regime?, *IMF Working Paper* No.46.

Radelet, S. and J. Sachs (1998), The East Asian Financial Crisis: Diagnosis, Remedies, Prospects, *Brookings Paper*, Vol.28, No.1, pp.1-74.

Reinhart, C. (2000), The Mirage of Floating Exchange Rates, *American Economic Review*, Vol.90, No.2, pp.65-70.

Reis, R. (2016), QE in the Future: the Central Bank's Balance Sheet in a Fiscal Crisis, *NBER Working Paper* No.22415.

Roubini, N. and P. Wachtel (1998), Current Account Sustainability in Transition Economies, NBER Working Paper No.6468.

Sachs, J. D., A. Tornell, A. Velasco, G. A. Calvo and R. N. Cooper (1996), Financial Crises in Emerging Markets: The Lessons from 1995, *Brookings Papers on Economic Activity*, Vol.1996, No.1, pp.147-215.

Silber, W. L. (1983), The Process of Financial Innovation, *The American Economic Review*, Vol.73, No.2, pp.89-95.

Summers, L. (2000), International Financial Crises: Causes, Prevention, and Cures, *American Economic Review*, *Papers and Proceedings*, Vol. 90, No. 2, pp.1-16.

Swan, P.L. (2009), The political Economy of the Subprime Crisis: Why Subprime Was so Attractive to Its Creators, *European Journal of Political Economy*, Vol.25, Issue 1, pp.124-132.

Triffin, R. (1961), *Gold and the Dollar Crisis: The Future of Convertibility*, Yale University Press.

Tyers, R. and Y. Zhang (2014), Real Exchange Rate Determination and the China Puzzle, *Asian-Pacific Economic Literature*, Vol.28, Issue 2, pp.1-32.

Ureche-Rangau, L. and A. Burietz (2013), One crisis, two crises ... the subprime crisis and the European sovereign debt problems, *Economic Modelling*, Vol. 35, pp.35-44.

Vines, D. (2010), The Global Macroeconomic Crisis and G20 Macroeconomic Policy Coordination, *The Journal of Applied Economic Research*, Vol.4, Issue 2, pp.157-175.

Voss, J. (2011), European Sovereign Debt Crisis: Overview, Analysis, and Timeline of Major Events, *Working paper*, 21 November 2011.

Weymark, D.N. (1997), Measuring the Degree of Exchange Market Intervention in a Small Open Economy, *Journal of International Money and Finance*, Vol.16, Issue 1, pp.55-79.

Whalen, R.C. (2008), The Subprime Crisis: Cause, Effect and Consequences, *Networks Financial Institute Policy Brief* No.2008-PB-04, pp.1-17.

Williamson, J. (1965), The Crawling peg, Princeton Essays in International Finance, No.50.

Williamson, J. (1985), The Exchange Rate System, Working Paper, Washington: Institute for International Economics.

Williamson, J. (2000), Exchange Rate Regimes for Emerging Markets: Reviving the Intermediate Option, Working Paper, Sept. 2000.

Yeager, T.J. (2011), Causes, Consequences and Cures of the Subprime Financial Crisis, *Journal of Economics and Business*, Vol.63, Issue 5, pp.345-348.

Yoshitomi, M. and S. Shirai (2000), Policy Recommendations for Preventing Another Capital Account Crisis, Technical Background Paper of Asian Development Bank Institute.

Zeng, K. (2002), Complementary Trade Structure and U.S.-China Negotiations over Intellectual Property Rights, *East Asia*, Vol.20, Issue 1, pp.54-80.

Zhang, Z. and K. Sato (2012), Should Chinese Renminbi be Blamed for Its Trade Surplus? A Structural VAR Approach, *the World Economy*, Vol. 35, Issue 5, pp.632-650.

Zhu, J. (2003), China's Exchange Market Pressure and the Central Bank's Intervention: An Empirical Analysis, *Journal of the World Economy* (Chinese), No.6, pp.14-23.

附 录

教学案例正文

股权众筹平台风险研究：基于36氪平台"宏力能源"众筹项目的案例分析[①]

摘 要：2015年6月，36氪推出股权众筹业务，宏力能源是该平台的早期众筹项目之一。本案例从股权众筹平台风险分析的角度研究了新三板挂牌企业宏力能源在36氪平台上进行股权众筹融资事件，详细剖析了该融资事件由于业绩未达预期导致股价大跌对投资者造成严重损失的前因后果。具体地，本文从36氪平台自身的发展与定位，事件爆发后36氪平台对市场质疑的回应，宏力能源对事件作出的回应，投资者的看法等方面进行了详细阐述，旨在通过该案例对股权众筹平台的风险点进行剖析，并提出适当的解决方案。

关键词：股权众筹；平台风险；36氪；宏力能源

1. 引言

2016年6月3日，消息爆出36氪平台的股权众筹项目"宏力能源"涉嫌欺诈，在投资领域闹得沸沸扬扬。

宏力能源成立于2000年，主营业务为热泵设备的生产销售，2015年6月挂牌新三板。2015年11月，宏力能源在36氪股权众筹平台进行新一轮的融资，这也是36氪首次为新三板项目进行融资。本次众筹的认购价为每股10元，一共600万股。根据公司披露，11月30日，双方正式签署相关融资服务协议，2016年2月26日，各方顺利完成股份转让事宜。

然而，两个月以后，宏力能源2015年度报告公布，报告显示公司业绩严重不达预期，2015年的营业收入为7 373.72万元，同比下降67.71%，亏损近3 000万元。而在2014年，其盈利为2 703.13万元。年报公布以后，公司股价大幅下降，仅剩此次众筹发行价的一半左右。

[①] 本案例由复旦大学经济学院世界经济研究所沈国兵教授、程思俏硕士毕业生撰写，作者拥有著作权中的署名权、修改权、改编权。由于企业保密的要求，在本案例中对有关名称、数据等做了必要的掩饰性处理。本案例只供课堂讨论，并无意暗示或说明某种管理行为是否有效。

参与此次众筹的投资者因此产生了强烈不满,投资人提出宏力能源和36氪平台存在欺诈。

投资人纷纷指责36氪在推荐宏力能源项目时未能充分做好尽职调查工作,并没有发现其业绩大幅下滑、涉嫌诈骗等严重的问题,承诺参与投资却没有履行,随意更改融资方案,给广大投资者带来严重的投资损失。股权众筹这种新型的企业融资方式也再次引发社会各界的质疑和讨论。

2. 36氪:10亿美元独角兽的长成

36氪是一家创投圈知名的媒体、融资服务公司,成立于2011年。经过6年的发展,36氪已经成为创投圈内一家备受创业者、投资人关注的公司。36氪以创投媒体起家,如今已经是创投圈影响力最大的媒体平台。通过媒体业务,36氪建立了强大的行业知名度和行业影响力,积累了大量的行业人脉资源。顺理成章地,36氪开始拓展更多创投圈服务,包括融资平台、众创空间等,股权众筹平台便是其中之一。36氪股权众筹平台也是国内影响力最大的股权众筹平台。

2010年,36氪创始人刘成城在和同伴撰写科技博客时注意到媒体报道总是聚焦于诺基亚、惠普这类大公司,众多的中小创业公司没有人关注。于是,他组织一个团队,开始报道这些创业中的中小企业,以科技类企业为主。

那时候,全国大量优秀的创业媒体专业性和媒体影响力远远超过36氪。为了脱颖而出,36氪做了两个方面的努力。首先,在报道目标的选择上,许多创业媒体仍然是传统媒体的观念,关注的企业属于已经发展成熟的企业,而36氪最开始选择关注的对象就是早期项目,甚至种子项目,这样的报道在市场上让人耳目一新。其次,以大量的发稿数量获得关注。36氪的报道不追求深度,而追求大量的曝光,每日大量的更新,一天更新上百条,这样,媒体平台可以一直保持热度,获得持续不断的流量。

2011年和2012年,36氪先后获得种子轮和天使轮的融资,推动公司从4个人的小业务拓展成为具备一定行业影响力的大生意。此后,36氪媒体平台的影响力不断扩大,逐渐成长为创投圈影响力最大的媒体平台,并获得资本的持续关注和投资。2013年9月,36氪获得Infinity Venture Partners数百万美元的融资。2014年11月,36氪获得经纬中国数千万美元的融资。2014年,基于36氪媒体平台形成的品牌影响力,36氪开始进入创业孵化器领域,推出了氪空间,它是全国首个不收费、不占股的创业孵化器。除了免费为创业团队提供融资、办公、法务、财务、工商注册等服务之外,氪空间还依托于其母体36氪的创业生态,为优秀项目提供项目曝光、优质活动、股权融资等独家资源。2015年10月,36氪进一步获得来自蚂蚁金服、华泰瑞麟、经纬中国的新一轮融资,并开始了自己在创业企业融资方面的服务。也是在这一年,36氪启动股权众筹业务。

2016年,36氪又进行了两轮融资,先后获得永柏资本、招商局的过亿元投资,并开始了自己的上市之路。如今,36氪已经成为估值超过10亿美元的独角兽之一。

3. 事件回顾

3.1 宏力能源36氪平台股权融资

2015年6月,宏力能源新三板挂牌。11月,公司发布2015年第二期股票发行方案,新增发行600万股,发行价格为10元/股,总共募集6000万元。36氪作为其项目融资顾问,负责整理相关推介材料并通过36氪股权众筹平台向投资人进行推介,完成交易后收取一定的交易佣金。36氪的融资方案是:先成立一支基金作为领投基金,让社会各界的投资人作为跟投人参与,认购门槛为100万元。36氪还表示,平台内部已经认购1000万元。而宏力能源的公告显示,在顾问合同签署后,36氪在平台上组织定增路演,路演主题为拟面向合格投资者定增600万股,定价10元/股。因路演效果不理想,宏力能源未寻到合格投资人完成本次定增。此后,36氪线下撮合一些社会投资人设立新三板基金(金盛博基—36氪新三板2号基金),并用该基金与宏力能源股东(韩冰)签署了股权转让协议,进行了老股转让。

宏力能源该项目简介:36氪为宏力能源准备的路演推荐材料

宏力能源做地源热泵技术,分建筑节能及工业节能。做这行的竞争品不少,但这家具备国家研发资质的核心技术,包括全行业唯一的节能运营资质及机电安装一级施工资质,在国务院网站有公示可查。公司生产、销售、施工及运营全产业链齐全。交易部分:新三板定增价格10元,共600万股,额度争取到3000万,100万认购门槛,目前,平台内部员工已认购1000万,下月开始以18元底价做市,做市商是齐鲁证券、招商证券和中原证券。

本轮的认购折价达到80%,但这只是其中之一,新三板有流动性问题,公司已经连续两年盈利,2013年净利1 087万元,2014年2 700万元,2015年约3 500万元,应收账款2.4亿元(实数不涉及其他应收账单)[①]。

3.2 业绩不达标股价急跌

但是,2016年4月,宏力能源发布的2015年年度报告显示,公司2015年度的营业收入为7 373.72万元,同比减少67.71%,营业利润为－3 362.01万元,净利润为－2 676.06万元。这与此前的推介材料中的预期财务状况相差甚远。投资人纷纷指责36氪在推荐宏力能源项目时未能充分做好尽职调查工作,并没有发现其业绩大幅下滑、涉嫌诈骗等严重问题,承诺参与投资却没有履行,随意更改融资方案,给广大投资者带来严重的投资损失。股权众筹这种新型的企业融资方式也再次引发社会各界的质疑和讨论。

4. 市场对36氪的质疑

作为宏力能源的财务顾问和宏力能源股权众筹的平台,36氪在事件爆发后遭到市场的许多质疑。

在操作上,参与众筹的投资者原本应该是以增发的形式入股的,最后却变成接受老股转让,这让很多投资者不满。但更令投资者生气的是36氪的虚假宣传,宏力能源在推介材料中预测的经营数据和最终披露的实际经营数据差距甚远。同时,36氪为了吸引投资者认购,承诺自己将认购1 000万股,却没有最终执行。

股权众筹行业门户网站众筹之家发文直接指出36氪完全没有认真对众筹项目公司做尽职调查。众筹之家指出,在项目推荐材料中,宏力能源给出的2015年业绩预测是3 500万元净利润,但根据宏力能源2015年的中期报告,2015年上半年公司亏损了近600

---

① 资料来源:钛媒体报道。

万元,由于宏力能源所在的热泵产品的生产销售行业是一个较为传统的、增长平稳的、非周期性的行业,公司在 2016 年下半年扭亏为盈,实现全年 3 500 万元净利润的目标是非常困难的,也是非常不可信的。36 氪面对这样不正常的财务预测没有做丝毫的质疑和核查,作为平台方是有一定责任的。

钛媒体的报道中提到投资人胡科斌认为,路演信息与实际不符,主要的责任方是企业,36 氪作为中介平台负有一定的尽职调查不合格的责任,但本身并不承担主要责任,但是,融资方案由定增变为老股转让,36 氪就有欺诈的嫌疑了。

5. 宏力能源 2015 年业绩状况以及对事件的回应

5.1 宏力能源业绩状况

如附表 1,从公司 2015 年的年度报告,相较于 2014 年,公司业绩明显下滑。2015 年,公司收入比 2014 年下降 67.71%,由两个多亿下降到七千多万,毛利率比 2014 年减少 3 个百分点,营业利润比 2014 年减少 6 000 多万元,净利润比 2014 年减少 5 000 多万元,由盈利变为亏损近 3 000 万元。

附表 1 宏力能源主要财务数据

主要会计数据	2015 年(末)	2014 年(末)	2015 年比 2014 年(末)增减(%)
总资产(百万元)	657.3	718.72	−8.55
归属于挂牌公司股东的净资产(百万元)	346.18	332.58	4.09
营业收入(百万元)	73.74	228.38	−67.71
归属于挂牌公司股东的净利润(百万元)	−26.79	27.03	
归属于挂牌公司股东的扣除非经常性损益后的净利润(百万元)	−29.92	25.98	
经营活动产生的现金流量净额(百万元)	1.65	19.90	−91.70
加权平均净资产收益率(%)	−7.96	8.49	
基本每股收益(元/股)	−0.43	0.45	
稀释每股收益(元/股)	−0.43	0.45	
归属于挂牌公司股东的每股净资产(元/股)	5.33	5.54	−3.92

数据来源:《宏力能源 2015 年年度报告》。

如附表 2 所示,从盈利能力指标来看,宏力能源 2015 年毛利率较上一年略有下滑,下降约 3 个百分点,但整体毛利水平大于 40%,仍然保持在较高的水平上。然而,公司的营业利润率却大幅下降,由 14.10% 下降到 −45.59%。相应地,公司净利润也大幅下降,由盈利变为亏损。如附表 3 所示,通过宏力能源 2015 年营业利润构成可以看出,公司营业利润率大幅下降来自管理费用率、销售费用率、财务费用率和资产减值损失的大幅增加。这反映出公司在 2015 年的经营效率明显降低,公司在管理成本、销售成本、财务成本控制上存在一些问题。同时,公司报告中指出,资产减值损失大幅增加的主要原因是随着应收账款账龄的变化,资产减值损失的计提金额增加所致。这说明公司在应收账款管理上也存在一些问题。

附表2　宏力能源盈利能力指标

主要财务指标	2015年(末)	2014年(末)	2015年(末)比2014年(末)增减(%)
营业收入(百万元)	73.74	228.38	-67.71
毛利率(%)	40.81	43.77	
营业利润率(%)	-45.59	14.10	
归属于挂牌公司股东的净利润(百万元)	-26.79	27.03	
加权平均净资产收益率(%)	-7.96	8.49	

数据来源:《宏力能源2015年年度报告》。

附表3　宏力能源2015年营业利润构成

主要会计数据	金额	同比变动比例(%)	占营业收入的比重(%)	上年同期占营业收入的比重(%)
营业收入(百万元)	73.74	-67.71		
营业成本(百万元)	43.64	-66.02	59.19	56.23
毛利率(%)	40.81	43.77		
营业税金及附加(百万元)	0.75	-82.83	1.02	1.91
管理费用(百万元)	21.99	-21.72	29.83	12.30
销售费用(百万元)	8.89	-52.74	12.05	8.23
财务费用(百万元)	13.10	5.86	17.77	5.42
资产减值损失(百万元)	18.98	361.96	25.75	1.80
营业利润(百万元)	-33.62		-45.60	14.10

数据来源:《宏力能源2015年年度报告》。

如附表4所示,从偿债能力指标来看,宏力能源的资产负债率在2015年有所下降。相应地,其流动比率有所提高,但公司的利息保障倍数为负数,意味着该公司有较大的债务违约风险。

附表4　宏力能源偿债能力指标和利息保障倍数

主要财务指标	2015年(末)	2014年(末)	2015年(末)比2014年(末)增减(%)
资产总计(百万元)	657.3	718.72	-8.55
负债总计(百万元)	308.42	386.14	4.09

续 表

主要财务指标	2015年(末)	2014年(末)	2015年(末)比2014年(末)增减(%)
归属于挂牌公司股东的净资产(百万元)	346.18	332.58	
资产负债率(%)	42.31	49.93	
流动比率	1.27	1.17	
利息保障倍数	−1.90	4.53	

数据来源:《宏力能源2015年年度报告》。

而且,根据附表5,从营运情况指标来看,宏力能源的经营效率在2015年有严重的下降,应收账款周转率减少了70%,变为0.3,公司发展严重受到应收账款的制约。总资产周转率和净资产收益率也明显下滑,资产整体的运作效率严重下降。存货周转率下降,库存积压的风险变大,资金使用效率降低。

附表5 宏力能源营运情况指标

主要财务指标	2015年(末)	2014年(末)
经营活动产生的现金流量净额(百万元)	3.3	19.90
应收账款周转率(%)	0.30	1.00
净资产收益率(%)	−2.47	6.72
总资产周转率(%)	0.11	0.34
存货周转率(%)	0.89	1.83

数据来源:《宏力能源2015年年度报告》。

对于2015年业绩的大幅度下滑,宏力能源公司在年报中作出了一些解释。总体而言,公司分析业绩下滑主要有以下几点原因:第一,由于受到宏观经济环境的影响,2015年国家宏观经济整体出现下行趋势,行业内需求疲软,增长动力不足,竞争激烈,产能出现过剩。第二,由于政府在行业政策上的调整,政策上对行业的优惠、鼓励减少,导致公司整体净利润下降。第三,由于公司面对激烈残酷的竞争环境对自身业务进行了一定的调整,处于一定的转型期。公司投资、收购了部分新项目,在高温热泵上做了更多投入。管理层也表示,2016年将会着力改善营收状况,提高整体效益。

通过管理层的分析,我们可以了解到宏力能源2015年业绩下滑的主要原因。但是,这些原因并不能对实际业绩低于融资路演时的预测业绩这一情况作出合理的解释。事实上,宏力能源所从事的行业是面向企业客户的地热能热泵产品的生产与销售,往往有较长的销售周期和回款周期,且较为平稳。公司短期内的业务量可预测性较强。公司2015年11月融资时,应该能够对2015年全年的财务情况作一个比较准确的预测。但事实是,宏力能源2015年11月融资路演材料中的财务预测数据远远低于实际数据,这令人不得不怀疑公司是否是在有意识地欺骗投资者。

5.2 宏力能源的有关回应

事件爆发以后，宏力能源积极作出了回应。宏力能源的公告指出："本次事件的一个重要因素就在于36氪制作的路演材料中直接引用了宏力能源2015年8月份制作的路演材料数据。在宏力能源提供的8月份定增路演材料中有对公司2015—2018年盈利能力的预测，是公司在2015年8月份基于2014年的财务数据及公司所持项目框架协议情况作出的，是公司对未来长期发展规划的宏观判断，不存在对投资者作出的业绩承诺，仅为投资者提供参考信息。公司已在路演材料中注明营收预测的数据统计截止日期为2014年12月31日，预测是基于公司所持项目框架协议及对未来的市场判断作出的。36氪编制2015年12月的定增路演材料时，沿用了宏力能源为定增路演所准备的材料，并作出了相应风险提示。而盈利预测本身就带有不确定性，会随着市场形势变化而变化。由于公司进行了整体战略转型升级，根据国家宏观经济调控政策情况及地源热泵行业竞争加剧情况，公司提高了地源热泵销售和安装项目的信用评估，主动舍弃了部分信用差、款项收回长的项目，导致2015年所实现业绩未达到所预测水平引发了上述争议。"

对于老股转让，宏力能源的公告指出："定增融资与股权转让有着明显的区别，定增融资是由投资者作为公司新增股东在取得公司股票时将投资款直接支付给公司；股权转让是由公司股东将其所持股票转让给投资者。公司在36氪平台进行路演后，路演效果未达预期，36氪方面已放弃该定增融资项目。后经36氪平台撮合，2016年2月26日，公司股东韩冰将股份转让给金盛博基—36氪新三板2号基金，该行为属于股东间的正常交易，交易数量58.5万股，业务本身未达到《全国中小企业股份转让系统股票异常转让实时监控指引（试行）》《非上市公众公司收购管理办法》中规定的信息披露条件，因此，公司未对该事项进行信息披露。"

宏力能源认为，公司的业务本身并不违反信息披露法，相关的路演资料已经作出风险警告。

6. 36氪平台对事件的回应

面对市场层出不穷的质疑声，36氪也作出了回应和解释，其CEO刘成城承认平台自身的责任不可推卸，无论是在风控环节，还是在融资推介环节，以及和投资人的沟通机制、信息披露等方面，平台做得还远远不够。

但公司始终不认为自己有欺诈投资者的行为。对于实际业绩与预期业绩不符的问题，36氪将责任推到宏力能源方面，表示自己也没有意识到宏力能源之前提供的是虚假数据。36氪表示自己并不知情，也非常震惊，并在事件发生的第一时间内与宏力能源管理层进行了严正交涉。同时，36氪也向公司发送了律师函，要求公司对此承担相应的责任。对于操作方式改变的问题，36氪解释说是因为推介初期和投资者达成了初步的一致，但后期由于公司上市策略的调整进行了调整。定增变为老股转让，也经过了投资人的同意。对于自己在材料中提到会认购部分股份却没有执行的问题，36氪没有给予正面回应。

36氪平台表示自己一直致力于为投资人创造价值，竭尽全力地通过采取多样化的措施降低投资人的投资风险，后续，公司仍然会采取法律手段，追究宏力能源的相关责任，并向全国中小企业股份转让系统举报宏力能源的违规行为,尽可能挽回或者减少投资人的损失。

7. 股权众筹平台问题频发

继 36 氪成为中国股权众筹第一案后,人人投等股权众筹平台也被投资者爆料部分项目出现问题。再加上 P2P 行业风险不断爆出,国家对互联网金融行业的管制不断加强,其他众筹平台的风险事件不断发生,股权众筹平台存在的合理性和合法性受到越来越多的质疑。

股权众筹形式是早期融资领域一种创新的模式。股权众筹通过互联网的手段使得有资金需求的公司能够获得快速、大量的曝光,并通过降低投资门槛、集合投资的方式使更多的小额闲置资金拥有者可以参与到原本需要大量资金才能进入的股权投资领域。

但是,中国目前对股权众筹并没有明确的界定和管理。融资公司、股权众筹平台、投资人的权利义务没有清晰地划分。特别是股权众筹平台的定位不清晰。股权众筹平台究竟只是信息服务的中介,还是融资企业的融资顾问,抑或是投资人的投资顾问,并不明确。这使得股权众筹平台难以担负起股权融资过程中的各项责任,也使得股权众筹这一融资形式蕴含大量的风险。

案例正文附件

附件1　股权众筹模式及运营流程

1.1　股权众筹模式

股权众筹是一种基于互联网渠道的融资模式。股权众筹通过互联网的手段使得有资金需求的公司能够获得快速、大量的曝光,并通过降低投资门槛、集合投资的方式使更多的小额闲置资金拥有者可以参与到原本需要大量资金才能进入的股权投资领域。这种模式诞生于国外,2011年进入中国。目前,我国已经有36氪、天使汇、大家投等众多的股权众筹平台。

1.2　股权众筹的运营流程

一般而言,股权众筹的流程包含以下几个步骤,首先,平台要制作项目的推介材料并进行包装,将项目信息上传到平台。然后,平台会向社会公众广泛推介项目,并在专业投资人圈子里进行定向推介,通过各种方式吸引投资人。之后,经过一段时间的认购,项目可能出现超额认购的情况,这时项目可以对投资人进行反选,并确定最终入围的投资人。最后,项目方和投资人签订投资协议,完成资金交割,股权变更。部分股权众筹平台还承担投后管理的职责,负责维系项目方与投资人后续的信息沟通。

附图1是知名股权众筹平台大家投的参与流程图,可以作为股权众筹运营流程的一个代表。

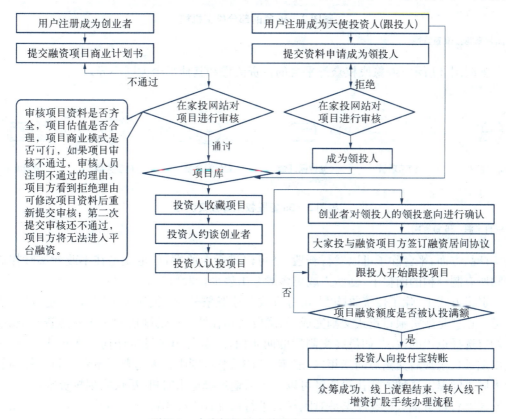

附图1　大家投股权众筹平台运营流程图

资料来源:大家投官网。

附件2　36氪平台的股权众筹运营模式

如附图2,对于股权众筹平台,模式上,36氪采取的是"领投＋跟投"模式,该模式的特点在于拥有一定领域投资经验和风险承担能力的投资者通过平台审核后成为该领域的"领投人",通过分享投资经验,带领"跟投人"进行合投,领投人可以获得跟投人的利益分成以及项目方的股份奖励。领投人需要特别的资格认证,36氪拥有强大的领投人投资机构团队资源。该模式可以使得没有投资经验或经验不足的投资者在资深领投人的带领下甄别投资项目的好坏,减少自我搜寻的成本;然而,如果领投人与融资人之间存在某种利益关系,便很容易产生道德风险问题。

附图2　36氪的部分投资机构

图片来源:36氪官网。

如附图3所示,36氪股权众筹平台的投资流程和其他平台大同小异。

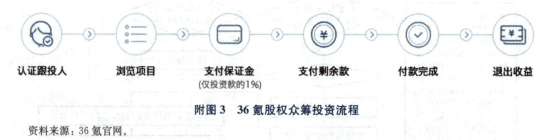

附图3　36氪股权众筹投资流程

资料来源:36氪官网。

产品方面,平台除了可以发行新股,还可以进行老股发行,也就是在不改变实际控制权和所有制结构的前提下,创始人或更多股东出售少量股票。

退出方式上,除了传统收购、上市等方式转让股票外,36氪还推出"下轮氪退"的退出渠道。也就是融资项目正式交割完成后,融资公司在两年内的随后两次正式融资,本轮股东均有选择退出的权利;如最终交割后的两年内,融资公司未发生任何一次正式融资,则退出期延长至最后交割后的三年内;三年之后未融资,则跟投人与普通融资项目一样与领投人同进同退。这种方式让投资者可以更灵活地选择退出时机,尽快实现投资收益。

风险管理方面,36氪首先是对跟投人进行认证,36氪的跟投人为符合以下三个条件之一的投资者:过去三年平均每年个人收入不低于30万元,金融资产不低于1亿元,专业机构投资者。为投资者设定门槛可以提高参与的普通投资者和投资专业人士的风险承受能力。此外,单个项目的投资额少,平台挂出的股权融资项目,最低起始金额低至1万元以下,使投资者能够分散化、多元化投资。

同时,36氪也建立了较好的投后管理机制。如附图4所示。

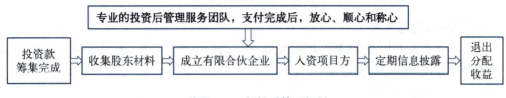

附图4　36氪投后管理机制

资料来源:36氪官网。

36氪已经进行了一些成功的股权融资项目,如好家长、e保养等项目。由此,36氪作为一家知名创投媒体衍生出的股权众筹平台,其操作模式、退出机制、风险管理、投后管理等有自己的一定特色。

案例正文参考文献

宏力能源(2016):《澄清公告》,全国中小企业股份转让系统。

宏力能源(2016):《媒体事件的补充说明》,全国中小企业股份转让系统。

廖宁(2015):《36氪:10亿元独角兽如何长成》,《商业观察》第Z1期,第56—58页。

罗东(2016):《股权掮客36氪》,《二十一世纪商业评论》第1期,第76—77页。

马文婷:《股权众筹"宏力能源"项目涉嫌欺诈 36氪称正追责》,《京华时报》2016年6月16日。

唐逸如:《36氪"宏力能源"项目涉嫌欺诈　股权众筹平台遇角色之惑》,《国际金融报》,2016年6月13日。

王晓易:《36氪回应项目"涉嫌欺诈"质疑　向宏力能源发律师函》,《21世纪经济报道》,2016年6月3日。

邹秋燕:《坑了36氪的宏力能源营收下滑近7成,股权众筹还能玩吗?》,《界面:新三板指南》,2016年6月29日。

案例使用说明

股权众筹平台风险研究：基于36氪平台"宏力能源"众筹项目的案例分析

一、教学目的与用途

1. 本案例主要适用于金融学、国际商务、投资学、融资与上市、金融机构与市场、风险投资运营、公司治理等课程。

2. 本案例的教学目的。

股权众筹是股权投资融资和互联网技术的生态组合。在中国，高度集中的传统金融体系与分散式小额信贷融资体系并不相符，大中型国有银行往往只放贷给大型的国有企业、民营企业，大多数初创企业和小型微型企业难以获得信贷融资。小微企业经营风险比较高，在公司治理、上下游的供应链、项目管理、自身优势等方面还不是很成熟，所以，传统商业银行不愿意将资金贷给小微企业，或者对贷款附加诸多限制；同时，诸如工、农、中、建四大行也不需要将资金贷给小微企业就可以获得高额利润。小微企业发展的主要障碍是资金。一方面，传统的商业银行不愿将资金贷给小微企业，另一方面，我国民间有大量的资金想要寻找投资项目。由传统方式转向民间资本不可避免地带来融资成本大幅提高的问题。股权众筹则是一种将小额、分散的民间资本引入小微企业的创新模式。

虽然股权众筹具有解决初创及小微企业融资难、匹配投融资信息、促进资金自由流动等功能，但是由于监管、法律等各方面尚未完善，股权众筹平台究竟应该扮演怎样的角色、承担怎样的责任，股权众筹的风险点到底体现在何处，"领投+跟投"的机制是否对融资公司的发展形成制衡等，都是股权众筹行业亟待解决的问题。随着风险事件的爆发，对于风险的探讨和规避显得更加重要。通过研究本案例，可以分析股权众筹融资模式存在的各种风险点，可以让学生对股权众筹的现状以及未来的改进方向有更清晰的认识。

因此，本案例的教学目的主要有：

第一，了解股权众筹融资方式，包括具体模式及运营流程等，以及36氪作为股权众筹平台的运营特点，对股权众筹形成一个大致的认识。

第二，通过分析宏力能源风险事件，理解互联网股权筹资平台的潜在风险。

第三，探究股权众筹模式在法律上的模糊地带，探索在金融创新背景下如何维持良好的金融市场秩序。

二、启发思考题

以下几个思考题可以预先布置给学生，让学生在阅读案例中进行思考：

1. 股权众筹模式目前所存在的问题；
2. 股权众筹平台的风险点及防范；
3. 从法律角度具体分析股权众筹平台存在的潜在风险与模糊地带。

三、分析思路与案例具体分析

询问下列问题，可以让学生认识、理解股权众筹平台存在的风险、法律漏洞，引导学生结合公司治理、法律法规、监管等知识,对股权众筹平台存在的风险提出适当解决方案。

1. 股权众筹模式目前所存在的问题

(1) 股权众筹参与者风险教育缺失。股权众筹一般是针对早期项目,公司往往处于成长期,甚至天使期。早期项目失败的可能性大,股权投资一旦失败,就不会有任何赔偿,所以,股权众筹是一种风险较大的投资机制。股权众筹通过互联网的手段使小额闲置资金拥有者可以参与到原本需要大量资金才能进入的股权投资领域,使得非专业的投资人可以参与到股权投资中来。但是,参与股权投资要求投资人必须对自己承担的风险有清晰的认识。非专业的投资人往往缺乏这种认识,低估了股权投资的风险。

(2) 股权众筹定价机制的缺失。早期公司的估值往往不是基于财务运营数据得来的,而是综合市场、团队、业务、双方谈判结果等各个方面得出的。也就是说,早期公司的估值本身没有可以参考的公式或者机制。专业投资机构进行投资时可以凭借其专业的投资能力对公司进行合理的估值,但在股权众筹中,参与者往往是非专业投资者,单一投资者也缺乏与公司议价的能力,股权价值往往是事先由公司单方面确定的。

(3) 股权众筹投后管理的缺失。股权投资是一件长期的事情,在股权投资募、投、管、退4大环节里,"管"已经受到越来越多专业投资机构的重视。大家认为投资机构的竞争力不仅体现在能投出好项目,更体现在能运用自身资源和能力帮助项目成长。股权众筹的投资人比较分散,股权众筹平台往往又只能起到中介作用,缺乏投后管理的机制和能力,所以,投资人参与股权众筹以后难以对项目进行后续管理。

(4) 股权众筹退出机制的缺失。股权投资是一件长期而复杂的事情,退出方式有上市、并购、老股转让等多种方式,专业投资机构的项目退出往往是伺机而动的。股权众筹的投资人比较分散,又往往缺乏投后管理的机制,于是会缺乏比较好的退出机制,股权众筹行业目前实现项目成功退出的平台屈指可数。

2. 股权众筹平台的风险点及风险防范

(1) 股权众筹平台存在的风险。

① 投资者审核的风险。作为一项风险高、专业度要求高的投资行为,过去,只有金字塔尖的专业投资机构和高净值个人才能参与股权投资。股权众筹的诞生大幅度降低了投资者的准入门槛,使得社会大众能广泛参与到股权投资中去。但是,并非所有人都适合做股权投资。股权众筹平台缺乏必要的投资者审核会产生巨大的风险并产生不必要的争端。目前,各类股权众筹平台都会给投资人做一些身份认证,但普遍缺乏对其资产实力、投资能力、风险承受水平的审核。

② 非法集资的风险。股权众筹自诞生以来,就一直受到非法集资的质疑。作为一种创新的企业融资模式,中国法律还没有对其有明确的界定,可以说,股权众筹目前正处于一个灰色地带。在非法集资的几大特征中,股权众筹满足了几点,一是没有经过有关部门依法批准,虽然平台本身是合法的,但每次的众筹是平台自行发起的,未经相关部门审核批准,二是向社会上不特定的公众筹集资金。这使得股权众筹受到相当多的质疑。

③ 项目审核和信息披露的风险。早期公司没有信息披露的义务,也缺乏信息披露的渠道,公司与投资人,特别是非专业投资人之间,有巨大的信息不对称。股权众筹平台可以说是公司与投资人之间的中介,其一个重要的作用就是将公司信息传递给广大投资人。

实质上,股权众筹平台就承担了项目审核的职能。但是目前,股权众筹平台的权利义务定位并不清晰,股权众筹平台没有很好地起到项目审核和信息披露的作用。过度包装、虚假宣传的情况层出不穷。

④ 资金管理不当的风险。目前,绝大多数的股权众筹平台都实现了交易的闭环,也就是说,资金是经过平台的。尤其是,股权众筹往往会持续1—2个月,资金会在股权众筹平台保留较长的时间。如果股权众筹平台对资金管理不当或者擅自挪用资金,就会给投资人带来巨大损失,也会造成恶劣的社会影响。

(2) 风险防范措施。

① 加强投资者审核。股权众筹平台应当对投资者进行较为严格的审核。除了审核投资人的身份信息,还应当审核投资者的资金状况、债务状况、投资组合、风险承受能力、对资本市场的了解、对股权投资的了解、对股权众筹的了解等各个方面的信息。股权众筹平台可以对投资者进行适当的分类,使其在与其风险承受能力相匹配的范围内参与投资。

② 防控非法集资。防控非法集资需要政府部门给与支持。一方面,政府相关管理部门应该明确股权众筹的定位,以及股权众筹和非法集资的差异,同时为股权众筹设定红线。另一方面,政府相关管理部门应该加强对股权众筹的监管,严格防范部分非法平台假借股权众筹的名义进行真正的非法集资。

③ 加强项目审核和信息披露。多度预期、过度包装是公司在融资中必然产生的念头,任何一次股权投资都需要有能力的人对公司披露的信息进行判断和审核。一般而言,尽职调查的过程由专业的投资机构自行完成。但在股权众筹中,社会投资人不具备进行尽职调查的能力和条件,需要作为组织者的股权众筹平台代为进行。股权众筹平台可以自己组建专业团队来完成,或者使用第三方专业服务来完成。

④ 隔离现金流。资金只是暂时经过股权众筹平台,与业务没有实质关联。为了保证资金的安全性,应当在资金与股权众筹平台之间做一个隔离。交易中应当设置一个独立的资金托管方,如银行。

3. 从法律角度分析股权众筹平台潜在风险与模糊地带

从法律角度来分析,我国的股权众筹平台处于模糊地带。虽然国务院相关文件已经提出要"稳步推进股权众筹。充分发挥股权众筹作为传统股权融资方式有益补充的作用,增强金融服务小微企业和创业创新者的能力。稳步推进股权众筹融资试点,鼓励小微企业和创业者通过股权众筹融资方式募集早期股本。对投资者实行分类管理,切实保护投资者合法权益,防范金融风险",表明我国政府和相关行业协会已经承认了股权众筹作为融资方式的现实地位。

但是,目前我国股权众筹的发展仍然面临着严峻的法律挑战:首先,根据《刑法》及最高人民法院出台的《关于审理非法集资刑事案件具体应用法律若干问题的解释》中有关非法吸收公众存款的相关规定,股权众筹涉及触犯非法吸收公众存款罪名的风险;其次,众筹平台上的股权众筹性质界定存在难题,可能触犯现有《证券法》的相关规定,一旦被定性为公开募集,则面临着一系列的法律风险,我国现行《证券法》明确规定了公开发行证券的条件:向不特定对象发行证券、向累计超过二百人特定对象发行证券及法律、行政法规规定的其他发行行为。但却没有正面规定非公开发行证券的类型,仅规定非公开发行禁止采取公开方式发行。实践中,对于非公开发行的认定缺少明确的标准,区分公开发行与非公开发行的核心是特定对象与不特定对象的界定,而特定对象与不特定对象的划分也没有明确的参照系或确定的标准。最后,股权众筹网络平台作为投资者和融资者的投融资交易平台,既不能将其界定为证券法上的证券交易所,也不能将其界定为证券公司,其法律定位不明确,导致其设立和监管的相关法律制度不健全、基本处于法律空白状态。

针对股权众筹平台在法律方面的风险,可以从事前监管、事中监管、事后监管三个层面来控制风险。事前监管是对股权众筹平台的设立确定专门、明确的条件;事中监督主要集中在股权众筹平台是否保持中立的地位、禁止向投资者提供投资建议、其业务范围仅限于证券经纪业务、众筹平台应将资金转移交由第三方保管、禁止与融资者恶意串通、禁止损害投资者的权益等方面;事后监督则可通过信息保存制度实现,强制股权众筹平台将相关项目的信息保存一定年限。随着股权众筹的发展,可以建立股权众筹平台的自律组织,以网络金融的自身运行逻辑对股权众筹进行自我约束。

四、教学组织方式建议

本案例课堂教学可以根据学生的差异,尤其是对案例的阅读和课前对相应知识的掌握程度来进行有针对性的设计。本案例主要按照2学时(90分钟)进行设计。建议教学安排如附表6:

附表6 建议教学计划安排

课前阅读(60分钟)	先给学生进行分组,课前阅读案例、搜集相关资料。结合专业背景,安排学生们从金融、法律、监管等不同角度报告案例所涉及的细节
课堂安排(90分钟)	(1) 案例回顾:简要概括事件始末(5分钟); (2) 学生报告:从不同角度解读股权众筹的风险(30分钟); (3) 集体讨论:引导学生从不同的角度思考(30分钟); (4) 知识梳理:总结讨论结果,回顾所涉要点(15分钟); (5) 问答与机动:提出新问题,引导进一步思考(10分钟)

本案例的教学课堂讨论启发式提问可以包括如下问题:

1. 宏力能源事件中,各主体应该承担哪些责任?

2. 为了避免类似的损害投资者利益的情况发生,诸如36氪的股权众筹平台应该采取哪些措施降低平台融资项目的风险?

3. 股权众筹平台应该以保持中立为主还是以提供信用为主?

4. 为什么要设计"领投丨跟投"的投资机制?怎样对领投人进行激励,使其在信息不对称的情况下有信号机制的作用?

案例使用说明参考文献

36氪官网相关资料信息。

张俊良(2016):《股权众筹融资的发展趋势》,《市场论坛》第2期。

范文波(2016):《经济新常态下我国股权众筹发展建议——基于融资匹配及制度环境的视角》,《新金融》第4期。

谢宏中(2015):《规之下,"股权众筹"的迂回空间在哪里》,《大众理财》第9期。
杨东、苏伦嘎(2014):《股权众筹平台的运营模式及风险防范》,《国家检察官学院学报》第4期。
马旭、李悦(2016):《我国互联网股权众筹面临的风险及法律政策》,《税务与经济》第3期。
赵尧、鲁篱(2015):《股权众筹领头人的功能解析及金融脱媒》,《财经科学》第12期。
郭勤贵(2015):《众筹公司治理"五重门"》,《董事会》第9期。
虹石资本:《详解中外股权众筹监管的差异:都是如何监管的?》,虹石资本2015年10月9日。
刘成城:《36氪创始人刘成城:股权众筹平台或成"新五板"》,《中国网—财经》,2016年4月7日。

图书在版编目(CIP)数据

国际金融理论与实务/沈国兵编著. —上海:复旦大学出版社,2018.3
经管类专业学位研究生主干课程系列教材
ISBN 978-7-309-13445-2

Ⅰ.国… Ⅱ.沈… Ⅲ.国际金融-研究生-教材 Ⅳ.F831

中国版本图书馆 CIP 数据核字(2017)第 320092 号

国际金融理论与实务
沈国兵　编著
责任编辑/戚雅斯

复旦大学出版社有限公司出版发行
上海市国权路 579 号　邮编:200433
网址:fupnet@fudanpress.com　http://www.fudanpress.com
门市零售:86-21-65642857　团体订购:86-21-65118853
外埠邮购:86-21-65109143　出版部电话:86-21-65642845
上海盛通时代印刷有限公司

开本 787×1092　1/16　印张 24.5　字数 538 千
2018 年 3 月第 1 版第 1 次印刷

ISBN 978-7-309-13445-2/F·2433
定价:49.00 元

如有印装质量问题,请向复旦大学出版社有限公司出版部调换。
版权所有　侵权必究